Die elektronische Überwachung

Europäische Hochschulschriften

Publications Universitaires Européennes
European University Studies

Reihe II
Rechtswissenschaft

Série II   Series II
Droit
Law

Bd./Vol. 4095

PETER LANG

Frankfurt am Main · Berlin · Bern · Bruxelles · New York · Oxford · Wien

Manja Redlich

Die elektronische Überwachung

Entwicklung, Bestandsaufnahme
und Perspektiven

PETER LANG
Europäischer Verlag der Wissenschaften

Bibliografische Information Der Deutschen Bibliothek
Die Deutsche Bibliothek verzeichnet diese Publikation in der
Deutschen Nationalbibliografie; detaillierte bibliografische
Daten sind im Internet über <http://dnb.ddb.de> abrufbar.

Zugl.: Osnabrück, Univ., Diss., 2004

Gedruckt auf alterungsbeständigem,
säurefreiem Papier.

D 700
ISSN 0531-7312
ISBN 3-631-53291-1

© Peter Lang GmbH
Europäischer Verlag der Wissenschaften
Frankfurt am Main 2005
Alle Rechte vorbehalten.

Printed in Germany 1 2 3 4 5   7

www.peterlang.de

Meiner Schwester

Vorwort

Die vorliegende Arbeit wurde dem Fachbereich Rechtswissenschaften der Universität Osnabrück im Wintersemester 2003/2004 als Dissertation vorgelegt. Die mündliche Prüfung erfolgte im Sommersemester 2004.

Die aktuelle deutsche Literatur wurde bis einschließlich Juni 2004 berücksichtigt.

Ich danke ganz herzlich meinem geschätzten Doktorvater Herrn Prof. Dr. Hero Schall für die hilfreiche Unterstützung und engagierte Betreuung dieser Arbeit.

Herzlich bedanke ich mich auch bei Herrn Prof. Dr. Hans Achenbach für die Erstellung des Zweitgutachtens.

Frau Sandra Langer und Herrn Ingo Groß danke ich für die kritischen Anregungen und Hinweise bei der Korrektur dieser Arbeit.

Besonderer Dank gilt meiner Schwester Melanie Redlich, die mir während der gesamten Zeit stets zur Seite gestanden hat. Mit ihrer kritischen Lektüre der Arbeit und unablässigen Unterstützung hat sie maßgeblich zum Gelingen dieser Arbeit beigetragen.

Schließlich bedanke ich mich bei den Herausgebern für die Aufnahme meiner Arbeit in ihre Schriftenreihe.

Osnabrück, im September 2004   Manja Redlich

9

Inhaltsverzeichnis

13

14

16

Abkürzungsverzeichnis

a.A.	anderer Ansicht
Abl.	Amtsblatt
ABM.	Arbeitsbeschaffungsmaßnahme
Abs.	Absatz
AG.	Amtsgericht
AGB.	Arbeitsgemeinschaft Bewährungshilfe Baden-Württemberg
AIDP.	Association Internationale de Droit Pénal
AK.	Kommentar zum Grundgesetz für die Bundesrepublik Deutschland, Reihe Alternativkommentare, Wassermann, Rudolf (Hrsg.), Band 1, Art. 1 - 37, 2. Auflage, Neuwied 1989, Band 2, Art. 38 – 146, 2. Auflage, Neuwied 1989 Kommentar zur Strafprozessordnung, Wassermann, Rudolf (Hrsg.), Band 2/Teilband 1, §§ 94 - 212b, Neuwied, Kriftel, Berlin 1992
Anm.	Anmerkung
AnwBl.	Anwaltsblatt, Nachrichten für die Mitglieder des Deutschen Anwaltvereins e.V.
AöR.	Archiv des öffentlichen Rechts
Art.	Artikel
AT.	Allgemeiner Teil
BAG-S	Bundesarbeitsgemeinschaft für Straffälligenhilfe e.V.
BayObLG.	Bayerisches Oberstes Landesgericht
BayVBl.	Bayerische Verwaltungsblätter, Zeitschrift für öffentliches Recht und öffentliche Verwaltung
BB.	Betriebs-Berater, Zeitschrift für Recht und Wirtschaft
BBG.	Bundesbeamtengesetz idF. vom 31.03.1999 (BGBl. I 675)
BDSG.	Bundesdatenschutzgesetz vom 20.12.1990 (BGBl. I 2954)
BewHi.	Bewährungshilfe, Fachzeitschrift für Bewährungs-, Gerichts- und Straffälligenhilfe
BGB.	Bürgerliches Gesetzbuch idF. vom 02.01.2002 (BGBl. I 42)
BGBl. I, II.	Bundesgesetzblatt Teil I, Teil II
BGH.	Bundesgerichtshof
BGHSt.	Entscheidungen des Bundesgerichtshofes in Strafsachen
BGHZ.	Entscheidungen des Bundesgerichtshofes in Zivilsachen

BKA................	Bundeskriminalamt
BNotO..............	Bundesnotarordnung idF. vom 24.02.1961 (BGBl. I 98)
BR-Drs.............	Drucksache des Bundesrates
BRRG...............	Beamtenrechtsrahmengesetz idF. vom 31.03.1999 (BGBl. I 654)
BT....................	Besonderer Teil
BT-Drs..............	Drucksache des Deutschen Bundestages
BtMG...............	Gesetz über den Verkehr mit Betäubungsmitteln idF. vom 01.03.1994 (BGBl. I 358)
BVerfG.............	Bundesverfassungsgericht
BVerfGE...........	Entscheidungen des Bundesverfassungsgerichts
BVerwG...........	Bundesverwaltungsgericht
BVerwGE..........	Entscheidungen des Bundesverwaltungsgerichts
bzw.................	Beziehungsweise
ca....................	Circa
CEP.................	Conférence Permanente Européenne de la Probation
CMS................	Central Monitoring Station
CR...................	Computer und Recht, Zeitschrift für die Praxis des Rechts der Informationstechnologien
CSMs...............	community sanctions and measures
dass.................	Dasselbe
DCC................	Data Communication Computer
ders.................	Derselbe
d.h...................	das heißt
dies.................	Dieselbe
DNA................	Desoxyribonukleinsäure
DR..................	Decisions and Reports / Décisions et Rapports (European Commission of Human Rights)
DRiZ...............	Deutsche Richter-Zeitung
DuD................	Datenschutz und Datensicherheit, Recht und Sicherheit in Informationsverarbeitung und Kommunikation
DVBl...............	Deutsches Verwaltungsblatt
DVJJ-Journal.....	Deutsche Vereinigung für Jugendgerichte und Jugendgerichtshilfen e.V.-Journal, Zeitschrift für Jugendkriminalrecht und Jugendhilfe

EGBGB............	Einführungsgesetz zum Bürgerlichen Gesetzbuch idF. vom 21.09.1994 (BGBl. I 2494)
EGMR.............	Europäischer Gerichtshof für Menschenrechte
EKMR.............	Europäische Kommission für Menschenrechte
EM....................	electronic monitoring
etc....................	et cetera
EuGRZ.............	Europäische Grundrechte Zeitschrift
e.V....................	eingetragener Verein
f., ff...................	folgende; fortfolgende
FCCP................	Florida Community Control Program
FEVG...............	Gesetz über das gerichtliche Verfahren bei Freiheitsentziehungen vom 29.06.1956 (BGBl. I 599)
Fn.....................	Fußnote
FoR...................	Forum Recht
FS.....................	Festschrift
GA....................	Goltdammer's Archiv für Strafrecht
GG....................	Grundgesetz für die Bundesrepublik Deutschland vom 23.05.1949 (BGBl. 1)
ggf....................	gegebenenfalls
GIS...................	Geographische Informationssysteme
GPS..................	Global Positioning System
GS.....................	Gedächtnisschrift
HdbStaatsR........	Isensee, Josef / Kirchhof, Paul (Hrsg.), Handbuch des Staatsrechts der Bundesrepublik Deutschland, Band VI – Freiheitsrechte, 2. Auflage, Heidelberg 2001
h.M...................	herrschende Meinung
HMRU..............	Home Monitoring Unit
Hrsg..................	Herausgeber
HZD..................	Hessische Zentrale für Datenverarbeitung
idF....................	in der Fassung
i.d.R.................	in der Regel
IEEE-Spectrum..	Institute of Electrical and Electronics Engineers - Spectrum, tech-science magazine
i.e.S..................	im engeren Sinn
Inc....................	Incorporation
IPS...................	Intensive probation supervision

i.S.v................	im Sinne von
i.V.m................	in Verbindung mit
JA................	Juristische Arbeitsblätter
JAVollzO..........	Jugendarresvollzugsordnung idF. vom 30.11.1976 (BGBl. I 3270)
JGG................	Jugendgerichtsgesetz idF. vom 11.12.1974 (BGBl. I 3427)
JMBlNW..........	Justizministerialblatt für das Land Nordrhein-Westfalen
JR................	Juristische Rundschau
Jura................	Juristische Ausbildung
JuS................	Juristische Schulung, Zeitschrift für Studium und praktische Ausbildung
JVA................	Justizvollzugsanstalt
JW................	Juristische Wochenschrift
JZ................	Juristen-Zeitung
KG................	Kammergericht Berlin
KK................	Karlsruher Kommentar zur Strafprozessordnung und zum Gerichtsverfassungsgesetz mit Einführungsgesetz, Pfeiffer, Gerd (Hrsg.), 5. Auflage, München 2003
KMR................	Kleinknecht, Th. / Müller, H. / Reitberger, L., Kommentar zur Strafprozessordnung, Heintschel-Heinegg, Bernd / Stöckl, Heinz (Hrsg.), 34. Ergänzungslieferung, Neuwied, Kriftel 2003
KrimJ................	Kriminologisches Journal
KrimP................	Kriminalpädagogische Praxis
KrimZ................	Kriminologische Zentralstelle e.V., Wiesbaden
KritV................	Kritische Vierteljahreszeitschrift für die Gesetzgebung und Rechtswissenschaft
LG................	Landgericht
LK................	Leipziger Kommentar zum Strafgesetzbuch, Großkommentar, Jähnke, Burghard / Laufhütte, Heinrich Wilhelm / Odersky, Walter (Hrsg.), 11. Auflage, 9. Lieferung: §§ 56-60, Berlin, New York 1993; 2. Lieferung: Vor § 61; §§ 61-67, Berlin, New York 1992; 6. Lieferung: §§ 68-68g, Berlin, New York 1993; 23. Lieferung: §§ 69-72, Berlin, New York 1996
LRP................	Learning Resources Program
MDR................	Monatszeitschrift für Deutsches Recht, Zeitschrift für die Zivilrechtspraxis

MRK...............	Konvention zum Schutze der Menschenrechte und Grundfreiheiten vom 04.11.1950 und Gesetz vom 07.08.1952 (BGBl. II 685, 953)
MschrKrim........	Monatsschrift für Kriminologie und Strafrechtsreform
Nds.GnO...........	Niedersächsische Gnadenordnung (Stand: 13.01.1999, NdsRpfl., S. 53)
NdsRpfl............	Niedersächsische Rechtspflege
NJ....................	Neue Justiz, Zeitschrift für Rechtsentwicklung und Rechtsprechung in den Neuen Ländern
NJW.................	Neue Juristische Wochenschrift
NK....................	Neue Kriminalpolitik, Forum für Praxis, Politik und Wissenschaft
No....................	Number
Nr....................	Nummer
NStZ................	Neue Zeitschrift für Strafrecht
NStZ-RR...........	NStZ-Rechtsprechungs-Report
NVwZ...............	Neue Zeitschrift für Verwaltungsrecht
OLG.................	Oberlandesgericht
OLGSt..............	Entscheidungen der Oberlandesgerichte zum Straf- und Strafverfahrensrecht
RDV.................	Recht der Datenverarbeitung, Zeitschrift für Datenschutz-, Informations- und Kommunikationsrecht
RG....................	Entscheidungen des Reichsgerichts in Strafsachen
RLO.................	Restriction of Liberty Order
Rn....................	Randnummer
S......................	Seite
SchlHA.............	Schleswig-Holsteinische Anzeigen
SK...................	Systematischer Kommentar zum Strafgesetzbuch, Rudolphi, Hans-Joachim / Horn, Eckhard / Samson, Erich / Günther, Hans-Ludwig / Hoyer, Andreas / Wolters, Gereon (Hrsg.), Band I, Allgemeiner Teil (§§ 1- 79 b), 7., teilweise 8. Auflage, 38. Ergänzungslieferung, München/Unterschleißheim 2003 Systematischer Kommentar zur Strafprozessordnung und zum Gerichtsverfassungsgesetz, Rudolphi, Hans-Joachim / Frister, Helmut / Rogall, Klaus / Velten, Petra / Wolters, Wolfgang / Frisch, Wolfgang / Paeffgen, Hans-Ullrich / Schlüchter, Ellen /

Weßlau, Edda / Wolter, Jürgen (Hrsg.), 30. Ergänzungslieferung, München/Unterschleißheim 2003

sog.................... sogenannte

StaatsR.............. Staatsrecht

StGB................. Strafgesetzbuch idF. vom 01.01.1999 (BGBl. 1998 I 3324)

StPO................. Strafprozessordnung idF. vom 07.04.1987 (BGBl. I 1074, 1319)

StraFo............... Strafverteidiger Forum

StV.................... Strafverteidiger

StVO................. Straßenverkehrs-Ordnung vom 16.11. 1970 (BGBl. I 1565)

StVollstrO...... Strafvollstreckungsordnung idF. vom 01.04.2001 (BAnz Nr. 87, 9157)

StVollzG........... Gesetz über den Vollzug der Freiheitsstrafe und der freiheitsentziehenden Maßregeln der Besserung und Sicherung (Strafvollzugsgesetz) vom 16.03.1976 (BGBl. I 581, 2088; 1977 I 436) idF. vom 26.08.1998 (BGBl. I 2461)

StVZO   Straßen-Verkehrs-Zulassungs-Ordnung idF. vom 28.09. 1988 (BGBl. I 1793)

TRMS................ Temporary Release Monitoring Scheme

u.a..................... unter anderem

usw................... und so weiter

u.U.................... unter Umständen

UVollzO........... Untersuchungshaftvollzugsordnung idF. vom 01.01.1977

VerbrBekG........ Gesetz zur Änderung des Strafgesetzbuches, der Strafprozessordnung und anderer Gesetze (Verbrechensbekämpfungsgesetz) vom 28.10.1994 (BGBl. I 3186)

VerwArch.......... Verwaltungsarchiv, Zeitschrift für Verwaltungslehre, Verwaltungsrecht und Verwaltungspolitik

vgl..................... Vergleiche

Vol.................... Volume

Vorbem.............. Vorbemerkung

wistra................ Zeitschrift für Wirtschafts- und Steuerstrafrecht

z.B.................... zum Beispiel

ZfJ..................... Zeitschrift für Jugendrecht

ZfRV................. Zeitschrift für Rechtsvergleichung, Internationales Privatrecht und Europarecht

ZfStrVo............. Zeitschrift für Strafvollzug und Straffälligenhilfe

zit...............	Zitiert
ZRG...............	Gesetz über das Zentralregister und das Erziehungsregister (Bundeszentralregistergesetz - BZRG) idF. vom 21.09. 1984 (BGBl. I 1229)
ZRP...............	Zeitschrift für Rechtspolitik mit rechtspolitischer Umschau
ZStrR...............	Schweizerische Zeitschrift für Strafrecht
ZStW...............	Zeitschrift für die gesamte Strafrechtswissenschaft
z.T...............	zum Teil

Einleitung

"Big brother is watching you" - diese Worte, die dem Roman von *GEORGE ORWELL* ''1984'' entnommen sind, werden immer wieder in Verbindung mit dem elektronisch überwachten Hausarrest, der auch unter der Bezeichnung 'elektronische Fußfessel', 'Heimknast', *electronic monitoring*[1] oder *tagging*[2] bekannt ist, genannt. Was ist elektronisch überwachter Hausarrest? Unter dem Begriff elektronisch überwachter Hausarrest ist eine Freiheitsbeschränkung zu verstehen, die dem Betroffenen auferlegt, seine Wohnung nicht oder nur zu bestimmten Zeiten zu verlassen. Die Einhaltung der Freiheitsbeschränkung wird mit technischen Mitteln und unter Einsatz von Überwachungspersonal kontrolliert.[3]

ORWELL hat in seinem visionären Roman von 1949 einen Staat beschrieben, der die Menschen durch eine omnipotente 'Gedankenpolizei' mittels eines allgegenwärtigen Teleschirms, der gleichzeitig Sende- und Empfangsgerät ist, lückenlos überwacht und 'Gedankenverbrecher' der 'Vaporisierung'[4] zuführt. Im Jahre 1984 stellte man fest, dass die finstere Anti-Utopie nicht Realität geworden ist. Jedoch haben im Lauf der Zeit die neu entwickelten technischen Möglichkeiten, das gesamte Verhalten des Menschen zu erfassen, Daten über ihn zu sammeln, zu speichern und jederzeit abzurufen, ein *"Orwellsches Klima"* erzeugt.[5] Mit der Einführung von EM wurde die Erinnerung an *ORWELLS* Schreckensvision und die Angst vor Totalitarismus und totaler staatlicher Überwachung erneut geweckt. Schlagworte wie *"Wunderwaffe im 'Kampf' gegen Kriminalität"*[6], *"gläserner*

---

[1] *"Electronic monitoring"* (EM) bedeutet übersetzt *"elektronische Überwachung"*. Dieser Begriff ist international gebräuchlich und bezeichnet eine elektronisch überwachte Freiheitsbeschränkung. EM wird i.d.R. als Synonym für den elektronisch überwachten Hausarrest benutzt, obgleich die elektronische Überwachung lediglich das Instrument zur Kontrolle der Einhaltung des Hausarrestes darstellt (*Renzema* in: Byrne/Lurigio/Petersilia (Hrsg.), Smart Sentencing - The Emergence of Intermediate Sanctions, S. 41 f).

[2] *"Tagging"* bedeutet *"jemanden mit einer Marke/einem Etikett versehen"*.

[3] *Hofer/Meierhoefer*, Home Confinement: An Envolving Sanction in the Federal Criminal Justice System, S. 5; *Haverkamp*, CILIP 60 (1998), S. 43; *Aebersold*, ZStR 116 (1998), S. 367.

[4] Vaporisierung bedeutet, dass der Name der 'Gedankenverbrecher' aus den Registern gestrichen, alle Tätigkeitsspuren gelöscht, die ehemalige individuelle Existenz negiert und sodann vergessen wird (*Orwell*, 1984, S. 27).

[5] *Schröder*, George Orwell, Eine intellektuelle Biographie, S. 328.

[6] *Ostendorf*, ZRP 1997, S. 473.

Beschuldigter"[7], *"Überstülpen eines elektronischen Käfigs"*[8], *"elektronische Gängelung"*[9] oder *"elektronisches Halsband"*[10] bringen *"die Übermacht einer unüberschaubaren Technik ins Kalkül"*[11]. Inzwischen hat die Thematik sogar das deutsche Fernsehen erreicht. SAT.1 zeigte am 11.02.2003 den TV-Thriller *"Der Fußfesselmörder"*, in dem ein Straffälliger nach neun Jahren Haft unter der Bedingung der elektronischen Überwachung entlassen wird und seine 'Fußfessel' manipuliert.[12]

Neue Techniken und ihre möglichen Auswirkungen erzeugen neue Ängste[13], verändern gesellschaftliche Strukturen[14] und führen durch Anpassung der Normen an die veränderten Verhältnisse zu neuem Recht.[15] Bereits in den 80er Jahren ist im Schrifttum konstatiert worden, dass wir uns von der Industrie- zur Informationsgesellschaft entwickeln.[16] Angesichts der Computertechnologie und den damit verbundenen Möglichkeiten, verschiedene Informationen zu vernetzen bzw. zu verarbeiten, ist die Information zur *"Ware"*[17] geworden. Diese technologische Entwicklung hat auch vor dem Strafrecht keinen Halt gemacht. In diesem Zusammenhang seien nur die inzwischen gesetzlich verankerten Möglichkeiten der Rasterfahndung, des 'genetischen Fingerabdrucks' oder der Speicherung der Ergebnisse molekulargenetischer Untersuchungen (DNA-Identifizierungsmuster) in einer zentralen Datei beim BKA (zentrale DNA-Analyse-Datei) erwähnt.

Der elektronisch überwachte Hausarrest ist erstmals in den USA Anfang der 80er Jahre eingesetzt worden. Angesichts hoffnungslos überfüllter Haftanstalten und immer knapper werdenden öffentlichen Kassen sind auch ökonomische Aspekte in den Blickpunkt strafrechtlicher Reformen gerückt. In diesem Zusammenhang schien die Idee, Straffällige zu Hause zu überwachen, eine kostengünstige Alter-

---

[7] *Hilger* in: Verhandlungen des 59. Deutschen Juristentages Hannover 1992, Band II (Sitzungsberichte), S. O 144.

[8] *Garstka*, DuD 1998, S. 64.

[9] *Walter*, ZfStrVo 1999, S. 287 (294).

[10] *Lindenberg*, Überwindung der Mauern, S. 19.

[11] So *Burghard*, Kriminalistik 1999, S. 435.

[12] TV-Today, Ausgabe Nr. 4/2003 für den Zeitraum vom 8. bis 21.02.2003, S. 59.

[13] *Hofstätter* in: Menne (Hrsg.), Philosophische Probleme von Arbeit und Technik, S. 24 ff.

[14] *Jaspers*, Vom Ursprung und Ziel der Geschichte, S. 129.

[15] *Amelung*, Jura 1988, S. 393 ff.

[16] *Kiefer*, Auf dem Weg in die Informationsgesellschaft, S. 23 ff; *Steinbuch*, RDV 1988, S. 1 ff.

[17] *Schmitt Glaeser* in: Isensee/Kirchhof (Hrsg.), HdbStaatsR, Band VI - Freiheitsrechte, § 129, Rn 6.

native zum Freiheitsentzug in einer Vollzugsanstalt darzustellen. Ende der 70er, Anfang der 80er Jahre war die Gefangenenzahl in den USA mit 300.000 so hoch wie niemals zuvor.[18] Eine Entlastung der Gefängnisse durch die Einrichtung von offenem Vollzug und Freigängeranstalten wurde nicht erreicht. Bis Ende der 90er Jahre hat sich in den USA die Verhängung der Freiheitsstrafe mehr als verdoppelt, obgleich eine entsprechende Kriminalitätsentwicklung nicht zu beobachten war.[19] Derzeit befinden sich ungefähr zwei Millionen Menschen in Haft, also jeder 138. US-Bürger.[20] Vor dem Hintergrund notorisch überfüllter Gefängnisse ist der elektronisch überwachte Hausarrest als sich anbietende Alternative eingeführt worden. Er kommt zwischenzeitlich in allen Bundesstaaten der USA zum Einsatz.

In der Bundesrepublik Deutschland ist, soweit ersichtlich, erstmals 1987 in der Fachzeitschrift 'Kriminalistik' über den *"Heim-Knast"*[21] berichtet worden. Obgleich weder in Europa noch in Deutschland ein ähnlicher Anstieg der Gefangenenrate wie in den USA zu verzeichnen war, haben auch hier die Gefangenenzahlen zugenommen und zu einem starken Belegungsanstieg geführt. Dies hat die Suche nach neuen ambulanten Sanktionsmöglichkeiten sowie Reformüberlegungen hinsichtlich des Ausbaus bestehender Alternativen verstärkt. In diesem Zusammenhang schwappte die Idee der elektronischen Überwachung Straffälliger von den USA nach Europa. Angesichts der fortgeschrittenen technologischen Entwicklung war der elektronisch überwachte Hausarrest nicht mehr bloße Utopie, sondern konnte in die Realität umgesetzt werden. Während in den USA und Kanada bereits in den 80er Jahren Modellversuche zur elektronischen Überwachung von Straffälligen durchgeführt wurden, hat sich diese ambulante Sanktionsform in Teilen Europas erst in den 90er Jahren etabliert: In Großbritannien, Schweden und den Niederlanden ist der elektronisch überwachte Hausarrest inzwischen fester Bestandteil des Sanktionensystems. Modellprojekte gibt es derzeit in Frankreich, Spanien, Italien, Portugal, Belgien und der Schweiz. Die Einsatzbereiche des elektronisch überwachten Hausarrestes innerhalb des Sanktionensystems differieren dabei ebenso wie die Ausgestaltung der jeweiligen Überwachungsprogramme, ihre Größenordnung und die mit der elektronischen Überwachung verfolgten Ziele. Beispielsweise wird EM in Schweden in erster Linie zur

---

[18] *Conrad*, Crime & Delinquency 26 (1980), No. 1, S. 83 (84).
[19] *Best*, ZfStrVo 1997, S. 259 (261).
[20] *Arloth*, GA 2001, S. 307.
[21] Kriminalistik 1987, S. 159, 214.

Vermeidung kurzer Freiheitsstrafen eingesetzt, insbesondere bei Straftätern, die wegen Trunkenheit im Straßenverkehr verurteilt worden sind. In den Niederlanden hingegen werden überwiegend Verurteilte im letzten Abschnitt ihrer Haft unter elektronische Überwachung gestellt, um eine vorzeitige Entlassung zu ermöglichen, und in den USA und England soll die elektronische Kontrolle unter anderem Untersuchungshaft vermeiden. Die Ausgestaltung der Programme in technischer und organisatorischer Hinsicht ist ebenfalls von Land zu Land unterschiedlich. In Schweden und den Niederlanden ist die Unterbringung im elektronisch überwachten Hausarrest gleichzeitig mit einer intensiven Betreuung der Probanden durch die Bewährungshilfe verbunden.

Bis heute ist der Einsatz der 'elektronischen Fußfessel' in der Bundesrepublik Deutschland eines der umstrittensten Themen der kriminalpolitischen Diskussion. Bereits auf dem 59. Deutschen Juristentag in Hannover im Jahre 1992 haben Praktiker und Wissenschaftler Reformvorschläge bei den strafrechtlichen Sanktionen ohne Freiheitsentzug diskutiert, unter anderem die Möglichkeit eines elektronisch überwachten Hausarrestes. Der Beschluss der 68. Konferenz der Justizministerinnen und -minister vom 11. bis 12. Juni 1997 in Saarbrücken zu TOP II. 15 - ''*Elektronisch überwachter Hausarrest - eine neue Form der Haftvermeidung?*'' hat die kontrovers geführte Diskussion über EM als ambulante Alternative zur Freiheitsstrafe in Politik, Wissenschaft und Praxis endgültig entfacht. Die Minister hatten Berichte Berlins und Hamburgs über Ergebnisse bisher vorgenommener Prüfungen von Anwendungsmöglichkeiten und in Betracht kommender Zielgruppen für die Erprobung der elektronischen Überwachung in der Bundesrepublik Deutschland sowie die Absicht der Berliner Senatorin für Justiz, eine Bundesratsinitiative zur Änderung des Strafvollzugsgesetzes einzuleiten, die auch in Deutschland die Ersetzung einer an sich zu verbüßenden Freiheitsstrafe durch einen elektronisch überwachten Hausarrest gestattet, zur Kenntnis genommen.

Wie angekündigt, brachte das Land Berlin 1997 einen Gesetzesantrag zur Änderung des Strafvollzugsgesetzes in den Bundesrat ein, der die Landesregierungen ermächtigen sollte, durch Rechtsverordnungen Regelungen zur Erprobung des elektronisch überwachten Hausarrestes als Vollzugslockerung zu treffen. Der vom Bundesrat 1999 geänderte Entwurf eines Gesetzes zur Änderung des Strafvollzugsgesetzes ist in der ersten Lesung am 07. Oktober 1999 erwartungsgemäß kontrovers diskutiert worden. Eine abschließende Beratung des Gesetzentwurfes hat bis heute nicht stattgefunden.

Auf der Grundlage der derzeit bestehenden gesetzlichen Regelungen ist im Rahmen eines auf zwei Jahre beschränkten Modellprojektes im Amts- und Landgerichtsbezirk Frankfurt am Main der elektronisch überwachte Hausarrest in Deutschland ab dem 02. Mai 2000 zur Anwendung gelangt. Auch nach der probeweisen Einführung der elektronischen Überwachung ist die Diskussion über die kriminalpolitischen, verfassungsrechtlichen und rechtspolitischen Auswirkungen nicht abgeebbt, vielmehr wird die Debatte um den Einsatz des elektronisch überwachten Hausarrestes weiterhin lebhaft geführt. Das Meinungsspektrum reicht von der Empfehlung als taugliches Instrument, um Freiheitsentzug zu vermeiden und einen humanen Rechtsstaat auch im Strafvollzug zu realisieren, bis zur vehementen Ablehnung wegen Verstoßes gegen die durch Art. 1 Abs. 1 GG garantierte Menschenwürde. Kritiker befürchten die Entstehung eines 'Orwellschen Überwachungsstaates' und qualifizieren die elektronische Überwachung *"mit ihrer ausschließlichen Individualoptik eher [als] Klotz am Bein der Zukunft einer rationaleren Kriminalpolitik"*[22] in der Bundesrepublik, als *"... Sanktion, die sich im unteren Delinquenzbereich als ganz neue Art der Bürgergängelung etablieren könnte"*[23], sowie als *"Einfallstor für legale Möglichkeiten der elektronischen Totalüberwachung und Ausforschung"*.[24] Neben den verfassungsrechtlichen Problemen werden gravierende kriminalpolitische Bedenken geäußert: EM entlaste nicht die Justizvollzugsanstalten, sondern die engere Kontrolle der Straffälligen trage dazu bei, dass im Ergebnis mehr Personen in den Strafvollzug überstellt werden. Ferner wird vor einer Verflechtung des Strafvollzuges mit der Privatwirtschaft gewarnt. Der elektronisch überwachte Hausarrest könnte sich *"als Einstieg zum Ausstieg aus dem Strafvollzugsgesetz erweisen"*.[25] Er stelle keine wirkliche Alternative zum Freiheitsentzug dar, vielmehr sei die elektronische Fußfessel ein Beispiel für die aktuelle Kriminalpolitik, die Entpersönlichungstendenzen in der Sanktionierung aufweise. Die Paarung *"technischen Machbarkeitsglaubens ... mit autoritären Konfliktlösungsmustern"*[26] kennzeichne die drohende

---

[22] *Reindl*, BewHi 1999, S. 73 (78).
[23] *Köhler*, NK 2/2000, S. 10.
[24] *Kaiser*, Kriminologie, § 94, Rn 20.
[25] *Walter* in: Abschlussbericht der Kommission zur Reform des strafrechtlichen Sanktionensystems, S. 159 (161).
[26] *Ostendorf*, BewHi 2002, S. 302 (312).

30

Entwicklung zu einem *"Sicherheitsstrafrecht mit verblassender Rechtsstaatlichkeit"*.[27]

Von anderer, eher konservativer Seite wird moniert, dass der Strafvollzug durch einen Aufenthalt zu Hause bei Bier und Weißwurst ersetzt werde. Die Anordnung des elektronisch überwachten Hausarrestes könne keinen Ersatz für die Freiheitsstrafe darstellen: Die strafrechtliche Sanktion dürfe sich nicht darin erschöpfen, *"dass Straftaten gemütlich vor dem Fernsehapparat 'gesühnt' werden."*[28] Die Allgemeinheit würde die elektronische Überwachung als Bagatellisierung der Strafe empfinden.

Befürworter hingegen sehen den elektronisch überwachten Hausarrest als kostengünstige und humane Alternative zur Inhaftierung und als *"letzte Chance"*[29] des Straffälligen, stationären Freiheitsentzug zu vermeiden. Neben Kosteneinsparungen und der Entlastung des Strafvollzuges könnten die Stigmatisierung des Delinquenten reduziert, schädliche Prisonierungseffekte verhindert und durch eine Stabilisierung der Lebensführung des Verurteilten mittels enger Kontrolle verbunden mit therapeutischen Maßnahmen die Grundlagen der Legalbewährung geschaffen werden.[30] Überdies sei selbst bei einer lückenlosen Aufzeichnung aller Bewegungen des Verurteilten fraglich, ob die elektronische Überwachung *"tatsächlich 'erschreckender' wäre als die auf alle wesentlichen Dimensionen menschlichen Lebens erstreckte physische Kontrolle des Gefängnisses"*.[31]

Die kontroverse Debatte um den elektronisch überwachten Hausarrest und das ihm entgegengebrachte Misstrauen sind nicht zuletzt auf Ängste und Unsicherheiten im Umgang mit der neuen Überwachungstechnologie zurückzuführen, zumal die neuesten technischen Konzeptionen zur Aufenthaltskontrolle von Personen ermöglichen, die elektronische Überwachung auf alle Bewegungsabläufe des Betroffenen auszudehnen und ein kontinuierliches Bewegungsprofil zu erstellen. Zusätzlich kann mittels moderner Technik eine telefonische Stimmerkennung, eine Alkoholkontrolle per telefonischer Atemluftanalyse, eine Fernerkennung über das Telefonnetz anhand eines elektronischen Fingerabdruckes oder einer

[27] *Ostendorf*, BewHi 2002, S. 302 (311).
[28] Presseerklärung des bayerischen Justizministers *Alfred Sauter* vom 01.02.1999.
[29] *Albrecht/Arnold/Schädler*, ZRP 2000, S. 466 (467).
[30] *Schädler/Wulf*, BewHi 1999, S. 3 f; *Albrecht/Arnold/Schädler*, ZRP 2000, S. 466 (468).
[31] *Albrecht/Arnold/Schädler*, ZRP 2000, S. 466.

Kamera mit elektronischer Gesichtserkennung durchgeführt werden. Schließlich besteht rein technisch die Möglichkeit, mit dem Überwachten Kontakt aufzunehmen und auf sein Verhalten - etwa durch Elektroschocks - einzuwirken.

In Zusammenhang mit der Einführung von EM *"unter dem Diktat ökonomischer Sachzwänge"*[32] stellt sich daher vornehmlich die Frage, ob die Anordnung des elektronisch überwachten Hausarrestes eine Maßnahme ist, die verfassungsrechtlichen Grundsätzen entspricht. Ziel dieser Untersuchung ist es, neben der Erörterung grundrechtsspezifischer, ökonomischer und kriminalpolitischer Fragestellungen, die Einsatzmöglichkeiten der elektronischen Überwachung auf sanktions- und vollstreckungsrechtlicher Ebene de lege lata und de lege ferenda zu überprüfen sowie zukünftige Perspektiven einer solchen Maßnahme aufzuzeigen.

Zu Beginn der Arbeit werden zunächst die technischen Möglichkeiten der elektronischen Überwachung erläutert. Ein Blick auf die Entwicklung und Anwendungsbereiche von EM in anderen europäischen und außereuropäischen Ländern soll anschließend Aufschluss über internationale Erfahrungen geben und klären, ob diese auf die Bundesrepublik Deutschland übertragen werden können. Sodann wird die bisherige Entwicklung der elektronischen Überwachung in der Bundesrepublik Deutschland dargestellt, insbesondere der Modellversuch in Hessen und erste Erfahrungen und Erkenntnisse. Neben der Untersuchung der Verfassungskonformität des elektronisch überwachten Hausarrestes werden die kriminalpolitischen Perspektiven dieser Sanktionsalternative aufgezeigt, um hernach eine Einordnung in das bestehende Sanktionensystem vorzunehmen, die auch den inhaltlichen Schwerpunkt dieser Arbeit bildet. Letztlich geht es dabei um die Beantwortung der Frage, ob der elektronisch überwachte Hausarrest auch für das bundesdeutsche Strafsystem eine sinnvolle Sanktionsalternative darstellt oder als überflüssige Maßnahme, die nicht in das bestehende Sanktionensystem passt, zu qualifizieren ist.

---

[32] *Arloth*, GA 2001, S. 307 (316).

Erster Teil: Technische Möglichkeiten der elektronischen Überwachung

Um die mit dem elektronischen Hausarrest verbundenen Einschränkungen des Überwachten besser zeigen zu können, soll zunächst ein Blick auf die Funktionsweise der 'elektronischen Fußfessel', d.h. den technischen Ablauf der elektronischen Überwachung geworfen werden. Bei den in der Praxis überwiegend eingesetzten Geräten[33] der ersten Generation ist zwischen zwei verschiedenen Systemen zur elektronischen Überwachung zu unterscheiden: dem Aktivsystem (*Continuous Signalling* bzw. Dauersignalsystem) und dem Passivsystem (*Programmed Contact* bzw. Programmiertes Kontaktsystem). Beide Überwachungssysteme setzen einen Telefonanschluss in der Wohnung des Straffälligen voraus[34] und beschränken sich darauf, die An- bzw. Abwesenheit der überwachten Person in ihrer Wohnung zu überprüfen. Die Kontrollfunktion bezieht sich mithin nicht auf die Feststellung des jeweiligen Aufenthaltsortes außerhalb der Wohnung des Betroffenen. Die Überwachungssysteme unterscheiden sich in der Weise, dass beim Aktivsystem der Aufenthalt des Straffälligen dauerhaft überwacht wird, hingegen erfolgt beim Einsatz des passiven Systems keine lückenlose Überwachung, sondern die Anwesenheit des Straffälligen wird nur in bestimmten Zeitabständen überprüft.

A. Das Aktivsystem

Kennzeichnend für das Aktivsystem ist, dass der Überwachte einen Sender in der Größe einer Zigarettenschachtel am Arm- oder Fußgelenk trägt. Dieser sendet in kurzen Abständen chiffrierte Funksignale an einen Empfänger, der in der Wohnung des Überwachten installiert ist. Der Empfänger ist über den privaten Telefonanschluss mit einem Computer der zentralen Überwachungsstation verbunden

---

[33] In den USA gelangen auch Überwachungssysteme zur Anwendung, die keinen Telefonanschluss des Probanden voraussetzen. Da diese Systeme in der Praxis jedoch selten eingesetzt werden, soll auf ihre Beschreibung verzichtet werden. Siehe dazu: *Schmidt/Curtis* in: McCarthy (Hrsg.), Intermediate Punishments - Intensive Supervision, Home Confinement and Electronic Surveillance, S. 137 (139); *Schmidt*, Journal of Contemporary Criminal Justice 5 (1989), No. 3, S. 133 (134); *Burns*, Journal of Contemporary Law 18 (1992), No. 1, S. 75 (85 f); *Vaughn* in: McCarthy (Fn 33), S. 153 (155 ff).

[34] *Petersilia*, Federal Probation 50 (1986), No. 2, S. 50 (51); *Schmidt*, Journal of Contemporary Criminal Justice 5 (1989), No. 3, S. 133 (134); *Jolin/Rogers*, MschrKrim 73 (1990), S. 201 (203); *Lindenberg* (Fn 10), S. 71.

und leitet die Funksignale an diesen weiter. Entfernt sich der Überwachte aus dem Empfangsbereich (ca. 30 - 60 Meter vom Telefon), wird das Übertragungssignal unterbrochen und der Computer der zentralen Überwachungsstelle löst ein Signal aus. Gleichzeitig wird die Unterbrechung des Funksignals vom Computer aufgezeichnet, um anhand eines Datenabgleichs zu überprüfen, ob sich der Überwachte zur Arbeit begeben, einen Arzttermin wahrgenommen oder seine Wohnung ohne vorherige Genehmigung verlassen hat. Die entsprechenden Profildaten des Probanden werden zuvor im Computer der zentralen Überwachungsstelle gespeichert, so dass die Zeiträume, in denen sich der Überwachte in der Wohnung aufhalten muss, bekannt sind. Etwaige Manipulationen durch das Entfernen, Beschädigen oder Zerstören des Senders durch den Überwachten werden dadurch verhindert, dass derartige Versuche ein besonderes Signal an die Überwachungsstelle auslösen. Sofern die regelmäßigen Funksignale unterbrochen werden, setzt sich ein Mitarbeiter der zentralen Überwachungsstelle mit dem zuständigen Sozialarbeiter in Verbindung, der Kontakt zu dem Verurteilten aufnimmt. Die Sender werden bei den wöchentlichen Besprechungen mit den Bewährungshelfern oder Vollzugsbeamten auf ihre ordnungsgemäße Funktionsweise untersucht.[35]

B. Das Passivsystem

Bei der Anwendung des Passivsystems wird die Anwesenheit des Arrestanten nur stichprobenartig überprüft. Der Proband wird entweder nach dem Zufallsprinzip oder nach einem festgelegten Plan von dem Computer der zentralen Überwachungsstelle angerufen.[36] Der Überwachte hat seine persönliche Anwesenheit in der Wohnung zu bestätigen, wobei verschiedene Identifizierungsmethoden zur Verfügung stehen. Eine Möglichkeit besteht darin, am Arm des Überwachten einen Codeleser (*encoder*) zu befestigen und an das Telefon eine Bestätigungsbox (*verifying box*) anzuschließen. Bei einem Anruf muss der Überwachte den Codeleser in die Bestätigungsbox einführen, um dadurch seine persönliche Anwesenheit in der Wohnung zu beweisen.[37] Eine andere Variante besteht darin, dass der

---

[35] *Hofer/Meierhoefer* (Fn 3), S. 38 f; *Rush*, Northern Kentucky Law Review 13 (1987), No. 3, S. 375 (379); *Jolin/Rogers*, MschrKrim 73 (1990), S. 201 (203 f); *Schmidt*, Federal Probation 55 (1991), No. 2, S. 47.

[36] *Hofer/Meierhoefer* (Fn 3), S. 36; *Schmidt*, Journal of Contemporary Criminal Justice 5 (1989), No. 3, S. 133 (134); dies. in: Zvekic (Hrsg.), Alternatives to Imprisonment in Comparative Perspective, S. 363 (364 f); *Jolin/Rogers*, MschrKrim 73 (1990), S. 201 (203).

[37] *Schmidt*, Federal Probation 50 (1986), No. 2, S. 56 (59); dies., Journal of Contemporary Criminal Justice 5 (1989), No. 3, S. 133 (134); *Jolin/Rogers*, MschrKrim 73 (1990), S. 201 (203).

35

Überwachte nach Eingang des Anrufes durch den Computer die Überwachungsstelle zurückruft und vorher festgelegte - im Computer gespeicherte Sätze - wiederholt, sog. Stimmenkontrolle (*voice print*). Anhand eines Computerprogrammes können die Stimmenfrequenzen analysiert werden, so dass mittels einer Auswertung der Aufzeichnungen des Computers festgestellt werden kann, ob der Überwachte selbst angerufen hat. Der Vorteil dieser Überwachungsmethode besteht darin, dass der Delinquent keine 'elektronische Fußfessel' zu tragen hat. Des weiteren ist es technisch auch möglich, in der Wohnung des Betroffenen ein Bildtelefon zu installieren, um die Anwesenheit optisch zu kontrollieren. Bei einem Anruf durch den Computer muss der Überwachte die zentrale Überwachungsstelle zurückrufen und festgelegte Frontal- sowie Profilansichten zeigen. Diese sind bereits vorher im Computer programmiert worden, so dass der Monitor mittels einer Abgleichung der Daten (= Gesichtsanalyse) den Anrufer identifizieren kann. Auch diese Überwachungsmethode erfordert keine technischen Geräte, die der Betroffene an seinem Körper tragen muss.[38] Schlussendlich wird auch von Systemen berichtet, bei denen der Delinquent seine Anwesenheit durch die Eingabe eines Nummerncodes über die Telefontastatur bestätigt.[39] Von den Herstellern der elektronischen Überwachungsangebote werden neben der herkömmlichen 'elektronischen Fußfessel' und telefonischer Stimmerkennung auch Geräte zur Alkoholkontrolle mittels telefonischer Atemluftanalyse oder Fernerkennung durch das Telefonnetz mittels elektronischem Fingerabdruck angeboten.[40]

Da das Passivsystem keine kontinuierliche Überwachung des Probanden ermöglicht, sondern die Anwesenheit des Straffälligen nur zu bestimmten Zeiten überprüft wird, kommt in der Praxis zumeist das Aktivsystem zur Anwendung, um eine stärkere Kontrolle des Täters zu gewährleisten.[41] Das Passivsystem wird bei Tätern eingesetzt, die weniger schwere Straftaten begangen haben.[42]

---

[38] *Hofer/Meierhoefer* (Fn 3), S. 36 f; *Jolin/Rogers*, MschrKrim 73 (1990), S. 201 (203).
[39] *Hofer/Meierhoefer* (Fn 3), S. 37.
[40] *Lehner* in: Bundesamt für Justiz (Hrsg.), Informationen über den Straf- und Massnahmenvollzug 2+3/01, S. 4 (5).
[41] *Enos/Black/Quinn/Holman*, Alternative Sentencing - Electronically Monitored Correctional Supervision, S. 48.
[42] *Hofer/Meierhoefer* (Fn 3), S. 38.

C. Neue Technologien

Um eine kontinuierliche Aufenthaltskontrolle zu ermöglichen (sog. Systeme der zweiten Generation), sind Anfang der 90er Jahre weitere Systeme entwickelt worden. Mittels neuer technischer Geräte sollte nicht nur die 'bloße' Anwesenheit registriert werden, sondern sich der konkrete Aufenthaltsort bestimmen lassen.[43] Gegenwärtig sind zwei technische Verfahren zu unterscheiden, die zur Feststellung des Aufenthaltsortes einer Person außerhalb ihrer Wohnung genutzt werden können: erdoberflächengebundene und satellitengestützte Systeme.[44] Als Beispiel für ein erdoberflächengebundendes System kann das Systemnetz der Mobilfunkbetreiber angeführt werden. Das Mobilfunkgerät funktioniert als Sender, d.h. von ihm gehen Signale aus, die an einen Empfänger (Sendestation) gemeldet werden. Anhand dieser Daten ist der Ort des Mobilfunkgerätes ziemlich genau bestimmbar.[45] Satellitengestützte Systeme ermöglichen eine Aufenthaltskontrolle auch über weite Entfernungen. Das wohl modernste System ist das *Global Positioning System* (GPS), das zunächst für militärische Zwecke entwickelt worden war und heutzutage insbesondere zur Navigation von Schiffen, Flugzeugen und Kraftfahrzeugen zur Anwendung gelangt. Das GPS besteht aus 24 Satelliten auf einer Erdumlaufbahn, die ständig Signale an auf der Erde installierte Empfänger senden. Die übermittelten Signale (Positions- und Zeitdaten) ermöglichen eine Bestimmung des Standortes, wobei die Genauigkeit von der jeweiligen Distanz abhängt und zwischen 10 und 100 Metern beträgt.[46] Mit Hilfe des GPS kann jedes bewegliche Objekt bzw. jede Person lokalisiert werden, jedoch ist in Tunneln, unter Brücken oder im Stadtgebiet ein Empfang der von den Satelliten ausgehenden Signale nicht oder nur eingeschränkt zu verzeichnen. Für eine entsprechende Positionierung ist daher der Einsatz zusätzlicher Sensoren notwendig.[47]

Im Bereich der elektronischen Überwachung war eine Nutzung des satellitengestützten Systems lange nicht durchführbar, da die Empfänger nicht die gewünschte Größe aufwiesen oder technische Unzulänglichkeiten bezüglich der Program-

---

[43] *Hoshen/Drake*, Offender Wide Area Continuous Electronic Monitoring Systems, S. 1 f. Im Jahr 1995 startete in Pittsburgh ein Feldversuch zur Anwendung einer kontinuierlichen Aufenthaltskontrolle bei Straffälligen [*Hoshen/Sennot/Winkler*, IEEE Spectrum 32 (1995), No. 2, S. 26 (28)].
[44] *Nogala/Haverkamp*, DuD 2000, S. 31 (33).
[45] *Nogala/Haverkamp*, DuD 2000, S. 31 (33).
[46] *Blomenhofer*, Wirtschaftsschutz und Sicherheitstechnik 17 (1995), S. 208 f; *Hoshen/Drake* (Fn 43), S. 5.
[47] *Blomenhofer*, Wirtschaftsschutz und Sicherheitstechnik 17 (1995), S. 208.

mierbarkeit, des Energieverbrauchs oder der Dauerhaftigkeit des Signals verzeichnet werden mussten. Obgleich die Sender heutzutage die Größe einer Armbanduhr haben, wird weiterhin an einer Verkleinerung der Geräte gearbeitet.[48] Inzwischen werden Überwachungsgeräte der zweiten Generation angeboten: Zur Aufenthaltskontrolle von Personen werden Aktivsysteme in Verbindung mit GPS angeboten, die als dauerhafte Raum-Ortungssysteme funktionieren. Ein zusätzlicher mobiler GPS-Empfänger steht mit dem am Körper des Überwachten befestigten Sender in Verbindung und zeichnet die Bewegungen des Betroffenen auf oder übermittelt sie über sog. Empfangsstationen an die Überwachungszentrale.[49] Dadurch ist die Erstellung eines lückenlosen Bewegungsprofils des Delinquenten möglich. Nachteilig wirkt sich neben den hohen Kosten die Tatsache aus, dass das Gerät ca. 1,5 kg wiegt und mit einem Schulterriemen getragen werden muss. Der Kontakt zu einer 'Fußfessel' gewährleistet, dass der Träger das Überwachungsgerät nicht unerlaubt entfernt.[50] Die Systeme der zweiten Generation kommen heute in den USA und Kanada regelmäßig zur Anwendung.[51]

Der Entwicklung von Programmen zur Aufenthaltsfeststellung von Personen sind technologisch keine Grenzen gesetzt. Das Orwellsche Szenario eines Überwachungsstaates nimmt bei Überlegungen in den USA und Kanada, den Sender, den ein Straftäter während der elektronischen Überwachung zu tragen hat, technisch mit einem rückkoppelnden Fernwirkungsmechanismus so auszugestalten, dass bei Verletzung der Aufenthaltsbeschränkung durch den Delinquenten per Fernbedienung ein Elektroschock ausgelöst wird, mithin eine Sanktionierung des Täters unmittelbar nach seinem Verstoß erfolgen kann (sog. Systeme der dritten Generation)[52], konkret Gestalt an. Die US-amerikanische Firma *MIKOS* stellt derartige Programme bereits zur Verfügung.[53] Überdies wird von einigen Herstellerfirmen erwogen, Sender in Form eines Chips bei den jeweiligen Straftätern zu implantieren.[54] Mit Hilfe der implantierten Sender sollen u.a. biochemische Messungen

---

[48] *Nogala/Haverkamp*, DuD 2000, S. 31 (34).
[49] *Nogala/Haverkamp*, DuD 2000, S. 31 (34).
[50] *Lehner* (Fn 40), S. 4 (5).
[51] *Zehnder/Lehner* in: Bundesamt für Justiz, Informationen über den Straf- und Massnahmenvollzug 2/02, S. 3.
[52] *Hoshen/Sennot/Winkler*, IEEE Spectrum 32 (1995), No. 2, S. 26 (27); *Nogala*, NK 4/1996, S. 17 f.
[53] *Nogala/Haverkamp*, DuD 2000, S. 31 (34).
[54] *Enos/Black/Quinn/Holman* (Fn 41), S. 151; *Renzema*, Journal of Offender Monitoring 6 (1993), No. 4, S. 16.

(z.B. des Alkoholgehaltes im Blut, Drogenscreening) durchgeführt werden können, um die Einhaltung der dem Delinquenten erteilten Auflagen zu überwachen.[55] Darüber hinaus werden von Firmen 'Fußfesseln' für Kleinkinder, Jugendliche und an Demenz leidende Senioren angeboten werden, um damit den Anwendungsbereich der Technik zu erweitern und den Absatzmarkt zu vergrößern.[56]

Die aufgezeigten Anwendungsmöglichkeiten verdeutlichen, dass die Nutzung der
Technik wohlbedacht sein muss. Das bloße Vorhandensein technischer Machbar-
keit darf nicht dazu führen, *"nur noch das Wie und Wo der Nutzung zu diskutie-
ren und nicht mehr das Ob."*[57]

---

[55] *Schrempf*, Datenschutz bei TEMEX, S. 41; *Tinnefeld* in: Tinnefeld/Philipps/Weis (Hrsg.), Die dunkle Seite des Chips, Herrschaft und Beherrschbarkeit neuer Technologien, S. 47 (50). Der Einsatz solcher Geräte steht, soweit ersichtlich, in Europa nicht zur Debatte.
[56] *Nogala/Haverkamp*, DuD 2000, S. 31 (38).
[57] *Walter* (Fn 25), S. 159 (160).

Zweiter Teil: Die Entwicklung des elektronisch überwachten Hausarrestes in den USA

Das Institut des Hausarrestes existiert seit mehreren Jahrhunderten und wurde in vergangener Zeit nicht als strafrechtliche Sanktion, sondern als politisches Instrument gegen Dissidenten verhängt.[58] Die technische Ausgestaltung des Hausarrestes, d.h. die Idee, mit Hilfe der Technik den Aufenthalt von Personen zu bestimmen und zu überwachen, ist bereits über 40 Jahre alt.

A. Die Versuche des Ralph Schwitzgebel

Bereits Anfang der 60er Jahre entwickelte *RALPH SCHWITZGEBEL* - Professor für Psychologie an der Universität Harvard - ein Überwachungssystem für Menschen. Er beabsichtigte die Anwendung der elektronischen Überwachung nicht nur im Bereich der Medizin für Herzpatienten, Geisteskranke und geistig zurückgebliebene Personen, Diabetiker und Epileptiker, sondern dachte insbesondere auch an die Überwachung von Straffälligen[59], wobei er sein System als ein elektronisch gesteuertes Wiedereingliederungsprogramm für bedingt Entlassene (*electronic rehabilitation system for parolees*) bezeichnete.[60] Die elektronische Apparatur, die der Überwachte bei sich tragen musste, bestand aus einem Sendegerät und einer Batterie, wobei das Sendegerät im Abstand von 30 Sekunden Signale ausstieß, die verschiedene Empfangsstationen aktivierten. Die Reichweite des Überwachungssystems und die Genauigkeit, mit der der Aufenthalt des Betroffenen ermittelt werden konnte, hing dabei weitestgehend von der Anzahl der

---

[58] *Lilly/Ball*, Northern Kentucky Law Review 13 (1987), No. 3, S. 343 (359 f); *Jolin/Rogers*, MschrKrim 73 (1990), S. 201 (202).

[59] *Schwitzgebel*, Law and Society Review 1969, S. 597 (598, 600 ff).

[60] *Schwitzgebel*, Law and Computer Technology 2 (1969), No. 3, S. 9 ff; ders., Law and Society Review 1969, S. 597 ff.

installierten Empfangsstationen ab.[61] Neben dem Aufenthaltsort wurde zum Teil auch die Herzfrequenz des Überwachten übermittelt.[62]

Das entwickelte Überwachungssystem sollte bestimmten rückfallgefährdeten Straffälligen durch die permanente Kontrolle des Aufenthaltsortes eine gefahrlose Entlassung ermöglichen, die anderenfalls im Strafvollzug verblieben wären. Die Verhinderung erneuter Straffälligkeit konnte nach Auffassung *SCHWITZGEBELS* durch sein System der elektronischen Überwachung in verschiedener Weise gefördert werden: Erstens bewirke die permanente Überwachung des Delinquenten, dass er wegen der Möglichkeit der Entdeckung des Rückfalls weniger Straftaten begeht.[63] Zweitens werde der Straffällige nicht aus seinem gewohnten sozialen Umfeld gerissen, sondern könne weiterhin in der Gesellschaft arbeiten und leben.[64] Drittens stelle die elektronische Überwachung eine therapeutische Hilfe für den Straffälligen in Form von häufigerer und unkomplizierterer Kommunikation dar: Der Bewährungshelfer könne durch die Sendung von bestimmten Signalen den Straffälligen auffordern, sich zu melden.[65] Gleichzeitig betonte er aber auch, dass nichts gewonnen und viel verloren wäre, wenn angesichts des bestehenden Enthusiasmus, die Kriminalität zu senken und Gefängnisse abzuschaffen, die Welt durch die elektronische Überwachung selbst in ein Gefängnis verwandelt würde.[66]

SCHWITZGEBEL ließ sich seine entwickelte Apparatur 1969 patentieren[67], jedoch geriet sein Überwachungssystem in Vergessenheit. Maßgeblich dafür dürfte der hohe technische und damit kostenintensive Aufwand gewesen sein, denn die

---

[61] *Schwitzgebel*, Law and Computer Technology 2 (1969), No. 3, S. 9 (10); ders., Law and Society Review 1969, S. 597 (599); *Gable*, Journal of Criminal Justice 14 (1986), S. 167 (168); *Fox*, Australian & New Zealand Journal of Criminology 20 (1987), S. 131.

[62] *Schwitzgebel*, Law and Society Review 1969, S. 597 (599); *Gable*, Journal of Criminal Justice 14 (1986), S. 167 (168); Harvard Law Review 80 (1966), S. 403. Im Rahmen einer Studie sind sechzehn Teilnehmer elektronisch überwacht worden, wobei sich jedoch bereits am fünften Tag nur noch sieben, am zehnten Tag nur noch vier und am fünfunddreißigsten Tag nur noch zwei Teilnehmer an dem Projekt beteiligten. Die Probanden waren nicht länger bereit, sich der strengen elektronischen Überwachung zu unterziehen. Der letzte Teilnehmer brach den Versuch nach 167 Tagen ab [*Schwitzgebel*, Law and Computer Technology 2 (1969), No. 3, S. 9 (11); ders., Law and Society Review 1969, S. 597 (600)].

[63] *Schwitzgebel*, Law and Society Review 1969, S. 597 (598).

[64] *Schwitzgebel*, Law and Society Review 1969, S. 597 (605 f).

[65] *Schwitzgebel*, Law and Society Review 1969, S. 597 (603).

[66] *Schwitzgebel*, Law and Society Review 1969, S. 597 (611).

[67] *Gable*, Journal of Criminal Justice 14 (1986), S. 167 (168).

41

zahlreichen Empfangsstationen mussten am Wohnort, an der Arbeitsstelle und den Alltagsplätzen des Überwachten errichtet werden.[68]

Neben *SCHWITZGEBEL* hat *MEYER* 1971 einen Vorschlag zur elektronischen Überwachung unterbreitet: Er stellte sich ein Überwachungssystem vor, das alle größeren Städte der USA erfassen und Millionen von Kriminellen und Inhaftierten einbeziehen sollte. Technisch war vorgesehen, dass der Betroffene einen Sender trägt und sowohl in den Gebäuden als auch draußen entlang der Straßen Empfangsstationen installiert werden, wobei die Informationen über die Telefonleitungen an einen Zentralcomputer übermittelt werden sollten. Obgleich ein solches System nicht realisiert worden ist, war *MEYER* einer der ersten, der ein Programm für die Nutzung von elektronischen Überwachungsystemen in großem Umfang vorstellte.[69]

B. Intensivüberwachung und Intensivbewährung

Vorläufer des elektronisch überwachten Hausarrestes war in den 70er Jahren der (nicht elektronisch) überwachte Hausarrest. Hausarrestprogramme (sog. *home confinement programs*[70]) sind in den USA erstmalig im Jahre 1971 in St. Louis für jugendliche Straftäter zur Anwendung gelangt. Die Jugendlichen sind von Sozialarbeitern betreut worden, die täglich mit ihnen, den Eltern und den Lehrern persönlich Kontakt aufgenommen haben.[71] Später ist der Hausarrest auch auf erwachsene Straftäter ausgedehnt worden: Florida führte 1983 ein *home confinement program* ein, welches sich dadurch auszeichnet, dass während der Dauer des Hausarrestes regelmäßiger Kontakt zu einem Betreuer besteht, der die Einhaltung der Arrestzeiten und der zusätzlich angeordneten Auflagen überwacht, auch abends und am Wochenende.[72] Hintergrund der Entwicklung von Hausarrestprogrammen war die Überbelegung der Gefängnisse in den USA, eine wachsende

---

[68] *Lindenberg* (Fn 10), S. 68; *Burns*, Journal of Contemporary Law 18 (1992), No. 1, S. 75 (81).
[69] *Gable*, Journal of Criminal Justice 14 (1986), S. 167 (168 f).
[70] Der ursprünglich auch in den USA verwandte Begriff "*house arrest*" ist inzwischen von der Bezeichnung "*home confinement*" abgelöst worden (*Renzema* (Fn 1), S. 41 f). Unter den Begriff "*home confinement*" fallen nächtliche Ausgehverbote, die Anordnung, die Wohnung nur zum Arbeiten oder Einkaufen zu verlassen, und die Anweisung, sich 24 Stunden täglich in der Wohnung aufzuhalten (*Hofer/Meierhoefer*, (Fn 3), S. 5).
[71] *Lilly/Ball*, Northern Kentucky Law Review 13 (1987), No. 3, S. 343 (360 f).
[72] *Blomberg/Waldo/Burcroff* in: McCarthy (Fn 33), S. 169 (171 f).

42

staatliche Finanzkrise sowie die öffentliche Forderung, Delinquenten hart zu bestrafen.[73]

Angesichts des enormen Anstieges der Gefängnispopulation und der Überfüllung der Justizvollzugsanstalten[74] sahen sich die Gerichte gezwungen, die Strafen in zunehmendem Maße zur Bewährung auszusetzen, und zwar auch dann, wenn eine ungünstige Sozialprognose bestand oder bereits ein Rückfall des Täters vorlag. Die Strafaussetzung auch bei Risikoprobanden führte dazu, dass ein Großteil der Verurteilten während der Bewährungszeit erneut straffällig und verurteilt wurde.[75] Der Anstieg der Rückfälligkeitsrate hat zu erheblicher Kritik an dem Institut der Strafaussetzung zur Bewährung und der Praxis der Gerichte geführt. Es wurde die Forderung laut, das Augenmerk auf den Schutz der Allgemeinheit und die Kontrolle der Straftäter zu richten.[76] Es wurden neue, insbesondere strengere Formen der Bewährung entwickelt, deren primäres Ziel die Verringerung der Gefängniskosten durch Reduzierung der Gefangenenzahlen war, um das Problem der Überbelegung der Haftanstalten zu lösen. Die Sicherheit der Allgemeinheit sollte dadurch gefördert werden, dass die aus der Haft entlassenen Verurteilten einer strengen Überwachung unterliegen und ihnen durch die Anordnung von Wiedergutmachungsleistungen und gemeinnütziger Arbeit eine höhere Verantwortung abverlangt wird.[77] Die Entwicklung der verschiedenen Programme zur Intensivüberwachung basierte mithin auf der Überlegung, das Risiko, dass der Straffällige während der Bewährungszeit neue Straftaten begeht, zu senken, indem ihm die Gelegenheit zur Begehung weiterer Delikte genommen wird, und zwar durch strikte Regelung und Überwachung seines jeweiligen Aufenthaltsortes und seines Verhaltens verbunden mit der verstärkten Drohung, bei Verletzung der Aufenthaltsbestimmungen inhaftiert zu werden und mit Konsequenzen rechnen zu müs-

[73] *Blomberg/Waldo/Burcroff* (Fn 72), S. 169 (171); *Renzema* (Fn 1), S. 41 (46 f); *Enos/Black/Quinn/Holman* (Fn 41), S. 33; *DeJong/Franzeen*, Journal of Crime and Justice 16 (1993), No. 1, S. 47 (50); *Schmidt* (Fn 36), S. 363.
[74] Siehe dazu *Enos/Black/Quinn/Holman* (Fn 41), S. 45 f; *Weigend*, BewHi 1989, S. 289 ff; *Hudy*, Elektronisch überwachter Hausarrest, S. 19 ff; *Wittstamm*, Elektronischer Hausarrest?, S. 21 ff.
[75] *Petersilia*, Federal Probation 51 (1987), No. 2, S. 56 ff; *Lurigio/Petersilia* in: Byrne/Lurigio/Petersilia (Fn 1), S. 3 (5); *Smith/Akers*, Journal of Research in Crime and Delinquency 30 (1993), No. 3, S. 267 (269).
[76] *Byrne*, Federal Probation 50 (1986), No. 2, S. 4.
[77] *Lurigio*, Federal Probation 51 (1987), No. 1, S. 16 f; *Clear/Hardyman*, Crime & Delinquency 36 (1990), No. 1, S. 42 (47); *Byrne*, Crime & Delinquency 36 (1990), No. 1, S. 6; *Charles*, Federal Probation 53 (1989), No. 2, S. 3.

43

sen.[78] Gleichzeitig durfte die Bevölkerung nicht den Eindruck gewinnen, dass die beabsichtigte Entlastung der Gefängnisse zu Lasten ihrer Sicherheit geht.[79] Angestrebt wurde daher eine harte Sanktionierung der Straffälligen.[80] Die strengen Überwachungsformen boten angesichts ihrer im Vergleich zur normalen Bewährung hohen Eingriffsintensität in die Lebensführung des Straffälligen eine sofortige Lösung der Überbelegungsproblematik, die nicht in Widerspruch zur 'get-tough'-Einstellung der Bevölkerung stand.[81] Zu nennen ist zunächst die sog. *shock probation*, die Freiheitsentzug mit einer Strafaussetzung zur Bewährung verbindet.[82] Im Rahmen dieses Programmes wird dem Richter die Möglichkeit eröffnet, Straffällige frühzeitig aus dem Gefängnis zu entlassen und sie unter Bewährung zu stellen, wobei das Gericht die Zeitdauer der Unterstellung festlegt. Der Straffällige soll durch den mit seiner kurzzeitigen Inhaftierung verbundenen Schock abgeschreckt werden, in Zukunft erneut straffällig zu werden.[83]

Eine weitere Innovation stellte die Intensivbewährung [*intensive probation supervision* (IPS)] oder Intensivüberwachung (*intensive probation surveillance*) dar, die die Überwachung und Kontrolle der Probanden betonte und in deren Rahmen der Verurteilte besonders strengen Regelungen bezüglich seines Tagesablaufes und seiner allgemeinen Lebensführung unterworfen ist.[84] IPS kann unterschiedlich ausgestaltet werden. Die Möglichkeiten reichen von einer intensiven Betreuung durch einen Bewährungshelfer durch (täglichen) persönlichen oder telefonischen Kontakt, der Pflicht zur Leistung gemeinnütziger Arbeit, Drogen- und Alkoholkontrolle, Zahlung einer Überwachungsgebühr (*probation* oder *restitution fee*), Wiedergutmachung des Schadens bis hin zur Auferlegung einer (nächtlichen)

---

[78] *Harland/Rosen*, Federal Probation 51 (1987), No. 4, S. 33 (34).
[79] *Byrne*, Crime & Delinquency 36 (1990), No. 1, S. 6 (14); *McCarthy* (Fn 33), S. 1 (2); *Erwin*, Federal Probation 50 (1986), No. 2, S. 17.
[80] *McCarthy* (Fn 32), S. 1 (2); *Byrne*, Crime & Delinquency 36 (1990), No. 1, S. 6.
[81] *Byrne*, Federal Probation 50 (1986), No. 2, S. 4 (6); *Lurigio*, Federal Probation 51 (1987), No. 1, S. 16.
[82] *Enos/Black/Quinn/Holman* (Fn 41), S. 18.
[83] *Latessa/Vito*, Journal of Criminal Justice 16 (1988), S. 319 (320).
[84] *Enos/Black/Quinn/Holman* (Fn 41), S. 33.

Ausgangssperre (*curfew*).[85] Gemeinsam ist allen Programmen, dass sie in erster Linie auf die Überwachung und Kontrolle der Straffälligen gerichtet sind.[86]

Die hohen Erwartungen, die mit der Intensivüberwachung verbunden waren, sind nicht erfüllt worden. Die strenge Überwachung der Straffälligen führte dazu, dass vermehrt Verletzungen der formal einzuhaltenden Regeln registriert werden mussten, beispielsweise die Weigerung des Verurteilten, sich zu melden.[87] Der Widerruf der Maßnahme erfolgte demnach nicht wegen neu begangener Straftaten, sondern vorwiegend wegen Verstoßes des Delinquenten gegen die ihm auferlegten Regeln.[88] Ferner konnte die mit IPS erstrebte Kosteneffizienz nicht realisiert werden.[89] Eine signifikante Senkung der Gefängnispopulation wurde nicht erreicht.[90] Die Kosten der Unterbringung eines Straffälligen in einem Intensivüberwachungsprogramm waren sechsmal höher als bei seiner Betreuung im Rahmen 'normaler' Bewährung.[91] Infolgedessen war die Allgemeinheit von den zunächst Erfolg versprechenden Intensivbewährungsprogrammen enttäuscht und in Bezug auf eine schnelle Überwindung der Krise des Strafvollzuges ernüchtert. In einem politischen Umfeld, das bereit war, strengere Sanktionen zu akzeptieren, ist nach neuen Alternativen gesucht worden, die auf der einen Seite Haftstrafe vermeiden, auf der anderen Seite jedoch eine intensive Überwachung des Verurteilten gewährleisten.[92] Es ist deshalb nicht verwunderlich, dass in diesem Zeitraum die erste Anwendung des elektronisch überwachten Hausarrestes fiel.

---

[85] *Byrne*, Federal Probation 50 (1986), No. 2, S. 4 (6 ff); *Latessa/Vito*, Journal of Criminal Justice 16 (1988), S. 319 (322); *Conrad*, Crime & Delinquency 31 (1985), No. 3, S. 411 (414); *Thomson*, Crime & Delinquency 36 (1990), No. 1, S. 146 (148); *Clear/Hardyman*, Crime & Delinquency 36 (1990), No. 1, S. 42 (53).
[86] *Byrne*, Crime & Delinquency 36 (1990), No. 1, S. 6 (18).
[87] *Clear/Hardyman*, Crime & Delinquency 36 (1990), No. 1, S. 42 (44).
[88] *Byrne*, Crime & Delinquency 36 (1990), No. 1, S. 6 (17); *Erwin*, Federal Probation 50 (1986), No. 2, S. 17 (21 f); ders., Crime & Delinquency 36 (1990), No. 1, S. 61 (63 f); *Pearson/Bibel*, Federal Probation 50 (1986), No. 2, S. 25 (29).
[89] *Byrne*, Crime & Delinquency 36 (1990), No. 1, S. 6 (23 f); *Clear/Hardyman*, Crime & Delinquency 36 (1990), No. 1, S. 42 (55 f); *Tonry*, Crime & Delinquency 36 (1990), No. 1, S. 174 (180 ff). Anders für das IPS-Programm in Georgia: *Erwin*, Federal Probation 50 (1986), No. 2, S. 17 (24); ders., Crime & Delinquency 36 (1990), No. 1, S. 61 (63); *Bennett*, Corrections Today 1995, S. 86.
[90] *Byrne*, Crime & Delinquency 36 (1990), No. 1, S. 6 (23); *Tonry*, Crime & Delinquency 36 (1990), No. 1, S. 174 (177 ff).
[91] *Tonry*, Crime & Delinquency 36 (1990), No. 1, S. 174 (181).
[92] *McCarthy* (Fn 33), S. 1 (5); *Enos/Black/Quinn/Holman* (Fn 41), S. 46.

C. Die Idee des Jack Love

Die erste staatlich angeordnete Anwendung des elektronisch überwachten Hausarrestes zur Überwachung Straffälliger ist auf eine Idee des Bezirksrichters *JACK LOVE* aus Albuquerque, New Mexico, zurückzuführen. Dieser soll im Sommer 1977 in einer Zeitung einen Comic strip über *Spiderman* gelesen haben. In dieser Comicgeschichte wurde *Spiderman* von *King Ping* (einem Verbrecher) ein nicht zu lösendes elektronisches Armband angelegt und mit dessen Hilfe unbemerkt überwacht. *LOVE* war von dieser Idee fasziniert und wollte sie für den Bereich des Strafvollzuges nutzbar machen, um die überfüllten Gefängnisse zu entlasten.[93] Mitursächlich für sein Engagement sollen die Gefängnisunruhen in Santa Fe im Jahr 1980 sein, als zwei von ihm wegen Vergehen und in Ermangelung einer Alternative zur Freiheitsstrafe verurteilte Straffällige ums Leben gekommen sind.[94] Mittels einer elektronischen Überwachung sollte daher die Möglichkeit geschaffen werden, bestimmte Straffällige vor den Härten des Strafvollzuges zu bewahren.

LOVE bat *MICHAEL GOSS*, ein entsprechendes technisches System zu entwerfen. Dieser gründete 1983 zur Herstellung eines solchen Überwachungssystems die Firma *NIMCOS* (= *National Incarceration Monitor and Control Services, Inc.*). Die elektronischen Fußbänder (sog. *GOSSlinks*) bestanden aus einem Sender in der Größe einer Zigarettenschachtel, der am Fußgelenk befestigt wurde, und funktionierten wie das beschriebene Aktivsystem.[95]

LOVE führte 1983 einen Selbstversuch durch, indem er über drei Wochen das elektronische Fußband trug und verurteilte alsbald nach Abschluss dieses Experiments Straffällige zum Tragen des elektronischen Fußbandes. Insgesamt kam das System bei fünf Delinquenten zum Einsatz. Der erste elektronisch Überwachte war ein 30jähriger Straftäter, der wegen Verstoßes gegen die ihm erteilten Bewährungsauflagen für die Dauer von einem Monat unter elektronisch überwachten Hausarrest gestellt wurde. Die elektronische Überwachung ist dabei als zusätzliche Weisung erteilt worden.[96] Die Versuche endeten nach fünfmaliger Anwen-

---

[93] *Burns*, Journal of Contemporary Law 18 (1992), No. 2, S. 75 (77); *Gable*, Journal of Criminal Justice 14 (1986), S. 167 (169); *Lindenberg*, KrimJ 24 (1992), S. 187.
[94] *Fox*, Australian & New Zealand Journal of Criminology 20 (1987), S. 131 (139); *Renzema* (Fn 1), S. 41 (44).
[95] *Gable*, Journal of Criminal Justice 14 (1986), S. 167 (169); *Renzema* (Fn 1), S. 41 (44).
[96] *Fox*, Australian & New Zealand Journal of Criminology 20 (1987), S. 131.

dung, weil finanzielle Schwierigkeiten der Firma bestanden und technische Probleme des Systems auftraten, die nicht umgehend gelöst werden konnten.

Obgleich *GOSS* frühzeitig ein Überwachungssystem zur Verfügung gestellt hatte, ist regelmäßig erst das von *THOMAS MOODY* entwickelte Aktivsystem ab Dezember 1983 in Key Largo, Florida eingesetzt worden. Dort sind insgesamt zwölf Straffällige für die Dauer von sechs Monaten unter elektronisch überwachten Hausarrest gestellt worden.[97] Das elektronische Überwachungssystem *MOODYS* gelangte bis zum Jahre 1985 zur Anwendung. Danach ist in Florida die Überwachung Straffälliger der Firma *PRIDE, Inc.* übertragen worden.[98]

D. Die Ausdehnung von EM

Die elektronische Überwachung von Straffälligen in New Mexico und Florida hat in den USA lebhaftes Interesse hervorgerufen. 1985 hatten Florida, Kentucky, Oregon, Utah und Michigan Hausarrestprogramme eingeführt. Bereits zwei Jahre später operierten 21 Staaten mit der elektronischen Überwachung im Rahmen von Hausarrestprogrammen[99], wobei Inhalt, Ausgestaltung und Zielgruppe der jeweiligen Programme nicht nur von Bundesstaat zu Bundesstaat, sondern auch von Gerichtsbezirk zu Gerichtsbezirk differierten. Obgleich gegen die Anwendung von EM verfassungsrechtliche Bedenken geltend gemacht worden sind, beispielsweise wurden der Schutz des Einzelnen vor unrechtmäßigen Durchsuchungen und Beschlagnahmen von Privaträumen und Privatbesitz (*fourth amendment*)[100], der *nemo tenetur* Grundsatz (*fifth amendment*)[101], das Verbot der grausamen und unmenschlichen Bestrafung (*eighth amendment*)[102] und der Gleichheitsgrundsatz (*fourteenth amendment*) erörtert[103], gibt es heute in den USA keinen Bundesstaat, in dem die elektronische Überwachung nicht zur Anwendung

---

[97] *Beck/Klein-Saffran/Wooten*, Federal Probation 54 (1990), No. 4, S. 22 (23).
[98] *Renzema* (Fn 1), S. 41 (45).
[99] *Beck/Klein-Saffran/Wooten*, Federal Probation 54 (1990), No. 4, S. 22 (23).
[100] *Berry*, Justice Quarterly 2 (1985), No. 1, S. 1 (3 f); *Blomberg/Waldo/Burcroff* (Fn 72), S. 169 (177), vgl. dazu auch die Bedenken in Harvard Law Review 80 (1966), S. 403 (416).
[101] *del Carmen/Vaughn*, Federal Probation 50 (1986), No. 2, S. 60 (65); Harvard Law Review 80 (1966), S. 403 (416).
[102] *del Carmen/Vaughn*, Federal Probation 50 (1986), No. 2, S. 60 (66).
[103] *Vaughn* (Fn 33), S. 153 (158); *del Carmen/Vaughn*, Federal Probation 50 (1986), No. 2, S. 60 (66 f); *Petersilia*, Federal Probation 50 (1986), No. 2, S. 50 (54); *Hofer/Meierhoefer* (Fn 3), S. 43; *Rackmill*, Federal Probation 58 (1994), No. 1, S. 45 (50).

gelangt.[104] Der elektronisch überwachte Hausarrest bildet einen festen Bestandteil des amerikanischen Sanktionensystems. Er gelangt dabei in verschiedenen Aus-gestaltungen in unterschiedlichen Stadien des Strafverfahrens zur Anwendung: etwa im Rahmen der Strafaussetzung zur Bewährung, der Reststrafenaussetzung, zur Vermeidung von Untersuchungshaft oder als eigenständige Sanktion.[105]

I. Einzelne Hausarrestprogramme

Angesichts der Vielzahl der Überwachungsprogramme ist eine umfassende Be-schreibung und Erörterung derselben im Rahmen dieser Arbeit nicht möglich. Kriminalpolitischer Hintergrund der Einführung von EM war in allen Bundesstaa-ten die *"Krise des amerikanischen Strafvollzuges"*[106], d.h. die chronische Über-belegung der Strafvollzugsanstalten.[107] Übereinstimmung besteht bei den Pro-grammen insoweit, als sie die Erfüllung bestimmter Teilnahmevoraussetzungen sowie die Zustimmung des Betroffenen und aller im Haushalt lebenden Personen erfordern. Der Proband muss geordnete Wohnverhältnisse aufweisen, über ein Telefon verfügen und einer Beschäftigung nachgehen. Darüber hinaus sehen die meisten Programme die Teilnahme an bestimmten Therapiemaßnahmen und die Übernahme der Kosten für EM vor.[108] Die elektronische Überwachung erfolgt in der Regel über das Telefon in der Wohnung des Arrestanten. Dabei steht es dem Delinquenten frei, die elektronische Überwachung jederzeit abzubrechen und sei-ne Strafe in der Strafvollzugsanstalt zu verbüßen.[109] Die Entwicklung der Hausar-restprogramme in den USA soll im Folgenden beispielhaft an drei verschiedenen Hausarrestprogrammen erläutert werden, die EM als Alternative zu kurzen Haft-strafen, im Rahmen vorzeitiger Entlassung und zur Vermeidung von Untersu-chungshaft einsetzen.

---

[104] *Marc Renzema*, Kutztown University of Pennsylvania, Persönliche Mitteilung vom 29.04.2002.
[105] *Payne/Gainey*, Journal of Criminal Justice 28 (2000), No. 6, S. 497 (498).
[106] *Weigend*, BewHi 1989, S. 289.
[107] *Maxfield/Baumer*, Crime & Delinquency 36 (1990), No. 4, S. 521; *Lurigio/Petersilia* (Fn 75), S. 3 f; *Enos/Black/Quinn/Holman* (Fn 41), S. 45 f.
[108] *Papy/Nimer*, Federal Probation 55 (1991), No. 1, S. 31; *Palm Beach County*, Florida Sheriff's Department in: McCarthy (Fn 33), S. 181 (183 f); *Maxfield/Baumer*, Crime & Delinquency 36 (1990), No. 4, S. 521 (524 f). Sofern EM zur Vermeidung von Untersuchungshaft zur Anwendung gelangt, ist keine Überwachungsgebühr zu leisten, da Voraussetzung der elektronischen Überwa-chung i.d.R. die fehlende Stellung einer Kaution ist.
[109] *Blomberg/Waldo/Burcroff* (Fn 72), S. 169 (174).

1. Das Florida Community Control Program

Das *Florida Community Control Program* (FCCP) ist als Alternative für Straffällige, die anderenfalls eine Haftstrafe erhalten hätten, entwickelt worden.[110] Die gesetzliche Grundlage dieses Projektes stellt der *Florida Correctional Reform Act 1983* dar, durch den der Bundesstaat Florida den Hausarrest als Sanktionsform unter der Bezeichnung *community control* in das strafrechtliche Sanktionensystem implementierte.[111] Bei der Planung dieses Projektes stand die personelle Überwachung im Vordergrund. Durch die intensive Überwachung sollte sichergestellt werden, dass der Delinquent seine Wohnung nicht verlässt, es sei denn, um seiner Arbeit nachzugehen oder gemeinnützige Arbeit zu leisten.[112] Elektronisch überwachter Hausarrest war zu Beginn des FCCP nur für eine als problematisch eingestufte Minderheit der Delinquenten vorgesehen und wurde auch nur versuchsweise eingesetzt.[113] Angesichts der Tatsache, dass eine 24stündige Überwachung jedoch nicht ohne den Einsatz elektronischer Geräte erreicht werden konnte, hat das *Florida Department of Corrections* begonnen, verschiedene Programme und Überwachungsgeräte auf ihre Anwendungsfähigkeit zu untersuchen.[114] Ab April 1987 wurde die elektronische Überwachung auf der Grundlage des Programmes *community control II* vermehrt zur besseren Kontrolle der Delinquenten angewandt.[115]

Im Rahmen des FCCP kam anfangs ein passives Überwachungssystem (*electronic telephone robot*) zur Anwendung, das sich dadurch auszeichnete, dass ein Zentralcomputer zufallsbedingt bei dem zu Überwachenden anrief. Konnte der Kontakt zu dem Arrestanten nicht hergestellt werden, unternahm der *telephone robot* einen zweiten Versuch, Kontakt zu dem Straffälligen herzustellen. Sofern auch der zweite Versuch zur Kontaktaufnahme fehlschlug, wurde der zuständige Be-

---

[110] *Baird/Wagner*, Crime & Delinquency 36 (1990), No. 1, S. 112 (113 f); *Smith/Akers*, Journal of Research in Crime and Delinquency 30 (1993), No. 3, S. 267 (271).

[111] *Papy/Nimer*, Federal Probation 55 (1991), No. 1, S. 31. Die Definition der durch die Gesetzesänderung neu eingeführten Sanktion lautet: "*Community control means a form of intensive supervised custody, including surveillance on weekends and holidays, administered by officers with restricted caseloads. Community control is an individualized program in which the freedom of an offender is restricted within the community, home or noninstitutional residential placement and specific sanction are imposed and enforced.*" (Florida Statutes - FS 948:001).

[112] *Blomberg/Waldo/Burcroff* (Fn 72), S. 169 (172); *Flynn*, Corrections Today 1986, S. 64.

[113] *Flynn*, Corrections Today 1986, S. 64 (66).

[114] *Papy/Nimer*, Federal Probation 55 (1991), No. 1, S. 31.

[115] *Cerquone*, Corrections Today 1987, S. 127.

währungshelfer benachrichtigt.[116] Neben dem Passivsystem ist ab 1987 auch das Aktivsystem zur elektronischen Überwachung der Straffälligen[117] und ab 1988 die Überwachung mittels Spracherkennung eingesetzt worden.[118]

Der Strafrichter oder die Kommission für bedingte Entlassungen bestimmen die konkreten Arrestzeiten sowie die weiteren Bewährungsauflagen im Einzelfall, die zu einem späteren Zeitpunkt geändert oder aufgehoben werden können. Der Hausarrest wird längstens für die Dauer von zwei Jahren angeordnet und kann bereits vorher durch Gerichtsbeschluss beendet werden.[119] Ferner ist unter anderem vorgesehen, dass der Straffällige mindestens 140 Stunden gemeinnützige Arbeit leistet, einen monatlichen Betrag zur Wiedergutmachung an das Opfer zahlt und auf Wunsch des Bewährungshelfers Urin- und Blutproben abgibt sowie Atemalkoholanalysen vornimmt und diese bezahlt.[120]

Das FCCP ist heute das größte Hausarrestprogramm in den USA.[121] Durch die Einführung von EM ist die bei der Implementierung des FCCP im Vordergrund stehende personelle Überwachung nicht obsolet geworden, vielmehr kommt sie in Florida heute nach wie vor neben der elektronischen Überwachung zum Einsatz.[122]

2. Das Palm Beach County's In-House Arrest Work Release Program

Im Dezember 1984 startete in Palm Beach das sog. *Palm Beach County's In-House Arrest Work Release Program*. An diesem Programm durften nur Straftäter teilnehmen, die nicht wegen Mordes, Totschlages, bewaffneten Raubes, Drogenmissbrauchs, Kindesmisshandlung, Vergewaltigung oder anderer Sexualstraftaten verurteilt worden waren.[123] Weitere Voraussetzung für die Aufnahme in das Pro-

---

[116] *Papy/Nimer*, Federal Probation 55 (1991), No. 1, S. 31 (32).

[117] *Cerquone*, Corrections Today 1987, S. 127; *Papy/Nimer*, Federal Probation 55 (1991), No. 1, S. 31 (32).

[118] *Papy/Nimer*, Federal Probation 55 (1991), No. 1, S. 31 (32); *Renzema* (Fn 1), S. 41 (45).

[119] *Flynn*, Corrections Today 1986, S. 64 (68); *Blomberg/Waldo/Burcroff* (Fn 72), S. 169 (172).

[120] *Blomberg/Waldo/Burcroff* (Fn 72), S. 169 (171 f); *Flynn*, Corrections Today 1986, S. 64 (66). Die Kosten für die personelle Überwachung in Höhe von monatlich US $50 hat der Straffällige selbst zu tragen; bei elektronischer Überwachung, kommen zusätzlich US $30 hinzu (*Papy/Nimer*, Federal Probation 55 (1991), No. 1, S. 31).

[121] *Smith/Akers*, Journal of Research in Crime and Delinquency 30 (1993), No. 3, S. 267.

[122] *Baird/Wagner*, Crime & Delinquency 36 (1990), No. 1, S. 112 (115).

[123] *Palm Beach County*, Florida Sheriff's Department (Fn 108), S. 181 (183).

gramm war zunächst die Teilnahme an einem herkömmlichen *work release program*. Dieses sah vor, dass die Delinquenten die Strafvollzugsanstalt tagsüber verließen, um ihrer Arbeit nachzugehen und abends zurückkehrten.[124] Nach einer gewissen Zeitdauer wurden die Betroffenen aus der Haft entlassen und unter elektronisch überwachten Hausarrest gestellt, d.h. tagsüber gingen sie einer Beschäftigung nach, und während der Arrestzeiten hielten sie sich in ihrer Wohnung auf.[125]

Das Konzept des *In-House Arrest Work Release Programs* ist von den Initiatoren als überaus erfolgreich eingestuft worden. Innerhalb eines Jahres hatten 87 Delinquenten an dem Projekt teilgenommen, wobei die durchschnittliche Verweildauer in dem Programm 55 Tage betrug. Nur einer der überwachten Straffälligen ist geflohen und zwei weitere sind wegen der Begehung neuer Straftaten inhaftiert worden. Neun Teilnehmer mussten zurück in die Haftanstalt überstellt werden, und zwar wegen Verlust des Arbeitsplatzes oder familiärer Probleme.[126] Im Übrigen waren durch die Entrichtung der Überwachungsgebühren bereits Anfang Januar 1986 87 % der für die Anschaffung des Überwachungssystems aufgewendeten Kosten zurückgezahlt worden.[127]

3. Das Marion County Pretrial Release Program

1986 begann in Marion County, Indiana ein Modellversuch, um die Einsatzmöglichkeiten der elektronischen Überwachung zur Vermeidung von Untersuchungshaft einzuschätzen. Das Projekt ist jedoch nicht beendet worden. Vielmehr wandte die kommunale Strafbehörde die elektronische Überwachung in der Folgezeit nur auf bereits Verurteilte an (*postconviction home detention program*). Unter dem Druck der gerichtlichen Anordnung, die Gefängnispopulation zu reduzieren, ist das Überwachungsprogramm für Untersuchungshäftlinge im Jahre 1988 wiederbelebt und in das Sanktionensystem implementiert worden.[128]

---

[124] *Palm Beach County*, Florida Sheriff's Department (Fn 108), S. 181 (183); *Friel/Vaughn*, Federal Probation 50 (1986), No. 3, S. 3 (9). Das Projekt ist vergleichbar mit der nach § 11 Abs. 1 Nr. 1 StVollzG bestehenden Möglichkeit des Freiganges.
[125] *Friel/Vaughn*, Federal Probation 50 (1986), No. 3, S. 3 (9). Eine Überwachungsgebühr war in Höhe von US $9 pro Tag zu zahlen [*Palm Beach County*, Florida Sheriff's Department (Fn 108), S. 181 (183 f)].
[126] *Palm Beach County*, Florida Sheriff's Department (Fn 108), S. 181 (184).
[127] *Palm Beach County*, Florida Sheriff's Department (Fn 108), S. 181 (186).
[128] *Maxfield/Baumer*, Crime & Delinquency 36 (1990), No. 4, S. 521 (523).

Im Rahmen des *Marion County Pretrial Release Programs* wurden nur solche Gefangenen elektronisch überwacht, deren Entlassung aus der Untersuchungshaft gegen das Versprechen, nach Aufforderung wieder vor Gericht zu erscheinen, nicht in Betracht kam oder die weder eine Kaution aufbringen noch einen Bürgen stellen konnten. Weitere Kriterien, die bei der Auswahl der Straffälligen eine Rolle spielten, waren die angeklagte Straftat, etwaige Vorstrafen, die derzeitigen Lebensumstände und die Dauer des Gefängnisaufenthaltes.[129] Obgleich das Programm anfangs nur für Delinquenten vorgesehen war, die wegen eines Vergehens angeklagt worden waren, ist es später auch auf Personen ausgedehnt worden, denen bestimmte gewaltlose Verbrechen zur Last gelegt wurden, da nur eine geringe Anzahl der Untersuchungsgefangenen die Voraussetzungen zur Teilnahme an dem Hausarrestprogramm erfüllte.[130]

Im Rahmen des *Marion County Pretrial Release Program* gelangte das Passivsystem zur Anwendung. Die Überwachungsintensität hing dabei von der Anzahl der Tage ab, die der Straffällige bereits im elektronisch überwachten Hausarrest verbracht hatte. Sofern innerhalb des ersten Monats der elektronischen Überwachung keine Verstöße des Delinquenten gegen die Aufenthaltsbestimmungen festgestellt wurden, verringerten sich die Anrufe und Kontrollbesuche. Ferner wurde dem Arrestanten erlaubt, seine Wohnung für vier Stunden pro Woche zu verlassen.[131]

Der Hausarrest wurde ursprünglich erst angeordnet, wenn der Untersuchungsgefangene bereits zwei Wochen inhaftiert war. Dem Straftäter sollte ermöglicht werden, innerhalb dieser Zeit noch einen Kautionsbetrag zu hinterlegen. Später ist dieser Zeitraum auf fünf Tage herabgesetzt worden.[132] Mit dieser Regelung sollte der Gefahr eines sog. Netzausweitungseffektes begegnet werden. Unter dem Begriff des *net-widening* Effekts wird die Erweiterung des Netzes der sozialen Kontrolle auf bisher nicht einbezogene gesellschaftliche Gruppen verstanden.[133] Der Begriff "*net-widening*" basiert auf einer Analogie zu einem Fischernetz: Wenn

---

[129] *Maxfield/Baumer*, Crime & Delinquency 36 (1990), No. 4, S. 521 (524).
[130] *Maxfield/Baumer*, Crime & Delinquency 36 (1990), No. 4, S. 521 (524 f).
[131] *Maxfield/Baumer*, Crime & Delinquency 36 (1990), No. 4, S. 521 (526).
[132] *Maxfield/Baumer*, Crime & Delinquency 36 (1990), No. 4, S. 521 (525).
[133] *Heinz/Storz*, Diversion im Jugendstrafverfahren der Bundesrepublik Deutschland, S. 92; *McMahon*, British Journal of Criminology 30 (1990), No. 2, S. 121 ff.

das Netz weiter geöffnet wird, werden mehr Fische in dem Netz gefangen.[134] Insbesondere bei der Einführung ambulanter Sanktionen wird befürchtet, dass sie nicht den Freiheitsentzug verringern, sondern bei gleichbleibenden Inhaftierungszahlen zur Ergänzung der Freiheitsstrafe beitragen, z.B. wenn im Jugendstrafverfahren nicht nach § 170 Abs. 2 StPO eingestellt wird, sondern gemäß §§ 45, 47 JGG.[135] Eine Erweiterung des Netzes der sozialen Kontrolle kann auch durch Steigerung der Intensität und Dauer der Kontrolle erfolgen.[136]

Die Unterbringung im elektronisch überwachten Hausarrest wurde auf 90 Tage beschränkt. Sofern nach Ablauf dieser 90 Tage noch keine Entscheidung getroffen worden war, wurde der Arrestant i.d.R. gegen das Versprechen, nach Aufforderung zur gerichtlichen Verhandlung zu erscheinen, aus dem Hausarrestprogramm entlassen. Diese Handhabung beruhte auf der Annahme, dass bei einer Person, die 90 Tage erfolgreich an dem Programm teilgenommen hatte, die Fluchtgefahr und das Risiko einer erneuten Inhaftierung als gering einzustufen sind.[137]

Der bestehende Zwang, mit dem Programm eine Vielzahl von Personen zu erreichen, hat eine sorgfältige Auswahl geeigneter Teilnehmer ausgeschlossen und in der Folge zur Entlassung einiger höherer Risikoprobanden geführt.[138] Dennoch ist das Programm insgesamt positiv bewertet worden: Der Einsatz des elektronisch überwachten Hausarrestes spare Haftplätze ein, weil diejenigen Probanden, die ein geringes Risiko hinsichtlich der Begehung weiterer Vergehen darstellten, nicht inhaftiert würden. Die strenge Form der Überwachung schütze zusätzlich die Allgemeinheit vor weiteren Straftaten während der Vorbereitungsphase des Prozesses.[139] Das Programm zur Vermeidung von Untersuchungshaft in Marion County stellt inzwischen einen wesentlichen Bestandteil des Strafverfahrensprozesses dar.[140]

---

[134] *Schmidt*, Federal Probation 55 (1991), No. 2, S. 47 (49); dies. (Fn 36), S. 363 (371).

[135] *Janssen* in: Kerner (Hrsg.), Diversion statt Strafe?, S. 15 (38).

[136] *Heinz/Storz* (Fn 133), S. 93.

[137] *Maxfield/Baumer*, Crime & Delinquency 36 (1990), No. 4, S. 521 (527).

[138] *Maxfield/Baumer*, Crime & Delinquency 36 (1990), No. 4, S. 521 (527 f).

[139] *Maxfield/Baumer*, Crime & Delinquency 36 (1990), No. 4, S. 521 (534). In der Literatur wird jedoch auch betont, dass pretrial release programs keine Allheilmittel sind und die Grenzen der Technologie, insbesondere die Tatsache, dass der elektronisch überwachte Hausarrest kein 'elektronisches Gefängnis' darstellt, das den Arrest des Delinquenten und den Schutz der Allgemeinheit garantiert, berücksichtigt werden müssten [*Cadigan*, Federal Probation 55 (1991), No. 1, S. 26 (27)].

[140] *Maxfield/Baumer*, Crime & Delinquency 36 (1990), No. 4, S. 521 (524).

II. Gegenwärtige Anwendung des elektronischen Hausarrestes

Derzeit werden in den USA nach Schätzungen ungefähr zwischen 60.000 und 75.000 Menschen pro Tag elektronisch überwacht. Genaue statistische Angaben sind nicht möglich, weil ein einheitlicher Modus der Datenerhebung fehlt.[141] Dabei existieren in jedem Bundesstaat der USA Hausarrestprogramme, die nicht nur zwischen den einzelnen Bundesstaaten, sondern auch innerhalb der Staaten, d.h. den jeweiligen Gerichtsbezirken, zum Teil stark variieren.[142] Zwischen dem elektronischen Hausarrest und der Intensivbewährung bestehen heute in den USA zum Teil fließende Übergänge. Oftmals wird der elektronisch überwachte Hausarrest im Rahmen von IPS als ein die Überwachung verstärkendes Element eingesetzt.[143] Allein von 1985 bis 1995 sind über 100 Intensivüberwachungsprogramme zur Anwendung gelangt.[144] Bis heute sind ungefähr 1.500 Projekte durchgeführt worden.[145] Es unterscheiden sich nicht nur die Teilnahmevoraussetzungen (z.B. Verurteilung wegen eines Vergehens, Zahlung einer Überwachungsgebühr), sondern auch die Zielgruppen und die Verfahrenszeitpunkte für den Einsatz des elektronischen Hausarrestes. Aus dem amerikanischen Sanktionensystem ist EM nicht mehr wegzudenken.

---

[141] *Whitfield*, BewHi 1999, S. 44 (46 f). Andere gehen von über 100.000 Personen pro Tag aus [*Tonry*, European Journal on Criminal Policy and Research 7 (1999), No. 1, S. 5 (12)]. *RENZEMA* vermutet, dass zwischen 50.000 und 125.000 Personen täglich überwacht werden, wobei Systeme, die mit Stimmenverifikation arbeiten, nicht in die Schätzung einbezogen worden sind. Ca. 1.000 Personen werden in den USA per GPS elektronisch überwacht (Kutztown University of Pennsylvania, Persönliche Mitteilung vom 29.04.2002).
[142] *Haverkamp*, Datenschutz Nachrichten 4/1998, S. 21; *Wittstamm* (Fn 74), S. 45 ff. Siehe zu weiteren Hausarrestprogrammen: *Cooprider/Kerby*, Federal Probation 54 (1990), No. 1, S. 28 ff; *Clear/Shapiro*, Federal Probation 50 (1986), No. 2, S. 42 ff; *Erwin*, Federal Probation 50 (1986), No. 2, S. 17 ff; *Buggisch*, ZRP 2002, S. 38 ff.
[143] *Erwin*, Crime & Delinquency 36 (1990), No. 1, S. 61 (65). In Kalifornien, Colorado, Idaho, Illinois, Kentucky, Michigan, New Jersey, New Mexico, New York, Oklahoma, Oregon, Utah und Virginia werden Hausarrestprogramme mit einer elektronischen Überwachung verbunden [*Blomberg/Waldo/Burcroff* (Fn 72), S. 169 (170)].
[144] *Petersilia*, Federal Probation 62 (1998), No. 2, S. 3 (4). Angesichts der Vielfältigkeit der Programme existiert auch keine einheitliche Terminologie für die IPS-Programme: Sie werden als *intensive surveillance, house arrest, community control, electronic surveillance, home incarceration* oder *home confinement* bezeichnet [*Blomberg/Waldo/Burcroff* (Fn 72), S. 169 (170)].
[145] *Zehnder/Lehner* (Fn 51), S. 3 (4).

Dritter Teil: Der elektronisch überwachte Hausarrest in anderen europäischen und außereuropäischen Staaten

Nach der raschen Verbreitung des elektronischen Hausarrestes in den USA folgten neben Kanada[146] und Australien[147] auch Neuseeland[148], Singapur[149] und Südafrika[150] dem amerikanischen Vorbild und setzten die 'elektronische Fußfessel' zur Überwachung straffälliger Personen ein. Der elektronisch überwachte Hausarrest findet heute in allen vorgenannten Ländern Anwendung.

Seit Anfang der 90er Jahre hat die elektronische Überwachung auch in Europa Einzug gehalten. Sowohl in Großbritannien, Schweden und den Niederlanden als auch in Belgien, der Schweiz, Spanien, Portugal, Italien und Frankreich kommt der elektronisch überwachte Hausarrest mittlerweile als fest etablierte Maßnahme des jeweiligen Strafsystems oder im Rahmen von Modellversuchen zur Anwendung.[151] Ausschlaggebend für den Einsatz von EM war in allen Ländern der enorme Anstieg der Gefangenenzahlen und die daraus resultierende Überbelegung der Gefängnisse.[152] Die Überfüllung der Gefängnisse und die Finanznot der Länder gaben Anlass, Alternativen zum herkömmlichen Strafvollzug zu erproben, um langfristig Vollzugskosten einzusparen.[153] Eine wirkungsvolle und kostengünstige Alternative zum stationären Freiheitsentzug wurde in der elektronischen Überwachung von Straffälligen gesehen.[154] Südafrika und Portugal suchten vornehmlich nach einer Alternative zur Untersuchungshaft, da hier die Untersuchungshaftraten

---

[146] *Landreville*, Canadian Journal of Criminology 37 (1995), No. 1, S. 39 (47 f); *Mainprize*, Canadian Journal of Criminology 34 (1992), No. 2, S. 161 (170 ff); *Bonta/Wallace-Capretta/Rooney*, Electronic Monitoring in Canada, S. 5; dies., Crime & Delinquency 46 (2000), No. 1, S. 61 (62).

[147] *Challinger* in: Zvekic (Fn 36), S. 267 ff; *Whitfield*, The Magic Bracelet, S. 75 f; *Whitfield*, BewHi 1999, S. 44 (48).

[148] *Church/Dunstan*, Home Detention - The Evaluation of the Home Detention Pilot Programme 1995 - 1997, S. 13; *Whitfield* (Fn 147), S. 77.

[149] *Whitfield* (Fn 147), S. 74.

[150] *Whitfield* (Fn 147), S. 77.

[151] *Conférence Permanente Européenne de la Probation (CEP)*, Electronic Monitoring in Europe, Report of the CEP Workshop Egmond aan Zee, Netherlands 10-12 May 2001, S. 5 ff; *Laboratoire Européen Associé*, Bilanz (1998 - 2001) und Perspektiven (2002 - 2006), S. 28 f (www.iuscrim.mpg.de/forsch/onlinepub/LEA_Bilanz_Deutsch.pdf).

[152] Siehe u.a.: *Mair/Nee*, Electronic Monitoring: The Trials and Their Results, S. 3; *Haverkamp*, BewHi 1999, S. 51; *Eidgenössisches Justiz- und Polizeidepartement*, Informations- und Pressedienst, Electronic Monitoring (EM) als alternative Form der Strafverbüssung, S. 3 f; *Pratt*, Australian & New Zealand Journal of Criminology 23 (1990), S. 105 (107).

[153] *Eidgenössisches Justiz- und Polizeidepartement* (Fn 152), S. 3 f.

[154] *Bonta/Wallace-Capretta/Rooney* (Fn 146), S. 4.

sehr hoch waren.[155] Der Einsatz der elektronischen Überwachung soll in allen Ländern

• den Straf- und Untersuchungshaftvollzug entlasten,
• Kosten senken,
• Stigmatisierungs- und Prisonierungseffekte durch die Haft vermeiden,
• den vermehrten und flexiblen Einsatz ambulanter Maßnahmen, ggf. in Kombination (z.B. gemeinnütziger Arbeit), ermöglichen und
• die Resozialisierungschancen vergrößern,

d.h. durch die Kombination aus Hilfe und Kontrolle die Basis für eine verbesserte Legalbewährung schaffen. Im Folgenden sollen die Gemeinsamkeiten und Unterschiede der in den Ländern zum Einsatz gelangenden Hausarrestprogramme aufgezeigt werden, insbesondere die einzelnen Anwendungsbereiche, die konkrete Durchführung und bisherige Erfahrungen und Ergebnisse.

A. Persönliche Teilnahmevoraussetzungen

In allen Ländern müssen die Probanden bestimmten Anforderungen genügen, damit die elektronische Überwachung eingesetzt werden kann. Die Voraussetzungen, die zur Teilnahme an EM erfüllt sein müssen, sind in allen Ländern ähnlich: Gefordert wird

• ein fester Wohnsitz,
• ein Telefonanschluss,
• eine sinnvolle (auch unentgeltliche) Beschäftigung (z.B. Arbeit, Ausbildung oder Studium) im Mindestumfang von 20 Stunden wöchentlich und
• die Zustimmung des Probanden.

Weil der festgelegte Tagesablauf durch elektronische oder personelle Kontrollen Auswirkungen auf die Mitbewohner hat, ist die Einwilligung der im selben Haus-

---

[155] *Ministério da Justiça*, Instituto de Reinserção Social, The Portuguese Pilot Project On Electronic Monitoring, S. 1; *Whitfield* (Fn 147) S. 77 f.

halt lebenden Personen erforderlich.[156] Unter Umständen sind auch der Arbeitge-
ber, die Schule (bei Kindern und Jugendlichen) oder Ärzte und Therapeuten von
der Unterbringung im elektronischen Hausarrest zu informieren, um entsprechende Kontrollen und Nachfragen vornehmen zu können. Der Proband darf nicht
fluchtgefährdet oder gemeingefährlich sein und muss die Bereitschaft und Fähig-
keit mitbringen, sich an die vereinbarten Arrestzeiten zu halten.[157] In einigen Ländern wird die Teilnahme an einem Therapieprogramm gefordert. Beispielsweise
müssen die Straffälligen im Bundesstaat Neufundland, Kanada, zusätzlich zur
elektronischen Überwachung an einem sog. *Learning Resources Program* (LRP)
teilnehmen. Das LRP stellt ein intensives Behandlungsprogramm dar und beinhaltet pro Woche neun Gruppenstunden für ein kognitives Verhaltensprogramm. Die
Behandlung umfasst in erster Linie die beiden Problembereiche Suchtmittelmissbrauch und Selbstkontrolle/Selbstbeherrschung. Darüber hinaus werden individuelle Beratungsgespräche angeboten.[158] Im Rahmen des Modellversuchs der autonomen Region Katalonien, Spanien, ist der elektronisch überwachte Hausarrest
als Teil einer individuellen Behandlung inklusive Suchttherapie, Arbeits- und
Ausbildungsförderung und familiärer Problembewältigung zur Anwendung gelangt.[159] In Schweden wird oftmals von der Bewährungshilfe ein sog. 'Motivati-
onskurs' durchgeführt, in dem Fragen über die Konsequenzen der Straffälligkeit,
Konfliktbewältigung usw. erörtert werden.[160] Ferner hat der Delinquent in einigen
Ländern die Kosten für die elektronische Überwachung zu übernehmen. In
Schweden muss der Überwachte eine Gebühr in Höhe von 50 SEK pro Tag zah-
len, die in einen Verbrechensopferfonds fließt. Diese Überwachungsgebühr darf

---

[156] *Bundesamt für Justiz*, Informationen über den Straf- und Massnahmenvollzug 3/99, S. 4. Siehe
auch § 3 der Verordnung des Kantons Basel-Landschaft über den Vollzug von Freiheitsstrafen in
der Form des Electronic Monitoring vom 03. August 1999, SGS 261.42; *Swedish Prison and Probation Service*, Imprisonment - but served at home and at work, S. 2; *Somander*, Intensive Supervision with Electronic Monitoring, S. 4; *Spaans*, Scientific Research and Documentation Centre 49
(1996), S. 73; *Ministerie van Justitie*, Dienst Justitiële Inrichtingen, Electronic monitoring - a new
alternative for detention, S. 3, *Droogendijk* in: Kawamura/Reindl (Hrsg.), Strafe zu Hause - Die
elektronische Fußfessel, S. 45 (50); *CEP* (Fn 151), S. 9; *Ministère de la Justice*, Le placement sous
surveillance electronique, S. 1 f; *Ministério da Justiça* (Fn 155), S. 2.
[157] *Droogendijk* (Fn 156), S. 45 (50); *Bundesamt für Justiz*, Informationen über den Straf- und
Massnahmenvollzug 2/99, S. 3; *Bonta/Wallace-Capretta/Rooney* (Fn 146), S. 14.
[158] *Bonta/Wallace-Capretta/Rooney* (Fn 146), S. 12.
[159] *CEP* (Fn 151), S. 10.
[160] *von Hofer* in: Jehle (Hrsg.), Täterbehandlung und neue Sanktionsformen, S. 349 (352); Haverkamp, Elektronisch überwachter Hausarrestvollzug, S. 132 f.

58

den Gesamtbetrag von 3.000 SEK (ca. €350) nicht übersteigen.[161] Sofern die Betroffenen den Betrag nicht aufbringen können, wird von der Erhebung der Überwachungsgebühr abgesehen.[162] Im Kanton Basel-Landschaft, Schweiz, haben die Probanden einen Kostenbeitrag von 20 CHF pro Tag zuzüglich der Telefongebühren zu leisten. Auch hier kann der Kostenbeitrag verringert oder ganz erlassen werden, soweit dies unter Berücksichtigung der persönlichen und finanziellen Verhältnisse des Überwachten geboten ist.[163] Hingegen werden in den Niederlanden, Großbritannien und Schottland keine Kosten erhoben.[164] In Schweden besteht während der Überwachungszeit zudem ein striktes Alkohol- und Drogenverbot.[165]

Im Hinblick auf die begangenen Straftaten haben nicht wenige Länder wegen schwerwiegender Taten Verurteilte von den Hausarrestprogrammen ausgeschlossen, insbesondere Gewalt- und Sexualstraftäter. In erster Linie sind ungefährliche Straftäter mit einer relativ günstigen Prognose zur elektronischen Überwachung vorgesehen (sog. *low risk offenders*).[166] In Schweden werden vorwiegend Verkehrsstraftäter im elektronisch überwachten Hausarrest untergebracht.[167] Unter elektronischen Hausarrest dürfen in der Schweiz keine Delinquenten gestellt werden, die drogenabhängig, gemeingefährlich oder aufgrund ihrer negativen Sozialprognose als ungeeignet einzustufen sind. Grundsätzlich ausgeschlossen ist keine Deliktsgruppe. Nur im Kanton Genf werden wegen Fahrens in angetrunkenem Zustand verurteilte Täter nicht im elektronisch überwachten Hausarrest untergebracht.[168] In Belgien sind wegen Kindesmissbrauchs und Menschenhandels verur-

---

[161] Gesetz zur Intensivüberwachung mit elektronischer Kontrolle (Lag om intensivövervakning med elektronisk kontroll), SFS (Svensk Författningssamling) 1998:618; *Somander* (Fn 156), S. 4 f; Haverkamp (Fn 160), S. 127.
[162] *Somander*, A year of intensive supervision with electronic monitoring, S. 4.
[163] *Bundesamt für Justiz* (Fn 156) S. 4. Siehe auch § 3 der Verordnung des Kantons Basel-Landschaft über den Vollzug von Freiheitsstrafen in der Form des Electronic Monitoring vom 03. August 1999, SGS (Systematische Gesetzessammlung des Kantons Basel-Landschaft) 261.42.
[164] *Spaans*, Bootcamps and electronic monitoring: the Dutch experience, S. 10; ders., BewHi 1999, S. 68 (70).
[165] *von Hofer* (Fn 160), S. 349 (351); *Haverkamp*, BewHi 1999, S. 51 (58).
[166] *Bonta/Wallace-Capretta/Rooney* (Fn 146), S. 5; *Maxfield/Baumer*, Crime & Delinquency 36 (1990), No. 4, S. 521 (524 f).
[167] *Somander* (Fn 162), S. 6.
[168] *Bundesamt für Justiz* (Fn 157), S. 5; *Zehnder/Lehner* (Fn 51), S. 3 (7).

teilte Straftäter, 'berufliche' Drogenhändler und Personen anderer Staatsangehörigkeit von der Teilnahme an EM ausgeschlossen.[169]

B. Anwendungsbereiche

Im Wesentlichen ist hinsichtlich des Einsatzes von EM zwischen zwei verschiedenen Einsatzmöglichkeiten zu differenzieren: der 'Front door'-Variante und der 'Back door'-Variante. Im ersten Fall werden kurze unbedingte Freiheitsstrafen dadurch ersetzt, daß der Verurteilte elektronisch überwacht wird.[170] Im zweiten Fall kommt die elektronische Kontrolle während der letzten Phase der Haftverbüßung zur Anwendung. Der Straffällige wird aus der Justizvollzugsanstalt entlassen und im elektronisch überwachten Hausarrest untergebracht. EM ist dann zumeist als alternative Vollzugsform ausgestaltet.[171] Daneben gelangt EM im Rahmen der Aussetzung des Vollzuges eines Haftbefehls, als Bewährungsweisung/Auflage zur Erweiterung der Strafaussetzung zur Bewährung, kombiniert mit anderen ambulanten Maßnahmen (z.B. gemeinnütziger Arbeit) oder als eigenständige Strafe zur Anwendung. Der Einsatz des elektronisch überwachten Hausarrestes in den verschiedenen Ländern soll anhand der jeweiligen Anwendungsbereiche skizziert werden.

I. Ersatz der Untersuchungshaft

Zu Beginn der Entwicklung von EM-Programmen in Europa bildete die Anwendung als Maßnahme zur Ersetzung von Untersuchungshaft einen Schwerpunkt. Dieser Anwendungsbereich ist jedoch im Laufe der Zeit etwas in den Hintergrund gerückt und spielt heute in der Praxis eher eine geringe Rolle. In Australien wird der elektronisch überwachte Hausarrest u.a. angeordnet, wenn der Betroffene keine Kaution stellen kann und deshalb in den Untersuchungshaftvollzug überstellt werden müsste (sog. Kautionsprogramme).[172] Dadurch soll sichergestellt werden, dass der Beschuldigte zur Hauptverhandlung erscheint. Infolge der hohen Anzahl der Untersuchungshäftlinge ist in Südafrika der elektronisch überwachte Hausar-

---

[169] *CEP* (Fn 151), S. 9.
[170] Siehe *Sagel-Grande* in: Jehle (Fn 160), S. 359 (365); *Justizdepartement des Kantons Basel-Stadt*, Abteilung Freiheitsentzug und Soziale Dienste, Modellversuch Electronic Monitoring - Kurzbeschrieb, S. 2.
[171] Siehe *van der Linden* in: Abschlussbericht der Kommission zur Reform des strafrechtlichen Sanktionensystems, S. 170.
[172] *Whitfield*, BewHi 1999, S. 44 (48).

rest als Teil einer Krisenstrategie akzeptiert worden.[173] Der Einsatz von EM war zwar zunächst als bloßes zeitweiliges Hilfsmittel gedacht[174]; inzwischen wird die elektronische Kontrolle jedoch im Rahmen von Versuchsprojekten als Alternative zur Untersuchungshaft eingesetzt.

Als erstes europäisches Land hat Großbritannien im Jahre 1989 ein Pilotprojekt zur elektronischen Überwachung von Untersuchungshäftlingen in drei Gerichtsbezirken - Nottingham, North Tyneside, Tower Bridge - gestartet.[175] Der Modellversuch war für einen Zeitraum von sechs Monaten geplant mit dem Ziel, den Umfang eines möglichen Einsatzes von EM zu untersuchen.[176] Da lediglich 50 Beschuldigte unter elektronischen Hausarrest gestellt worden sind, von denen über die Hälfte (29) während der elektronischen Überwachung erneut strafrechtlich in Erscheinung getreten sind oder gegen die erteilten Auflagen verstoßen haben[177], wurde der Modellversuch als Misserfolg angesehen.[178] Erst im Februar 2002 wurde erneut an die Möglichkeit, EM als Ersatz für Untersuchungshaft einzusetzen, gedacht. Als Zielgruppe wurden in erster Linie jugendliche Wiederholungstäter, die wegen Raubes oder Diebstahls verhaftet worden waren und auf den Prozessbeginn warteten, in Betracht gezogen. Dadurch sollte die Begehung weiterer Straftaten noch vor Prozessbeginn vermieden werden. Im April 2002 startete ein Pilotprojekt in elf Regionen.[179] Seit dem 01.06.2002 können in England und Wales Jugendliche zwischen 12 und 16 Jahren, die schwerer Straftaten beschuldigt werden oder wiederholt während einer Haftverschonung straffällig geworden sind, unter der Auflage, an einem elektronischen Hausarrestprogramm teilzunehmen, von der Untersuchungshaft verschont werden.[180]

Auch in Schweden kommt die elektronische Überwachung als Alternative zur Untersuchungshaft zum Einsatz, soweit keine Verdunkelungsgefahr vorliegt und

---

[173] *Whitfield* (Fn 147), S. 77 f.
[174] *Whitfield* (Fn 147), S. 78.
[175] *Collett*, Vistra 4 (1998), No. 2, S. 155 (157); *Whitfield* (Fn 147), S. 25.
[176] *Stern*, BewHi 1990, S. 335 (338); *Mair/Nee* (Fn 152), S. 8; *Richardson*, Howard Journal 38 (1999), No. 2, S. 158 (159).
[177] *Mair/Nee* (Fn 152), S. 44, Table 1; *Richardson*, Howard Journal 38 (1999), No. 2, S. 158 (160); *Whitfield* (Fn 147), S. 25.
[178] *Whitfield* (Fn 147), S. 25; *Collett*, Probation Journal 45 (1998), No. 1, S. 3 (5).
[179] Frankfurter Rundschau vom 28.02.2002 ''*London setzt auf Fußfessel*'', S. 34; Notes of the Interim Group Meeting 18 March 02 London, S. 1.
[180] *Home Office*, Criminal Policy Group, Electronic Monitoring in England and Wales, S. 1.

das Fluchtrisiko als gering einzustufen ist.[181] In Frankreich besteht ebenfalls die Möglichkeit, Untersuchungsgefangene elektronisch zu überwachen (Gesetz Nr. 2000-516 vom 15. Juni 2000). Der Untersuchungsrichter kann die Unterbringung des Betroffenen im elektronisch überwachten Hausarrest anordnen, beispielsweise auf Antrag des Beschuldigten.[182] Portugal hat am 01.01.2002 mit einem Feldversuch zur Erprobung des elektronisch überwachten Hausarrestes begonnen. Die elektronische Kontrolle gelangt als Mittel zur Durchsetzung einer Kautionsbedingung, und zwar eines Ausgehverbotes zur Anwendung. In Kombination mit der elektronischen Überwachung soll das Ausgehverbot eine Alternative zur Zurücksendung des Beschuldigten in die Untersuchungshaft darstellen.[183] Daneben ist die pädagogische Unterstützung des Straffälligen vorgesehen, um eine psychisch-emotionale Stabilisierung des Betroffenen und seine Reintegration in die Gesellschaft zu erreichen. Spezielle Hilfe soll auch in Bezug auf alternative Wohnmöglichkeiten, Therapiemaßnahmen für Drogenabhängige und die Ausübung einer beruflichen Tätigkeit gewährt werden. Im Rahmen der Entscheidung über die Anordnung eines Ausgehverbotes kann der Richter zusätzliche Weisungen erteilen, z.B. die Teilnahme an einer Suchttherapie oder die Aufnahme einer Beschäftigung. Ob der Arrestant das Ausgehverbot einhält, überprüfen Mitarbeiter einer sog. 'Vollzugseinheit'.[184]

II. Weisung/Auflage bei einer zur Bewährung ausgesetzten Freiheitsstrafe

Eher selten wird der elektronisch überwachte Hausarrest als Weisung/Auflage im Rahmen einer zur Bewährung ausgesetzten Freiheitsstrafe eingesetzt. In Saskatchewan, Kanada, wird von dieser Möglichkeit Gebrauch gemacht. Der Verurteilte erhält Intensivbewährung mit der Maßgabe, sich elektronisch überwachen zu lassen. Obwohl die Dauer der Bewährungszeit bis zu drei Jahren betragen kann, dauert der elektronisch überwachte Hausarrest i.d.R. nie länger als sechs Monate.[185] Da in Saskatchewan im Vergleich zu den anderen Bundesstaaten eine Vielzahl von Ureinwohnern inhaftiert ist, soll EM insbesondere Ureinwohner und weibli-

---

[181] *von Hofer* (Fn 160), S. 349 (356).
[182] *Ministère de la Justice* (Fn 156), S. 2.
[183] Vor der Einführung von EM sind Ausgehverbote als Alternative zur Untersuchungshaft selten zur Anwendung gelangt, weil mangels zuverlässiger Kontrolle keine Möglichkeit bestand, sie tatsächlich durchzusetzen.
[184] *Ministério da Justiça* (Fn 155), S. 1.
[185] *Bonta/Wallace-Capretta/Rooney* (Fn 146), S. 13.

che Straftäter erfassen, um diese vor dem Strafvollzug zu bewahren. Die Probanden werden im Durchschnitt 20 Wochen elektronisch überwacht, wobei sie sich zumindest einmal wöchentlich mit dem für ihre Überwachung zuständigen Bewährungshelfer treffen.[186] Auch in Lyon, Frankreich, wird der elektronisch überwachte Hausarrest gegenüber Verurteilten im Rahmen einer Bewährungsweisung angeordnet, sofern sie zu einer Freiheitsstrafe auf Bewährung von bis zu einem Jahr verurteilt worden sind und bisher noch keine Haftstrafe verbüßt haben.[187]

III. Ersatz kurzer unbedingter Freiheitsstrafen

In einigen Ländern wird EM als Alternative zur Vollstreckung einer kurzen unbedingten Freiheitsstrafe eingesetzt, d.h. die unbedingte Freiheitsstrafe wird in eine bedingte Freiheitsstrafe mit elektronischer Überwachung als besonderer Bedingung umgewandelt oder aber der elektronisch überwachte Hausarrest kommt auf Vollzugsebene zur Vermeidung einer stationären Unterbringung zur Anwendung.

Im Rahmen eines Modellversuchs ab Herbst 1987 in Vancouver, Kanada, sind vornehmlich Probanden, die wegen Trunkenheit im Straßenverkehr verurteilt worden waren, elektronisch überwacht worden. Über die Hälfte der Delinquenten hatte eine Haftstrafe von 15 Tagen oder weniger erhalten.[188] Nach der Evaluation des Pilotprojektes ist die Ausweitung des Programmes auf Personen vorgeschlagen worden, die eine Freiheitsstrafe von bis zu drei Monaten verbüßen müssen. Heute kommt EM als Alternative zu kurzen Haftstrafen von sieben Tagen bis unter vier Monaten im gesamten Bundesstaat British Columbia auf Vollzugsebene zur Anwendung.[189] In Australien ist die elektronische Überwachung Mitte der 80er Jahre zunächst als Alternative für straffällig gewordene Aborigines eingesetzt worden, da vermutet wurde, sie seien doppelt bestraft, wenn man sie von ihren Siedlungen trennen und inhaftieren würde.[190] Heute werden daneben Straffällige in New South Wales und Victoria, die zu einer unbedingten kurzen Freiheitsstrafe verurteilt worden sind, elektronisch kontrolliert.[191]

[186] Siehe *Bonta/Wallace-Capretta/Rooney* (Fn 146), S. 13.
[187] *CEP* (Fn 151), S. 10; *Ministère de la Justice* (Fn 156), S. 1 ff.
[188] *Landreville*, Canadian Journal of Criminology 37 (1995), No. 1, S. 39 (48).
[189] *Nogala/Haverkamp*, DuD 2000, S. 31 (35). Bis heute handelt es sich bei über der Hälfte der Überwachten um Verkehrsstraftäter (*Ministry of Attorney General*, Management Report, Electronic Monitoring Program Review, S. 8).
[190] *Whitfield*, BewHi 1999, S. 44 (48).
[191] *Whitfield* (Fn 147), S. 75 f.

Seit dem 01.01.1999 ist die Intensivüberwachung mit elektronischer Kontrolle in Schweden als fester Bestandteil in das Strafvollzugssystem integriert.[192] Straffällige können für die Dauer von 14 Tagen bis zu drei Monaten unter elektronischen Hausarrest gestellt werden. Damit soll die Vollstreckung kurzer Freiheitsstrafen auf ein Minimum reduziert werden, denn im Gegensatz zum deutschen Sanktionensystem ist die Verhängung einer Freiheitsstrafe unter sechs Monaten in Schweden nicht als Ausnahmetatbestand normiert.[193] Ebenfalls als alternative Vollzugsform für kurze Freiheitsstrafen kommt EM in der Schweiz im Rahmen von Modellversuchen nach Einzelbewilligung durch den Bundesrat nach § 397bis Abs. 4 des schweizerischen Strafgesetzbuches[194] zum Einsatz. Im Kanton Bern findet EM nur als alternative Vollzugsform für Strafen von einem bis zwölf Monaten Anwendung, um die Konkurrenzierung der gemeinnützigen Arbeit zu vermeiden. Hingegen können in den Kantonen Basel-Stadt, Basel-Landschaft, Waadt und Tessin kurze Freiheitsstrafen von 20 Tagen bis zu zwölf Monaten durch die elektronische Überwachung ersetzt werden. Genf hat die maximale Dauer von EM auf sechs Monate beschränkt.[195] Ende August 2002 hat der Bundesrat auf Antrag der am Projekt beteiligten Kantone die Bewilligung der versuchsweisen Erprobung von EM bis zum Inkrafttreten der Revision des Allgemeinen Teils des Strafgesetzbuches verlängert, längstens aber bis zum 31.08.2005.[196]

In Frankreich ist die Unterbringung im elektronisch überwachten Hausarrest als Vollzugsvariante für verhängte Freiheitsstrafen in dem Gesetz Nr. 97-1159 vom 19. Dezember 1997 (Artikel 723-7 bis 723-14 des Strafvollzugsgesetzes) verankert worden. Über die Unterbringung entscheidet der Strafrichter, entweder aus

---

[192] Die Legaldefinition der Intensivüberwachung lautet: *"§ 3. Der Vollzug außerhalb einer Anstalt erfolgt in Form einer Intensivüberwachung mit einem Verbot gegenüber dem Verurteilten, sich zu anderen als zu besonders angegebenen Zeiten und zu bestimmten festgesetzten Zwecken außerhalb seiner Wohnung aufzuhalten. Die Befolgung des Verbotes ist mit elektronischen Hilfsmitteln zu kontrollieren."* [zit. nach *Haverkamp*, BewHi 1999, S. 51 (52)].

[193] *Schaeferdiek*, Die kurze Freiheitsstrafe im schwedischen und deutschen Strafrecht, S. 57, 150 ff.

[194] *Bundesamt für Justiz* (Fn 157), S. 3. Gemäß § 397bis Abs. 4 StGB ist der Bundesrat *"befugt, zwecks Weiterentwicklung der Methoden des Straf- und Massnahmenvollzuges versuchsweise für beschränkte Zeit vom Gesetz abweichende Vollzugsformen zu gestatten."*

[195] *Bundesamt für Justiz*, Informationen über den Straf- und Massnahmenvollzug 3+4/02, S. 32.

[196] *Eidgenössisches Justiz- und Polizeidepartement*, Pressemitteilung vom 28.08.2002; Neue Züricher Zeitung Online vom 28.08.2002, S.1. Dem Kanton Solothurn steht nach Bewilligung des Bundesrates vom 14.03.2003 nunmehr ebenfalls die Möglichkeit offen, EM als alternative Maßnahme einzusetzen (*Bundesamt für Justiz*, info bulletin 1/2003, S. 24).

64

eigener Veranlassung oder auf Antrag der Staatsanwaltschaft oder des Verurteilten.[197] Zielgruppe der elektronischen Kontrolle sind u.a. Straffällige, die zu einer Freiheitsstrafe von bis zu einem Jahr verurteilt worden sind.[198] In gleicher Weise wird EM in Italien eingesetzt. Auch dort entscheidet der Richter über die Unterbringung im elektronischen Hausarrest. Allerdings sind über den Versuchsverlauf keine weiteren Daten bekannt, nicht einmal, ob der Versuch momentan noch läuft oder bereits beendet wurde. Die Polizei behandelt das Projekt streng vertraulich und macht keine Angaben. Derzeit versucht die Universität Bologna, statistisches Zahlenmaterial zu erhalten, um den Versuch auswerten zu können.[199]

IV. Aussetzung des Strafrestes

In der Mehrzahl der Länder gelangt die elektronische Überwachung in Zusammenhang mit der Aussetzung des Restes einer Freiheitsstrafe zur Anwendung. Der eigentlich in einer Strafvollzugsanstalt zu verbüßende Strafrest wird dabei durch den elektronisch überwachten Hausarrest ersetzt. Beispiels-weise in British Columbia, Kanada, kommt EM inzwischen vornehmlich als Möglichkeit der frühzeitigen Entlassung zur Anwendung, um erneutes kriminelles Verhalten des Straffälligen zu vermeiden.[200] Voraussetzung für die Teilnahme an dem Hausarrestprogramm ist, dass der Straffällige ein geringes Risiko für die Allgemeinheit darstellt, nicht gewalttätig ist und nur einen verbleibenden Strafrest von bis zu vier Monaten aufweist.[201] In Australien wird die elektronische Überwachung mittlerweile in allen Bereichen des Sanktionensystems eingesetzt, u.a. auch bei vorzeitig Entlassenen in Westaustralien. Voraussetzung ist, dass der Proband zu einer unbedingten Freiheitsstrafe von bis zu einem Jahr verurteilt wurde und mindestens ein Drittel seiner Strafe bereits verbüßt hat.[202] Wird der Strafrest zur Bewährung ausgesetzt, hat die Bewährungshilfe für die Einhaltung der Auflagen des Hausarrestprogrammes Sorge zu tragen.[203]

[197] *Ministère de la Justice* (Fn 156), S. 1.
[198] *Ministère de la Justice* (Fn 156), S. 1.
[199] *Zehnder/Lehner* (Fn 51), S. 3 (7).
[200] *Whitfield* (Fn 147), S. 69.
[201] *Bonta/Wallace-Capretta/Rooney* (Fn 146), S. 14.
[202] *Nogala/Haverkamp*, DuD 2000, S. 31 (36).
[203] *Lindenberg* (Fn 10), S. 142.

65

Im Hinblick darauf, dass trotz des *Criminal Justice Act 1985*, der die Gefängnispopulation durch den Einsatz ambulanter Sanktionen senken sollte, die Zahl der
Gefangenen so hoch wie nie zuvor war[204], ist in Neuseeland mit dem *Criminal
Justice Act 1993* die Möglichkeit geschaffen worden, Straffällige elektronisch zu
überwachen. Dennoch ist erst im Jahre 1995 ein Modellprojekt zur elektronischen
Überwachung initiiert worden. Die Ergebnisse des Feldversuches waren im Hinblick auf die Rückfallquote und die entstandenen Kosten ernüchternd. Gleichwohl
ist im Oktober 1999 die 'elektronische Fußfessel' als Maßnahme zur vorzeitigen
Entlassung aus dem Strafvollzug dauerhaft eingeführt worden, wobei die verhängte Freiheitsstrafe nicht länger als zwei Jahre sein darf.[205] Gewaltlose Straffällige,
die zu einer Freiheitsstrafe von über zwei Jahren verurteilt worden sind und nach
der Verbüßung eines Drittels der Strafe die Voraussetzungen für eine Strafrestaussetzung zur Bewährung erfüllen, können fünf Monate vor der frühzeitigen Entlassung unter der Bedingung der elektronischen Kontrolle aus der Haft entlassen
werden (sog. *"Pre-parole" home detention*).[206] In der Region Pretoria, Südafrika,
wird seit September 1996 EM ebenfalls bei bedingt Entlassenen versuchsweise
eingesetzt.[207] Die Strafvollzugsbehörde hat nach Beendigung des Modellprojektes
im Jahre 1997 die landesweite Ausdehnung der elektronischen Überwachung
empfohlen.[208] Zwischenzeitlich gelangt der elektronisch überwachte Hausarrest in
fünf gesonderten Regionen zur Anwendung.

Seit Mai 2000 wird der elektronisch überwachte Hausarrest auch in Singapur im
Rahmen der vorzeitigen Entlassung Straffälliger eingesetzt. Voraussetzung ist,
dass der Gefangene nicht alkoholkrank oder drogensüchtig ist und weniger schwere Straftaten begangen hat. Je nach Länge der verhängten Freiheitsstrafe können
die Straffälligen bis zu sechs Monate früher aus der Haft entlassen werden, sofern
die Hälfte der Haftstrafe bereits verbüßt wurde. In der Regel wird ein Häftling,
gegen den eine sechsmonatige Freiheitsstrafe verhängt worden ist, einen Monat
früher entlassen, vorausgesetzt, er ist mit der elektronischen Überwachung einverstanden.[209]

---

[204] *Pratt*, Australian & New Zealand Journal of Criminology 23 (1990), S. 105 (107).
[205] *Church/Dunstan* (Fn 148), S. 13; *Spier*, Conviction and sentencing of offenders in New Zealand: 1991 to 2000, S. 126.
[206] *Spier* (Fn 205), S. 126.
[207] *Nogala/Haverkamp*, DuD 2000, S. 31 (36).
[208] *Nogala/Haverkamp*, DuD 2000, S. 31 (36).
[209] *Whitfield* (Fn 147), S. 75.

In Großbritannien ist der elektronisch überwachte Hausarrest im Jahre 1999 im Rahmen des *Home Detention Curfew Crime and Disorder Act 1998* landesweit implementiert worden. Allen Gerichten in England und Wales steht damit die Möglichkeit offen, die elektronische Überwachung der Verurteilten anzuordnen.[210] Der *Home Detention Curfew Crime and Disorder Act 1998* sieht den Einsatz der elektronischen Überwachung u.a. in Zusammenhang mit einer vorzeitigen Entlassung vor. Geeignete Straffällige, die Haftstrafen von über drei Monaten und unter vier Jahren erhalten haben, können bis zu zwei Monate vorzeitig entlassen werden. Das Ausgehverbot beträgt mindestens neun Stunden pro Tag.[211] Ferner besteht bei Jugendlichen unter 18 Jahren, die zu einer Haftstrafe verbunden mit der Teilnahme an einer Ausbildung zwischen 8 und 24 Monaten verurteilt worden sind (sog. *Detention and Training Order*), seit dem 29.05.2002 die Möglichkeit, diese ein oder zwei Monate früher mit der Maßgabe der elektronischen Überwachung zu entlassen. Ende Februar 2002 sind täglich ca. 3.600 Personen elektronisch überwacht worden, wobei über die Hälfte dieser Arrestanten in Anwendung des *Home Detention Curfew* Programmes vorzeitig entlassen worden sind. 251 der Anordnungen betrafen Jugendliche.[212]

Der erfolgreiche Einsatz von elektronischer Überwachung als Ersatz für eine kurze unbedingte Freiheitsstrafe hat in Schweden dazu geführt, dass auch eine Ausweitung auf die vorzeitige Entlassung von Straftätern in Betracht gezogen wurde.[213] Seit dem 01.10.2001 können nunmehr in Schweden auch Delinquenten, die zu einer Freiheitsstrafe von mindestens zwei Jahren verurteilt worden sind, vier Monate früher entlassen werden, wenn sie sich mit einer elektronischen Überwachung einverstanden erklären. Ziel dieser Regelung ist es, die Rückfälligkeitsrate dieser Straffälligen zu senken.[214] In der Schweiz, namentlich den Kantonen Basel-Stadt und Basel-Landschaft, kommt EM vor der bedingten Entlassung und am Ende der Halbfreiheit[215] (sog. 'back door'-Bereich) für die Dauer von über einem bis zwölf Monaten auf Vollzugsebene zur Anwendung. Die Kantone Waadt, Tes-

---

[210] *Collett*, Vistra 4 (1998), No. 2, S. 155 (157); *Whitfield* (Fn 147), S. 33; *Mortimer/May*, Home Office Research Findings No. 66 (1998), S. 1 (4).
[211] *Home Office* (Fn 180), S. 1.
[212] Notes of the Interim Group Meeting (Fn 179), S. 1.
[213] *Carlsson/Ekheim* in: CEP, Electronic Monitoring in Europe, The report of a CEP Workshop held at Egmond/aan Zee, Netherlands 15-17 October 1998, S. 15 (16).
[214] *CEP* (Fn 151), S.5.
[215] Die Halbfreiheit entspricht der in § 11 Abs. 1 Nr. 1 StVollzG normierten Möglichkeit des Freiganges.

sin und Genf setzen den elektronisch überwachten Haussarrest nach einer Haft-verbüßung von 2,5 Jahren am Ende der Halbfreiheit für die Dauer von über einem Monat bis zu sechs Monaten ein.[216] Da im schweizerischen Modellversuch nach Auffassung der Initiatoren EM nicht bloßer Hausarrest sei, *"sondern immer ein individuell erarbeitetes und ausgehandeltes Programm mit einer klaren Zeitstruk-tur, welches die Bewegungsmöglichkeiten eingrenzt"*[217], erlaube EM als *"über-wachtes psychosoziales Trainingsprogramm"* das Umfeld des Straffälligen, das oftmals ursächlich für die Delinquenz war, positiv zu verändern.[218] Deshalb kön-nen dem Straffälligen neben der Teilnahme an Einzel- und Gruppentherapien so-wie Erziehungs- und Schulungsprogrammen auch Weisungen hinsichtlich der Einkommensverwaltung, ärztlicher Betreuung, Schadenswiedergutmachung oder Verzicht auf Alkoholkonsum erteilt werden.[219] In der Praxis wird bisher allerdings von der Möglichkeit, den letzten Teil der Halbfreiheit im elektronisch überwach-ten Hausarrest zu vollziehen, selten Gebrauch gemacht. Vermutlich ziehen die Betroffenen diejenigen Lockerungen, die mit der Halbfreiheit verbunden sind, der Unterbringung im elektronisch überwachten Hausarrest vor.[220]

Zum 01.01.1999 ist in den Niederlanden ein neues Strafvollzugsgesetz in Kraft getreten, das in Art. 4 d lid 1 eine gesetzliche Normierung des elektronisch über-wachten Hausarrestes enthält.[221] Zuvor war ein zweijähriges Versuchsprojekt in den Gerichtsbezirken Leeuwarden, Groningen, Assen und Zwolle durchgeführt worden.[222] Zielgruppe waren u.a. Straftäter, die zu einer unbedingten Freiheits-strafe verurteilt worden waren und die schon über die Hälfte ihrer Freiheitsstrafe in einem geschlossenen oder halboffenen Gefängnis verbüßt hatten und die nun-

---

[216] *Bundesamt für Justiz*, Informationen über den Straf- und Massnahmenvollzug 1/00, S. 22; Jus-tizdepartement des Kantons Basel-Stadt (Fn 170), S. II.

[217] *Eidgenössisches Justiz- und Polizeidepartement* (Fn 152), S. 3 f.

[218] *Justizdepartement des Kantons Basel-Stadt* (Fn 170), S. IV.

[219] Vgl. die Verordnung des Kantons Basel-Landschaft über den Vollzug von Freiheitsstrafen in der Form des Electronic Monitoring vom 03. August 1999, SGS 261.42.

[220] *Bundesamt für Justiz*, Informationen über den Straf- und Massnahmenvollzug 2+3/01, S. 3 f.

[221] Indes dauerte es bis Ende des Jahres 1999, bis in allen fünf Regionen der Niederlande - Arn-hem, Groningen, Haarlem, Roermond und Rotterdam - die elektronische Überwachung zur An-wendung gelangen konnte (*Corine Hessel*, Reclassering Nederland, Persönliche Mitteilung vom 17.04.2002). Im Jahre 1999 sind insgesamt 104 Personen im Rahmen der 'Frontdoor'-Variante und 172 Strafgefangene im Rahmen der 'Backdoor'-Variante elektronisch überwacht worden.

[222] Der Dienst für Justizvollzugsanstalten (ein Ausführungsorgan des Justizministeriums), die Staatsanwaltschaft und die Bewährungshilfe haben den Modellversuch gemeinsam realisiert (*Mi-nisterie van Justitie*, Dienst Justitiële Inrichtingen, Elektronisch toezicht, algemene brochure, S. 1).

mehr in eine offene Anstalt hätten verlegt werden können. Die elektronische Überwachung sollte in diesem Zusammenhang als eine Art 'schrittweise Entlassung' aus der Strafvollzugsanstalt erprobt werden und eine langsame Rückkehr des Delinquenten in die Freiheit ermöglichen.[223] Aufgrund der positiven Erfahrungen des Feldversuches gelangt EM derzeit u.a. bei Straffälligen als Teil eines sog. strafbegleitenden Programmes (*penitentiair programma*) in der Endphase der Haft zur Anwendung, wobei der Delinquent zumindest die Hälfte seiner Freiheitsstrafe bereits verbüßt haben muss. Abhängig von der Dauer der verhängten Freiheitsstrafe können die Gefangenen während der verbleibenden Reststrafe, die von sechs Wochen bis zu sechs Monaten betragen kann, an einem individuell erarbeiteten Ausbildung-, Arbeits- und Therapieprogramm teilnehmen, das mit elektronischer Überwachung verbunden werden kann.[224] Über den Antrag einer schrittweisen Entlassung mit Hilfe von elektronischer Überwachung entscheidet die Strafvollzugsbehörde.[225]

Gesetzlich normiert ist EM auch in Belgien seit September 2000 und nach einem Modellversuch, der am 01. April 1998 in nur einem Gerichtsbezirk begonnen hatte[226], auf das ganze Land ausgedehnt worden. Es besteht nunmehr die Möglichkeit, dass Straffällige, gegen die eine unbedingte Freiheitsstrafe bis zu drei Jahren verhängt worden ist, den letzten Abschnitt ihrer Haft im Rahmen der vorzeitigen Entlassung im elektronisch überwachten Hausarrest verbüßen. Die Mindestdauer der Unterbringung im elektronisch überwachten Hausarrest beträgt 15 Tage.[227] In Zusammenhang mit einer frühzeitigen Entlassung aus der Haft wird die elektronische Überwachung auch in Bordeaux, Frankreich, bei Verurteilten, deren Strafrest nicht mehr als ein Jahr beträgt[228], Italien[229], Jersey[230] und in der Provinz Katalonien eingesetzt. Das Versuchsprojekt wurde in Katalonien im Oktober 2001 abge-

---

[223] *Ministry of Justice*, National Agency of Correctional Institutions, Electronic Monitoring - a new alternative for detention, S. 1.
[224] Sog. Auswahlbeamte entscheiden, ob der Betreffende für die Dauer des Programmes elektronisch überwacht wird, wobei die Entscheidungen anhand von Vorschlägen der Bewährungshilfe getroffen werden [*Ministerie van Justitie* (Fn 222), S. 3 f; *Corine Hessel*, Reclassering Nederland, Persönliche Mitteilung vom 17.04.2002. Siehe auch *Sagel-Grande* (Fn 170), S. 359 (365)].
[225] *Spaans* (Fn 164), S. 10; ders., BewHi 1999, S. 68 (69).
[226] *CEP*, Electronic Monitoring in Europe, The report of a CEP Workshop held at Egmond/aan Zee, Netherlands 15-17 October 1998, S. 20.
[227] *CEP* (Fn 151), S. 9.
[228] *CEP* (Fn 151), S. 10; *Ministère de la Justice* (Fn 156), S. 1.
[229] *Zehnder/Lehner* (Fn 51), S. 3 (7).
[230] *Brian A. Heath*, Probation and After-Care Service, Persönliche Mitteilung vom 28. April 2003.

69

schlossen. Es war auf die Erprobung der sog. 'Back door'-Varinate beschränkt. Anstelle der mindestens neunmonatigen Halbfreiheit nach einer Gefängnisstrafe konnte der Verurteilte im elektronisch überwachten Hausarrest untergebracht werden. Bemerkenswert ist, dass die Probanden nicht an den Wochenenden überwacht wurden, da die Gefangenen auch in der Halbfreiheit das Wochenende zu Hause verbringen dürfen.[231] Jersey operiert seit dem 07.04.2003 mit der elektronischen Überwachung. Voraussetzung einer frühzeitigen Entlassung ist, dass der Gefangene mindestens ein Drittel seiner Freiheitsstrafe, die nicht unter sechs Monate betragen darf, bereits verbüßt hat.[232]

V. Eigenständige Strafe

In England und Wales kann das Gericht die Unterbringung des Delinquenten im elektronisch überwachten Hausarrest seit 1999 als selbständige Strafe für die Dauer von maximal sechs Monaten anordnen. Die Überwachungszeit beträgt zwei bis zwölf Stunden pro Tag.[233] Gesetzliche Grundlage von EM war der *Criminal Justice Act 1991*, der die Möglichkeit der gerichtlichen Anordnung eines Ausgehverbotes (*curfew order*) mit elektronischer Überwachung, d.h. den elektronischen Hausarrest als eigenständige Sanktion (c. 53 s. 12, 13) normierte. Durch die Novellierung im *Criminal Justice and Public Order Act 1994* wurden diese Regelungen 1995 versuchsweise in Kraft gesetzt und gegen Straffällige, die das 16. Lebensjahr erreicht hatten, verhängt.[234] EM kann heute allein (*stand-alone curfew order*) oder verbunden mit anderen ambulanten Maßnahmen (*joint curfew order*) angeordnet werden.[235] Ab dem 01.02.2001 haben die Gerichte gemäß dem *Powers of Criminal Courts (Sentencing) Act 2000* zusätzlich die Möglichkeit, Jugendlichen zwischen 10 und 15 Jahren ein Ausgehverbot bis zu drei Monaten zu erteilen, dessen Einhaltung elektronisch überwacht wird.[236]

Als selbständige Strafe hat auch Schottland die elektronische Überwachung eingeführt. Seit August 1998 kommt EM als Bestandteil einer vom Gericht verhängten

[231] *Zehnder/Lehner* (Fn 51), S. 3 (8).
[232] *Probation and After-Care Service*, Electronic Monitoring - Temporary Release On Monitored Supervision (TRMS), Briefing For Probation Officers.
[233] *Whitfield* (Fn 147), S. 42; *Home Office* (Fn 180), S. 1.
[234] *Home Office*, Curfew orders enforced by electronic monitoring, S. 2.
[235] *Mortimer/Pereira/Walter*, Home Office Research Findings No. 105 (1999), S. 1 (3).
[236] *Home Office* (Fn 180), S. 1.

70

Freiheitsbeschränkungsmaßnahme (*Restriction of Liberty Orders, RLOs*) in den drei Gerichtsbezirken Aberdeen, Peterhead und Hamilton zur Anwendung. Gesetzliche Grundlage ist der *Crime and Punishment (Scotland) Act 1997*. Der Arrestant hat sich bis zu zwölf Stunden täglich an einem bestimmten Ort aufzuhalten. Neben der Anordnung, die Wohnung nicht zu verlassen, besteht darüber hinaus die Möglichkeit, dem Straffälligen das Aufsuchen von bestimmten Orten zu untersagen.[237] Die Höchstdauer der Freiheitsbeschränkungsmaßnahme beträgt zwölf Monate.[238] Die elektronische Überwachung soll den Gerichten als eine weitere wirksame Sanktion zur Verfügung stehen.[239] RLOs sind keine Bewährungsauflagen oder -weisungen, sondern werden dem Straffälligen allein (*stand-alone*) oder zusätzlich zu einer Hauptstrafe auferlegt. Sie können gleichzeitig mit Bewährungsweisungen (z.B. Leistung gemeinnütziger Arbeit) oder im Rahmen eines Drogenbehandlungsprogrammes erteilt werden.[240] Da das Pilotprojekt als großer Erfolg bewertet wird, können ab dem 01. Mai 2002 Freiheitsbeschränkungsmaßnahmen in ganz Schottland verhängt werden. Daneben kommt die elektronische Überwachung in Kombination mit anderen Verfügungen zur Anwendung, um die Lebensführung der Delinquenten zu stabilisieren und bei der Wiedereingliederung zu helfen.[241]

VI. Weitere Einsatzformen

Neben den vorstehend erörterten Möglichkeiten, den elektronisch überwachten Hausarrest als strafrechtliche Maßnahme bei Straffälligen einzusetzen, haben einige Länder weitere Formen der elektronischen Überwachung entwickelt. In Neufundland, Kanada[242], Australien[243] und Marseilles, Frankreich[244], wird EM z.B.

---

[237] *Scottish Executive*, Tagging Offenders: The Role of Electronic Monitoring in the Scottish Criminal Justice System, S. 6.
[238] *Scottish Executive* (Fn 237), S. 5; *Whitfield* (Fn 147), S. 43.
[239] *Scottish Executive* (Fn 237), S. 9.
[240] *Christine J. Thomson*, Scottish Executive, Justice Department, Persönliche Mitteilung vom 23.04.2002. Ein Verstoß gegen eine Bewährungsweisung stellt deshalb nicht zugleich einen Verstoß gegen die Freiheitsbeschränkungsmaßnahme und umgekehrt dar, zumal Bewährungsweisungen und eine RLO nicht notwendigerweise die gleiche Länge haben (*Scottish Executive* (Fn 237), S. 20).
[241] *Christine J. Thomson*, Scottish Executive, Justice Department, Persönliche Mitteilung vom 23.04.2002.
[242] *Bonta/Wallace-Capretta/Rooney* (Fn 146), S. 12.
[243] *Lindenberg* (Fn 10), S. 142.
[244] *CEP* (Fn 151), S. 10.

bei zu einer Freiheitsstrafe Verurteilten in sog. Freigängerprogrammen angewandt. In Singapur ist der elektronisch überwachte Hausarrest Teil eines staatlichen Drogenverringerungsprogrammes. Drogenabhängige werden nach der Teilnahme an einem stationären Behandlungsprogramm nur unter der Bedingung der elektronischen Überwachung entlassen.[245] Das Behandlungsprogramm kann bis zu drei Jahre dauern und beginnt für diejenigen in einem Rehabilitationszentrum, die medizinisch untersucht und als drogensüchtig diagnostiziert worden sind oder die sich selbst freiwillig für die Teilnahme an dem Programm angemeldet haben. Nach dem Abschluss der Behandlung folgt eine ggf. zwei Jahre dauernde Überwachung des Betroffenen verbunden mit regelmäßigen Urintests, Gruppentherapie und anderer Nachbehandlungsbetreuung sowie einer Unterbringung im elektronisch überwachten Hausarrest, deren Höchstdauer sechs Monate beträgt. Nähere statistische Angaben zu Umfang und Anzahl der Teilnehmer des Programmes liegen nicht vor.[246]

In Schweden gehen Überlegungen in die Richtung, gewährten Strafurlaub elektronisch zu überwachen, um eine bessere Kontrolle der Straftäter zu erreichen und Tätern, denen bisher Strafurlaub verwehrt wurde, eine Strafunterbrechung zu ermöglichen. Überdies wird die Ausdehnung des Einsatzbereiches der elektronischen Überwachung als Maßnahme gegen Personen, die gegen das sog. Besuchsverbot[247] verstoßen haben, erwogen.[248] In der Schweiz, namentlich in den Kantonen Basel-Stadt, Basel-Landschaft und Bern, wird im Kurzstrafenbereich die elektronische Überwachung mit der gemeinnützigen Arbeit (im Anschluss an einen mindestens einmonatigen Vollzug in EM) kombiniert. Im Gegensatz dazu ist in den Kantonen Waadt, Genf und Tessin eine solche Verbindung nicht möglich.[249] Eine Kombinationsstrafe kennen auch die Niederlande. Bei Delinquenten, die zu einer unbedingten Freiheitsstrafe zwischen sechs und zwölf Monaten verurteilt worden sind, hat das Gericht die Möglichkeit, die nicht zur Bewährung ausgesetzte Freiheitsstrafe umzuwandeln: Es kann gemeinnützige Arbeit anordnen

---

[245] *Whitfield*, BewHi 1999, S. 44 (48).
[246] *Whitfield* (Fn 147), S. 74.
[247] Seit 1988 ist in Schweden das Besuchsverbot gesetzlich geregelt (SFS 1988:688). Einer Person, die gegen eine andere Person Straftaten begeht oder diese anderweitig erheblich belästigt, kann verboten werden, mit dieser Person Kontakt aufzunehmen, sie aufzusuchen oder ihr zu folgen.
[248] *von Hofer* (Fn 160), S. 349 (356).
[249] *Bundesamt für Justiz* (Fn 216), S. 21. Die Kombination von EM mit gemeinnütziger Arbeit hat in der Praxis bisher wenig Bedeutung erlangt (*Bundesamt für Justiz* (Fn 195), S. 31).

und die Freiheitsstrafe zur Bewährung aussetzen unter der besonderen Bedingung, dass der Verurteilte elektronisch überwacht wird. Beträgt die Freiheitsstrafe ein Jahr, werden i.d.R. sechs Monate in 240 Stunden gemeinnützige Arbeit (das ist die maximale Stundenzahl einer solchen Strafe) umgewandelt und die anderen sechs Monate zur Bewährung ausgesetzt, kombiniert mit elektronischer Überwachung.[250] Das Gericht kann daher eine Strafe verhängen, die der Tat angemessen ist und zugleich eine Alternative zu einer über sechs Monate dauernden Haftstrafe darstellt.[251] Insgesamt besteht der elektronisch überwachte Hausarrest in den Niederlanden aus vier Elementen: Programmaktivitäten, die ca. 30 Stunden wöchentlich umfassen inklusive Arbeit, Ausbildung und Erziehung, soziale Aktivitäten, z.B. Sport oder Kirchenbesuch, Freizeit, die zu Beginn der elektronischen Überwachung zwei Stunden täglich samstags und sonntags beträgt, und Arrestzeit, die der Straffällige zu Hause verbringen muss.[252] Während der Dauer des Programmes wird der Proband in der Arbeits- und Wohnungssuche sowie im Aufbau von persönlichen und sozialen Bindungen von Bewährungshelfern unterstützt.[253]

C. Modalitäten der Durchführung

In der Mehrzahl der europäischen Länder wird zur elektronischen Überwachung das Aktivsystem eingesetzt.[254] Allerdings werden auch neue Überwachungstechnologien (weiter)entwickelt, insbesondere die Identifizierung des Probanden anhand seiner Stimme.[255] Die technische Durchführung von EM (Installation der Geräte, Kontrolle ihrer Funktionstüchtigkeit etc.) wird dabei vielfach privaten Unternehmen übertragen.[256] Je nach Einsatzbereich von EM entscheidet entweder die Strafvollzugsbehörde (bei bereits Inhaftierten) oder das Gericht über die Un-

---

[250] *van der Linden* (Fn 171), S. 170.
[251] Siehe *Spaans*, Scientific Research and Documentation Centre 40 (1996), S. 73; ders., BewHi 1999, S. 68 f; ders. (Fn 164), S. 9.
[252] *Boelens* in: CEP (Fn 213), S. 13 f.
[253] *van der Leek* in: CEP, Electronic monitoring in Europe, The report of a CEP Workshop held at Egmond/aan Zee, Netherlands 15-17 October 1998, S. 8.
[254] *Home Office* (Fn 180), S. 3 f; *Bundesamt für Justiz* (Fn 156), S. 4; *Ministerie van Justitie* (Fn 222), S. 2; *Ministério da Justiça* (Fn 155), S. 1; *Securicor - The Security Centre, Temporary Release Monitoring Scheme (TRMS)*, S. 7.
[255] Seit dem 02.07.2001 wird zur Überwachung Straffälliger in Hampshire, West Yorkshire und Nottinghamshire im Rahmen eines Pilotprojektes das Passivsystem in Form der Stimmkontrolle eingesetzt (*Home Office* (Fn 180), S. 2).
[256] *Ministerie van Justitie*, Dienst Justitiële Inrichtingen, Electronic Monitoring and Penitentiary Programmes in the Netherlands, S. 4; *Home Office* (Fn 180), S. 2; *Ministério da Justiça* (Fn 155), S. 2; *Justizdepartement des Kantons Basel-Stadt* (Fn 170), S. I.

terbringung im elektronisch überwachten Hausarrest.[257] Bei Verstößen gegen die vereinbarten Arrestzeiten wird der Delinquent i.d.R. zunächst offiziell verwarnt, wenn es sich um solche geringfügigen Grades handelt. Wiederholen sich leichtere Verstöße oder muss eine gröbere Verletzung der vereinbarten Bedingungen registriert werden, wird die zur freien Verfügung stehende Freizeit gekürzt oder gestrichen. Bei schweren Verstößen, insbesondere Täuschung der Behörden oder Manipulation der technischen Geräte, wird das Hausarrestprogramm abgebrochen und der Betroffene in den Strafvollzug überstellt.[258] Das italienische Gesetzbuch sieht bei Beschädigung der 'elektronischen Fußfessel' oder Manipulation der Überwachungstechnologie eine eigenständige Strafe von einem bis zu drei Jahren Freiheitsstrafe vor.[259]

D. Bisherige Ergebnisse

Die Evaluation der Länder ist nicht nur auf die Kosteneinsparung und Senkung der Gefangenenzahlen gerichtet, sondern insbesondere auf die Fragen des Anwendungspotentials, der Auswirkung von EM auf den Überwachten und sein Umfeld, die verschiedenen Einsatzbereiche, die Rückfälligkeit, die angemessene Dauer der Überwachung und die Rolle der Bewährungshilfe.[260] Vielfach wird aber auch die Schwierigkeit, die Modellversuche ohne Kontrollgruppe zu evaluieren, bemängelt.[261] Im Folgenden sollen die bisher im Ausland gemachten Erfahrungen aufgezeigt werden. Dabei ist zu berücksichtigen, dass die Evaluationen der Länder nicht auf dem gleichen Stand sind, da einige Projekte, z.B. in Jersey, Portugal oder Frankreich erst vor kurzem initiiert worden sind und oftmals nur Daten zu der Abbruchquote, der Auslastung des Projektes, den demographischen Merkmalen der Probanden oder der Deliktsstruktur übermittelt werden.

---

[257] *Spaans* (Fn 164), S. 10; ders., BewHi 1999, S. 68 (69); *Whitfield*, BewHi 1999, S. 44 (50); *Somander* (Fn 156), S. 4; *Spier* (Fn 205), S. 125 ff.
[258] Vgl. die Verordnung des Kantons Basel-Landschaft über den Vollzug von Freiheitsstrafen in der Form des Electronic Monitoring vom 03. August 1999, SGS 261.42; *Spaans* (Fn 164), S. 10; ders., BewHi 1999, S. 68 (70); *van der Linden* (Fn 171), S. 170 (171); *Securicor* (Fn 254), S. 13.
[259] *Zehnder/Lehner* (Fn 51), S. 3 (7).
[260] Vgl. *Somander* (Fn 156), S. 3; *Bonta/Wallace-Capretta/Rooney* (Fn 146), S. 2 f; *Brenzikofer*, ZfStrVo 1999, S. 323 (328); *Spaans* (Fn 164), S. 10; *Church/Dunstan* (Fn 148), S. 15.
[261] *Bonta/Wallace-Capretta/Rooney* (Fn 146), S. 3.

I. Häufigkeit der Anwendung von EM

Unter dem Aspekt der Anwendungshäufigkeit steht in Europa der Einsatz von EM im Rahmen der Aussetzung des Strafrestes an erster Stelle. Der Verurteilte wird unter der Bedingung der elektronischen Überwachung vorzeitig aus der Justizvollzugsanstalt entlassen. In England und Wales sind von Januar bis November 1999 von 45.000 geeigneten Gefangenen insgesamt 14.000 Personen frühzeitig aus der Haft entlassen worden.[262] Die Entlassungsquote hat sich bis heute nicht wesentlich verändert: Von 4.500 vorzeitig entlassungsfähigen Gefangenen pro Monat werden tatsächlich ungefähr 1.300 in das Hausarrestprogramm aufgenommen. Dies entspricht eine Quote von ca. 30 %.[263] Das *Home Detention Curfew* Programm stellt heute weltweit das größte Hausarrestprogramm dar. Hingegen wird in der Schweiz vornehmlich von der 'front door'-Variante Gebrauch gemacht. In über 95 % der Fälle erfolgte EM anstelle einer Unterbringung in einer Strafvollzugsanstalt.[264] Ähnliches gilt für die elektronische Kontrolle in Schweden. Auch hier wird der elektronisch überwachte Hausarrest auf Vollzugsebene zur Vermeidung von kurzen unbedingten Freiheitsstrafen eingesetzt. 70 % der geeigneten Straffälligen stellen den Antrag, im elektronisch überwachten Hausarrest untergebracht zu werden, wobei über 85 % dieser Anträge von den Behörden akzeptiert werden.[265] Von 1994 bis Ende 1998 sind ca. 9.400 Straffällige unter elektronischen Hausarrest gestellt worden.[266] Hingegen wird in anderen Ländern nur wenig von der Möglichkeit der elektronischen Überwachung Gebrauch gemacht. In Belgien[267], Australien[268] und Schottland[269] haben weniger Probanden als erwartet an EM teilgenommen; die Zahl der Probanden steigt nur langsam. Weniger relevant sind in der Praxis bisher die Anordnung des elektronisch überwachten Hausarrestes als eigenständige Sanktion und der Einsatz als Alternative zur Untersuchungshaft. In Portugal sind innerhalb der ersten vier Monate des Versuchsprojektes lediglich 28 Beschuldigte elektronisch überwacht worden.[270] In England und Wales haben die Gerichte im Rahmen des ersten Modellversuches

---

[262] *Dodgson/Mortimer*, Home Office Reserach Findings No. 110 (1999), S. 2.

[263] *Mortimer*, Home Office Findings 139 (2001), S. 1.

[264] *Bundesamt für Justiz* (Fn 220), S. 3 f; dass. (Fn 195), S. 31 f.

[265] *Somander*, The first year of nation-wide intensive supervision with electronic monitoring, S. 6.

[266] Kriminalvårdens Officiella Statistik 1998, Punkt 3.17 Intensivövervakning, S. 45.

[267] *CEP* (Fn 151), S. 9.

[268] *Whitfield* (Fn 147), S. 76.

[269] *Lobley/Smith*, Evaluation of Electronically Monitored Restriction of Liberty Orders, S. 11.

[270] *Ministério da Justiça* (Fn 155), S. 2.

75

mit Untersuchungshäftlingen, der von August 1989 bis April 1990 dauerte, wenig Gebrauch von der Möglichkeit gemacht, Beschuldigte unter elektronischen Hausarrest zu stellen.[271] Hinzu kamen zahlreiche Abbrüche der Maßnahme und Verstöße gegen die Aufenthaltsbestimmungen.[272] Insgesamt ist eine zunehmende Anwendung der elektronischen Überwachung zu beobachten. Die genaue Zahl der Personen, die bisher elektronisch kontrolliert worden sind, ist jedoch unbekannt.

II. Deliktsstruktur

In zahlreichen Ländern sind zu Beginn der Einführung der elektronischen Kontrolle oftmals Verkehrsstraftäter als Zielgruppe erfasst worden.[273] Später sind insbesondere wegen Eigentums- und Vermögensdelikten verurteilte Täter in Hausarrestprogramme aufgenommen worden.[274] In England, Wales und Schottland sind die Arrestanten überwiegend wegen einfachen Diebstahls, Einbruchdiebstahls, Trunkenheit im Straßenverkehr, Drogenbesitzes oder Drogenhandels unter elektronische Überwachung gestellt worden.[275] In Schweden werden vornehmlich Straffällige erfasst, die sich überwiegend wegen Trunkenheit im Verkehr und tätlicher Bedrohung strafbar gemacht haben.[276] In Neuseeland werden in erster Linie wegen Drogen- und Eigentumsdelikten verurteilte Delinquenten elektronisch überwacht.[277] Bemerkenswert ist, dass in den Niederlanden nicht nur wegen Ladendiebstahls oder Betruges, sondern auch wegen Mordes/Totschlags und Sexualdelikten Verurteilte im elektronisch überwachten Hausarrest untergebracht werden.[278] Allgemein ist eine Veränderung der erfassten Tätergruppen, insbesondere der Deliktskategorien zu beobachten mit der Tendenz, dass auch Täter schwererer Straftaten elektronisch überwacht werden.[279] Delinquenten mit einer erhöhten

---

[271] *Mair/Nee* (Fn 152), S. 17 ff.
[272] *Mair/Nee* (Fn 152), S. 44 f, 50.
[273] *Jolin/Rogers*, MschrKrim 73 (1990), S. 201 (206); *Renzema* (Fn 1), S. 41 (50); *Hudy* (Fn 74), S. 52 f.
[274] Siehe *Petersilia*, Federal Probation 51 (1987), No. 2, S. 56 (57 f); *Palumbo/Clifford/Snyder-Joy* in: Byrne/Lurigio/Petersilia (Fn 1), S. 229 (233 f); *Schmidt* (Fn 36), S. 363 (367 f).
[275] *Mair/Mortimer*, Curfew orders with electronic monitoring, S. 15; *Mortimer/May*, Electronic monitoring in practice, S. 21; *Lobley/Smith* (Fn 269), S. 15.
[276] *Somander* (Fn 162), S. 6; dies. (Fn 265), S. 9.
[277] *Church/Dunstan* (Fn 148), S. 63.
[278] *Spaans* (Fn 164), S. 11; ders. BewHi 1999, S. 68 (70 f); *Droogendijk* (Fn 156), S. 45 (51).
[279] *Renzema* (Fn 1), S. 41 (50); *Whitfield*, BewHi 1999, S. 44 (47).

Rückfallwahrscheinlichkeit sind von der Teilnahme an Hausarrestprogrammen ebenfalls nicht ausgeschlossen.[280]

III. Demographische Merkmale der Probanden

Der Anteil der männlichen Probanden beläuft sich in allen europäischen Ländern auf über 90 %.[281] Die Probanden sind i.d.R. zwischen 27 und 37 Jahre alt. Lediglich in Portugal sind viele Teilnehmer unter 21 Jahren.[282] Die meisten Arrestanten sind vorbestraft[283] und nur die Hälfte der Probanden verfügt zu Beginn der elektronischen Überwachung über einen festen Arbeitsplatz.[284]

IV. Dauer der Überwachung

Die durchschnittliche Verweildauer der Probanden im elektronisch überwachten Hausarrest beträgt in England und Wales 3,3 Monate[285], in Belgien 2 - 2½ Monate[286] und in den Niederlanden 3½ Monate.[287] Für Schweden wurde hingegen eine durchschnittliche Überwachungsdauer von 1,3 Monaten festgestellt. In Frankreich werden die Delinquenten in über 85 % der Fälle länger als vier Monate im elektronisch überwachten Hausarrest untergebracht.[288]

V. Erfolgsquote

In England und Wales beendeten 82 % der Straffälligen das Hausarrestprogramm, d.h. EM mußte nicht aufgrund des Verhaltens des Arrestanten abgebrochen und die Maßnahme widerrufen werden.[289] Dabei wurde festgestellt, dass die erfolgreiche Beendigung der elektronischen Überwachung von deren Dauer abhing. Bei

---

[280] *Bonta/Wallace-Capretta/Rooney* (Fn 146), S. 16 f.
[281] *Albrecht*, MschrKrim 85 (2002), S. 84 (94, Tab. 1).
[282] *Albrecht*, MschrKrim 85 (2002), S. 84 (94, Tab. 1); *Zehnder/Lehner* (Fn 51), S. 3 (8); *Spaans*, Electronic monitoring: the Dutch experiment, S. 3.
[283] *Mair/Mortimer* (Fn 275), S. 15 f; *Lobley/Smith* (Fn 269), S. 15 f.
[284] *Somander* (Fn 265), S. 16; *Spaans*, BewHi 1999, S. 68 (70).
[285] *Mortimer/May*, Home Office Research Findings No. 66 (1998), S. 1 (3).
[286] *CEP* (Fn 151), S. 9.
[287] *Spaans* (Fn 164), S. 12; ders., BewHi 1999, S. 68 (71 f); *Droogendijk* (Fn 156), S. 45 (51); *van der Linden* (Fn 171), S. 170 (172).
[288] *Mayer*, Modellprojekt Elektronische Fußfessel, S. 22.
[289] *Mortimer/May*, Home Office Research Findings No. 66 (1998), S. 1 (3). Von den vorzeitig entlassenen Gefangenen mussten sogar nur 5 % zurück in den Strafvollzug überstellt werden (*Dodgson/Mortimer*, Home Office Research Findings No. 110 (1999), S. 1).

der Anordnung von EM von bis zu einem Monat betrug die Erfolgsquote 100 %, bei einer Dauer von fünf bis sechs Monaten dagegen nur noch 64 %.[290] In Schweden ist ebenfalls eine hohe Erfolgsquote konstatiert worden, wobei ähnlich wie in England und Wales die Dauer der Maßnahme Einfluss auf die Abbruchquote hatte.[291] In der Schweiz haben lediglich 6 % der Probanden EM nicht erfolgreich beendet.[292] Hingegen hat die Auswertung des schottischen Modellprojektes ergeben, daß nur wenige Probanden den Hausarrest ohne Verstoß gegen die Aufenthaltsbestimmungen beendet haben. Über die Hälfte der Überwachten hat eine formelle Verwarnung erhalten oder es sind andere Maßnahmen gegen sie eingeleitet worden. Dennoch haben 72 % der Delinquenten die elektronische Überwachung erfolgreich abgeschlossen.[293] Im Hinblick darauf, dass EM in verschiedenen Bereichen der jeweiligen Sanktionensysteme zur Anwendung gelangt und darüber hinaus die Evaluationensverfahren unterschiedlich sind, lassen sich die ermittelten Quoten kaum vergleichen. Im Übrigen dürfte der hohe Erfolgswert auch darauf zurückzuführen sein, dass zum Teil eine strenge Auswahl der Delinquenten (*low risk offenders*) erfolgte.[294]

VI. Erfahrungen aus Sicht der Probanden und der Justiz

In Kanada zeigte in allen drei Provinzen die Mehrheit der Straffälligen gegenüber der elektronischen Überwachung eine positive Einstellung: Über 90 % aller Arrestanten waren der Meinung, dass das Hausarrestprogramm für sie ein faires Programm war. Fast alle Arrestanten waren der Überzeugung, aus der Teilnahme an dem elektronischen Hausarrestprogramm persönlichen Nutzen gezogen zu haben, wobei der Kontakt zu den Familienangehörigen am häufigsten als Vorteil genannt wurde. Der Familienkontakt wurde von den Delinquenten auch als weitaus wichtiger als ein Beschäftigungsverhältnis angesehen.[295] Ähnlich haben sich die Probanden in anderen Ländern geäußert. Die Kontrolle der An- und Abwesenheit und die Unterstützung durch Sozialarbeiter bei der Arbeitsplatz- oder Wohnungssuche habe ihr Verhalten positiv beeinflusst, insbesondere Struktur in den Tagesablauf

---

[290] *Mortimer/May* (Fn 275), S. 17.
[291] *Somander* (Fn 265), S. 27 f.
[292] *Bundesamt für Justiz* (Fn 195), S. 32.
[293] *Lobley/Smith* (Fn 269), S. 3; *Scottish Executive* (Fn 237), S. 21, 23; *Whitfield* (Fn 147), S. 43 f.
[294] Vgl. *Bonta/Wallace-Capretta/Rooney* (Fn 146), S. 30.
[295] *Bonta/Wallace-Capretta/Rooney* (Fn 146), S. 18.

gebracht.[296] Seitens der Arrestanten wird zudem als Vorteil die Vermeidung einer stationären Unterbringung hervorgehoben.[297] Als einschränkend wird vornehmlich die Tatsache angesehen, dass die Freizeitgestaltung nicht mehr wie gewohnt erfolgen kann.[298] Darüber hinaus hat ein Großteil der Überwachten Angst, dass Freunde, Nachbarn und Fremde von der elektronischen Überwachung erfahren und sie als Kriminelle stigmatisieren.[299] Die Unterbringung im elektronisch überwachten Hausarrest ist von den Betroffenen nicht als 'leichte' Sanktion empfunden worden, sondern als 'wahre Strafe', gerade im Hinblick auf die strikten Aufenthaltsbestimmungen und die Anforderungen an Selbstdisziplin und Selbstverantwortung.[300] Gleichwohl würden die meisten Überwachten erneut an einem Hausarrestprogramm teilnehmen[301], d.h. von der Mehrzahl der Arrestanten wird EM gegenüber der Verbüßung einer Freiheitsstrafe in einer Justizvollzugsanstalt vorgezogen.[302] Allerdings gibt es auch Probanden, die die Teilnahme an Hausarrestprogrammen ablehnen, weil sie den normalen Strafvollzug als weniger schlimm empfinden.[303] Die Angehörigen/Lebenspartner beurteilen die elektronische Überwachung i.d.R. positiv, weil der Verurteilte weiterhin in der Familie verbleibt, einer regelmäßigen Beschäftigung nachgeht und kriminelle Kontakte vermieden werden.[304] Dennoch fühlen sich einige auch durch die regelmäßigen Telefonanrufe belästigt. Hinzu kommt die Übernahme bestimmter Tätigkeiten, z. B. Einkaufen oder das Abholen des Autos aus der Werkstatt, die eine zusätzliche Belastung darstellen.[305] Ausweislich empirischer Befunde aus Schottland haben Eltern von jugendlichen Straftätern die elektronische Überwachung als Bürde empfunden, weil sie sich für die Einhaltung der Arrestzeiten verantwortlich fühlten.[306]

---

[296] *Watts/Glaser* in: Byrne/Lurigio/Petersilia (Fn 1), S. 68 (81).
[297] *Baumer/Mendelsohn* in: Byrne/Lurigio/Petersilia (Fn 1), S. 54 (60); *Mair/Mortimer* (Fn 275), S. 23; *Lobley/Smith* (Fn 269), S. 23.
[298] *Spaans* (Fn 282), S. 4.
[299] *Spaans* (Fn 282), S. 4.
[300] *Spaans* (Fn 282), S. 4; *Mair/Mortimer* (Fn 275), S. 23; *Church/Dunstan* (Fn 148), S. 30; *Watts/Glaser* (Fn 296), S. 68 (81); *Zehnder/Lehner* (Fn 51), S. 3 (6).
[301] *Watts/Glaser* (Fn 296), S. 68 (81); *Zehnder/Lehner* (Fn 51), S. 3 (7).
[302] *Mair/Mortimer* (Fn 275), S. 23; *Lobley/Smith* (Fn 269), S. 23 f; *Haverkamp*, BewHi 1999, S. 51 (65); *Zehnder/Lehner* (Fn 51), S. 3 (8); *Baumer/Mendelsohn* (Fn 297), S. 54 (60).
[303] *Petersilia/Piper Deschenes*, Federal Probation 58 (1994), No. 1, S. 3; *Lobley/Smith* (Fn 269), S. 23.
[304] *Mair/Mortimer* (Fn 275), S. 23.
[305] *Baumer/Mendelsohn* (Fn 297), S. 54 (61).
[306] *Lobley/Smith* (Fn 269), S. 24 f.

Die Beurteilung von EM durch die Mitarbeiter der Justiz (Richter, Staatsanwälte, Bewährungshelfer etc.) ist uneinheitlich. In vielen Ländern scheinen die Bewährungshelfer der elektronischen Überwachung eher ablehnend gegenüberzustehen.[307] Diese Einstellung wird durch die im Jahre 1998 in Niedersachsen durchgeführte Befragung von Experten aus der Justiz und dem Strafvollzug bestätigt. Bewährungshelfer und Staatsanwälte standen EM eher skeptisch gegenüber, während Richter und Leiter von Justizvollzugsanstalten eine weniger kritische Haltung einnahmen. Vornehmlich die Leiter der Justizvollzugsanstalten stimmten der elektronischen Überwachung zu, vermutlich weil sie aufgrund der Überbelegung der Gefängnisse reformfreudiger sind.[308] Eine weitere Befragung in Zusammenhang mit der Durchführung des Pilotprojektes in Hessen hat die reservierte bis ablehnende Haltung der Bewährungshelfer bestätigt. Weniger als 5 % der interviewten Bewährungshelfer halten die generelle Anwendung von EM in Deutschland für wünschenswert. Im Gegensatz dazu befürworteten 25 % der Leiter von Justizvollzugsanstalten und 11 % der Richter den Einsatz der elektronischen Überwachung.[309] Indessen ist zum Teil ein Wandel der Einstellungen auszumachen, insbesondere nimmt die Zustimmung im Verlauf der Durchführung der Projekte zu.[310] Aus Schweden wird darüber hinaus berichtet, dass dort die Bewährungshilfe grundsätzlich sehr positiv zum elektronisch überwachten Hausarrest eingestellt sei.[311] Die Allgemeinheit steht der elektronischen Überwachung eher positiv gegenüber, sofern nicht Täter schwerer Straftaten in das Hausarrestprogramm einbezogen werden.[312]

VII. Kosten

Hintergrund der Einführung des elektronisch überwachten Hausarrestes ist in den meisten Ländern der stetige Anstieg der Gefängnispopulation und die damit verbundene Überbelegung der Justizvollzugsanstalten, wenngleich auch die Resozialisierung des Gefangenen und die Vermeidung von Prisonierungseffekten als Ziel der elektronischen Überwachung genannt werden. Die Überbelegung der Gefäng-

---

[307] *Stern*, BewHi 1990, S. 335 (340 f); *Vosgerau*, BewHi 1990, S. 166 (167 f); *Mair/Mortimer* (Fn 275), S. 29; *Bundesarbeitsgemeinschaft für Straffälligenhilfe (BAG-S) e.V.*, Elektronisch überwachter Hausarrest - Alternative zum Strafvollzug?, S. 25 f.
[308] *Haverkamp* in: Jehle (Fn 160), S. 369 (373 f).
[309] *Mayer* (Fn 288), S. 3.
[310] *Lobley/Smith* (Fn 269), S. 18; *Collett*, Probation Journal 45 (1998), No. 1, S. 3 (4).
[311] *von Hofer* (Fn 160), S. 349 (354); *Haverkamp*, BewHi 1999, S. 51 (61).
[312] *Brown/Elrod*, Crime & Delinquency 41 (1995), No. 3, S. 332 (339 ff).

nisse soll abgebaut und die daraus resultierenden Vollzugskosten durch EM gesenkt werden.[313] Mittelbar seien Kosteneinsparungen dadurch zu erzielen, dass der Überwachte weiterhin Steuern und Unterhalt zahle und damit staatliche Leistungen entfielen.[314] Tatsächlich konnten in vielen Ländern erhebliche Kosteneinsparungen verzeichnet werden.[315] Aus England und Wales wird berichtet, dass die Unterbringung im elektronischen Hausarrest durchschnittlich £1.900 pro Person kostet, also weniger als eine herkömmliche Unterstellung unter Bewährungsaufsicht (£2.200), aber mehr als für die Anordnung, gemeinnützige Arbeit zu leisten (£1.700).[316] Die Evaluation des ersten Modellversuches für den Zeitraum von 1995 - 1996 hat ergeben, dass sich bei landesweiter Ausdehnung von EM die Kosten auf £2.295 belaufen; die Kosten für die 'normale' Bewährung wurden auf £2.425 und für die gemeinnützige Arbeit auf £1.773 beziffert.[317] Derzeit betragen die Kosten der elektronischen Überwachung in England €50 pro Tag, im Vergleich zu €152 pro Haftag.[318] In den Niederlanden entstehen für die elektronische Überwachung jährlich die Hälfte der Kosten, die für einen Haftplatz aufgewendet werden müssen.[319] Ähnliches gilt für Schweden: Die finanziellen Aufwendungen für den elektronisch überwachten Hausarrest betragen weniger als die Hälfte der Kosten, die ein Platz in der Justizvollzugsanstalt erfordert. Bisher sind 100 Millionen SEK pro Jahr eingespart worden.[320] In Portugal werden die Kosten von EM pro Person mit ca. €196 monatlich und zwischen €7 und €14 täglich beziffert. Im Gegensatz dazu kostet ein Haftplatz täglich €37. Dabei sind die Fixkosten des Modellversuchs (Kosten des Kontrollzentrums und Personalkosten) in Höhe von etwa €54.000 monatlich allerdings noch nicht berücksichtigt worden.[321] Hingegen haben neuseeländische Untersuchungen ergeben, dass die Kosten für EM mit den Vollzugskosten vergleichbar sind, wobei dieses Ergebnis der geringen Proban-

---

[313] *Jolin/Rogers*, MschrKrim 73 (1990), S. 201 (204); *Enos/Black/Quinn/Holman* (Fn 41), S. 49; *Lurigio/Petersilia* (Fn 75), S. 3 (6).

[314] *Petersilia*, Federal Probation 50 (1986), No. 2, S. 50 (52); *Rackmill*, Federal Probation 58 (1994), No. 1, S. 45 (47). Zweifelnd: *Bernsmann*, Elektronisch überwachter Hausarrest unter besonderer Berücksichtigung von Privatisierungstendenzen, S. 101.

[315] *Mortimer/May*, Home Office Research Findings No. 66 (1998), S. 1 (4); *Mair/Mortimer* (Fn 275), S. 34; *Ministério da Justiça* (Fn 155), S. 3; *van der Linden* (Fn 171), S. 170 (173); *Haverkamp*, BewHi 1999, S. 51 (67).

[316] *Mortimer/May*, Home Office Research Findings No. 66 (1998), S. 1 (4).

[317] *Mair/Mortimer* (Fn 275), S. 34.

[318] *Zehnder/Lehner* (Fn 51), S. 3 (5).

[319] *van der Linden* (Fn 171), S. 170 (173).

[320] *Carlsson/Ekheim* (Fn 213), S. 15 (16); *CEP* (Fn 151), S. 6.

[321] *Ministério da Justiça* (Fn 155), S. 3.

denzahl und der Vorhaltung eines Projektteams zugeschrieben wird.[322] Für Kanada wurde festgestellt, dass der finanzielle Vorteil der elektronischen Überwachung dadurch revidiert wird, dass die Rückfallrate der Arrestanten im Verhältnis zu den unter herkömmlicher Bewährung stehenden Probanden keinen Unterschied aufweist. Da die Betreuung durch einen Bewährungshelfer weniger kostenintensiv ist, werden Kosteneinsparungen nicht erzielt.[323] In Schottland sollen nach Kostenschätzungen für eine sechmonatige elektronische Überwachung bei einer höheren Auslastung der RLOs voraussichtlich £4.860 anfallen. Im Vergleich dazu sind für eine Haftstrafe von sechs Monaten £13.456 zu veranschlagen.[324] Zwar wird betont, dass signifikante Einsparungen nur dann verzeichnet werden könnten, sofern tatsächlich Strafvollzugsanstalten geschlossen würden, auf längere Sicht wird jedoch mit erheblichen Kosteneinsparungen gerechnet.[325] Da die Befunde der Untersuchungen zum Teil erheblich voneinander abweichen, können allgemeingültige Konklusionen zugunsten der Kostenffektivität nicht getroffen werden, insbesondere weil die Kosten auch von der Anzahl der überwachten Delinquenten abhängen.

VIII. Netzausweitungseffekt

In Zusammenhang mit dem elektronisch überwachten Hausarrest sind seit jeher Befürchtungen über eine Ausweitung des Netzes der sozialen Kontrolle geäußert worden. In Kanada wird neben der Erweiterung der personellen Kapazitäten ein täterbezogener *net-widening* Effekt angenommen: Die elektronische Überwachung habe in Saskatchewan angesichts strenger Auswahlkriterien Straftäter, die ein geringes Risiko aufwiesen und einer zusätzlichen Kontrolle nicht bedurften, erfasst. Auf der anderen Seite hätten Probanden mit einem höheren Risiko unter herkömmlicher Bewährungsüberwachung gestanden.[326] Wiederum sind in Neufundland mehr als die Hälfte der Straffälligen unter dem Aspekt der Rückfallwahrscheinlichkeit als mittelmäßig oder hoch eingestuft worden.[327] Folglich

---

[322] *Church/Dunstan* (Fn 148), S. 76, 80.
[323] *Bonta/Wallace-Capretta/Rooney* (Fn 146), S. 4, 30. Ähnlich für die Programme in den USA: *Petersilia*, Federal Probation 62 (1998), No. 2, S. 3 (6).
[324] *Scottish Executive* (Fn 237), S. 24.
[325] *Scottish Executive* (Fn 237), S. 10 f.
[326] *Bonta/Wallace-Capretta/Rooney* (Fn 146), S. 3, 13, 30.
[327] 71,4 % der Probanden waren arbeitslos und nur 9,3 % hatten einen Schulabschluss. Darüber hinaus hatte die Hälfte der Delinquenten Alkoholprobleme und 36,4 % waren drogenabhängig (*Bonta/Wallace-Capretta/Rooney* (Fn 146), S. 15).

konnte in Neufundland kein greifbarer Netzausweitungseffekt verzeichnet werden. Untersuchungen in Schweden, der Schweiz und den Niederlanden haben ergeben, dass durch die Unterbringung der Verurteilten im elektronisch überwachten Hausarrest eine Haftstrafe vermieden wurde.[328] In der Schweiz ist EM in 95 % der Fälle an die Stelle der Unterbringung in einer Justizvollzugsanstalt getreten.[329] In Schweden hat die elektronische Überwachung kurze Freiheitsstrafen ersetzt, die vornehmlich wegen Trunkenheit am Steuer verhängt worden waren.[330] Bei Berücksichtigung der begangenen Delikte zeigt sich, dass in den Niederlanden EM in Kombination mit einer gemeinnützigen Strafe eine unbedingte Freiheitsstrafe von über sechs Monaten ersetzt hat, denn die Programmteilnehmer hatten weitaus schwerere Straftaten begangen als Straftäter, gegen die herkömmlich eine ambulante Strafe oder eine Freiheitsstrafe von bis zu sechs Monaten verhängt wird.[331] Nach Schätzungen haben in Schottland die angeordneten Freiheitbeschränkungsmaßnahmen in ca. 40 % der Fälle eine Haftstrafe ersetzt. Darüber hinaus hätte keiner der Straffälligen eine geringere, weniger einschneidende Strafe erhalten.[332] Ob der elektronisch überwachte Hausarrest tatsächlich eine Ausweitung des Netzes der sozialen Kontrolle bewirkt, lässt sich anhand der bisherigen Evaluationen mit unterschiedlichen Ergebnissen nicht klar beantworten.

IX. Rückfallquote

Die bisherigen Modellversuche zum elektronisch überwachten Hausarrest geben keinen Aufschluss darüber, ob EM per se geeignet ist, die Rückfallwahrscheinlichkeit der Delinquenten zu senken. Empirische Nachweise, insbesondere Evaluationsstudien, die die tatsächlichen Auswirkungen des elektronisch überwachten Hausarrestes auf den Probanden im Vergleich zu einer verbüßten Freiheitsstrafe aufzeigen, sind kaum vorhanden. Viele Länder verweisen auf die Schwierigkeit, die Modellversuche ohne Kontrollgruppe befriedigend auszuwerten. Nach einer Untersuchung der elektronischen Überwachung in Kanada liegen die Rückfallquoten im Rahmen des Erwarteten. Signifikante Unterschiede in der Rückfallhäu-

---

[328] Medienmitteilung des *Justizdepartements Basel-Stadt* vom 28.09.2000; *van der Linden* (Fn 171), S. 170 (172 f); *Carlsson/Ekheim* (Fn 213), S. 15 (16).
[329] *Bundesamt für Justiz* (Fn 195), S. 31.
[330] *Haverkamp*, BewHi 1999, S. 51 (67).
[331] *Spaans* (Fn 164), S. 11; ders., BewHi 1999, S. 68 (70 f); *Droogendijk* (Fn 156), S. 45 (51); *van der Linden* (Fn 171), S. 170 (171 f).
[332] *Scottish Executive* (Fn 237), S. 18; *Lobley/Smith* (Fn 269), S. 16 f.

figkeit zwischen Straffälligen, die unter herkömmlicher Bewährung standen, im elektronisch überwachten Hausarrest untergebracht waren oder ihre Freiheitsstrafe in einer Justizvollzugsanstalt verbüßen mussten, konnten nicht festgestellt werden.[333] Im Einzelnen hat die kanadische Studie - bezogen auf alle drei Provinzen - für die elektronisch Überwachten ein Jahr nach Beendigung des Programmes eine Rückfallquote von rund 27 % ergeben. Ca. 33 % der unter Bewährung stehenden Probanden sind erneut straffällig in Erscheinung getreten und von den Gefängnisinsassen haben fast 38 % nach ihrer Entlassung eine weitere Straftat begangen.[334] Dabei ist jedoch zu berücksichtigen, dass die Arrestanten statistisch weniger Risikofaktoren (beispielsweise Vorstrafen, Arbeitslosigkeit, Suchtproblematik etc.) aufgewiesen haben als die Gefangenen und die unter Bewährung stehenden Probanden. Weitere Analysen bestätigten die Hypothese, dass die Unterschiede in der Rückfallhäufigkeit auf die Anzahl der jeweils festgestellten Risikomerkmale zurückzuführen waren. Die Anordnung des elektronisch überwachten Hausarrestes hatte demnach keinen Einfluss auf die Rückfälligkeit der Delinquenten, d.h. die Rückfallquote konnte nicht mit der verhängten Sanktion erklärt werden.[335] Auch in Großbritannien sind zwischen den Überwachten und Gefängnisinsassen Unterschiede bezüglich der Rückfallquoten nicht konstatiert worden. Risikomerkmale der Arrestanten dürften auch hier eher ein Indikator für die Rückfallwahrscheinlichkeit sein.[336] Dies bedeutet, dass die Lebensumstände des Delinquenten, sein beruflicher Werdegang, seine sozialen und familiären Bindungen, seine Vergangenheit und andere Charakteristika weitaus maßgebender für die Wahrscheinlichkeit erneuter Straffälligkeit sind, als die Ausgestaltung der Überwachung. Aus den USA wird berichtet, dass zumindest die Dauer der elektronischen Überwachung Einfluss auf die Rückfallquote hat, d.h. eine längere elektronische Kontrolle eine bessere Legalbewährung des Betroffenen zur Folge hatte.[337] Dies könnte dafür sprechen, dass für eine Verhaltensänderung der Straffälligen eine längere intensive Überwachung und Betreuung notwendig ist. Auch die schwedischen Erfahrungen lassen trotz der häufigen Anwendung der Intensivüberwachung mit elektronischer Kontrolle klare Schlussfolgerungen nicht zu. Drei Jahre nach Beendigung

---

[333] *Bonta/Wallace-Capretta/Rooney* (Fn 146), S. 4, 27 f; dies., Crime & Delinquency 46, S. 61 (63).
[334] *Bonta/Wallace-Capretta/Rooney* (Fn 146), S. 27.
[335] *Bonta/Wallace-Capretta/Rooney* (Fn 146), S. 28.
[336] *Sugg/Moore/Howard*, Home Office Findings 141 (2001), S. 1 (3 f).
[337] *Gainey/Payne/O'Toole*, Justice Quarterly 17 (2000), No. 4, S. 733 (744).

der elektronischen Überwachung sind 13 % der Probanden aus den Jahren 1994 bis 1996 erneut straffällig in Erscheinung getreten, nach zwei Jahren haben 8 % der im Jahre 1997 überwachten Probanden neue Straftaten begangen, und nach einem Jahr sind bei 4 % der im Jahre 1998 unter elektronisch überwachten Hausarrest gestellten Personen weitere Deliktsbegehungen registriert worden. Abschließende Feststellungen sollen indes erst nach längerfristigen Erhebungen getroffen werden.[338]

---

[338] *CEP* (Fn 151), S.15.

Vierter Teil: Beurteilung der ausländischen Erfahrungen und Übertragbarkeit auf Deutschland

Die bis dato in den einzelnen Ländern erhobenen Daten und ihre Evaluation weichen erheblich voneinander ab. Zum Teil stehen Befunde der Begleitforschung noch aus. Ein Vergleich der Erfahrungen und ihre Beurteilung werden dadurch erschwert, dass methodische Defizite bestehen. Es fehlt an Kontrollgruppenvergleichen und ausreichenden Fallzahlen.[339] Ferner sind die Anwendungsbereiche und Zielgruppen sehr unterschiedlich ausgestaltet. Dies hat wiederum Auswirkungen auf die Auswahlkriterien der Teilnehmer, das Anwendungspotential, einen *net-widening* Effekt oder die Kosten-Nutzen-Analyse. *SCHMIDT* hebt zu Recht hervor, dass trotz der kontroversen Debatte um den Einsatz von EM und des umfangreichen Schrifttums bis heute wenige experimentelle Studien existieren, die in Bezug auf die Effektivität, die Kosten, die Rückfallwahrscheinlichkeit oder einen *net-widening* Effekt endgültige und verlässliche Aussagen zulassen.[340]

In welchem Umfang der elektronisch überwachte Hausarrest Inhaftierungen vermeiden kann, hängt letztendlich von der Sanktionspraxis der jeweiligen Länder, insbesondere der Verhängung kurzer Freiheitsstrafen und der Anordnung von Untersuchungshaft ab. Der Eintritt des befürchteten *net-widening* Effekts zielt daher auf die Frage, ob durch EM tatsächlich unbedingte Freiheitstrafen vermieden werden, oder aber der elektronisch überwachte Hausarrest an die Stelle anderer ambulanter Sanktionsformen tritt. Allgemeingültige Erkenntnisse, die die Zunahme strafrechtlicher Kontrolle bestätigen, existieren bis dato nicht.

Trotz der zahlreichen Hausarrestprogramme konnte in den USA vielfach eine Reduzierung der Gefängnispopulation nicht verzeichnet werden, wobei ursächlich für die fehlende Senkung der Gefangenenzahlen u.a. die gleichzeitig implementierten Strafmaßrichtlinien gewesen sein sollen, die eine strengere Sanktionspraxis zur Folge gehabt hätten.[341] Hingegen ist nach Auffassung des Dienstes für Justizvollzugsanstalten in den Niederlanden das mit der Einführung von EM verbundene Ziel, die Sanktionsmöglichkeiten zu erweitern und den Bedarf an teuren und

[339] *Lilly/Ball/Wright* in: McCarthy (Hrsg.), Intermediate Punishments: Intensive Supervision, Home Confinement and Electronic Surveillance, S. 189 (198); *Schmidt*, Federal Probation 62 (1998), No. 2, S. 10; *Mair/Nee* (Fn 152), S. 7.
[340] *Schmidt*, Federal Probation 62 (1998), No. 2, S. 10.
[341] *Baird/Wagner*, Crime & Delinquency 36 (1990), No. 1, S. 112 (123).

begrenzten Haftplätzen zu reduzieren, erreicht worden. Die elektronische Überwachung biete ausgezeichnete Möglichkeiten, den Straffälligen bei der (Wieder-) Eingliederung in die Gesellschaft zu helfen.[342] In Schweden hat die Implementation der Intensivüberwachung mit elektronischer Kontrolle ebenfalls zu einer Reduzierung der Neuinhaftierungen geführt und Kosten gesenkt.[343] Dabei darf aber nicht außer Acht gelassen werden, dass in Schweden und vielen Bundesländern der USA von dem Arrestanten monatlich eine Überwachungsgebühr verlangt wird.[344] Insgesamt betrachtet, dürfte der elektronisch überwachte Hausarrest im Vergleich zum stationären Freiheitsentzug weniger kostenintensiv sein.

Die Resonanz der Betroffenen und ihrer Angehörigen ist in allen Ländern größtenteils positiv, obwohl die Reglementierung des Tagesablaufes, die Angst vor Stigmatisierung und die Gestaltung der Freizeit in geänderter Form von den Probanden als belastend erlebt werden.[345] In großem Umfang befürchtete innerfamiliäre Konflikte durch übermäßigen Alkoholkonsum oder einen 'Hauskoller' verbunden mit tätlichen Auseinandersetzungen sind ausweislich der bisherigen Daten nicht zu beobachten.[346]

Einigkeit besteht darüber, dass die 'elektronische Fußfessel' nur ein technisches Hilfsmittel ist und persönliche Betreuung durch Sozialarbeiter und Therapeuten nicht ersetzen kann. Der Proband soll im Hinblick auf die Sicherstellung eines regelmäßigen Beschäftigungsverhältnisses, die Verhinderung von Suchtmittelmissbrauch und die Beibehaltung stabiler Lebensumstände unterstützt werden.[347] Aussagekräftige Befunde hinsichtlich des rehabilitativen Potentials von EM liegen bisher nicht vor.

---

[342] *van der Leek* (Fn 253), S. 8.

[343] *Haverkamp*, BewHi 1999, S. 51 (67); *CEP* (Fn 151), S. 6.

[344] Vgl. *Somander* (Fn 265), S. 4, 29; *Carlsson/Ekheim* (Fn 213), S. 15; *Lilly/Ball/Curry/Smith*, Federal Probation 56 (1992), No. 4, S. 42 (43); *Papy/Nimer*, Federal Probation 55 (1991), No. 1, S. 31; *Blomberg/Waldo/Burcroff* (Fn 72), S. 169 (184).

[345] *van der Linden* (Fn 171), S. 170 (173); *Spaans*, BewHi 1999, S. 68 (72); *Lobley/Smith* (Fn 269)), S. 23 ff; *Mayer* (Fn 288), S. 2.

[346] *Albrecht*, MschrKrim 85 (2002), S. 84 (102).

[347] *Beck/Klein-Saffran/Wooten*, Federal Probation 54 (1990), No. 4, S. 22 (30); *Papy/Nimer*, Federal Probation 55 (1991), No. 1, S. 31 (33); *van der Leek* (Fn 253), S. 8; *Whitfield* (Fn 147), S. 118; ders. in: CEP, Electronic monitoring in Europe, The report of a CEP Workshop held at Egmond/aan Zee, Netherlands 15-17 October 1998, S. 10 (11); für die Schweiz und die Niederlande: *Haverkamp* NK 4/1999, S. 4 f.

Der Übertragbarkeit der ausländischen Erfahrungen auf die Bundesrepublik Deutschland steht letztendlich nicht nur die Tatsache entgegen, dass es an gesicherten empirischen Befunden mangelt, sondern darüber hinaus die Sanktionensysteme und die Kriminalpolitik der Länder angesichts anderer Rahmenbedingungen und anderer Rechtstraditionen nur begrenzt vergleichbar sind. Beispielsweise weist die USA ein erheblich strengeres Strafrechtssystem auf, das in erster Linie an der Bestrafung des Täters und damit der Sühne der Straftat orientiert ist. In Schweden und den Niederlanden werden vornehmlich Straffällige, die zu einer kurzen Freiheitsstrafe verurteilt worden sind, elektronisch überwacht. Der elektronisch überwachte Hausarrest ist in diesen Ländern gleichzeitig mit einem Behandlungsprogramm verbunden. Da in Deutschland eine kurze Freiheitsstrafe nur in Ausnahmefällen verhängt werden darf (§ 47 StGB), stellt sich die Frage, ob überhaupt ein Anwendungspotential besteht, also andere freiheitsstrafenersetzende Sanktionen nicht verdrängt werden. Möglicherweise könnte sich ein praktischer Anwendungsbedarf als Alternative zur Untersuchungshaft oder im Rahmen der vorzeitigen Entlassung ergeben.

In den USA, England und Wales sowie den Niederlanden wird EM u.a. auch als Sanktionsalternative für Kinder und Jugendliche eingesetzt. Auch in der Bundesrepublik Deutschland könnte die mangelnde Kontrollierbarkeit der jugendrichterlichen Weisungen, die sich auf den Aufenthaltsort beziehen (§ 10 Abs. 1 S. 3 JGG), ein Anknüpfungspunkt für die elektronische Überwachung sein, zumal das Fehlen einer effizienten Überwachungsmöglichkeit und die dadurch bedingte Erschütterung der Autorität des Gerichts, weil die Weisungen wegen ihrer Unkontrollierbarkeit ins Leere gehen, vielfach moniert worden sind.[348]

---

[348] *Ostendorf*, JGG, Grdl. z. §§ 9-12, Rn 6, § 10, Rn 3; *Brunner/Dölling*, Jugendgerichtsgesetz, § 10, Rn 3; *Eisenberg*, JGG, § 10, Rn 7; *Maurach/Gössel/Zipf*, Strafrecht - AT, Teilband 2, § 71 II A 2 c, Rn 13.

Fünfter Teil: Die Entwicklung des elektronisch überwachten Hausarrestes in Deutschland und der gegenwärtige Stand

Im Jahre 1987 wurde erstmalig über die elektronische Überwachung in den USA berichtet.[349] Ein Jahr später hat *FELTES* in einem futuristischen Szenario über die Kriminalität im 21. Jahrhundert unter Bezugnahme auf die in den USA bereits praktizierten Modelle elektronischer Überwachung die verschiedenen Funktionsweisen einer solchen Überwachung beschrieben.[350] Seither wird der Einsatz der elektronischen Kontrolle auch in Deutschland thematisiert. Die Debatten zeichnen sich in erster Linie durch normative und moralisierende Einwände aus.[351] Die Befürworter hoffen, dass sich EM als moderne Form des Freiheitsentzuges etabliert, die Gegner verdammen die elektronische Kontrolle wegen der Gefahr eines totalen Überwachungsstaates. Auffallend ist, dass parteipolitisch eine klare Frontenbildung fehlt; im Gegenteil, je nach kriminalpolitischem Hintergrund bilden sich *"überraschende Koalitionen"*.[352]

A. Die Diskussion in Wissenschaft und Praxis sowie bisherige Gesetzesvorhaben

Der elektronisch überwachte Hausarrest stößt bis heute überwiegend auf Misstrauen und Ablehnung; gleichwohl ist eine gewisse Tendenz zum Wandel der Einstellungen zugunsten der elektronischen Kontrolle zu beobachten.[353] Die Gegner monieren die Renaissance der kurzen Freiheitsstrafe, die durch Einsatz des elektronischen Hausarrestes dokumentiert werde. Solche Formen der kurzen Freiheitsstrafe seien *"gefährliche Spielereien"*[354], die den Einstieg in den totalen Überwa-

---

[349] Kriminalistik 1987, S. 159. Einen Monat später wird in der Zeitschrift 'Kriminalistik' erneut in einem Kurzbericht über Haftalternativen in den USA die elektronische Überwachung unter der Bezeichnung *"Heim-Knast"* vorgestellt (Kriminalistik 1987, S. 214).

[350] *Feltes*, BewHi 1988, S. 90 (93 ff).

[351] Vgl. *Feltes*, BewHi 1990, S. 324 ff; *Bohlander*, ZfStrVo 1991, S. 293 ff; *Brüchert*, NK 1/2002, S. 32 ff; *Garstka*, DuD 1998, S. 64; *Märktl/Heinz*, der kriminalist 1999, S. 345 ff; *Reindl*, BewHi 1999, S. 73 ff.

[352] *Ostendorf*, ZRP 1997, S. 473; *Haverkamp*, CILIP 60 (1998), S. 43 (51); dies., BewHi 2003, S. 164 (167 f).

[353] Vgl. u.a. *Schlömer*, Der elektronisch überwachte Hausarrest, S. 296; *Dahs*, NJW 1999, S. 3469 (3471); *Aebersold*, ZStrR 116 (1998), S. 367 (380); *Asprion*, BewHi 1999, S. 23 (28 f).

[354] *Schall*, BewHi 1988, S. 433 (446). Dieses Referat ist ebenfalls veröffentlich in: Deutsche Bewährungshilfe (Hrsg.), Die 13. Bundestagung (Dokumentation der 13. Bundestagung der Deutschen Bewährungshilfe e.V. (DBH) vom 18. bis 21. September in Marburg), S. 339 (359 f).

90

chungsstaat bedeuteten.[355] Ferner wird gewarnt vor einer Kommerzialisierung strafrechtlicher Kontrolle[356], die Vereinbarkeit der elektronischen Überwachung mit den Grundrechten, insbesondere mit der Menschenwürde in Frage gestellt[357], wegen der organisatorischen Rahmenbedingungen eine Privilegierung gut situierter Straffälliger kritisiert[358], die Ausdehnung des sozialen Kontrollnetzes thematisiert[359], betont, dass der elektronisch überwachte Hausarrest im deutschen Sanktionensytem nur einen marginalen Anwendungsbereich habe[360] und Kosteneinsparungen nicht zu erwarten seien.[361] Im Übrigen wird EM als moderne Prangerstrafe qualifiziert, da die 'elektronische Fußfessel' unter Umständen für Dritte sichtbar sei[362] und moniert, dass derartige Überwachungssysteme die persönliche Betreuung der Gefangenen vernachlässigen und die Hilfe auf elektronische Kontrollmaßnahmen reduzieren.[363] In Anlehnung an DELEUZE[364] wird daher angenom-

---

[355] Kaiser (Fn 24), § 94, Rn 20; Lindenberg (Fn 10), S. 57 ff; Garstka, DuD 1998, S. 64. Bedenken gegen den elektronisch überwachten Hausarrest hat auch Burgstaller anläßlich eines Festvortrages auf dem XIV. Internationalen Strafrechtskongress der AIDP (= Association Internationale de Droit Pénal) am 02.10.1989 in Wien geäußert: Die elektronischen Überwachungstechniken dürften nicht mit den von der Internationalen Straf- und Strafvollzugsstiftung (International Penal and Penitentiary Foundation) entwickelten Standard Minimum Rules für die nicht freiheitsentziehenden Sanktionen in Einklang zu bringen sein [ZStW 102 (1990), S. 637 (653)]. Dort heißt es u.a. in Rule 13: "Aufsichts- und Überwachungsmaßnahmen, die Straffällige zu bloßen Kontrollobjekten machen, sollen nicht eingesetzt werden. Auch sollen Überwachungstechniken nicht ohne Wissen des Delinquenten angewandt werden..." [zit. nach Stern, BewHi 1990, S. 335 (342)]. Allerdings hat die Stiftung in die Richtlinien eine spezifische Regelung der elektronischen Überwachung bewusst nicht aufgenommen [Burgstaller, ZStW 102 (1990), S. 637 (653)].
[356] Lindenberg, Ware Strafe, S. 192 ff; Walter (Fn 25), S. 159 (160 f).
[357] Ostendorf, ZRP 1997, S. 473 (476); Stern, BewHi 1990, S. 335 (342); Sonnen, NK 1/1998, S. 4; Köhler, NK 2/2000, S. 10; Krahl, NStZ 1997, S. 457 (461); Vosgerau, BewHi 1990, S. 166 (167 f); Robra in: Verhandlungen des 59. Deutschen Juristentages, Band II (Sitzungsberichte), S. O 22.
[358] Heitmann, ZRP 1999, S. 230 (232); Eisenberg, Kriminologie, § 30 VI 2 b, Rn 23; Streng in: Jehle (Hrsg.), Täterbehandlung und neue Sanktionsformen, S. 207 (214).
[359] Ostendorf, ZRP 1997, S. 473 (476); Weigend, GA 1992, S. 345 (363).
[360] Bohlander, ZfStrVo 1991, S. 293 (298); BAG-S e.V. (Fn 307), S. 12 f; Brüchert, NK 1/2002, S. 32 (33); Hudy, DVJJ-Journal 2/1998, S. 146 (150); Arloth, GA 2001, S. 307 (318); Riehe in: Abschlussbericht der Kommission zur Reform des strafrechtlichen Sanktionensystems, S. 161 (165); Streng, Strafrechtliche Sanktionen, Rn 788; Fehl, Monetäre Sanktionen im deutschen Rechtssystem, S. 180.
[361] Vosgerau, BewHi 1990, S. 166 (167); Bösling, MschrKrim 85 (2002), S. 105 (113); Streng (Fn 360), Rn 788. Im Übrigen fehle der Nachweis für Kosteneinsparungen [Lindenberg, Neue Kriminalpolitik 1/1993, S. 18 (22 f)]. Als strafrechtliche Maßnahmen unterhalb der Freiheitsstrafe seien die geltenden Sanktionen ausreichend [Dölling, ZStW 104 (1992), S. 259 (286)].
[362] Pfeiffer, NK 4/1990, S. 26 (29); ders. in: Verhandlungen des 59. Deutschen Juristentages, Band II (Sitzungsberichte), S. O 123.
[363] Ostendorf, ZfStrVo 1991, S. 83 (87).
[364] Deleuze, Neue Rundschau 3/1990, S. 5 (10). Der Aufsatz ist ebenfalls veröffentlicht in: KrimJ 24 (1992), S. 181 ff.

men, dass die elektronische Überwachung ein weiterer Schritt in Richtung Kontrollgesellschaft sei[365] und zum *"gläsernen Beschuldigten"*[366] führe.

Hingegen argumentieren die Befürworter, dass EM bereits aus Kostengründen die Zukunft gehöre.[367] Zugunsten einer Einführung der elektronischen Überwachung werden ferner die Haftvermeidung und Verhinderung einer Stigmatisierung[368], die Unterstützung der Resozialisierung durch Kontrolle und Hilfe[369], die Entlastung des Straf- und Untersuchungshaftvollzuges[370], die Erweiterung des Anwendungsbereiches von intermediären Sanktionen und das hohe Maß an Flexibilität, EM auf individuelle Bedürfnisse abzustimmen[371], genannt.[372] Zwar fordere der elektronische Hausarrest auch zum Widerspruch heraus, weil er in die Privatsphäre des Betroffenen eindringe, gleichwohl sei der Verurteilte im Verhältnis zum Strafvollzug keiner stärkeren Überwachung ausgeliefert. Die *"eher 'gefühlsmäßige' Opposition"* sollte daher die Auseinandersetzung mit dieser Sanktionsalternative nicht verhindern, vermeide sie doch die *"persönlichkeitszerstörenden Konsequenzen des Strafvollzugs"*. Sofern der Einsatz des elektronischen Hausarrestes *"als Alternative zur - kurzen - Freiheitsstrafe"* erfolge, *"sollte auch das high-tech-Überwachungsinstrumentarium ... nicht schrecken"*.[373] Der Verhältnismäßigkeitsgrundsatz des Grundgesetzes gebiete es, Alternativen zur Freiheitsstrafe zu schaffen.[374] Sofern man sich mit der Freiheitsstrafe abfinde, *"darf man sich gegen Techno-Kontrolle und Techno-Sanktionierung nicht wehren"*[375], zumal sich eine schlechtere spezialpräventive Wirkung als mit der Freiheitsstrafe kaum erreichen

---

[365] *Lindenberg/Schmidt-Semisch* in: FS für Mathiesen, S. 33 (41). Siehe auch: *Lindenberg/Schmidt-Semisch*, KrimJ 27 (1995), S. 2 (12 f).

[366] *Hilger* (Fn 7), S. O 144.

[367] *Weigend*, BewHi 1989, S. 289 (299).

[368] *Aebersold*, ZStrR 116 (1998), S. 367 (380); *Seebode*, StV 1999, S. 325 (328); *Schlömer*, BewHi 1999, S. 31 (34); *Roxin* in: GS für Zipf, S. 135 (146).

[369] *Asprion*, BewHi 1999, S. 23 (29); *Schädler/Wulf*, BewHi 1999, S. 3 (5); *Dahs*, NJW 1999, S. 3469 (3470).

[370] *Nibbeling*, StV 1996, S. 324 (325).

[371] *Weigend*, BewHi 1989, S. 289 (300).

[372] *Albrecht*, MschrKrim 85 (2002), S. 84 (89).

[373] *Weigend*, BewHi 1989, S. 289 (300 f). Hingegen hat der Autor in einer späteren Veröffentlichung aufgrund des geringen Anwendungsbereiches und der naheliegenden Gefahr eines *net-widening* Effekts die Einführung von EM nicht angeraten [GA 1992, S. 345 (363)].

[374] *Dohmen*, ZRP 1998, S. 192.

[375] *Feltes*, BewHi 1990, S. 324 (330). Ebenso *Jung*, der zu Bedenken gibt, dass man nicht Alternativen zur Freiheitsstrafe fordern könne und eine bereits vorhandene verwerfe. Angesichts der Gefahr eines Netzausweitungseffektes sei jedoch eher Zurückhaltung geboten (Sanktionensysteme und Menschenrechte, S. 98 f).

lasse.[376] Im Übrigen wird hervorgehoben, dass die elektronische Kontrolle gerade mit vorheriger Zustimmung erfolge und damit mehr als einseitig verhängte Sanktionen die Grundrechte des Probanden berücksichtige.[377]

Auf dem 59. Deutschen Juristentag im Jahre 1992 in Hannover ist die Problematik der elektronischen Überwachung erörtert worden. In dem dazu vorgelegten Gutachten *"Empfehlen sich Änderungen und Ergänzungen bei den strafrechtlichen Sanktionen ohne Freiheitsentzug?"* lehnte *SCHÖCH* die Einführung des elektronischen Hausarrestes als selbständige Sanktion ab. Die elektronische Überwachung sei allenfalls als ergänzende Sanktion für einen begrenzten Zeitraum in Betracht zu ziehen, sofern dadurch nachweisbar Freiheitsentzug vermieden werde, etwa bei der Aussetzung des Vollzugs eines Haftbefehls nach § 116 StPO oder als Weisung bei einer frühzeitigen Strafrestaussetzung gem. § 57 Abs. 3 i.V.m. § 56 c Abs. 2 Nr. 2 StGB.[378] Im Rahmen der Abstimmung über die Beschlussvorschläge hat sich die Mehrheit der Mitglieder gegen die Empfehlung von elektronisch kontrollierten Anordnungen als Haupt- oder Nebenstrafe ausgesprochen. Der Vorschlag, elektronisch kontrollierte Freiheitsbeschränkungen zur Vermeidung von Untersuchungshaft oder von Vollzugslockerungen nach dem Strafvollzugsgesetz auf ihre Verhältnismäßigkeit und Praktikabilität zu prüfen, wurde ebenfalls abgelehnt.[379]

Berichte in der Presse über die Möglichkeit der elektronischen Überwachung von Straftätern und die internationalen Erfahrungen, insbesondere in den Niederlanden und Schweden[380], haben auch auf politischer Ebene zu Überlegungen geführt, ein solches 'Hausarrest-System' in der Bundesrepublik Deutschland einzuführen.[381]

---

[376] *Feltes*, BewHi 1990, S. 324 (334).

[377] *Schädler/Wulf*, BewHi 1999, S. 3 (8).

[378] *Schöch* in: Verhandlungen des 59. Deutschen Juristentages, Band I (Gutachten), S. C 101.

[379] Verhandlungen des 59. Deutschen Juristentages, Band II (Sitzungsberichte), S. O 191.

[380] Siehe unter anderem: Frankfurter Allgemeine Zeitung vom 08.07.1995 *"Holländische Häftlinge an der 'elektronischen Leine'"*, S. 8; Die Woche vom 27.09.1996 *"Schöner Sitzen"*, S. 43; Frankfurter Allgemeine Zeitung vom 03.03.1997 *"'Elektronische Fußketten' wegen Computerfehlers wirkungslos"*, S. 12.

[381] *"Die in einigen Ländern als Modellversuch durchgeführte Sanktion kommt als Alternative zur Untersuchungshaft, zu kurzen Freiheitsstrafen und zur Ersatzfreiheitsstrafe in Betracht. Die Ergebnisse der laufenden Modellversuche ... müssen zunächst noch abgewartet werden. Im Hinblick auf das deutsche Sanktionssystem ausgewertet werden. ... In diese Prüfung werden Überlegungen zu technischen Alternativen zum Freiheitsentzug (sogenannte elektronische Fessel) einzubeziehen sein."* (Bürgerschaft der Freien und Hansestadt Hamburg, Mitteilung des Senats an die Bürgerschaft, Drs. 15/6231, S. 16).

93

So richteten im Jahre 1997 in Niedersachsen und Baden-Württemberg jeweils Abgeordnete Anfragen zur Anwendbarkeit des elektronisch überwachten Hausarrestes an die Landesregierung.[382] In Beantwortung des Fragenkataloges teilten die Justizministerien mit, dass die schlichte Übertragung der in den anderen Staaten durchgeführten Modelle auf die Bundesrepublik Deutschland nicht in Erwägung gezogen werde, da die jeweiligen Besonderheiten des Rechtssystems zu berücksichtigen seien.[383] Die potentielle Zielgruppe wurde angesichts der strengen Teilnahmevoraussetzungen als gering eingestuft, zumal in Deutschland eine kurze Freiheitsstrafe nur bei einer ungünstigen Sozialprognose verhängt werden darf.[384] Bei der Mehrzahl der Verurteilten handele es sich überwiegend um Drogenabhängige und bindungslose Kleinkriminelle.[385]

Gleichwohl wurde auf der 68. Konferenz der Justizministerinnen und -minister zu TOP II.15 *"Elektronisch überwachter Hausarrest - eine neue Form der Haftvermeidung?"* der Beschluss gefasst, die Erfahrungen anderer Länder mit der elektronischen Überwachung vor der Einführung in Deutschland eingehend zu prüfen.[386]

In der Folgezeit leitete das Land Berlin dem Bundesrat den *"Entwurf eines Gesetzes zur Änderung des Strafvollzugsgesetzes"* mit der Bitte zu, seine Einbringung beim Deutschen Bundestag gem. Art. 76 Abs. 1 GG zu beschließen. Der Entwurf sah vor, den elektronisch überwachten Hausarrest als Lockerung des Vollzuges in das Strafvollzugsgesetz nach § 11 StVollzG einzufügen. Der neu einzufügende § 11 a StVollzG sollte wie folgt lauten:

"(1) Die Landesregierungen werden ermächtigt, durch auf höchstens 4 Jahre befristete Rechtsverordnung Regelungen zu treffen, wonach die Vollzugsbehörde den Gefangenen unter elektronisch überwachten Hausarrest stellen kann. Die Unterstellung unter den Hausarrest setzt voraus, dass der Gefangene und die in seinem Haushalt lebenden erwachsenen Personen einwilligen. Unter Hausarrest darf ein Gefangener nur gestellt werden, wenn nicht

[382] *Landtag von Baden-Württemberg*, Kleine Anfrage und Antwort des Justizministeriums, Drs. 12/1043, S. 1; *Niedersächsischer Landtag*, Kleine Anfrage mit Antwort, Drs. 13/2859, S. 1.
[383] *Landtag von Baden-Württemberg* (Fn 382), S. 3; *Niedersächsischer Landtag*, Kleine Anfrage mit Antwort, Drs. 13/2579, S. 2 f.
[384] *Landtag von Baden-Württemberg* (Fn 382), S. 4 f.
[385] *Niedersächsischer Landtag* (Fn 383), S. 2.
[386] Beschluss der 68. Konferenz der Justizministerinnen und -minister vom 11. bis 12. Juni 1997 in Saarbrücken zu TOP II. 15.

*zu befürchten ist, dass er sich dem Vollzug der Freiheitsstrafe entziehen oder
den Hausarrest zu Straftaten missbrauchen werde und wenn er voraussichtlich nur noch sechs Monate einer zeitigen Freiheitsstrafe zu verbüßen hat.
Die Unterstellung kann davon abhängig gemacht werden, dass der Gefangene eine angemessene Zahlung an einen Opferfonds leistet.
(2) Durch den Hausarrest wird die Vollstreckung nicht unterbrochen.*"[387]

Den Ländern sollte demnach die befristete Möglichkeit eingeräumt werden, Regelungen für die Einführung und Ausgestaltung des elektronisch überwachten Hausarrestes zu erarbeiten, um überprüfen zu können, ob der elektronische Hausarrest
eine geeignete Alternative zur herkömmlichen stationären Unterbringung in einer
Strafvollzugsanstalt darstellt. Ziel der elektronischen Überwachung war die Vermeidung negativer Auswirkungen einer Inhaftierung und Förderung der Resozialisierung des Straftäters. Der technischen Entwicklung, Freiheitsbeschränkungen
außerhalb einer stationären Unterbringung zu vollziehen, sollte Rechnung getragen werden.[388]

Die Verordnungsermächtigung des § 11 a StVollzG begrenzt den Kreis der Gefangenen, die unter elektronischen Hausarrest gestellt werden dürfen, auf diejenigen, deren voraussichtlicher Strafrest nicht mehr als sechs Monate beträgt. Eine
solche Begrenzung trage den Interessen des Straffälligen Rechnung, denn die
elektronische Überwachung " *'auf Schritt und Tritt'* " und die mit ihr verbundenen
Kontrollen in Form von Blut- und Urinproben zur Feststellung eines etwaigen
Drogenmissbrauches stellten eine Beeinträchtigung der Intimsphäre dar und könnten dem Betroffenen den Eindruck vermitteln, ihm stünden weniger Rückzugsmöglichkeiten zu als den in einer Strafvollzugsanstalt Inhaftierten. Daneben ge-
währleiste die Strafrestobergrenze, dass die Vollzugsverhältnisse in den einzelnen
Bundesländern nicht zu stark differierten.[389]

Der Strafvollzugsausschuss der Konferenz der Justizministerinnen und -minister
sprach sich auf seiner Tagung Ende Oktober 1997 gegen die Einführung des elektronisch überwachten Hausarrestes und der Normierung einer rechtlichen Grundlage für die Durchführung eines Modellversuches aus. Aufgrund der geäußerten
Bedenken hat der Rechtsausschuss des Bundesrates in seiner Sitzung am

---

[387] BR-Drs. 698/97, Gesetzesantrag des Landes Berlin.
[388] BR-Drs. 698/97 (Fn 387), S. 2.
[389] BR-Drs. 698/97 (Fn 387), S. 2.

95

12.11.1997 entschieden, den Gesetzesantrag vorerst nicht zu beraten, sondern eine Arbeitsgruppe zur Prüfung der Einführung der elektronischen Überwachung einzusetzen.[390] Die Arbeitsgruppe 'Elektronisch überwachter Hausarrest' legte im März 1999 ihren Abschlussbericht vor. Ausweislich dieses Berichtes ist der elektronisch überwachte Hausarrest in der Arbeitsgruppe nicht einheitlich rechtspolitisch bewertet worden. Gleichwohl stimmten die Mitglieder darin überein, dass die noch ungeklärten kriminalpolitischen Fragen, etwa eines net-widening Effekts, einer Entlastung des Strafvollzuges oder einer Kostenersparnis, der Erprobung des elektronisch überwachten Hausarrestes als Instrument der Haftvermeidung nicht entgegenstehen. Soweit Gesetzesänderungen zur Durchführung von Modellversuchen erforderlich seien, genüge eine zeitlich befristete Verordnungsermächtigung, wobei eine bundeseinheitliche Lösung weder möglich noch notwendig sei.[391] Die Mehrheit der Mitglieder der Arbeitsgruppe befürwortete die Änderung des Strafvollzugsgesetzes, um dadurch einzelnen Bundesländern eine zeitlich begrenzte Erprobung des elektronisch überwachten Hausarrestes zu ermöglichen. Allerdings plädierte die Arbeitsgruppe mehrheitlich dafür, den elektronisch überwachten Hausarrest nicht durch Einfügung eines § 11 a StVollzG als Strafvollzugslockerung, sondern durch Schaffung eines § 10 a StVollzG als besondere Form der Unterbringung in das Strafvollzugsgesetz aufzunehmen.[392]

Der federführende Rechtsausschuss des Bundesrates sprach sich für befristete Pilotprojekte aus und empfahl dem Bundesrat am 09.07.1999, den Gesetzentwurf des Landes Berlin nach einigen Änderungen beim Deutschen Bundestag einzubringen.[393] Gemäß dem Vorschlag der Arbeitsgruppe 'Elektronisch überwachter Hausarrest' sollte die Erprobung der elektronischen Überwachung als gesonderte Unterbringungsform ermöglicht werden. Der neu einzufügende § 10 a StVollzG wurde wie folgt gefasst:

---

[390] Dementsprechend bildeten die Länder Berlin, Hamburg, Hessen, Nordrhein-Westfalen, Brandenburg, Baden-Württemberg, Sachsen-Anhalt und Schleswig-Holstein Anfang 1998 eine Arbeitsgruppe, um mögliche Anwendungsbereiche des elektronischen Hausarrestes auf sanktions- und vollstreckungsrechtlicher Ebene zu erörtern (Abschlussbericht der Arbeitsgruppe 'Elektronisch überwachter Hausarrest', S. 3 f).
[391] Abschlussbericht der Arbeitsgruppe 'Elektronisch überwachter Hausarrest', S. 8.
[392] Abschlussbericht der Arbeitsgruppe 'Elektronisch überwachter Hausarrest', S. 9.
[393] BR-Drs. 401/99, Empfehlungen der Ausschüsse, S. 1; Frankfurter Allgemeine Zeitung vom 10.07.1999 ''Bundesrat spricht sich für Modellversuche mit Fußfesseln aus'', S. 2.

"§ 10 a

Elektronisch überwachter Hausarrest

(1) Die Landesregierungen werden ermächtigt, durch Rechtsverordnung Rege-
lungen zu treffen, wonach der Gefangene im elektronisch überwachten Haus-
arrest untergebracht werden kann, soweit er nicht mehr als voraussichtlich
sechs Monate einer zeitigen Freiheitsstrafe oder Restfreiheitsstrafe zu verbü-
ßen hat, er den besonderen Anforderungen des elektronisch überwachten
Hausarrestes genügt und namentlich nicht zu befürchten ist, dass er sich dem
Vollzug des Hausarrestes entziehen oder den Hausarrest zu Straftaten miss-
brauchen werde.

(2) Die Unterbringung im elektronisch überwachten Hausarrest setzt die schriftli-
che Einwilligung des Gefangenen sowie sämtlicher im Haushalt lebenden er-
wachsenen Personen voraus.

(3) Durch den Hausarrest wird die Vollstreckung nicht unterbrochen. Vollzugslo-
ckerungen und Urlaub können nach Maßgabe der gesetzlichen Vorschriften
mit Ausnahme von § 13 gewährt werden.

(4) Der Gefangene soll ein freies Beschäftigungsverhältnis nach Maßgabe von
§ 39 Abs. 1 und 2 fortsetzen oder aufnehmen. § 124 Abs. 2 und 3 gelten ent-
sprechend.

(5) Die Kosten der elektronischen Überwachung trägt die Justizverwaltung. Die
übrigen Kosten, insbesondere die Kosten des Lebensunterhalts und der Ge-
sundheitsfürsorge trägt der Gefangene. Die Festsetzung eines Hausgeldes
(§ 47 Abs. 3) und eines Überbrückungsgeldes (§ 51) entfällt.

(6) Der Geltungsbereich einer Rechtsverordnung nach Abs. 1 kann auf einzelne
Landgerichtsbezirke begrenzt werden.''[394]

Die Anbindung des elektronisch überwachten Hausarrestes an § 10 StVollzG hielt
der Rechtsausschuss des Bundesrates für vorzugswürdig, weil es sich bei Unterbringung im elektronischen Hausarrest um die Vollstreckung von Freiheitsentzug
"*zu Hause*" und nicht in einer Strafvollzugsanstalt handele.[395]

Die Bundesregierung erhob gegen den Entwurf keine Bedenken.[396] Die erste Beratung des Gesetzentwurfs fand am 07.10.1999 statt. In der kontrovers geführten

---

[394] BR-Drs. 401/99 (Fn 393), S. 3.
[395] BR-Drs. 401/99 (Fn 393), S. 9.
[396] BT-Drs. 14/1519, Gesetzentwurf des Bundesrates, S. 7 (Anlage 2).

Debatte beurteilte insbesondere die Fraktion der Bündnis 90/Die Grünen den elektronisch überwachten Hausarrest mit großer Skepsis. Zweifel an der elektronischen Überwachung als wirksames Sanktionsmittel meldete die CDU/CSU an. Hingegen bezeichnete die FDP den elektronischen Hausarrest als Instrument, das einen flexibleren und effektiveren Strafvollzug ermögliche, ohne die Sicherheit der Bevölkerung zu gefährden.[397] In der 14. Wahlperiode ist der Gesetzentwurf nicht abschließend beraten worden. Er ist danach nicht erneut in den Bundestag eingebracht worden.

Im März 2000 hat die vom damaligen Bundesjustizminister *SCHMIDT-JORTZIG* zu Beginn des Jahres 1998 eingesetzte Kommission zur Reform des strafrechtlichen Sanktionensystems ihren Abschlussbericht vorgelegt. Die Kommission lehnte die Einführung des elektronisch überwachten Hausarrestes als selbständige Sanktion ab, weil sie einen *net-widening* Effekt befürchtete, insbesondere im Bereich der kurzen Freiheitsstrafen, und unter Berücksichtigung der persönlichen Teilnahmevoraussetzungen das Problem eines Zwei-Klassen-Strafrechtes sah. Sie empfahl, vor einer abschließenden Entscheidung über potentielle Anwendungsmöglichkeiten die in einigen Ländern geplanten Modellversuche zum elektronisch überwachten Hausarrest zunächst abzuwarten und erst nach der Auswertung der Ergebnisse der Modellversuche über andere mögliche Anwendungsbereiche des elektronisch überwachten Hausarrestes zu entscheiden.[398]

B. Die Modellversuche der Bundesländer

Von den Bundesländern, die eine Erprobung des elektronisch überwachten Hausarrestes befürworteten, haben Baden-Württemberg, Hamburg und Hessen die Durchführung von Feldversuchen in unterschiedlichen Bereichen geplant. Der elektronisch überwachte Hausarrest soll etwa als Ersatz kurzer Freiheitsstrafen, im Rahmen einer Strafrestaussetzung zur Bewährung bei Freiheitsstrafen oder im Bereich der Ersatzfreiheitsstrafen zur Anwendung gelangen.

---

[397] *Deutscher Bundestag*, Stenographischer Bericht, 61. Sitzung, Plenarprotokoll 14/61, S. 5399 ff.
[398] Abschlussbericht der Kommission zur Reform des strafrechtlichen Sanktionensystems, S. 174.

I. Baden-Württemberg

Das baden-württembergische Justizministerium plant die Durchführung eines auf die Dauer von zwei Jahren begrenzten Modellprojektes mit bis zu 20 Straffälligen. Vorgesehen ist, solche Straffällige dem elektronischen Hausarrest zu unterstellen, die eine Ersatzfreiheitsstrafe bis zu drei Monaten Dauer hätten verbüßen müssen, weil sie die ihnen auferlegte Geldstrafe nicht haben bezahlen können.[399] Untersuchungen zufolge soll in Baden-Württemberg, im Gegensatz zu anderen Bundesländern, in denen Ersatzfreiheitsstrafenverbüßer i.d.R. Alkohol oder andere Drogen konsumieren und daher für den Hausarrest ungeeignet sind, eine ausreichende Zielgruppe vorhanden sein.[400] Der Einsatz der elektronischen Überwachung soll auf Ersatzfreiheitsstrafen von bis zu drei Monaten begrenzt werden, um den Straffälligen nicht zu überfordern. Eine Einschränkung des 'Ersatzhausarrestes' hinsichtlich bestimmter Tätergruppen wird nicht für notwendig erachtet, weil das Gericht durch die Verhängung einer Geldstrafe zum Ausdruck gebracht habe, dass eine Freiheitsstrafe nicht erforderlich sei. Für die Teilnahme an der elektronischen Überwachung wird vorausgesetzt, dass der Verurteilte und die im selben Haushalt lebenden Erwachsenen zustimmen, eine Wohnung mit Telefonanschluss vorhanden ist und sich der Verurteilte auf freiem Fuß befindet.[401] Die Kosten für die Durchführung des geplanten Modellversuches sind pro Tag mit 76 DM (€38,86) veranschlagt worden (bei 240 Arrestanten an jeweils 30 Tagen).[402] Nach Ansicht des baden-württembergischen Justizministeriums ist zwingende Voraussetzung für den Beginn des Feldversuches eine Verordnungsermächtigung in § 10 a StVollzG und der Erlass einer darauf basierenden landesrechtlichen Verord-

---

[399] Modellversuch 'Ersatzhausarrest' in Baden-Württemberg in: Abschlussbericht der Arbeitsgruppe 'Elektronisch überwachter Hausarrest', S. 25 (Anlage 4a); Frankfurter Allgemeine Zeitung vom 10.06.1999, *"Justizminister uneins über 'elektronischen Hausarrest'"*, S. 1; Stuttgarter Zeitung vom 11.06.1999 *"Elektronik soll Kriminalkarrieren stoppen"*; Frankfurter Allgemeine Zeitung vom 13.06.1999 *"Preiswerter Hausarrest"*, S. 7; *Landtag von Baden-Württemberg*, Antrag der Abg. Oelmayer u.a. Bündnis 90/Die Grünen und Stellungnahme des Justizministeriums, Drs. 12/4233, S. 2; *Landtag von Baden-Württemberg*, Beschlussempfehlung und Berichte, Drs. 12/4534, S. 7 f.
[400] Abschlussbericht der Arbeitsgruppe 'Elektronisch überwachter Hausarrest', S. 12. Ca. 500 Straffällige werden jährlich in Haft genommen, weil sie die verhängte Geldstrafe nicht zahlen und eine gemeinnützige Arbeit nicht finden oder verweigern (Frankfurter Allgemeine Zeitung vom 16.06.1999 *"Der elektronisch überwachte Hausarrest"*, S. 15; *Landtag von Baden-Württemberg* (Fn 399), S. 3).
[401] Modellversuch 'Ersatzhausarrest' in Baden-Württemberg (Fn 399), S. 25 ff (Anlage 4a).
[402] Modellversuch 'Ersatzhausarrest' in Baden-Württemberg (Fn 399), S. 29 (Anlage 4b).

99

nung.[403] In Ermangelung einer Gesetzesänderung ist das Versuchsprojekt bisher nicht realisiert worden.

II. Hamburg

Die Freie und Hansestadt Hamburg hat einen Modellversuch zur Erprobung des elektronisch überwachten Hausarrestes im Bereich der Vollstreckung von Restfreiheitsstrafen bis zur Entlassung geplant.[404] Daneben sollen auch Täter, die zu einer kurzen Freiheitsstrafe bis zu sechs Monaten verurteilt wurden, in das Pilotprojekt einbezogen werden.[405] Die Entscheidung, welcher Straffällige für die elektronische Überwachung in Frage kommt, trifft bei den Gefangenen mit einer Reststrafzeit von nicht mehr als sechs Monaten die Anstaltsleitung nach Maßgabe des bisherigen Verhaltens des Straffälligen und Prüfung der vollzuglichen sowie personellen Voraussetzungen (z.b. voraussichtlicher Entlassungszeitpunkt, Arbeitsplatz, Wohnung, Suchtprobleme etc.). Bedingung für die Unterbringung im elektronisch überwachten Hausarrest ist fehlende Flucht- oder Missbrauchsgefahr, eine Wohnung inklusive Telefonanschluss, eine Beschäftigung gemäß § 39 StVollzG oder eine andere geeignete Tätigkeit sowie die Zustimmung des Betroffenen und der erwachsenen Personen im Haushalt.[406] Die anfallenden Kosten sind pro Arrestant bei 25 Klienten (am Stichtag) mit 65 DM (€33,23) täglich geschätzt worden.[407] Der Senat der Freien und Hansestadt Hamburg hält für die Durchführung eines Modellprojektes eine klare gesetzliche Regelung für notwendig.[408] Mangels Verabschiedung des neuen § 10 a StVollzG ist in Hamburg bisher ein Pilotprojekt nicht gestartet worden.

---

[403] *Landtag von Baden-Württemberg* (Fn 399), S. 4; Modellversuch 'Ersatzhausarrest' in Baden-Württemberg (Fn 399), S. 28 (Anlage 4a).
[404] Abschlussbericht der Arbeitsgruppe 'Elektronisch überwachter Hausarrest', S. 12; Frankfurter Allgemeine Zeitung vom 10.07.1999 *"Bundesrat spricht sich für Modellversuche mit Fußfesseln aus"*, S. 2.
[405] Frankfurter Allgemeine Zeitung vom 16.06.1999 *"Der elektronisch überwachte Hausarrest"*, S. 15; Focus vom 12.07.1999 *"Elektronische Fußfessel"*, S. 53.
[406] Frankfurter Allgemeine Zeitung vom 16.06.1999 *"Der elektronisch überwachte Hausarrest"*, S. 15; Modellversuch in Hamburg in: Abschlussbericht der Arbeitsgruppe 'Elektronisch überwachter Hausarrest', S. 22 (Anlage 3).
[407] Modellversuch in Hamburg (Fn 406), S. 22 ff (Anlage 3).
[408] *Bürgerschaft der Freien und Hansestadt Hamburg*, Schriftliche Kleine Anfrage der Abg. Spethmann (CDU) vom 03.02.00 und Antwort des Senats, Drs. 16/3801, S. 1.

III. Hessen

Das Justizministerium Hessen war der Ansicht, dass ein Modellversuch zur Anwendung der 'elektronischen Fußfessel' bereits nach bestehender Gesetzeslage zulässig sei.[409] Im Vorfeld hatte sich die einberufene Arbeitsgruppe 'Kriminalpolitik und Strafvollzug 1997' mit der Belegungssituation im hessischen Strafvollzug befasst und war beauftragt, Vorschläge zur Entlastung des hessischen Strafvollzuges zu unterbreiten, wobei die Vorschläge die derzeit erschöpften Kapazitäten in den Gefängnissen berücksichtigen und geeignet sein sollten, kurzfristig eine Entlastung der Justizvollzugsanstalten zu bewirken.[410] Der von der Arbeitsgruppe vorgelegte Bericht enthielt u.a. die Empfehlung, den elektronisch überwachten Hausarrest im Rahmen der Untersuchungshaft und der Strafrestaussetzung als kostengünstige und haftvermeidende Maßnahme einzusetzen.[411]

1. Einsatzbereiche der elektronischen Überwachung und rechtspolitische Zielsetzung

Am 02.05.2000 startete das auf den Zeitraum von zwei Jahren begrenzte Projekt zur Erprobung der elektronischen Überwachung im Land- und Amtsgerichtsbezirk Frankfurt am Main.[412] Der Einsatz der elektronischen Überwachung war im Bereich der Strafaussetzung zur Bewährung vorgesehen, d.h. als Weisung, die das Gericht im Zusammenhang mit einer zur Bewährung ausgesetzten Freiheitsstrafe verhängt (§§ 56, 56 c Abs. 2 StGB), zur Vermeidung eines Widerrufs der Strafaussetzung durch einen ergänzenden Beschluss des bewährungsaufsichtsführenden Gerichts (§§ 56 e, 56 c StGB), zur Aussetzung der Restfreiheitsstrafe bei den Straffälligen, die in einer Übergangszeit einer stärkeren Kontrolle bedürfen (§ 57 Abs. 3 i.V.m. §§ 56 a ff StGB), im Rahmen der Führungsaufsicht zur stärkeren Kontrolle gefährlicher Täter bzw. psychisch gefährdeter Täter (§ 68 b StGB) und im Rahmen der Untersuchungshaft zur Außervollzugsetzung des Haftbefehls, um

---

[409] Abschlussbericht der Arbeitsgruppe 'Elektronisch überwachter Hausarrest', S. 15; Frankfurter Allgemeine Zeitung vom 16.06.1999 *"Der elektronisch überwachte Hausarrest"*, S. 15; Frankfurter Allgemeine Zeitung vom 10.07.1999 *"Bundesrat spricht sich für Modellversuche mit Fußfesseln aus"*, S.2.

[410] Bericht der Arbeitsgruppe 'Kriminalpolitik und Strafvollzug 1997', S. 9.

[411] Bericht der Arbeitsgruppe 'Kriminalpolitik und Strafvollzug 1997', S. 13 f, 17 f.

[412] Frankfurter Allgemeine Zeitung vom 03.05.2000 *"Hessen erprobt elektronische Fußfessel"*, S. 4; Frankfurter Allgemeine Zeitung vom 03.05.2000 *"Die Fußfessel im Angebot"*, S. 61. Das Projekt läuft nach Abschluss der ersten Versuchsphase weiter. Am 01.01.2003 begann im LG-Bezirk Darmstadt auch ein Versuch [*Haverkamp*, BewHi 2003, S. 164 (179 f)].

eine stärkere Kontrolle außerhalb der Untersuchungshaftanstalt zu ermöglichen (§ 116 Abs. 1 StPO).[413] Als Voraussetzung für die Unterbringung im elektronisch überwachten Hausarrest wurde eine *"sinnvolle Tagesbeschäftigung"* gefordert. Diese Tagesbeschäftigung, die Arrestzeiten und die freien Stunden sind zusammen mit dem Straffälligen bis ins einzelne geplant und ein entsprechend detaillierter Wochenplan erstellt worden. Der Verurteilte sollte ein 'Leben nach der Uhr' lernen, wobei der regelmäßige Tagesrhythmus die Gefährdung des Arbeitsplatzes oder einer Therapiestelle verhindern und die Resozialisierung, an der die sozialen Dienste durch die Betreuung und Kontrolle des Arrestanten ebenso mitwirkten, unterstützen sollte.[414] Den Gedanken der Resozialisierung unterstrich der hessische Justizminister *WAGNER* in einer Pressekonferenz anläßlich der Vorstellung des Pilotprojektes im Landgericht: Die Unterbringung im elektronisch überwachten Hausarrest sei *"die letzte Chance für auf Bewährung verurteilte Straftäter"*. Die elektronische Überwachung fördere die Selbstdisziplin während der Bewährungszeit und könne eine *"wichtige Hilfe zur Selbsthilfe"* leisten. Der Minister versprach sich von der strengen Kontrolle des Straffälligen zukünftig weniger Widerrufe von Strafaussetzungen als bisher. Gleichzeitig hob er hervor, dass der elektronisch überwachte Hausarrest nicht als Ersatz für den normalen Strafvollzug, sondern ausschließlich als verbesserte Kontrolle von Bewährungsauflagen und -weisungen gedacht sei.[415]

2. Der Verfahrensablauf im Einzelnen

Die Staatsanwaltschaft hat - ggf. auf Anregung eines Strafverteidigers - durch den zuständigen Gerichtshelfer prüfen lassen, ob der Beschuldigte für den elektronisch überwachten Hausarrest geeignet ist. Der beauftragte Sozialarbeiter hat den Beschuldigten aufgesucht und innerhalb von einer Woche einen Bericht für die Staatsanwaltschaft verfasst. I.d.R. ist dem Beschuldigten ein Informationsblatt ausgehändigt worden, das die Anforderungen und Funktionsweise der elektronischen Überwachung beschreibt, u.a. die erforderliche Zustimmung der Perso-

---

[413] *Hessisches Ministerium der Justiz*, Modalitäten eines Modellversuchs im Land- und Amtsgerichtsbezirk Frankfurt am Main mit der elektronischen Überwachung durch eine sog. 'elektronische Fußfessel', S. 2.
[414] *Hessisches Ministerium der Justiz* (Fn 413), S. 2 f.
[415] Frankfurter Allgemeine Zeitung vom 03.05.2000 *"Hessen erprobt elektronische Fußfessel"*, S. 4; Frankfurter Allgemeine Zeitung vom 03.05.2000 *"Die Fußfessel im Angebot"*, S. 61; *Gerz*, inform 2000, S. 15 (18).

nen, die mit dem Beschuldigten zusammenleben, die Erklärung des Einverständnisses des Betroffenen, dass der zuständige Sozialarbeiter "*jederzeit ungehindert*" in seine Wohnung kann, um Alarmmeldungen zu überprüfen und die Entbindung der Ärzte, Therapeuten und Drogenberater von der Schweigepflicht.[416] Zugleich wurde der Beschuldigte davor gewarnt, die 'elektronische Fußfessel' zu entfernen: "*Und eins ist ganz klar, aber hier noch mal ausdrücklich gesagt: Das System ist heilig! Versuchen Sie nicht, den Sender oder die Datenbox zu zerstören oder auch nur zu beschädigen. Auch das wird sofort vom System gemeldet (und wenn es das letzte ist, was es meldet).*"[417]

Hat der Beschuldigte ausweislich des Berichts für die elektronische Überwachung die Teilnahmevoraussetzungen erfüllt, hat die Staatsanwaltschaft dem Gericht neben der Anklageschrift den Bericht mit einem Hinweis in der Begleitverfügung übersandt und auf diesen Bericht für den Fall verwiesen, dass das Gericht gegen den Angeklagten eine zur Bewährung ausgesetzte Freiheitsstrafe verhängt und eine Bewährungsweisung in Form der elektronischen Überwachung für notwendig erachtet. Nach Anklageerhebung haben sowohl das Gericht als auch die Staatsanwaltschaft die Bitte um Prüfung der Eignung des Angeklagten für die Unterbringung im elektronisch überwachten Hausarrest stellen können. Im Rahmen der Hauptverhandlung hat das Gericht sodann ggf. die Einverständniserklärung des Angeklagten eingeholt, wenn am Ende der Beweisaufnahme ein entsprechendes Urteil möglich erschien. Die Weisung, sich zu den festgelegten Zeiten zu Hause aufzuhalten, enthielt der Bewährungsbeschluss gemäß § 268 a StPO, der mit dem Urteil verkündet wurde. Nach Rechtskraft des Urteils hat der zuständige Sozialarbeiter mit dem Verurteilten einen Wochenplan erstellt.[418] Dieser wurde dem bewährungsaufsichtsführenden Gericht übergeben, das den Wochenplan durch erneuten Beschluss gemäß § 453 StPO i.V.m. § 56 e StGB nach Anhörung der Staatsanwaltschaft zum Inhalt des bereits verkündeten Beschlusses gemacht hat. Nach Zusendung dieses Beschlusses an den Sozialarbeiter hat sich dieser mit einem Mitarbeiter der Hessischen Zentrale für Datenverarbeitung (HZD) vor Beginn der elektronischen Überwachung zur Wohnung des Straffälligen begeben und die technischen Geräte installiert sowie den Sender am Fuß des Arrestanten

[416] *Hessisches Ministerium der Justiz*, Elektronische Überwachung durch Elektronische Fußfessel - Was bedeutet das für Sie?, S. 1 f.
[417] *Hessisches Ministerium der Justiz* (Fn 416), S. 2.
[418] *Hessisches Ministerium der Justiz*, Vorschlag zum Ablauf, S. 1.

befestigt. Während der Dauer der elektronischen Überwachung hat der Sozialarbeiter die Einhaltung des Zeitplanes kontrolliert und dem Gericht ggf. Verstöße gemeldet oder Änderungen des Zeitplanes angeregt. Änderungen ergingen per Beschluss durch das Gericht gemäß §§ 56 e, 56 f StGB.[419]

3. Die soziale Betreuung im Rahmen der elektronischen Überwachung

Neben der technischen Überwachung spielte die soziale Betreuung der Probanden eine nicht unbedeutende Rolle. Jedem Überwachten wurde ein Bewährungshelfer bzw. Projektmitarbeiter zugeordnet. Darüber hinaus ist ein Bereitschaftsdienst eingerichtet worden, der sichergestellt hat, dass rund um die Uhr ein Ansprechpartner für den Betroffenen zur Verfügung stand. In der Regel bestand zwischen dem Bewährungshelfer und dem Probanden ein intensiver und regelmäßiger Kontakt. Dem Überwachten ist insbesondere bei der Suche nach einem Arbeits- oder Therapieplatz Hilfe geleistet worden. Sozialarbeiterische Unterstützung erfuhr der Proband ferner bei Kontaktaufnahmen mit Behörden, der Aufstellung eines Schuldenbereinigungsplanes oder bei der Suche nach einer geeigneten Wohnung, sofern eine solche nicht vorhanden war.

Durch die technische Überwachung der Anwesenheitszeiten sahen sich die Probanden gezwungen, ihren Sozialarbeiter umgehend über etwaige Abweichungen des Zeitplanes (Verspätung des Busses, Ableistung von Überstunden usw.) zu informieren, zumal sie wussten, dass ihre Begründungen ggf. überprüft werden. Dadurch erhielten die Projektmitarbeiter ein detailliertes Bild über den jeweiligen Tagesablauf ihres Klienten. Die intensive Betreuung in Rahmen der elektronischen Überwachung ist von den Projektteilnehmern sehr geschätzt worden; einige Betroffene wünschten sich, auch nach Ende des Projektes weiter von ihrem Sozialarbeiter betreut zu werden.

4. Die Überwachungstechnik

Im Rahmen des Modellversuches im Land- und Amtsgerichtsbezirk Frankfurt am Main sind die Straffälligen mittels des Aktivsystems elektronisch überwacht worden. Die HZD in Hünfeld hat während der Dauer des Pilotprojektes die datentechnischen Aufgaben übernommen. Neben der Installation des Equipments in der Wohnung des Arrestanten, das aus einem Transmitter (sog. 'Fußfessel') und einer

---

[419] *Hessisches Ministerium der Justiz* (Fn 418), S. 2.

Home Monitoring Unit (HMRU, dem Empfänger) bestand, war sie für die Kontrolle der vereinbarten Aufenthaltszeiten zuständig. Die Signale des Transmitters sind von der HMRU, die die Profildaten der Probanden enthielt, aufgenommen, gespeichert und ausgewertet worden. Die HMRU hat die Informationen an den *Data Communication Computer* (DCC) weitergeleitet. Blieben die Signale aus oder wurde der Kontakt durch Zerstören der 'Fußfessel' unterbrochen, ist bei der *Central Monitoring Station* (CMS) Alarm ausgelöst worden. Die CMS ist ein Netzwerkgefüge, dessen Hauptbestandteil eine zentrale Datenbank ist, die durch Spiegelung, gedoppelte Systemkomponenten und Backup-Strategien gesichert ist.[420]

Der Transmitter, der am Fußgelenk des Delinquenten befestigt wurde, wiegt 85 Gramm und ist an einem Kunststoffband befestigt, welches mit einem Klipp geschlossen wird. Bei Auslösung von Alarm, beispielsweise beim unerlaubten Öffnen des Klipps, wurde die Nachricht als codierte Mitteilung an das Funktelefon des diensthabenden Technikers weitergeleitet, der mit dem zuständigen Bewährungshelfer Kontakt aufgenommen hat. Nach Schätzungen dauerte es ungefähr zwei bis fünf Minuten, bis der Bewährungshelfer von dem Regelverstoß seines Probanden Kenntnis erhielt.[421] Das Land Hessen schaffte insgesamt 36 Geräte an, die von der israelischen Firma *Elmo Tech Ltd.* in Tel Aviv hergestellt wurden. Die Anschaffungskosten für die Geräte nebst Datenboxen und Software betrugen 370.000 DM (€189.178), wobei die Gesamtkosten des zweijährigen Feldversuches auf ca. 780.000 DM (€398.807,67) geschätzt wurden.[422]

5. Anordnung des elektronisch überwachten Hausarrestes in der Praxis

Am 27.06.2000 ordnete das Amtsgericht Frankfurt am Main erstmalig die Unterstellung unter elektronischen Hausarrest an. Der Angeklagte war wegen Handeltreibens mit Betäubungsmitteln zu einer Freiheitsstrafe von acht Monaten verurteilt worden, wobei das Gericht deren Vollstreckung zur Bewährung ausgesetzt hatte. Das Gericht führte in der Urteilsbegründung aus, dass es "*nur im Hinblick*

---

[420] *Gerz,* inform 2/2000, S. 15 (16).
[421] Frankfurter Allgemeine Zeitung vom 17.05.2000 "*Ein Schwatz am Briefkasten kann Alarm auslösen*", S. 12.
[422] Fankfurter Allgemeine Zeitung vom 03.05.2000 "*Hessen erprobt elektronische Fußfessel*", S. 4; Frankfurter Allgemeine Zeitung vom 17.05.2000 "*Ein Schwatz am Briefkasten kann Alarm auslösen*", S. 12; *Gerz,* inform 2/2000, S. 15 (16).

auf die mit der sogenannten elektronischen Fußfessel verbundene strenge Überwachung der Bewährungsweisungen'' vertretbar sei, nochmals die Freiheitsstrafe zur Bewährung auszusetzen. Es sei die *"letzte Chance''* für den Angeklagten, weisungswidriges Verhalten habe sofort Sicherungsmaßnahmen und den Widerruf der Strafaussetzung zur Bewährung zur Folge.[423] Der Angeklagte war bereits einschlägig vorbestraft und zweimal zu einer Freiheitsstrafe verurteilt worden, die das Gericht jeweils zur Bewährung ausgesetzt hatte.[424] Das Amtsgericht Frankfurt am Main erteilte dem Straftäter die Weisung, die 'elektronische Fußfessel' für die Dauer von vier Monaten zu tragen. Ausweislich des Bewährungsbeschlusses musste der Verurteilte von Montag bis Freitag in der Zeit von 19.00 bis 11.00 Uhr in seiner Wohnung anwesend sein. In der Zeit von 12.00 bis 18.00 Uhr hatte er die Wohnung zu verlassen, um gemeinnützige Arbeit zu leisten. Täglich von 11.00 bis 12.00 Uhr und von 18.00 bis 19.00 Uhr konnte der Verurteilte seinen Aufenthaltsort frei bestimmen. Der Verurteilte durfte samstags seine Wohnung in der Zeit von 17.00 bis 21.00 Uhr und sonntags von 18.00 bis 20.00 Uhr verlassen.[425]

Am 10.07.2000 ordnete das Amtsgericht Frankfurt am Main zum zweiten Mal die Unterbringung im elektronisch überwachten Hausarrest an. Es setzte den gegen den Beschuldigten wegen Brandstiftung erlassenen Haftbefehl unter der Auflage außer Vollzug, dass dieser elektronisch überwacht werde. Bei Anordnung dieser Maßnahme sah das Gericht die Wiederholungsgefahr, auf die der Haftbefehl gestützt war, als sehr unwahrscheinlich an, so dass der Beschuldigte von der Fortdauer der Untersuchungshaft verschont werden konnte. Er hatte sich von montags bis freitags in der Zeit von 12.30 Uhr bis 8.00 Uhr in seiner Wohnung aufzuhalten mit Ausnahme von eineinhalb Stunden am Nachmittag. Am Wochenende durfte der Beschuldigte seine Wohnung von 12.00 Uhr bis 16.00 Uhr verlassen.[426]

Zum dritten Mal hat das Amtsgericht Frankfurt am Main am 24.07.2000 von der Möglichkeit Gebrauch gemacht, einen Straffälligen unter elektronisch überwach-

[423] Amtsgericht Frankfurt am Main, Urteil vom 27. Juni 2000, Geschäftsnr. 940 Ds-86, Js 35017.0/99, S. 3.
[424] Amtsgericht Frankfurt am Main (Fn 423), S. 2; Frankfurter Allgemeine Zeitung vom 30.06.2000 *"Dealer mit Aufenthaltsmelder am Fuß''*, S. 74.
[425] *Hessisches Ministerium der Justiz*, Pressemeldung vom 10.07.2000; Frankfurter Allgemeine Zeitung vom 30.06.2000 *"Dealer mit Aufenthaltsmelder am Fuß''*, S. 74.
[426] *Hessisches Ministerium der Justiz*, Pressemeldung vom 10.07.2000; Frankfurter Allgemeine Zeitung vom 11.07.2000 *"Erster Träger der Fußfessel''*, S. 61.

ten Hausarrest zu stellen. Das Gericht setzte die gegen den Verurteilten verhängte zweijährige Freiheitsstrafe wegen Handeltreibens mit Betäubungsmitteln zur Bewährung aus, verbunden mit der Weisung, sich für die Dauer von vier Monaten elektronisch überwachen zu lassen.[427]

6. Evaluation des Modellprojektes

Das hessische Projekt zur 'elektronischen Fußfessel' wird durch das Max-Planck-Institut für ausländisches und internationales Strafrecht, Freiburg, wissenschaftlich betreut und evaluiert. Neben der Erhebung und Auswertung des Datenmaterials wurde im Rahmen der Begleitforschung mit den Arrestanten zu Beginn und nach Beendigung der elektronischen Überwachung ein Leitfadeninterview geführt. Ein weiterer Teil der Evaluation des Versuchsprojektes bestand in der Befragung von Strafrichtern, Staats- und Amtsanwälten, Leitern von Justizvollzugsanstalten und Bewährungshelfern. Die Evaluation des Modellversuches erfolgt über Kontrollgruppen von Straftätern, die nach wesentlichen Kriterien, beispielsweise Delikt, Strafe, Vorstrafe, Schulbildung und Beruf, der Experimentalgruppe nachgebildet sind. Die notwendigen Daten werden vornehmlich aus Strafakten entnommen. Die Kontrollgruppen sind zum einen im Amts- und Landgerichtsbezirk Frankfurt am Main und zum anderen in Gerichtsbezirken, die nicht in das Projekt einbezogen waren, gebildet worden. Eine weitere Kontrollgruppe besteht aus Delinquenten mit hohen Geldstrafen, Freiheitsstrafen, deren Vollstreckung zur Bewährung ausgesetzt wurde, sowie kurzen unbedingten Freiheitsstrafen. Ein Abgleich der Daten soll aufzeigen, mit welcher Gruppe die Experimentalgruppe die meisten Gemeinsamkeiten aufweist. Die Rückfallquote der Experimental- und Kontrollgruppen wird zwei bis drei Jahre nach der Ersterfassung der Arrestanten über das Bundeszentralregister ermittelt.[428]

a) Teilnehmerzahlen bis zum 30. April 2002

Erste Befunde der Begleitforschung zeigen, dass in 128 Fällen Mitarbeiter des Projektes gebeten wurden, potentielle Probanden auf ihre Eignung für die Unterbringung im elektronisch überwachten Hausarrest zu überpüfen. In 52 der geprüften Fälle kam es zur Teilnahme des Probanden an dem Modellprojekt. In 63 der

---

[427] Frankfurter Allgemeine Zeitung vom 25.07.2000 ''Zum dritten Mal die elektronische Fußfessel'', S. 61.
[428] *Albrecht/Arnold/Schädler*, ZRP 2000, S. 466 (469).

Fälle musste von EM abgesehen werden, weil zwischen den potentiellen Arrestanten und den Mitarbeitern des Projektes kein Kontakt zustande kam oder die Teilnahmevoraussetzungen nicht vorlagen. Am Stichtag selbst waren elf Anfragen noch nicht entschieden.[429]

Unter Differenzierung der vorgesehenen Einsatzbereiche ergaben sich folgende Zahlen:

Anfragen im Rahmen folgender Anordnungsmöglichkeiten	Teilnahme	Nichtteilnahme	noch offen	Summe
Strafaussetzung zur Bewährung	26	39	8	73
Vermeidung des Bewährungswiderrufs	10	17	3	30
Strafrestaussetzung	0	0	0	0
Vermeidung von Untersuchungshaft	14	2	0	16
Gnadenentscheidung	2	1	1	4
Führungsaufsicht	0	0	0	0
Nicht vorgesehene Fälle	0	5	0	5
Summe	52	63	11	128

Quelle: Mayer, Elektronische Fußfessel, Befunde der Begleitforschung - Zwischenbericht Mai 2002, S. 3.

Anhand der obigen Zahlen lassen sich aufgrund der geringen Anzahl der Teilnehmer noch keine allgemeingültigen Schlussfolgerungen ziehen. Es zeigt sich jedoch, dass von den Personen, die auf ihre Eignung überprüft werden, fast die Hälfte tatsächlich an dem Versuchsprojekt teilgenommen haben. Bemerkenswert ist, dass 87 % der Verurteilten, bei denen die Fortsetzung der Untersuchungshaft durch die elektronische Überwachung vermieden werden sollte, in das Modellprojekt aufgenommen worden sind. Anders verhielt es sich bei den Verurteilten, bei denen die Vollstreckung der verhängten Freiheitsstrafe von Anfang an zur Bewährung ausgesetzt werden sollte. Hier betrug die Teilnahmequote nur 36 %. In 53 % der Fälle ist die Unterbringung im elektronisch überwachten Hausarrest abgelehnt worden. Auffällig ist, dass Fälle zur Strafrestaussetzung und zur Führungsaufsicht nicht zur Eignungsprüfung vorgelegt worden sind. In fünf Fällen war die Unterbringung im elektronischen Hausarrest abzulehnen, weil sie nicht in dem vom Hessischen Ministerium der Justiz gesteckten Rahmen lag. Die Widerrufs- bzw.

---

[429] *Mayer* (Fn 288), S. 3.

Abbruchsquote lag im Bereich des Erwarteten und war mit 10 % eher als gering einzustufen.[430]

Die Betroffenen sind durchschnittlich viereinhalb Monate elektronisch überwacht worden, wobei die längste Überwachungsdauer bei denjenigen Probanden zu beobachten war, bei denen EM als Maßnahme der Untersuchungshaftvermeidung eingesetzt worden war. Sofern nach sechs Monaten noch kein Hauptverhandlungstermin feststand, sind die Beschuldigten zunächst weiter überwacht worden. Die elektronische Kontrolle ist später durch weniger intensive Überwachungsmaßnahmen ersetzt worden.[431] Insgesamt haben 19 Probanden die elektronische Überwachung wie vorgesehen beendet. In 20 Fällen ist die Überwachungsdauer aus verschiedenen Gründen verändert worden. Beispielsweise wurde der Überwachungszeitraum wegen gravierender Verstöße gegen den Zeitplan verlängert oder wegen Wegzuges aus dem Projektgebiet oder Beginn einer stationären Therapiemaßnahme vorzeitig beendet. In vier Fällen musste die Unterbringung im elektronisch überwachten Hausarrest wegen des Verhaltens des Überwachten abgebrochen werden.[432] Das Alter der Probanden betrug im Durchschnitt 35 Jahre. Der Anteil der überwachten Frauen betrug lediglich 9 %. Ca. 60 % der Überwachten besaßen die deutsche Staatsangehörigkeit. Auffallend ist, dass über die Hälfte der Projektteilnehmer vor oder während der Teilnahme an dem Modellversuch alkohol- oder drogenabhängig war. Die Anlassdelikte stammten überwiegend aus dem Bereich der Betäubungsmittelkriminalität und der Eigentumsdelikte (Diebstahl und Unterschlagung).[433]

Manipulationen der Probanden an den technischen Überwachungsgeräten wurden im Rahmen des Modellversuches nicht festgestellt. Ein Zehntel der Alarmmeldungen hatte technische Ursachen, sei es durch Nachlassen der Batterie oder durch unterbrochene Telefonleitungen. Grobe und beharrliche Verstöße gegen die Aufenthaltsbestimmungen gab es bei dem Großteil der Überwachten selten oder nie. Lediglich einige wenige Probanden verstießen mehrfach gegen den Zeitplan, so dass in einigen Fällen die Maßnahme widerrufen wurde.[434]

---

[430] *Mayer* (Fn 288), S. 23.
[431] *Mayer* (Fn 288), S. 6.
[432] *Mayer* (Fn 288), S. 7 f.
[433] *Mayer* (Fn 288), S. 8 f.
[434] *Mayer* (Fn 288), S. 10.

b) Bisherige Erfahrungen und Erkenntnisse

Die bis zum Stichtag gemachten Erfahrungen haben gezeigt, dass die befürchteten technischen Probleme im Wesentlichen ausgeblieben sind. Nur vereinzelt mussten Fehlermeldungen registriert werden, deren Ursache nicht immer abschließend geklärt werden konnte. Probleme ergaben sich auch durch Verzögerungen der Installation des Telefonanschlusses seitens der Telekom, wenn festgestellt wurde, dass gegen den Probanden aus einem früheren Vertragsverhältnis noch Forderungen bestanden. Diese erwiesen sich in der Praxis jedoch *"als durchaus überwindbar"*.[435] Soweit der Modellversuch in Hessen auf die Resozialisierung durch Weisungen gerichtet ist, d.h. zur Stabilisierung der Lebensumstände und Reduzierung des Rückfallrisikos beitragen soll, ist positiv hervorzuheben, dass Mitarbeiter des Projektes bei arbeitslosen Straffälligen in relativ kurzer Zeit ein Beschäftigungsverhältnis vermitteln konnten. Dies wird auch in der Presseerklärung des Hessischen Ministeriums der Justiz vom 03.05.2001 betont: *"Um die Voraussetzungen für die Teilnahme an dem Modellversuch zu erfüllen, haben Probanden sich umgehend Arbeitsplätze beschafft, die zuvor jahrelang außerstande waren, eine geregelte Arbeit aufzunehmen. Von den 35 Probanden ... waren vor Projektbeginn 27 Personen arbeitslos. Eine Hausfrau und Mutter von drei Kindern konnte nicht dem Arbeitsmarkt zur Verfügung stehen. Von den übrigen 26 Personen wurden 12 in gemeinnützige Arbeit vermittelt. Sechs leisteten erst gemeinnützige Arbeit und fanden anschließend nach kurzer Zeit ein versicherungspflichtiges Arbeitsverhältnis. Acht Personen kamen direkt in ein reguläres Arbeitsverhältnis."*[436] Insgesamt wird der bisherige Verlauf des Modellversuchs positiv bewertet: Das Projekt bestätige zum einen die Durchführbarkeit der elektronischen Überwachung und zum anderen verdeutliche es, dass ein beachtliches Anwendungspotential bestehe. Die Befragung der Probanden habe überdies ergeben, dass der 'elektronischen Fußfessel' auch ein Resozialierungseffekt beigemessen werde. Durch den mit der elektronischen Überwachung verbundenen regelmäßigen Tagesablauf und die Unterstützung seitens der Bewährungshelfer trete eine soziale Stabilisierung ein.[437] Zwar sei die strikte Einhaltung des Wochen- und Stundenplanes schwer, rückblickend aber sehr hilfreich. Das Fazit eines Probanden in einem Interview zur elek-

---

[435] *Mayer/Haverkamp/Laborgne/Winkelmann*, Evaluation eines Modellprojekts zum elektronisch überwachten Hausarrest (Hessen), S. 4.
[436] *Hessisches Ministerium der Justiz*, Presseinformation 68/2001 vom 03.05.2001.
[437] *Mayer/Haverkamp/Laborgne/Winkelmann* (Fn 435), S. 5 f.

tronischen Überwachung, die er erfolgreich abgeschlossen hatte, lautete: "*Im Knast hätte ich diese Chance nicht gehabt.*"[438]

c) Kritik an der Begleitforschung

Im Schrifttum ist an der Begleitforschung und Öffentlichkeitsarbeit erhebliche Kritik geübt worden, insbesondere wurden methodische Bedenken angemeldet. Die Bildung mehrerer Kontrollgruppen und deren Vergleich mit den Teilnehmern des Versuchsprojektes anhand verschiedener Kriterien sei fehlerhaft, da sog. 'Stör-' oder 'Drittvariablen' nicht kontrolliert würden. Der Grundsatz, dass sich die Bedingungen für die Kontroll- und Experimentalgruppe möglichst entsprechen müssen, sei nicht beachtet worden. Im Rahmen des Modellversuchs hätten zwei Gruppen gebildet werden müssen, die an demselben Programm teilnehmen, wobei eine Gruppe elektronisch überwacht werde, die andere hingegen nicht.[439] In Bezug auf die Öffentlichkeitsarbeit wird moniert, dass den Presseerklärungen des Hessischen Ministeriums der Justiz nur wenige Informationen über den Versuchsverlauf entnommen werden könnten. Die entscheidenden Fragen, welche Rolle das Tragen der 'Fußfessel' oder die Betreuung durch den Bewährungshelfer spielte und welche Auswirkung die Drohung des Richters gehabt habe, es sei die 'letzte Chance', blieben offen.[440]

Die Kritik ist insofern berechtigt, als die Evaluation des Experiments über die gebildeten Kontrollgruppen die Frage, welchen Einfluss das Tragen der sog. 'elektronischen Fußfessel' tatsächlich auf das Verhalten des Probanden hat, nicht beantworten kann. Ohne eine Kontrollgruppe, die unter den gleichen Bedingungen unter Hausarrest gestellt wird, allerdings elektronisch nicht überwacht wird, sind konkrete, wissenschaftlich fundierte Schlussfolgerungen zu Auswirkung und Erfolg des elektronisch überwachten Hausarrestes nicht möglich. Indessen ist BRÜCHERT entgegenzuhalten, dass über die Kontrollgruppe, die nach Merkmalen wie Alter, Geschlecht, Vorstrafen usw. der Experimentalgruppe nachgebildet wird, nicht festgestellt werden soll, welchen Einfluss die 'Fußfessel' per se auf den Straffälligen habe. Ziel ist vielmehr die Beantwortung der Fragestellungen hinsichtlich eines etwaigen *net-widening* Effekts bzw. der Kontrollintensivierung.

---

[438] zit. nach *Brüchert*, NK 1/2002, S. 32 (35).
[439] *Brüchert*, NK 1/2002, S. 32 (34 f).
[440] *Brüchert*, NK 1/2002, S. 32 (35).

111

Ein Vergleich dieser Gruppen mit der Experimentalgruppe soll die Überprüfung des Netzausweitungseffektes ermöglichen.[441] Solche Feststellungen, nämlich ob Straffällige, die gleiche oder ähnliche Merkmale wie die Experimentalgruppe aufweisen, in einem anderen Gerichtsbezirk eine Freiheitsstrafe mit Bewährung erhalten haben, ohne die zusätzliche Weisung der elektronischen Überwachung, lassen sich durch einen Abgleich der Daten mit der Kontrollgruppe treffen. Zweifel bestehen hingegen, ob aussagekräftige Befunde hinsichtlich der Rückfallquoten oder des Einflusses des elektronisch überwachten Hausarrestes auf den Bewährungsverlauf getroffen werden können. Mangels Ausschaltung sog. 'Drittvariablen' ist die Frage, ob die Rückfallquote auf die elektronische Überwachung an sich, auf die Stabilisierung der Lebensumstände (Beschäftigungsverhältnis oder gemeinnützige Arbeit) oder die den elektronisch überwachten Hausarrest begleitende intensive Betreuung durch einen Sozialarbeiter zurückzuführen ist, kaum zu beantworten.

d) Zukünftige Entwicklung

Der Modellversuch ist nach seiner Beendigung als großer Erfolg gewertet worden. Während der letzten zwei Jahre konnten ca. 4.400 Hafttage und infolgedessen €368.000 gespart werden. Das hessische Justizministerium beabsichtigt daher, den elektronisch überwachten Hausarrest bis zum Jahre 2004 schrittweie in ganz Hessen einzuführen.[442]

---

[441] *Albrecht/Arnold/Schädler*, ZRP 2000, S. 466 (469).
[442] *Hessisches Ministerium der Justiz*, Presseinformation 168/2002 vom 14. November 2002.

Sechster Teil: Die kriminalpolitischen Perspektiven des elektronisch überwachten Hausarrestes

Mit der Entwicklung und Einführung des elektronisch überwachten Hausarrestes waren von Beginn an Hoffnungen einerseits und Befürchtungen andererseits verbunden. In der Debatte um den elektronisch überwachten Hausarrest wird eine Vielzahl von Argumenten für und gegen die Einführung der elektronischen Überwachung angeführt. Befürworter von EM erwarten in erster Linie eine Entlastung der Justizvollzugsanstalten verbunden mit einer erheblichen Kostenersparnis und knüpfen erhebliche Erwartungen an das Resozialisierungspotential des elektronischen Hausarrestes. Hingegen befürchten Kritiker u.a. die Gefahr der Förderung einer Zwei-Klassen-Gesellschaft, eine zwangsläufige Ausweitung der sozialen Kontrolle und eine zunehmende Verflechtung mit der Privatwirtschaft, die sich *"als Einstieg zum Ausstieg aus dem Strafvollzugsgesetz erweisen"*[443] könnte.

A. Entlastung der Justizvollzugsanstalten und Kostenersparnis

Leitgedanke der Einführung des elektronisch überwachten Hausarrestes war eine Entlastung der permanent überfüllten Justizvollzugsanstalten und eine Reduzierung des Kostenbedarfs durch weniger Inhaftierte. Die elektronische Überwachung soll den Bau weiterer Justizvollzugsanstalten verhindern. Zusätzlich soll Kosteneffizienz im Vergleich zur herkömmlichen Unterbringung der Gefangenen in einer Haftanstalt dadurch erreicht werden, dass die Betroffenen für ihren Lebensunterhalt selbständig aufkommen müssen.[444] Fraglich ist demnach, ob die Anschaffungskosten inklusive der Betriebs-, Wartungs- und Reparaturkosten in einem sinnvollen Verhältnis zum Nutzen der elektronischen Überwachung stehen, also tatsächlich zur Senkung der Kosten des Strafvollzuges beitragen können.

Die Bundesarbeitsgemeinschaft für Straffälligenhilfe (BAG-S) e.V. hat sich im Hinblick auf diese Problematik skeptisch geäußert und darauf verwiesen, dass eine Kostenentlastung nur dann eintrete, wenn durch den Einsatz von EM tatsächlich weniger Haftplätze benötigt würden. Da die elektronische Überwachung eine stärkere Kontrolle des Straffälligen beinhalte, werde ein Mehr an Regelverstößen aufgedeckt, dessen Sanktionierung langfristig eher zusätzliche Haftplätze erforde-

---

[443] *Walter* (Fn 25), S. 159 (161).
[444] BT-Drs. 14/1519 (Fn 396), S. 5 f.

re.[445] Faktisch trete ein Kostensparungseffekt erst bei erheblicher Senkung der Belegungszahlen der Justizvollzugsanstalten ein, da erst dann Haftanstalten geschlossen und Personal abgebaut werden könne, d.h. weniger Personal- und Baukosten vorgehalten werden müssten[446], zumal sich die Vollzugskosten überwiegend aus Personal- und Sachmittelaufwendungen zusammensetzen. Da die elektronische Überwachung aber nur begrenzt Haftplätze einspare, sei mit einer Schließung von ganzen Haftbereichen nicht zu rechnen mit der Folge, dass nur die Versorgungskosten für jeden Häftling in Ansatz gebracht werden könnten.[447] Diese betragen pro Haftplatz ca. 20 DM (€10) täglich (nach Abzug der Gebäude- und Personalkosten).[448]

Ferner wird geltend gemacht, dass neben den Investitions- und Wartungskosten zusätzlich Personalkosten durch die Kontrolle und Betreuung der Probanden entstünden: Beispielsweise betreue im schwedischen Modell der elektronischen Überwachung ein Sozialarbeiter ungefähr zehn Probanden. In Nordrhein-Westfalen liege hingegen die Belastung pro Bewährungshelfer bei etwa 67 Probanden, d.h. unter Zugrundelegung dieser Zahlen wäre der elektronische Hausarrest kostenintensiver als die Inhaftierung der Verurteilten.[449] Überdies seien die Kosten für diejenigen Probanden, die nach Widerruf der Maßnahme doch noch eine Freiheitsstrafe verbüßen, in die Kostenrechnung einzubeziehen. Etwaige Kostenvorteile würden ferner durch einen hohen Aufwand für die Informationssicherheit wegen der bestehenden Möglichkeit der Manipulation oder wegen Authentifikationsproblemen in Frage gestellt.[450]

Aufgrund der Abhängigkeit der Kosten von dem Umfang der Anwendung der elektronischen Überwachung wird eine Verringerung der Haftkosten in der Bundesrepublik Deutschland bezweifelt. Insbesondere seit der Großen Strafrechtsreform 1969 sei die Zurückdrängung der kurzen und sehr kurzen Freiheitsstrafen

---

[445] *BAG-S e.V.* (Fn 307), S. 10; *Lindenberg*, BewHi 1999, S. 11 (16); *Nickolai/Reindl*, ZfStrVo 1997, S. 298.

[446] *BAG-S e.V.* (Fn 307), S. 11; *Hudy*, DVJJ-Journal 2/1998, S. 146 (150); ders. (Fn 74), S. 98 f; *Lindenberg*, BewHi 1999, S. 11 (16 f). Kritisch auch *Rautenberg*, NJ 1999, S. 449 (453).

[447] *H.K.*, DRiZ 1999, S. 92 (93); *Wittstamm* (Fn 74), S. 174.

[448] *Märkert/Heinz*, der kriminalist 1999, S. 345 (346); *Wittstamm* (Fn 74), S. 174.

[449] *Riehe* (Fn 360), S. 161 (167). *Fehl* geht von von einer Egalisierung der Kosten aus, da der personelle Aufwand sehr hoch sei (Fn 360, S. 181).

[450] *Garstka*, DuD 1998, S. 64.

gelungen.[451] Der Anwendungsbereich der elektronischen Überwachung sei daher so gering, dass die erwünschte Entlastung der Justizvollzugsanstalten nicht eintreten werde.[452]

Die Befürworter der elektronischen Überwachung in Deutschland verweisen auf die Befunde der englischen, schottischen, amerikanischen und schwedischen Untersuchungen, die einen ökonomischen Vorteil von EM aufzeigen. Im Übrigen wird die methodische Schwierigkeit, eine Kosten-Nutzen-Analyse für einzelne Sanktionsmaßnahmen zu erstellen, hervorgehoben; gesetzte methodische Standards würden vielfach nicht erfüllt.[453]

Ob die Einführung des elektronisch überwachten Hausarrestes de facto zu der erwünschten Kostenersparnis führt, kann an dieser Stelle nicht abschließend beurteilt werden. *DAHS* hat zutreffend konstatiert, dass Kosten *"fast nach Belieben"* hinauf- oder heruntergerechnet werden können.[454] Neben dem Umfang der Anwendung wird es auch darauf ankommen, an welcher Stelle der elektronische Hausarrest im Sanktions- oder Strafvollzugssystem implementiert wird, ob eine Ausweitung des Netzes der sozialen Kontrolle eintritt und inwieweit die Justiz und die sozialen Dienste eine solche Maßnahme akzeptieren. Im Rahmen des hessischen Modellversuchs haben die Gerichte von der Möglichkeit der elektronischen Überwachung aufgrund der daraus resultierenden Mehrbelastung (gerichtliche Genehmigung von Änderungen des Wochenplans) und fehlenden Wissens über den potentiellen Anwendungsbereich wohl eher zurückhaltend Gebrauch gemacht.[455] Mit Blick auf die Kosten eines Haftplatzes in Hessen von durchschnittlich €83,03 täglich, ist davon auszugehen, dass die Kosten der elektronischen Überwachung geringer als die Inhaftierungskosten sind, sobald mehr als acht Probanden gleichzeitig im elektronischen Hausarrest untergebracht werden.[456] Detaillierte Kostenaussagen, insbesondere auch bei Nichtauslastung der vorhandenen Überwachungskapazitäten werden jedoch erst nach vollständiger Auswertung der Befunde des zweijährigen Versuchszeitraumes möglich sein.

---

[451] *Walter* (Fn 25), S. 159.
[452] *Albrecht*, NJ 2000, S. 449 (452).
[453] *Albrecht*, MschrKrim 85 (2002), S. 84 (100).
[454] *Dahs*, NJW 1999, S. 3469 (3470).
[455] *Mayer* (Fn 288), S. 4 f.
[456] *Mayer* (Fn 288), S. 14.

Festgehalten werden kann an dieser Stelle, dass bei Einsatz der elektronischen Überwachung zumindest die Aussicht besteht, eine gewisse Anzahl von Haftplätzen einzusparen, dadurch die Überbelegung der Justizvollzugsanstalten abzubauen und den Kostenbedarf zu verringern. In die Kosten-Nutzen-Analysen müssen dabei auch diejenigen Einsparungen in Ansatz gebracht werden, die durch die Vermeidung von Dissozialisation entstehen, z.b. durch Vermeidung oder Verringerung von Folgekosten wie Arbeitslosen- und Sozialhilfeleistungen und volkswirtschaftlichen Schäden bei der Begehung neuer Straftaten. Auf diese Tatsache hat die Arbeitsgruppe 'Elektronisch überwachter Hausarrest' zutreffend hingewiesen.[457] Die Bezifferung dieser Kosten dürfte sich jedoch als äußerst schwierig gestalten.

B. Auswirkung auf den Betroffenen

Da die Strafhaft für den Betroffenen mit psychischen, sozialen und materiellen Nachteilen verbunden ist, wird als wesentlicher Vorteil der elektronischen Überwachung angeführt, dass der Straffällige in seinem gewohnten Umfeld verbleibt und die negativen Auswirkungen eines stationären Freiheitsentzuges wie Verlust der Wohnung und des Arbeitsplatzes, Abbruch sozialer Bindungen, Kontakt mit der Subkultur des Gefängnisses und Stigmatisierung als jemand, der 'im Knast gesessen hat', vermieden werden.[458] Gleichwohl kann auch die elektronische Überwachung zu Stigmatisierungen führen. Der Proband hat bei Einsatz des Aktivsystems einen Sender zu tragen, der i.d.R. unter der Kleidung versteckt werden kann. Wird der Sender hingegen für Außenstehende sichtbar, beispielsweise bei sommerlicher Bekleidung des Probanden, bewirkt er eine Stigmatisierung, die einen sozialen Ausschluss begünstigen kann. Befragungen der im Rahmen des hessischen Pilotprojektes überwachten Personen haben ergeben, dass die Probanden mit ihrer Situation und dem Projekt überwiegend zufrieden waren, auch wenn sie das Tragen der 'elektronischen Fußfessel' belastet hat. Bei vielen Verurteilten bestanden beträchtliche Stigmatisierungsängste; nur nahe Angehörige wussten von der 'elektronischen Fußfessel'. Allerdings wurde die 'Fußfessel' nur äußerst selten von Fremden als solche erkannt.[459]

---

[457] Abschlussbericht der Arbeitsgruppe 'Elektronisch überwachter Hausarrest', S. 18.
[458] *Petersilia*, Federal Probation 50 (1986), No. 2, S. 50 (52 f).
[459] *Mayer/Haverkamp/Laborgne/Winkelmann* (Fn 435), S. 3.

117

Die Problematik eines stigmatisierenden Effekts stellt sich bei Kindern und Jugendlichen eher als bei Erwachsenen, weil der am Fuß befestigte Sender vor allem im Sport- oder Schwimmunterricht nicht verdeckt werden kann. Der Jugendliche wird genötigt, seinem Umfeld zu offenbaren, dass er elektronisch überwacht wird. Es besteht die Gefahr, dass die Betroffenen aufgrund der 'elektronischen Fußfessel' von ihren Mitschülern gehänselt und öffentlich als Kriminelle verspottet werden. Andererseits ist die Gefahr, dass ältere Jugendliche oder Heranwachsende mit dem am Fuß befestigten Sender als 'Trophäe' prahlen könnten, nicht von der Hand zu weisen.

Während der Dauer der elektronischen Überwachung sind die Probanden gezwungen, ihren Tagesablauf stark zu strukturieren. Das Erfordernis eines disziplinierten Lebenswandels stellt nicht unerhebliche soziale Anforderungen an den Betroffenen. Zusammen mit dem zuständigen Sozialarbeiter wird ein Wochenplan erarbeitet, der genauestens einzuhalten ist. Die Einhaltung des Planes wird u.a. durch unangekündigte Hausbesuche kontrolliert. Ferner hat der Straffällige Blut- und Urinproben zur Überprüfung seiner Drogen- und Alkoholabstinenz abzugeben. Der Überwachte und die im selben Haushalt lebenden Personen sind daher durch die unangemeldeten Besuche erheblichen psychischen Belastungen ausgesetzt. Die Privatsphäre des Überwachten erfährt eine intensive Beeinträchtigung.[460] Durch die permanente elektronische Überwachung gewinnt der Proband den Eindruck, faktisch weniger Rückzugsmöglichkeiten als im Strafvollzug zu besitzen.[461] Entsprechende Spannungen können die persönlichen Beziehungen beeinträchtigen und sich in Aggressionshandlungen gegenüber den Familienangehörigen entladen oder durch Konsum von Suchtmitteln kompensiert werden, zumal bei Konflikten zumindest für den Überwachten keine Ausweichmöglichkeiten bestehen. Arrestanten bestätigten in Interviews, dass sich Mitbewohner und Familienangehörige über die ständigen Kontrollen beschwerten.[462] Diese Tatsache verdeutlicht die enorme psychische Belastung, welcher der Betroffene ausgesetzt ist. Andererseits kann positiv bewertet werden, dass der Proband selbst und sämtliche Familienmitglieder in den Prozess der Wiedereingliederung in die Gesellschaft mit einbezogen sind.[463] Überdies wird dem Straffälligen der Aufenthalt in einer

---

[460] So schon die Begründung zum Gesetzesantrag des Landes Berlin, BT-Drs. 698/97, S. 4.
[461] BT-Drs. 698/97 (Fn 387), S. 4; *Pätzel*, DuD 2000, S. 27 (29).
[462] *Baumer/Mendelsohn* (Fn 297), S. 54 (61).
[463] *Baumer/Mendelsohn* (Fn 297), S. 54 (66).

Haftanstalt verbunden mit der Einschließung, Kleider- und Hausordnung, Überwachung des Schriftwechsels und Besuchsüberwachung erspart. Die elektronische Überwachung ist daher mit geringeren psychischen Belastungen für den Verurteilten verbunden als die Verbüßung einer Freiheitsstrafe im Strafvollzug.

Neben den Stigmatisierungsängsten wird von den Probanden besonders die Einschränkung der bisherigen Freizeitgestaltung als belastend empfunden. Langeweile und Einsamkeit können hier ein beträchtliches Problem darstellen. Da die Straffälligen abends und am Wochenende die Wohnung nicht verlassen dürfen, hat die elektronische Überwachung Auswirkungen auf das familiäre Zusammenleben. Der Proband fällt für bestimmte Tätigkeiten wie Einkaufen oder Behördengänge aus.[464]

Bei Jugendlichen kann durch Schulbesuch, Ausbildung oder Aufnehmen eines Beschäftigungsverhältnisses eine Integration in die Gesellschaft erfolgen. Regelmäßige Kontakte zu einem Therapeuten und/oder Sozialarbeiter können Lernprozesse in Gang setzen und dem Betroffenen helfen, Suchtprobleme, Aggressivität und familiäre Spannungen zu bewältigen. Durch intensive Gespräche mit dem Betreuungspersonal kann Einfluss auf die Wert- und Lebensvorstellungen des Jugendlichen genommen und zur Stabilisierung des Rechtsbewusstseins beigetragen werden. Jedoch verhindert die elektronische Überwachung 'rund um die Uhr' verbunden mit der strikten Einhaltung eines Tagesplanes, der oftmals nur zwei Freistunden pro Tag beinhaltet, die eigene Freizeitgestaltung durch den Jugendlichen. Die strengen Aufenthaltsbestimmungen könnten hier kontraproduktiv wirken, da sich delinquente Jugendliche gerade durch planlos verbrachte Freizeit ('Rumhängen') auszeichnen.

Die Betreuung und Kontrolle während der Unterbringung im elektronisch überwachten Hausarrest wird von den Überwachten überwiegend positiv beurteilt. Durch die Anordnung, zu bestimmten Zeiten zu Hause zu sein, erhalte ihr Leben mehr Regelmäßigkeit.[465] Arbeitslose Straffällige konnten vielfach dazu bewegt werden, eine Beschäftigung aufzunehmen. Die intensive Betreuung der Probanden spielt insbesondere in Schweden und den Niederlanden eine erhebliche Rolle. Aber auch in der Bundesrepublik Deutschland ist die Unterstützung seitens der

---

[464] *Mayer/Haverkamp/Laborgne/Winkelmann* (Fn 435), S. 3.
[465] *Watts/Glaser* (Fn 296), S. 68 (81).

Projektmitarbeiter, d.h. der intensive und offene Kontakt von den Probanden sehr geschätzt worden. Die geleistete Hilfe im Rahmen der Schuldenregulierung oder im Umgang mit Behörden hat zu einer verbesserten Situation des Arrestanten geführt.[466] Viele der Projektteilnehmer wünschen sich, nach Ende des regulären Überwachungszeitraumes weiterhin von den entsprechenden Mitarbeitern betreut zu werden.[467]

Eine abschließende Beurteilung der Auswirkungen der elektronischen Überwachung auf den Arrestanten ist an dieser Stelle nicht möglich. Das Ausmaß der punitiven Wirkung von EM hängt auch vom subjektiven Empfinden des Einzelnen ab. Wird der Hausarrest zur Vermeidung von unbedingter Freiheitsstrafe eingesetzt, beurteilen die Betroffenen diese Maßnahme eher positiv.[468] Die bisherigen Befunde des hessischen Modellprojektes geben Anlass zur Annahme, dass der elektronisch überwachte Hausarrest bei entsprechender Betreuung die Resozialisierung des Straffälligen unterstützt. Gleichwohl bleibt die Auswertung der empirischen Befunde zu dem Themenbereich ''Auswirkungen der elektronischen Überwachung auf die überwachte Person und ihre Angehörigen'' abzuwarten. Im Übrigen ist auch die Tatsache zu berücksichtigen, dass i.d.R. die Bedingungen in einem gesondert geförderten Modellpojekt zumeist wesentlich günstiger sind als die späteren ''Alltagsbedingungen''.

C. Drittwirkung des elektronisch überwachten Hausarrestes

Die elektronische Überwachung des Straffälligen bedeutet zugleich, dass die im selben Haushalt lebenden Personen als unbeteiligte Dritte von dieser Maßnahme betroffen werden. Die Unterbringung im elektronisch überwachten Hausarrest wird deshalb an die Einwilligung der Haushaltsangehörigen geknüpft. Durch die schriftlich zu erteilende Einwilligung erklären sich diese bereit, bestimmte Beeinträchtigungen und Einschränkungen ihrer Rechte, die im Hinblick auf die elektronische Überwachung zwangsläufig auftreten, hinzunehmen. Unabhängig von der verfassungsrechtlichen Problematik wird gegen den Einsatz des elektronisch überwachten Hausarrestes vielfach eingewandt, die Angehörigen seien den durch einen 'Hauskoller' ausgelösten Aggressionen ausgesetzt, die nicht nur verbal,

---

[466] *Mayer/Haverkamp/Laborgne/Winkelmann* (435), S. 4.
[467] *Mayer* (Fn 288), S. 17.
[468] *Baumer/Mendelsohn* (Fn 297), S. 54 (60).

sondern auch in möglichen gewalttätigen Handlungen des Delinquenten zum Ausdruck kommen. Internationale Erfahrungsberichte bestätigen gewalttätige Auseinandersetzungen zwischen der überwachten Person und ihren Haushaltsangehörigen bis dato nicht. Die Familienangehörigen befürworteten vielmehr die elektronische Überwachung, sofern dadurch eine Inhaftierung vermieden wurde. Schuldgefühle, die auftraten, wenn die Angehörigen Freunde besuchen wollten und der Arrestant zu Hause bleiben musste, traten mit zunehmender Dauer der Überwachung in den Hintergrund, insbesondere wenn der Straffällige im Verlauf des Hausarrestes mehr 'Freistunden' erhielt.[469] Die ersten Befunde des hessischen Pilotprojektes zeigen, dass die Position der Familienangehörigen gestärkt wird. Vornehmlich die Partnerinnen werden in ihrem Bedürfnis nach geregelten Lebensverhältnissen von außen unterstützt. Auch die Kinder nehmen die Veränderungen des Alltags war, obgleich ihnen nicht immer die wahren Umstände mitgeteilt werden.[470]

Bei der Beurteilung der Auswirkung der elektronischen Überwachung auf Dritte darf nicht außer Acht gelassen werden, dass den Angehörigen die bedrückenden Besuche des Verurteilten in der Justizvollzugsanstalt erspart bleiben. Die Wahrnehmung der Besuche wird von den Betroffenen i.d.R. als sehr belastend empfunden, da sie mit der Institution des Gefängnisses und den damit verbundenen Einschränkungen konfrontiert werden. Die Anmeldung an der Pforte, die Durchsuchung der Taschen, die elektronische Abtastung des Körpers, das Schleusen durch verschiedene Sicherheitstrakte und die Überwachung des Gespräches haben auf die Angehörigen zumeist eine fremdartige und beklemmende Wirkung. Einen weiteren positiven Aspekt beinhaltet die Tatsache, dass der Straffällige als Erziehungsverpflichteter weiterhin zur Verfügung steht und bestehenden Unterhaltsverpflichtungen durch die auszuübende Tätigkeit nachkommen kann. Genauere Erkenntnisse mag die im Rahmen des hessischen Modellversuchs durchgeführte wissenschaftliche Begleituntersuchung liefern.

D. Net-widening Effekt

Kritiker befürchten, die elektronische Überwachung werde unter Umständen nicht als Mittel zur Haftvermeidung eingesetzt, sondern neben oder an Stelle der sonst

---

[469] *Spaans* (Fn 164), S. 13.
[470] *Mayer/Haverkamp/Laborgne/Winkelmann* (Fn 435), S. 3.

121

verhängten Sanktion und wirke strafschärfend, d.h. Delinquenten, die vorher möglicherweise eine Freiheitsstrafe zur Bewährung erhalten hätten, würden nunmehr im elektronisch überwachten Hausarrest untergebracht.[471] Die Befürchtungen beruhen darauf, dass Straftäter, die gewaltlose, leichtere Delikte begangen haben, primäre Zielgruppe der elektronischen Überwachung sind.[472] Neben dem täterbezogenen Netzausweitungseffekt wird vor einem systematischen Effekt gewarnt, der sich durch die Verstärkung des Personals und der Überwachungskapazitäten auszeichnet.[473] Im deutschen Schrifttum wird betont, dass das deutsche Sanktionensystem eine Haftvermeidung durch den Vorrang der Geldstrafe sowie bei günstiger Sozialprognose eine Strafaussetzung zur Bewährung vorsehe. Werden die Voraussetzungen für die Erstellung einer günstigen Sozialprognose betrachtet, zeige sich, dass bei dem für die elektronische Überwachung in Betracht kommenden Täter ohnehin die Vollstreckung der Freiheitsstrafe zur Bewährung ausgesetzt werden müsste. Nach Ansicht von Praktikern aus Justiz und Strafvollzug habe der ideale elektronisch zu überwachende Delinquent einen festen Wohnsitz, Arbeit und stabile soziale Bindungen. Diese Merkmale treffen aber nicht auf das Gros der Strafvollzugspopulation zu.[474] Vielmehr seien nach der bisherigen Sanktionspraxis der Gerichte die in Betracht kommenden Zielgruppen wie Bagatell- und Verkehrsstraftäter, Ersttäter und/oder 'Kurzstrafler' eher mit Geldstrafen, ambulanten Maßnahmen oder Bewährungsstrafen belegt und nur selten inhaftiert worden.[475] Insbesondere bei Einsatz der elektronischen Überwachung als Bewährungsweisung im Rahmen von § 56 c StGB sei eine Ausweitung des Kontrollnetzes fast unvermeidbar[476], denn hier werde EM nicht zur Vermeidung von Freiheitsentzug genutzt, wodurch verdeutlicht werde, dass eine Begrenzung des Einsatzbereiches auf ansonsten inhaftierte Straffällige illusorisch sei.[477] Im Übrigen sei nach kriminologischen Untersuchungen ein Großteil der Gefangenen im Zeit-

---

[471] *Mainprize*, Canadian Journal of Criminology 34 (1992), S. 161 (176); *Bonta/Wallace-Capretta/Rooney* (Fn 146), S. 6 f; *Friel/Vaughn*, Federal Probation 50 (1986), No. 3, S. 3 (5); *BAG-S e.V.* (Fn 307), S. 17; *Streng*, ZStW 111 (1999), S. 827 (850); *Weigend*, GA 1992, S. 345 (363), *Krahl*, NStZ 1997, S. 457 (461); *Ostendorf*, ZRP 1997, S. 473 (476).
[472] *Petersilia*, Federal Probation 50 (1986), No. 2, S. 50 (53).
[473] *Landreville*, Canadian Journal of Criminology 37 (1995), No. 1, S. 39 (48).
[474] *Haverkamp* (Fn 308), S. 369 (377).
[475] So die *BAG-S e.V.* (Fn 307), S. 17; ähnlich *Bohlander*, ZfStrVo 1991, S. 293 (298); *Hudy*, DVJJ-Journal 2/1998, S. 146 (150); *Streng*, ZStW 111 (1999), S. 827 (850); *Thiele*, Kriminalistik 1999, S. 440 (444). Vgl. auch *Stern*, BewHi 1990, S. 335 (341).
[476] *Kube*, DuD 2000, S. 633 f.
[477] *Flügge*, ZfStrVo 2000, S. 259 (260).

122

punkt der Straftat arbeitslos und/oder drogen- und alkoholabhängig, weshalb der elektronische Hausarrest für diese Delinquenten von vornherein nicht in Betracht käme.[478]

Die Gefahr, dass der elektronisch überwachte Hausarrest nicht zur Vermeidung von Inhaftierungen, sondern als Alternative zu den herkömmlichen ambulanten Sanktionen Anwendung finden könnte, ist nicht von der Hand zu weisen. Alle neuen ambulanten Maßnahmen, die Freiheitsentziehung vermeiden sollen, sind dem Vorwurf eines *net-widening* Effekts ausgesetzt. Bereits *SCHWITZGEBEL* hatte seinerzeit darauf hingewiesen, dass es keine Garantie gegen etwaigen Missbrauch gebe.[479] Ob der elektronisch überwachte Hausarrest tatsächlich einen Netzausweitungseffekt zur Folge hat, wird im Schrifttum uneinheitlich beurteilt. Eine Untersuchung des Hausarrestprogrammes in Kenton County, Kentucky, hat einen *net-widening* Effekt nicht bestätigt.[480] Hingegen ist für kanadische Hausarrestprogramme eine Ausweitung des Netzes der sozialen Kontrolle konstatiert worden.[481] Den bisherigen Untersuchungen lassen sich somit gesicherte Erkenntnisse nicht entnehmen. Die Befürchtung eines *net-widening* Effekts darf indessen nicht dazu missbraucht werden, notwendige Reformbemühungen zu boykottieren und jegliche Neuerungen abzulehnen.[482] Wird der elektronisch überwachte Hausarrest an Stelle einer sonst zu verbüßenden Ersatzfreiheitsstrafe oder als Haftvermeidungsmaßnahme im Rahmen der Untersuchungshaft eingesetzt, ist ein Netzausweitungseffekt nicht zu befürchten, da die elektronische Überwachung in diesen Fällen als Haftsurrogat fungiert.[483] Innerhalb anderer Anwendungsbereiche muss der Gefahr einer Strafverschärfung durch gesetzgeberische Maßnahmen entgegengewirkt werden, wobei die Gerichte dafür Sorge zu tragen haben, dass EM nicht als zusätzlicher Kontrollmechanismus oder Sicherheit eingesetzt wird, sondern allein mit dem Ziel, die Inhaftierung des Betroffenen zu verhindern. Bei Betrachtung der Entscheidung des AG Frankfurt am Main über den Einsatz der elektronischen Überwachung im Bereich der Strafaussetzung zur Bewährung scheint die Praxis den geltend gemachten Bedenken Rechnung zu tragen: ''*Nur im*

[478] *Hudy* (Fn 74), S. 97 f.
[479] *Schwitzgebel*, Law and Society Review 1969, S. 597 (608).
[480] *Lilly/Ball/Wright* (Fn 339), S. 185 (196).
[481] *Bonta/Wallace-Capretta-Rooney* (Fn 146), S. 4.
[482] So *Feltes*, BewHi 1990, S. 324 (333) unter Bezugnahme auf *Weigend*, BewHi 1989, S. 289 (301); zustimmend *Schlömer* (Fn 353), S. 141; *Asprion*, BewHi 1999, S. 23 (28).
[483] Abschlussbericht der Arbeitsgruppe 'Elektronisch überwachter Hausarrest', S. 5.

123

Hinblick auf die mit der sogenannten elektronischen Fußfessel verbundene strenge Überwachung der Bewährungsweisungen erschien es dem Gericht vertretbar, nochmals Strafaussetzung zur Bewährung zu bewilligen, wobei (Name geschwärzt) sich darüber im Klaren sein muss, dass dies seine letzte Chance ist. Weisungswidriges Verhalten wird sofort zu Sicherungsmaßnahmen und zum Widerruf der Strafaussetzung zur Bewährung führen.''[484]

Der Tatsache, dass ein Großteil der potentiellen Arrestanten die Teilnahmevoraussetzungen nicht erfüllt, kann durch Vermittlung einer Beschäftigung oder ehrenamtlichen Tätigkeit sowie Unterbringung in einer Wohngemeinschaft oder -gruppe Rechnung getragen werden. Die Praktikabilität solcher Maßnahmen wird durch die Erfahrungen in Zusammenhang mit dem hessischen Modellversuch bestätigt. In fast allen Fällen ist es den Sozialarbeitern gelungen, für arbeitslose Straffällige innerhalb relativ kurzer Zeit einen Arbeitsplatz zu finden.[485] Im Hinblick auf die Suchtmittelabhängigkeit vieler Delinquenten kann das Gericht dem Verurteilten während der Dauer der elektronischen Überwachung die Weisung erteilen, sich einer therapeutischen Behandlung zu unterziehen.

Sofern gegen die elektronische Überwachung eingewandt wird, dass *"ein Mehr an Kontrolle auch ein Mehr an Verstößen produziert, auf die nach Entdeckung entsprechend der Logik des Strafrechtssystems sanktionierend geantwortet werden muss"*[486], also eine Netzausweitung dadurch erfolgt, dass die Sanktionierung von Verletzungen der Aufenthaltsbestimmungen härter ausfällt, als die ohne Existenz der elektronische Überwachung verhängte Strafe bzw. zusätzliche Sanktionsmaßnahmen verhängt werden, kann dem entgegengehalten werden, dass dieser Gefahr dadurch zu begegnen ist, dass geringfügige oder auch wiederholte Verstöße nicht zur Anordnung härterer Maßnahmen führen. Nur bei ganz erheblichen und regelmäßigen Pflichtverletzungen sind ein Abbruch der elektronischen Überwachung und die Verlegung des Straffälligen in eine Justizvollzugsanstalt in Betracht zu ziehen, wobei auf Regelverletzungen auch mit einer Verschärfung der Arrestzeiten reagiert werden könnte.[487] In ähnlicher Weise hat sich die Arbeitsgruppe 'Elektronisch überwachter Hausarrest' geäußert: Sie hält aus pädagogi-

[484] Amtsgericht Frankfurt am Main (Fn 423), S. 3.
[485] *Mayer/Haverkamp/Laborgne/Winkelmann* (Fn 435), S. 4.
[486] *Kawamura/Reindl* in: Kawamura/Reindl (Hrsg.), Strafe zu Hause - Die elektronische Fußfessel, S. 109 (121).
[487] So *Schlömer* (Fn 353), S. 142.

124

schen Gründen eine jederzeitige Reaktionsmöglichkeit bei Regelverstößen für notwendig, betont aber zugleich, dass *"Art und Zeitpunkt der Reaktion vielfach von sekundärer Bedeutung"* sind.[488] Bei Regelverstößen soll der Hausarrest nicht automatisch in eine Freiheitsstrafe umgewandelt werden, vielmehr ist nach dem Gewicht des Verstoßes zu regieren. Bei geringfügigen Verstößen sollen Verwarnungen oder Verweise genügen, bei massiven Verstößen kann die elektronische Überwachung widerrufen und der Arrestant in eine Haftanstalt überstellt werden.[489] Das Hessische Ministerium der Justiz hat zur Vermeidung eines *net-widening* Effekts im Rahmen des Modellversuchs einen Widerruf der Strafaussetzung zur Bewährung nur in schwerwiegenden Fällen vorgesehen; *"in nicht schwerwiegenden Fällen kann eine Ermahnung mit einer Sanktionsandrohung genügen"*.[490]

Der sog. *hardware effect* scheint nach den bisherigen Erfahrungen anderer Länder nicht einzutreten.[491] *Hardware effect* meint in diesem Zusammenhang die Gefahr, dass die käuflich erworbenen 'Fußfesseln' vollumfänglich eingesetzt werden, damit sich die Anschaffung rentiert. Es besteht daher die Besorgnis, dass die Unterbringung im elektronischen Hausarrest umso häufiger angeordnet wird, je mehr Überwachungsgeräte zur Verfügung stehen mit der Konsequenz, dass die Überwachungstechnik selbst dann genutzt wird, wenn ihre Anwendung im Einzelfall nicht zwingend erforderlich wäre.[492] Inwieweit sich diese Befürchtungen für die Bundesrepublik bestätigen, ist zum jetzigen Zeitpunkt nicht feststellbar. Angesichts der nur teilweisen Ausschöpfung der vorhandenen Kapazitäten im hessischen Modellversuch war ein solcher Effekt nicht auszumachen: Ingesamt standen 30 Überwachungseinheiten zur Verfügung, die höchste Auslastung konnte im Januar 2001 mit 19 Überwachten registiert werden.[493]

---

[488] Abschlussbericht der Arbeitsgruppe 'Elektronisch überwachter Hausarrest', S. 11.

[489] Abschlussbericht der Arbeitsgruppe 'Elektronisch überwachter Hausarrest', S. 11. *Schädler/Wulf* haben angeregt, die Verlegung des Delinquenten in den geschlossenen Vollzug bzw. die Wiederinvollzugsetzung des Haftbefehls als Reaktion auf erneute Straftaten oder Verstöße nicht automatisch erfolgen zu lassen, sondern empfehlen, einzelfallbezogen zu entscheiden [BewHi 1999, S. 3 (9)].

[490] *Hessisches Ministerium der Justiz* (Fn 413), S. 3.

[491] *Lilly*, The Howard Journal of Criminal Justice 29 (1990), No. 4, S. 229 (234).

[492] *Weigend*, BewHi 1989, S. 289 (300); *Ostendorf*, ZRP 1997, S. 473 (474); *Heghmanns*, ZRP 1999, S. 297 (301); *Wittstamm*, ZfStrVo 1997, S. 3 (14).

[493] *Mayer* (Fn 288), S. 4.

E. Gefahr eines 'Zwei-Klassen-Strafrechts'

Gegner des elektronisch überwachten Hausarrestes wenden ein, er privilegiere sozial besser gestellte Straffällige mit festem Wohnsitz und einem eigenen Telefonanschluss, während weniger wohlhabende Täter im Gefängnis sitzen müssten. Dadurch werde eine 'Zwei-Klassen-Justiz' begründet, zumindest aber der Allgemeinheit ein solcher Eindruck vermittelt. Der Einsatz der elektronischen Überwachung beinhalte mithin die Gefahr der Selektion.[494] Die sozialen Benachteiligungen, die durch eine hohe Repräsentanz von Angehörigen unterprivilegierter Bevölkerungsschichten in den Haftanstalten ohnehin bestünden, würden durch den elektronisch überwachten Hausarrest noch verschärft.[495] Ausländische Erfahrungen bestätigten die Diskriminierung bestimmter Täter: EM werde als Maßnahme der Haftvermeidung bei sozial und ökonomisch etablierten Straffälligen eingesetzt, die anderenfalls zu kurzen Freiheitsstrafen verurteilt worden wären.[496] Der elektronisch überwachte Hausarrest wird daher auch als *"eine privilegierte Sanktionsform für Wohlsituierte"*[497] oder *"schichtspezifische Sanktionsalternative"*[498] bezeichnet. Die Kommission zur Reform des strafrechtlichen Sanktionensystems hat mit ähnlicher Begründung die Einführung des elektronisch überwachten Hausarrestes als selbständige Sanktion abgelehnt.[499]

Den Eindruck einer Zwei-Klassen-Justiz in der Öffentlichkeit zu vermeiden, ist Aufgabe der mit der Entscheidung über die Unterstellung unter elektronische Überwachung befassten Gerichte. Sofern Straftäter allein mangels festen Wohnsitzes oder aufgrund ihrer Arbeitslosigkeit für die Teilnahme an der elektronischen Überwachung nicht in Betracht gezogen werden, kann seitens des Staates Abhilfe geschafft werden, indem bei der Suche nach einer Wohnung oder einer beruflichen Tätigkeit Hilfestellung geleistet wird. Ggf. könnte dem Arrestanten eine ABM oder eine ehrenamtliche Beschäftigung vermittelt werden. Beispielsweise haben im Verlauf des hessischen Pilotprojektes über 50 % der Probanden,

---

[494] *Eisenberg* (Fn 358), § 30 VI 2 b, Rn 23; *Albrecht/Eicker*, Leben hinter Gittern, S. 187 f; *Nickolai/Reindl*, ZfStrVo 1997, S. 298; *Pätzel*, DuD 2000, S. 27 (30); *Ostendorf*, ZRP 1997, S. 473 (476). Kritisch auch *Streng*, ZStW 111 (1999), S. 827 (859).

[495] *BAG-S e.V.* (Fn 307), S. 23.

[496] *Hudy* (Fn 74), S. 112.

[497] *Heitmann*, ZRP 1999, S. 230 (232).

[498] *Hudy* (Fn 74), S. 109.

[499] Abschlussbericht der Kommission zur Reform des strafrechtlichen Sanktionensystems, S. 173 f.

die im Erstgespräch arbeitslos waren, unter Mithilfe der Projektmitarbeiter innerhalb kurzer Zeit ein Beschäftigungsverhältnis aufgenommen.[500]

Im Übrigen können die Teilnahmevoraussetzungen als sachgerechte Unterscheidungskriterien qualifiziert werden. Anhand dieser Merkmale wird die Eignung des Straffälligen für die Unterstellung unter elektronische Überwachung geprüft, vornehmlich unter dem Aspekt der sozialen Eingliederung und Vereinbarungsfähigkeit. Die für die Teilnahme relevanten Lebensumstände des Verurteilten kommen auch in anderen Bereichen zum Tragen, beispielsweise bei der Prüfung einer Haftverschonung oder bei der Strafzumesssung.[501] Auf normativer Ebene bestimmt § 56 Abs. 1 S. 2 StGB, dass bei der Frage der Strafaussetzung zur Bewährung neben der Persönlichkeit des Verurteilten, seinem Vorleben und den Tatumständen auch seine Lebensverhältnisse zu berücksichtigen sind. Darunter fallen u.a. die Familie, der Beruf, die soziale Einordnung oder Heilungsaussichten.[502] Die zu erwartende Straffreiheit eines Drogensüchtigen mit Hilfe einer Methadontherapie oder Veränderungen der Lebensumstände des Verurteilten durch behördliche Maßnahmen werden in die Gesamtwürdigung einbezogen und können u.U. für die Stellung einer günstigen Sozialprognose von ausschlaggebender Bedeutung sein.[503] Die Berücksichtigung bestimmter Kriterien bei der Auswahl der Probanden ist mithin nicht als Diskriminierung sozial und wirtschaftlich benachteiligter Täter einzuordnen.

F. Aufgaben der Bewährungshilfe im Rahmen des elektronischen Hausarrestes

Gegen die Einführung des elektronisch überwachten Hausarrestes haben in erster Linie Mitarbeiter der Straffälligenhilfe und Bewährungshilfe protestiert, weil die Kontroll- und Überwachungsaufgaben nicht mit dem Betreuungskonzept der Sozialarbeit vereinbar seien. Es wird befürchtet, dass sich die Sozialarbeit zur 'Kontrollarbeit' entwickle. Die Arbeitsgemeinschaft Bewährungshilfe Baden-Württemberg (AGB) hat bereits im September 1997 in ihrer Stellungnahme zur Einführung des elektronisch überwachten Hausarrestes betont, dass eine Betreuungs- oder Kontrollfunktion während des Hausarrestes nicht mit der Arbeit der ambulanten

---

[500] *Mayer/Haverkamp/Laborgne/Winkelmann* (Fn 435), S. 4.
[501] Abschlussbericht der Arbeitsgruppe 'Elektronisch überwachter Hausarrest', S. 5.
[502] *Tröndle/Fischer*, Strafgesetzbuch und Nebengesetze, § 56, Rn 9.
[503] BGHSt 8, 182 (185); BayObLG, StV 1992, S. 15 (16).

Straffälligenhilfe zu vereinbaren sei.[504] In der Diskussion um strafrechtliche Reformen sei das Augenmerk stärker auf konkrete und praktische Integrationshilfen zu lenken.[505] Es sei zu befürchten, dass menschliche Hilfe und soziale Betreuung durch technische Überwachungsmechanismen ersetzt und die Arbeit der Bewährungshilfe auf bloße Kontrollaufgaben reduziert würde.[506] Der Ersatz von betreuenden Maßnahmen durch Technik käme einem *"Ausverkauf des Resozialisierungsgedankens gleich"*.[507] Dementsprechend hat die Berufsgruppe der Bewährungshelfer auch gegenüber dem Modellprojekt in Hessen eher Zurückhaltung geübt: Von 107 der Berufsgruppe der Bewährungshelfer angehörenden Personen haben ca. 27 % das Projekt begrüßt oder überwiegend begrüßt. Skeptisch waren ca. 36 % der Bewährungshelfer und 28 % haben sich gegen das Versuchsprojekt ausgesprochen.[508]

Die kritische Haltung der Bewährungshilfe gegenüber EM ist darauf zurückzuführen, dass die Sozialarbeiter die auf sie übertragenen Kontroll- und Überwachungpflichten nicht mit ihrem Berufsverständnis in Einklang bringen können und/oder wollen. Bewährungshilfe sei grundsätzlich auf die Leistung sozialer Hilfe und Unterstützung gerichtet.[509] Die Bestrebungen der Bewährungshilfe richteten sich daher auf die Aufarbeitung der Hintergründe und Entstehungszusammenhänge der strafrechtlichen Auffälligkeit des Verurteilten und die Verbesserung seiner Lebenssituation.[510] Da sich im Bereich der Sozialarbeit Hilfe und Kontrolle prinzipiell nicht vertragen, müsse eine strikte Trennung der Aufgabenbereiche erfolgen.[511] In diesem Zusammenhang wird vorgeschlagen, die Aufgaben, die in

[504] *Arbeitsgemeinschaft Bewährungshilfe Baden-Württemberg (AGB)*, Stellungnahme zur Einführung des elektronischen Hausarrestes, S. 3.
[505] *AGB*, Modellversuch elektronischer Hausarrest gescheitert, S. 1; *Nickolai/Reindl*, ZfStrVo 1997, S. 298.
[506] *Fox*, Australian & New Zealand Journal of Criminology 20 (1987), S. 131 (143); *Enos/Black/Quinn/Holman* (Fn 41), S. 160; *BAG-S e.V.* (Fn 307), S. 25; *Ostendorf*, ZRP 1997, S. 473 (476); *Feltes*, BewHi 1990, S. 324 (331); *Stern*, BewHi 1990, S. 335 (341).
[507] *BAG-S e.V.* (Fn 307), S. 25; *Kawamura*, NK 2/1998, S. 10 (11).
[508] *Mayer/Haverkamp/Laborgne/Winkelmann* (Fn 435), S. 5. Bereits im Jahre 1998 hat eine Befragung in Niedersachsen ergeben, dass 35 % der Bewährungshelfer die Einführung der elektronischen Überwachung ablehnen [*Haverkamp* (Fn 308), S. 369 (373 f)].
[509] *Asprion*, BewHi 1999, S. 23 (29).
[510] *BAG-S e.V.* (307), S. 20.
[511] *Feltes/Sievering* (Hrsg.), Hilfe durch Kontrolle?, S. 3 ff; *Feltes*, BewHi 1990, S. 324 (331).

erster Linie einen Kontroll- und Sanktionsaspekt beinhalten, durch polizeiliche Kontrolle zu ersetzen.[512]

Obschon die Bewährungshilfe den elektronisch überwachten Hausarrest überwiegend kritisch beurteilt, werden im Schrifttum auch positive Aspekte hervorgehoben. Die elektronische Überwachung zeige der Bewährungshilfe neue Perspektiven auf. Neben der Hilfeleistung müsse sie auch der 'Bewährung', d.h. dem Interesse der Gesellschaft an einer Konfliktlösung und Resozialisierung dienen. Der elektronisch überwachte Hausarrest sei ein Instrument, das zur Erreichung dieser Ziele sinnvoll genutzt werde könne.[513]

Richtig ist, dass Kontrolle keine Hilfe ersetzen kann. In diesem Kontext sollte jedoch nicht verkannt werden, dass sich Hilfe und Kontrolle nicht zwangsläufig ausschließen. Vielmehr sind sie bei Einsatz der elektronischen Überwachung auf ein gemeinsames Ziel gerichtet: die Resozialisierung des Straftäters. Zur Vermeidung einer stationären Unterbringung und des mit einem Gefängnisaufenthalt verbundenen Verlustes sozialer Kontakte, der Wohnung und des Arbeitsplatzes soll der Straffällige in weitgehender Eigenverantwortung lernen, seinen Tag zeitlich zu strukturieren und seine (Frei-)Zeit, die er in der Wohnung verbringen muss, neu und konstruktiv zu gestalten. Die Verpflichtung, einem regelmäßigen Beschäftigungsverhältnis nachzugehen, auf Alkohol- und Drogen zu verzichten und sich ggf. einer therapeutischen Behandlung zu unterziehen, stellen Maßnahmen dar, die stabilisierend auf die Situation des Betroffenen einwirken. Der elektronisch überwachte Hausarrest beinhaltet nicht nur eine bloße Kontrolle, sondern nimmt Einfluss auf die Fehlentwicklung des Täters, trägt also zur Resozialisierung bei. Neben der Kontrolle eines ordnungsgemäßen Verlaufs der elektronischen Überwachung übernehmen die Bewährungshelfer die Aufgabe, Gespräche mit dem Probanden über seine Situation und sich daraus ergebende Konflikte zu führen, um etwaige Probleme *"in den Griff zu bekommen"*.[514] Diese Betreuung stellt eine originäre Aufgabe der Bewährungshilfe dar. Oberstes Ziel der Bewährungshilfe ist die Verhinderung weiterer Straftaten des Verurteilten.[515] Aus diesem Grund hat der Gesetzgeber der Bewährungshilfe gemäß § 56 d StGB einen Hilfs-

---

[512] *Asprion*, BewHi 1999, S. 23 (29).
[513] *Aebersold*, ZStrR 116 (1998), S. 367 (382 f).
[514] *Hessisches Ministerium der Justiz* (Fn 416), S. 2.
[515] *Niedersächsisches Justizministerium*, Standards der Bewährungshilfe, S. 7.

auftrag erteilt. Das eigenverantwortliche Handeln der Probanden soll gefördert und ihr soziales Umfeld stabilisiert werden.[516] Gleichzeitig ist die Bewährungshilfe gemäß § 56 d Abs. 2 StGB *"mit einer Überwachungsfunktion betraut"*; der Widerspruch zwischen sozialarbeiterischem Handeln und der Mitwirkung an justizieller Kontrolle ist daher strukturell angelegt.[517] Das heißt, dass neben der Hilfs- und Betreuungsfunktion auch die Kontroll- und Überwachungsfunktion eine originäre Aufgabe der Bewährungshilfe darstellt. Der zuständige Sozialarbeiter kann dem Gericht bei einem positiven Verlauf der Überwachung Änderungen des Wochenplanes bis zum Ende des Überwachungszeitraumes vorschlagen[518] und damit auf den Verlauf und die Dauer der elektronischen Überwachung in gewisser Weise Einfluss nehmen. Die Erfahrungen in Schweden zeigen, dass der intensive Kontakt mit den Probanden hohe Ansprüche an die pädagogischen und psychologischen Fähigkeiten der Bewährungshilfe stellt. Trotz der Umstrukturierung des Arbeitsfeldes der Bewährungshilfe - es wurde Schicht- und Bereitschaftsdienst eingeführt - werden die Veränderungen von der Mehrzahl der Bewährungshelfer positiv bewertet.[519] Im Verlauf des hessischen Modellversuches zeigte sich ebenfalls ein intensiver und offener Kontakt zwischen den Projektmitarbeitern und den Straffälligen, der von dem Großteil der Projektteilnehmer geschätzt wurde.[520] Ein Ersatz menschlicher Hilfe und Unterstützung durch technische Überwachung hat daher nicht stattgefunden.

Im Rahmen der Diskussion um Stellung und Aufgabe der Bewährungshilfe bei der elektronischen Überwachung sollte sich die Bewährungshilfe in Erinnerung rufen, dass sie auf der sozialen Verpflichtung des Strafrechts beruht, strafrechtliche und soziale Belastungen des Delinquenten in der Vergangenheit nicht nur zu konstatieren und strafschärfend vorzuhalten, sondern den Straffälligen während der Bewährungszeit positiv zu beeinflussen und aktiv an der Resozialisierung des

---

[516] *Niedersächsisches Justizministerium* (Fn 515), S. 8.
[517] *Niedersächsisches Justizministerium* (Fn 515), S. 9.
[518] *Hessisches Ministerium der Justiz* (Fn 418), S. 2.
[519] *Haverkamp*, BewHi 1999, S. 51 (61).
[520] *Mayer* (Fn 288), S. 17.

Betroffenen mitzuwirken.[521] *SPIESS* konstatierte 1985 in Zusammenhang mit der Frage, ob die Bewährungshilfe eine (ausbaufähige) Alternative zum Vollzug der Jugendstrafe sei, zutreffend: "*Die Bewährungshilfe hat dort ihren Ort, und nur dort ihre Berechtigung, wo sie nicht zu freiheitsentziehenden Sanktionen hinzutritt, sondern wo sie eine weniger belastende, weniger sozialisationswidrige Alternative anbietet zum Freiheitsentzug.*"[522] Die Beantwortung der Frage, ob der elektronisch überwachte Hausarrest eine Alternative zum stationären Freiheitsentzug bietet, bleibt einem gesonderten Abschnitt vorbehalten.

G. Gefahr der Privatisierung des Strafvollzuges

Weiterhin wird eine Kommerzialisierung strafrechtlicher Kontrolle befürchtet[523], wodurch "*ein Tor für einen zweifelhaften privaten Strafvollzug aufgetan sein*"[524] könnte. Es besteht die Besorgnis, einerseits einer Verflechtung mit der Privatwirtschaft Vorschub zu leisten und zum anderen einen Einstieg in die Privatisierung des Strafvollzuges zu schaffen, wodurch "*die Absatzinteressen der Sicherheitsindustrie, ... die Europa als Wachstumsmarkt betrachtet*"[525], gefördert würden. Für denjenigen, der am Strafvollzug verdienen möchte, stehe das Ziel der Haftvermeidung nicht an erster Stelle; vielmehr habe er ein unmittelbares wirtschaftliches Interesse an der vollen Belegung der Haftanstalt.[526] Speziell unter Bezugnahme auf die von privaten Überwachungsunternehmen durchgeführte elektronische Überwachung wird im Schrifttum betont, dass eine zunehmende Abhängigkeit von privaten Sanktionsanbietern entstehe, die Anlass zu der Befürchtung gebe, dass sich die gewinnorientiert arbeitenden Unternehmen an kriminalpolitischen Auseinandersetzungen beteiligen und Einfluss auf diese nehmen.[527] Die Unterbringung der Betroffenen im elektronisch überwachten Hausarrest bedeute eine 'Auslagerung' der Gefangenen, die zu einer Aushöhlung des Rechts- und Sozial-

---

[521] *Dünkel/Spieß*, BewHi 1992, S. 117 (136). Auch wenn Sicherungs- und Kontrollaspekte aufgrund der kriminalpolitischen Entwicklung zukünftig eine Rolle spielen werden, wird die Resozialisierung und Wiedereingliederung des Straffälligen in die Gesellschaft weiterhin Priorität im Rahmen der Arbeit der Bewährungshilfe haben. Gleichwohl muss sich die Sozialarbeit diesen Veränderungen stellen und sich an dem Änderungsprozess aktiv beteiligen, um nicht ihre Bedeutung zu verlieren [*Jehle*, BewHi 2003, S. 37 (49)].
[522] *Spieß* in: Anlage 2 zur Mitteilung des Senats an die Bürgerschaft, Drs. 11/5530, S. 7.
[523] *Lindenberg* (Fn 356), S. 12, 192 ff.
[524] *Walter*, ZfStrVo 1999, 287 (294).
[525] *Brüchert*, FoR 1999, S. 137.
[526] *Weigend*, BewHi 1989, S. 289 (294 f); *Braum/Varwig/Bader*, ZfStrVo 1999, S. 67 (71).
[527] *Walter* (Fn 25), S. 159 (161); ders., ZfStrVo 1999, S. 287 (294).

standards des Strafvollzuges führen könne. Mangels staatlicher finanzieller Mittel für den Neubau von Gefängnissen könnten Privatfirmen spezielle Wohnungen zur Überwachung der Delinquenten zur Verfügung stellen und quasi eine private Vollzugsanstalt betreiben.[528] Eine solche Privatisierung der Verbrechenskontrolle beinhalte die Gefahr des Machtmissbrauchs seitens der privaten Anbieter und schränke das staatliche Gewaltmomopol ein.[529]

Tatsächlich verkaufen Firmen mittlerweile nicht nur die notwendige Überwachungstechnik, sondern betreiben bereits firmeneigene Überwachungszentren, die die Überwachung der Arrestanten gegen ein entsprechendes Entgelt übernehmen, wobei die Firmen *BI Incorporated* und *On Guard Plus* zusätzlich anbieten, die Drogen- und Alkoholabstinenz der Verurteilten zu kontrollieren.[530] Bereits 1984 ist in den USA eine private Gefängnisbetreibergesellschaft gegründet worden, die *Corrections Corporation of America* (CCA).[531] Der Kommerzialisierungsgedanke ist auch in der Bundesrepublik nicht neu.[532] Die Privatisierung betrifft bisher allerdings nur die Finanzierung und den Bau der Justizvollzugsanstalten.[533]

Unter Hinweis darauf, dass der Strafvollzug eine staatliche Aufgabe sei und Missbrauchsgefahren erst gar nicht entstehen sollen, wird im Schrifttum vertreten, dass der Staat alle mit dem Strafvollzug verbundenen Aufgaben allein wahrzunehmen habe.[534] Ein privat vermitteltes Gewaltverhältnis sei mit Art. 1 Abs. 3, 20 Abs. 3 GG nicht vereinbar.[535] Nach anderer Auffassung gehöre der Entzug der Freiheit eines Menschen zum Kernbereich hoheitlichen Handelns und müsse durch staatliche Behörden vollzogen werden, allerdings sei die Gefangenenverpflegung oder die Wäscherei einer Privatisierung zugänglich. Darüber hinaus sei die Absiche-

---

[528] *Walter*, ZfStrVo 1999, S. 287 (294); ders. (Fn 25), S. 159 (161); Presse-Information 151/97 der Universität Köln vom 24.09.1997 zur Untersuchung von Privatisierungen der Verbrechenskontrolle durch Prof. Dr. Walter.

[529] Presse-Information 151/97 der Universität Köln vom 24.09.1997 zur Untersuchung von Privatisierungen der Verbrechenskontrolle durch Prof. Dr. Walter.

[530] *Nogala/Haverkamp*, DuD 2000, S. 31 (38).

[531] *Lindenberg/Schmidt-Semisch*, NK 2/1995, S. 45. Zur Entwicklung der privaten Gefängnisse in den USA: *Lilly*, ZfStrVo 1999, S. 78 ff. Zur Privatisierung in England: *Haneberg*, ZfStrVo 1993, S. 289 (290 ff) und *Smartt*, ZfStrVo 1999, S. 270 ff.

[532] *Lindenberg/Schmidt-Semisch*, NK 2/1995, S. 45.

[533] Vgl. *Bialdyga*, FoR 1998, S. 9 f; *Smartt*, ZfStrVo 1991, S. 270 (274).

[534] *Ostendorf*, ZfStrVo 1991, S. 83 (87).

[535] *Braum/Varwig/Bader*, ZfStrVo 1999, S. 67 (69).

rung der äußeren Sicherheitsanlagen durch private Firmen möglich.[536] Durch besondere vertragliche Vereinbarungen mit den Bau- und Betreibergesellschaften werde die Gefahr des Verlustes der demokratisch-parlamentarischen Verantwortung der Justizminister und der Beeinträchtigung der rechtlichen Stellung der Gefangenen in der Praxis vermieden.[537]

Die Einführung des elektronisch überwachten Hausarrestes mag unter Umständen die Diskussion um die Privatisierung bestimmter Bereiche des Strafvollzuges erneut entfachen und fördern, seine Nichtanwendung wird die Debatte um die Kommerzialisierung des Strafvollzuges jedoch nicht verhindern, zumal die finanzielle Lage des Bundes und der Länder Überlegungen zur Privatisierung des Strafvollzuges erst ausgelöst hat und eine Konsolidierung der öffentlichen Kassen in nächster Zeit kaum zu erwarten ist. Die kritische Auseinandersetzung mit der Thematik der Privatisierung wird zumindest Denkanstöße für Verbesserungen des staatlichen Strafvollzuges liefern.[538] Bei den Überlegungen, bestimmte Aufgaben des Vollzuges an Private zu übertragen, sollte das Augenmerk darauf gerichtet werden, zu verhindern, dass aus einem privatisierten Strafvollzug autoritäre Vollzugskonzeptionen entstehen, die den Resozialisierungsvollzug und die Wahrung der Rechte der Strafgefangenen, insbesondere ihre Menschenwürde in Frage stellen.[539] *"Historisch gewachsene Rechtsstaatlichkeit darf um der mittelfristigen, aktuell definierten Ziele fiskalischer Konsolidierung willen nicht in Frage gestellt werden."*[540] Bei der Übertragung hoheitlicher Aufgaben an Private ist die tatsächliche Ausgestaltung maßgeblich: Sofern die Verantwortung der ausgeübten Gewalt beim Staat liegt, dieser also bestimmte Aufgaben nur delegiert, dürften keine Bedenken bezüglich des staatlichen Gewaltmonopols bestehen.[541]

Die Frage, ob der Strafvollzug oder Teilbereiche privatisiert werden können, kann an dieser Stelle nicht abschließend beantwortet werden, weil damit der Rahmen der Untersuchung gesprengt würde. Anzumerken ist jedoch, dass bei Betrachtung

[536] *Albrecht/Eicker* (Fn 494), S. 181 f.
[537] *Seebode*, StV 1999, S. 325 (328).
[538] *Haneberg*, ZfStrVo 1993, S. 289 (293). In diesem Sinne auch *Flügge*, der anregt, sich an der Diskussion um die Privatisierung zu beteiligen, jedoch bei diesbezüglichen Entscheidungen auf Sorgfalt und Sachlichkeit zu achten sowie die langfristige Wirkung einer solchen Entscheidung zu berücksichtigen [ZfStrVo 2000, S. 259 (262)].
[539] *Braum/Varwig/Bader*, ZfStrVo 1999, S. 67 (72).
[540] *Braum/Varwig/Bader*, ZfStrVo 1999, S. 67.
[541] *Bialdyga*, FoR 1998, S. 9 (10); *Bernsmann* (Fn 314), S. 34.

133

der Ausgestaltung des elektronisch überwachten Hausarrestes im Rahmen des zweijährigen Modellversuches in Hessen eine Aufgabe des staatlichen Gewaltmonopols nicht erfolgt ist. Die HZD hat die 'elektronischen Fußfessel' und die notwendige Software zur Verfügung gestellt.[542] Die HZD ist ein Landesbetrieb gemäß § 26 der hessischen Landeshaushaltsordnung. Aufsichtsbehörde ist das Hessische Ministerium des Innern und für Sport.[543] Für die Zukunft ist daher darauf zu achten, dass die Durchführung des elektronisch überwachten Hausarrestes nicht vollständig auf Private übertragen wird, d.h. firmeneigene Überwachungszentren betrieben werden.

---

[542] *Gerz*, inform 2/2000, S. 15 f.
[543] *HZD*, Unser Profil, Daten und Fakten (http://www.hzd.de).

Siebenter Teil: Die Verfassungskonformität des elektronisch überwachten Hausarrestes

Der elektronischen Überwachung wird oftmals entgegengehalten, sie sei mit den verfassungsrechtlich garantierten Menschenrechten und den Freiheitsrechten sowie den in der Europäischen Menschenrechtskonvention (EMRK) niedergelegten Rechten und Freiheiten unvereinbar. Die Bezeichnung als 'elektronisches Halsband' lege einen Verstoß gegen die in Art. 1 GG statuierte Menschenwürde nahe. In engem Zusammenhang mit dieser Problematik steht die Verletzung des allgemeinen Persönlichkeitsrechts und des Rechts auf informationelle Selbstbestimmung des Verurteilten. Im Hinblick auf den in Hessen durchgeführten Modellversuch und einer u.U. landesweiten Einführung ist zu prüfen, ob es im Rahmen der elektronischen Überwachung zu unzulässigen Grundrechtsverstößen kommt und ggf. eine verfassungskonforme Ausgestaltung des elektronisch überwachten Hausarrestes möglich ist. Dabei sollen auch die in der EMRK gewährleisteten Rechte und Freiheiten berücksichtigt werden, da sie in der Bundesrepublik geltendes Recht sind, und zwar im Rang eines einfachen Bundesgesetzes[544], und bei der Auslegung der Grundrechte Inhalt und Entwicklungsstand der EMRK zu beachten sind.[545]

A. Die Unantastbarkeit der Menschenwürde gemäß Art. 1 Abs. 1 GG

Art. 1 Abs. 1 S. 1 GG statuiert die Unantastbarkeit der Menschenwürde. Die Implementation dieser Vorschrift am Anfang des Grundrechtskataloges und die Tatsache, dass gemäß Art. 79 Abs. 3 GG eine Änderung des Grundgesetzes, die "*die in den Artikeln 1 und 20 niedergelegten Grundsätze berührt*", unzulässig ist, verdeutlichen die herausragende Stellung der Menschenwürde.[546] Sie stellt den "*obersten Wert*" bzw. "*höchsten Rechtswert*" in der freiheitlichen Demokratie dar und gehört zu den "*tragenden Konstitutionsprinzipien des Grundgesetzes*".[547] Im Hinblick darauf, dass Art. 1 Abs. 1 GG unter keinem Gesetzesvorbehalt steht, ist jeder Eingriff in die Menschenwürde verfassungswidrig.

---

[544] Art. II Abs. 1 des Zustimmungsgesetzes vom 07.08.1952, BGBl 1952 II, S. 685.
[545] BVerfGE 74, 358 (370).
[546] *Pieroth/Schlink*, Grundrechte - Staatsrecht II, Rn 349; von Münch/Kunig-*Kunig*, Grundgesetz-Kommentar, Band 1, Art. 1, Rn 4.
[547] BVerfGE 5, 85 (204); 6, 32 (36); 12, 45 (53); 45, 187 (227); 50, 166 (175); 72, 105 (115); 87, 209 (228).

136

Die Verhängung strafrechtlicher Sanktionen, durch die zwangsläufig in die grundgesetzlich garantierten Rechte des Betroffenen eingegriffen wird, unterliegt der Beschränkung durch die Menschenwürde.[548] Art. 1 Abs. 1 GG bestimmt auf dem Gebiet des Strafrechts *"die Auffassung vom Wesen der Strafe und das Verhältnis von Schuld und Sühne"*.[549] Die dem Verurteilten auferlegte Strafe muss daher in einem angemessenen Verhältnis zur begangenen Straftat und zu seinem Verschulden stehen. Darüber hinaus hat insbesondere bei der Diskussion über die Entwicklung des Sanktionensystems die Achtung der Würde und der Persönlichkeit des Menschen im Vordergrund zu stehen. Die Einführung neuer strafrechtlicher Sanktionen muss den Kriterien der Humanität genügen und zugleich dem Ziel dienen, *"die Intensität des zwanghaften Zugriffs auf die Person des Verurteilten weiter zu vermindern"*.[550] Die Absenkung des *"Eingriffslevels"* gebiete das verfassungsrechtlich verankerte Verhältnismäßigkeitsprinzip.[551]

Aus der Unantastbarkeit der Würde des Menschen folgt ihre Unverzichtbarkeit. Ein Verzicht auf die Menschenwürde ist unwirksam. Eine Verletzung des Art. 1 Abs. 1 GG ist demnach auch dann zu bejahen, wenn der Betroffene in eine die Menschenwürde verletzende Handlung eingewilligt hat.[552] Aus diesem Grunde könnte die Menschenwürdegarantie des Art. 1 Abs. 1 GG in besonderem Maße der Anwendung des elektronisch überwachten Hausarrestes entgegenstehen. Dabei wird an dieser Stelle der Grundrechtscharakter des Art. 1 Abs. 1 GG bejaht mit der Folge, dass Art. 1 Abs. 1 GG dem Einzelnen ein subjektives Abwehrrecht

---

[548] *Jescheck/Weigend*, Lehrbuch des Strafrechts - AT, § 2 I 2.
[549] BVerfGE 45, 188 (228); *Wintrich*, BayVBl. 1957, S. 137 (139); ders., Zur Problematik der Grundrechte, S. 18.
[550] *Jung* (Fn 375), S. 93.
[551] *Weßlau*, StV 1999, S. 278.
[552] Einschränkend BK-*Zippelius*, Bonner Kommentar zum Grundgesetz, Art. 1 Abs. 1 u. 2, Rn 39. Der Ausdruck 'Grundrechtsverzicht' ist ungenau, da er den Totalverzicht auf ein Grundrecht als Ganzes suggeriert, der nach allgemeiner Ansicht unzulässig ist. Vorzugswürdig ist die Bezeichnung als 'individuelle Verfügung' über Grundrechtspositionen (*Pietzcker*, Der Staat 17 (1978), S. 527 (531); *Schmitt Glaeser*, ZRP 2000, S. 395 (399); Dreier-*Dreier*, Grundgesetz - Band I, Vorb., Rn 131; *Stern*, StaatsR der Bundesrepublik Deutschland, Band III/2, § 86 II 4). Es geht also nicht um einen Verzicht des Einzelnen auf seine menschliche Würde, sondern um die Grenzen der Verfügungsbefugnis des Einzelnen über seine subjektiven Rechte (Dreier-*Dreier*, Vorb., Rn 131; *Geddert-Steinacher*, Menschenwürde und Verfassungsbegriff, S. 86). Wenn im Folgenden dennoch der Begriff 'Grundrechtsverzicht' gebraucht wird, dann deshalb, weil er trotz aller Kritik gebräuchlich ist.

gibt.[553] Denn eine Verneinung der Grundrechtsqualität des Art. 1 Abs. 1 GG wäre schwerlich mit der Tatsache zu vereinbaren, dass die Menschenwürde als höchster Rechtswert unserer Verfassung bezeichnet wird, dem Grundrechtsträger aber verwehrt werden soll, sich auf dieses Grundrecht zu berufen.

I. Schutzbereich des Art. 1 Abs. 1 GG

Die Bestimmung des Schutzbereiches der Menschenwürde bereitet gewisse Schwierigkeiten, da der Begriff der 'Würde' zeit- und situationsabhängig ist. Die Vorstellung von Würde hängt von den kulturellen, politischen und sozialen Gegebenheiten der jeweiligen Gesellschaft ab.[554] Zwar bestehen unterschiedliche Auffassungen, wie der Schutzbereich des Art. 1 Abs. 1 GG konkret zu bestimmen ist, indes besteht Einigkeit darüber, dass weniger auf positive Bestimmungen der Menschenwürde als vielmehr auf negative Umschreibungen abzustellen ist. Der Schutzbereich der Menschenwürde wird jedenfalls bei erniedrigender, unmenschlicher, grausamer oder grob unangmessener Bestrafung tangiert.[555]

Während der Dauer der elektronischen Überwachung ist der Arrestant bei Anwendung des Aktivsystems verpflichtet, einen Sender an seinem Körper zu tragen, der unter Umständen beim Tragen von Sommerkleidung für Außenstehende sichtbar ist. Darin könnte eine unmenschliche oder erniedrigende Behandlung oder eine Bloßstellung des Betroffenen als Straftäter liegen. Gegen den elektronisch überwachten Hausarrest wird deshalb häufig vorgebracht, dass der Mensch *"zum Objekt eines technischen Überwachungsapparates"*[556] gemacht werde. Daneben wird im Zentralcomputer der Überwachungsstelle jeder Verstoß des Probanden gegen den festgelegten Stundenplan registriert, so dass diese Daten bei der

---

[553] BVerfGE 1, 332 (343); 12, 113 (123); 15, 249 (255); 61, 126 (137); 87, 209 (228); von Münch/Kunig-*Kunig* (Fn 546), Art. 1, Rn 49; *Pieroth/Schlink* (Fn 546), Rn 350; v. Mangoldt/Klein/Starck-*Starck*, Das Bonner Grundgesetz, Art. 1 Abs. 1, Rn 28; *Krawietz*, GS für Klein, S. 245 (286); *Höfling*, JuS 1995, S. 857 f; BK-*Zippelius* (Fn 552), Art. 1 Abs. 1 u. 2, Rn 28, 32; *Schilling*, KritV 82 (1999), S. 452 (464); *Benda* in: Benda/Maihofer/Vogel (Hrsg.), Handbuch des Verfassungsrechts, § 6, Rn 8; *Schmitt Glaeser*, ZRP 2000, S. 395 (397); Maunz/Dürig-*Herdegen*, Grundgesetz, Band I, Art. 1 Abs. 1, Rn 26; a.A. *Geddert-Steinacher* (Fn 552), S. 172 f; Dreier-*Dreier* (Fn 552), Art. 1 I, Rn 127; *Enders*, Die Menschenwürde in der Verfassungsordnung, S. 110.
[554] v. Mangoldt/Klein/Starck-*Starck* (Fn 553), Art. 1 Abs. 1, Rn 3; von Münch/Kunig-*Kunig* (Fn 546), Art. 1, Rn 19; *Hinrichs*, NJW 2000, S. 2173 (2174).
[555] BVerfGE 1, 332 (348); 45, 188 (228).
[556] *Ostendorf*, ZRP 1997, S. 473 (476).

Sanktionierung der Regelverletzung oder der Begehung weiterer Straftaten als Beweis herangezogen werden könnten mit der Konsequenz, dass sich der Überwachte selbst belastet. Die elektronische Überwachung berührt mithin einen wesentlichen Teil des Schutzbereiches der Menschenwürde.

II. Eingriff in den Schutzbereich

Das BVerfG hat anfangs einen Eingriff in die Menschenwürdegarantie bei *"Erniedrigung, Brandmarkung, Verfolgung und Ächtung"* bejaht.[557] Später hat das BVerfG auf die sog. 'Objektformel'[558] zurückgegriffen, nach der es der Würde des Menschen widerspricht, ihn zum bloßen Objekt im Staat zu machen.[559] Diese Objektformel hat das BVerfG in seinem Abhörurteil dahingehend präzisiert, dass ein Eingriff in die Menschenwürde dann vorliegt, wenn der Mensch *"einer Behandlung ausgesetzt wird, die seine Subjektqualität prinzipiell in Frage stellt, oder dass in der Behandlung im konkreten Fall eine willkürliche Missachtung der Würde des Menschen liegt. Die Behandlung des Menschen durch die öffentliche Hand, die das Gesetz vollzieht, muss also, wenn sie die Menschenwürde berühren soll, Ausdruck der Verachtung des Wertes, der dem Menschen kraft seines Personseins zukommt, also in diesem Sinne eine 'verächtliche Behandlung' sein."*[560] Trotz dieses Versuchs, den Eingriff in die Menschenwürdegarantie konkreter zu umschreiben, existieren keine fest umrissenen Kriterien, anhand derer ein Eingriff in die Menschenwürde festgestellt werden kann. Mithin kann nie generell, sondern immer nur anhand des Einzelfalles eine Verletzung des Art. 1 Abs. 1 GG ausgemacht werden.[561] Das Abhörurteil des BVerfG ist erheblicher Kritik ausgesetzt, weil es die subjektive Zielrichtung der staatlichen Maßnahme berücksich-

---

[557] BVerfGE 1, 97 (104).
[558] Die sog. 'Objektformel' geht auf *Dürig* zurück, der eine Verletzung der Würde des Menschen wie folgt definierte: *"Die Menschenwürde ist getroffen, wenn der konkrete Mensch zum Objekt, zu einem bloßen Mittel, zur vertretbaren Größe herabgewürdigt wird."* [AöR 81 (1956); S. 117 (127)].
[559] BVerfGE 9, 89 (95); 27, 1 (6); 57, 250 (275). Dass niemand zum Objekt unmenschlicher oder erniedrigender Strafe oder Behandlung herabgewürdigt werden darf, statuiert auch Art. 3 EMRK. Daneben enthalten Art. 5 der Allgemeinen Erklärung der Menschenrechte von 1948, Art. 7 des Internationalen Paktes über bürgerliche und politische Rechte aus dem Jahre 1966 (BGBl. 1976/II, S. 197), die Anti-Folter-Konvention von 1984 (BGBl. 1990/II, S. 246 ff) und die *International Penal and Penitentiary Foundation* in *Rule 13* der Mindestgrundsätze für die Gestaltung ambulanter Sanktionen ein Verbot grausamer, unmenschlicher und erniedrigender Behandlung oder Strafe.
[560] BVerfGE 30, 1 (26).
[561] BVerfGE 30, 1 (25); *Schmitt Glaeser*, ZRP 2000, S. 395 (397).

tigt.[562] Die Einbeziehung subjektiver Aspekte, d.h. das Abstellen auf eine gewollte Missachtung oder Geringschätzung der Menschenwürde des Betroffenen ist abzulehnen, weil anderenfalls ein objektiver Verstoß gegen die Menschenwürde durch eine 'gute Absicht' geheilt würde. Deswegen kann es auf die Zielsetzung des elektronisch überwachten Hausarrestes, stationären Freiheitsentzug zu vermeiden, nicht ankommen. Entscheidend ist vielmehr die Frage, ob in der Behandlung objektiv eine Geringschätzung zum Ausdruck kommt.[563] Die Tatsache, dass der Verurteilte zur Vermeidung der Verbüßung einer Freiheitsstrafe in einer Vollzugsanstalt unter elektronisch überwachten Hausarrest gestellt wird, sagt somit noch nichts darüber aus, ob ein Verstoß gegen die in Art. 1 Abs. 1 GG proklamierte Menschenwürdegarantie vorliegt.

1. Unmenschliche, erniedrigende oder entwürdigende Behandlung

Vornehmlich im Strafrecht ist eine Verletzung von Art. 1 Abs. 1 GG durch eine erniedrigende bzw. herabwürdigende Behandlung schwierig auszumachen, da bereits die Verurteilung an sich und die verhängte Strafe ein "*sozial-ethisches Unwerturteil*" enthalten, das den durch Art. 1 Abs. 1 GG geschützten Wert- und Achtungsanspruch tangiert und für den Verurteilten erniedrigend wirkt.[564] Das BVerfG hat eine entwürdigende und erniedrigende Behandlung einer Strafe bejaht, wenn sie grausam, nach Art und Maß der unter Strafe gestellten Handlung

---

[562] Im Sondervotum ist dementsprechend zu bedenken gegeben worden, dass bei einem Eingriff in die Menschenwürdegarantie allein auf die objektive Zielrichtung des staatlichen Handelns abgestellt werden müsse; auf eine 'gute Absicht' komme es nicht an [BVerfGE 30, 1 (40)]. Kritisch auch Sachs-*Höfling*, Grundgesetz, Art. 1, Rn 15; *Geddert-Steinacher* (Fn 552), S. 47; a.A. BK-*Zippelius* (Fn 552), Art. 1 Abs. 1 u. 2, Rn 62.

[563] So von Münch/Kunig-*Kunig* (Fn 546), Art. 1, Rn 24; AK-*Podlech*, Alternativ-Kommentar zum Grundgesetz für die Bundesrepublik Deutschland, Band 1, Art. 1 Abs. 1, Rn 15; *Häberle*, JZ 1971, S. 145 (151); Jarass/Pieroth-*Jarass*, Grundgesetz für die Bundesrepublik Deutschland, Art. 1, Rn 8; *Geddert-Steinacher* (Fn 552), S. 58; *Schmitt Glaeser*, ZRP 2000, S. 295 (297 f).

[564] BVerfGE 22, 49 (79); 45, 272 (288); 95, 96 (140); 96, 245 (249); 101, 275, 287; *Leibholz/Rinck/Hesselberger*, Grundgesetz, Art. 1, Rn 21; vgl. auch EGMR, *Case of Albert and Le Compte against Belgium*, Publications of the European Court of Human Rights, Series A: Judgments and Decisions, Vol. 58 (1983), S. 13; EGMR, *Tyrer against United Kingdom*, a.a.O., Vol. 26 (1976), S. 15 = EuGRZ 1979, S. 162 (164); *Villiger*, Handbuch der Europäischen Menschenrechtskonvention (EMRK) unter besonderer Berücksichtigung der schweizerischen Rechtslage, Rn 287.

schlechthin unangemessen oder unmenschlich ist.[565] Die Europäische Kommission für Menschenrechte hat im Griechenland-Fall (*The Greek Case*) eine Behandlung als unmenschlich bezeichnet, die absichtlich schweres geistiges oder physisches Leiden verursacht und in der besonderen Situation nicht zu rechtfertigen ist.[566] Erniedrigend ist eine Strafe oder Behandlung, sofern sie aufseiten des Betroffenen zu Gefühlen der Angst, Ohnmacht oder Minderwertigkeit führt, die herabwürdigen oder demütigen.[567] Der Europäische Gerichtshof für Menschenrechte (EGMR) verlangt zur Bejahung eines Verstoßes gegen Art. 3 EMRK ein gewisses Minimum an Schwere.[568] Eine erniedrigende Behandlung soll dann vorliegen, wenn sie den Betroffenen vor anderen in hohem Maße demütigt oder ihn dazu bringt, gegen seinen Willen und sein Gewissen zu handeln.[569] Fraglich ist daher, ob die elektronische Überwachung als unmenschliche, erniedrigende oder entwürdigende Behandlung in diesem Sinn zu qualifizieren ist.

Das Tragen der 'Fußfessel' kann zwar im Einzelfall zu Stigmatisierungseffekten führen, jedoch wird der Verurteile nicht öffentlich herabgewürdigt oder vor anderen Personen in hohem Maße gedemütigt. Dem Verurteilten ist freigestellt, den Sender durch entsprechende Kleidung zu verdecken. Es obliegt ihm selbst, Nachbarn und Arbeitskollegen über die elektronische Überwachung zu informieren. Der Verurteilte wird in seinem sozialen Umfeld belassen und kann seiner gewohnten Arbeit nachgehen sowie seine freundschaftlichen und familiären Bindungen pflegen, d.h. er kann in größerem Umfang als in einer Haftanstalt seine

---

[565] BVerfGE 6, 389 (439); 50, 125 (133); 72, 105 (116); 75, 1 (16 f). In der obergerichtlichen Rechtsprechung wurde hervorgehoben, dass die Behandlung den Kern des Menschseins des Betroffenen angreifen oder seine Menschenwürde missachten müsse (OLG Köln, NJW 1963, S. 1748 (1749); OLG Celle, NdsRpfl. 1964, S. 255).
[566] EKMR, NJW 1978, S. 475; EKMR, Yearbook of the European Convention on Human Rights, Vol. 12 (1969), S. 186; EKMR, Yearbook of the European Convention on Human Rights, Vol. 19 (1976), S. 512 (748). In dem späteren Verfahren *Ireland against United Kingdom* hat die Europäische Kommission unter Bezugnahme auf diese Definition klargestellt, dass sie nicht so verstanden werden dürfe, als ob eine besondere Situation eine unmenschliche Behandlung rechtfertigen könne. Selbst in Kriegs- oder Notstandslagen seien solche Behandlungen nicht erlaubt [EKMR, Yearbook of the European Convention on Human Rights, Vol. 19 (1976), S. 512 (750 f)].
[567] *Villiger* (Fn 564), Rn 284.
[568] EGMR, EuGRZ 1979, S. 149 (153). Kritisch zu dieser Entscheidung äußert sich *Frowein*, da der Gerichtshof nur eine unmenschliche Behandlung, nicht hingegen das Vorliegen von Folter bejaht hatte [in: Matscher (Hrsg.), Folterverbot sowie Religions- und Gewissensfreiheit im Rechtsvergleich, S. 69 (73)].
[569] EKMR, Yearbook of the European Convention on Human Rights, Vol. 12 (1969), S. 186; EKMR, NJW 1978, S. 475.

141

Freiheitsrechte wahrnehmen. Vor der Teilnahme am Hausarrestprogramm hat der Verurteilte in die elektronische Überwachung einzuwilligen. Trotz der Tatsache, dass einer solchen Entscheidung ein gewisser Zwang immanent ist, wird der Verurteilte nicht gezwungen, gegen seinen Willen und sein Gewissen zu handeln. Ihm steht es frei, entweder der elektronischen Überwachung zuzustimmen oder sie abzulehnen und stattdessen die Freiheitsstrafe in einer Justizvollzugsanstalt zu verbüßen. Überdies wird der Proband während der Dauer der elektronischen Überwachung von Sozialarbeitern betreut und damit als Individuum wahrgenommen. Die freie Entfaltung seiner Persönlichkeit wird nicht in Frage gestellt, vielmehr wird sie durch die Möglichkeit, soziale, berufliche und familiäre Bindungen aufrechtzuerhalten, gefördert.

Das Tragen des Senders verursacht keine körperlichen Schmerzen, jedoch könnte die Unterstellung unter elektronische Überwachung zu geistigen Leiden des Delinquenten führen, die herabwürdigen oder demütigen. So wird im Schrifttum vielfach die starke psychische Belastung betont, welcher der Arrestant angesichts der ständigen Versuchung der unverschlossenen Haustür ausgesetzt ist. 'Hauskoller' und familiäre Spannungen könnten zu Alkoholmissbrauch oder tätlichen Auseinandersetzungen führen.[570] Tatsächlich wird der elektronische Hausarrest nach den Äußerungen der Verurteilten als erhebliche Belastung empfunden, die insbesondere in der strengen Selbstdisziplin zur Einhaltung des festgelegten Stunden- und Wochenplanes und der technischen Kontrolle liege. Eine starke Belastung des Betroffenen reicht allerdings für die Qualifizierung des elektronisch überwachten Hausarrestes als unmenschliche Behandlung nicht aus, da sie nicht die erforderliche Schwere aufweist. Bei Anwendung des Aktiv- oder Passivsystems findet weder eine akustische oder visuelle Überwachung des Verurteilten statt noch wird ein Bewegungsprofil erstellt. Der Sender 'meldet' lediglich die An- bzw. Abwesenheit des Straftäters in seiner Wohnung zu den vorgegebenen Zeiten. Im Vergleich zum Strafvollzug, insbesondere den Möglichkeiten der Außenbeschäftigung und des Freiganges gemäß § 11 StVollzG, die i.d.R. mit der täglichen Rückkehr des Gefangenen in die Anstalt verbunden sind, ist der psychische Druck auf den elektronisch Überwachten sehr viel niedriger.[571] Der Proband verbleibt in

---

[570] *Weigend*, BewHi 1989, S. 289 (300); *Ostendorf*, ZRP 1997, S. 473 (476); *Krahl*, NStZ 1997, S. 457 (460 f).
[571] So auch *Laun*, Alternative Sanktionen zum Freiheitsentzug und die Reform des Sanktionensystems, S. 167.

seinem gewohnten sozialen Umfeld, so dass ihm die Belastung durch den ständigen Wechsel zwischen dem Leben 'draußen' und in der Haftanstalt erspart wird. Gerade der offene Vollzug wird von den Gefangenen im Vergleich zum geschlossenen Vollzug oftmals als besondere psychische Belastung erfahren.[572] Durch die Möglichkeit der Außenkontakte ist der Druck von nicht lockerungsfähigen Gefangenen auf lockerungsberechtigte Gefangene in Bezug auf Kurierdienste gestiegen. Nicht wenige Gefangene verzichten aus diesem Grunde auf Lockerungen aus dem geschlossenen Vollzug.[573] Im Übrigen kann in Kenntnis der psychischen Belastung des Betroffenen die Dauer des elektronisch überwachten Hausarrestes beipielsweise auf längstens sechs Monate begrenzt werden.

Eine Verletzung der Menschenwürde unter dem Gesichtspunkt unmenschlicher, entwürdigender oder erniedrigender Bestrafung ist demnach zu verneinen. Diese Beurteilung steht mit der Rechtsprechung zu Art. 3 EMRK in Einklang. Die Europäische Kommission hatte in dem Verfahren *Gabriele Kröcher and Christian Möller against Switzerland*[574] zu entscheiden, ob die permanente Videoüberwachung einer Gefängniszelle, die jeden Versuch eines Selbstmordes verhindern sollte, mit Art. 3 EMRK zu vereinbaren ist. Die Europäische Kommission äußerte ernste Bedenken hinsichtlich der Notwendigkeit einer ständigen Viedeoüberwachung, verneinte letztendlich aber eine Verletzung von Art. 3 EMRK, da die Schwelle zur unmenschlichen Behandlung nicht erreicht worden sei.[575] Diese Entscheidung soll an dieser Stelle nicht kommentiert werden, sondern nur verdeutlichen, dass von der Europäischen Kommission auch staatliche Maßnahmen, die ein weitaus beachtlicheres Maß an Schwere im Vergleich zur elektronischen Überwachung aufweisen, nicht als unmenschlich i.S.d. Art. 3 EMRK qualifiziert worden sind.

Schlussendlich ist anzumerken, dass das BVerfG selbst die lebenslange Freiheitsstrafe nicht für verfassungswidrig erklärt und einen Verstoß gegen die Menschenwürdegarantie des Art. 1 Abs. 1 GG abgelehnt hat mit der Begründung, der Strafvollzug sei auf die Resozialisierung des Täters gerichtet. Die gesetzliche Neuordnung des Strafvollzuges und die Normierung der Vollzugsziele tragen zu

---

[572] *Müller-Dietz*, ZfStrVo 1999, S. 279 (281).
[573] *Müller/Wulf*, ZfStrVo 1999, S. 3 (5).
[574] EKMR, DR 34 (1983), S. 24 ff.
[575] EKMR, DR 34 (1983), S. 24 (57).

einem menschenwürdigen Strafvollzug bei.[576] Werden indessen die Haftbedingungen in den Justizvollzugsanstalten der einzelnen Bundesländer betrachtet, ergeben sich Zweifel, ob tatsächlich von einem menschenwürdigen Strafvollzug gesprochen werden kann. Der Strafvollzug ist vielfach durch Maßnahmen gekennzeichnet, die einen starken Eingriff in das Leben des Verurteilten darstellen und zum Teil erniedrigend wirken. Er ist deshalb im Schrifttum beträchtlicher Kritik ausgesetzt. Das Ziel, einen menschenwürdigen Strafvollzug zu gewährleisten, werde durch die Totalversorgung der Gefangenen, die einer faktischen Entmündigung gleichkomme, und die in den Vollzugsanstalten bestehende Subkultur erschwert. Die Problematik der Menschenwürdegarantie im Strafvollzug beginne schon bei der Aufnahme des Gefangenen und reiche über die Unterbringung bis hin zu Disziplinarmaßnahmen.[577] Daneben dürfen die derzeit bestehenden Verhältnisse des Strafvollzuges nicht vernachlässigt werden. Die Anzahl der Gefangenen steigt seit Jahren kontinuierlich an und ist weitaus höher als die Zahl der vorhandenen Haftplätze, wobei erstmals im Jahre 1995 bundesweit die Gefangenenzahl die Anzahl der verfügbaren Haftplätze überschritten hat.[578] Dies erschwert die gesetzlich vorgesehene Gestaltung des Vollzuges, nämlich den Strafvollzug vornehmlich auf die Wiedereingliederung Straffälliger in die Gesellschaft auszurichten und das Leben im Vollzug den allgemeinen Lebensverhältnissen soweit als möglich anzugleichen. In den Justizvollzugsanstalten herrschen zum Teil beängstigende Zustände, die ihre Ursache in der Überbelegung, der Überlastung der Justizvollzugsbeamten, der Übernahme sachfremder Aufgaben (z.B. Abschiebehaft), unzureichender Ausstattung mit Sach- und Personalmitteln und im Mangel theoretischer sowie praktischer Konzepte, die gegenwärtigen Vollzugsprobleme zu lösen, haben. Das Vollzugspersonal ist den Zerreißproben zwischen dem anstaltsinternen Ordnungsgefüge, das die Erfüllung der Vollzugsaufgaben gewährleisten soll, ohne dass die Beamten oder die Häftlinge Schaden nehmen, und der in den Gefängnissen organisierten Subkultur ausgesetzt.[579] Hinzu kommt die psychische Belastung durch das permanente Weg- und Herausschließen von Menschen. Drogenhandel, Vermögensdelikte, Misshandlungen der Häftlinge un-

---

[576] BVerfGE 45, 187 (240).
[577] *Armbrüster*, JR 1994, S. 18. Siehe zum Alltag in den Strafanstalten *Weis* in: Schwind/Blau, Strafvollzug in der Praxis, S. 239 f.
[578] 68. Konferenz der Justizministerinnen und -minister vom 11. bis 12. Juni 1997 in Saarbrücken, Beschluss zu TOP II.4; vgl. *Neufeld*, StraFo 2000, S. 73.
[579] *Gatzweiler*, StraFo 1999, S. 325.

144

tereinander, Selbstjustiz, der Verkauf von Nahrungs- und Genussmitteln, Alkohol und Medikamenten und sexuelle Dienste jeder Art gehören in den Justizvollzugs-anstalten zum Alltag.[580] Aggressivität und Gewaltbereitschaft in den Strafanstal-ten nehmen permanent zu, wobei der Anstieg des Anteils schwieriger Gefängnis-insassen, z.b. Drogenabhängige oder Straftäter aus der organisierten Kriminalität, die bereits bestehenden Probleme erhöhen. Die Vollzugsbeamten sind zunehmend überfordert und resignieren. Dies birgt die Gefahr einer Verrohung der Sitten und einer Desensibilisierung der diesen Zuständen ausgesetzten Vollzugsbeamten in sich.[581] Eine *"verantwortliche Menschenführung"* wird dadurch entscheidend erschwert, wenn nicht sogar verhindert.[582] Der unbefriedigende Zustand wird ver-stärkt durch einen fortwährenden Personalmangel im Strafvollzugsdienst. Auch zukünftig wird sich die seit Jahren zu beobachtende Verschlechterung der Perso-nalsituation in den Vollzugsanstalten nicht ändern.[583] Im Abschlussbericht der Expertenkommission 'Hessischer Justizvollzug' von 1993 werden deshalb die Lebensbedingungen in der Untersuchungshaftanstalt Frankfurt am Main als *"menschenunwürdig"* bezeichnet.[584]

Die Lage des Strafvollzuges war auch Diskussionsgegenstand auf der 68. Konfe-renz der Justizministerinnen und -minister 1997 in Saarbrücken. Die Entwicklun-gen des Strafvollzuges wurden als bedenklich bezeichnet, die *"zu großen Sorgen Anlass geben und zum Handeln zwingen"*.[585] Im Schrifttum ist der Zustand der Strafvollzugsanstalten aufgrund ihrer Überfüllung als *"zunehmende Verwahrlo-sung"* kritisiert worden.[586] Auch die Situation des Untersuchungshaftvollzuges wird als *"weitgehend trostlos"* bezeichnet.[587]

Die an dieser Stelle skizzierten Probleme bestehen in allen Bundesländern. Sie sollen verdeutlichen, dass von einer unmenschlichen, erniedrigenden oder ent-

---

[580] *Neufeld*, StraFo 2000, S. 73 (76 f); *Albrecht/Eicker* (Fn 494), S. 127; *Walter*, BewHi 1998, S. 54 (56 f); *Dünkel/Kunkat*, NK 2/1997, S. 24 (29); vgl. auch 68. Konferenz der Justizministerinnen und -minister vom 11. bis 12. Juni 1997 in Saarbrücken, Beschluss zu TOP II.4.
[581] *Gatzweiler*, StrFo 1999, S. 325.
[582] *Braum/Varwig/Bader*, ZfStrVo 1999, S. 67 (70).
[583] *Hohage/Walter/Neubacher*, ZfStrVo 2000, S. 136 (142).
[584] Abschlussbericht der Expertenkommission 'Hessischer Justizvollzug', StV 1994, S. 215 (222).
[585] 68. Konferenz der Justizministerinnen und -minister vom 11. bis 12. Juni 1997 in Saarbrücken, Beschluss zu TOP II.4.
[586] *Gatzweiler*, StV 1996, S. 283.
[587] *Dünkel* in: Dünkel/Vagg (Hrsg.), Untersuchungshaft und Untersuchungshaftvollzug, S. 67 (102).

würdigenden Behandlung durch die elektronische Überwachung auch in Anbetracht der derzeitigen Verhältnisse in den Vollzugsanstalten, die eine weitaus größere Belastung für den Straffälligen darstellen als die Teilnahme an dem elektronisch überwachten Hausarrest, nicht gesprochen werden kann. Wenn sogar die lebenslange Freiheitsstrafe als mit der Menschenwürdegarantie für vereinbar gehalten wird, wenn der Verurteilte die Chance hat, wieder in die Freiheit entlassen zu werden[588], kann für die elektronische Überwachung nichts anderes gelten.

2. Bloßstellung des Verurteilten

Neben dem Verbot einer unmenschlichen, erniedrigenden oder entwürdigenden Behandlung oder Bestrafung wird aus Art. 1 Abs. 1 GG das Verbot abgeleitet, den Einzelnen bloßzustellen.[589] Eine Bloßstellung könnte darin liegen, dass das soziale Umfeld des Verurteilten Kenntnis von der elektronischen Überwachung erhält, sei es per Zufall durch Wahrnehmung des am Körper des Arrestanten befestigten Senders, sei es aufgrund der wöchentlich stattfindenden Kontrollbesuche durch einen Sozialarbeiter. Insofern stellt sich die Frage, ob die propagierten Vorteile der elektronischen Überwachung - Verhinderung von Stigmatisierungs- und Prisonierungseffekten - nicht weitgehend wieder aufgehoben werden, indem der Verurteilte nach außen als Straftäter erkennbar ist. *PFEIFFER* hat bereits 1992 auf dem 59. Deutschen Juristentag die Befürchtung geäußert, der elektronisch überwachte Hausarrest könne sich zu einer Prangerstrafe entwickeln, denn *"bei einem Hausarrest ... merken die Nachbarn nach einiger Zeit, dass da etwas nicht stimmt und machen sich so ihre Gedanken. Und wenn dann in der Presse steht, dass in dem Gerichtsbezirk Hausarrest praktiziert werde, dann kommen die selber auf die Idee."*[590] Die konkrete Ausgestaltung durch Minimierung oder farbliche Gestaltung der Geräte ändere den Stigmatisierungseffekt nur graduell.[591]

Die 'elektronische Fußfessel' wird am Fußgelenk des Verurteilten abgebracht und ist unter der Kleidung i.d.R. für Dritte nicht erkennbar, wobei die Herstellerfirmen bereits kleinere Tragegeräte entwickelt haben, die das Ausmaß einer 'größeren'

---

[588] BVerfGE 45, 187 (238); 64, 261 (270 f).
[589] BK-*Zippelius* (Fn 552), Art. 1 Abs. 1 u. 2, Rn 101.
[590] *Pfeiffer* (Fn 362), S. O 123; ähnlich *Weichert*, der den elektronisch überwachten Hausarrest als *"öffentliche Exekution der Haftstrafe nach Art eines Prangers"* kennzeichnet [StV 2000, S. 335 (337)].
[591] *Weichert*, StV 2000, S. 335 (337).

146

Uhr aufweisen.[592] Eine Bloßstellung im Sinne einer öffentlichen Herabwürdigung durch eine Art Prangerstrafe anzunehmen, scheint unter diesem Gesichtspunkt nicht gerechtfertigt, zumal es der Verurteilte selbst in der Hand hat, Nachbarn und Freunde über die elektronische Überwachung zu informieren.

Das BVerfG hat einen Verstoß gegen die Menschenwürdegarantie bejaht, wenn einem Dritten ohne ausreichenden Grund bekanntgegeben wurde, dass der Betroffene inhaftiert sei.[593] In diesem Fall ist die Verletzung des Art. 1 Abs. 1 GG durch ein bestimmtes Handeln der Behörde ausgelöst worden. Im Gegensatz dazu beruht die Entdeckung der elektronischen Überwachung durch Dritte nicht auf einer Mitteilung des Staates an Unbeteiligte. Die Wahrnehmung der 'Fußfessel' durch unbeteiligte Personen dürfte auf bloßem Zufall beruhen. Solche Entdeckungen drohen auch bei anderen staatlichen Maßnahmen, etwa der Entlassung aus der Justizvollzugsanstalt, der regelmäßigen Meldung bei Gericht oder einem Bewährungshelfer, der Unterziehung einer Heilbehandlung oder Teilnahme an einer Entziehungskur.[594] Entsprechend hat das BVerfG in vorstehend genannter Entscheidung einen Anspruch darauf, dass der Aufenthalt in einer Untersuchungshaftanstalt niemandem mitgeteilt werden darf, mit der Begründung abgelehnt, dass es sich nicht vermeiden lasse, dass andere Personen von der Inhaftierung und der Anordnung der Untersuchungshaft erfahren.[595] Die Unterbringung im elektronisch überwachten Hausarrest ist daher auch unter dem Aspekt der Bloßstellung nicht als Verletzung der Menschenwürde zu qualifizieren.

3. Verstoß gegen den Grundsatz *nemo tenetur se ipsum accusare*

Ein weiterer Ansatzpunkt für eine Verletzung der Menschenwürde ist der Grundsatz *nemo tenetur se ipsum accusare*. Das Verbot, dass niemand gezwungen werden darf, gegen sich selbst auszusagen, d.h. sich selbst einer Straftat oder einer

---

[592] *Lehner* (Fn 40), S. 4.
[593] BVerfGE 34, 369 (382 f); zustimmend *Leibholz/Rinck/Hesselberger* (Fn 564), Art. 1, Rn 27; ablehnend hingegen v. Mangoldt/Klein/Starck-*Starck* (Fn 553), Art. 1 Abs. 1, Rn 64.
[594] So auch *Schlömer* (Fn 353), S. 245; *Laun* (Fn 571), S. 168.
[595] BVerfGE 34, 369 (382).

147

Ordnungswidrigkeit zu bezichtigen, wird aus Art. 1 Abs. 1 GG abgeleitet.[596] Denn unzumutbar und mit der Menschenwürde unvereinbar wäre die Tatsache, durch eigene, dem Zwang unterliegende Aussage die Voraussetzungen für eine strafgerichtliche Verurteilung oder die Verhängung einer entsprechenden Sanktion liefern zu müssen.[597]

Während der Dauer des elektronisch überwachten Hausarrestes wird der festgelegte Wochenplan vom Computer der zentralen Überwachungsstelle anhand der übermittelten Daten überprüft, abgeglichen und gespeichert mit der Folge, dass auch Verstöße gegen die erteilten Aufenthaltsbestimmungen dokumentiert werden und darin ein Hinweis auf neue Straftaten liegen könnte. Unerheblich ist, dass der Arrestant bereits im Vorfeld strafrechtlicher Ermittlungstätigkeit zur Weiterleitung der Daten an den Zentralcomputer der Überwachungsstelle beiträgt. Das Selbstbezichtigungsverbot gilt auch dann, wenn das Verhalten des Einzelnen nicht unmittelbar eine Verurteilung bewirkt, durch eine Maßnahme des Staates jedoch Zwang ausgeübt wird, eine Erklärung abzugeben, die zur Einleitung eines strafrechtlichen Verfahrens gegen den Betroffenen führt. Denn selbst wenn diese Erklärung im Vorfeld strafrechtlicher Ermittlungen abgegeben wird, erwachsen dem Betroffenen ähnliche Nachteile wie dem Beschuldigten im Strafverfahren.[598]

Obgleich bei dem Einsatz des Aktiv- oder Passivsystems kein Bewegungsprofil des Verurteilten erstellt wird, kann sich die Tatsache, dass anhand der im Zentralcomputer gespeicherten Daten festgestellt werden kann, ob sich der Überwachte in oder außerhalb seiner Wohnung aufgehalten hat, unter Umständen belastend für den Betroffenen auswirken. Mit Blick auf den Sinn der elektronische Kontrolle, der bloßen Überwachung der vereinbarten Arrestzeiten, wird die Mitwirkung des Delinquenten an der Übertragung bestimmter Daten als eine Nebenfolge der

---

[596] BVerfGE 55, 144 (150); 56, 37 (42 f); BVerfG, NJW 1982, S. 568; BK-*Zippelius* (Fn 552), Art. 1 Abs. 1 u. 2, Rn 86; von Münch/Kunig-*Kunig* (Fn 546), Art. 1, Rn 36. A.A. v. Mangoldt/Klein/Starck-*Starck*, der das Verbot der Selbstbezichtigung nicht aus der Garantie der Menschenwürde ableitet, da sich der Beschuldigte entweder im Falle seiner Unschuld entlasten oder im Falle seiner Schuld nur die Konsequenzen seiner deliktischen Handlungsweise zu tragen habe, was nicht die Menschenwürde verletzen könne (Fn 553, Art. 1 Abs. 1, Rn 51). *Berthold* leitet das Selbstinkriminierungsverbot aus dem allgemeinen Persönlichkeitsrecht ab (Der Zwang zur Selbstbezichtigung aus § 370 Abs. 1 AO und dem Grundsatz des nemo tenetur, S. 9).
[597] BVerfGE 56, 37 (49); BGHSt 14, 358 (364); *Nothhelfer*, Die Freiheit von Selbstbezichtigungszwang, S. 77.
[598] *Berthold* (Fn 596), S. 9.

Überwachung klassifiziert und ein Verstoß gegen den Grundsatz *nemo tenetur se ipsum accusare* verneint.[599] Zum einen wäre es widersinnig, eine Überwachungstechnik einzuführen, um die Einhaltung der Anwesenheitpflichten des Verurteilten zu überprüfen, aber bei einer erst durch diese Technik feststellbaren Verletzung der Aufenthaltsbestimmungen diese Erkenntnis als unverwertbar zu erklären.[600] Zum anderen gebe es auch im Nebenstrafrecht und Ordnungswidrigkeitenrecht kontrollierende Maßnahmen, beispielsweise die Führung eines Fahrtenbuches gemäß § 31 a StVZO oder die Benutzung eines Fahrtenschreibers in einem LKW, die zugleich Mitwirkungsrechte des Betroffenen beinhalteten, das Aussageverweigerungsrecht aber nicht berührten.[601] Diese Maßnahmen seien präventiv ausgestaltet und dienten gerade der Vermeidung von Verstößen gegen gesetzlich festgelegte Fahr- und Pausenzeiten bzw. Geschwindigkeitsbegrenzungen. Ähnliches gelte für den elektronisch überwachten Hausarrest: Die technische Kontrolle habe beispielsweise bei der Ausgestaltung als Bewährungsweisung präventiven Charakter. Sie trage zur Stabilisierung der Lebensverhältnisse bei, um einen Rückfall in die Kriminalität zu verhindern. Es sei nur in seltenen Fällen denkbar, dass die Weiterleitung der Daten zu einer Überführung des Täters beitrage.[602] Sofern tatsächlich die An- und Abwesenheitszeiten als belastende Indizien in ein neues Strafverfahren eingeführt werden, unterliegen die erlangten Erkenntnisse auf strafprozessualer Ebene einem Beweisverwertungsverbot.[603] Dieser Auffassung ist zuzustimmen. Nach der Rechtsprechung des BVerfG sind Nebenfolgen kontrollierender Auflagen und Weisungen verfassungsrechtlich nicht zu beanstanden, wenn die Kontrolle primär präventiven Zwecken, d.h. gerade der Verhinderung neuen strafbewehrten Verhaltens durch den Verurteilten dient.[604] Unter Beachtung der Grundrechte und des Verhältnismäßigkeitsgrundsatzes können dem Einzelnen durchaus Mitwirkungspflichten auferlegt werden.[605] Die elektronische Überwachung der Aufenthaltsbestimmungen soll den Verurteilten von der Begehung weiterer Delikte abhalten und hat damit in erster Linie präventiven Charakter. Das Tragen des Senders ist als Mitwirkungspflicht des Verurteilten zwecks Kontrolle der Einhaltung der vereinbarten Arrestzeiten anzusehen, die

---

[599] *Bohlander*, ZfStrVo 1991, S. 293 (297); *Hudy* (Fn 74), S. 216 ff.
[600] *Bohlander*, ZfStrVo 1991, S. 293 (297), zustimmend *Schlömer* (Fn 353), S. 247.
[601] *Schlömer* (Fn 353), S. 248; *Hudy* (Fn 74), S. 217.
[602] *Hudy* (Fn 74), S. 217.
[603] *Schlömer* (Fn 353), S. 249; *Hudy* (Fn 74), S. 217.
[604] BVerfG, StV 1993, S. 465 (466); BVerfGE 55, 144 (145 f); BVerfG, NJW 1982, S. 568.
[605] BVerfG, NJW 1982, S. 568.

auch dem Grundsatz der Verhältnismäßigkeit entspricht, insbesondere unter Berücksichtigung der Tatsache, dass bei der Anwendung des Aktiv- oder Passivsystems kein Bewegungsdiagramm erstellt wird. Anhand der gespeicherten Daten kann nur nachvollzogen werden, zu welchen Zeiten sich der Verurteilte in seiner Wohnung aufgehalten hat. Infolgedessen ist es eher unwahrscheinlich, dass allein mit Hilfe der technischen Aufzeichnungen eine Überführung des Delinquenten möglich ist, zumal ein Angeklagter nicht verpflichtet ist, die Anklage dadurch zu entkräften, dass er sich zur Tatzeit an einem anderen Ort aufgehalten hat. Ein fehlendes Alibi stellt allein kein Beweisanzeichen für die Täterschaft dar.[606]

Die Abwesenheit des Täters in seiner Wohnung kann jedoch im Zusammenhang mit anderen Indizien das Gericht von der Schuld des Angeklagten überzeugen.[607] Aber selbst dann, wenn die dokumentierte An- oder Abwesenheit des Straffälligen in der Wohnung seine Überführung wegen einer strafbaren Handlung zur Folge hat, steht der Verwertung der durch den elektronisch überwachten Hausarrest erlangten Beweismittel ein Beweisverwertungsverbot entgegen. Denn soweit die technischen Aufzeichnungen als Indiz für ein strafbares Handeln des Delinquenten in einen Strafprozess eingeführt werden, liegt eine Selbstbezichtigung vor, da der Arrestant durch sein eigenes Verhalten die Voraussetzungen für eine gerichtliche Verurteilung geschaffen hat. In diesem Fall beruht der Verstoß gegen den *nemo tenetur se ipsum accusare* Grundsatz jedoch nicht per se auf der elektronischen Überwachung, sondern auf der unzulässigen Verwertung der erlangten Beweismittel in dem gegen den Arrestanten eingeleiteten Strafverfahren. Im Hinblick darauf, dass nach der Rechtsprechung das Führen eines Fahrtenbuches nicht gegen Art. 1 Abs. 1 GG verstößt, selbst wenn ihm Daten entnommen werden können, die die Ahndung von Verkehrsverstößen des Kraftfahrzeughalters oder seiner Familienangehörigen als Ordnungswidrigkeiten oder Straftaten zur Folge haben[608], widerspricht die elektronische Überwachung nicht dem Verbot der Selbstbezichtigung. Schlussendlich existieren im Bereich des Strafrechts Tatbestände, die im Vergleich zum elektronisch überwachten Hausarrest weitaus eher die Vermutung nahelegen, dass sie mit dem Selbstinkriminierungsverbot nicht zu vereinbaren sind. Zu nennen ist beispielsweise der Straftatbestand der Unfallflucht gemäß § 142 StGB, der dem Unfallbeteiligten die Pflicht auferlegt, am Unfallort zu

---

[606] BGH, StV 1982, S. 158.
[607] BGH, NStZ 1983, S. 133 (134); *Roxin*, Strafverfahrensrecht, § 15 C II 1 b cc).
[608] BVerfG, NJW 1982, S. 568; BVerwG, NJW 1964, S. 1384; NJW 1981, S. 1852.

verweilen, bis er zugunsten anderer Beteiligter und Geschädigter die Feststellung seiner Person ermöglicht hat. Hier besteht in größerem Umfang die Gefahr, dass gegen den Betroffenen ein Strafverfahren eingeleitet wird und die vom Unfallbeteiligten am Unfallort gemachten Angaben als Beweismittel verwendet werden. Gleichwohl wird ein Verstoß gegen den Grundsatz *nemo tenetur se ipsum accusare* mit der Begründung abgelehnt, vom Einzelnen werde nur verlangt, dass er für die Folgen seines Verhaltens einstehe.[609] Im Ergebnis ist die elektronische Kontrolle demnach nicht geeignet, eine Verletzung des Selbstbezichtigungsverbotes zu bewirken.

4. Objekt staatlicher Überwachung

Eine Verletzung der Würde des Menschen ist darüber hinaus im Hinblick auf die Eingriffsintensität der elektronischen Überwachung in Betracht zu ziehen. Rein technisch (etwa bei GPS-gestützten System) ist es möglich, den Arrestanten fortwährend zu überwachen und ein im Wesentlichen lückenloses Bewegungsprofil zu erstellen.[610] Dem elektronisch überwachten Hausarrest wird deshalb oftmals entgegengehalten, dass er zum ''*gläsernen Beschuldigten*''[611] führe. Befürchtet wird die Gefahr der Entstehung eines Überwachungsstaates, in dem der Mensch infolge neuer technologischer Informationsmöglichkeiten zum ''*Spielball und Manipulationsobjekt der 'Mächtigen'*''werde.[612] Somit stellt sich die Frage, ob und inwieweit sich die strafrechtliche Kontrolle bzw. Sanktionierung des technischen Fortschritts bedienen darf.[613] In diesem Zusammenhang ist ferner zu beantworten, ob die staatliche Kontrolle mittels moderner Technologie gewährleisten kann, die Subjektstellung des Grundrechtsträgers als Mitglied der Gesellschaft zu wahren.[614] So moniert *WEICHERT*, dass der elektronisch überwachte Hausarrest trotz der verfolgten Behandlungsziele eine technische Maßnahme sei, bei der die Verurteilten Objektstatus hätten.[615]

---

[609] BVerfG, NJW 1963, S. 1195; v. Mangoldt/Klein/Starck-*Starck* (Fn 553), Art. 1 Abs. 1, Rn 50; zweifelnd *Berthold* (Fn 596), S. 26.
[610] *Nogala/Haverkamp*, DuD 2000, S. 31 (34).
[611] So *Hilger* (Fn 7) S. O 144.
[612] *Brossette*, Der Wert der Wahrheit im Schatten des Rechts auf informationelle Selbstbestimmung, S. 151.
[613] *Feltes*, BewHi 1990, S. 324 (329).
[614] *Wittstamm* (Fn 74), S. 113.
[615] *Weichert*, StV 2000, S. 335 (337).

151

Ob eine Verletzung des Prinzips der Menschenwürde vorliegt, hängt nicht zuletzt vom Einsatz des jeweiligen Überwachungssystems und der konkreten Ausgestaltung der Überwachung ab. Grundsätzlich kann allein die Tatsache, dass der Delinquent elektronisch überwacht wird, nicht genügen, um eine Verletzung der Menschenwürde zu bejahen. Angesichts des technologischen Fortschritts ist in allen gesellschaftlichen Bereichen eine Technisierung zu beobachten, so dass sich auch der strafrechtlich nicht verurteilte 'Normalbürger' durch die bestehenden privaten oder polizeilichen Überwachungsmöglichkeiten beeinträchtigt fühlen dürfte. Als Beispiele für die fortwährende Kontrolle und Überwachung des Einzelnen sollen hier nur die Videokameras in Supermärkten, Banken, Tankstellen oder auf Flughäfen, die automatischen Türöffnungen mittels Chipkarte in größeren Firmen oder Behörden sowie die Durchsuchung persönlicher Sachen auf Flughäfen oder in Gerichtsgebäuden erwähnt werden. Ferner besteht durch die Nutzung von Mobiltelefonen und der damit einhergehenden Registrierung der geführten Telefonate die Möglichkeit, festzustellen, wo sich der Telefonbenutzer aufgehalten hat. Ähnliches gilt für die Zahlung mit EC- oder Kreditkarte. Mittels der Zahlungsaufstellung und Abrechnung sind die Aufenthaltsorte des Karteninhabers nachvollziehbar. Im Rahmen von Kreditkartenzahlungen bzw. *electroniccash* werden von den Banken oder den Autorisierungszentralen des Kreditwesens die jeweiligen Kundendaten verarbeitet und i.d.R. Daten über Solvenz und Seriosität des Einzelnen in Sperrdateien registriert. Anhand der gespeicherten Daten werden die Informationen über Kaufort, Kaufgegenstand, Kaufzeitpunkt und die Kaufsumme ausgewertet, um Kundenprofile zu erstellen.[616] Solche Überwachungs- und Kontrollmethoden sind alltäglich zu beobachten und gehören "*zur heutigen Lebenswirklichkeit*".[617]

Gleichwohl bedeutet die Technisierung in allen Lebensbereichen nicht zwangsläufig, dass sich der Staat im Rahmen der strafrechtlichen Kontrolle der 'elektronischen Fußfessel' bedienen darf. Maßgeblich dürfte in erster Linie sein, dass der elektronisch überwachte Hausarrest auf die Vermeidung von Freiheitsstrafe gerichtet ist. Dies gilt auch für den Fall, dass die elektronische Überwachung de lege lata als Bewährungsweisung zur Anwendung gelangt.[618] Die negativen Folgen einer Unterbringung in einer Haftanstalt sollen verhindert werden. Tritt die elek-

---

[616] *Tinnefeld* (Fn 55), S. 47 (54).
[617] *Benda* (Fn 553), § 6, Rn 48.
[618] Amtsgericht Frankfurt am Main (Fn 423), S. 3.

tronische Überwachung an die Stelle der Unterbringung in einer Justizvollzugsanstalt, ist zu fragen, welche konkrete Maßnahme des Strafvollzuges überhaupt substituiert wird. Bei Betrachtung des Anwendungsbereiches von EM im Rahmen des Modellversuchs in Hessen zeigt sich, dass die eingesetzte Technik die Kontrolle der (Risiko-)Probanden gewährleisten soll.[619] Ähnliches gilt für die geplanten Versuche in Baden-Württemberg und Hamburg. Die Überwachung bezieht sich ausschließlich auf die Einhaltung der Arrestzeiten. Im Hinblick darauf, dass die 'elektronische Fußfessel' keine Straftaten verhindern kann, kommt ihr vornehmlich eine Kontroll- bzw. Ordnungsfunktion zu.[620] Bei Vergleich der elektronischen Kontrolle mit der Unterbringung des Straffälligen in einer Strafanstalt ist zweifelhaft, ob die vom elektronisch überwachten Hausarrest ausgehende Eingriffsintensität größer als im Strafvollzug ist. In der Regel verfügen die (modernen) Justizvollzugsanstalten über ein technisches Sicherheitssystem dergestalt, dass die Inhaftierten optisch (durch Videokameras) und akustisch (mittels Lautsprecheranlagen) überwacht werden. Die Hafttrakte sind durch schleusenartig aufeinander folgende Türen voneinander abgetrennt und wirken als Bewegungssperren für die Häftlinge. Die Ausstattung der Haftbräume mit WC-Anlagen vermindert alltäglich notwendige Platzveränderungen und wirkt mithin als Kontrollerleichterung. Die Außenbereiche der Justizvollzugsanstalt werden durch Wachtürme und die Innenbereiche mittels zentraler Positionen von Wachposten vollständig kontrolliert. Der Spion in der Zellentür ermöglicht die Beobachtung des Häftlings zu jeder Zeit.[621] Für eine Justizvollzugsanstalt ist ihre beachtliche Kontrollfunktion charakteristisch. Beispielsweise verfügt jede Haftanstalt über einen sog. Verwahrraum, in dem die Gefangenen untergebracht werden, wenn sie während der Haftzeit einen Nervenzusammenbruch erleiden. An den Türen befinden sich Sehschlitze, die ermöglichen, die gesamte Gefängniszelle einzusehen; die in dem Raum befindliche Toilette kann nur von außen durch einen Beamten bedient werden.[622] Hochsicherheitsanstalten zeichnen sich durch die Unterbringung der Häftlinge *"im Rahmen des dort realisierten und in Beton erstarrten Sicherheitsperfektionismus"* aus.[623] Das Niedersächsische Justizministerium stellt heraus, dass moderne Si-

---

[619] *Hessisches Ministerium der Justiz* (Fn 413), S. 3.
[620] Vgl. Abschlussbericht der Arbeitsgruppe 'Elektronisch überwachter Hausarrest', S. 26.
[621] *Wagner*, Das absurde System - Strafurteil und Strafvollzug in unserer Gesellschaft, S. 86; *Ostermeyer* in: Ortner (Hrsg.), Freiheit statt Strafe, Plädoyers für die Abschaffung der Gefängnisse, S. 137 (145), vgl. auch *Ortner*, Gefängnis, Eine Einführung in seine Innenwelt, S. 52.
[622] *Albrecht/Eicker* (Fn 494), S. 154 f.
[623] *Dünkel* (Fn 587), S. 67 (102).

153

cherheitstechnik in den Vollzugsanstalten Ausbrüche weitgehend unmöglich macht.[624] In ihrer Rede anläßlich der Einweihung des Hauptgebäudes der JVA Celle betonte die ehemalige niedersächsische Justizministerin *ALM-MERK* den Sicherheitsauftrag des Strafvollzuges: *"Es geht hier darum, Kameraüberwachungen zu installieren, die ausgelöst werden, wenn jemand aus einer Justizvollzugsanstalt ausbrechen will. Es geht weiter um einen sog. Überkletterungsschutz, der auf die Mauern oder auch Zäune aufgesetzt wird und aus sehr viel S-Draht und komplizierter mechanischer Konstruktion besteht ... Wenn ich von moderner Technik rede, meine ich Videoüberwachung, die eben erwähnten Personensicherungsanlagen sowie Handsonden, Durchsuchungsrahmen und Gepäckdurchleuchtungsgeräte..."*.[625] In jüngster Zeit führt *FLÜGGE* für den Einsatz modernster Technik im Strafvollzug die Ausstattung der Justizvollzugsanstalten mit Sicherheitseinrichtungen wie *"detektierte(n) Zaunanlagen, d.h. Metallzäune(n), die mit einer elektronischen Anlage versehen sind, die Manipulationen oder Übersteigungsversuche an eine zentrale Stelle melden und mit beweglichen Videoüberwachungsanlagen gekoppelt sind sowie Personenrufgeräte(n) und Personenmeldegeräte(n), die ohne Betätigung allein dann schon einen Alarm aussenden, wenn die betreffende Person in eine waagerechte Lage kommt und elektronische(n) Fingerprintsysteme(n), mit denen die Identität von Inhaftierten überprüft werden kann"*, an.[626]

Die technische Ausstattung der Haftanstalten macht deutlich, dass die Gefängnisinsassen einer erheblichen Kontrolle und Überwachung ausgesetzt sind, die das Maß der Intensität im Vergleich zum elektronischen Hausarrest bei weitem übersteigt. Der stationäre Freiheitsentzug bedeutet einen totalen Zugriff auf das gesamte Leben des Verurteilten, das heißt *"ein größeres Machtausübungspotential als das über einen in der JVA Inhaftierten kann man sich schlechterdings nicht vorstellen."*[627] Dem elektronisch Überwachten wird bei der Anordnung des elektronisch überwachten Hausarrestes nichts zugemutet, was er nicht in einer Justizvollzugsanstalt in größerem Umfang erdulden müsste.[628]

[624] *Niedersächsisches Justizministerium* (Hrsg.), Justizvollzug - modern und zuverlässig.
[625] *Niedersächsisches Ministerium der Justiz und für Europaangelegenheiten*, Presseinformation Nr. 168/97 vom 17.12.1997.
[626] *Flügge*, ZfStrVo 2000, S. 259.
[627] *Gatzweiler*, StraFo 1999, S. 325 (330); *Münchhalffen/Gatzweiler*, Das Recht der Untersuchungshaft, Rn 223.
[628] *Wittstamm* (Fn 74), S. 115.

Der Strafvollzug heute ist als Behandlungsvollzug ausgestaltet und soll dem Gefangenen helfen, sich in ein Leben in Freiheit einzugliedern (§ 3 Abs. 3 StVollzG). Neben den Sicherungsaufgaben obliegt den im Vollzug Tätigen die Mitarbeit am Resozialisierungsziel des Vollzuges.[629] An der verfassungsrechtlichen Zulässigkeit des elektronisch überwachten Hausarrestes könnten sich Bedenken ergeben, sofern die elektronische Kontrolle diese sozialen Aufgaben ersetzen sollte. Während der Dauer des elektronischen Hausarrestes wird die Kontrolle der Probanden mittels Technik mit sozialer Betreuung kombiniert, nicht hingegen substituiert.[630] Für den Vollzug von Ersatzfreiheitsstrafe im elektronisch überwachten Hausarrest hat Baden-Württemberg geplant, dem Probanden Hilfsangebote von Vollzugsmitarbeitern und freien Trägern zur Verfügung zu stellen.[631] Die soziale Betreuung während der Dauer der elektronischen Überwachung ist auch für einen Modellversuch in Hamburg festgeschrieben.[632] Die internationalen Erfahrungen, insbesondere in Schweden und den Niederlanden, zeigen, dass die elektronische Kontrolle die soziale Betreuung des Probanden nicht ersetzt, vielmehr als bloßes technisches Hilfsmittel zur Anwendung gelangt, um eine Haftstrafe zu vermeiden. Die Betreuung durch Sozialarbeiter und die Möglichkeit der Teilnahme an Einzel- und Gruppengesprächen oder anderweitigen Therapiemaßnahmen sind weiterhin gewährleistet.

Eine andere Beurteilung könnte sich bei Einsatz der elektronischen Überwachung als Haftverschonungsmaßnahme i.S.d. § 116 Abs. 1 S. 1 StPO ergeben. In diesem Zusammenhang dient der elektronisch überwachte Hausarrest ausschließlich der Sicherung des Verfahrens. Begleitende Maßnahmen, die auf die Erziehung oder Resozialisierung des Beschuldigten gerichtet sind, kommen aufgrund der Unschuldsvermutung von vornherein nicht in Betracht. Soweit die elektronische Überwachung als Surrogat für die Untersuchungshaft eingesetzt wird, beispielsweise als Meldeauflage gemäß § 116 Abs. 1 S. 2 Nr. 1 StPO, wird die menschliche Kontrolle durch technische Hilfsmittel ersetzt. Eine Verletzung der Menschenwürde ist hierin nicht zu erblicken. Dem Beschuldigten wird ermöglicht, in seinem gewohnten Umfeld zu verbleiben, und er wird vor einem haftbedingten Arbeitsplatz- und Wohnungsverlust bewahrt. Im Vergleich zur Untersuchungshaft

---

[629] *Calliess/Müller-Dietz*, Strafvollzugsgesetz, § 154, Rn 1.
[630] *Hessisches Ministerium der Justiz* (Fn 413), S. 3.
[631] Abschlussbericht der Arbeitsgruppe 'Elektronisch überwachter Hausarrest', S. 11.
[632] Modellversuch in Hamburg (Fn 406), S. 23 (Anlage 3).

stellt der elektronisch überwachte Hausarrest eine weniger eingriffsintensive Maßnahme dar, die dem Beschuldigten mehr Freiraum belässt und somit der Menschenwürdegarantie Rechnung trägt.

In Zusammenhang mit den menschenrechtlichen Einwänden gegen den elektronisch überwachten Hausarrest werden oftmals die Mindestgrundsätze für die Gestaltung ambulanter Sanktionen angeführt. Die Richtlinie Nr. 13 der Mindestgrundsätze für die Gestaltung ambulanter Sanktionen der ''International Penal and Penitentiary Foundation'' bestimmt: ''*Überwachungsmaßnahmen sollen nicht so durchgeführt werden, dass sie die Straffälligen schikanieren, ihre Würde untergraben oder in ihr Privatleben oder den Privatbereich ihrer Familien eindringen. Aufsichts- und Überwachungsmaßnahmen, die Straffällige zu bloßen Kontrollobjekten machen, sollen nicht eingesetzt werden. Auch sollen Überwachungstechniken nicht ohne Wissen des Delinquenten angewandt werden. Dritte sollen nicht zur Überwachung von Straffälligen eingesetzt werden, und stichprobenartige Kontrollen in der Wohnung des Straffälligen sollen nicht während der Nacht durchgeführt werden.*''[633] In der Kommentierung hierzu heißt es: ''*Zur Zeit gibt es keine ausreichenden Informationen, die erlauben würden, eine spezielle Regelung für die elektronische Überwachung von Straffälligen zu formulieren; jedoch erscheint die Anbringung eines elektronischen Gerätes am Körper eines Straffälligen, das dessen ständige Überwachung ermöglicht, als mit den Bestimmungen dieser Richtlinie nicht vereinbar.*''[634] Hieraus wird im Schrifttum oftmals die Unvereinbarkeit des elektronisch überwachten Hausarrestes mit der Richtlinie 13 der *Standard Minimum Rules* für ambulante Sanktionen abgeleitet.[635] Dem ist entgegenzuhalten, dass es sich bei der Anordnung der elektronischen Überwachung nicht um eine bloße Aufsichts- und Überwachungsmaßnahme handelt. Die elektronische Kontrolle wird kombiniert mit sozialer Betreuung, d.h. zwischenmenschliche Kontakte werden nicht durch Technik ersetzt, auf Sozialarbeit wird nicht verzichtet. Der Einsatz des Aktiv- oder Passivsystems ermöglicht nicht die permanente Überwachung sowie die Erstellung eines Bewegungsprofils des Probanden; es wird lediglich die Anwesenheit des Delinquenten zu den Arrestzeiten in seiner Wohnung kontrolliert. Der Arrestant wird gerade nicht zum bloßen Kon-

---

[633] Zit. nach *Stern*, BewHi 1990, S. 335 (342).
[634] Zit. nach *Stern*, BewHi 1990, S. 335 (342).
[635] *Burgstaller*, ZStW 102 (1990), S. 637 (653); *Stern*, BewHi 1990, S. 335 (342); *Ostendorf*, ZRP 1997, S. 473 (476); *Weichert*, StV 2000, S. 335 (337).

156

trollobjekt des Staates degradiert. Im Übrigen wurde eine spezifische Regelung des elektronisch überwachten Hausarrestes in den Mindestgrundsätzen für die Gestaltung ambulanter Sanktionen bewusst unterlassen.[636] Dies zeigt, dass die elektronische Überwachung nicht von vornherein als unvereinbar mit den Mindestgrundsätzen zu qualifizieren ist, sondern vielmehr die technische und organisatorische Ausgestaltung und Durchführung der Überwachung im Einzelnen maßgeblich sein dürfte.

Verfassungsrechtliche Bedenken bestehen bei Überwachungstechniken, die den Behörden ermöglichen, ein Bewegungsdiagramm des Betroffenen zu erstellen.[637] Sollten derartige Überwachungstechnologien im Rahmen des elektronisch überwachten Hausarrestes zur Anwendung gelangen, wäre der Überwachte tatsächlich ein Objekt staatlicher Überwachung und eine Verletzung der Menschenwürdegarantie des Art. 1 Abs. 1 GG zu bejahen. Dies gilt auch für die Anwendung technischer Systeme, die Bildaufzeichnungen des Verurteilten in seiner Wohnung vornehmen.[638] Da in der Bundesrepublik Deutschland lediglich das Aktiv- oder Passivsystem eingesetzt werden soll, wird der Verurteilte nicht zum bloßen Objekt

---

[636] *Burgstaller*, ZStW 102 (1990), S. 637 (653).
[637] In einem der Berliner Justizverwaltung zugegangenen Angebot einer Firma heißt es: ''*Zu jedem Moment lässt sich feststellen, wo sich eine überwachte Person aufhält ... Ein Alarm wird in der Überwachungszentrale zeitgleich ausgelöst, wenn die zu überwachende Person das ihr zugewiesene geographische Areal verlässt. Der so in der Zentrale ausgelöste Alarm gibt unter Angabe der der Person zugeordneten ID-Nummer, außer Datum und Uhrzeit, auch die geographische Position an, wo der Alarm aktiviert wurde ... Es ist jederzeit möglich, dass von der Zentrale ein Bewegungsprofil erstellt wird, und zwar über jede dem Überwachungsnetz angeschlossene Person. Dieses Bewegungsprofil gibt Auskunft, wo (geographische Position) und wann (Datum und Uhrzeit) sich die jeweilige Person innerhalb eines gewünschten Zeitraumes aufgehalten (bewegt) hat ... Sobald Alarm empfangen wird, schaltet der Monitor automatisch auf die der Position entsprechende Landkarte/Stadtplan und der genaue Standort wird markiert.*'' [Zit. nach *Flügge*, ZfStrVo 2000, S. 259 (260)].
[638] So auch *Heghmanns*, ZRP 1999, S. 297 (302).

staatlicher Überwachung gemacht. Im Ergebnis liegt daher unter keinem Gesichtspunkt ein Eingriff in Art. 1 Abs. 1 GG vor.[639]

B. Das Recht auf informationelle Selbstbestimmung gemäß Art. 2 Abs. 1 i.V.m. Art. 1 Abs. 1 GG

Das Recht auf freie Entfaltung der Persönlichkeit des Art. 2 Abs. 1 GG ist vom BVerfG unter gleichzeitiger Berufung auf die von Art. 1 Abs. 1 GG geschützte Menschenwürde für zahlreiche Bereiche konkretisiert und unter anderen zum Recht des Einzelnen auf informationelle Selbstbestimmung weiterentwickelt worden.[640] Erfasst werden alle Formen des Umgangs mit personenbezogenen Informationen.[641] Das informationelle Selbstbestimmungsrecht soll mithin vor Erhebung, Verarbeitung, Speicherung und Veröffentlichung personenbezogener Daten seitens des Staates schützen.[642] Durch die Verknüpfung technisch gesehen unbegrenzter Informationen besteht die Möglichkeit, ein vollständiges Persönlichkeitsbild zu erstellen, ohne dass der Einzelne dessen Richtigkeit und Verwendung kontrollieren kann. In Anbetracht der Tatsache, dass individuelle Selbstbestimmung auch unter dem Aspekt neuer Technologien im Informationsverarbeitungsbereich Entscheidungsfreiheit über vorzunehmende oder zu unterlassende Maßnahmen voraussetzt, ist der Einzelne in seiner Freiheit beeinträchtigt, wenn er nicht überschauen kann, welche ihn betreffenden Informationen seiner Umwelt bekannt sind.[643] Das Recht auf Achtung des Privatlebens gemäß Art. 8 EMRK umfasst ebenfalls das informationelle Selbstbestimmungsrecht des Einzelnen.

---

[639] Mangels Eingriffs in die Menschenwürdegarantie kann an dieser Stelle auch die Frage, ob eine Einwilligung des betroffenen Grundrechtsträgers von Bedeutung ist, dahin stehen. Vgl. zum Meinungsstand: *Maunz/Zippelius*, Deutsches Staatsrecht, § 20 II 2, § 23 I 2; *Enders* (Fn 553), S. 491; *Amelung*, Die Einwilligung in die Beeinträchtigung eines Grundrechtsgutes, S. 48 f; *Geddert-Steinacher* (Fn 552), S. 90; *Malacrida*, Der Grundrechtsverzicht, S. 99; *Huber*, Jura 1998, S. 505 (511); *Spieß*, Der Grundrechtsverzicht, S.112. Sofern im Folgenden von Einwilligung oder Einverständnis gesprochen wird, handelt es sich immer um eine eingriffsausschließende Einwilligung, die im Strafrecht auch als tatbestandsausschließendes Einverständnis bezeichnet wird (*Wessels/Beulke*, Strafrecht - Allgemeiner Teil, § 9 I 1). Da im Verfassungsrecht terminologisch nicht zwischen einem tatbestandsausschließenden Einverständnis und einer rechtfertigenden Einwilligung differenziert wird bzw. vornehmlich der Begriff der ''*Einwilligung*'' gebräuchlich ist, werden hier beide Ausdrücke synonym verwandt.

[640] BVerfGE 65, 1 (41 ff).

[641] *Tinnefeld*, NJW 1993, S. 1117.

[642] BVerfGE 78, 77 (84).

[643] BVerfGE 65, 1 (42 f); *Heußner*, BB 1990, S. 1281.

I. Schutzbereich des Art. 2 Abs. 1 i.V.m. Art. 1 Abs. 1 GG

Das Recht auf informationelle Selbstbestimmung ist vom BVerfG im Volkszählungsurteil entwickelt worden. Es beinhaltet unter Berücksichtigung der Selbstbestimmung die Befugnis des Einzelnen, *"grundsätzlich selbst zu entscheiden, wann und innerhalb welcher Grenzen persönliche Lebenssachverhalte offenbart werden"*.[644] Das informationelle Selbstbestimmungsrecht betrifft mithin den Umgang mit Daten.[645] Der betroffene Grundrechtsträger soll selbst bestimmen können, ob seine persönlichen Daten preisgegeben und verwendet werden dürfen.[646] Daraus ergibt sich ein Verbot der willkürlichen Weitergabe persönlicher Daten ohne gesetzliche Grundlage oder Einwilligung des Betroffenen.[647] Art. 2 Abs. 1 i.V.m. Art. 1 Abs. 1 GG erfasst jede staatliche personenbezogene Informationstätigkeit.[648] Personenbezogene Daten sind solche, die *"Einzelangaben über persönliche oder sachliche Verhältnisse einer bestimmten oder bestimmbaren Person"*[649] enthalten. Auch die Europäische Kommission anerkennt, dass das Sammeln, Speichern und Bearbeiten von Daten sowie deren Verwendung und Weitergabe den Schutzbereich des Art. 8 EMRK berühren.[650]

Beim Einsatz des Aktivsystems übermittelt der am Fuß befestigte Sender Signale an den Empfänger, der diese an die Überwachungsstelle weiterleitet. Die vorab im Computer gespeicherten Arrestzeiten ermöglichen die Abgleichung der Daten und die Feststellung, ob die vorher festgelegten Aufenthaltszeiten vom Verurteilten eingehalten werden. Demzufolge kann der Überwachte nicht selbst entscheiden, ob und wann die zentrale Überwachungsstelle Kenntnis davon erlangt, dass er sich gerade in seiner Wohnung aufhält oder diese verlassen hat. Die Aufenthaltsdaten werden automatisch weitergegeben. Bei Einsatz des Passivsystems wird der Arrestant per Zufall oder zu festgelegten Zeiten angerufen und muss seine Anwesenheit in der Wohnung durch Eingabe eines Nummerncodes oder durch Stimmenkontrolle bestätigen. Die auf den Arrestanten bezogenen Einzelangaben über

---

[644] BVerfGE 65, 1 (42); 78, 77 (84); 84, 192 (194).
[645] *Kunig*, Jura 1993, S. 595 (599).
[646] BVerfGE 65, 1 (43); 78, 77 (84); BK-*Zippelius* (Fn 552), Art. 1 Abs. 1 u. 2, Rn 84.
[647] *Kim*, Das Recht auf informationelle Selbstbestimmung im deutschen und koreanischen Verfassungsrecht, S. 70.
[648] *Weichert*, Informationelle Selbstbestimmung und strafrechtliche Ermittlung, S. 28; *Baumann*, DVBl. 1984, S. 612 f; *Rosenbaum*, Jura 1988, S. 178 (179).
[649] BVerfGE 65, 1 (42).
[650] EKMR, EuGRZ 1981, S. 120; EKMR, EuGRZ 1982, S. 537.

seinen Aufenthaltsort unterfallen daher der Definition der personenbezogenen Daten. Da die personenbezogenen Daten nicht nur erhoben, sondern mit Blick auf ihre Übermittlung und Speicherung auch verarbeitet werden, ist der Schutzbereich des Art. 2 Abs. 1 i.V.m. Art. 1 Abs. 1 GG betroffen.

II. Eingriff in den Schutzbereich

Beim Grundrecht der informationellen Selbstbestimmung ist der Schutzbereich vom besonderen Schutzanliegen her zu bestimmen, d.h. unter Beachtung des Grundsatzes der freien Selbstbestimmung. Für Art. 2 Abs. 1 i.V.m. Art. 1 Abs. 1 GG folgt daraus, dass alle staatlichen Handlungen, die auf Erhebung und Verarbeitung persönlicher Daten gerichtet sind, einen Eingriff in den Schutzbereich darstellen.[651] Der Grundrechtsträger soll nicht zum bloßen 'Informationsobjekt' oder 'Informationsschuldner' werden.[652] Die grundrechtliche Gewährleistung des informationellen Selbstbestimmungsrechts ist dann nicht mehr gegeben, wenn eine staatliche Maßnahme das Selbstverfügungsrecht des Einzelnen einengt.[653]

Im Volkszählungsurteil hat das BVerfG von seiner seit langem kritisierten sog. Sphärentheorie Abstand genommen, die zur Feststellung einer Verletzung des allgemeinen Persönlichkeitsrechtes zwischen drei verschiedenen Schutzbereichen (Intim-, Privat- und Sozialsphäre) differenzierte.[654] Jeder Sphäre waren eine unterschiedliche Schutzbedürftigkeit und eine mit ihr korrespondierende Beschränkungsmöglichkeit zugeordnet.[655] Im Hinblick darauf, dass das informationelle Selbstbestimmungsrecht den spezifischen Gefährdungslagen, die sich aus der Verknüpfbarkeit von Daten ergeben, Rechnung tragen soll, hängt die Datenschutzwürdigkeit deshalb nicht mehr von der Zuordnung zu einer bestimmten Sphäre ab, aus der die streitgegenständlichen Informationen herrühren. Entscheidend ist nunmehr der konkrete Erhebungs- und Verwendungszusammenhang.[656] Aufgrund der Verarbeitung und der Verknüpfung der Daten durch technische

---

[651] *Weichert*, a.a.O., S. 28; *Schmitt Glaeser* (Fn 17), § 129, Rn 96; *Kunig*, Jura 1993, S. 595 (600); *Kilian/Taeger* in: Faber/Schneider (Hrsg.), Niedersächsisches Staats- und Verwaltungsrecht, S. 167 (168 f); *Kim* (Fn 647), S. 76 f.

[652] Vgl. *Tinnefeld* (Fn 55), S. 47 (55).

[653] *Schmitt Glaeser* (Fn 17), § 129, Rn 96.

[654] BVerfGE 6, 32 (41); 38, 312 (320).

[655] *Kunig*, Jura 1993, S. 595 (602).

[656] Simitis-*Simitis*, Kommentar zum Bundesdatenschutzgesetz, § 1, Rn 30 ff; *Tinnefeld*, NJW 1993, S. 1117 (1118); *Kilian/Taeger* (Fn 651), S. 167 (169).

Programme kann ein für sich betrachtetes Datum einen neuen Stellenwert bekommen, insofern gibt es *"kein 'belangloses' Datum mehr"*.[657] In das informationelle Selbstbestimmungsrecht wird mithin nicht nur dann eingegriffen, wenn der Staat vom Grundrechtsträger die Bekanntgabe persönlicher Daten verlangt und diese verarbeitet, sondern generell durch staatliche Erhebung und Verarbeitung personenbezogener Daten[658], vornehmlich wegen der für den Betroffenen ungewissen *" 'Tiefenwirkung' des Verarbeitungsprozesses"*.[659]

Durch die Erfassung, Übermittlung und Speicherung der Zeiten, zu denen sich der Verurteilte zu Hause aufhält, wird in das informationelle Selbstbestimmungsrecht des Überwachten eingegriffen. Allerdings wäre ein Eingriff zu verneinen, wenn der Betroffene in die Erhebung und Verarbeitung seiner personenbezogenen Daten eingewilligt hat. In diesem Fall wäre nicht ohne oder gegen den Willen des Betroffenen in den Schutzbereich eingegriffen worden.[660]

1. Die Einwilligung des Grundrechtsträgers

Hinsichtlich des informationellen Selbstbestimmungsrechts herrscht in Rechtsprechung und Literatur Einigkeit darüber, dass der Einzelne zur Disposition über dieses Grundrecht befugt ist.[661] Der Grundrechtsträger soll gerade über die Erhebung und Preisgabe seiner Daten selbständig bestimmen können.[662] Die einverständliche Preisgabe von personenbezogenen Daten ist gerade die Ausübung des Rechts auf informationelle Selbstbestimmung, d.h. dem Einzelnen muss das Recht eingeräumt werden, selbständig über die Mitteilung persönlicher Informationen und deren Verarbeitung zu entscheiden sowie deren Zweck und Umfang zu bestimmen.

[657] BVerfGE 65, 1 (45).
[658] BVerfGE 78, 77 (84); Dreier-*Dreier* (Fn 552), Art. 2 I, Rn 80; Jarass/Pieroth-*Jarass* (Fn 563), Art. 2, Rn 40; *Rosenbaum*, Jura 1988, S. 178 (180); Sachs-*Murswiek* (Fn 562), Art. 2, Rn 88.
[659] *Scholz/Pitschas*, Informationelle Selbstbestimmung und staatliche Informationsverantwortung, S. 83.
[660] *Geiger*, NVwZ 1989, S. 35 (37); *Kunig*, Jura 1993, S. 595 (601); *Schmitt Glaeser* (Fn 17), § 129, Rn 98.
[661] BVerfGE 65, 1 (43); *Vogelsang*, Grundrecht auf informationelle Selbstbestimmung?, S. 18, 45 f; *Geiger*, NVwZ 1989, S. 35 (37); *Weichert* (Fn 648), S. 110; *Taeger*, Grenzüberschreitender Datenverkehr und Datenschutz in Europa, S. 19; *Schmitt Glaeser* (Fn 17), § 129, Rn 98; *Kunig*, Jura 1993, S. 595 (601).
[662] BVerfGE 65, 1 (43); 78, 77 (84).

Ist mithin eine Verfügung über das informationelle Selbstbestimmungsrecht möglich, ist fraglich, ob die Einwilligung des Verurteilten wirksam ist. Dies setzt die deutlich erkennbare und freiwillige Abgabe der Einwilligungserklärung voraus.[663] Eine allgemeine Erklärung genügt nicht. Vielmehr muss der Betroffene über den Zweck und den Umfang der Datenverarbeitung ausführlich informiert werden und die Konsequenzen der Zustimmung von ihm umfassend beurteilt werden können (*informed consent*).[664]

a) Anwendbarkeit des Bundesdatenschutzgesetzes

Zur Beantwortung der Frage, welche konkreten Voraussetzungen erfüllt sein müssen, um die Zustimmung des Betroffenen zur Erhebung oder Verarbeitung personenbezogener Daten als wirksam einzustufen, könnte ein Rückgriff auf allgemeine datenschutzrechtliche Vorschriften in Betracht kommen. Denn ein eingriffsausschließendes Einverständnis ist, sofern spezielle Normen existieren, anhand dieser gesonderten Vorschriften zu prüfen.[665]

Das Bundesdatenschutzgesetz (BDSG) soll den Einzelnen nicht nur vor dem Missbrauch personenbezogener Daten, sondern vor den Gefahren, die sich aus der bloßen Verarbeitung der Daten oder aus deren Nutzung ergeben, bewahren.[666] Das BDSG beinhaltet das grundsätzliche Verbot der Erhebung, Verarbeitung und Nutzung persönlicher Daten. Dieses Verbot gilt nicht absolut: § 4 BDSG enthält einen Erlaubnisvorbehalt und erklärt die Verarbeitung personenbezogener Daten und deren Nutzung für zulässig, wenn das BDSG oder eine andere gesetzliche Regelung sie erlaubt oder anordnet oder der betroffene Grundrechtsträger eingewilligt hat. Die gesetzlich festgeschriebene Möglichkeit, jederzeit in die Datenverarbeitung einzuwilligen, resultiert aus dem Zweck des BDSG. Es soll der Selbstbestimmung des Einzelnen dienen.[667] Die Einwilligung in die Verarbeitung eigener Daten stellt damit keinen Grundrechtsverzicht dar, sondern ist Gebrauch des Grundrechtes auf informationelle Selbstbestimmung. Sie muss sich auf alle Phasen der Verarbeitung seiner Daten (Speichern, Verändern, Übermitteln, Löschen

---

[663] *Pieroth/Schlink* (Fn 546), Rn 136.

[664] *Taeger* (Fn 661), S. 21 f; *Schmitt Glaeser* (Fn 17), § 129, Rn 98.

[665] Dreier-*Dreier* (Fn 552), Art. 2 I, Rn 84.

[666] *Dörr/Schmidt*, Neues Bundesdatenschutzgesetz, § 1, Rn 1; *Tinnefeld/Ehmann*, Einführung in das Datenschutzrecht, S. 156.

[667] *Taeger* (Fn 661), S. 21.

und Nutzen) beziehen und darf nur ohne Zwang und in Kenntnis der Sachlage abgegeben werden.[668] Dabei richtet sich die Wirksamkeit der Einwilligungserklärung in die Erhebung oder Verarbeitung persönlicher Informationen nicht nach der Geschäftsfähigkeit, sondern nach der Einsichtsfähigkeit des Grundrechtsträgers.[669]

Die Frage, ob zur Beurteilung der Wirksamkeit einer Einwilligung ein Rückgriff auf das allgemeine Datenschutzrecht zulässig ist, wird in der Literatur uneinheitlich beantwortet. *VON ZEZSCHWITZ* lehnt die Zulässigkeit eines Rückgriffs auf Bestimmungen des Datenschutzrechtes ab. Bewährungsauflagen und Maßnahmen der Führungsaufsicht gemäß §§ 56 b, 56 c und 68 b StGB beruhen auf bereichsspezifischen Normierungen, die abschließend geregelt seien, so dass auf die Vorschriften des Datenschutzgesetzes nicht Bezug genommen werden dürfe. Das Vorliegen einer wirksamen Einwilligung könne nur anhand der §§ 56 c, 68 b StGB überprüft werden. Gleiches habe zu gelten, wenn durch den elektronisch überwachten Hausarrest unbedingte Freiheitsstrafen ersetzt werden.[670] Nach anderer Ansicht bestehe die Möglichkeit, die eingriffsausschließende Einverständniserklärung an § 4 BDSG zu messen.[671]

Die Auffassung von *VON ZEZSCHWITZ´* überzeugt nicht, da die Vorschriften der §§ 56 c und 68 b StGB keine speziellen Regelungen unter datenschutzrechtlichen Gesichtspunkten darstellen. Das BDSG hat die Konkurrenz mit Rechtsnormen des Bundes zugunsten der spezielleren Vorschriften geklärt. Dies bedeutet, dass das BDSG dann subsidiär ist, wenn mit der Verfassung in Einklang stehende, datenschutzgerechte Vorschriften des Bundes (Gesetze, Rechtsverordnungen oder Satzungen) eine anderweitige Regelung für den gleichen Sachverhalt beinhalten.[672] Für eine vorrangige Regelung i.S.d. BDSG genügt, dass sie zumindest mittelbar datenschützenden Charakter hat, beispielsweise §§ 61 - 63 BBG, § 39 BRRG, § 19 ZRG, §§ 18, 63 BNotO.[673] Die Bestimmungen der §§ 56 c Abs. 3, 68 b Abs.

---

[668] *Dörr/Schmidt* (Fn 666), § 4, Rn 3; *Tinnefeld/Ehmann* (Fn 666), S. 212.
[669] *Tinnefeld/Ehmann* (Fn 666), S. 214; *Gola/Schomerus*, Bundesdatenschutzgesetz (BDSG), § 4, Anm. 5.5.
[670] *v. Zezschwitz*, DuD 2000, S. 636 (637).
[671] *Weichert*, StV 2000, S. 335 (337).
[672] *Tinnefeld/Ehmann* (Fn 666), S. 179; Simitis-*Sokol* (Fn 656), § 4, Rn 8; *Schaffland/Wiltfang*, Bundesdatenschutzgesetz (BDSG), § 1, Rn 37; *Gola/Schomerus* (Fn 669), § 1, Anm. 7.2; *Taeger* (Fn 661), S. 22.
[673] *Schaffland/Wiltfang* (Fn 672), § 1, Rn 42 ff.

2 StGB enthalten jeweils die Regelung, dass gewisse Weisungen nur mit Einwilligung des Verurteilten erteilt werden dürfen. Spezifische datenschutzrechtliche Anforderungen stellen diese Vorschriften hingegen nicht. Die Frage, ob eine den Anforderungen des § 4 BDSG genügende wirksame Einwilligung vorliegt, könnte zukünftig offenbleiben. Der Entwurf eines Gesetzes zur Änderung des Strafvollzugsgesetzes sieht einen neuen § 10 a StVollzG vor, der die Unterbringung im elektronisch überwachten Hausarrest von der schriftlichen Einwilligung des Gefangenen sowie sämtlicher im Haushalt lebender erwachsener Personen abhängig macht[674]; allerdings ist das Gesetzgebungsverfahren noch nicht abgeschlossen. Dabei muss sich die Einwilligung nicht nur auf die Unterbringung im elektronischen überwachten Hausarrest an sich, sondern insbesondere auf das Tragen der 'Fußfessel', die Installation eines Empfängers und die technische Kontrolle beziehen.[675] Das Erfordernis der Einwilligung wäre mithin in einer spezielleren Vorschrift normiert, so dass § 4 BDSG aus Subsidiaritätsgründen nicht zur Anwendung gelangt, wenn der neue § 10 a StVollzG den verfassungsrechtlichen Anforderungen genügt. Solange der Gesetzesvorschlag nicht verabschiedet ist, kann auf die Regelung des § 4 BDSG zurückgegriffen werden. Der Betroffene muss im Vorfeld der elektronischen Überwachung über den Zweck der vorgesehenen Übermittlung der Daten, die Speicherung sowie auf die Folgen der Versagung der Einwilligung hingewiesen werden. Die Einwilligung bedarf der Schriftform.

b) Verfassungsmäßigkeit des § 10 a StVollzG n.F.

Fraglich ist, ob § 10 a StVollzG als Verordnungsermächtigung den verfassungsrechtlichen Anforderungen genügt. Voraussetzung ist, dass er auf einer gesetzlichen Ermächtigungsgrundlage beruht, dem Grundsatz der Bestimmtheit sowie den sonstigen rechtsstaatlichen und demokratischen Grundsätzen genügt. Nach Art. 80 Abs. 1 S. 1 GG können durch Gesetz die Bundesregierung, ein Bundesminister oder die Landesregierungen ermächtigt werden, Rechtsverordnungen zu erlassen. Dabei müssen gemäß Art. 80 Abs. 1 S. 2 GG Inhalt, Zweck und Ausmaß der erteilten Ermächtigung im förmlichen Gesetz bestimmt werden (Konkretisierung der Ermächtigung). Die gesetzgebende Körperschaft hat den Rahmen und die

---

[674] BT-Drs. 14/1519 (Fn 396), S. 4.
[675] BT-Drs. 14/1519 (Fn 396), S. 6.

164

Zielrichtung der zu erlassenden Rechtsverordnung anzugeben.[676] Aus dem Gesetz selbst muss sich ermitteln lassen, welches 'Programm' vom Gesetzgeber mit der Rechtsverordnung erreicht werden soll.[677] Für die Normadressaten muss voraussehbar sein, *"in welchen Fällen und mit welcher Tendenz von der Ermächtigung Gebrauch gemacht werden wird und welchen möglichen Inhalt die aufgrund der Ermächtigung erlassenen Rechtsverordnungen haben können"*.[678] Die Ermächtigung zu 'gesetzesvertretenden' Verordnungen, d.h. einer selbständigen Regelung einer Materie, ist unzulässig. Rechtsverordnungen dürfen nur zur Durchführung und zur inhaltlich bereits vorgezeichneten Ausfüllung und Ergänzung des formellen Gesetzes erlassen werden; sie dienen nur der Regelung von Detailfragen. Indessen verlangt das BVerfG nicht, dass die Ermächtigung in ihrem Wortlaut so genau wie möglich gefasst ist. Aus Gründen der sachnotwendigen Flexibilität der Verordnungsgebung genügt, dass sie *"hinreichend bestimmt"* ist.[679]

In Ermangelung einer Verabschiedung des neuen § 10 a StVollzG kann zur formellen Verfassungsmäßigkeit keine Aussage getroffen werden. Bedenken könnten sich im Hinblick auf die materielle Rechtmäßigkeit, namentlich die ausreichende Bestimmtheit der Verordnungsermächtigung ergeben. Aus § 10 a StVollzG müssen sich mit Blick auf das Erfordernis der Einwilligung des Gefangenen sowie sämtlicher im Haushalt lebenden erwachsenen Personen die zugelassenen Rechtsbeeinträchtigungen erkennen lassen. Der Gesetzentwurf des Bundesrates bestimmt in § 10 a Abs. 1 StVollzG: *"Die Landesregierungen werden ermächtigt, durch Rechtsverordnung Regelungen zu treffen, wonach der Gefangene im elektronisch überwachten Hausarrest untergebracht werden kann, ..."*.[680] Welche konkreten rechtlichen Beeinträchtigungen der Verurteilte hinzunehmen hat und in welcher Form die Unterbringung im elektronischen Hausarrest erfolgt, ist nicht gesetzlich festgelegt. Da dem elektronisch überwachten Hausarrest sowohl die permanente als auch die stichprobenhafte Überwachung, die Videoüberwachung, die Blutent-

---

[676] BVerfGE 2, 307 (334); 23, 62 (72); BK-*Nierhaus* (Fn 552), Art. 80 Abs. 1, Rn 63; Jarass/Pieroth-*Pieroth* (Fn 563), Art. 80, Rn 11; von Münch/Kunig-*Bryde*, Grundgesetz-Kommentar, Band 3, Art. 80, Rn 20.
[677] BVerfGE 5, 71 (77); 8, 274 (307); 42, 191 (200); Sachs-*Lücke* (Fn 562), Art. 80, Rn 25.
[678] BVerfGE 1, 14 (60); 29, 198 (210); vgl. auch: BVerfGE 55, 207 (226); 56, 1 (12).
[679] BVerfGE 8, 274 (312); 26, 228 (241); 55, 207 (226); 58, 257 (277); 80, 1 (20 f).
[680] BT-Drs. 14/1519 (Fn 396), S. 4.

nahme sowie Urin- und Atemalkoholkontrollen unterfallen können, wird der neue § 10 a StVollzG im Schrifttum für zu unbestimmt gehalten.[681]

Allerdings ist bei der Prüfung, ob eine Verordnungsermächtigung ausreichend bestimmt ist, nicht nur auf den Wortlaut, sondern auch auf den Zweck, den Sinnzusammenhang der Norm mit anderen Vorschriften und die Entstehungsgeschichte des Gesetzes abzustellen.[682] Denn eine Ermächtigung ist nicht schon dann zu unbestimmt, wenn sie vage formuliert ist und zu Auslegungsschwierigkeiten führt.[683] Es genügt, wenn sich die notwendige Bestimmtheit aus der Ermächtigungsnorm i.V.m. weiterer Vorschriften des Gesetzeswerkes ergibt und mit Hilfe allgemeiner Auslegungsgrundsätze ermittelt werden kann.[684] Darüber hinaus ist die Eingriffsintensität von Bedeutung: Je schwerwiegender die Eingriffe des Ermächtigungsgesetzes in die Rechtsstellung der Betroffenen sind, desto höhere Anforderungen müssen an die Bestimmtheit der Ermächtigung gestellt werden. Daraus folgt, dass die zu erfüllenden Anforderungen "*von den Besonderheiten des jeweiligen Regelungsgegenstandes sowie der Intensität der Maßnahme abhängig*" sind[685], d.h. es sind bereichs- und intensitätsspezifische Abstufungen der Bestimmtheitsanforderungen vorzunehmen.[686]

Der zulässige Inhalt einer Verordnung nach § 10 a StVollzG wird durch den Wortlaut der Bestimmung nicht hinreichend klar abgegrenzt. § 10 a StVollzG legt nur fest, dass die Landesregierungen durch Verordnung ermächtigt werden, Regelungen für die Einführung und Ausgestaltung eines elektronisch überwachten Hausarrestes zu schaffen. Allerdings werden Rahmenbedingungen dergestalt normiert, dass der Gefangene im elektronisch überwachten Hausarrest untergebracht wird, soweit er nicht mehr als voraussichtlich sechs Monate einer zeitigen Freiheitsstrafe oder Restfreiheitsstrafe zu verbüßen hat. Damit ist die für EM in Betracht kommende Zielgruppe umschrieben: Delinquenten im Bereich der leichteren und mittleren Kriminalität. Der Straffällige muss den besonderen Anforde-

---

[681] *Weichert*, StV 2000, S. 335 (338); AK-*Lesting*, Kommentar zum Strafvollzugsgesetz (AK-StVollzG), § 10 a, Rn 7.

[682] BVerfGE 8, 274 (307).

[683] BVerwGE 100, 323 (326); von Münch/Kunig-*Bryde* (Fn 676), Art. 80, Rn 22.

[684] BVerfGE 8, 274 (307); 80, 1 (20 f); AK-*Ramsauer*, Alternativ-Kommentar zum Grundgesetz für die Bundesrepublik Deztschland, Band 2, Art. 80, Rn 62; Sachs-*Lücke* (Fn 562), Art. 80, Rn 28.

[685] BVerfGE 58, 257 (277 f).

[686] Dreier-*Bauer*, Grundgesetz - Band II, Art. 80, Rn 30.

rungen des elektronisch überwachten Hausarrestes genügen. Es darf also keine Fluchtgefahr bestehen oder die Gefahr, dass der Verurteilte den Hausarrest zu neuen Straftaten missbrauchen werde. Ferner bestimmt der neue § 10 a Abs. 4 StVollzG, dass der Gefangene ein freies Beschäftigungsverhältnis fortsetzen oder aufnehmen soll. Die Kosten der elektronischen Überwachung trägt die Justizverwaltung. Die übrigen Kosten hat der Gefangene selbst zu tragen (§ 10 a Abs. 5 StVollzG). Da der elektronisch überwachte Hausarrest nicht als selbständige Sanktion neben die Geldstrafe und Freiheitsstrafe treten soll, sondern als gesonderte Unterbringungsform neben den offenen und geschlossenen Vollzug, bestimmt § 10 a Abs. 3 StVollzG, dass durch den Hausarrest die Vollstreckung nicht unterbrochen wird. Vollzugslockerungen und Urlaub können entsprechend der gesetzlichen Regelungen mit Ausnahme von § 13 StVollzG gewährt werden. Die Verordnungsermächtigung verlangt ferner die schriftliche Einwilligung des Gefangenen sowie aller im Haushalt lebenden erwachsenen Personen (§ 10 a Abs. 2 StVollzG). Insofern hat der parlamentarische Gesetzgeber zumindest einen Rahmen vorgegeben, innerhalb dessen weitere Details, etwa der Antrag auf Unterbringung im elektronischen Hausarrest, die Durchführung der elektronischen Überwachung, die Ausübung einer Erwerbstätigkeit, der Widerruf der Maßnahme etc. durch die Landesverordnungen geregelt werden können. Der Zweck der Ermächtigung besteht erkennbar in der Eröffnung einer Möglichkeit, eine Freiheitsstrafe nicht mehr in einer Justizvollzugsanstalt, sondern im Wege des elektronischen Hausarrestes in der Wohnung des Verurteilten zu vollstrecken. Es soll erprobt werden, ob die elektronische Überwachung ein brauchbares Instrument ist, das unter gewissen Voraussetzungen an die Stelle eines stationären Freiheitsentzuges treten kann, um die schädlichen Folgen einer Inhaftierung zu vermeiden und den Strafvollzug zu entlasten. Daneben soll der fortschreitenden technologischen Entwicklung Rechnung getragen werden, zumal in anderen europäischen Ländern positive Erfahrungen mit der elektronischen Überwachung gemacht worden sind.[687] Schwierigkeiten bestehen allerdings bei der Bestimmung des Ausmaßes der Ermächtigung. § 10 a StVollzG grenzt die möglichen Formen der Durchführung des elektronisch überwachten Hausarrestes nicht näher ein. Weder hat das Ermächtigungsgesetz den Einsatz eines bestimmten Überwachungssystems vorgegeben noch eine Grenze der Überwachung (etwa die Erstellung eines Bewegungsprofils des Arrestanten) normiert. Angesichts der nicht unerheblichen Ein-

---

[687] BT-Drs. 14/1519 (Fn 396), S. 5.

griffsintensität des elektronisch überwachten Hausarrestes in die Rechte des Betroffenen wäre ein niedriger Bestimmtheitsgrad grundsätzlich nicht ausreichend. Der Bestimmtheitsgrad ist jedoch nicht nur anhand der Intensität der Maßnahme zu beurteilen, sondern maßgeblich ist darüber hinaus die Besonderheit des jeweiligen Regelungsgegenstandes.[688] Von detaillierteren Festlegungen hat der Gesetzgeber hier bewusst Abstand genommen: *"Da der elektronisch überwachte Hausarrest eine gänzlich neue Form der Durchführung des Strafvollzuges darstellt, müssen die Länder einen ausreichend großen Spielraum erhalten, um das Instrument ihren konkreten vollzuglichen Rahmenbedingungen anzupassen. Aus diesem Grund beschränkt sich der Entwurf auf die Schaffung einer Verordnungsermächtigung für den Zeitraum von zunächst vier Jahren, in deren Rahmen die Länder über das Ob, Wann und Wie der Erprobung selbst entscheiden."*[689] Der geringere Bestimmtheitsgrad ist durch die Besonderheit des elektronischen Hausarrestes, insbesondere der fehlenden Erfahrungen und der unterschiedlichen Vollzugsbedingungen in den einzelnen Ländern, gerechtfertigt. Denn der Grad der zu fordernden Bestimmtheit hängt auch von den konkreten Realisierungsmöglichkeiten ab, die ein normativer Regelungsgegenstand aufgrund seiner Eigenart überhaupt zulässt.[690] Da die vollzuglichen Bedingungen von Bundesland zu Bundesland stark differieren, erscheint es unzweckmäßig, die Materie im Detail zu regeln. Der Gesetzentwurf trägt dieser Problematik selbst Rechnung, indem die Verordnungsermächtigung auf zunächst vier Jahre beschränkt wird. Dieser Zeitraum erscheint den Entwurfsverfassern erforderlich, aber ausreichend, Erfahrungen mit der Unterbringung im elektronisch überwachten Hausarrest zu sammeln.[691] Allerdings sollte der neue § 10 a StVollzG dahingehend ergänzt werden, dass ein Bewegungsprofil des Überwachten nicht erstellt werden darf sowie eine permanente Videoüberwachung ausgeschlossen ist. Die technischen Möglichkeiten der elektronischen Überwachung sind auf den Einsatz des Aktiv- oder Passivsystems zu beschränken. Im Übrigen lassen sich dem Gesetz ausreichend konkrete Vorgaben für die Ausgestaltung des elektronischen Hausarrestes entnehmen. Danach sollen nur Gefangene, die nicht mehr als sechs Monate einer zeitigen Freiheitsstrafe oder Restfreiheitsstrafe zu verbüßen haben, elektronisch überwacht werden können. Durch die zeitliche Begrenzung der möglichen Unterbringung im elektronischen

---

[688] BVerfGE 58, 257 (277 f).
[689] BT-Drs. 14/1519 (Fn 396), S. 5.
[690] Sachs-*Lücke* (Fn 562), Art. 80, Rn 27.
[691] BT-Drs. 14/1519 (Fn 396), S. 6.

Hausarrest wird zum einen sichergestellt, dass trotz der Verordnungsermächtigung die Vollzugsverhältnisse in den einzelnen Bundesländern nicht zu stark voneinander abweichen. Zum anderen trägt sie den Interessen des Delinquenten Rechnung, da die elektronische Überwachung über einen langen Zeitraum hohe psychische Anforderungen stellt und die Misserfolgsgefahr steigern würde. Der Entstehungsgeschichte des Entwurfs lässt sich entnehmen, dass der Gefangene aktiv in die Ausgestaltung der Überwachungsmaßnahmen einbezogen werden soll. Dies geschieht durch die Ausarbeitung eines Tagesplanes zusammen mit der Vollzugsbehörde. Unterstützung erhält der Gefangene durch die Betreuung eines Sozialarbeites, der ihn regelmäßig zu Gesprächen aufsucht sowie durch die Teilnahme an Therapiekursen, etwa bei Alkohol- oder Drogenabhängigkeit.[692] Die Gesetzesentwürfe lassen auch das Ausmaß der elektronischen Überwachung deutlich erkennen. In der Begründung des Gesetzantrages des Landes Berlin heißt es: *"Durch das elektronische Überwachungssystem wird der Gefangene quasi einer Beobachtung 'auf Schritt und Tritt' ausgesetzt."*[693] Für den Straffälligen ist daher die mit EM verbundene Kontrolle in Form unangekündigter Besuche, die Abgabe von Urin- und Blutproben zur Überprüfung der Alkohol- und Drogenabstinenz ersichtlich. Bei einer Gesamtbetrachtung der Verordnungsermächtigung in Zusammenhang mit ihrer Entstehungsgeschichte und ihrem Zweck, die Durchführung von Modellversuchen zu ermöglichen, um Erfahrungen mit der Unterbringung im elektronisch überwachten Hausarrest zu sammeln, kann daher der von § 10 a StVollzG vorgegebene Rahmen für die Unterbringung im elektronisch überwachten Hausarrest nicht als zu unbestimmt angesehen werden, sofern die elektronische Kontrolle auf den Einsatz des Aktiv- oder Passivsystems begrenzt wird. Dann stünde § 10 a StVollzG materiell mit der Verfassung in Einklang.

Das Vorliegen einer wirksamen Einwilligung wäre bei Verabschiedung des Gesetzentwurfs an § 10 a Abs. 2 StVollzG zu messen. Unklar ist, warum die Entwurfsverfasser das Einwilligungserfordernis an das Erwachsensein knüpfen, da von der elektronischen Überwachung alle Familienangehörigen bzw. Mitbewohner betroffen sind. Im Datenschutzrecht hängt die Einwilligungsfähigkeit nicht vom Alter der betroffenen Person ab, sondern von ihrer Einsichts- und Urteilsfähigkeit. Insofern werden Minderjährige durch die Unterstellung eines Angehöri-

---

[692] BR-Drs. 698/97 (Fn 387), S. 4.
[693] BR-Drs. 698/97 (Fn 387), S. 4.

gen unter elektronische Überwachung in ihrem Grundrecht auf informationelle Selbstbestimmung verletzt, denn zumindest Name, Alter und Adresse der Mitbewohner werden zwangsläufig erfasst.[694] Mit *PÄTZEL* ist daher zu fordern, dass § 10 a Abs. 2 StVollzG vor seiner Verabschiedung geändert oder grundrechtskonform ausgelegt wird, also alle betroffenen, einsichtsfähigen Personen ihre Einwilligung erteilen müssen.[695]

Problematisch ist die Frage der Freiwilligkeit der Einwilligung des Betroffenen. Sofern sich der Betroffene in einer Zwangslage befindet, schließt seine Einwilligung eine Verletzung des informationellen Selbstbestimmungsrechts nicht aus.[696] Gegen die elektronische Überwachung wird daher häufig eingewandt, eine freie, unbefangene Entscheidung liege nicht vor, weil der Angeklagte befürchten muss, bei Verweigerung seiner Einwilligung zu einer Freiheitsstrafe verurteilt zu werden, deren Vollstreckung nicht zur Bewährung ausgesetzt wird. Soweit er stationären Freiheitsentzug vermeiden will, habe er keine andere Wahl, als der elektronischen Überwachung zuzustimmen. Der Entscheidung des Straffälligen sei ein gewisser Zwang immanent.[697] Ob und inwieweit trotzdem die Freiwilligkeit eines solchen Einverständnisses bejaht werden kann, wird im Schrifttum uneinheitlich beantwortet. *PÄTZEL* klassifiziert die Zustimmung zur Unterstellung unter elektronische Überwachung als freiwillig, da ausdrücklich festgelegt sei, welche Wahlmöglichkeiten dem Verurteilten zur Verfügung stehen. Aufgrund dieser eingeschränkten Auswahl, Verbüßung der Freiheitsstrafe in einer Justizvollzugsanstalt oder elektronische Überwachung, könne die Entscheidung noch als autonom eingestuft werden.[698] Nach anderer Auffassung sei die Freiwilligkeit zu bezweifeln, weil kein Angeklagter seine Zustimmung zur strengen elektronischen Überwachung ohne psychischen Zwang erteile, insbesondere wenn mit Hilfe der technischen Geräte nicht nur der Aufenthalt des Überwachten in seiner Wohnung überprüft, sondern auch ein Bewegungsprofil erstellt werden könne.[699] Die Furcht vor der Verbüßung der Freiheitsstrafe in einer Justizvollzugsanstalt lasse vielfach

---

[694] *Weichert*, StV 2000, S. 335 (337 f); *Pätzel*, DuD 2000, S. 27 (30).
[695] *Pätzel*, DuD 2000, S. 27 (30). Ebenso AK-*Lesting* (Fn 681), § 10 a, Rn 6.
[696] Jarass/Pieroth-*Jarass* (Fn 563), Art. 2, Rn 41; *Geiger*, NVwZ 1989, S. 35 (37).
[697] So auch *Pätzel*, der hervorhebt: "*Diesem System ist der Zwang immanent.*" [DuD 2000, S. 27 (29)] und *Schlömer*, der darauf verweist, dass "*diese Zustimmung natürlich immer noch ein inhärentes Moment von Zwang aufweist, ...*" (Fn 353, S. 56, 203).
[698] *Pätzel*, DuD 2000, S. 27 (29).
[699] *v. Zezschwitz*, DuD 2000, S. 636 (637); *Krahl*, NStZ 1997, S. 457 (460).

170

keine freie Wahl zu.[700] Indes ist in der Literatur anerkannt, dass die Freiwilligkeit einer Entscheidung nicht bereits dann verneint werden kann, wenn sich der Betroffene in einer unfreien Situation befindet, vielmehr wird vorausgesetzt, dass der Verfügungswille beispielsweise durch Drohung oder Täuschung beeinträchtigt worden ist.[701] Dies wird u.a. durch die Regelungen in § 56 c Abs. 3 StGB und Art. 293 EGBGB i.V.m. den Rechtsverordnungen der Bundesländer verdeutlicht. So hat der Gesetzgeber in § 56 c Abs. 3 StGB bestimmt, dass die Weisung, sich einer Heilbehandlung oder einer Entziehungskur zu unterziehen oder in einem geeigneten Heim Aufenthalt zu nehmen, der Einwilligung des Verurteilten bedarf. In diesen Fällen wird die Freiwilligkeit der Entscheidung trotz der Tatsache, dass dem Verurteilten u.U. der stationäre Freiheitsentzug droht, nicht bezweifelt, wenn der Betroffene sie ohne Zwang trifft. Gleiches gilt für die gemeinnützige Arbeit als Geldstrafensurrogat. Ist der Schulder einer uneinbringlichen Geldstrafe nicht bereit, diese durch gemeinnützige Arbeit zu tilgen oder wird die Zurückstellung der Vollstreckung widerrufen, ist die Ersatzfreiheitsstrafe zu verbüßen.

Die Einwilligung in die Unterbringung im elektronisch überwachten Hausarrest bedeutet, dass der Betroffene durch seine Erklärung den staatlichen Zwang mildert. Zur Vermeidung stationären Freiheitsentzuges willigt er in eine ihn weniger treffende Rechtsgutsbeeinträchtigung (bloße Freiheitsbeschränkung statt Freiheitentziehung) ein. Diese "eingriffsmildernde Einwilligung"[702] resultiert aus dem Gedanken des Übermaßgebotes, d.h. derjenige, der eine staatlich legitime Beeinträchtigung seiner Grundrechtssphäre dulden muss, kann dadurch, dass er an einer solchen Beeinträchtigung mitwirkt, einen gesetzlich zugelassenen Eingriff in ein bestimmtes Grundrecht abwenden, indem er stattdessen die Beeinträchtigung eines anderen Grundrechtsgutes anbietet.[703] Eine eingriffsmildernde Einwilligung schließt dann, wenn sie nicht staatlicherseits erzwungen wird, die Freiwilligkeit nicht aus.[704] Eine auf Freiwilligkeit beruhende Entscheidung des sich in einer unfreien Situation befindlichen Betroffenen liegt dann vor, wenn sie ohne Beeinträchtigung des Verfügungswillens des Verurteilten getroffen worden ist. Der

---

[700] *Ostendorf*, ZRP 1997, S. 473 (476); *Märkert/Heinz*, der kriminalist 1999, S. 345 (346).

[701] *Stern* (Fn 552), § 86 II 6 b); *Amelung*, ZStW 95 (1983), S. 1 (25).

[702] *Amelung* (Fn 639), S. 105 ff; ders., NStZ 1982, 38 (39).

[703] *Amelung* (Fn 639), S. 109.

[704] *Amelung* (Fn 639), S. 112; *Pfohl*, Gemeinnützige Arbeit als strafrechtliche Sanktion, S. 149, und *Schall*, NStZ 1985, S. 104 (108) in Bezug auf die Vermeidung von Ersatzfreiheitsstrafe durch Leistung gemeinnütziger Arbeit.

Verurteilte wird vor der Erteilung seiner Zustimmung zur Unterbringung im elektronisch überwachten Hausarrest umfassend über die Funktionsweise der technischen Überwachung, die einzelnen Kontroll- und Behandlungsmaßnahmen sowie die Einschränkungen seiner Grundrechte aufgeklärt. Die Begründung zum Gesetzentwurf hebt die strengen Anforderungen an die Informationspflicht hervor: *"Die Einwilligung des Gefangenen muss sich dabei auf die Unterstellung unter den Hausarrest selbst, auf das damit verbundene ununterbrochene Tragen der für die Überwachung erforderlichen technischen Geräte, auf die Benutzung des Telefonanschlusses zur Durchführung der Überwachung sowie auf die im Tagesablaufplan im Einzelnen festgelegten Behandlungsmaßnahmen und deren Kontrollen beziehen. Dies setzt eine umfassende Belehrung des Gefangenen über Art und Umfang der ihm auferlegten Einschränkungen sowie über die ihm zustehenden Rechte voraus. Die Einwilligung der im Haushalt lebenden erwachsenen Personen ist erforderlich, um die mit den Kontrollmaßnahmen verbundenen Beeinträchtigungen auch ihrer Rechtspositionen zu rechtfertigen."*[705] Sofern eine umfassende Belehrung über die Erhebung personenbezogener Daten und ihre Speicherung in der zentralen Überwachungsstelle stattfindet, dürfte der Verurteilte Wesen, Bedeutung und Tragweite der Informationserhebung erfassen. Eine danach erfolgte Einwilligung ist als freiwillig zu klassifizieren. Die Einwilligung der Familienangehörigen und Mitbewohner wird i.d.R. aus Fürsorge und Mitleid erfolgen, um eine Inhaftierung des Verurteilten zu vermeiden. Die Freiwilligkeit der Entscheidung wird nicht dadurch ausgeschlossen, dass ein gewisser psychischer Druck auf die Mitbewohner wirkt, zumal auch hier eine vorherige Aufklärungs- und Informationspflicht besteht.

2. Widerruf der Einwilligung

Problematisch könnte sich der Widerruf einer zunächst erteilten Einwilligung in die Unterbringung im elektronisch überwachten Hausarrest seitens des Verurteilten oder einer im Haushalt lebenden Personen gestalten. Es ist zwischen einem frei widerruflichen und einem (sehr seltenen) für die Zukunft bindenden Grundrechtsverzicht zu unterscheiden.[706] Grundsätzlich muss die Einwilligung der betroffenen Personen während der gesamten Dauer der Maßnahme vorliegen. Alle Mitbewohner und der Arrestant selbst haben jedoch die Möglichkeit, die Einwilli-

---

[705] BT-Drs. 14/1519 (Fn 396), S. 6.
[706] *Sachs*, VerwArch 1985, S. 398 (422 f); *Pieroth/Schlink* (Fn 546), Rn 139.

172

gung jederzeit zu widerrufen. Dies resultiert aus der Tatsache, dass die Verfügung über bestimmte grundrechtlich gewährleistete Positionen einen Grundrechtsgebrauch darstellt, der solange andauert, bis anderweitig über das Grundrecht verfügt wird.[707] Ein für die Zukunft bindender Verzicht liegt nur dann vor, wenn sich der Betroffene auf einen spezifischen, sachlich und zeitlich begrenzten Bestandteil einer Grundrechtsposition und den damit verbundenen konkreten Eingriff bezieht. Der Totalverzicht bzw. der endgültige Verlust der grundrechtlichen Rechtsposition dürfte weder gewollt sein, noch ist er zulässig.[708]

Bei einem Einwilligungswiderruf liegen die Voraussetzungen für die Unterbringung im elektronisch überwachten Hausarrest nicht mehr vor, die Maßnahme muss abgebrochen werden. Der Verurteilte müsste nach seinem Widerruf der Einwilligung sofort in eine Justizvollzugsanstalt überstellt werden. Der Widerruf der Einwilligung könnte sich in der Praxis deshalb als schwierig gestalten, weil die Unterbringung im elektronisch überwachten Hausarrest sodann auf der Unwägbarkeit beruht, ob der Arrestant seine Zustimmung widerruft oder nicht. Es bestünde die Gefahr, dass die vom Gericht getroffene Entscheidung über die Strafaussetzung zum ''*willkürlichen Spielball des Verurteilten*''[709] würde. Doch sind Schwierigkeiten mit einem willkürlichen, unbedachten Widerruf der Einwilligung bisher aus anderen Ländern nicht bekannt geworden. Im Rahmen des zweijährigen Modellversuchs in Hessen hat sich die Problematik des Missbrauchs der Widerrufsmöglichkeit der Einwilligung ebenfalls nicht gestellt.

Neben der Widerrufsmöglichkeit des Verurteilten steht es auch den Familienangehörigen sowie sonstigen Mitbewohnern frei, ihre zunächst erteilte Zustimmung zur elektronischen Überwachung zu widerrufen. Der Einwilligungswiderruf durch die im Haushalt lebenden Personen beinhaltet ein erhebliches Konfliktpotential.[710] Im Schrifttum ist zur Vermeidung der Gefahr, dass Mitbewohner dem Verurteilten mit dem Widerruf ihrer Einwilligung drohen und Druck auf ihn ausüben, vorgeschlagen worden, die Erteilung der Einwilligung kraft Gesetzes unwiderruflich auszugestalten.[711] Einer solchen Regelung stehen jedoch rechtliche Bedenken ent-

---

Pietzcker, Der Staat 17 (1978), S. 527 (530); *Robbers*, JuS 1985, S. 925 (926); *Stern* (Fn 552), § 86 II 6 e).
[708] *Stern* (Fn 552), § 86 II 6 e); a.A. *Amelung* (Fn 639), S. 15.
[709] *Schlömer* (Fn 353), S. 206.
[710] *Weichert*, StV 2000, S. 335 (337); AK-*Lesting* (Fn 681), § 10 a, Rn 6.
[711] *Pätzel*, DuD 2000, S. 27 (30).

gegen. Zwar ist eine für die Zukunft bindende Einwilligung dann zulässig, wenn für den Erklärenden die die Einwilligung betreffenden Maßnahmen in ihrem konkreten Inhalt absehbar sind. Es darf indes nicht außer Acht gelassen werden, dass die Mitbewohner des Betroffenen während der Dauer der elektronischen Überwachung bereits erhebliche persönlichkeitsrechtliche Einschränkungen hinzunehmen haben, die in der Literatur als eine *"Art Sonderopfer"*[712] bezeichnet werden. Die Erteilung der Einwilligung beruht bei den im Haushalt des Verurteilten lebenden Personen zumeist auf altruistischen, familiären Gründen. Insofern erscheint es nicht sachgerecht, die Familienangehörigen und Mitbewohner darüber hinaus mit der Tatsache zu belasten, dass eine einmal erteilte Zustimmung unwiderruflich ist. Gerade angesichts der psychischen Belastung durch die technische Überwachung muss sowohl für den Verurteilten selbst als auch für seine Angehörigen die Widerrufsmöglichkeit bestehen. Von einer gesetzlichen Regelung dergestalt, dass die Einwilligung für die Zukunft unwiderruflich erteilt wird, sollte daher abgesehen werden, auch im Hinblick auf die Tatsache, dass internationale Erfahrungen einen willkürlichen und mit Druck auf den Betroffenen ausgeübten Gebrauch der Widerrufsmöglichkeit nicht bestätigen.

Der Widerruf der erteilten Einwilligung führt nicht zur Rechtswidrigkeit der elektronischen Überwachung, denn eine gerichtlich angeordnete Weisung steht nicht zur Disposition des Verurteilten. Trotz Widerrufs bleibt die Unterbringung im elektronisch überwachten Hausarrest rechtmäßig.[713] Nach der Entscheidung über die Strafaussetzung führt der Widerruf der Einwilligung dazu, dass die Weisung nicht zwangsweise vollstreckt wird; dies wäre rechtlich unzulässig.[714] Der Verurteilte ist dann so zu behandeln, als wenn er einer Weisung nicht nachkommt, d.h. die Strafaussetzung ist (ggf.) zu widerrufen.[715]

Wird § 10 a StVollzG nicht eingeführt, ist die Wirksamkeit der Einwilligung an § 4 BDSG zu messen. In der Literatur wird vertreten, dass eine freiwillige Einwilligung i.S.d. § 4 BDSG nicht vorliege, weil bei staatlichen Zwangsverfahren wie Disziplinar-, Ordnungswidrigkeiten- und Strafverfahren bei den Betroffenen

---

[712] *Weichert*, StV 2000, S. 335 (337).
[713] *Schlömer* (Fn 353), S. 206.
[714] BGHSt 36, 97 (99); OLG Celle, MDR 1987, S. 956.
[715] OLG Karlsruhe, MDR 1982, S. 341; HansOLG Hamburg, NStZ 1992, S. 301; Schönke/Schröder-*Stree*, Strafgesetzbuch, § 56 c, Rn 24.

grundsätzlich keine Einwilligung vermutet werden könne.[716] Die Zulässigkeit der elektronischen Überwachung werde nur dann nicht ausgeschlossen, wenn das Erfordernis der Einwilligung in einem speziellen Gesetz normiert werde, wobei die eingeschränkte Freiwilligkeit antizipiert werde.[717] Dem ist entgegenzuhalten, dass auch im Datenschutzrecht eine eingriffsmildernde Einwilligung allein unter dem Aspekt des Übermaßgebotes zulässig sein muss. Der Verurteilte verzichtet zugunsten eines höherrangigen Rechtsgutes auf ein weniger wertvolles. Diese Wahlfreiheit wird weder durch Täuschung noch durch Drohung beeinträchtigt. Demzufolge ist die erteilte Einwilligung zur Unterbringung im elektronisch überwachten Hausarrest wirksam und schließt einen Eingriff in das informationelle Selbstbestimmungsrecht des Verurteilten aus. Angesichts der erteilten Einwilligung ist auch eine Verletzung des Art. 8 Abs. 1 EMRK durch die Erhebung personenbezogener Daten zu verneinen.[718]

C. Die körperliche Unversehrtheit gemäß Art. 2 Abs. 2 S. 1 GG

Art. 2 Abs. 2 S. 1 GG beinhaltet das Grundrecht auf Leben und körperliche Unversehrtheit. Es schützt die Integrität des menschlichen Körpers.[719] Neben Art. 2 Abs. 2 S. 1 GG schützt Art. 8 Abs. 1 EMRK die körperliche Integrität.[720]

---

[716] Kilian/Heussen-*Weichert*, Computerrechts-Handbuch, 132, Rn 45; *Weichert*, StV 2000, S. 335 (337); ders. (Fn 648), S. 109 ff.

[717] *Weichert*, StV 2000, S. 335 (337).

[718] Erteilt der Verurteilte seine Einwilligung nicht, ist zu beachten, dass nach der Rechtsprechung des BVerfG unter gewissen Voraussetzungen das Recht auf informationelle Selbstbestimmung eingeschränkt werden kann. Voraussetzung ist, dass die Einschränkung im überwiegenden Allgemeininteresse erfolgt, eine dem rechtsstaatlichen Gebot der Normenklarheit genügende Rechtsgrundlage besteht, zu den genannten Zwecken erforderlich, geeignet und angemessen ist und sowohl organisatorische als auch verfahrensrechtliche Maßnahmen angeordnet werden, die der Gefahr einer Verletzung des allgemeinen Persönlichkeitsrechtes vorbeugen [BVerfGE 65, 1 (44, 46); 78, 77 (85); *Vogelsang* (Fn 661), S. 183 ff; v. Mangoldt/Klein/Starck-*Starck* (Fn 553), Art. 2 Abs. 1, Rn 108; *Heußner*, BB 1990, S. 1281 (1282)]. Als Grenze eines Eingriffs gilt das Erstellen von totalen Persönlichkeitsbildern (*Riepl*, Informationelle Selbstbestimmung im Strafverfahren, S. 9; *Kunig*, Jura 1993, S. 595 (603); *Schmitt Glaeser* (Fn 17), § 129, Rn 101).

[719] *Lorenz* in: Isensee/Kirchhof (Hrsg.), HdbStaatsR, Band VI - Freiheitsrechte, § 128, Rn 16; *Schütz*, JuS 1996, S. 498 (502).

[720] Eine generelle Garantie der körperlichen Unversehrtheit und Bewegungsfreiheit beinhaltet das Recht auf Achtung des Privatlebens nach Art. 8 EMRK jedoch nicht, weil auch andere Artikel der EMRK diese Schutzbereiche gewährleisten (Golsong/Karl/Miehsler/Petzold/Rogge/Vogler/Wildhaber-*Wildhaber/Breitenmoser*, Internationaler Kommentar zur Europäischen Menschenrechtskonvention, Art. 8, Rn 119).

I. Schutzbereich des Art. 2 Abs. 2 S. 1 GG

Art. 2 Abs. 2 S. 1 GG schützt den Einzelnen vor Eingriffen in das Leben und die körperliche Unversehrtheit. Durch die Unterstellung unter elektronisch überwachten Hausarrest könnte der Schutzbereich unter dem Aspekt der körperlichen Unversehrtheit betroffen sein. Das Schutzgut der körperlichen Unversehrtheit ist die vom Willen des Grundrechtsträgers umfasste Ungestörtheit der Körpersphäre, umfasst also die Gesundheit im biologisch-physiologischen Sinn sowie die im geistig-seelischen Bereich, wobei psychische Beeinträchtigungen im Rahmen des Art. 2 Abs. 2 S. 1 GG nur dann relevant sind, sofern sie aufgrund des psychosomatischen Zusammenhangs Auswirkungen haben, die zumindest mit körperlichen Schmerzen vergleichbar sind.[721] Das allgemeine soziale Wohlbefinden des einzelnen Grundrechtsträgers, d.h. Befindlichkeitsstörungen wie Unbehagen und Unlustgefühle werden nicht vom Schutzbereich des Art. 2 Abs. 2 S. 1 GG erfasst.[722] Dadurch, dass im Rahmen der elektronischen Überwachung die Anordnung regelmäßiger Atemalkoholkontrollen sowie die Einforderung von Urin- und Blutproben zur Überprüfung der Alkohol- und Suchtmittelabstinenz des Verurteilten denkbar ist, sind die Schutzbereiche des Art. 2 Abs. 2 S. 1 GG und des Art. 8 EMRK betroffen.

II. Eingriff in den Schutzbereich

Der grundrechtliche Schutzbereich ist beeinträchtigt, sofern unmittelbar oder mittelbar auf den Körper des Betroffenen eingewirkt, beispielsweise die Beschaffenheit der Körpersubstanz verändert wird.[723] Als Eingriffe in die körperliche Unversehrtheit sind demnach Menschenversuche, Zwangskastration und Zwangssterilisation, körperliche Strafen und Züchtigungen, Impfzwang sowie strafprozessuale Eingriffe wie Blutentnahme und Veränderung der Haar- und Barttracht zu nennen.[724] Während der Dauer des elektronischen Hausarrestes wird die Alkohol- und Drogenabstinenz des Verurteilten durch regelmäßige Atem- und Urinkontrollen

---

[721] BVerfGE 56, 54 (75); *Schütz*, JuS 1996, S. 498 (502); Sachs-*Murswiek* (Fn 562), Art. 2, Rn 148 f; *Lorenz* (Fn 719), § 128, Rn 18; Dreier-Schulze-*Fielitz* (Fn 552), Art. 2 II, Rn 35 f.

[722] *Schütz*, JuS 1996, S. 498 (502); Jarass/Pieroth-*Jarass* (Fn 563), Art. 2, Rn 62; *Schmidt-Assmann*, AöR 106 (1981), S. 205 (210); v. Mangoldt/Klein/Starck-*Starck* (Fn 553), Art. 2 Abs. 2, Rn 177; *Hermes*, Das Grundrecht auf Schutz von Leben und Gesundheit, S. 225 f.

[723] Sachs-*Murswiek* (Fn 562), Art. 2, Rn 154; *Lorenz* (Fn 719), § 128, Rn 17.

[724] Dreier-Schulze-*Fielitz* (Fn 552), Art. 2 II, Rn 47; Jarass/Pieroth-*Jarass* (Fn 563), Art. 2, Rn 66; *Lorenz* (Fn 719), § 128, Rn 17; Sachs-*Murswiek* (Fn 562), Art. 2, Rn 154.

sowie mittels Blutentnahmen überprüft. Fraglich ist, ob dadurch bereits in die körperliche Unversehrtheit des Verurteilten eingegriffen wird, mit anderen Worten: Welche Intensität muss eine Maßnahme haben, um als Eingriff qualifiziert zu werden?

Das BVerfG hat in einer Lumbalpunktion (Entnahme von Gehirn- und Rückenmarkflüssigkeit) einen Eingriff in Art. 2 Abs. 2 S. 1 GG gesehen.[725] In einem Beschluss vom 18.09.1995 hat das BVerfG auch die Blutprobeentnahme als Eingriff in das Grundrecht auf körperliche Unversehrtheit qualifiziert.[726] Hinsichtlich der Qualifikation der Atem- und Urinkontrollen als Eingriff bestehen gleichwohl Bedenken, weil nach der Rechtsprechung ein Eingriff in die körperliche Unversehrtheit bei geringfügigen oder zumutbaren Beeinträchtigungen des Betroffenen ausscheiden soll, z.B. bei Hirnstrommessungen.[727] Die Arbeitsgruppe 'Elektronisch überwachter Hausarrest' hat in ihrem Abschlussbericht etwaigen Atem- und Urinkontrollen die Eingriffsqualität unter Hinweis auf ihre Geringfügigkeit abgesprochen.[728] Demgegenüber werden im Schrifttum auch nur geringfügige Beeinträchtigungen als Eingriff in den Schutzbereich des Art. 2 Abs. 2 S. 1 GG qualifiziert, da die Frage der Berechtigung von Grundrechtseingriffen nicht auf die Bestimmung des Schutzbereiches verlagert werden, sondern formal abgrenzbar sein sollte.[729] Die Problematik der Intensität der Maßnahme sei im Rahmen der verfassungsrechtlichen Rechtfertigung anzusprechen.[730] Die letztgenannte Ansicht ist vorzugswürdig. Die Entscheidung, ob eine Beeinträchtigung für den Betroffenen 'zumutbar' ist, d.h. die Bewertung einer Maßnahme als 'sozialadäquat', hat auf verfassungsrechtlicher Ebene zu erfolgen. Denn nach der Rechtsprechung des BVerfG ist von ''*dem Verständnis des Menschen als einer Einheit von Leib, Seele und Geist*''[731] auszugehen mit der Folge, dass auch nur geringfügige, als 'unerheblich' zu qualifizierende Handlungen einen Eingriff in das Grundrecht auf kör-

---

[725] BVerfGE 16, 194 (198).
[726] BVerfG, NJW 1996, S. 771 (772); unentschieden in: BVerfGE 5, 13 (15); KG, NJW 1987, S. 2311.
[727] BVerfGE 17, 108 (115). Für die Anordnung, die Haare nur bis zu einer bestimmten Länge zu tragen: BVerwGE 46, 1 (7), da das befohlene Abschneiden der Haare bloß zu ''*Eingriffen, die weder mit einer Schmerzzufügung noch mit einer Gesundheitsschädigung verbunden sind*'', führt.
[728] Abschlussbericht der Arbeitsgruppe 'Elektronisch überwachter Hausarrest', S. 6.
[729] Dreier-Schulze-*Fielitz* (Fn 552), Art. 2 II, Rn 50 f; Sachs-*Murswiek* (Fn 562), Art. 2, Rn 163; von Münch/Kunig-*Kunig* (Fn 546), Art. 2, Rn 64 f; AK-*Podlech* (Fn 563), Art. 2 Abs. 2, Rn 33.
[730] *Pieroth/Schlink* (Fn 546), Rn 395; Sachs-*Murswiek* (Fn 562), Art. 2, Rn 163.
[731] BVerfGE 56, 54 (75).

177

perliche Unversehrtheit darstellen. Eine andere Sichtweise wäre wohl unter Berücksichtigung *"der Wechselwirkung psychischer und physischer Gesundheitsstörungen"*[732] mit dem Verständnis des Menschen kaum vereinbar. Welche Beeinträchtigung nur geringfügig und damit zumutbar ist, hat der Gesetzgeber zu entscheiden. Danach stellen sowohl die Blutprobeentnahme als auch die Urin- und Atemkontrollen grundsätzlich einen Eingriff in das Grundrecht auf Leben und körperliche Unversehrtheit dar.

Keine Grundrechtsbeeinträchtigung liegt vor, wenn der Eingriff mit Einwilligung des betroffenen Grundrechtsträgers erfolgt.[733] Nach anderer Auffassung im Schrifttum kann eine Einwilligung des Betroffenen zwar nicht den Eingriff in das Recht auf Leben und auf körperliche Unversehrtheit oder faktische Beeinträchtigungen des grundrechtlichen Schutzbereiches beseitigen, aber rechtfertigen.[734] Unter Berücksichtigung der Tatsache, dass das Recht auf Leben und körperliche Unversehrtheit eines der wichtigsten personalen Rechtsgüter ist, muss auch in Bezug auf dieses Grundrecht das Selbstbestimmungsrecht des Einzelnen akzeptiert werden. Denn gerade die personalen Grundrechte machen den Menschen als selbstbestimmtes und freies Wesen aus und sollen nach dem Willen des Grundgesetzgebers die physische Existenz und die geistig-seelische Entfaltung des Einzelnen gewährleisten.[735] Gerade die Persönlichkeitsnähe des Art. 2 Abs. 2 S. 1 GG verlangt den Ausschluss staatlicher Mitsprache und die individuelle Verfügungsmöglichkeit des Grundrechtsträgers.[736] Etwas anderes gilt nur, wenn der Einzelne nicht über das Rechtsgut verfügen kann, weil es sich um ein gemeinschaftsgebundenes, überindividuelles Rechtsgut handelt. Diese Güter sind nicht disponibel.[737] Will man den Grundsätzen der Selbstbestimmung und Selbstverantwortung Rechnung tragen, muss ein Grundrechtsverzicht auch im Rahmen von Art. 2 Abs. 2 S. 1 GG respektiert werden.[738] Das Grundgesetz soll gerade dem Schutz und der Durchsetzung der individuellen Freiheit des Menschen dienen. Die Grenze des Grundrechtsverzichtes ist dort, wo die Disposition des Betroffenen über das

[732] BVerfGE 56, 54 (74 f).
[733] *Pieroth/Schlink* (Fn 546), Rn 395; Jarass/Pieroth-*Jarass* (Fn 563), Art. 2, Rn 67a.
[734] von Münch/Kunig-*Kunig* (Fn 546), Art. 2, Rn 65; Dreier-Schulze-*Fielitz* (Fn 552), Art. 2 II, Rn 55.
[735] *Spieß* (Fn 639), S. 178.
[736] *Pietzcker*, Der Staat 17 (1978), S. 525 (550).
[737] *Robbers*, JuS 1985, S. 925 (927 f); *Pietzcker*, Der Staat 17 (1978), S. 525 (543 f).
[738] Für eine Verfügbarkeit über Art. 2 Abs. 2 S. 2 GG auch *Stern* (Fn 552), § 86 II 5 c); *Amelung* (Fn 639), S. 34.

178

Grundrecht auf Leben und körperliche Unversehrtheit ethisch nicht mehr vertretbar ist. Die Dispositionsbefugnis des Grundrechtsträgers erfährt in diesen Fällen eine situationsbezogene Einschränkung. Dabei kann nicht generell und anhand bestimmter Kriterien über die Zulässigkeit oder Unzulässigkeit eines Verzichtes entschieden werden, da sich aus dem Interesse des Einzelnen und den wertethischen Vorstellungen der Allgemeinheit ein nicht unerhebliches Konfliktpotential ergeben kann.[739] Insoweit hat eine Abwägung zwischen dem Individualinteresse des Betroffenen und dem öffentlichen Interesse unter Beachtung des Verhältnismäßigkeitsgrundsatzes zu erfolgen.[740]

Die Blutprobeentnahme sowie die Atem- und Urinkontrollen des im elektronisch überwachten Hausarrest untergebrachten Straffälligen stellen verhältnismäßig geringfügige Eingriffe in das Recht des Einzelnen auf Leben und körperliche Unversehrtheit dar. Bei Erteilung der Einwilligung des Betroffenen sind sie ethisch vertretbar. Weder wird die in Art. 2 Abs. 2 S. 1 GG zum Ausdruck kommende Wertentscheidung des Grundgesetzgebers in ihrer Geltung beeinträchtigt oder gefährdet, noch sind öffentliche Interessen der Gemeinschaft erkennbar, die einen Grundrechtsverzicht ausschließen. Das Grundrecht steht unter einem Gesetzesvorbehalt und selbst staatliche Eingriffe in das Recht auf Leben sind nicht vollumfänglich ausgeschlossen. Eine Einwilligung in einen Eingriff des Grundrechts auf Leben und körperliche Unversehrtheit durch den Betroffenen muss daher als zulässig erachtet werden. Maßgeblich für eine wirksame Disposition des Grundrechtsträgers ist, dass die Willensentscheidung frei und bewusst getroffen wurde.[741]

Der Verurteilte hat vor seiner Unterbringung im elektronisch überwachten Hausarrest der Blutentnahme und den Atemalkohol- und Urintests zuzustimmen. Angesichts der vom Straffälligen erteilten eingriffsmilderen Einwilligung nach vorheriger Aufklärung liegt kein Eingriff in das Grundrecht auf Leben und körperliche Unversehrtheit vor, so dass eine Verletzung von Art. 2 Abs. 2 S. 1 GG nicht vorliegt.

Spieß (Fn 639), 179 f.
Robbers, JuS 1985, S. 925 (930); *Stern* (Fn 552), § 86 III 3 a).
von Münch/Kunig-*Kunig* (Fn 546), Art. 2, Rn 65; Dreier-Schulze-*Fielitz* (Fn 552), Art. 2 II, Rn 56.

Bezüglich des Rechtes auf Achtung des Privatlebens hat die Europäische Kommission für Menschenrechte zwangsweise Durchsuchungen und Untersuchungen, insbesondere zwangsweise Blutentnahmen, als Eingriffe in die gemäß Art. 8 Abs. 1 EMRK gewährleistete Intimsphäre qualifiziert.[742] Aufgrund der schriftlich erteilten Einwilligung des Betroffenen ist eine Verletzung des Art. 8 Abs. 1 EMRK zu verneinen, da die Blut- und Urinproben sowie Atemalkoholkontrollen im Rahmen des elektronisch überwachten Hausarrestes nicht zwangsweise eingefordert werden.

D. Die Persönliche Freiheit gemäß Art. 2 Abs. 2 S. 2 GG i.V.m. Art. 104 GG

Art. 2 Abs. 2 S. 2 GG i.V.m. Art. 104 GG schützt die Freiheit der Person. Dieses Grundrecht hat *"unter den grundrechtlich verbürgten Rechten ein besonderes Gewicht"*.[743] Es ist ein hohes Rechtsgut und kann nur aus besonders wichtigen Gründen eingeschränkt werden.[744] Die Unverletzlichkeit der Freiheit der Person kann nur durchbrochen werden, wenn das Grundgesetz eine ausdrückliche Ermächtigung hierzu vorsieht, beispielsweise in Art. 2 Abs. 2 S. 3 GG oder Art. 104 GG.[745]

Die Freiheit der Person ist auch durch Art. 5 EMRK geschützt. Die Freiheit darf dem Betroffenen nur in bestimmten Fällen und nur auf dem gesetzlich vorgeschriebenen Weg entzogen werden. Die Fälle der zulässigen Freiheitsentziehung sind in Art. 5 Abs. 1 S. 2 EMRK abschließend aufgeführt.[746]

I. Schutzbereich des Art. 2 Abs. 2 S. 2 GG und Art. 104 GG

Art. 2 Abs. 2 S. 2 GG und Art. 104 GG haben einen identischen Schutzbereich[747]: Sie schützen den Einzelnen vor Eingriffen in die Freiheit seiner Person. Art. 2 Abs. 2 S. 2 GG bestimmt, ob und in welchem Umfang eine Freiheitsbeschränkung

---

[742] EKMR, DR 18, S. 154; bezüglich Urinproben siehe EKMR, DR 77, S. 75; DR 80, S. 66; vgl. auch Cour de Cassation, EuGRZ 1979, S. 609; Golsong/Karl/Miehsler/Petzold/Rogge/Vogler/Wildhaber-*Wildhaber/Breitenmoser* (Fn 720), Art. 8, Rn 119, 279.

[743] BVerfGE 65, 317 (322).

[744] Schmidt-Bleibtreu/Klein-*Kannengießer*, Kommentar zum Grundgesetz, Art. 2, Rn 23.

[745] von Münch/Kunig-*Kunig* (Fn 546), Art. 2, Rn 65; *Hantel*, JuS 1990, S. 865.

[746] Frowein/Peukert-*Peukert*, Europäische Menschenrechtskonvention, Art. 5, Rn 1; *Villiger* (Fn 564), Rn 314.

[747] v. Mangoldt/Klein/Starck-*Starck* (Fn 553), Art. 2 Abs. 2, Rn 180; *Pieroth/Schlink* (Fn 546), Rn 411.

überhaupt zulässig ist; Art. 104 GG regelt die verfahrensrechtlichen Voraussetzungen einer Freiheitsbeschränkung.[748]

Freiheit der Person bedeutet die Garantie der körperlichen Bewegungsfreiheit.[749] Demzufolge umfasst der Grundrechtsschutz das Recht, jeden beliebigen, nahen oder fernen Ort aufzusuchen (positive Bewegungsfreiheit) und jeden beliebigen Ort zu meiden (negative Bewegungsfreiheit). Der Einzelne muss dort, wo er nicht bleiben will, auch nicht bleiben.[750]

Bei der Unterstellung unter elektronisch überwachten Hausarrest darf der Verurteilte seine Wohnung zu bestimmten Zeiten nicht verlassen; ihm ist es nicht möglich, selbst über seine körperliche Fortbewegung zu entscheiden. EM tangiert damit unmittelbar die Garantie der körperlichen Bewegungsfreiheit, so dass der Schutzbereich des Art. 2 Abs. 2 S. 2 i.V.m. Art. 104 GG eröffnet ist.

II. Eingriff in den Schutzbereich

Ein Eingriff in die Freiheit der Person liegt vor, wenn der Grundrechtsträger daran gehindert wird, einen bestimmten Ort aufzusuchen oder gegen seinen Willen an einem Ort festgehalten wird. Ein zielgerichtetes Handeln seitens des Staates, z.B. das Ergreifen oder Festhalten eines Menschen, wird für einen Eingriff in Art. 2 Abs. 2 S. 2 GG nicht vorausgesetzt. Auch anderen staatlichen Maßnahmen kann Eingriffsqualität zukommen, etwa einer dauerhaften Observation oder einer Einschüchterung, sofern sie objektiv so schwerwiegend sind, dass sich der Betroffene veranlasst sieht, den ihm rechtlich durch Art. 2 Abs. 2 S. 2 GG eingeräumten Spielraum zur körperlichen Fortbewegung nicht wahrzunehmen.[751] Dies bedeutet, dass Beeinträchtigungen alle staatlichen Maßnahmen sind, die die körperliche

---

[748] Jarass/Pieroth-*Jarass* (Fn 563), Art. 2, Rn 82.

[749] BVerfGE 22, 21 (26); BVerwGE 6, 354 (355); *Tiemann*, NVwZ 1987, S. 10 (12); Sachs-*Murswiek* (Fn 562), Art. 2, Rn 228; *Grabitz* in: Isensee/Kirchhof (Hrsg.), HdbStaatsR, Band VI - Freiheitsrechte, § 130, Rn 4; Dreier-Schulze-*Fielitz* (Fn 552), Art. 2 II, Rn 98; v. Mangoldt/Klein/Starck-*Starck* (Fn 553), Art. 2 Abs. 2, Rn 180.

[750] *Pieroth/Schlink* (Fn 546), Rn 413; Sachs-*Murswiek* (Fn 562), Art. 2, Rn 229. Nach gegenteiliger Ansicht schützt Art. 2 Abs. 2 S. 2 GG nicht die negative Bewegungsfreiheit (*Ipsen*, Staatsrecht II (Grundrechte), Rn 248).

[751] von Münch/Kunig-*Kunig* (Fn 546), Art. 2, Rn 75; v. Mangoldt/Klein/Starck-*Starck* (Fn 553), Art. 2 Abs. 2, Rn 181.

Bewegungsfreiheit für eine gewisse Mindestdauer allseitig bzw. auf einen eng umgrenzten Ort beschränken.[752]

Als Eingriffe in die Freiheit der Person sind unproblematisch alle Maßnahmen des unmittelbaren Zwanges, denen der Einzelne aus eigenem Entschluss nicht ausweichen kann, zu qualifizieren, etwa die kurzfristige Festnahme, der Polizeigewahrsam, die Unterbringung in einer geschlossenen Anstalt, die Untersuchungshaft, die Freiheitsstrafe und der Hausarrest.[753] Entscheidend ist, dass der Betroffene nicht in jedem Augenblick im Besitz seiner Fortbewegungsfreiheit ist.[754] Die Unterbringung des Verurteilten im elektronisch überwachten Hausarrest stellt demnach einen Eingriff in die körperliche Bewegungsfreiheit dar.

1. Der Begriff der Freiheitsentziehung in Rechtsprechung und Literatur

Noch nicht geklärt ist die Frage, welche Qualität dieser Eingriff in die persönliche Freiheit gemäß Art. 2 Abs. 2 S. 2 GG hat. Dies ist deshalb von Bedeutung, weil zum einen die Freiheitsentziehung und die Freiheitsbeschränkung unter unterschiedlichen Voraussetzungen zulässig sind und sich zum anderen das Grundrecht zum Schutz der Freiheit der Person nicht in der Anordnung des Gesetzesvorbehaltes in Art. 2 Abs. 2 S. 3 GG erschöpft, sondern durch die in Art. 104 GG enthaltene Rechtsgarantie erweitert wird. Art. 104 Abs. 2 GG enthält einen Richtervorbehalt, d.h. über die Zulässigkeit und Fortdauer einer Freiheitsentziehung hat nur der Richter zu entscheiden. Daher ist bei Eingriffen in Art. 2 Abs. 2 S. 2 GG grundsätzlich zu untersuchen, ob der Intensitätsgrad einer Freiheitsentziehung erreicht ist. In der Praxis wird die Unterscheidung zwischen einer Freiheitsentziehung und einer Freiheitsbeschränkung bei der Frage relevant, ob die Unterbringung im elektronisch überwachten Hausarrest gemäß § 51 StGB auf zeitige Freiheitsstrafe oder auf Geldstrafe anzurechnen ist. Stellt der elektronisch überwachte Hausarrest eine Freiheitsbeschränkung dar, ist seine Verbüßung nicht auf zeitige Freiheitsstrafe oder auf Geldstrafe anrechenbar. Ist die elektronische Überwachung hinge-

---

[752] BVerwGE 62, 325 (328); BGHZ 82, 261 (267); Maunz/Dürig-*Dürig*, Grundgesetz, Band V, Art. 104, Rn 7. Die Bezeichnung 'körperliche Bewegungsfreiheit' ist allerdings etwas ungenau, da jedem, der nicht gefesselt ist, eine gewisse körperliche Bewegungsfreiheit verbleibt. Für einen Grundrechtseingriff ist daher maßgeblich, ob sich der Betroffene aus eigenem Entschluss von seinem Aufenthaltsort fortbewegen kann (So zu Recht *Ipsen* (Fn 750), Rn 248).
[753] Sachs-*Murswiek* (Fn 562), Art. 2, Rn 236.
[754] *Ipsen* (Fn 750), Rn 254.

gen als Freiheitsentziehung zu qualifizieren, findet eine Anrechnung gemäß § 51 StGB statt.

Die Bezeichnung 'Freiheitsbeschränkung' dient als Oberbegriff für alle die Freiheit der Person beeinträchtigenden Handlungsweisen.[755] Die Freiheitsentziehung stellt die intensivste Form der Freiheitsbeschränkung dar.[756] Die Freiheitsbeschränkung ist demgegenüber jede Beeinträchtigung der Bewegungsfreiheit, die nicht die Intensität einer Freiheitsentziehung erreicht.[757] Unter den Begriff der Freiheitsentziehung lassen sich folglich nur bestimmte freiheitsbeschränkende Maßnahmen fassen.

Einigkeit besteht in Rechtsprechung und Literatur dahingehend, dass eine Freiheitsentziehung beim Festhalten des Betroffenen (durch Anordnung und/oder durch Vollzug) an einem eng begrenzten Ort vorliegt[758], d.h. jede Art von Arrest, Haft und Unterbringung. Nicht als Freiheitsentziehung, sondern als bloße Freiheitsbeschränkungen sind aufenthaltsbeschränkende und führungsaufsichtliche Maßnahmen sowie Vorladungen zu qualifizieren, etwa kurzfristiges Festhalten zur Identitätsfeststellung, Sistierungen.[759]

Der elektronisch überwachte Hausarrest ist dadurch gekennzeichnet, dass der Verurteilte physisch die Möglichkeit hat, seine Wohnung zu jedem beliebigen Zeitpunkt zu verlassen. EM wirkt damit in erster Linie als psychische Beschränkung der Bewegungsfreiheit, da der Verurteilte bei Verletzung der ihm erteilten Weisung mit dem Widerruf der Maßnahme und der Überstellung in eine Justizvollzugsanstalt rechnen muss. Ob der psychische Zwang auf die Freiheit der Willensentschließung im Gegensatz zur Beschränkung der Freiheit der Willensbetätigung[760] als Freiheitsentziehung zu qualifizieren ist, und welche konkreten Kriterien erfüllt sein müssen, um von einer Freiheitsentziehung sprechen zu können, wird in Rechtsprechung und Literatur uneinheitlich beantwortet.

---

[755] *Hantel*, JuS 1990, S. 865 (868); ders., Der Begriff der Freiheitsentziehung in Art. 104 Abs. 2 GG, S. 65 f.
[756] von Münch/Kunig-*Kunig* (Fn 676), Art. 104, Rn 17.
[757] BK-*Rüping* (Fn 552), Art. 104, Rn 61; *Hantel*, JuS 1990, S. 865 (868); ders. (Fn 755), S. 66.
[758] BVerfGE 94, 166 (198); BVerwGE 62, 325 (328); BGHZ 82, 261 (267), Maunz/Dürig-*Dürig* (Fn 752), Art. 104, Rn 6; BK-*Rüping* (Fn 552), Art. 104, Rn 50; Jarass/Pieroth-*Jarass* (Fn 563), Art. 104, Rn 10; Dreier-Schulze-*Fielitz*, Grundgesetz - Band III, Art. 104, Rn 23.
[759] *Pieroth/Schlink* (Fn 546), Rn 418; Dreier-Schulze-*Fielitz* (Fn 758), Art. 104, Rn 24.
[760] Vgl. zu dieser Differenzierung *Hantel* (Fn 755), S. 114.

Die Rechtsprechung unterscheidet die Freiheitsentziehung von der (bloßen) Freiheitsbeschränkung i.S.v. Art. 104 Abs. 2 GG vorwiegend anhand materieller Gesichtspunkte. Zur Einordnung der Freiheitsentziehung knüpft sie dabei an den Begriff der Freiheitsentziehung in § 2 Abs. 1 des Gesetzes über das gerichtliche Verfahren bei Freiheitsentziehungen (FEVG) vom 29.06.1956[761] an.[762] Nach § 2 Abs. 1 FEVG liegt eine Freiheitsentziehung bei einer "*Unterbringung einer Person gegen ihren Willen oder im Zustande der Willenlosigkeit in einem Gefängnis, einem Haftraum, einem Arbeitshaus, einer abgeschlossenen Verwahranstalt, einer abgeschlossenen Anstalt der Fürsorge, einer abgeschlossenen Krankenanstalt oder einem abgeschlossenen Teil einer Krankenanstalt*" vor. Der Begriff der Freiheitsentziehung orientiert sich mit den in § 2 Abs. 1 FEVG genannten Fällen an einer Einsperrung oder Einschließung des Betroffenen. Eine Freiheitsentziehung liegt demnach immer dann vor, wenn die staatliche Maßnahme folgende Kriterien erfüllt:

- Unterbringung einer Person
- ohne oder gegen ihren Willen
- in einem besonderen, abgeschlossenen Raum oder Gebäude[763]

Diese Begriffsdefinition ist nach dem Willen des Gesetzgebers abschließend.[764] Nach der Rechtsprechung genügt jedoch nicht jede Unterbringung in einem abgeschlossenen Raum oder Gebäude gegen oder ohne den Willen einer Person, um sie als Freiheitsentziehung zu qualifizieren. Hinzukommen muss ein gewisser Mindestgrad an Intensität.[765] Eine Freiheitsentziehung scheidet namentlich bei Maßnahmen zur Gefahrenabwehr wie der Verbringung zur Blutentnahme oder bei Vorführungen zu gesundheitsamtlichen Untersuchungen aus.[766]

Die Dauer der Beschränkung der körperlichen Bewegungsfreiheit im Rahmen des elektronisch überwachten Hausarrestes (unter Umständen sechs Monate) könnte unter dem Gesichtspunkt des Intensitätsgrades durchaus für die Annahme einer

---

[761] BGBl. I/1956, S. 599 ff.
[762] BVerwGE 62, 325 (327); BGHZ 35, 1 (7).
[763] *Gusy*, NJW 1992, S. 457 (458).
[764] BT-Drs. 2/169, Begründung zum Entwurf eines Gesetzes über das gerichtliche Verfahren bei Freiheitsentziehungen, S. 8.
[765] BVerwGE 62, 325 (327).
[766] Vgl. BVerwG, JR 1958, S. 153 (154); BVerwGE 62, 325 (328 f); BGHSt 13, 97 (99).

184

Freiheitsentziehung sprechen. Bei der Anknüpfung an die Definition in § 2 Abs. 1 FEVG zur Beurteilung des elektronisch überwachten Hausarrestes als freiheitsentziehende Maßnahme wäre dieser mangels einer Einsperrung oder Einschließung nicht unter den Begriff der Freiheitsentziehung zu subsumieren: Es fehlt an der Ausübung physischen Zwanges. In diesem Zusammenhang stellt sich die Frage, ob im Rahmen der verfassungsrechtlichen Prüfung überhaupt auf die Legaldefinition in § 2 Abs. 1 FEVG zurückgegriffen werden kann. Dann müsste aus Art. 104 Abs. 2 S. 4 GG die Kompetenz des Gesetzgebers, durch eine einfachgesetzliche Norm den Begriff der Freiheitsentziehung festzuschreiben, abgeleitet werden können. Dem steht jedoch entgegen, dass die in Art. 104 Abs. 2 GG enthaltenen verfahrensrechtlichen Garantien nicht zur Verfügung des Gesetzgebers stehen und daher für die Legislative verbindlich sind.[767] Eine höherrangige Norm wie Art. 104 Abs. 2 GG kann nicht durch eine niederrangige Vorschrift wie Art. 2 Abs. 1 FEVG ausgelegt werden.[768] Die Heranziehung des § 2 Abs. 1 FEVG für die Bestimmung des verfassungsrechtlichen Begriffes der Freiheitsentziehung scheidet damit aus.

In der Literatur weichen die Auffassungen, wann eine Freiheitsentziehung i.S.d. Art. 104 Abs. 2 GG vorliegt, erheblich voneinander ab. Nach Auffassung einiger Autoren ist allein auf den Erfolg, die körperliche Bewegungsfreiheit *allseitig*, d.h. nach jeder Richtung hin aufzuheben, abzustellen.[769] Im Gegensatz dazu sei eine Freiheitsbeschränkung nur eine *teilweise*, in irgendeine Richtung weisende Beeinträchtigung.[770] In welcher Form der Betroffene im konkreten Fall an der Wahrnehmung seiner körperlichen Bewegungsfreiheit gehindert werde, sei unbeachtlich, psychische Hemmnisse (z.B. Angst vor Sanktionen) genügen in gleicher Weise für die Bewertung einer Maßnahme als Freiheitsentziehung.[771] Auch dann, wenn der Betroffene nicht durch äußeren Zwang wie mechanische Sperren, sondern durch psychische Druckmittel festgehalten werde, sei es ihm nicht möglich, von seiner körperlichen Bewegungsfreiheit Gebrauch zu machen.[772] Andere Autoren stellen für das Vorliegen einer Freiheitsentziehung auf die Finalität des Ein-

---

[767] BVerfGE 10, 302 (323); BGHZ 82, 261 (263); *Hantel*, JuS 1990, S. 865 (869).
[768] *Hantel*, JuS 1990, S. 865 (869).
[769] Maunz/Dürig-*Dürig* (Fn 752), Art. 104, Rn 6; Dreier-Schulze-*Fielitz* (Fn 758), Art. 104, Rn 23.
[770] *Hantel* (Fn 755), S. 154.
[771] Dreier-Schulze-*Fielitz* (Fn 758), Art. 104, Rn 23, BK-*Rüping* (Fn 552), Art. 104, Rn 51.
[772] Maunz/Dürig-*Dürig* (Fn 752), Art. 104, Rn 6.

griffs[773], das Mittel[774] und die Dauer der Maßnahme[775] ab. *SEEBODE* qualifiziert den herkömmlichen (nicht elektronischen) Hausarrest als Haft mit der Begründung, der Hausarrest mache dem Betroffenen willkürliche Ortsveränderungen über einen bestimmten Bereich hinaus unmöglich; bei der Unterbringung im Hausarrest handele es sich daher um eine zwangsweise Einsperrung des Beschuldigten.[776]

Auch konkret bezogen auf den elektronisch überwachten Hausarrest ist im Schrifttum umstritten, ob dieser als Freiheitentziehung zu qualifizieren ist. Einige Autoren bejahen das Vorliegen einer Freiheitsentziehung ohne nähere Begründung[777] oder bezeichnen ihn als "*Hausuntersuchungshaft*", da sich der elektronisch überwachte Hausarrest zwar graduell von der klassischen Inhaftierung in einer Justizvollzugsanstalt unterscheide, dies aber keine andere rechtliche Beurteilung rechtfertige.[778] Denn die objektive Eingriffsintensität sei beim elektronischen Hausarrest genauso groß wie bei einer Haftstrafe.[779] Andere begründen die Einordnung als Freiheitsentziehung damit, dass für ihr Vorliegen allein der Erfolg entscheidend sei, der in dem Ausschluss der Bewegungsfreiheit durch staatlichen Zwang liege. Im Hinblick auf die Tatsache, dass der Straffällige seine Wohnung zu den vorgegebenen Arrestzeiten nicht verlassen dürfe, liege eine Freiheitsentziehung vor.[780] Den Erfordernissen einer Freiheitsentziehung genüge auch der psychische Zwang, der auf den Verurteilten ausgeübt werde; die körperliche Einschließung durch äußere Zwangsmittel sei nicht notwendig.[781] Unter Bezugnahme auf *SCHLÖMER* hat auch das LG Frankfurt am Main die Anordnung des elektronisch überwachten Hausarrestes als Freiheitsentziehung i.S.v. Art. 2 Abs. 2 S. 2 GG qualifiziert, weil der Verurteilte zu den festgelegten Stunden gehindert werde, nach Belieben einen anderen Ort als die Wohnung aufzusuchen.[782] Nach gegenteiliger Auffassung stellt der elektronisch überwachte Hausarrest keine Freiheitsent-

---

[773] *Gusy*, NJW 1992, S. 457 (459).
[774] *Grabitz* (Fn 749), § 130, Rn 5, 6.
[775] Jarass/Pieroth-*Jarass* (Fn 563), Art. 104, Rn 10; Sachs-*Degenhart* (Fn 562), Art. 104, Rn 5 a.
[776] *Seebode*, Vollzug der Untersuchungshaft, S. 57 f.
[777] *Krahl*, NStZ 1997, S. 457 (459); *Seebode* in: Eser/Kaiser/Weigend (Hrsg.), Viertes deutschpolnisches Kolloquium über Strafrecht und Kriminologie, S. 169 (179).
[778] *Lindenberg* (Fn 10), S. 119 f.
[779] *Thiele*, Kriminalistik 1999, S. 440 (442).
[780] *Schlömer* (Fn 353), S. 212 f.
[781] *Hudy* (Fn 74), S. 205 f.
[782] LG Frankfurt am Main, NJW 2001, S. 697.

186

ziehung i.S.v. Art. 104 Abs. 2 GG dar.[783] Die Einschränkungen, die ein Häftling beim stationären Freiheitsentzug hinnehmen müsse, seien mit denen während der Unterbringung im elektronisch überwachten Hausarrest nicht vergleichbar. Der Verurteilte könne jederzeit Besuche empfangen und den Kontakt zu seinen Familienangehörigen pflegen sowie sich aller Massenmedien bedienen.[784] Der letztgenannten Auffassung ist zuzustimmen. Die Ausübung von (bloßem) psychischen Zwang reicht für die Annahme einer Freiheitsentziehung i.S.v. Art. 104 Abs. 2 GG nicht aus. Auch wenn es für den Verurteilten keinen Unterschied ausmacht, ob er den Haftraum aufgrund äußeren Zwangs (Mauern, Gitter) nicht verlassen kann oder aufgrund inneren Zwangs (psychischer Druck) nicht verlassen darf, stellt der elektronische Hausarrest keine Freiheitsentziehung, sondern ein aliud und damit eine Freiheitsbeschränkung dar. Eine andere Beurteilung ergibt sich auch nicht aus der Tatsache, dass der Verurteilte sein "*eigener Gefängniswärter*"[785] ist und angesichts der erforderlichen Selbstdisziplinierung EM ein hoher Eingriffsgrad beizumessen ist. Die elektronische Überwachung hat eine andere Qualität als die Freiheitsentziehung. Der Verurteilte muss nur zu bestimmten Zeiten in seiner Wohnung verweilen und kann diese zur Arbeit, zum Einkaufen, zur Fortbildung oder zwecks Teilnahme an Therapiemaßnahmen verlassen. Die vielfachen Unterbrechungen des Hausarrestes sind daher nicht mit den herkömmlichen Lockerungen des Vollzuges vergleichbar.[786] Der Verurteilte hat die Möglichkeit, seine Wohnung zu jedem beliebigen Zeitpunkt zu verlassen. Die technologische Überwachung kann ihn an der Vornahme von Ortsveränderungen nicht hindern. Fehlt mithin das Merkmal des äußeren Zwangs, sind dem Verurteilten Änderungen seines Aufenthaltsortes praktisch möglich. Der Verurteilte entscheidet allein mit seinem eigenen Willen über den Aufenthalt seiner Person.[787] Diese Tatsache stellt den wesentlichen Unterschied zu einer Freiheitsentziehung dar. Allein der psychische Druck, dass bei Nichteinhaltung der Arrestzeiten die Maßnahme widerrufen wird, reicht für die Annahme einer Freiheitsentziehung nicht aus. Diese Tatsache wird bei der Betrachtung des Wortlautes des Art. 104 GG bestätigt. Art. 104 GG spricht von 'Ergreifen', 'Festnahme' und 'Festhalten'. In-

---

[783] *Kube*, DuD 2000, S. 633 (635); *Dahs*, NJW 1999, S. 3469 (3470); *Heghmanns*, ZRP 1999, S. 297 (302). *Roxin* bezeichnet den elektronischen Hausarrest als "*Form der Freiheitsbeschränkungsstrafe*" [Fn 368, S. 135 (146)].
[784] *Wittstamm* (Fn 74), S. 126.
[785] *Haverkamp*, MschrKrim 85 (2002), S. 152 (157); dies. (Fn 160), S. 187.
[786] So aber *Hudy* (Fn 74), S. 206.
[787] Vgl. *Seebode* (Fn 776), S. 55.

sofern wird in der Literatur zu Recht die Ansicht vertreten, dass nur physische Beeinträchtigungen der Bewegungsfreiheit erfasst werden, nicht hingegen der Einsatz psychischer Mittel.[788] Das BVerfG hat das Grundrecht der Freiheit der Person dahingehend umschrieben, dass *"die körperliche Bewegungsfreiheit vor Verhaftung, Festnahme und ähnlichen Eingriffen, also vor unmittelbarem Zwang"* schütze.[789] Dies verdeutlicht, dass von dem Begriff der Freiheitsentziehung nur Maßnahmen des Staates erfasst werden sollen, die physische Auswirkungen auf den Grundrechtsträger haben und die gegen seinen Willen angeordnet und vollstreckt werden.

Darüber hinaus wird die unterschiedliche Eingriffsintensität der Freiheitsentziehung auf der einen und der elektronischen Überwachung zu Hause auf der anderen Seite deutlich bei Betrachtung der konkreten Situation des Betroffenen. Bei einer Überstellung des Verurteilten in eine Justizvollzugsanstalt wird er aus seinem gewohnten Lebensumfeld herausgerissen, Kontakte zu Freunden und Familienangehörigen werden stark beschränkt und der Arbeitsplatz geht verloren. Der Gefangene hat sich den strengen Regeln der Justizvollzugsanstalt anzupassen. Im Gegensatz dazu bleibt der elektronisch Überwachte in seinem gewohnten sozialen Umfeld und geht weiterhin seiner Arbeit nach. Freunde und Bekannte können den Straffälligen zu jeder Zeit in seiner Wohnung aufsuchen. Die Nutzung von Medien jedweder Art, z.B. Radio, Fernsehen, Internet, Zeitung und Zeitschriften, ist dem Verurteilten erlaubt. Insoweit kann der elektronisch überwachte Hausarrest auch unter Berücksichtigung der konkreten Situation des Verurteilten nicht als Freiheitsentziehung i.S.d. Art. 104 Abs. 2 GG gewertet werden.

Im Übrigen entspricht die Einordnung des elektronisch überwachten Hausarrestes als (bloße) Freiheitsbeschränkung auch der gesetzlichen Regelung in § 116 Abs. 1 Nr. 3 StPO.[790] Dort ist normiert, dass der Vollzug eines Haftbefehls mit der Anweisung ausgesetzt werden kann, die Wohnung nur unter Aufsicht einer bestimmten Person zu verlassen. Die Aufenthaltsweisung soll als Alternative, d.h. als weniger einschneidende Maßnahme zum Vollzug der Untersuchungshaft in Betracht gezogen werden und setzt die förmliche Aussetzung des Vollzuges eines Haftbefehls voraus. Ausländischer Hausarrest ist daher nach der Rechtsprechung

---

[788] *Grabitz* (Fn 749), § 130, Rn 5.
[789] BVerfGE 22, 21 (26).
[790] So zu Recht *Heghmanns*, ZRP 1999, S. 297 (302).

des BGH auch nicht auf Freiheitsstrafen nach deutschem Recht anrechnungsfähig, weil es sich um keine haftgleiche Freiheitentziehung handele, sondern nur eine Freiheitsbeschränkung vorgelegen habe.[791] Im Ergebnis stellt EM daher eine Maßnahme dar, die die körperliche Bewegungsfreiheit des Delinquenten beschränkt und nicht entzieht.

2. Die Freiheitsentziehung und Freiheitsbeschränkung nach Art. 5 EMRK

Die Qualifizierung des elektronisch überwachten Hausarrestes als Freiheitsbeschränkung entspricht auch der in Art. 5 EMRK vorgenommenen begrifflichen Unterscheidung von Freiheitentziehung und Freiheitsbeschränkung. Art. 5 EMRK schützt ebenso wie die Vorschrift des Art. 2 Abs. 2 S. 2 GG nur die körperliche Bewegungsfreiheit des Betroffenen, 'la liberté d'aller et de venir', und nicht die allgemeine Handlungsfreiheit[792], wobei von Art. 5 EMRK der Freiheitsentzug, nicht hingegen die bloße Freiheitsbeschränkung umfasst ist.[793] Maßgebliche Kriterien für die Unterscheidung zwischen Freiheitsentzug und Freiheitsbeschränkung sind das Ausmaß und die Intensität der Maßnahme.[794] Die Europäische Kommission und der EGMR treffen die Entscheidung, ob eine Maßnahme einen Freiheitsentzug i.S.d. Art. 5 EMRK darstellt, anhand der Umstände des konkreten Einzelfalles, wobei es sich in schwierigen Fällen um eine reine Ermessensfrage handeln kann.[795] Vornehmlich die Dauer der Überwachung, die Art, die Auswirkungen der Beschränkung auf die Lebensbedingungen des Verurteilten sowie die Ausführung der in Frage stehenden Maßnahme sind zu berücksichtigen.[796] Es muss eine weitgehende Einschränkung der Bewegungsfreiheit vorliegen, die es dem Betroffenen ''substantiell unmöglich macht, seinen normalen Alltag ... zu führen''.[797] Die Europäische Kommission hat ein nächtliches Ausgangsverbot verbunden mit dem Verbot, sich außerhalb des bebauten Gebietes eines Ortes aufzuhalten, nicht als Freiheitsentziehung, sondern als Freiheitsbeschränkung qualifi-

---

[791] BGH, StV 1999, S. 79 (80). Für die Annahme einer Freiheitsentziehung mit der Folge der Anrechenbarkeit des italienischen Hausarrestes: *Gullo/Murmann*, wistra 1998, S. 261.

[792] *Trechsel*, EuGRZ 1980, S. 514 (515); Frowein/Peukert-*Peukert* (Fn 746), Art. 5, Rn 4; *Hofmann*, EuGRZ 1983, S. 644 (645).

[793] EGMR, NJW 1984, S. 544 (547); *Vogler*, ZStW 82 (1970), S. 743 (754); ders., ZStW 89 (1977), S. 761 (767); *Villiger* (Fn 564), Rn 315; *Tiemann*, NVwZ 1987, S. 10 (14).

[794] Frowein/Peukert-*Peukert* (746), Art. 5, Rn 10.

[795] EGMR, EuGRZ 1983, S. 633 (638).

[796] EGMR, EuGRZ 1976, S. 221 (224); EGMR, EuGRZ 1983, S. 633 (638); *Trechsel*, EuGRZ 1980, S. 514 (515); Frowein/Peukert-*Peukert* (Fn 746), Art. 5, Rn 9.

[797] *Villiger* (Fn 564), Rn 317.

ziert.[798] Hingegen haben die Europäische Kommission und der EGMR im Fall *Guzzardi against Italy* unter Hinweis auf die zusammenwirkenden Umstände eine Freiheitsentziehung bejaht.[799] Der Beschwerdeführer war für die Dauer von drei Jahren auf die Insel Asinara vor der sardinischen Küste verbannt worden und durfte sich nur innerhalb eines Gebietes von 2,5 km^2 der insgesamt 50 km^2 großen Insel frei bewegen. Die Wohnung durfte zwischen 22.00 und 7.00 Uhr nicht verlassen werden; Telefonate waren vorher mit Angabe des Namens und des Anschlusses des Gesprächspartners den Behörden mitzuteilen.[800] Das Zusammenwirken dieser Tatsachen führte nach Ansicht des EGMR zur Bewertung der Verbannung als Freiheitsentzug, insbesondere weil es dem Beschwerdeführer fast vollständig unmöglich war, soziale Kontakte zu knüpfen und gesellschaftliche Beziehungen zu pflegen.[801]

Im Griechenland-Fall hat die Europäische Kommission entschieden, dass unter den Begriff des Freiheitsentzuges i.S.d. Art. 5 EMRK auch der Hausarrest unter polizeilicher Überwachung, in dessen Rahmen der Kontakt zu anderen Personen verboten oder erheblich eingeschränkt wird, fällt.[802] In den Fällen der Verurteilung zu Arrest ist zwischen leichtem und verschärftem sowie strengem Arrest zu differenzieren. Leichter Arrest bedeutet die Anordnung, sich während der dienst- bzw. arbeitsfreien Zeit zu Hause aufzuhalten.[803] Sowohl die Europäische Kommission als auch der EGMR haben hier eine Freiheitsentziehung abgelehnt, da der Betroffene nicht eingeschlossen wurde und seiner Arbeit weiterhin nachgegangen ist.[804] Auch der verschärfte Arrest (außerhalb der Arbeitszeit musste sich der Betroffene an einem bestimmten, unverschlossenen Ort aufhalten, den er auch nicht zu Kinobesuchen o.ä. verlassen durfte) ist nach Ansicht des EGMR mangels Einsperrung nicht als Freiheitsentziehung zu bewerten. Nur der verschärfte Arrest, der durch die Einsperrung der betroffenen Person gekennzeichnet ist, stellt eine Freiheitsentziehung i.S.v. Art. 5 EMRK dar.[805]

---

[798] *Villiger* (Fn 564), Rn 317; Frowein/Peukert-*Peukert* (Fn 746), Art. 5, Rn 12.

[799] EGMR, EuGRZ 1983, S. 633 (638 f).

[800] EGMR, EuGRZ 1983, S. 633.

[801] EGMR, EuGRZ 1983, S. 633 (637 f).

[802] Yearbook of the European Convention on Human Rights, Vol. 12 (1969), S. 134 ff.

[803] Vgl. EGMR, EuGRZ 1976, S. 221 (226); Frowein/Peukert-*Peukert* (Fn 746), Art. 5, Rn 22.

[804] EGMR, EuGRZ 1976, S. 221 (225).

[805] EGMR, EuGRZ 1976, S. 221 (225).

Werden die von der Europäischen Kommission und vom EGMR aufgestellten Kriterien für die Abgrenzung des Freiheitsentzuges von einer Freiheitsbeschränkung in die Beurteilung des elektronisch überwachten Hausarrestes einbezogen, ergibt sich, dass dieser nicht unter den Begriff des Freiheitsentzuges des Art. 5 EMRK fällt. Auch im Rahmen des Art. 5 EMRK ist von entscheidender Bedeutung, dass auf den Betroffenen kein äußerer Zwang ausgeübt wird. Der Arrestant ist beim Einsatz des Aktivsystems aufgrund der permanenten Signalübermittlung einer andauernden Überwachung und Kontrolle ausgesetzt; auch bei Anwendung des Passivsystems erfolgt eine Überprüfung der Anwesenheit des Verurteilten in seiner Wohnung in regelmäßigen Abständen. Indessen ist die Beschränkung der körperlichen Bewegungsfreiheit nur auf bestimmte Zeiten begrenzt. Der Verurteilte darf tagsüber die Wohnung verlassen, um einer sinnvollen Tagesbeschäftigung nachzugehen und hat täglich zumindest ein bis zwei Stunden zur freien Verfügung, in denen er seine Wohnung verlassen darf, um Besorgungen zu erledigen. Der Kontakt zu anderen Personen ist nur insofern eingeschränkt, als der Betroffene diese nicht aufsuchen darf, Besuche kann er hingegen zu jeder Zeit empfangen. Telefonische oder schriftliche Kontaktaufnahmen sind in vollem Umfang erlaubt. Im Unterschied zu dem dem Fall *Guzzardi against Italy* zugrundeliegenden Sachverhalt ist es dem Verurteilten nicht unmöglich, soziale Kontakte zu knüpfen und gesellschaftliche Beziehungen zu pflegen. Der elektronisch überwachte Hausarrest gibt dem jeweiligen Betroffenen vielmehr die Gelegenheit, seinen normalen Alltag weitestgehend fortzuführen. Mangels Einsperrung oder Einschließung und mit Blick auf die Tatsache, dass der Fall *Guzzardi* nicht mit der auf höchstens sechs Monate begrenzten elektronischen Überwachung vergleichbar ist, erscheint es sachgerecht, den elektronisch überwachten Hausarrest nicht unter den Begriff des Freiheitsentzuges zu subsumieren.

3. Die Einwilligung des Grundrechtsträgers

Unabhängig von der Differenzierung zwischen einer Freiheitsentziehung und einer Freiheitsbeschränkung liegt ein Eingriff in die körperliche Bewegungsfreiheit des Betroffenen gemäß Art. 2 Abs. 2 S. 2 GG i.V.m. Art. 104 GG dann nicht vor, wenn er in die Maßnahme eingewilligt hat. Denn Freiheitsbeschränkung ist eine Maßnahme, die ohne oder gegen den Willen des Grundrechtsträgers stattfindet.[806]

---

[806] *Gusy*, NJW 1992, S. 457 (462); *Hantel* (Fn 755), S. 67.

Eine Einwilligung schließt eine Verletzung der körperlichen Bewegungsfreiheit dann aus, wenn sie auf einer freien, autonomen Entscheidung beruht.[807]

Vor der Unterbringung im elektronisch überwachten Hausarrest hat der Verurteilte der elektronischen Überwachung schriftlich zuzustimmen. Wie bereits an anderer Stelle erörtert, ist diese Entscheidung des Straffälligen als freiwillig einzustufen. Aufgrund der wirksamen Einwilligung des Verurteilten in die Unterbringung im elektronisch überwachten Hausarrest liegt kein Eingriff in das Grundrecht der Freiheit der Person gemäß Art. 2 Abs. 2 S. 2 GG i.V.m. Art. 104 GG vor.[808]

E. Die Freizügigkeit gemäß Art. 11 Abs. 1 GG

Art. 11 Abs. 1 GG gewährleistet die Freizügigkeit aller Deutschen im gesamten Bundesgebiet. Die Freizügigkeit steht in engem Zusammenhang mit der Würde und Entfaltung des Menschen, da sie unverzichtbare Voraussetzung für die effektive Wahrnehmung anderer Grundrechte, z.b. der Berufsfreiheit, ist.[809] Durch die Gewährleistung eines jederzeitigen Aufenthaltswechsels hat der betroffene Grundrechtsträger die Möglichkeit, seine Lebensverhältnisse frei nach seinem Willen zu bestimmen, so dass Art. 11 Abs. 1 GG auch unter dem Aspekt der Selbstverwirklichung Bedeutung erlangt.[810]

I. Schutzbereich des Art. 11 Abs. 1 GG

Art. 11 Abs. 1 GG soll die Möglichkeit gewähren, *"ungehindert durch die deutsche Staatsgewalt an jedem Ort innerhalb des Bundesgebietes Aufenthalt und Wohnsitz zu nehmen, auch zu diesem Zweck, in das Bundesgebiet einzureisen"*.[811]

---

[807] Jarass/Pieroth-*Jarass* (Fn 563), Art. 2, Rn 88; Dreier-Schulze-*Fielitz* (Fn 552), Art. 2 II, Rn 103.

[808] Im Übrigen wäre die Anordnung der elektronischen Überwachung trotz der Einschränkung der Fortbewegungsfreiheit gleichwohl möglich, da insoweit keine Unterschiede zu den herkömmlichen Sanktionsmöglichkeiten bestehen, d.h. aufgrund eines Gesetzes darf in das Recht auf Freiheit der Person eingegriffen werden (Art. 2 Abs. 2 S. 3 GG). Der Eingriff wäre dann verfassungsrechtlich gerechtfertigt.

[809] *Alberts*, NVwZ 1997, S. 45 (47); *Hailbronner* in: Isensee/Kirchhof (Hrsg.), HdbStaatsR, Band VI - Freiheitsrechte, § 131, Rn 19.

[810] *Hailbronner* (Fn 809), § 131, Rn 20; *Alberts*, NVwZ 1997, S. 45 (46). Im Vergleich zu anderen Grundrechten hat die in Art. 11 GG normierte Freizügigkeit in der verfassungsgerichtlichen Rechtsprechung bislang wenig Bedeutung erlangt. Im Schrifttum wird deshalb auch vom "*Schattendasein*" des Art. 11 Abs. 1 GG gesprochen (*Pieroth*, JuS 1985, S. 81).

[811] BVerfGE 2, 266 (273); 43, 203 (211).

Die Aufenthaltsfreiheit umfasst die Freiheit des vorübergehenden oder längerfristigen Verweilens an einem Ort.[812] In Abgrenzung zur körperlichen Bewegungsfreiheit nach Art. 2 Abs. 2 S. 2 GG werden von Art. 11 Abs. 1 GG nur Ortsveränderungen erfasst, die von gewisser Dauer sind oder ein bestimmtes Mindestmaß an Bedeutung haben.[813] Notwendig ist ein Wechsel des alltäglichen Lebenskreises. Ein augenblickliches Verweilen bzw. ein flüchtiger Aufenthalt, beispielsweise das tägliche Fahren zur Arbeit oder zum Einkaufen, fallen nicht in den Schutzbereich der Freizügigkeit.[814] Einen Wohnsitz begründet, wer durch ständige Niederlassung mit dem rechtsgeschäftlichen Willen, nicht nur vorübergehend zu bleiben, den Ort zum räumlichen Schwerpunkt seiner Lebensverhältnisse macht.[815]

Die Unterbringung im elektronisch überwachten Hausarrest setzt voraus, dass der Verurteilte einen festen Wohnsitz hat. Während der Dauer der elektronischen Überwachung ist es dem Straffälligen untersagt, seinen Wohnsitz aufzugeben und woanders neu zu begründen. Gleichwohl hält die Arbeitsgruppe 'Elektronisch überwachter Hausarrest' Art. 11 Abs. 1 GG von seinem Schutzbereich her nicht für betroffen: Der elektronisch überwachte Hausarrest behindere unter Umständen die Ausübung des Rechtes im Einzelfall. Dabei handele es sich aber nicht um einen Eingriff, sondern *"lediglich um eine faktische und mittelbare Beeinträchtigung"*, die überdies von der Einwilligung des Verurteilten gedeckt sei.[816] Die Auffassung der Arbeitsgruppe zur Frage der Betroffenheit des Schutzbereiches vermag nicht zu überzeugen. Im Rahmen der elektronischen Überwachung ist der Betroffene darin beschränkt, seinen Aufenthalts- und Wohnort frei zu wählen, d.h. ein Ortswechseln nach Belieben ist ihm unmöglich. Dies folgt aus der in der Wohnung des Betroffenen vorzunehmenden Installation der Überwachungstechnologie, der Überprüfung der Einhaltung der Aufenthaltsbestimmungen sowie der mit EM verbundenen sozialen Betreuung. Demnach ist Art. 11 Abs. 1 GG von

---

[812] *Pieroth*, JuS 1985, S. 81 (83); *Hailbronner* (Fn 809), § 131, Rn 24.

[813] Sachs-*Krüger/Pagenkopf* (Fn 562), Art. 11, Rn 16; AK-*Rittstieg* (Fn 563), Art. 11, Rn 32; Jarass/Pieroth-*Jarass* (Fn 563), Art. 11, Rn 2; a.A. von Münch/Kunig-*Kunig*, der aber der zeitlichen Dauer eine Indizwirkung für die notwendige objektive Gesamtbetrachtung beimisst (Fn 546, Art. 11, Rn 14).

[814] *Hantel*, JuS 1990, S. 865 (866); *Hailbronner* (Fn 809), § 131, Rn 25. Nach a.A. erfasst Art. 11 Abs. 1 GG auch kurze Aufenthalte, z.B. aus geschäftlichen oder persönlichen Gründen, da diese für einen Menschen von besonderer Bedeutung sein können [*Alberts*, NVwZ 1997, S. 45 (47); *Pieroth*, JuS 1985, S. 81 (83)].

[815] *Hailbronner* (Fn 809), § 131, Rn 23; Sachs-*Krüger/Pagenkopf* (Fn 562), Art. 11, Rn 15.

[816] Abschlussbericht der Arbeitsgruppe 'Elektronisch überwachter Hausarrest', S. 7.

seinem Schutzbereich her betroffen. Ob mittelbare Behinderungen oder Beeinträchtigungen der Freizügigkeit innerhalb von Art. 11 Abs. 1 GG zu berücksichtigen sind, ist keine Problematik des Schutzbereiches, sondern der Eingriffsqualität.

II. Eingriff in den Schutzbereich

Ein Eingriff in das Recht auf Freizügigkeit liegt vor, wenn dem Grundrechtsträger eine jederzeitige Ortsveränderung innerhalb des Bundesgebietes eingeschränkt oder unmöglich gemacht wird. Mittelbare Behinderungen und Beeinträchtigungen besitzen hingegen keine Eingriffsqualität.[817] Nur dann, wenn faktische Beeinträchtigungen von ihrer Intensität her einem unmittelbaren, zielgerichteten Verbot oder Gebot gleichkommen, liegt ein Eingriff in die Freizügigkeit vor.[818]

Im Hinblick darauf, dass die Unterbringung im elektronisch überwachten Hausarrest einen festen Wohnsitz voraussetzt, kann der Verurteilte seinen Aufenthalt oder Wohnsitz innerhalb des Bundesgebietes gerade nicht nach Belieben wechseln, vielmehr ist er während der gesamten Dauer der elektronischen Überwachung an seinen Wohnsitz gebunden. Sinn und Zweck des elektronisch überwachten Hausarrestes ist die Beschränkung des Rechts des Verurteilten, seinen Aufenthalt frei zu wählen: Zu den vorgegebenen Zeiten muss er sich in seiner Wohnung aufhalten, anderenfalls hat er mit dem Widerruf der Maßnahme zu rechnen. Die elektronische Kontrolle zielt also auch darauf ab, dass der Betroffene seinen Lebenskreis für einen bestimmten Zeitraum nicht verlassen kann.

Ein Eingriff in die Freizügigkeit wäre nur zu verneinen, wenn die vor der Unterbringung im elektronisch überwachten Hausarrest erteilte schriftliche Einwilligung des Verurteilten einen Eingriff in Art. 11 Abs. 1 GG ausschlösse. Da es aufgrund des verfassungsrechtlich garantierten Selbstbestimmungsrechts allein dem Einzelnen überlassen bleiben sollte, über die ihm gewährten Grundrechtspositionen zu verfügen, ist bei Vorliegen einer wirksamen, insbesondere freiwillig erteilten Einwilligung ein Eingriff in den Schutzbereich des Art. 11 Abs. 1 GG zu verneinen.[819] Der Verurteilte kann ohne Einflussnahme vonseiten des Staates, d.h. freiwillig entscheiden, ob er einer Unterbringung im elektronisch überwachten

---

[817] Sachs-*Krüger/Pagenkopf* (Fn 562), Art. 11, Rn 20; von Münch/Kunig-*Kunig* (Fn 546), Art. 11, Rn 19; Jarass/Pieroth-*Jarass* (Fn 563), Art. 11, Rn 7a.
[818] VGH Kassel, NVwZ 1986, S. 860 (861); von Münch/Kunig-*Kunig* (Fn 546), Art. 11, Rn 19.
[819] Vgl. *Spieß* (Fn 639), S. 182.

Hausarrest zustimmt. Eine Verletzung der Freizügigkeitsgarantie des Art. 11 Abs. 1 GG scheidet damit mangels Eingriffs aus.[820]

F. Die Unverletzlichkeit der Wohnung gemäß Art. 13 Abs. 1 GG

Art. 13 GG enthält das grundsätzliche Verbot für die staatliche Gewalt, in die räumliche Privatsphäre des Bürgers einzudringen.[821] Dem Einzelnen soll ein *"elementarer Lebensraum"*[822] gewährleistet und das Recht, *"in Ruhe gelassen zu werden"*[823], eingeräumt werden. Insoweit steht das Grundrecht auf Unverletzlichkeit der Wohnung des Art. 13 Abs. 1 GG in engem Zusammenhang mit der Menschenwürdegarantie und dem Interesse des Einzelnen auf freie Entfaltung der Persönlichkeit. Der Einzelne soll in der von Art. 13 Abs. 1 GG geschützten räumlichen Privatsphäre tun und lassen können, was er will, ohne seitens des Staates kontrolliert zu werden oder Eingriffe fürchten zu müssen.[824]

Den Schutz der räumlichen Privatsphäre gewährleistet auch Art. 8 EMRK.[825] Art 8 Abs. 1 EMRK bestimmt, dass jedermann Anspruch auf Achtung seines Privat- und Familienlebens, seiner Wohnung und seines Briefverkehrs hat. Eingriffe in die Privatsphäre sind nur aufgrund gesetzlicher Vorschriften zulässig und sofern die Maßnahme in einer demokratischen Gesellschaft für bestimmte, in Art. 8 Abs. 2 EMRK abschließend aufgezählte Zwecke notwendig ist. Art. 8 EMRK erklärt die Wohnung zu einer Freistätte gegenüber der öffentlichen Gewalt und schützt in erster Linie vor unerwünschtem Eindringen oder Verweilen.[826]

---

[820] Willigt der Verurteilte nicht in die Unterbringung im elektronisch überwachten Hausarrest ein, kann der Eingriff gleichwohl verfassungsrechtlich gerechtfertigt sein (Art. 11 Abs. 2 GG). Die Freizügigkeit wird auch durch die herkömmlichen strafrechtlichen Maßnahmen eingeschränkt [*Bohlander*, ZfStrVo 1991, S. 293 (297)].

[821] BVerfGE 65, 1 (40); *Ipsen* (Fn 750), Rn 267; *Schmitt Glaeser* (Fn 17), § 129, Rn 47; *Dagtoglou*, JuS 1975, S. 753 (754).

[822] BVerfGE 42, 212 (219); 51, 97 (110).

[823] BVerfGE 27, 1 (6); *Kunig*, Jura 1992, S. 476 (477).

[824] SächsVerfGH, LKV 1996, S. 273 (290); *Schmitt Glaeser* (Fn 17), § 129, Rn 48.

[825] Maunz/Dürig-*Papier*, Grundgesetz, Band II, Art. 13, Rn 9; *Kunig*, Jura 1992, S. 476 (477); *Breitenmoser*, Der Schutz der Privatsphäre gemäß Art. 8 EMRK, S. 255 f.

[826] *Zwingenberger*, Die Europäische Konvention zum Schutz der Menschenrechte in ihrer Auswirkung auf die Bundesrepublik Deutschland, S. 219; Golsong/Karl/Miehsler/Petzold/Rogge/Vogler/Wildhaber-*Wildhaber/Breitenmoser* (Fn 720), Art. 8, Rn 488.

I. Schutzbereich des Art. 13 Abs. 1 GG

Art. 13 Abs. 1 GG soll die freie Entfaltung des Einzelnen in räumlicher Hinsicht gewährleisten und statuiert *"für die öffentliche Gewalt ein grundsätzliches Verbot des Eindringens in die Wohnung oder des Verweilens darin gegen den Willen des Wohnungsinhabers"*.[827] Unter den Begriff der Wohnung i.S.d. Art. 13 Abs. 1 GG fällt jeder Raum, den der Grundrechsträger der allgemeinen Zugänglichkeit entzieht und zur Stätte seines privaten Lebens und Wirkens bestimmt.[828]

Die elektronische Überwachung dient der Kontrolle der Anwesenheit des Verurteilten in seiner Wohnung zu den festgelegten Aufenthaltszeiten. Zu diesem Zweck ist vor der Teilnahme am elektronischen Hausarrest die Installation der technischen Überwachungsgeräte in der Wohnung des Betroffenen notwendig, welche später die Registrierung, Weiterleitung und Auswertung der Aufenthaltsdaten ermöglichen. Ferner sind während der Dauer der elektronischen Überwachung (unangemeldete) Besuche durch den zuständigen Sozialarbeiter vorgesehen. Das Betreten der Wohnung des Verurteilten durch fremde Personen ist daher zwangsläufig mit dem elektronischen Hausarrest verbunden, so dass der Schutzbereich des Art. 13 Abs. 1 GG betroffen ist.

II. Eingriff in den Schutzbereich

Art. 13 Abs. 1 GG gebietet dem Staat, jedwede Art von 'Einwirkung' zu unterlassen. Die Unverletzlichkeit wird als 'grundsätzliches Verbot' weit ausgelegt.[829] Ein Eingriff in das Grundrecht auf Unverletzlichkeit der Wohnung liegt demnach vor, wenn durch öffentliche Gewalt körperlich oder mittels technischer Geräte unkörperlich in die Wohnung des Betroffenen gegen seinen Willen eingedrungen wird.[830] Art. 13 GG unterscheidet verschiedene Eingriffsqualitäten: die Durchsuchung nach Art. 13 Abs. 2 GG, Lausch- und Spähangriffe i.S.d. des Art. 13 Abs. 3 - 5 GG und sonstige Eingriffe und Beschränkungen nach Art. 13 Abs. 7 GG, für die nach dem Gesetzeswortlaut jeweils unterschiedliche Schranken gelten. Die in Art. 13 Abs. 2 GG normierte Durchsuchung ist lex specialis zur allgemeineren

---

[827] BVerfGE 65, 1 (40).
[828] So *Dagtoglou*, JuS 1975, S. 753; Jarass/Pieroth-*Jarass* (Fn 563), Art. 13, Rn 2; Dreier-*Hermes* (Fn 552), Art. 13, Rn 16.
[829] Sachs-*Kühne* (Fn 562), Art. 13, Rn 6.
[830] *Pieroth/Schlink* (Fn 546), Rn 877; Sachs-*Kühne* (Fn 562), Art. 13, Rn 21 f.

Regelung in Art. 13 Abs. 7 GG.[831] Art. 13 Abs. 3 - 6 GG enthalten spezielle Regelungen zur technischen, insbesondere akustischen Wohnraumüberwachung.[832] Sie gehen als spezielle Vorschriften ebenfalls der Regelung des Art. 13 Abs. 7 GG vor.[833]

Bei der Unterbringung im elektronisch überwachten Hausarrest ist zwischen zwei Maßnahmen zu unterscheiden: dem Betreten der Wohnung durch Kontrollbeamte und der elektronischen Überwachung durch technische Mittel. Fraglich ist, ob diese staatlichen Maßnahmen als Durchsuchungen, Lausch- und Spähangriffe oder sonstige Eingriffe zu bewerten sind. Durchsuchung i.S.d. Art. 13 Abs. 2 GG ist das ziel- und zweckgerichtete Suchen staatlicher Organe, um planmäßig etwas Verborgenes aufzudecken.[834] Erforderlich ist ein körperliches Betreten der Wohnung des Berechtigten durch das Durchsuchungsorgan.[835]

Die Installation der technischen Überwachungsgeräte setzt das Betreten der Wohnung durch Techniker voraus. Darüber hinaus erfolgen während der Dauer der elektronischen Überwachung Kontrollbesuche durch den zuständigen Sozialarbeiter, um bei etwaigen Alarmmeldungen zu überprüfen, ob sich der Arrestant auch tatsächlich an den Wochenplan hält oder ob die technischen Hilfsmittel Störungen aufweisen.[836] Das Betreten der Wohnung zu den vorgenannten Zwecken ist mangels zielgerichteten Suchens weder als Durchsuchung i.S.d. Art. 13 Abs. 2 GG zu werten, noch handelt es sich um einen Lausch- oder Spähangriff, so dass diese Maßnahmen als sonstige Eingriffe und Beschränkungen i.S.d. Art. 13 Abs. 7 GG zu qualifizieren sind. Unstreitig ist jedoch, dass nur das Betreten der durch Art. 13 Abs. 1 GG geschützten Räume gegen den Willen des Berechtigten erfasst wird.[837] Im Vorfeld der Unterstellung unter elektronische Kontrolle erteilt der Betroffene seine schriftliche Einwilligung zur Unterbringung im Hausarrest, die sich auf das

---

[831] BVerwGE 28, 285 (286 f); *Ruthig*, JuS 1998, S. 506 (508).

[832] Diese Vorschriften sind im Jahre 1998 mit dem Gesetz zur Änderung des Grundgesetzes (Artikel 13) vom 26. März 1998 in das Grundgesetz implementiert worden (BGBl. 1998/I, S. 610).

[833] *Ruthig*, JuS 1998, S. 506 (508).

[834] BVerfGE 51, 97 (107); 76, 83 (89); BVerwGE 47, 31 (37); von Münch/Kunig-*Kunig* (Fn 546), Art. 13, Rn 25; Dreier-*Hermes* (Fn 552), Art. 13, Rn 44.

[835] SächsVerfGH, LKV 1996, S. 273 (290); BK-*Herdegen* (Fn 552), Art. 13, Rn 52; Jarass/Pieroth-*Jarass* (Fn 563), Art. 13, Rn 9; a.A. *Ransiek*, GA 1995, S. 23 (29 ff).

[836] Vgl. *Hessisches Ministerium der Justiz* (Fn 416), S. 2; BT-Drs. 14/1519 (Fn 396), S. 6.

[837] von Münch/Kunig-*Kunig* (Fn 546), Art. 13, Rn 19; v. Mangoldt/Klein/Starck-*Gornig* (Fn 553), Art. 13 Abs. 1, Rn 45; *Schmitt Glaeser* (Fn 17), § 129, Rn 55; *Dagtoglou*, JuS 1975, S. 753 (755); Schmidt-Bleibtreu/Klein-*Schmidt-Bleibtreu* (Fn 744), Art. 13, Rn 3.

Anbringen der erforderlichen technischen Geräte und das ungehinderte Betreten der Wohnung durch das Kontrollpersonal bezieht, so dass insoweit ein Eingriff in das Grundrecht auf Unverletzlichkeit der Wohnung nicht vorliegt.

Ein weiterer Ansatzpunkt für eine Beeinträchtigung der räumlichen Privatsphäre ist die elektronische Überwachung an sich. Bei Einsatz des Aktivsystems werden permanent Signale an den Empfänger gesendet, die an den Computer der zentralen Überwachungsstelle weitergeleitet werden. Kommt das Passivsystem zur Anwendung, wird der Überwachte in bestimmten Abständen angerufen, um seine Anwesenheit in der Wohnung zu bestätigen. In beiden Fällen liegt kein körperliches Eindringen durch ein staatliches Durchsuchungsorgan vor. Die elektronische Überwachung beinhaltet darüber hinaus kein ziel- und zweckgerichtetes Suchen im konkreten Einzelfall. Es fehlt das Merkmal des 'Herumwühlens', des Aufdeckens von Verborgenem. Die elektronische Kontrolle ist nicht als Durchsuchung i.S.d. Art. 13 Abs. 2 GG zu qualifizieren.

Das unkörperliche Eindringen unter Benutzung technischer Hilfsmittel ist in Art. 13 Abs. 3 - 5 GG explizit geregelt. Art. 13 Abs. 3 GG erfasst die akustische Wohnraumüberwachung durch ein Richt- oder installiertes Mikrofon (Wanze) zu Strafverfolgungszwecken.[838] Art. 13 Abs. 4 GG erfasst sowohl optische als auch akustische oder andere technische Überwachungsmaßnahmen zur Abwehr dringender Gefahren.[839] Mittels des Einsatzes technischer Hilfsmittel sollen das nicht öffentlich gesprochene Wort und andere Vorgänge ohne Kenntnis des betroffenen Grundrechtsträgers durch Sicherheits- und Strafverfolgungsbehörden aufgezeichnet werden können.[840] Art. 13 Abs. 5 S. 1 GG bezieht sich nicht auf das Eindringen in die Wohnung, sondern auf den Schutz staatlicher Organe bei verdeckter Ermittlung.[841] Sonstige Eingriffe und Beschränkungen, die nicht als Durchsuchung und nicht als Überwachung mit Hilfe technischer Mittel einzuordnen sind, beispielsweise das Betreten, Besichtigen und Verweilen zu anderen Zwecken als dem der Durchsuchung, werden von Art. 13 Abs. 7 GG erfasst.[842] Die Bestim-

[838] von Münch/Kunig-*Kunig* (Fn 546), Art. 13, Rn 40; *Pieroth/Schlink* (Fn 546), Rn 879.
[839] *Braun*, NVwZ 2000, S. 375 (376); Sachs-*Kühne* (Fn 562), Art. 13, Rn 46.
[840] v. Mangoldt/Klein/Starck-*Gornig* (Fn 553), Art. 13, Rn 67.
[841] Jarass/Pieroth-*Jarass* (Fn 563), Art. 13, Rn 23; *Pieroth/Schlink* (Fn 546), Rn 879.
[842] *Pieroth/Schlink* (Fn 546), Rn 880; Jarass/Pieroth-*Jarass* (Fn 563), Art. 13, Rn 26; von Münch/Kunig-*Kunig* (Fn 546), Art. 13, Rn 57; v. Mangoldt/Klein/Starck-*Gornig* (Fn 553), Art. 13 Abs. 7, Rn 151.

198

mungen des Art. 13 Abs. 3 - 5 GG sind abschließend, so dass ein Einsatz technischer Mittel, der nicht hierunter fällt, auch nicht von den sonstigen Eingriffen und Beschränkungen des Art. 13 Abs. 7 GG erfasst wird.[843] Da der Begriff "technische Mittel" nicht zeitbedingt, sondern entwicklungsoffen ist[844], fallen nicht nur optische und akustische Überwachungsmaßnahmen in den Regelungsbereich des Art. 13 Abs. 3 - 5 GG, sondern alle elektronischen Maßnahmen. Beschränkungen des Grundrechts müssen daher an den Schranken dieser speziellen Vorschriften gemessen werden. Fraglich ist jedoch, ob per se durch die elektronische Überwachung in das Grundrecht auf Unverletzlichkeit der Wohnung und damit in den räumlichen Bereich individueller Persönlichkeitsentfaltung des Verurteilten eingegriffen wird. Dies hängt nicht zuletzt von den zur elektronischen Überwachung eingesetzten Systemen ab.

Vor der Aufnahme spezieller Eingriffsvorbehalte für den Einsatz technischer Mittel in das Grundgesetz ist ein Eingriff in den Schutzbereich des Art. 13 Abs. 1 GG dann bejaht worden, wenn der Berechtigte heimlich abgehört wurde oder in sonstiger Weise Ausforschungen innerhalb der Wohnung durch technische Geräte erfolgten; eine körperliche Präsenz in der Wohnung selbst war nicht erforderlich. Auch die Nutzung der in der Wohnung installierten Abhör- und Bildaufzeichnungsgeräte ist als Grundrechtsbeeinträchtigung eingestuft worden.[845] Dies ist durch die Novellierung des Art. 13 GG bestätigt worden. Bei einem Einsatz technischer Mittel ist der Eingriffscharakter unabhängig vom Betreten der Wohnung zu bejahen.[846] Unbeachtlich ist, ob die verwendeten Hilfsmittel in den geschützten Räumlichkeiten selbst oder außerhalb angebracht werden.[847] Abhörgeräte an Außenwänden oder Richtfunk stellen unzweifelhaft Eingriffe in das Grundrecht auf Unverletzlichkeit der Wohnung dar, weil Schutz der Privatsphäre auch 'Informationsschutz' ist, so dass jede Überwindung der Begrenzung der Wohnung zur gezielten Beobachtung der räumlichen Sphäre des Betroffenen zur Informationsgewinnung von Art. 13 Abs. 1 GG erfasst wird.[848]

---

[843] *Pieroth/Schlink* (Fn 546), Rn 880.
[844] v. Mangoldt/Klein/Starck-*Gornig* (553), Art. 13 Abs. 4, Rn 132; von Münch/Kunig-*Kunig* (Fn 546), Art. 13, Rn 36.
[845] BVerfGE 65, 1 (40); *Kunig*, Jura 1992, S. 476 (479).
[846] *Ruthig*, JuS 1998, S. 506 (512).
[847] AK-*Berkemann* (Fn 563), Art. 13, Rn 30; *Ruthig*, JuS 1998, S. 506 (512); von Münch/Kunig-*Kunig* (Fn 546), Art. 13, Rn 40; *Schmitt Glaeser* (Fn 17), § 129, Rn 54.
[848] *Schmitt Glaeser* (Fn 17), § 129, Rn 54; v. Mangoldt/Klein/Starck-*Gornig* (Fn 553), Art. 13, Rn 44.

199

Die mittels der elektronischen Überwachung erlangten Daten über Aufenthaltszeiten des Betroffenen sind jedoch nicht mit der Intensität der sonstigen durch Art. 13 Abs. 1 GG erfassten staatlichen optischen und akustischen Überwachungsmaßnahmen vergleichbar; die Qualität der gewonnenen Informationen ist eine andere.[849] Die elektronische Überwachung dient lediglich der Überprüfung der Einhaltung der vereinbarten Arrestzeiten durch den Betroffenen. Informationen darüber, welche anderweitigen Personen die Wohnung betreten und/oder verlassen, werden nicht erhoben. Ebensowenig wird festgestellt, was in der Wohnung geschieht und worüber sich die Anwesenden unterhalten. Im Schrifttum wird mit Blick auf die bloße Kontrolle der Anwesenheit des Verurteilten ein Eingriff verneint.[850] Dem Verurteilten verbleibe innerhalb seiner Wohnung die unüberwachte Bewegungs- und Handlungsfreiheit[851], zumal eine Erkundung der tatsächlichen Lebensverhältnisse in der Wohnung nicht stattfinde.[852] Die gewonnenen Informationen weisen nicht die notwendige Eingriffsqualität auf, zumal Rückschlüsse auf Situationen, die sich innerhalb der Wohnung abspielen, nicht möglich seien. Dies gelte insbesondere beim Einsatz der passiven Systeme, weil hier der Verurteilte bei einem Kontrollanruf verpflichtet sei, seine Anwesenheit durch einen Codeleser oder einen Stimmenabgleich zu bestätigen. Der Schwerpunkt liege bei dieser Maßnahme in der Verpflichtung zur Informationspreisgabe.[853]

Diese Auffassung vermag nicht zu überzeugen. Das Grundrecht auf Unverletzlichkeit der Wohnung gemäß Art. 13 GG schützt vor jeder Art staatlichen Zugriffs auf die Wohnung.[854] Selbst bei der Aufnahme von Schall- und Wärmesignalen, die nach außen dringen und mit deren Wahrnehmung der Grundrechtsträger nicht zu rechnen braucht, liegt ein Eingriff in die räumliche Privatsphäre vor. Bei Einsatz des Aktivsystems werden Daten über die Anwesenheit des Arrestanten *in seiner Wohnung* erhoben und an die zentrale Überwachungsstelle weitergeleitet. Seitens der staatlichen Organe wird mithin auf die räumliche Privatsphäre zugegriffen, zumal der Aufenthalt des Verurteilten unmittelbar das Wohnungsgeschehen betrifft. Wird zur elektronischen Überwachung das Passivsystem eingesetzt, ist der Betroffene zur Mitwirkung dergestalt verpflichtet, dass er sich bei einem

[849] *Wittstamm* (Fn 74), S. 132.
[850] *Walter*, ZfStrVo 1999, S. 287 (291); *Wittstamm* (Fn 74), S. 133; *Hudy* (Fn 74), S. 194.
[851] *Hudy* (Fn 74), S. 194.
[852] *Walter*, ZfStrVo 1999, S. 287 (291).
[853] *Wittstamm* (Fn 74), S. 133 f.
[854] SächsVerfGH, LKV 1996, S. 273 (290).

Anruf des Computers mittels eines Codelesers oder anhand eines Stimmenabgleichs identifizieren muss. Auf technischem Wege werden daher Vorgänge in der Wohnung selbst überwacht. Durch die Registrierung der Signale und deren Weiterleitung an den Zentralcomputer der Überwachungsstelle wird der räumliche Schutz der Wohnung überwunden. Im Hinblick auf die Tatsache, dass *alle* mit technischen Hilfsmitteln ermöglichten Beobachtungen über bestimmte Vorgänge in einer Wohnung in den Schutzbereich des Art. 13 Abs. 1 GG fallen[855], und das Grundrecht der Unverletzlichkeit der Wohnung gegen jegliche Kenntnisnahme von Vorgängen schützt, die sich in ihr abspielen[856], ist grundsätzlich ein Eingriff zu bejahen. Dies bestätigt auch die Verfassungsreform, nach der das unkörperliche Eindringen nicht nur unter Zuhilfenahme optischer oder akustischer Mittel, sondern auch aller anderen technischen Mittel erfolgen kann. Auf die Qualität der gewonnenen Informationen kommt es in diesem Zusammenhang nicht an.

Bei EM fehlt es allerdings an der heimlichen Vornahme der Überwachung und der Heimlichkeit der damit verbundenen Weiterleitung, Speicherung und Auswertung der erlangten Informationen. Der im elektronischen Hausarrest untergebrachte Straffällige hat nicht nur Kenntnis von seiner Überwachung, sondern musste im Vorfeld der Teilnahme am elektronischen Hausarrest seine schriftliche Einwilligung erklären. Eine erteilte Zustimmung schließt einen Grundrechtsverstoß aus.[857] Denn beim Schutz der Persönlichkeitssphäre, der auch durch Art. 13 Abs. 1 GG gewährleistet werden soll, muss die Einwilligung des Einzelnen schon zur Verneinung eines Eingriffes führen, insbesondere deshalb, weil der Umfang der Privatsphäre davon abhängt, was der Grundrechtsträger als Privatangelegenheit behandelt wissen will.[858] Der Betroffene wird vor seiner Unterstellung unter elektronischen Hausarrest umfassend über die Funktionsweise der eingesetzten technischen Geräte und die daraus resultierende Informationsgewinnung sowie die Art und den Umfang der damit einhergehenden Einschränkungen aufgeklärt[859], so dass hinsichtlich der Wirksamkeit der erteilten Einwilligung keine Bedenken bestehen.

---

[855] *Guttenberg*, NJW 1993, S. 567 (568); *Ruthig*, JuS 1998, S. 506 (512).

[856] *Rohlf*, Der grundrechtliche Schutz der Privatsphäre, S. 156.

[857] BK-*Herdegen* (Fn 552), Art. 13, Rn 44; *Dagtoglou*, JuS 1975, S. 753 (755); *Kunig*, Jura 1992, S. 476 (480); *Voßkuhle*, DVBl. 1994, S. 611 (614).

[858] *Pietzcker*, Der Staat 17 (1978), S. 527 (543).

[859] BT-Drs. 14/1519 (Fn 396), S. 6.

Problematisch ist die im Gesetzentwurf des Bundesrates vorgesehene Beschränkung des Zustimmungserfordernisses auf die im Haushalt lebenden erwachsenen Personen. Auch Minderjährige sind vom Grundrecht auf Unverletzlichkeit der Wohnung geschützt.[860] Sofern sie daher Berechtigte i.S.d. Art. 13 Abs. 1 GG sind, müssen sie in die elektronische Überwachung einwilligen, da anderenfalls ein Eingriff in das Grundrecht auf Unverletzlichkeit der Wohnung vorliegt. Willigen sowohl der Verurteilte als auch die im Haushalt lebenden Personen im Vorfeld der elektronischen Überwachung in die Maßnahme ein, ist ein Eingriff in das Grundrecht der Unverletzlichkeit der Wohnung gemäß Art. 13 Abs. 1 GG zu verneinen.

Ob geheime Überwachungsmaßnahmen unter Zuhilfenahme technischer Geräte als Eingriffe in das Recht auf Achtung der Wohnung gemäß Art. 8 EMRK zu klassifizieren sind, hat der EGMR bisher noch nicht entschieden. In dem Fall *Klass c. Bundesrepublik Deutschland* schloß der EGMR jedenfalls nicht aus, dass das heimliche Abhören des Telefonverkehrs einen Eingriff in das Recht einer Person auf Schutz der Wohnung darstellen könnte.[861] In der Literatur werden die Telefonüberwachung und der Einsatz anderer technischer Überwachungsgeräte als typische Eingriffe in die Privatsphäre qualifiziert.[862] Ebenso stellen heimliche Ausforschungsmaßnahmen mittels eines Minispions oder Abhörgerätes einen Eingriff in Art. 8 EMRK dar, weil dadurch die Erkundung privater Gespräche und Handlungen jeglicher Art ermöglicht werde.[863]

Zwar dient EM nur zur Feststellung der An- und Abwesenheit des Betroffenen in seiner Wohnung mit der Folge, dass private Gespräche und intimste Kontakte nicht ausgeforscht werden. Gleichwohl ist der Einsatz der technischen Überwachungsgeräte im Rahmen des elektronisch überwachten Hausarrestes als Eingriff in Art. 8 EMRK zu bewerten, da mit Hilfe der Technik der räumliche Schutzbereich der Wohnung überwunden wird. Ein Verstoß gegen Art. 8 Abs. 1 EMRK unter dem Aspekt der Achtung der Wohnung scheidet jedoch aufgrund der Einwilligung des Verurteilten in die elektronische Überwachung aus.

---

[860] *Kunig*, Jura 1992, S. 476 (478); Dreier-*Hermes* (Fn 552), Art. 13, Rn 20.

[861] EGMR, EuGRZ 1979, S. 278 (284).

[862] *Villiger* (Fn 564), Rn 552; Frowein/Peukert-*Frowein* (Fn 746), Art. 8, Rn 6.

[863] *Breitenmoser* (Fn 825), S. 297; Golsong/Karl/Miehsler/Petzold/Rogge/Vogler/Wildhaber-*Wildhaber/Breitenmoser* (Fn 720), Art. 8, Rn 489.

G. Das Brief-, Post- und Fernmeldegeheimnis gemäß Art. 10 Abs. 1 GG

Art. 10 Abs. 1 GG schützt das Brief-, Post- und Fernmeldegeheimnis, d.h. die Vertraulichkeit bestimmter Kommunikationsmedien gegenüber der öffentlichen Gewalt. Er dient der Gewährleistung des privaten Lebensbereiches des Bürgers und damit dem Schutz der Intimität des Privaten und der Vertraulichkeit des geschäftlichen Verkehrs.[864] Art. 10 Abs. 1 GG soll diejenigen Gefahren ausschließen, die der Kommunikation angesichts der durch Dritte geleisteten Vermittlung drohen. Denn ein Kommunikationsvorgang aus der Distanz nimmt den Beteiligten die Möglichkeit, die Wahrung der Vertraulichkeit der Informationen selbst zu kontrollieren. Die Einschaltung Dritter in den Kommunikationsvorgang führt zu einem Verlust der Privatheit. Gleichwohl darf die Tatsache, dass die private Kommunikation unter Abwesenden die Übermittlung durch Dritte oder technische Medien notwendig macht, die private Geheimnissphäre nicht beeinträchtigen.[865]

Die Vertraulichkeit individueller Kommunikation schützt auch Art. 8 EMRK. Die Konvention gewährleistet damit die durch den Kommunikationsvorgang räumlich erweiterte private Geheimsphäre.[866] Der Grundrechtsträger wird sowohl vor geheimen Überwachungsmaßnahmen in der Öffentlichkeit als auch vor allen Abhörmaßnahmen, die sich auf den häuslichen Bereich beziehen, geschützt.[867] Der Schutzbereich des Art. 8 EMRK geht über denjenigen des Art. 10 Abs. 1 GG hinaus, da er neben dem Geheimnisschutz auch Schutz vor Kommunikationsverboten, -unterbrechungen oder -verzögerungen und damit die Freiheit der Kommunikation bietet.[868]

I. Schutzbereich des Art. 10 Abs. 1 GG

Der Geheimnisschutz des Art. 10 Abs. 1 GG unterscheidet drei Arten zwischenmenschlicher Kommunikation: den brieflichen Verkehr, die postalische Beförderung von Sendungen und den Fernmeldeverkehr.

---

[864] BVerfGE 67, 157 (169); BK-*Badura* (Fn 552), Art. 10, Rn 26; Maunz/Dürig-*Dürig* (Fn 553), Art. 10, Rn 1.
[865] BVerfGE 85, 386 (396); *Gusy*, JuS 1986, S. 89 (90).
[866] *Zwingenberger* (Fn 826), S. 219 f.
[867] Frowein/Peukert-*Frowein* (Fn 746), Art. 8, Rn 6.
[868] Dreier-*Hermes* (Fn 552), Art. 10, Rn 7.

Bei Einsatz des Aktivsystems sendet der Transmitter periodisch und dauerhaft ein Signal aus, das von dem Empfänger empfangen und über die Telefonleitung an die CMS weitergeleitet wird.[869] Im Rahmen des Passivsystems hat der Betroffene seine Anwesenheit mittels eines Codelesers zu bestätigen. Die Informationen über die Anwesenheit des Arrestanten in seiner Wohnung werden über eine Telefonanschlussleitung geführt.[870] Da bei EM das Telefonnetz dazu dient, die Anwesenheitszeiten des Verurteilten an die zentrale Überwachungsstelle und sodann an die Justizbehörden weiterzuleiten, also Dritten von den mit dem Kommunikationsvorgang verbundenen Inhalten bzw. Daten Kenntnis verschafft wird, ist der Schutzbereich des Art. 10 Abs. 1 GG unter dem Gesichtspunkt des Fernmeldegeheimnisses berührt.

1. Der Begriff des Fernmeldegeheimnisses

Das Fernmeldegeheimnis schützt die Vertraulichkeit individueller Kommunikationsvorgänge, die fernmeldetechnisch übertragen werden.[871] Erfasst wird die gesamte individuelle Kommunikation über das Medium drahtloser oder drahtgebundener elektromagnetischer Wellen, d.h. geschützt sind nicht nur Telefon-, Telegramm-, Fernschreib- und Funkverkehr, sondern auch die Nutzung von Internet und Mobilfunk.[872] Der öffentlichen Gewalt ist es untersagt, sich Kenntnis vom Inhalt des über Fernmeldeanlagen abgewickelten mündlichen oder schriftlichen Informations- und Gedankenaustauschs zu verschaffen.[873]

Das Fernmeldegeheimnis erstreckt sich auf alle Daten, die im Rahmen des Kommunikations- und Übermittlungsweges entstehen, beispielsweise das Zustandekommen der Verbindung an sich, die Identität der Beteiligten, den Ort der Kommunikation, den Zeitpunkt und die Dauer des Vorganges, also 'das Ob, das Wann und das Wie' der Fernmeldekommunikation.[874] Das 'privat' gesprochene Wort soll für den Kommunikationspartner zugänglich sein, hingegen sollen Dritte von

---

[869] *Gerz*, inform 2/2000, S. 15 (16).
[870] *Tinnefeld* (Fn 55), S. 47 (49 f).
[871] BVerfGE 67, 157 (172); 85, 386 (396).
[872] Sachs-*Krüger/Pagenkopf* (Fn 562), Art. 10, Rn 14 f; *Grote*, KritV 1999, S. 27 (39).
[873] BVerfGE 100, 313 (358).
[874] BVerfGE 67, 157 (172); 100, 313 (358); OLG Köln; NJW 1970, S. 1856 f; Maunz/Dürig-*Dürig* (Fn 553), Art. 10, Rn 18; *Schmitt Glaeser* (Fn 17), § 129, Rn 64; Dreier-*Hermes* (Fn 552), Art. 10, Rn 41; *Gusy*, JuS 1986, S. 89 (96).

der Möglichkeit der Kenntnisnahme ausgeschlossen sein.[875] Dabei kommt es auf den Inhalt der Mitteilungen nicht an. Denn eine Differenzierung zwischen materiell vertraulichen und anderen (geschäftlichen) Mitteilungen ist nur durch Kenntnisnahme des Inhalts des Kommunikationsvorganges möglich, die nicht gewollt sein kann, da sie zur Aufhebung des Geheimnisschutzes führen würde.[876]

2. Der Adressat des Fernmeldegeheimnisses

Adressat des Fernmeldegeheimnisses ist grundsätzlich die öffentliche Gewalt, nicht der Private.[877] Probleme ergeben sich deshalb, weil das staatliche Sondervermögen der 'Deutschen Bundespost POSTDIENST' in drei Aktiengesellschaften umgewandelt[878], mithin privatisiert worden ist. Vor den Reformen war die Post als Anbieter der Post- und Telekommunikationsleistungen und als Teil der öffentlichen Verwaltung unmittelbar dem Post-, Brief- und Fernmeldegeheimnis des Art. 10 Abs. 1 GG verpflichtet. Ob sich der Schutz des Fernmeldegeheimnisses gemäß Art. 10 Abs. 1 GG auch auf die privatrechtlich organisierten Nachfolgeunternehmen erstreckt, ist im Schrifttum umstritten.[879]

Unabhängig von der Privatisierung im Bereich des Post- und Telekommunikationswesens im Zuge der Postreformen und der damit verbundenen Problematik der Grundrechtsbindung der Nachfolgeunternehmen sind Beeinträchtigungen des Brief- und Fernmeldeverkehrs durch diese Unternehmen dann anhand von Art. 10 GG zu beurteilen, wenn sie durch den Staat veranlasst sind, also auf Anordnung oder Ersuchen der Strafverfolgungsbehörden, Sicherheitsbehörden oder anderer unmittelbar grundrechtsverpflichteter Hoheitsträger (Art. 1 Abs. 3 GG) durchgeführt werden.[880] Dies trifft auf die Anordnung der Unterbringung im elektronisch überwachten Hausarrest zu. Beispielsweise erlässt das Gericht mit dem erkennenden Urteil den Bewährungsbeschluss gemäß § 268 a StPO, in dem die Weisung an

---

[875] *Gusy*, JuS 1986, S. 89.
[876] BVerfGE 100, 313 (358); v. Mangoldt/Klein/Starck-*Gusy* (Fn 553), Art. 10, Rn 40, *Rohlf* (Fn 856), S. 166.
[877] *Schmitt Glaeser* (Fn 17), § 129, Rn 66.
[878] Deutsche Post AG, Deutsche Postbank AG und Deutsche Telekom AG. Vgl. Gesetz zur Umwandlung der Unternehmen der Deutschen Bundespost in die Rechtsform der Aktiengesellschaft (Postumwandlungsgesetz - Post-UmwG), BGBl I/1994, S. 2339 ff.
[879] Die Grundrechtsbindung der privaten Fernmeldeunternehmen bejahend: v. Mangoldt/Klein/Starck-*Gusy* (Fn 553), Art. 10, Rn 53. A.A. *Pieroth/Schlink* (Fn 546), Rn 774; *Gramlich*, CR 1996, S. 102 (108); Sachs-*Krüger/Pagenkopf* (Fn 562), Art. 10, Rn 20.
[880] *Grote*, KritV 82 (1999), S. 27 (39); *Welp* in: FS für Lenckner, S. 619 (626).

den Verurteilten enthalten ist, sich zu den vereinbarten Zeiten in seiner Wohnung aufzuhalten.[881] Die elektronische Überwachung erfolgt mithin auf Veranlassung der Justizbehörden, so dass hier dahinstehen kann, ob die Nachfolgeunternehmen der Deutschen Bundespost nach wie vor unmittelbar grundrechtlich gebunden sind. Eine etwaige Beeinträchtigung des Fernmeldegeheimnisses ist deshalb an Art. 10 GG zu messen.

Mit der Unterbringung des Verurteilten im elektronisch überwachten Hausarrest ist die Registrierung der Anwesenheitszeiten sowie die Weiterleitung der erhobenen Daten an die zentrale Überwachungsstelle verbunden, wobei der Fernmeldevorgang über das Telefonnetz erfolgt. Die Überwachungsstelle erhält Kenntnis von den während des Kommunikationsvorganges festgestellten Daten. Durch die Nutzung des Telefonanschlusses seitens der Justizbehörden zwecks Überwachung des Verurteilten ist der Schutzbereich des Art. 10 Abs. 1 GG unter dem Aspekt des Fernmeldegeheimnisses betroffen.

II. Eingriff in den Schutzbereich

Ein Eingriff in den Schutzbereich des Art. 10 Abs. 1 GG liegt vor, wenn die öffentliche Gewalt in den als privat geschützten Vermittlungsweg des Fernmeldeverkehrs einwirkt und sich gegen den Willen des Betroffenen Kenntnis vom Inhalt oder den Umständen des Kommunikationsvorganges verschafft, beispielsweise sich vom privaten Kommunikationsmittler Informationen geben lässt und diese sodann speichert, verwertet oder weitergibt.[882]

Da der Telefonanschluss des Verurteilten zur Übermittlung bestimmter Anwesenheitsdaten an die zentrale Überwachungsstelle zwecks Speicherung und Verarbeitung sowie Weiterleitung der Daten an die Justizbehörden benutzt wird, wäre ein Eingriff in Art. 10 Abs. 1 GG grundsätzlich zu bejahen. Eine Verletzung des Art. 10 Abs. 1 GG ist jedoch ausgeschlossen, wenn der Betroffene in die staatliche Maßnahme eingewilligt hat, da Art. 10 Abs. 1 GG nur Eingriffe gegen den Willen des Berechtigten verbietet.[883] Die Einwilligung des Betroffenen muss sich auf den

---

[881] Vgl. *Hessisches Ministerium der Justiz* (Fn 418), S. 1.
[882] BVerfGE 100, 313 (359); Dreier-*Hermes* (Fn 552), Art. 10, Rn 53.
[883] BayObLG, DVBl. 1974, S. 598 f; Dreier-*Hermes* (Fn 552), Art. 10, Rn 54; *Schmitt Glaeser* (Fn 17), § 129, Rn 69.

konkreten Einzelfall beziehen sowie frei, ausdrücklich und persönlich abgegeben werden.[884]

Der Straffällige hat vor der Teilnahme am elektronisch überwachten Hausarrest in die elektronische Überwachung eingewilligt, insbesondere in die Registrierung des Zustandekommens oder Nichtzustandekommens von Telefonkontakten mit der Überwachungsstelle sowie die Speicherung der erlangten Informationen. Das gemäß Art. 10 Abs. 1 GG geschützte Fernmeldegeheinmnis ist nicht verletzt.[885] Angesichts der vorherigen schriftlichen Einwilligung des Verurteilten liegt auch keine heimliche Überwachungsmaßnahme bzw. ein Eingriff in den unter dem Gesichtspunkt der Achtung der Privatsphäre als privat geschützten Kommunikationsvorgang des Art. 8 EMRK vor.[886]

H. Der Gleichheitsgrundsatz gemäß Art. 3 Abs. 1 GG

Art. 3 Abs. 1 GG enthält einen allgemeinen Gleichheitssatz, der die Gleichheit vor dem Gesetz (Rechtsanwendungsgleichheit) und die Gleichheit des Gesetzes (Rechtsetzungsgleichheit) fordert.[887] Dennoch ist die Gleichheitsverbürgung nicht grenzenlos, vielmehr ist die Vornahme von Differenzierungen unter bestimmten Umständen zulässig. Nach der sog. neuen Formel des BVerfG darf der Gesetzgeber, "*wenn er die Rechtsverhältnisse verschiedener Personengruppen differenzierend regelt, eine Gruppe von Normadressaten nur dann anders behandeln, wenn zwischen beiden Gruppen Unterschiede von solcher Art und von solchem Gewicht bestehen, dass sie die Ungleichbehandlung rechtfertigen können*".[888] Eine Beeinträchtigung des Art. 3 Abs. 1 GG ist mittels verfassungsgerichtlicher Abwägung festzustellen.[889]

---

[884] *Schmitt Glaeser* (Fn 17), § 129, Rn 69.
[885] Vgl. auch Abschlussbericht der Arbeitsgruppe 'Elektronisch überwachter Hausarrest', S. 6.
[886] Sofern der Verurteilte seine Zustimmung zu EM nicht erteilt, kann der Eingriff bei Beachtung des einfachen Gesetzesvorbehalts gemäß Art. 10 Abs. 2 S. 1 GG gerechtfertigt werden (*Laun* (Fn 571), S. 171).
[887] *Pieroth/Schlink* (Fn 546), Rn 428; *Ipsen* (Fn 750), Rn 753.
[888] BVerfGE 55, 72 (88); 75, 348 (357); 84, 133 (157).
[889] Sachs-*Osterloh* (Fn 562), Art. 3, Rn 14; von Münch/Kunig-*Gubelt* (Fn 546), Art. 3, Rn 14.

I. Ungleichbehandlung i.S.d. Art. 3 Abs. 1 GG

Eine Ungleichbehandlung i.S.d. Art. 3 Abs. 1 GG ist zu bejahen, wenn eine Person oder Personengruppe in einer bestimmten Weise, durch Eingriff oder Leistung, rechtlich anders behandelt wird als eine andere Person oder Personengruppe und beide Personen oder Personengruppen miteinander vergleichbar sind.[890] Weitere Voraussetzung ist, dass der Betroffene durch die Ungleichbehandlung benachteiligt wird.[891]

1. Eignungskriterien

Eine Ungleichbehandlung könnte darin liegen, dass für die Teilnahme am elektronischen Hausarrest an das Vorhandensein einer Arbeits- oder Ausbildungsstelle, einer Wohnung sowie eines Telefons angeknüpft wird[892] und insofern unterschiedliche soziale Verhältnisse berücksichtigt werden. Zwar genügt bereits eine Beschäftigung stundenweise, ein Studium oder eine Umschulung den Anforderungen zur Teilnahme am elektronisch überwachten Hausarrest. Darüber hinaus zeigen die Erfahrungen in Hessen, dass Arbeitslose nicht anders behandelt werden als Personen mit einem festen Arbeitsplatz. Von 35 Probanden waren beispielsweise vor dem Projektbeginn 27 ohne Beschäftigung. Neben der Vermittlung in gemeinnützige Arbeit hat der Großteil der Verurteilten erfolgreich eine feste Arbeitsstelle angenommen.[893] Indessen haben die Delinquenten keinen Anspruch auf Vermittlung einer gemeinnützigen Arbeit oder einer Arbeitsbeschaffungsmaßnahme, so dass Arbeitslose zunächst nicht für die Unterbringung im elektronisch überwachten Hausarrest in Betracht kommen und daher eine Ungleichbehandlung im Verhältnis zu Straffälligen, die über ein Beschäftigungsverhältnis verfügen, vorliegt.

Problematisch gestaltet sich ferner das Vorhandensein eines Telefonanschlusses. Selbst wenn dem Überwachten ein Telefon zur Verfügung gestellt würde, ist eine eigene Wohnung unverzichtbar. Es besteht daher die Gefahr, dass zwei wegen desselben Delikts oder eines Delikts vergleichbarer Schwere verurteilte Straffällige unterschiedlich behandelt werden, weil einer über einen festen Wohnsitz und

---

[890] *Pieroth/Schlink* (Fn 546), Rn 435.
[891] BVerfGE 67, 239 (244); Sachs-*Osterloh* (Fn 562), Art. 3, Rn 84; Jarass/Pieroth-*Jarass* (Fn 563), Art. 3, Rn 9; *Jarass*, NJW 1997, S. 2545 (2546).
[892] Vgl. *Hessisches Ministerium der Justiz* (Fn 413), S. 4.
[893] *Hessisches Ministerium der Justiz*, Presseinformation 68/2001 vom 03.05.2001.

einen Telefonanschluss verfügt, der andere hingegen obdachlos ist und somit die Voraussetzungen zur Teilnahme am elektronisch überwachten Hausarrest nicht erfüllt. Ersterer könnte unter EM gestellt werden, so dass stationärer Freiheitsentzug vermieden würde, letzterer müsste die Freiheitsstrafe in einer Justizvollzugsanstalt verbüßen. Der elektronisch überwachte Hausarrest führt demnach wegen der Eignungskriterien zu einer Ungleichbehandlung straffällig gewordener Personen.[894]

2. Regionale Begrenzung des Modellversuchs

Ausweislich des Abschlussberichtes der Arbeitsgruppe 'Elektronisch überwachter Hausarrest' sollte EM in den Ländern Hessen, Hamburg und Baden-Württemberg zum Einsatz gelangen.[895] Tatsächlich hat bis dato nur das Land Hessen einen zweijährigen Modellversuch zur Unterbringung Straffälliger im elektronisch überwachten Hausarrest durchgeführt. In der regionalen Begrenzung der Anwendung der elektronischen Überwachung könnte ebenfalls eine Ungleichbehandlung von Straftätern, die wegen einer Tat vergleichbarer Schwere verurteilt worden sind und aus ähnlichen sozialen Verhältnissen kommen, liegen, da in den anderen Bundesländern die Teilnahme am elektronischen Hausarrest überhaupt nicht möglich ist. Ein in Hessen verurteilter Straffälliger konnte den stationären Freiheitsentzug bei Vorliegen der Teilnahmevoraussetzungen durch EM abwenden, der in einem anderen Bundesland Verurteilte musste die Freiheitsstrafe hingegen in einer Strafanstalt verbüßen. Darüber hinaus hatten die Länder, die die Erprobung des elektronisch überwachten Hausarrestes in Erwägung gezogen haben, Modellversuche in verschiedenen Bereichen vor, etwa im Bereich von kurzen Freiheitsstrafen, bei der Vollstreckung von Restfreiheitsstrafen bis zur Entlassung oder im Bereich der Ersatzfreiheitsstrafe[896], so dass sich auch die verschiedenen Anwendungsbereiche der elektronischen Überwachung für die jeweils Verurteilten als Ungleichbehandlung darstellen könnten.

---

[894] In der Literatur wird in diesem Zusammenhang vor der Gefahr der Begründung einer 'Zwei-Klassen-Justiz' durch die Bevorzugung sozial besser gestellter Straffälliger gewarnt [*Heitmann*, ZRP 1999, S. 230 (232); *Nickolai*, ZfStrVo 1997, S. 298; *Ostendorf*, ZRP 1997, S. 473 (476); *Pätzel*, DuD 2000, S. 27 (30)].
[895] Abschlussbericht der Arbeitsgruppe 'Elektronisch überwachter Hausarrest', S. 12 ff.
[896] Abschlussbericht der Arbeitsgruppe 'Elektronisch überwachter Hausarrest', S. 12.

Eine Ungleichbehandlung i.S.d. Art. 3 Abs. 1 GG liegt allerdings nur dann vor, wenn die beiden vergleichbaren Fälle in den Kompetenzbereich derselben handelnden Stelle fallen. Daran fehlt es, wenn die zu beurteilenden Sachverhalte von zwei verschiedenen Trägern öffentlicher Gewalt gestaltet werden.[897] Die Beachtung des Gleichheitssatzes innerhalb des *eigenen* Zuständigkeitsbereiches spielt im Verhältnis zwischen Bund, Ländern und Gemeinden[898], in der Praxis der unterschiedlichen Gerichte[899] und bei den einzelnen Behörden[900] eine Rolle. Art. 3 Abs. 1 GG ist somit nicht deshalb verletzt, weil ein anderes Bundesland den gleichen Sachverhalt anders behandelt, auch wenn dadurch die Bewohner eines Landes praktisch mehr belastet oder begünstigt werden als die eines anderen Landes.[901] In diesen Fällen fehlt es aufgrund der verschiedenen Zuständigkeitsbereiche von vornherein an der wesentlichen Gleichheit.[902] Eine andere Beurteilung würde die Bundesstaatlichkeit und die Selbstverwaltungsgarantie der Länder in Frage stellen. Insoweit weisen das Bundesstaatsprinzip und der allgemeine Gleichheitssatz des Art. 3 Abs. 1 GG in entgegengesetzte Richtungen.[903]

Der Gesetzentwurf des Bundesrates zur Änderung des Strafvollzugsgesetzes sieht in § 10 a Abs. 1 StVollzG eine Ermächtigung der Landesregierungen vor, durch Rechtsverordnung Regelungen zu treffen, wonach Verurteilte im elektronisch überwachten Hausarrest untergebracht werden können.[904] Dabei entscheiden die Länder selbst über die Schaffung einer Rechtsverordnung und damit über die Frage, ob sie den elektronisch überwachten Hausarrest im Rahmen eines Modellversuches erproben möchten oder - mangels geeigneter Probanden - von der Durchführung eines solchen Versuchs absehen. In der konkreten Ausgestaltung der elektronischen Überwachung sind die Länder frei; sie entscheiden über das Wann und Wie der Durchführung. Der elektronisch überwachte Hausarrest betrifft damit verschiedene Träger der öffentlichen Gewalt, so dass eine Beeinträchtigung des allgemeinen Gleichheitssatzes nicht deswegen bejaht werden kann, weil EM in

---

[897] Jarass/Pieroth-*Jarass* (Fn 563), Art. 3, Rn 4a.

[898] BVerfGE 16, 6 (24); 42, 20 (27); 52, 42 (57 f); 93, 319 (351).

[899] BVerfGE 1, 332 (345); 75, 329 (347); 87, 273 (278).

[900] BVerfGE 21, 87 (91).

[901] BVerfGE 16, 6 (24); 93, 319 (351); Jarass/Pieroth-*Jarass* (Fn 563), Art. 3, Rn 4a; von Münch/Kunig-*Gubelt* (Fn 546), Art. 3, Rn 60; Dreier-*Heun* (Fn 552), Art. 3, Rn 48.

[902] *Pieroth/Schlink* (Fn 546), Rn 431.

[903] v. Mangoldt/Klein/Starck-*Starck* (Fn 553), Art. 3 Abs. 1, Rn 226; Maunz/Dürig-*Dürig* (Fn 553), Art. 3 Abs. I, Rn 233 ff; von Münch/Kunig-*Gubelt* (Fn 546), Art. 3, Rn 60.

[904] BT-Drs. 14/1519 (Fn 396), S. 4.

210

den einzelnen Bundesländern unterschiedlich ausgestaltet wird. In diesem Zusammenhang ist zu berücksichtigen, dass der Bund den Ländern durch die Verordnungsermächtigung eigene politische Entscheidungen zugesteht. Dadurch soll den Ländern die Möglichkeit gegeben werden, landesspezifischen Besonderheiten Rechnung zu tragen. Aufgrund der förderalen Kompetenzabgrenzung im Verhältnis zwischen Bund und Ländern sind nicht nur verschiedene Träger öffentlicher Gewalt sondern auch unterschiedliche Zuständigkeitsbereiche betroffen. Im Übrigen hat die Bestimmung der Verordnungsermächtigung in § 10 a Abs. 1 StVollzG, nach der nur Gefangene unter elektronisch überwachten Hausarrest gestellt werden dürfen, die nicht mehr als voraussichtlich sechs Monate einer zeitigen Freiheitsstrafe oder Restfreiheitsstrafe zu verbüßen haben, zur Folge, dass die Vollzugsverhältnisse der einzelnen Länder nicht in erheblichem Umfang voneinander abweichen.[905] Es sind bestimmte Rahmenbedingungen vorgegeben, innerhalb derer die Länder den elektronischen Hausarrest ausgestalten dürfen, so dass die Wahrung einer gewissen Einheitlichkeit der Vollzugsverhältnisse noch gegeben ist. Insofern liegt diesbezüglich eine Ungleichbehandlung von vornherein nicht vor.

Eine andere Beurteilung könnte die Tatsache erfordern, dass in Hessen der elektronisch überwachte Hausarrest unabhängig von der Verordnungsermächtigung bereits im Rahmen der bestehenden Gesetzeslage zur Anwendung gelangt ist. Im Gegensatz zu den anderen Bundesländern haben die Gerichte im Amts- und Landgerichtsbezirk Frankfurt am Main bestimmte Straffällige im elektronischen Hausarrest untergebracht. Dadurch könnte eine Ungleichbehandlung von Straftätern anderer Bundesländer gegeben sein.

Aus justizverfassungsrechtlichen Gründen hat das BVerfG anerkannt, dass die Praxis der verschiedenen Gerichte voneinander abweichen darf.[906] Davon umfasst ist auch die unterschiedliche Auslegung bestimmter Normen. Da Richter nach Art. 97 Abs. 1 GG unabhängig und nur dem Gesetz unterworfen sind, brauchen die Gerichte bei der Auslegung und Anwendung von Normen einer vorherrschenden Auffassung nicht zu folgen, selbst dann nicht, wenn alle anderen Gerichte eine gegenteilige Meinung vertreten.[907] *"Selbst eine zweifelsfrei fehlerhafte Gesetzes-*

---

[905] BR-Drs. 698/97 (Fn 387), S. 5 sowie BT-Drs. 14/1519 (Fn 396), S. 5.
[906] BVerfGE 87, 273 (278); vgl. auch BK-*Rüfner* (Fn 552), Art. 3 Abs. 1, Rn 185.
[907] BVerfGE 87, 273 (278).

*anwendung einfachen Rechts begründet noch keinen Verstoß gegen den allgemei-
nen Gleichheitssatz. Hinzukommen muss vielmehr, dass die fehlerhafte Rechtsan-
wendung unter Berücksichtigung der das Grundgesetz beherrschenden Gedanken
nicht mehr verständlich ist und sich daher der Schluss aufdrängt, dass sie auf
sachfremden Erwägungen beruht.''*[908] Nur dann, wenn der Inhalt einer Norm in
krasser Weise missdeutet wird, liegt ein Gleichheitsverstoß vor.[909]

Das Amtsgericht Frankfurt am Main hat im Anschluss an die Auffassung des Hessischen Justizministeriums vertreten, dass die elektronische Überwachung bei der
bestehenden Gesetzeslage als Weisung im Zusammenhang mit einer ausgesetzten
Freiheitsstrafe, zur Vermeidung von Widerrufen bei bereits ausgesetzten Strafen
durch einen ergänzenden Beschluss, zur Aussetzung des Strafrestes, im Rahmen
der Führungsaufsicht und im Rahmen der Untersuchungshaft, wenn der Haftbefehl durch den Haftrichter außer Vollzug gesetzt wird, eingesetzt werden kann.
Dadurch soll aufgrund der positiven ausländischen Erfahrungen in einem Modellversuch erprobt werden, wie EM sinnvoll in Verbindung mit einer Strafaussset-
zung zur Bewährung zur Anwendung gelangen kann.[910]

Die in § 56 c StGB aufgezählten Weisungen sind nach allgemeiner Auffassung
nicht abschließend.[911] Der Gesetzgeber wollte damit den Strafgerichten alle Möglichkeiten eröffnen, sich bei der Auswahl der Weisungen an den Bedürfnissen des
Einzelfalles zu orientieren.[912] Gleiches gilt für den Katalog des § 116 StPO (''namentlich''). Der Katalog des § 68 b Abs. 1 StGB ist zwar abschließend[913], erlaubt
aber, den Straffälligen anzuweisen, den Wohn- oder Aufenthaltsort oder einen
bestimmten Bereich nicht ohne Erlaubnis der Aufsichtsstelle zu verlassen. Der
Wortlaut dieser Vorschriften ermöglicht eine Auslegung dahingehend, dass bestimmte Aufenthaltsbestimmungen erteilt und elektronisch überwacht werden

---

[908] BVerfGE 75, 329 (347).
[909] BVerfGE 87, 273 (279); 96, 189 (203); von Münch/Kunig-*Gubelt* (Fn 546), Art. 3, Rn 45.
[910] *Hessisches Ministerium der Justiz* (Fn 413), S. 1 f.
[911] *Tröndle/Fischer* (Fn 502), § 56 c, Rn 5.
[912] BT-Drs. V/4094, Begründung zum ersten schriftlichen Bericht des Sonderausschusses für die
Strafrechtsreform über den eingebrachten Entwurf eines Strafgesetzbuches (Allgemeiner Teil) -
Drucksache V/2285, S. 12.
[913] *Tröndle/Fischer* (Fn 502), § 68 b, Rn 2.

dürfen.[914] Eine solche Gesetzesauslegung und -anwendung stellt keine krasse Missdeutung des Inhalts der Vorschrift dar, so dass ein Gleichheitsverstoß zu verneinen ist. In dem Einsatz der elektronischen Überwachung nach der bereits bestehenden Gesetzlage allein in Hessen ist keine Ungleichbehandlung i.S.d. Art. 3 Abs. 1 GG zu sehen.

II. Verfassungsrechtliche Rechtfertigung

Nach den obigen Ausführungen liegt eine Ungleichbehandlung verschiedener, wegen vergleichbarer Delikte verurteilter Straffälliger darin, dass die Unterbringung im elektronisch überwachten Hausarrest an das Vorhandensein einer Wohnung, eines Beschäftigungsverhältnisses und eines Telefonanschlusses geknüpft wird. Eine Beeinträchtigung des allgemeinen Gleichheitssatzes des Art. 3 Abs. 1 GG ist jedoch zu verneinen, wenn die Ungleichbehandlung verfassungsrechtlich gerechtfertigt ist. Dabei differenziert das BVerfG nach der Intensität der Beeinträchtigung der durch die Ungleichbehandlung Betroffenen. Die Anforderungen an die verfassungsrechtliche Rechtfertigung erstrecken sich *"je nach Regelungsgegenstand und Differenzierungsmerkmalen ... vom bloßen Willkürverbot bis zu einer strengen Bindung an Verhältnismäßigkeitserfordernisse"*.[915] Bei geringer Intensität der Ungleichbehandlung ist als Maßstab zur verfassungsrechtlichen Rechtfertigung das Willkürverbot heranzuziehen: Eine Ungleichbehandlung ist gerechtfertigt, sofern sie willkürfrei ist und irgendein sachlicher Grund für die Ungleichbehandlung vorliegt. Bei größerer Intensität der Ungleichbehandlung ist ein wichtiger sachlicher Grund notwendig, und darüber hinaus erfolgt eine Verhältnismäßigkeitsprüfung, d.h. die Ungleichbehandlung muss einen legitimen Zweck verfolgen, zur Erreichung des Zwecks geeignet und erforderlich sein und in einem angemessenen Verhältnis zum Wert des Zwecks stehen.[916]

Die Auswahl der Probanden für die Teilnahme am elektronisch überwachten Hausarrest erfolgt anhand personenbezogener Merkmale, so dass eine strengere Prüfung der Ungleichbehandlung geboten ist, und zwar unter Einbeziehung des

---

[914] Vgl. zu § 116 StPO: Löwe/Rosenberg-*Hilger*, Die Strafprozessordnung und das Gerichtsverfassungsgesetz, § 116, Rn 23; *Seebode*, StV 1999, S. 324 (328); ders. (Fn 777), S. 179; *Nibbeling*, StV 1996, S. 323 (325); *Schädler/Wulf*, BewHi 1999, S. 3 (7).
[915] BVerfGE 88, 87 (96); 89, 15 (22); 91, 389 (401); 95, 267 (316 f); *Pieroth/Schlink* (Fn 546), Rn 438; *Jarass*, NJW 1997, S. 2545 (2546).
[916] *Pieroth/Schlink* (Fn 546), Rn 439 f; *Jarass*, NJW 1997, S. 2545 (2546 ff).

Verhältnismäßigkeitsgrundsatzes. Mit Blick auf die Unmöglichkeit, gesetzgeberische Regelungen und Gestaltungen ohne Ungleichbehandlung auszuarbeiten, wird dem Gesetzgeber ein weiter Ermessens- und Gestaltungsspielraum eingeräumt. Es ist unbeachtlich, *"ob der Gesetzgeber die jeweils gerechteste und zweckmäßigste Regelung getroffen"*[917] hat; maßgeblich ist nur, ob für die gesetzliche Regelung *"sachlich einleuchtende Gründe schlechterdings nicht mehr erkennbar sind"*.[918] Die Ungleichbehandlung muss ferner verhältnismäßig sein, d.h. es müssen Differenzierungsgründe vorliegen, die *"von solcher Art und von solchem Gewicht"* sind, *"dass sie die ungleiche Behandlung rechtfertigen"*.[919]

Mit der Differenzierung zwischen Straftätern, die über keine Wohnung mit Telefonanschluss und kein Beschäftigungsverhältnis verfügen, und solchen, die diese Voraussetzungen erfüllen, will der Gesetzgeber die für die Unterbringung im elektronischen Hausarrest geeigneten Straffälligen umschreiben. Es ist festzustellen, ob der Täter für die Teilnahme am elektronisch überwachten Hausarrest in Betracht kommt, namentlich zuverlässig, insbesondere regelmäßig seiner Arbeit nachgehen und die abgesprochenen Arrestzeiten einhalten wird, dem psychischen Druck standhalten kann und nicht zu befürchten ist, dass er sich der elektronischen Überwachung durch Flucht entzieht. Aus diesem Grund ist bereits in der Begründung des im Bundesrat eingebrachten Gesetzesantrages des Landes Berlin betont worden, dass es einer genauen gesetzgeberischen Beschreibung der in Betracht kommenden Zielgruppe bedarf.[920] Die Anknüpfung an das Vorhandensein einer Wohnung, eines Telefons und eines Arbeitsplatzes ist ein notwendiges und zweckmäßiges Mittel, um die für die Teilnahme an EM geeigneten Delinquenten zu eruieren. Ein fester Wohnsitz und ein regelmäßiges Beschäftigungsverhältnis reduzieren die Gefahr, dass der Verurteilte den elektronischen Hausarrest zur Flucht nutzt oder zur Begehung neuer Straftaten missbraucht, erheblich.

Gegen eine Verletzung des Gleichheitsgrundsatzes aus Art. 3 Abs. 1 GG spricht auch die Tatsache, dass das Gericht jeden Straffälligen nach seiner Tat und nach seiner Schuld zu bestrafen hat, d.h. anhand des jeweiligen Falles unter Einbeziehung der konkreten Tat und der tatsächlichen Lebensumstände des Täters über das

---

[917] BVerfGE 66, 85 (95).
[918] BVerfGE 64, 158 (168).
[919] BVerfGE 78, 232 (247); 85, 238 (244); 92, 26 (52).
[920] BR-Drs. 698/97 (Fn 387), S. 4.

214

Strafmaß entscheidet. Die vorbezeichneten Umstände können Aufschluss über die zukünftige Legalbewährung des Straftäters geben.[921] Auch bei der Überlegung, ob die verhängte Freiheitsstrafe von nicht mehr als einem Jahr zur Bewährung ausgesetzt werden kann, verlangt § 56 Abs. 1 S. 2 StGB eine Gesamtwürdigung der Tat durch das Gericht, namentlich die Persönlichkeit des Verurteilten, sein Vorleben und seine Vorstrafen, die Umstände der Tat, die Lebensverhältnisse des Delinquenten sowie die Wirkungen, die von der Aussetzung für den Verurteilten zu erwarten sind, müssen in die Überlegungen einbezogen werden.[922] Gleiches gilt für die Prüfung seitens des Gerichtes, ob der Haftbefehl gemäß § 120 StPO aufzuheben oder sein Vollzug nach § 116 StPO auszusetzen ist. Beim Antrag auf Haftprüfung hat der zuständige Richter festzustellen, ob weniger einscheidende Maßnahmen, die ihrer Art nach als Ersatzmittel für die Untersuchungshaft geeignet und auf die Persönlichkeit des Beschuldigten sowie auf seine Lebensverhältnisse abgestimmt sind, die Erwartung hinreichend begründen, dass der Zweck der Untersuchungshaft auch durch sie erreicht werden kann oder die Verdunkelungsgefahr erheblich gemindert wird.[923] Das Gericht hat in seine Entscheidung die Tatsache, dass der Verurteilte über ein regelmäßiges Arbeitsverhältnis, einen festen Wohnsitz oder starke soziale Bindungen verfügt, einzubeziehen.[924] Mithin ist die Berücksichtigung unterschiedlicher sozialer Verhältnisse im strafrechtlichen Bereich nicht nur allgemein anerkannt, sondern auch gesetzlich vorgesehen (vgl. § 56 Abs. 1 S. 2 StGB). Die Einbeziehung der sozialen Verhältnisse des Betroffenen stellt damit einen wichtigen sachlichen Grund i.S.d. Art. 3 Abs. 1 GG dar. Die Differenzierung ist geeignet, potentielle Teilnehmer für die Unterbringung im elektronisch überwachten Hausarrest auszuwählen. Aus technischen Gründen sind ein fester Wohnsitz und ein Telefon erforderlich, um die Überwachungsgeräte zu installieren; eine weniger belastende Differenzierung steht daher nicht zur Verfügung. Schlussendlich ist die Verhältnismäßigkeit i.e.S. zu berücksichtigen. *"Ungleichbehandlung und rechtfertigender Grund müssen in einem angemessenen Verhältnis zueinander stehen"*.[925] Bei objektiver Betrachtung der Teilnahmevoraussetzungen ist keine willkürliche Differenzierung vonseiten des Staates zu er-

---

[921] So auch *Schlömer* (Fn 353), S. 237; *Laun* (Fn 571), S. 174.
[922] *Tröndle/Fischer* (502), § 56, Rn 6 ff.
[923] *Meyer-Goßner*, Strafprozessordnung, § 116, Rn 5, 14.
[924] OLG Frankfurt, StV 1985, S. 374; SK-*Paeffgen*, Systematischer Kommentar zur Strafprozessordnung und zum Gerichtsverfassungsgesetz, § 116, Rn 11.
[925] BVerfGE 82, 126 (146); 85, 238 (245).

kennen. Die Berücksichtigung unterschiedlicher sozialer Verhältnisse ist mit Blick auf die Umschreibung einer geeigneten Zielgruppe angemessen. Die länderübergreifende Arbeitsgruppe 'Elektronisch überwachter Hausarrest' hat das Vorhandensein von Arbeitsverhältnis, Wohnung und Telefonanschluss daher zu Recht als *"sachgerechtes Unterscheidungskriterium"* gewertet, *"um die Eignung des Probanden für den Hausarrest - insbesondere seine soziale Eingliederung und Vereinbarungsfähigkeit - festzustellen"*.[926]

J. Die Berufsfreiheit gemäß Art. 12 GG

Nach seinem Wortlaut schützt Art. 12 Abs. 1 GG die Freiheit, den Beruf, den Arbeitsplatz und die Ausbildungsstätte zu wählen. Das Grundrecht der Berufsfreiheit soll dem Einzelnen gewährleisten, jede Beschäftigung, für die er sich geeignet glaubt, als Beruf zu ergreifen, d.h. zur Grundlage seiner Lebensführung zu machen.[927] Daneben schützt Art. 12 Abs. 1 GG die Freiheit der Berufsausübung, die zwar nicht ausdrücklich genannt wird, deren Schutz sich jedoch aus dem in Art. 12 Abs. 1 S. 2 GG enthaltenen Regelungsvorbehalt ergibt.[928] Art. 12 Abs. 2 GG schützt den Einzelnen vor Zwang zu bestimmten Arbeitsleistungen. Die EMRK enthält keine Gewährleistung der Berufsfreiheit. Lediglich Art. 4 EMRK schließt bestimmte Formen des Zwanges zur Arbeit aus.[929]

I. Der Schutzbereich des Art. 12 Abs. 1 GG

Art. 12 Abs. 1 GG hat entgegen seinem Wortlaut nicht zwei separate Schutzbereiche, sondern enthält ein einheitliches Grundrecht der Berufsfreiheit. Dies resultiert aus der Tatsache, dass eine strikte Trennung von Berufswahl und Berufsausübung faktisch nicht möglich ist, da sich in der Berufsausübung die Berufswahl des Einzelnen kontinuierlich bestätigt.[930] Die Vorschrift des Art. 12 Abs. 1 GG will alle staatliche Maßnahmen abwehren, die die Berufsfreiheit einschränken.[931]

---

[926] Abschlussbericht der Arbeitsgruppe 'Elektronisch überwachter Hausarrest', S. 5. Im Übrigen sollte in geeigneten Fällen Telefonanschluss, Wohnung und Beschäftigung durch den Staat zur Verfügung gestellt werden.
[927] BVerfGE 7, 377 (397).
[928] *Pieroth/Schlink* (Fn 546), Rn 806; *Ipsen* (Fn 750), Rn 595; *Friauf*, JA 1984, S. 537 (538).
[929] Frowein/Peukert-*Frowein* (Fn 746), Art. 4, Rn 1.
[930] BVerfGE 7, 377 (402); Maunz/Dürig-*Scholz* (Fn 825), Art. 12, Rn 14; *Breuer* in: Isensee/Kirchhof (Hrsg.), HdbStaatsR, Band VI - Freiheitsrechte, § 147, Rn 33; v. Mangoldt/Klein/Starck-*Manssen* (Fn 553), Art. 12 Abs. 1, Rn 2.
[931] *Ipsen* (Fn 750), Rn 609; Sachs-*Tettinger* (Fn 562), Art. 12, Rn 9.

Das BVerfG hat unter den Begriff des Berufs jede erlaubte Tätigkeit, die auf Dauer angelegt ist und der Schaffung und Erhaltung einer Lebensgrundlage dient, gefasst.[932] Die Berufswahl betrifft die Entscheidung des Einzelnen, in welchem Bereich er sich beruflich betätigen will, die Arbeitsplatzwahl die Entscheidung, an welcher konkreten Stelle er dem gewählten Beruf nachgehen möchte.[933]

Während der elektronischen Überwachung soll der Verurteilte gemäß § 10 a Abs. 4 StVollzG ein freies Beschäftigungsverhältnis nach Maßgabe von § 39 Abs. 1 und 2 StVollzG fortsetzen oder aufnehmen. Geht der Straffällige im Zeitpunkt seiner Verurteilung keiner Beschäftigung nach, müsste er unter Umständen eine Arbeit annehmen, die weder seinen beruflichen Fähigkeiten noch seinen Neigungen entspricht oder an einem ihm unliebsamen Ort auszuüben ist. Ferner könnten im Rahmen der Ausübung der Tätigkeit Inkompatibilitäten mit der eingesetzten Überwachungstechnik entstehen, z.B. wenn der Betroffene auf der Intensivstation in einem Krankenhaus, als Pilot oder Programmierer arbeitet. In diesen Fällen besteht die Gefahr, dass durch die Überwachungstechnologie die technischen Geräte am Arbeitsplatz in ihrer Funktionsweise beeinträchtigt werden, so dass der Betroffene während der Dauer von EM einer anderen Tagesbeschäftigung nachgehen müsste. Der Schutzbereich des Art. 12 GG ist daher bei Unterbringung des Verurteilten im elektronischen Hausarrest betroffen.

II. Eingriff in den Schutzbereich

Ein Eingriff in das Grundrecht der Berufsfreiheit liegt vor, wenn durch staatliche Maßnahmen die Wahl, d.h. das 'Ob' oder die Ausübung, d.h. das 'Wie' der beruflichen Tätigkeit reglementiert werden.[934] Die Freiheit der Berufswahl beinhaltet das Verbot, den Einzelnen zur Wahl eines bestimmten Berufes zu zwingen.[935] Die Freiheit der Berufsausübung schützt alle in Zusammenhang mit der beruflichen Tätigkeit, ihrem Ort, ihren Inhalten, ihrer Zeit, ihrem Umfang, ihren äußeren Erscheinungsformen etc. stehenden Modalitäten.[936] Nach der sog. 'Stufentheorie' des BVerfG sind gesetzliche Einschränkungen der Berufsausübung zulässig, wenn vernünftige Erwägungen des Gemeinwohls sie zweckmäßig er-

---

[932] BVerfGE 7, 377 (397); 54, 301 (313); 97, 228 (252).
[933] BVerfGE 84, 133 (146); *Friauf*, JA 1984, S. 537 (541 f).
[934] *Pieroth/Schlink* (Fn 546), Rn 825.
[935] *Breuer* (Fn 930), § 147, Rn 56.
[936] Sachs-*Tettinger* (Fn 562), Art. 12, Rn 57; *Breuer* (Fn 930), § 147, Rn 57.

scheinen lassen. Hingegen darf die Freiheit der Berufswahl nur eingeschränkt werden, *"soweit der Schutz besonders wichtiger ('überragender') Gemeinschaftsgüter es zwingend erfordert."*[937] Da gesetzliche Reglementierungen, die die Berufsausübung betreffen, unter Umständen schwierig von Rechtsnormen zu unterscheiden sind, die sich zwar auf die Ausübung des Berufes auswirken, aber nicht als Ausübungsregelung gedacht sind[938], ist nach der Rechtsprechung des BVerfG Art. 12 Abs. 1 GG nur dann als Prüfungsmaßstab heranzuziehen, wenn die streitgegenständlichen Normen *"in einem engen Zusammenhang mit der Ausübung eines Berufes stehen und - objektiv - eine berufsregelnde Tendenz deutlich erkennen lassen"*.[939] Die staatliche Maßnahme muss sich also entweder auf die Berufstätigkeit beziehen oder, bei berufsneutraler Zielsetzung, sich zumindest unmittelbar auf die berufliche Tätigkeit auswirken oder in ihren mittelbaren Auswirkungen von beträchtlichem Gewicht sein.[940]

Der neue § 10 a StVollzG eröffnet den Ländern die Möglichkeit, selbständig Regelungen für die Einführung und Ausgestaltung des elektronisch überwachten Hausarrestes zu schaffen. Ziel der Entwurfsverfasser ist es, zur Entlastung der seit Jahren überbelegten Justizvollzugsanstalten eine vom Gericht bestimmte Freiheitsstrafe nicht mehr in einer Strafanstalt, sondern im Wege des elektronisch überwachten Hausarrestes in der Wohnung des Verurteilten zu vollstrecken, d.h. EM soll als eine neue Form der Haftverbüßung erprobt werden. Die Verordnungsermächtigung hat keine berufspolitische Tendenz und zielt nicht unmittelbar auf eine berufliche Betätigung, sondern ist von der gesetzgeberischen Absicht berufsneutral. Fraglich ist deshalb, inwieweit sich die Unterstellung unter elektronische Überwachung faktisch auf die berufliche Tätigkeit des Betroffenen auswirkt. Der Verurteilte kann im Rahmen der elektronischen Überwachung ein Studium aufnehmen oder eine Ausbildung oder eine Umschulung beginnen, so dass eine Beeinträchtigung der Freiheit der Berufswahl nicht vorliegt. Eine Beeinträchtigung der Freiheit der Berufsausübung ist ebenfalls zu verneinen. Der elektronisch

---

[937] BVerfGE 7, 377 (405).
[938] Vgl. *Ipsen* (Fn 750), Rn 619.
[939] BVerfGE 13, 181 (186); 16, 145 (162); 22, 380 (384); 52, 42 (54); 70, 191 (214).
[940] BVerfGE 97, 228 (254); *Pieroth/Schlink* (Fn 546), Rn 823; *Friauf*, JA 1984, S. 537 (540); Sachs-*Tettinger* (Fn 562), Art. 12, Rn 72. Kritisch *Manssen*, der einen Eingriff in Art. 12 Abs. 1 GG bereits dann bejaht, wenn eine staatliche Maßnahme den Grundrechtsträger in seiner beruflichen Tätigkeit erfasst. Maßgeblich sei allein die individuelle Situation des Betroffenen (v. Mangoldt/Klein/Starck-*Manssen* (Fn 553), Art. 12 Abs. 1, Rn 73).

überwachte Hausarrest soll die negativen Auswirkungen der stationären Unterbringung in einer Justizvollzugsanstalt vermeiden, insbesondere dem Verlust des Arbeitsplatzes entgegenwirken. Daher soll der Betroffene seiner derzeitigen beruflichen Tätigkeit auch während der Dauer der elektronischen Überwachung nachgehen. Sofern der Verurteilte ohne Arbeit ist, soll er zwar ein Beschäftigungsverhältnis aufnehmen, ihm werden jedoch keine Pflichten auferlegt, die seine Berufsausübung reglementieren. Der Straffällige wird nicht gezwungen, einer bestimmten Beschäftigung nachzugehen, die nicht seinen Neigungen entspricht. Vielmehr hat die Verordnungsermächtigung ausdrücklich darauf verzichtet, *"das Vorhandensein eines Arbeitsplatzes als verbindliches Positivkriterium vorzugeben"*.[941] Es kann demnach im Einzelfall ausreichen, wenn der Proband eine Selbstbeschäftigung gemäß § 39 Abs. 2 StVollzG oder eine geeignete ehrenamtliche Tätigkeit ausübt.[942] Im Übrigen genügt allein die Gefahr, dass der Betroffene unter Umständen eine ihm unliebsame Beschäftigung aufnehmen könnte, nicht für die Bejahung einer Beeinträchtigung des Art. 12 Abs. 1 GG. Vor Beginn der elektronischen Überwachung wird die Art, die Dauer und der Umfang der Tagesbeschäftigung mit dem Arrestanten bis ins Einzelne vereinbart, d.h. der Proband erklärt sich mit der Ausübung der jeweiligen Tätigkeit einverstanden.[943] Dem Verurteilten steht es im Vorfeld frei, die Unterbringung im elektronisch überwachten Hausarrest abzulehnen. Problematisch gestalten sich daher nur diejenigen Fälle, in denen technische Inkompatibilitäten zwischen der Überwachungstechnologie und der am Arbeitsplatz eingesetzten Technik entstehen. Indessen wird vom Betroffenen nicht die Aufgabe des Arbeitsplatzes verlangt, vielmehr entscheidet er freiwillig, ob er während der Dauer der elektronischen Überwachung einer anderen beruflichen Tätigkeit oder einer Selbstbeschäftigung nachgehen möchte. Soweit der Delinquent sein bisheriges Arbeitsverhältnis aufgibt oder ein solches freiwillig neu begründet, macht er als Grundrechtsträger von der Freiheit des Art. 12 Abs. 1 GG Gebrauch, so dass ein Eingriff in die Berufsfreiheit aufgrund der Einwilligung des Betroffenen ausscheidet. Die Grenze der Verfügungsbefugnis ist erst dann erreicht, wenn die Bindung übermäßig oder sittenwidrig wird.[944] Im Einzelfall besteht darüber hinaus die Möglichkeit, gemeinnützige Arbeit oder ABM zu vermitteln, in deren Rahmen die beruflichen Neigungen des Verurteilten

---

[941] BT-Drs. 14/1519 (Fn 396), S. 6.
[942] BT-Drs. 14/1519 (Fn 396), S. 5.
[943] Vgl. *Hessisches Ministerium der Justiz* (Fn 413), S. 3.
[944] *Pietzcker*, Der Staat 17 (1978), S. 527 (544).

Berücksichtigung finden können.[945] Die durch Art. 12 Abs. 1 GG geschützte Freiheit des Berufes wird durch EM nicht verletzt.

Die Tatsache, dass der Verurteilte ein Beschäftigungsverhältnis aufnehmen oder ein bestehendes fortsetzen soll, stellt keinen Arbeitszwang i.S.d. Art. 12 Abs. 2 GG dar, da Arbeitszwang nur die Verpflichtung beinhaltet, bestimmte einzelne Arbeitsleistungen zu erbringen.[946] Hieran fehlt es bei der Unterstellung unter elektronisch überwachten Hausarrest: Der Betroffene hat nicht einzelne Arbeitsleistungen zu erbringen, sondern regelmäßig einer beruflichen Tätigkeit nachzugehen. Wird dem Verurteilten eine ehrenamtliche Tätigkeit vermittelt, die er während der Dauer des elektronisch überwachten Hausarrestes ausübt, ist hervorzuheben, dass ehrenamtliche Tätigkeiten nach einhelliger Meinung nicht unter Art. 12 Abs. 2 GG fallen.[947] Im Übrigen fehlt es im Rahmen von Art. 12 Abs. 2 GG bei freiwillig eingegangenen Verpflichtungen am Zwang.[948] Da der Delinquent der elektronischen Überwachung im Vorfeld schriftlich zustimmt, liegt kein Eingriff in Art. 12 Abs. 2 GG vor. Aus diesem Grund scheidet auch eine Verletzung des Art. 4 EMRK aus, da nach Auffassung der Europäischen Kommission Zwangs- oder Pflichtarbeit nur dann vorliegt, wenn sie unfreiwillig erfolgt und zudem ungerecht oder unterdrückend ist oder unvermeidliche Härten zur Folge hat.[949]

K. Der Schutz von Ehe und Familie gemäß Art. 6 GG

Art. 6 Abs. 1 GG beinhaltet einen umfassenden, allgemeinen Schutzauftrag des Staates für die Ehe und die Familie. Dieser besondere Schutz erfasst *"positiv die Aufgabe für den Staat, Ehe und Familie nicht nur vor Beeinträchtigungen durch andere Kräfte zu bewahren, sondern auch durch geeignete Maßnahmen zu fördern, negativ das Verbot für den Staat selbst, die Ehe zu schädigen oder sonst zu beeinträchtigen"*.[950] Durch staatliche Maßnahmen soll der private Lebensraum

---

[945] So zutreffend der Abschlussbericht der Arbeitsgruppe 'Elektronisch überwachter Hausarrest', S. 7.

[946] Sachs-*Tettinger* (Fn 562), Art. 12, Rn 158; von Münch/Kunig-*Gubelt* (Fn 546), Art. 12, Rn 90; AK-*Rittstieg* (Fn 563), Art. 12, Rn 162.

[947] für Wahlhelfer/Volkszähler: VG Wiesbaden, NJW 1987, S. 2536 f; vgl. auch Dreier-*Wieland* (Fn 552), Art. 12, Rn 92; Jarass/Pieroth-*Jarass* (Fn 563), Art. 12, Rn 90; v. Mangoldt/Klein/Starck-*Manssen* (Fn 553), Art. 12 Abs. 2 und 3, Rn 291.

[948] Jarass/Pieroth-*Jarass* (Fn 563), Art. 12, Rn 89; Sachs-*Tettinger* (Fn 562), Art. 12, Rn 151.

[949] EKMR, EuGRZ 1975, S. 47 (48); *Villiger* (Fn 564), § 19, Rn 311.

[950] BVerfGE 6, 55 (76); 32, 260 (267).

von Ehe und Familie gewahrt und gefördert werden.[951] Art. 6 Abs. 2 und 3 GG enthalten besondere Schutzrechte, die der Pflege und Erziehung (Abs. 2) und dem familiären Zusammenleben (Abs. 3) dienen.

Auf europäischer Ebene steht die Ehe unter dem Schutz von Art. 8 EMRK und ist als 'Familienleben' zu klassifizieren, auch wenn ein Familienleben noch nicht voll begründet, sondern erst beabsichtigt ist, denn Art. 8 EMRK garantiert den Anspruch auf Achtung des Privat- und Familienlebens und setzt dadurch die Existenz einer Familie voraus.[952] Daneben gewährleistet Art. 8 Abs. 1 EMRK den Eltern das Recht, das Familienleben mit ihren Kindern *"nach eigenem Gutdünken zu leben und zu gestalten"*.[953]

I. Schutzbereich des Art. 6 Abs. 1 GG

Art. 6 Abs. 1 GG enthält zum einen eine Garantie für die Institutionen von Ehe und Familie und zum anderen ein individuelles Abwehrrecht gegen Eingriffe in die spezifischen Formen des ehelichen und familiären Zusammenlebens.[954] 'Schützen' i.s.d. Art. 6 Abs. 1 GG bedeutet *"die Förderung des Schutzgutes, die Abwehr von Störungen oder Schädigungen und vor allem den Verzicht des Staates auf eigene störende Eingriffe"*.[955] Das Institut der 'Ehe' definiert das BVerfG als umfassende, grundsätzlich unauflösbare Lebensgemeinschaft zwischen Mann und Frau.[956] Hingegen sieht Art. 6 Abs. 1 GG die Ehe nicht mehr allein als Grundlage der Familie an. 'Familie' ist daher nach der Rechtsprechung des BVerfG *"die umfassende Gemeinschaft von Eltern und Kindern"*.[957] Grundrechtsträger des Art. 6 Abs. 1 GG ist jede natürliche Person, auch Minderjährige.[958]

---

[951] *Kingreen*, Jura 1997, S. 401; *Gusy*, JA 1986, S. 183.

[952] EGMR, EuGRZ 1989, S. 567; Golsong/Karl/Miehsler/Petzold/Rogge/Vogler/Wildhaber-*Wildhaber/Breitenmoser* (Fn 720), Art. 8, Rn 349.

[953] EGMR, DR 29, S. 104; *Villiger* (Fn 564), § 26, Rn 561.

[954] BVerfGE 6, 55 (76); 87, 1 (35).

[955] BVerfGE 6, 55 (76).

[956] BVerfGE 10, 59 (66); 53, 224 (245); 62, 323 (330); BVerfG, NJW 1993, S. 3058.

[957] BVerfGE 10, 59 (66); 18, 97 (105 f); 80, 81 (90). Unter den Begriff der Familie fallen auch Elternpaare mit nichtehelichen Kindern, Elternteile mit ehelichen Kindern und Ehepaare mit Kindern eines der Ehegatten (Jarass/Pieroth-*Pieroth* (Fn 563), Art. 6, Rn 4; *Kingreen*, Jura 1997, S. 401 (402); Dreier-*Gröschner* (Fn 552), Art. 6, Rn 71.

[958] *Ipsen* (Fn 750), Rn 309.

Durch die elektronische Überwachung wird nicht nur in das Leben des Verurteilten eingegriffen, sondern zugleich werden die im selben Haushalt lebenden Personen betroffen. Mit dem elektronisch überwachten Hausarrest sind permanente, auch unangekündigte Kontrollen durch den zuständigen Sozialarbeiter verbunden, die nicht nur für den Verurteilten, sondern auch für den Ehepartner und die Familienangehörigen eine erhebliche Belastung darstellen können. Die Verpflichtung, zu den vorgegebenen Zeiten die eigene Wohnung nicht verlassen zu dürfen, kann angesichts der beträchtlichen psychischen Anspannung zu familiären Konflikten führen. Der Schutzbereich des Art. 6 GG ist daher durch die elektronische Überwachung betroffen.

II. Eingriff in den Schutzbereich

Der Gesetzgeber ist grundsätzlich befugt, den Schutzbereich des Grundrechts von Ehe und Familie auszugestalten, so dass nicht jede Norm, die die Ehe oder Familie betrifft, einen Eingriff in Art. 6 Abs. 1 GG darstellt. Vielmehr ist festzustellen, ob es sich bei der streitgegenständlichen Regelung um eine ausgestaltende Norm handelt, die nicht als Grundrechtseingriff zu qualifizieren ist oder um eine das Grundrecht von Ehe und Familie beeinträchtigende staatliche Maßnahme. Die Befugnis des Gesetzgebers, das Grundrecht auszugestalten, bedeutet nicht, dass dieser beliebig über das Grundrecht verfügen darf.[959] Ausgestaltende Regelungen liegen i.d.R. vor, wenn sie in Zusammenhang mit der sozialen und/oder rechtlichen Bedeutung von Ehe und Familie stehen, beispielsweise Normen des Ehe- und Familienrechts.[960] Im Gegensatz dazu handelt es sich nicht mehr um ausgestaltende, sondern in Art. 6 Abs. 1 GG eingreifende Regelungen, wenn die staatlichen Maßnahmen auf die Ehe und Familie freiheitsbeschränkend einwirken, also die Funktion der Familie beseitigen oder in schwerwiegender Weise stören.[961]

Die Verordnungsermächtigung stellt keine Regelung dar, die sich auf soziale und rechtliche Belange von Ehe und Familie bezieht. Die Entwurfsverfasser haben bei der Schaffung des neuen § 10 a StVollzG keine Ausgestaltung des Schutzbereiches des Art. 6 Abs. 1 GG beabsichtigt, sondern wollen den Ländern die befristete Möglichkeit eröffnen, eigenständige Vorschriften für die Einführung und Ausges-

---

[959] *Kingreen*, Jura 1997, S. 401 (403); *Pieroth/Schlink* (Fn 546), Rn 213.

[960] *Kingreen*, Jura 1997, S. 401 (403); *Pieroth/Schlink* (Fn 546), Rn 647.

[961] *Pieroth/Schlink* (Fn 546), Rn 647; BK-*Pirson* (Fn 552), Art. 6, Rn 51.

taltung des elektronisch überwachten Hausarrestes auszuarbeiten. Sonach ist die Verordnungsermächtigung nicht als den Schutzbereich des Grundrechts von Ehe und Familie ausgestaltende Norm, die keinen Grundrechtseingriff darstellt, zu qualifizieren.

Fraglich ist deshalb, ob sich die elektronische Überwachung für die Ehe und Familie des Verurteilten freiheitsbeschränkend auswirkt. Der elektronisch überwachte Hausarrest soll als gesonderte Unterbringungsform neben den geschlossenen und den offenen Vollzug zur Vermeidung stationärer Unterbringung treten, um die beeinträchtigenden Wirkungen des Haftvollzuges zu vermeiden. Im Vergleich zur Verbüßung der Freiheitsstrafe in einer Justizvollzugsanstalt wird der Verurteilte bei der Unterbringung im elektronisch überwachten Hausarrest nicht von seinem Ehepartner und seiner Familie getrennt, wodurch dem Betroffenen ein größeres Maß an Freiheit gewährt wird. EM wirkt sich durch das Verbleiben in der gewohnten Umgebung weniger belastend auf das eheliche bzw. familiäre Zusammenleben aus; der Ehepartner und/oder das Elternteil ist für die anderen Familienangehörigen weiterhin als Kommunikationspartner vorhanden. Der Verurteilte kann während der Dauer der elektronischen Überwachung seinen elterlichen (erzieherischen und fürsorglichen) Pflichten nachkommen, er steht insbesondere zur Betreuung der Kinder zur Verfügung.

Sofern durch bestimmte Maßnahmen die Möglichkeit für die Realisierung der ehelichen Lebensgemeinschaft und der familiären Lebenshilfe verbessert werden kann, sind die Belange der Ehe und Familie in besonderem Maße zu berücksichtigen.[962] Der Einsatz der elektronischen Überwachung könnte daher als weniger belastende Maßnahme mit Rücksicht auf eheliche und familiäre Interessen indiziert sein. Schwierigkeiten ergeben sich dadurch, dass der Straffällige während der gesamten Dauer der elektronischen Überwachung verpflichtet ist, sich in seiner Wohnung aufzuhalten. Dieses permanente Eingesperrtsein kann zu beträchtlichen psychischen Belastungen angesichts der ständig offenen Haustür und damit zu Aggressionen (sog. 'Hauskoller') führen. Diese Lebenssituation stellt an die Familienangehörigen und die im selben Haushalt lebenden Personen erhebliche soziale Anforderungen, denn von ihnen wird zum einen erwartet, dass sie den Arrestanten (aus familiären Gründen oder aus Mitgefühl) unterstützen und zum

---

[962] BK-*Pirson* (Fn 552), Art. 6, Rn 67.

anderen sind sie im Hinblick auf die Kontrollanrufe und die in bestimmten Abständen erfolgenden Besuche des zuständigen Sozialarbeiters gleichfalls den Kontrollmaßnahmen ausgesetzt. Dadurch besteht die Gefahr, dass familiären Spannungen u.U. Vorschub geleistet wird.

Um die negativen Auswirkungen der elektronischen Überwachung zu vermeiden, ist die Unterbringung im elektronischen Hausarrest zeitlich auf höchstens sechs Monate beschränkt. Gleichwohl kann die zeitliche Begrenzung der elektronischen Überwachung die erheblichen psychischen Belastungen nicht ausschließen. Insoweit könnte EM einen Eingriff in das Grundrecht von Ehe und Familie bedeuten. Ein Eingriff in Art. 6 GG ist aber zu verneinen, wenn die Betroffenen in den Grundrechtseingriff eingewilligt haben.[963] Dies beruht darauf, dass Art. 6 Abs. 1 GG Ausdruck des besonderen Schutzes der privaten Lebensräume des Einzelnen ist, in denen sich dieser frei von staatlichen Einflüssen entfalten können soll.[964] Nur dann, wenn die grundrechtliche Position zum Bezugspunkt nicht Individual-, sondern öffentliche Interessen, beispielsweise den demokratisch politischen Prozess hat, ist das Schutzgut für den Einzelnen nicht disponibel.[965] Insoweit ist zur Beantwortung der Frage, ob der Betroffene wirksam über bestimmte Grundrechtspositionen verfügen kann, festzustellen, ob das Grundrecht überwiegend persönliche oder öffentliche Interessen schützt.[966] Das Grundrecht von Ehe und Familie weist neben dem personalen Bezug auch einen 'öffentlichen' bzw. institutionellen Charakter auf[967] und ist nach der Rechtsprechung des BVerfG als bedeutsame Einrichtung der Privatrechtsordnung unentbehrlich.[968] Dennoch steht Art. 6 Abs. 1 GG auch in engem Zusammenhang mit dem Schutz der Privatsphäre des einzelnen Grundrechtsträgers. Der Schutz von Ehe und Familie ist als ''*verselbständigter Teilbereich des natürlichen Persönlichkeitsrechts*'' zu qualifizieren, in dessen Rahmen der Betroffene die Möglichkeit hat, über die familiäre Sphäre selbst zu entscheiden.[969] Eine Verfügung der Ehepartner und der betroffenen Familienmitglieder über rechtliche Positionen, die die familiäre Sphäre betref-

---

[963] Speziell zum elektronisch überwachten Hausarrest: *Schlömer* (Fn 353), S. 252.

[964] *Gusy*, JA 1986, S. 183; *Kingreen*, Jura 1997, S. 401 (402).

[965] *Pietzcker*, Der Staat 17 (1978), S. 527 (539); *Robbers*, JuS 1985, S. 925 (927 f).

[966] *Pieroth/Schlink* (Fn 546), Rn 137; *Stern* (Fn 552), § 86 II 5 c).

[967] *Stern* (Fn 552), § 86 II 5 c).

[968] BVerfGE 6, 55 (72); 9, 237 (248); 22, 93 (98); 31, 58 (67); 55, 114 (126); 61, 18 (25); 76, 1 (41, 49); 80, 81 (92).

[969] *Stern*, StaatsR der Bundesrepublik Deutschland, Band III/1, § 66 II 3 d).

224

fen, ist folglich zulässig. Da die Verordnungsermächtigung in § 10 a Abs. 2 StVollzG die schriftliche Einwilligung des Gefangenen sowie aller im Haushalt lebender erwachsener Personen voraussetzt, liegt ein Eingriff in das Grundrecht von Ehe und Familie nicht vor. Allein die Tatsache, dass die Einwilligung der im selben Haushalt lebenden Minderjährigen nicht notwendig ist, ist verfassungsrechtlich bedenklich. Diese Bedenken können beseitigt werden, indem die Unterbringung im elektronischen Hausarrest auch von der Zustimmung der Minderjährigen bzw. ihrer gesetzlichen Vertreter abhängig gemacht wird.[970]

Im Ergebnis liegt eine Beeinträchtigung des Grundrechts von Ehe und Familie gemäß Art. 6 Abs. 1 GG im Hinblick auf die vorab erteilte Einwilligung seitens der betroffenen Familienmitglieder nicht vor (Siebenter Teil, B II 1 b; F II). Aus dem gleichen Grunde ist ein Verstoß gegen Art. 8 Abs. 1 EMRK zu verneinen.

L. Schlußbetrachtung zur Vereinbarkeit der elektronischen Überwachung mit der Verfassung

Die vorstehenden Ausführungen zur Vereinbarkeit der elektronischen Überwachung mit der Verfassung, insbesondere mit der Menschenwürde, des informationellen Selbstbestimmungsrechts und der Achtung der Privatsphäre zeigen, dass der elektronisch überwachte Hausarrest trotz der vielfach in Politik, Wissenschaft und Praxis geäußerten Skepsis den verfassungsrechtlichen Anforderungen genügt. Es wird eine Vielzahl von Grundrechten berührt, Eingriffe, die das Grundgesetz nicht zuließe, liegen jedoch nicht vor.[971] Die Schwierigkeit, den elektronischen Hausarrest zu bewerten, liegt darin, dass neben den verschiedenen Anwendungsbereichen zahlreiche unterschiedliche technische Ausgestaltungen der Überwachungsprogramme existieren. Sofern diese Programme den Maßstäben des Grundgesetzes sowie denen der EMRK entsprechen, insbesondere mit der Menschenwürde vereinbar sind, bestehen keine Bedenken gegen den Einsatz der elektronischen Überwachung. Bei Einsatz der herkömmlichen Aktiv- oder Passivsysteme wird kein Bewegungsprofil des Verurteilten erstellt, eine visuelle Überwachung der Wohnung per Video oder eine Installation von Abhörgeräten im Umfeld des Betroffenen findet nicht statt, so dass diese Formen der Überwachung grundgesetzkonform sind.

---

[970] *Pätzel*, DuD 2000, S. 27 (30).
[971] So auch *Walter*, ZfStrVo 1999, S. 287 (291).

Im Rahmen der Anwendung der technischen Überwachungssysteme sind in erster Linie die Intensität der Maßnahme und die konkreten Modalitäten der Durchführung bedeutsam, beispielsweise die Dauer der Unterbringung im elektronischen Hausarrest, die Häufigkeit der Kontrollanrufe und -besuche durch Sozialarbeiter. Die mit EM verbundenen erheblichen sozialen Anforderungen, die an den Verurteilten selbst und seine Familienangehörigen gestellt werden, können durch eine umfassende vorherige Aufklärung und Information der Betroffenen und durch eine intensive Betreuung während der gesamten Dauer der Maßnahme abgemildert werden.

Sofern die Unterbringung des elektronisch überwachten Hausarrestes als Alternative zur stationären Unterbringung eingesetzt wird, stellt der Hausarrest unter dem Gesichtspunkt des Verhältnismäßigkeitsgrundsatzes eine mildere Maßnahme als die Inhaftierung dar. Wie bereits an anderer Stelle erörtert, ist EM nicht als Freiheitsentziehung i.S.v. Art. 104 Abs. 1 S. 1 GG zu qualifizieren, sondern als bloße Freiheitsbeschränkung und damit als aliud. Der Einsatz der elektronischen Überwachung verhindert die mit der Verbüßung einer Freiheitsstrafe in der Justizvollzugsanstalt verbundenen negativen Auswirkungen, u.a. neue kriminelle Kontakte und den Verlust des Arbeitsplatzes. Die Beibehaltung des bestehenden Arbeitsverhältnisses, das Verbleiben in dem gewohnten sozialen Umfeld und die dem Verurteilten übertragene Verantwortung können dazu beitragen, die Gefahr eines Rückfalls in die Kriminalität zu vermindern. Der strenge Zeitplan verlangt dem Straffälligen ein hohes Maß an Disziplin und Eigenverantwortung ab, wodurch er lernt, einen gewissen Rhythmus in sein Leben zu bringen. Zwar darf nicht außer Acht gelassen werden, dass dem Verurteilten mit der Unterbringung im elektronisch überwachten Hausarrest erhebliche Einschränkungen auferlegt werden, insbesondere die Privatsphäre einem intensiven Eingriff ausgesetzt ist, gleichwohl ist im Gegensatz zur stationären Unterbringung der Hausarrest als weniger einschneidende Maßnahme zu qualifizieren. Dem Betroffenen stehen - wenn auch im begrenzten Rahmen - eine Vielzahl von Möglichkeiten der Betätigung zur Verfügung, u.a. die Selbstgestaltung des Tagesablaufes oder sportliche Aktivitäten, die für die persönliche Entwicklung und Entfaltung von Wichtigkeit sind. Im Übrigen ist der Verurteilte bei der Verbüßung der Freiheitsstrafe in einer Justizvollzugsanstalt angesichts der bestehenden technischen Möglichkeiten ebenfalls einer intensiven elektronischen Überwachung ausgesetzt. Kameraüberwachungen, akustische Überwachungen per Lautsprecheranlagen, elektronischer Überkletterungsschutz und Sicherungsanlagen wie Durchsuchungsrahmen gehören heute zur festen Ausstattung der Gefängnisse. Es wäre mithin widersprüchlich, die Einführung des elektronisch überwachten Hausarrestes mit dem Argument abzulehnen, dass "*stufenweise der «gläserne Mensch» als Objekt staatlicher Überwachung*"[972] entsteht, wenn der Einsatz der kritisierten Überwachungsmaßnahmen im Strafvollzug gebilligt wird.[973]

---

[972] *Sonnen*, NK 1/1998, S. 4.
[973] So zu Recht *Feltes*, BewHi 1990, S. 324 (330); *Wittstamm* (Fn 74), S. 143.

Achter Teil: Die Beachtung der Europäischen Grundsätze zu den "*community sanctions and measures*"

Der elektronisch überwachte Hausarrest gehört zu den sog. "*community sanctions and measures*" (*CSMs*), d.h. den gemeindenahen Sanktionen und Maßnahmen i.S. der Empfehlung Nr. R (92) 16 des Ministerkomitees des Europarates vom 19. Oktober 1992.[974] Dies resultiert aus der Tatsache, dass der Straffällige bei der Unterbringung im elektronisch überwachten Hausarrest in der Gesellschaft belassen wird ("*in the community*"). Die mit EM verbundenen Bedingungen bedeuten für den Betroffenen eine gewisse Freiheitsbeschränkung und müssen mit den Europäischen Grundsätzen bezüglich der CSMs in Einklang stehen.[975]

Im Rahmen des Einsatzes der elektronischen Überwachung ist in erster Linie die Einhaltung der Grundsätze 10 (keine automatische Umwandlung der CSM in eine Freiheitsstrafe bei Pflichtverstößen), 23 (Achtung der Privatsphäre und Würde des Straffälligen und seiner Familie), 69 (keine Kostentragung für die Durchführung der CSM durch den Straffälligen), 84 (Verstoß gegen Bedingungen oder Pflichten der Maßnahme keine Straftat) und 86 (keine automatische Verhängung einer Freiheitsstrafe bei Widerruf der CMS) zu beachten.

In Hessen ist bei Regelverstößen entsprechend dem Europäischen Grundsatz 10 bezüglich der CSMs nicht automatisch eine Umwandlung des elektronisch überwachten Hausarrestes in eine Freiheitsstrafe erfolgt. Vielmehr ist je nach registrierter Regelverletzung eine abgestufte Reaktion vorgesehen: Bei Verstößen von geringerem Gewicht ist eine Ermahnung mit einer Sanktionsandrohung ausgesprochen worden, und nur bei wiederholten und schwerwiegenden Regelverletzungen musste mit dem Widerruf der Maßnahme gerechnet werden.[976]

Die Ausgestaltung der elektronischen Überwachung entspricht auch dem Europäischen Grundsatz 23 betreffend CSMs. Eine Gefährdung der Privatsphäre liegt nicht vor. Zwar greifen die elektronische Überwachung und die (unangemeldeten)

---

[974] Recommendation No. R (92) 16 of the Committee of Ministers to Member States on the European Rules on Community Sanctions and Measures, adopted by the Committee of Ministers on 19 October 1992 at the 482nd meeting of the Ministers' Deputies (http://www.coe.fr/cm/ta/rec/1992/92r16.htm).

[975] Abschlussbericht der Arbeitsgruppe 'Elektronisch überwachter Hausarrest', S. 7.

[976] *Hessisches Ministerium der Justiz* (Fn 413), S. 3.

Besuche des Kontrollpersonals in die Privatsphäre des Straffälligen ein, jedoch hat der Betroffene vor der Unterbringung im elektronisch überwachten Hausarrest seine schriftliche Zustimmung zu dieser Maßnahme inklusive der mit ihr verbundenen Pflichten/Bedingungen erteilt. Zu beachten ist in diesem Zusammenhang der Europäische Grundsatz 36 betreffend CSMs. Danach darf eine Einwilligung des Straftäters nicht zu seiner Rechtlosstellung führen: "*Such consent shall never have the consequence of depriving the offender of any of his fundamental rights*".[977] Dem Verurteilten steht es frei, der elektronischen Überwachung zuzustimmen oder die gegen ihn verhängte Strafe in einer Strafanstalt zu verbüßen. Die ohne Zwang, Druck oder Täuschung erteilte Einwilligung stellt den Straffälligen nicht rechtlos. Er hat die Möglichkeit, die elektronische Überwachung jederzeit und ohne nähere Begründung abzubrechen. Von seinen grundrechtlich verbürgten Rechten und Freiheiten kann der Proband während der Dauer des elektronisch überwachten Hausarrestes in größerem Maße Gebrauch machen als im Gefängnis, z.B. Wahrnehmung der elterlichen Aufgaben, Weiterführung des bestehenden Arbeitsverhältnisses etc. Die Vemeidung der mit der Haft verbundenen Prisonierungs- und Stigmatisierungseffekte trägt der Erhaltung der Würde des Straffälligen und seiner Familie im Vergleich zu einem Gefängnisaufenthalt eher Rechnung, zumal sich die 'elektronische Fußfessel' unter der Kleidung befindet und von Dritten nicht zwangsläufig bemerkt werden muss.

Der Gesetzentwurf sieht in § 10 a Abs. 5 StVollzG die Kostentragung der elektronischen Überwachung durch die Justizverwaltung vor. Der Straffällige hat die übrigen Kosten, u.a. die seines Lebensunterhaltes und der Gesundheitsfürsorge zu tragen. Diese Normierung steht in Einklang mit dem Europäischen Grundsatz 69 der CSMs. Die Kosten für die Durchführung der entsprechenden Maßnahme hat der Straffällige nicht zu tragen. Auch im Rahmen des hessischen Modellprojektes ist die Justizverwaltung für die entstandenen Sach- und Personalkosten der Überwachung aufgekommen.

Der Europäische Grundsatz 84 der CSMs bestimmt, dass ein Verstoß gegen Bedingungen oder Pflichten der Maßnahme keine Straftat darstellen darf. Auch diesem Grundsatz wird bei der Ausgestaltung der elektronischen Überwachung genügt. Bei Regelverletzungen erhält der Straffällige eine Verwarnung oder einen

---

[977] Recommendation No. R (92) 16 of the Committee of Ministers to Member States on the European Rules on Community Sanctions and Measures (Fn 974).

Verweis; im Fall eines schweren Verstoßes oder wiederholter Verletzungen der Bedingungen kommt ein Widerruf der Maßnahme in Betracht, d.h. der Verurteilte wird in den Strafvollzug überstellt. Hierin liegt kein Verstoß gegen den Europäischen Grundsatz 86 der CSMs, der die automatische Verhängung einer Freiheitsstrafe bei Widerruf der CSM verbietet. Die Strafe des Verurteilten vor der Unterbringung im elektronisch überwachten Hausarrest lautet auf Freiheitsstrafe, so dass der Europäische Grundsatz 86 betreffend CSMs nicht einschlägig ist. Die Freiheitsstrafe ist ohnehin verwirkt.[978]

---

[978] Abschlussbericht der Arbeitsgruppe 'Elektronisch überwachter Hausarrest', S. 11.

Neunter Teil: Einordnung des elektronisch überwachten Hausarrestes in das Sanktionensystem des Erwachsenenstrafrechts

Die elektronische Überwachung gelangt derzeit in zahlreichen europäischen und außereuropäischen Ländern zur Anwendung, wobei die rechtliche Einordnung sehr unterschiedlich ausfällt, da der elektronisch überwachte Hausarrest grundsätzlich an verschiedenen Punkten des strafrechtlichen Sanktionensystems eingesetzt werden kann. Im Wesentlichen ist zwischen der 'Frontdoor-Variante', in deren Rahmen EM an Stelle einer Freiheitsstrafe angeordnet wird und Kurzstrafen ersetzt, und der 'Backdoor-Variante', in der der elektronisch überwachte Hausarrest als besondere Form des Vollzuges unbedingter Freiheitsstrafen angewandt wird, zu unterscheiden. Als eigenständige Strafe, die durch das erkennende Gericht verhängt wird, ist der elektronisch überwachte Hausarrest nur vereinzelt ausgestaltet.[979] Einige Länder sehen auch die Ersetzung von Untersuchungshaft durch die elektronische Kontrolle vor. Je nach Einsatzbereich des elektronisch überwachten Hausarrestes stellt sich die Frage, ob die Anwendung von EM in der Bundesrepublik Deutschland schon nach geltendem Recht möglich ist oder die Schaffung einer zusätzlichen gesetzlichen Regelung erfordert.

Im deutschen Schrifttum wird der Einsatz des elektronisch überwachten Hausarrestes im Rahmen der Strafaussetzung zur Bewährung, der Aussetzung des Vollzuges des Haftbefehls, der Strafrestaussetzung, der Vollstreckung kurzer Freiheitsstrafen und der Vollstreckung von Ersatzfreiheitsstrafen erörtert.[980] Der jeweilige Anknüpfungspunkt der elektronischen Überwachung ist maßgeblich für die gesetzliche Grundlage. Soll der elektronisch überwachte Hausarrest als Surrogat für Untersuchungshaft angeordnet werden können, ist zu untersuchen, ob die Regelung des § 116 StPO als Rechtsgrundlage ausreicht oder es einer Ergänzung des § 116 StPO bedarf. Sofern die elektronische Überwachung als eigenständige Sanktion verhängt werden soll, wäre eine zusätzliche Vorschrift in das Strafgesetzbuch zu implementieren.

---

[979] *Scottish Executive* (Fn 237), S. 26. Vgl. auch die Ausführungen unter: Dritter Teil, B V).

[980] Vgl. *Bohlander*, ZfStrVo 1991, S. 293 (296); *Ostendorf*, ZRP 1997, S. 473; *Schädler/Wulf*, BewHi 1999, S. 3 (6 f); *Schlömer*, BewHi 1999, S. 31 (32 ff); *Thiele*, Kriminalistik 1999, S. 440 ff; *Wittstamm* (Fn 74), S. 144 ff.

Das Amtsgericht Frankfurt am Main und das Hessische Ministerium der Justiz vertreten die Auffassung, dass die elektronische Überwachung Straffälliger bereits nach geltendem Recht anwendbar ist. Im Rahmen eines Modellprojektes ist der elektronisch überwachte Hausarrest ab Mai 2000 u.a. als Bewährungsweisung nach §§ 56, 56 c Abs. 2 Nr. 1 StGB oder als Haftverschonungsmaßnahme gemäß § 116 Abs. 1 StPO eingesetzt worden.[981] Da die Anwendung der elektronischen Überwachung sowohl nach geltendem Recht als auch aufgrund gesetzgeberischer Maßnahmen in Betracht kommt, sollen im Folgenden die Anwendungsmöglichkeiten von EM de lege lata und de lege ferenda dargestellt und untersucht werden.

A. Anwendung im Rahmen der Einstellung nach Erfüllung von Auflagen

Der elektronisch überwachte Hausarrest könnte als unbenannte Auflage oder Weisung im Rahmen des § 153 a StPO de lege lata zur Anwendung gelangen.[982] Gemäß § 153 a StPO kann die Staatsanwaltschaft mit Zustimmung des für die Eröffnung des Hauptverfahrens zuständigen Gerichts und des Beschuldigten bei einem Vergehen vorläufig von der Erhebung der öffentlichen Klage absehen und zugleich dem Beschuldigten Auflagen und Weisungen erteilen, wenn diese geeignet sind, das öffentliche Interesse an der Strafverfolgung zu beseitigen, und die Schwere der Schuld nicht entgegensteht. § 153 a StPO dient der Erledigung von Verfahren im Bereich der kleineren und mittleren Kriminalität.[983] Im Hinblick darauf, dass diese Regelung zwar nicht nur, aber insbesondere gegen Ersttäter Anwendung findet[984], und darüber hinaus vertreten wird, dass § 153 a StPO nur anwendbar sei, wenn im gerichtlichen Verfahren lediglich mit einer Geldstrafe zu rechnen wäre[985], ist die Anwendung von EM im Rahmen von § 153 a StPO abzulehnen. Die Unterbringung im elektronisch überwachten Hausarrest soll die Inhaftierung des Delinquenten vermeiden und ist daher - auch angesichts der erheblichen Einschränkungen, die mit der elektronischen Überwachung verbunden sind - nicht im Bereich der kleineren Kriminalität einzusetzen.

[981] *Mayer* (Fn 288), S. 1.
[982] Für den Einsatz der 'elektronischen Fußfessel' als Auflage: Löwe/Rosenberg-*Beulke* (Fn 914), § 153 a, Rn 75.
[983] *Meyer-Goßner* (Fn 923), § 153 a, Rn 2.
[984] *Meyer-Goßner* (Fn 923), § 153 a, Rn 7.
[985] So *Loos* in: FS für Remmers, S. 565 (570).

**B. Anwendung im Rahmen der Aussetzung der Vollstreckung einer Freiheits-
strafe zur Bewährung**

Die Einführung des elektronisch überwachten Hausarrestes in das deutsche Sanktionensystem könnte im Rahmen der Aussetzung der Vollstreckung einer Freiheitsstrafe zur Bewährung als Auflage oder in Form einer Weisung gemäß §§ 56
b, 56 c StGB erfolgen.

**I. Aussetzung der Vollstreckung der Freiheitsstrafe zur Bewährung in der
Praxis**

Die Strafaussetzung zur Bewährung hat sich (neben der Geldstrafe) zur wichtigsten Alternative der vollstreckten Freiheitsstrafe entwickelt.[986] Im Durchschnitt
werden derzeit drei Viertel der aussetzungsfähigen Strafen (Freiheitsstrafen bis zu
zwei Jahren) zur Bewährung ausgesetzt.[987] Dabei liegt der Strafaussetzung der
Gedanke zugrunde, dass dem Täter Gelegenheit gegeben werden soll, durch ein
straffreies Leben und die Erfüllung von Auflagen und Weisungen nach der Verurteilung von der Vollstreckung verschont zu werden, um Prisonierungseffekte zu
vermeiden und die Resozialisierung des Straffälligen zu fördern.[988] Der zu einer
Freiheitsstrafe Verurteilte hat einen Anspruch auf Belassung oder Gewährung
seiner Freiheit, wenn 'kontrollierte Freiheit' genügt. [989]

Die Vollstreckung der Strafe könnte oftmals nicht zur Bewährung ausgesetzt werden, wenn nicht die Möglichkeit bestünde, durch Auflagen und Weisungen auf
den Verurteilten einzuwirken, um zu erreichen, dass er sich in Zukunft straffrei
führt. Diese die Strafaussetzung 'flankierenden' Maßnahmen sind in den §§ 56 b
bis 56 d geregelt.[990] Ihre Anordnung seitens der Gerichte ist vermehrt zu beobachten: 1987 wurden in 54 % der Strafaussetzungen zur Bewährung Auflagen und in
38 % Weisungen erteilt. Im Jahre 1997 sind mit 58 % der Strafaussetzungen Auflagen und mit 45 % Weisungen verbunden worden.[991]

---

[986] *Dünkel/Spieß*, BewHi 1992, S. 117; *Kaiser* (Fn 24), § 93, Rn 24; § 94, Rn 4.
[987] *Heinz*, ZStW 111 (1999), S. 461 (492).
[988] Schönke/Schröder-*Stree* (Fn 715), § 56, Rn 3; SK-*Horn*, Systematischer Kommentar zum
Strafgesetzbuch, § 56, Rn 2; *Kaiser* (Fn 24), § 93, Rn 23.
[989] BVerfGE 19, 342 (352); 29, 312 (316); BVerfG, NStZ 1988, S. 474.
[990] *Schäfer*, Praxis der Strafzumessung, Rn 166.
[991] Statistisches Bundesamt, Rechtspflege, Reihe 3, Strafverfolgung 1987, S. 45; 1997, S. 45.

234

Der elektronisch überwachte Hausarrest könnte im Rahmen der die Strafaussetzung flankierenden Maßnahmen ein Instrument darstellen, die Strafaussetzung
weiter auszudehnen, um auch problembelastete Probanden vor stationärem Freiheitsentzug und zunehmender sozialer Desintegration zu bewahren. Die mittels
der 'elektronischen Fußfessel' bewirkte elektronische Kontrolle sowie die weiteren Bedingungen (z.b. regelmäßiges Beschäftigungsverhältnis) vermögen u.U.
eine ansonsten negative Sozialprognose für den Verurteilten verbessern.

II. Anwendungspotential für den elektronisch überwachten Hausarrest

Bei Zugrundelegung der Rahmenbedingungen (fester Wohnsitz, Telefonanschluss, Arbeits- oder Ausbildungsplatz oder ähnliches Beschäftigungsverhältnis)
stellt sich die Frage, ob sich unter den zu einer Freiheitsstrafe Verurteilten, deren
Vollstreckung heute noch nicht zur Bewährung ausgesetzt und mit einer Auflage
oder Weisung verbunden wird, genügend geeignete Straffällige für den elektronisch überwachten Hausarrest finden lassen.

Die Kritiker von EM führen mit Blick auf die erforderlichen geordneten sozialen
und wirtschaftlichen Verhältnisse in erster Linie an, dass es in der Bundesrepublik
Deutschland keine nennenswerte Zielgruppe gebe und daher der praktische Anwendungsbereich des elektronisch überwachten Hausarrestes klein sei.[992] Insofern
ist im Rahmen der Untersuchung das Augenmerk insbesondere auf die Merkmale
derjenigen Personen zu richten, die von der Maßnahme des elektronisch überwachten Hausarrestes erfasst werden sollen.

Bedingt durch den verstärkten Gebrauch der Strafaussetzung zur Bewährung sind
die Unterschiede zwischen den Insassen einer Justizvollzugsanstalt und den Delinquenten, deren Strafen zur Bewährung ausgesetzt werden, fortlaufend geringer
geworden.[993] Dies bedeutet, dass heutzutage die Vollstreckung einer Freiheitsstrafe auch bei stark vorbelasteten und damit bei prognostisch ungünstig beurteilten
Straffälligen ausgesetzt wird, etwa bei Drogendelinquenten und Straftätern der
mittelschweren bis schweren Kriminalität, die zum Teil erhebliche Sozialisati-

[992] Vgl. *BAG-S e.V.* (Fn 307), S. 25; *Krahl*, NStZ 1997, S. 457 (460); *Lindenberg*, BewHi 1999, S.
11 (20); *Reindl*, BewHi 1999, S. 73 (76); *Weigend*, GA 1992, S. 345 (363); *Streng*, ZStW 111
(1999), S. 827 (850); *Kube*, DuD 2000, S. 633 f.
[993] *Spieß* in: Kury (Hrsg.), Prävention abweichenden Verhaltens - Maßnahmen der Vorbeugung
und Nachbetreuung, S. 571 (574 f); *Dünkel/Spieß*, BewHi 1992, S. 117 (118).

onsmängel aufweisen.[994] Dabei haben die Gerichte bei ihrer Entscheidung nicht
nur das Vorleben des Täters und sein Verhalten nach der Tat ihrer Aussetzungs-
entscheidung zugrunde gelegt,[995] sondern auch die Entlassungssituation berücksichtigt.[996]

Damit stellt sich die Frage, ob das Institut der Strafaussetzung zur Bewährung
unter Einsatz der elektronischen Überwachung auch auf den Teil der bisherigen
Verurteilten ausgeweitet werden kann, der erheblich problembelastet ist und dem
aufgrund der Art und des Ausmaßes der Straffälligkeit keine günstige Sozialprognose gestellt werden kann. Die mit der Unterbringung im elektronisch überwachten Hausarrest verbundenen Bedingungen (u.a. regelmäßige Beschäftigung, ggf.
Teilnahme an einer Therapie) könnten die Sozialprognose auch für schwierigere
Probanden verbessern, d.h. eine positive Sozialprognose i.S.d. § 56 StGB begründen.

Die Defizite der Verurteilten liegen vielfach in sozialen Bereichen, insbesondere
in mangelnder Schulbildung, fehlender Beschäftigung und unbeständigen freund-
schaftlichen/familiären Kontakten. Die Unterbringung im elektronisch überwachten Hausarrest kann dazu beitragen, Kontinuität in das Leben des Straffälligen zu
bringen. Die Einhaltung der Arrestzeiten und die Verpflichtung, einer Beschäftigung nachzugehen bzw. eine Ausbildung zu machen, 'gewöhnen' den Probanden
an einen regelmäßigen Tagesablauf und stärken sein Verantwortungsbewusstsein.
Die Teilnahme an therapeutischen Maßnahmen kann darüber hinaus Unterstützung für den Betroffenen leisten und die sonst negative Sozialprognose durch eine
günstigere Entlassungssituation verbessern. Insofern erscheint eine Öffnung des
Instituts der Strafaussetzung zur Bewährung auf Delinquenten der mittleren bis
schwereren Kriminalität sowie Wiederholungstäter mit weniger schweren Straftaten möglich, zumal Studien zur Strafvollzugspopulation zeigen, dass sich bei lediglich einem Viertel der jährlich entlassenen Gefangenen Merkmale für einen
besonderen Handlungs- oder Erfolgsunwert bei der Straftatbegehung fanden, die
alternative Sanktionen hätten ausschließen können.[997]

---

[994] *Kaiser* (Fn 24), § 93, Rn 29; *Dünkel/Spieß* in: Dünkel/Spieß (Hrsg.), Alternativen zur Freiheitsstrafe, S. 503; *Heinz*, ZStW 111 (1999), S. 461 (493 f).
[995] *Wittig*, Die Praxis der Strafaussetzung zur Bewährung bei Erwachsenen, S. 39 ff.
[996] *Aufsattler/Oswald/Geisler/Graßhoff*, MschrKrim 65 (1982), S. 305 (315 f).
[997] *Dünkel*, Empirische Beiträge und Materialien zum Strafvollzug, S. 76.

Für eine Einbeziehung auch erheblich problembelasteter Delinquenten in den Anwendungsbereich des Instituts der Strafaussetzung zur Bewährung sprechen die bisherigen Erfahrungen. Untersuchungen zeigen, dass sich trotz veränderter Probandenstruktur die Aussetzung einer Freiheitsstrafe zur Bewährung als erfolgreich erwiesen hat. Die Ausdehnung dieses Instituts auf vorbelastete Täter hat nicht zu einem Anstieg der Widerrufsquote, die bei durchschnittlich 35 % liegt, geführt.[998] Diese ist in den letzten Jahren vielmehr leicht gesunken.[999] Unter Berücksichtigung der Probandenstruktur, des Umstandes, dass familiäre und berufliche Bindungen des Täters nicht grundsätzlich Voraussetzung für eine positive Sozialprognose sind, und der Reformüberlegung, die Aussetzung der Vollstreckung auf Freiheitsstrafen bis zu drei Jahren auszudehnen[1000], besteht im Bereich der Strafaussetzung ein Anwendungspotential für den elektronisch überwachten Hausarrest, insbesondere in den Fällen, in denen heute die Freiheitsstrafe nicht zu Bewährung ausgesetzt wird, weil dem die Labilität des Täters entgegensteht, Sicherheitsbedenken geltend gemacht werden oder befürchtet wird, dass die ausgesetzte Freiheitsstrafe nicht spürbar genug auf den Delinquenten einwirke. Die bisherigen hessischen Erfahrungen zeigen, dass die elektronische Überwachung nicht vornehmlich bei Bagatell- und Verkehrsstraftätern oder Ersttätern eingesetzt wird[1001], sondern beispielsweise bei bereits (mehrfach) wegen Handeltreibens mit Betäubungsmitteln Vorbestraften.

III. Vereinbarkeit mit dem Institut der Strafaussetzung zur Bewährung

Der elektronisch überwachte Hausarrest stellt einen erheblichen Eingriff in das Leben des Probanden dar und könnte aufgrund der mit seiner Anordnung verbundenen Freiheitsbeschränkung dem Sinn und Zweck der Strafaussetzung zur Bewährung widersprechen. Die Rechtsnatur dieses Instituts ist nicht abschließend geklärt. Nach der überwiegenden Meinung im Schrifttum wird die Strafaussetzung zur Bewährung als Modifikation der Vollstreckung einer Freiheitsstrafe auf-

---

[998] *Heinz*, ZStW 111 (1999), S. 461 (494); *Dünkel/Spieß*, BewHi 1992, S. 117 (121 f).
[999] *Dünkel/Spieß*, BewHi 1992, S. 117 (121 f); *Heinz*, ZStW 111 (1999), S. 461 (494); *Kaiser* (Fn 24), § 94, Rn 5; *Eisenberg* (Fn 358), § 36 V 3 b bb), Rn 180. Zwar ist seit 1992 ein leichter Anstieg der Qoten zu registrieren, jedoch ohne dass die vorherigen Werte erreicht werden (*Eisenberg* (Fn 358), § 36 V 3 b bb), Rn 180).
[1000] *Dölling*, ZStW 104 (1992), S. 259 (278).
[1001] So die Kritik der *BAG-S e.V.* (Fn 307), S. 17.

gefasst.[1002] Die Strafaussetzung muss sich nicht in der bedingten Verurteilung erschöpfen, vielmehr kann sie mit Auflagen und Weisungen sowie der Unterstellung unter die Aufsicht und Leitung eines Bewährungshelfers verbunden werden.[1003] Kriminalpolitische Ziele dieses Instituts sind daher vornehmlich die Vermeidung der Prisonierungseffekte und die Besserung des Täters durch ambulante Behandlung.[1004] Insbesondere Gelegenheitstäter und Erstverbüßer sollen vor den schädlichen Wirkungen (kurzer) Freiheitsstrafen bewahrt und durch spezialpräventive Maßnahmen resozialisiert werden. Diesem Grundgedanken der Strafaussetzung steht die elektronische Überwachung nicht entgegen. Der Verurteilte hat während der Dauer des elektronisch überwachten Hausarrestes einer sinnvollen Beschäftigung nachzugehen sowie sich zu den Arrestzeiten in seiner Wohnung aufzuhalten. Dadurch wird ihm ein hohes Maß an Selbstdisziplin abverlangt; der Straffällige lernt, sein Leben eigenverantwortlich zu führen. Ein regelmäßiger Tagesrhythmus hat resozialisierende Wirkung, da viele Delinquenten ein solches Leben nicht kennen oder nicht mehr gewöhnt sind. Der Verurteilte hat die Möglichkeit, sich in Freiheit, also ohne Einwirkung des Strafvollzuges, zu bewähren. Darüber hinaus ist zu berücksichtigen, dass bei der Implementation des elektronisch überwachten Hausarrestes als neue Bewährungsauflage auch Freiheitsstrafen solcher Täter ausgesetzt werden könnten, die andernfalls unter dem Aspekt der Verteidigung der Rechtsordnung oder mangels günstiger Sozialprognose nicht ausgesetzt würden.

IV. Elektronisch überwachter Hausarrest als Bewährungsauflage

§ 56 b StGB gibt dem Gericht die Möglichkeit, dem Verurteilten Auflagen zu erteilen, die der Genugtuung für das begangene Unrecht dienen. Auflagen sind Maßnahmen, die den Straftäter für die Folgen seines deliktischen Tuns zur Verantwortung ziehen sollen.[1005] Die Auflage hat mithin einen repressiven Charakter und wird im Schrifttum deshalb auch als *"strafähnliche Sanktion"*[1006] bzw.

[1002] Schönke/Schröder-*Stree* (Fn 715), § 56, Rn 4; Lackner/Kühl-*Lackner*, Strafgesetzbuch, § 56, Rn 2; ebenso BGHSt 24, 40 (43); 31, 25 (28); BGH, JZ 1956, S. 101. Nach anderer Ansicht wird sie als Kriminalsanktion eigener Art (*Kaiser* (Fn 24), § 93, Rn 23; LK-*Gribbohm*, StGB - Großkommentar, § 56, Rn 1; *Schäfer* (Fn 990), Rn 126; SK-*Horn* (Fn 988), § 56, Rn 2) oder als bessernde Maßnahme [so *Schmidt*, ZStW 64 (1952), S. 1 (7)] bezeichnet.

[1003] *Kaiser* (Fn 24), § 93, Rn 23.

[1004] LK-*Gribbohm* (Fn 1002), § 56, Rn 1 f; SK-*Horn* (Fn 988), § 56, Rn 2.

[1005] *Tröndle/Fischer* (Fn 502), § 56 b, Rn 3.

[1006] Schönke/Schröder-*Stree* (Fn 715), § 56 b, Rn 2.

"strafähnliche Maßnahme"[1007] bezeichnet.

Die Anwendung des elektronisch überwachten Hausarrestes als Auflage scheidet de lege lata aus, da die zulässigen Auflagen im Katalog des § 56 b Abs. 2 StGB abschließend aufgezählt sind.[1008]

De lege ferenda könnte die Einführung der elektronischen Überwachung durch die Aufnahme in den Katalog des § 56 b Abs. 2 StGB erfolgen. Voraussetzung einer Gesetzesänderung zwecks Aufnahme des elektronisch überwachten Hausarrestes als neue Bewährungsauflage wäre, dass die elektronische Überwachung den vom Gesetzgeber mit der Anordnung einer Auflage intendierten Zielen gerecht wird.

1. Genugtuungsfunktion einer Auflage

Die Erteilung einer Auflage soll nicht nur dazu dienen, dass sich der Täter während der Bewährungszeit straffrei verhält, sondern zusätzlich dem Verurteilten ein Opfer abverlangen bzw. ihm die Verurteilung fühlbar machen.[1009] Die Anordnung der elektronischen Überwachung ist geeignet, den Straftäter für die Folgen seiner Tat zur Verantwortung zu ziehen und ihm bewusst zu machen, dass Straftaten nicht ohne staatliche Reaktionen bleiben. Während der elektronischen Überwachung hat der Straffällige einen Sender zu tragen, wodurch er permanent an die technische Überwachung als Folge seines strafbaren Handelns erinnert wird. Die strenge Reglementierung des Tagesablaufs inklusive der Kontrollbesuche und Alkohol- und Drogentests vermittelt der Allgemeinheit den Eindruck, dass ein Ausgleich für die vom Täter begangene Rechtsverletzung erfolgt. Der elektronisch überwachte Hausarrest kann daher als Genugtuung für das begangene Unrecht und damit als Schuldausgleich dienen.

Bedenken gegen die Einführung der elektronischen Überwachung als neue Bewährungsauflage bestehen deshalb, weil die Rechtsprechung solche Auflagen als unzulässig klassifiziert hat, die ausschließlich der Disziplinierung oder der 'Be-

---

[1007] Lackner/Kühl-*Lackner* (Fn 1002), § 56 b, Rn 1; *Tröndle/Fischer* (Fn 502), § 56 b, Rn 2.
[1008] OLG Bremen, StV 1986, S. 253; BayObLGSt 20 (1970), S. 122 (124); Schönke/Schröder-*Stree* (Fn 715), § 56 b, Rn 8; *Tröndle/Fischer* (Fn 502), § 56 b, Rn 5; *Schäfer* (Fn 990), Rn 171.
[1009] LK-*Gribbohm* (Fn 1002), § 56 b, Rn 2; Lackner/Kühl-*Lackner* (Fn 1002), § 56 b, Rn 1; SK-*Horn* (Fn 988), § 56 b, Rn 2.

währungsführung' des Verurteilten während der Bewährungszeit dienen.[1010] Es ist nicht zu verkennen, dass die Maßnahme der elektronischen Überwachung auch der 'Bewährungsführung' des Verurteilten während der Dauer der Bewährungszeit dient: Die Anwesenheit des Arrestanten in seiner Wohnung zu den festgelegten Zeiten wird kontrolliert mit dem Ziel, ihn zur Einhaltung des Wochenplanes zu veranlassen. Durch die äußerst enge Kontrolle soll der Verurteilte lernen, sich zu disziplinieren. Bei beharrlichen oder groben Verstößen gegen die Aufenthaltsbestimmungen droht der Widerruf der Strafaussetzung.[1011] Dadurch, dass der Delinquent mit Hilfe der elektronischen Überwachung angehalten wird, einen geordneten Tagesablauf einzuhalten, wirkt diese Maßnahme aber zugleich präventiv und erzieherisch; eine ausschließliche Disziplinierung wird mit ihr nicht verfolgt. Der Einführung des elektronisch überwachten Hausarrestes steht der disziplinierende Charakter dieser Maßnahme nicht entgegen.

2. Zumutbarkeitsklausel des § 56 b Abs. 1 S. 2 StGB

Im Hinblick darauf, dass die Anordnung von Auflagen eine einschneidende Wirkung auf die Lebensgestaltung des Delinquenten haben kann[1012], hat der Gesetzgeber in § 56 b Abs. 1 S. 2 StGB eine Zumutbarkeitsgrenze statuiert. § 56 b Abs. 1 S. 2 StGB verpflichtet das Gericht, an den Verurteilten keine unzumutbaren Anforderungen zu stellen. Dadurch soll sichergestellt werden, dass dem Straffälligen keine unmögliche bzw. eine Leistung abverlangt wird, die mit einer Selbstbezichtigung verbunden wäre.[1013] Die Erteilung einer Auflage darf nicht gesetzwidrig und muss immer auch der Tatschuld angemessen sein; sie darf in ihrer Schwere einer Strafe nicht gleichkommen.[1014]

Da der elektronisch Überwachte seine Wohnung faktisch jederzeit verlassen kann, stellt die unverschlossene Haustür eine *"ständige Versuchung"*[1015] dar, sich dem Hausarrest zu entziehen, d.h. auf den Straffälligen wird ein erheblicher psychischer Druck ausgeübt.[1016] Der elektronisch überwachte Hausarrest ist in diesem

---

[1010] OLG Zweibrücken, JR 1991, S. 290; SK-*Horn* (Fn 988), § 56 b, Rn 2 a.

[1011] *Hessisches Ministerium der Justiz* (Fn 413), S. 3.

[1012] *Schütz*, Jura 1995, S. 460 (461).

[1013] OLG Bremen, StV 1986, S. 253; SK-*Horn* (Fn 988), § 56 b, Rn 2 b.

[1014] BVerfGE 83, 119 (127); *Jescheck/Weigend* (Fn 548), § 79 I 8 b.

[1015] So *Weigend*, BewHi 1989, S. 289 (300).

[1016] *BAG-S e.V.* (Fn 307), S. 15.

Zusammenhang auch als *"psychische Fessel"*[1017] bezeichnet worden, die unzumutbare Anforderungen an den Betroffenen stelle. Die Beantwortung der Frage nach der Unzumutbarkeit einer Maßnahme ist in erster Linie von den jeweiligen Umständen des Einzelfalles abhängig. Grundsätzlich ist zu berücksichtigen, dass sich alle ambulanten Maßnahmen dadurch auszeichnen, dass sie faktisch missachtet werden können, zumal der Delinquent nicht der ständigen Aufsicht der Bewährungshilfe unterliegt. Durch die Bestimmung einer zeitlichen Obergrenze für die Dauer der elektronischen Überwachung (längstens sechs Monate) kann der psychischen Belastung ausreichend Rechnung getragen werden. Im Übrigen reicht allein die psychische Belastung für die Bejahung einer Unzumutbarkeit nicht aus. Vielmehr muss bei der Beurteilung der Unzumutbarkeit die Tatsache einbezogen werden, dass der Straftäter in seinem sozialen Umfeld verbleibt und Störungen bestehender Bindungen in Beruf, Familie und Freundeskreis vermieden werden. Die Zumutbarkeit wird auch nicht dadurch ausgeschlossen, dass der Tagesablauf des Straffälligen streng reglementiert ist. So erlaubt § 56 b Abs. 2 Nr. 3 StGB dem Gericht, dem Verurteilten aufzuerlegen, gemeinnützige Arbeit in Krankenhäusern, Heimen, Unfallstationen oder anderen Einrichtungen abzuleisten, sofern die Tätigkeit nicht über die körperliche Leistungsfähigkeit des Verurteilten hinausgeht. Auch hier wird erheblich in die Lebensführung des Betroffenen eingegriffen. Zu erwägen ist jedoch, ob das Tragen der 'elektronischen Fußfessel' an sich für den Betroffenen unzumutbar i.S.d. § 56 b Abs. 1 S. 2 StGB ist. Aufgrund der fortschreitenden technischen Entwicklung ist die Größe der Sender auf das Format einer Zigarettenschachtel geschrumpft, so dass es möglich ist, ihn unter der Kleidung zu verbergen. Eine Stigmatisierung des Verurteilten erfolgt nicht zwangsläufig. Auf dem Markt sind inzwischen noch kleinere Geräte, die beinahe mit einer 'größeren' Uhr verwechselt werden können.[1018] Das bloße Tragen des Senders am Fußgelenk ist mithin für den Verurteilten nicht unzumutbar i.S.d. § 56 b Abs. 1 S. 2 StGB.[1019]

Bei Einsatz des Passivsystems könnten die in regelmäßigen Abständen erfolgenden Kontrollanrufe des Zentralcomputers die Zumutbarkeitsgrenze überschreiten.

[1017] So *Ostendorf*, ZRP 1997, S. 473 (476); zustimmend *Sonnen*, NK 1/1998, S. 4.

[1018] *Bundesamt für Justiz* (Fn 220), S. 4.

[1019] Darüber hinaus existieren Überwachungssysteme, die das Tragen eines Senders nicht erfordern, beispielsweise wird der Arrestant mittels einer sog. Stimmenkontrolle identifiziert. Ferner wird von Systemen berichtet, bei denen der Delinquent seine Anwesenheit durch die Eingabe eines Nummerncodes über die Telefontastatur bestätigt (*Hofer/Meierhoefer* (Fn 3), S. 36 f).

Diese telefonischen Kontrollen erfolgen allerdings nur zu den Zeiten, in denen der Arrestant seine Wohnung nicht verlassen darf. Während der Arbeits- bzw. Ausbildungszeiten und in der Freizeit findet eine Kontrolle nicht statt. Darüber hinaus sind die Intervalle zwischen den Anrufen i.d.R. nicht zu kurz bemessen, so dass ein Verstoß der Anwesenheitskontrollen gegen die Zumutbarkeitsklausel des § 56 b Abs. 1 S. 2 StGB zu verneinen ist.

Möglicherweise ist die Unzumutbarkeit des elektronisch überwachten Hausarrestes deshalb zu bejahen, weil er u.U. der Schwere einer Strafe entspricht. Bedenken könnten sich hier wegen der freiheitsbeschränkenden Wirkung der elektronischen Überwachung ergeben. Auch wenn die Unterbringung im elektronisch überwachten Hausarrest eine erheblich in die Lebensführung des Verurteilten eingreifende Maßnahme ist, und von einer stärkeren Überwachungsfunktion als bei anderen Auflagen auszugehen ist, ist der Einsatz der 'elektronischen Fußfessel' im Rahmen des § 56 b StGB nicht deshalb abzulehnen, weil die elektronische Überwachung einen strafähnlichen Charakter hat. Die ambulanten Maßnahmen, die bei der Strafaussetzung zur Bewährung angeordnet werden können, greifen oftmals ebenfalls erheblich in die Lebensführung der Verurteilten ein. Letztendlich hängt die repressive Wirkung von der jeweiligen Ausgestaltung der Unterbringung im elektronisch überwachten Hausarrest ab, nämlich der Dauer der Maßnahme, der Anzahl der Freistunden, die dem Delinquenten gewährt werden, und der Tatsache, ob Alkohol- und Urintests durchgeführt werden. Erforderlich ist immer eine Prüfung des Einzelfalls. Im Übrigen wird auch hinsichtlich der Auflage gemäß § 56 b Abs. 2 Nr. 3 StGB, gemeinnützige Leistungen zu erbringen, in der Diskussion um die Reform des Sanktionensystems erwogen, die gemeinnützige Arbeit als eigenständige Strafe auszugestalten.[1020] Dem Gesetzgeber stehen also bestimmte Sanktionen zur Verfügung, deren Einordnung nicht von vornherein feststeht, d.h. seiner Wahl obliegt es, eine Maßnahme als Strafe oder als anderes Regelungsinstrument zu klassifizieren. Die repressive Wirkung von EM steht daher der Anwendbarkeit als Auflage i.S.d. § 56 b StGB nicht entgegen.

[1020] BT-Drs. 13/10485, Gesetzentwurf des Bundesrates, Entwurf eines Gesetzes zur Änderung des Strafgesetzbuches (§§ 40 a, 51, 79), des Einführungsgesetzes zum Strafgesetzbuch (Artikel 293) und der Strafprozessordnung (§§ 407, 459 k) - Gesetz zur Einführung der gemeinnützigen Arbeit als strafrechtliche Sanktion (Anlage 1); *Feuerhelm*, NK 1/1999, S. 22 (25).

Die Zumutbarkeitsklausel des § 56 b Abs. 1 S. 1 StGB enthält auch das Verbot, gesetzwidrige Auflagen zu erteilen, d.h. die Bewährungsmaßnahme darf insbesondere nicht gegen das Grundgesetz verstoßen. Im Rahmen der verfassungsrechtlichen Prüfung ist festgestellt worden, dass die Anordnung des elektronisch überwachten Hausarrestes Grundrechte des Verurteilten nicht verletzt. Die Zumutbarkeitsklausel des § 56 b Abs. 1 S. 2 StGB steht der Anordnung der elektronischen Überwachung daher nicht entgegen, gerade auch im Hinblick auf die Tatsache, dass es im Ermessen des Gerichts liegt, im Einzelfall zu entscheiden, ob die Anordnung des elektronisch überwachten Hausarrestes einerseits für den Täter geeignet und andererseits der Tatschuld angemessen ist.

3. Tatbezogenheit der Auflage

Im Rahmen der Ermessensentscheidung des Gerichts, ob die Strafaussetzung mit einer Auflage verbunden wird, darf nicht unbeachtet bleiben, dass dem Verurteilten durch die Erteilung einer Auflage nicht nur sein strafrechtlich relevantes Verhalten verdeutlicht werden soll, sondern dass sie gemäß § 56 Abs. 1 S. 1 StGB *"der Genugtuung für das begangene Unrecht dienen"* soll. Genugtuung darf jedoch nur für das begangene, in der Verurteilung mit dem Schuldspruch zum Ausdruck kommende und im Strafausspruch der Höhe nach gewichtete Unrecht gefordert werden.[1021] Dies bedeutet, dass sich die Anordnung einer Bewährungsmaßnahme nur auf das Unrecht beziehen darf, das der Straftäter durch seine Tat verursacht hat, d.h. die Auflage muss dem Delinquenten ein solches Opfer abverlangen, das mit der Tat in einem möglichst engen Zusammenhang steht.[1022] Die Erforderlichkeit des engen Bezuges einer Auflage mit der vom Verurteilten begangenen Tat hat der Gesetzgeber durch den Katalog des § 56 b Abs. 2 StGB klargestellt. Gemäß § 56 b Abs. 2 Nr. 1 StGB kann das Gericht dem Verurteilten auferlegen, den durch die Tat verursachten Schaden nach seinen Kräften wiedergutzumachen. Gleiches gilt für die Zahlung eines Geldbetrages zugunsten einer gemeinnützigen Einrichtung nach § 56 b Abs. 2 Nr. 2 StGB oder die Erbringung gemeinnütziger Leistungen nach § 56 b Abs. 2 Nr. 3 StGB. Auch hier muss der Tatbezug der Auflage berücksichtigt werden, so dass die Gerichte solche Einrichtungen auszuwählen haben, die in einem engen Zusammenhang mit der Straftat

---

[1021] SK-*Horn* (Fn 988), § 56 b, Rn 2 a; ders., StV 1992, S. 537 (539).
[1022] Schönke/Schröder-*Stree* (Fn 715), § 56 b, Rn 7; LK-*Gribbohm* (Fn 1002), § 56 b, Rn 2.

stehen.[1023] Beispielsweise kann das Gericht einem wegen Tierquälerei verurteilten Täter die Auflage erteilen, einen Geldbetrag an einen Tierschutzverein zu zahlen oder einem wegen Körperverletzung Verurteilten auferlegen, gemeinnützige Arbeit in einem Krankenhaus oder einer Unfallstation abzuleisten.[1024] Einzig die in § 56 b Abs. 2 Nr. 4 StGB enthaltene Regelung lässt einen konkreten Bezug zu der Tat des Delinquenten vermissen. Indes steht dies der Forderung eines tatadäquaten Opfers nicht entgegen. Die Aufnahme der Auflage, einen Geldbetrag zugunsten der Staatskasse zu zahlen, in den Auflagenkatalog des § 56 Abs. 2 StGB erfolgte allein aus dem Grunde, weil die Rechtsprechung den Staat nicht als gemeinnützige Einrichtung anerkannt hatte[1025] und das Problem bestand, dass oftmals gemeinnützige Einrichtungen nicht vorhanden waren, die mit der Tat in einem engen Zusammenhang standen.[1026] Die Subsidiarität der Zahlungsauflage wird ferner durch die Neufassung des § 56 b Abs. 2 StGB im Rahmen des Verbrechensbekämpfungsgesetzes vom 28.10.1994 (VerbrBekG)[1027] verdeutlicht: Der Gesetzgeber hat der Wiedergutmachung den Vorrang vor den übrigen im Katalog enthaltenen Auflagen eingeräumt, um die Belange des Opfers in stärkerem Maße zu berücksichtigen. Das Gericht soll eine Geldauflage nur dann erteilen, wenn die Wiedergutmachung aufgrund des nur geringen Schadens nicht zur schuldadäquaten Genugtuung ausreicht und die Erfüllung der Auflage der Schadenswiedergutmachung nicht entgegensteht.[1028] Ursprünglich hatte der Gesetzgeber die Absicht, die Auflage, einen Geldbetrag an die Staatskasse zu zahlen, nur dann zur Anwendung gelangen zu lassen, wenn eine Geldauflage nach § 56 b Abs. 2 Nr. 2 StGB

[1023] SK-*Horn* (Fn 988), § 56 b, Rn 8; LK-*Gribbohm* (Fn 1002), § 56 b, Rn 13; Schönke/Schröder-*Stree* (Fn 715), § 56 b, Rn 7.

[1024] BVerfGE 83, 119 (125 ff); 74, 102 (115 ff); OLG Frankfurt, NStZ-RR 1997, S. 2 (3); SchlHOLG, OLGSt, StGB, § 56 b, Nr. 1; SchlHA 1988, S. 168 (169 f); LK-*Gribbohm* (Fn 1002), § 56 b, Rn 13. Ablehnend äußern sich Schönke/Schröder-*Stree* (Fn 715), § 56 b, Rn 15 und *Mrozynski*, JR 1983, S. 397 (440); ders., JR 1987, S. 272 (274), die in der Heranziehung des Straftäters für gemeinnützige Arbeit einen Verstoß gegen Art. 12 Abs. 2 GG sehen.

[1025] OLG Köln, NJW 1967, S. 455; OLG Hamm, MDR 1954, S. 245; Schönke/Schröder-*Stree* (Fn 715), § 56 b, Rn 12.

[1026] BT-Drs. V/4094 (Fn 912), S. 12; LK-*Gribbohm* (Fn 1002), § 56 b, Rn 14.

[1027] BGBl. I/1994, 3186 ff.

[1028] BT-Drs. 12/6853, Begründung zum Gesetzentwurf der Fraktionen der CDU/CSU und FDP, Entwurf eines Gesetzes zur Änderung des Strafgesetzbuches, der Strafprozessordnung und anderer Gesetze (Verbrechensbekämpfungsgesetz), S. 22; LK-*Gribbohm* (Fn 1002), § 56 b, Rn 11; SK-*Horn* (Fn 988), § 56 b, Rn 7.

nicht in Betracht käme.[1029] Eine solche Regelung ist zwar letztendlich gesetzlich nicht verankert worden[1030], es ist aber erkennbar, dass der Gesetzgeber klarstellen wollte, dass eine Auflage ihren Zweck, der Genugtuung für das begangene Unrecht zu dienen, nur dann erfüllen kann, wenn sie einen engen Tatbezug aufweist.[1031]

Die elektronische Überwachung weist keinen Bezug zu der vom Verurteilten begangenen Tat auf. Das besondere, dem Täter abverlangte Opfer liegt einzig in der Freiheitsbeschränkung; eine darüber hinausgehende Genugtuung in Form einer positiven Gegenleistung des Straffälligen als tätiger Ausgleich für die von ihm verwirklichte Straftat wird nicht erreicht. Aufgrund der Tatsache, dass die Anordnung des elektronisch überwachten Hausarrestes in keinem Zusammenhang mit der vom Delinquenten begangenen Tat steht und damit nicht die vom Gesetzgeber mit einer Auflage verbundenen Zielsetzungen erfüllt, ist von der Einführung der elektronischen Überwachung als neue Bewährungsauflage im Rahmen des § 56 b StGB abzusehen.[1032]

V. Elektronisch überwachter Hausarrest als Bewährungsweisung

Im Katalog der Weisungen des § 56 c Abs. 2 StGB ist die elektronische Überwachung nicht explizit genannt. Zwar ist der Katalog der Weisungen nicht abschließend; gleichwohl soll an dieser Stelle der Vollständigkeit halber zunächst untersucht werden, ob EM als Aufenthaltsanordnung i.S.d. § 56 c Abs. 2 Nr. 1 StGB oder als Meldeauflage i.S.d. § 56 Abs. 2 Nr. 2 StGB qualifiziert werden könnte, zumal im Schrifttum Streit darüber herrscht, ob die elektronische Überwachung unter §§ 56 c Abs. 2 Nr. 1, 56 c Abs. 2 Nr. 2 StGB subsumiert werden kann.

[1029] BT-Drs. 12/7837, Beschlussempfehlung des Ausschusses nach Artikel 77 des Grundgesetzes (Vermittlungsausschuss) zu dem Gesetz zur Änderung des Strafgesetzbuches, der Strafprozessordnung und anderer Gesetze (Verbrechensbekämpfungsgesetz) - Drucksachen 12/6853, 12/7584, 12/7872, 12/7841, S. 2. Vgl. auch BT-Drs. V/4094 (Fn 912), S. 12.
[1030] Der im Gesetzesbeschluss des Bundestages vorgesehene Vorrang der Geldauflage ist im Vermittlungsausschuss gestrichen worden (Lackner/Kühl-*Lackner* (Fn 1002), § 56 b, Rn 4 b).
[1031] Ebenso *Hudy* (Fn 74), S. 158 f; a.A. *Bernsmann* (Fn 314), S. 138 f.
[1032] *Laun* lehnt den Einsatz von EM als Bewährungsauflage de lege ferenda aus systematischen Gründen ab. Der elektronisch überwachte Hausarrest habe eher eine resozialisierende Wirkung und weniger den für Auflagen typischen repressiven Charakter (Fn 571, S. 179).

1. Aufenthaltsanordnung gemäß § 56 c Abs. 2 Nr. 1 StGB

§ 56 c Abs. 2 Nr. 1 StGB gibt dem Gericht die Möglichkeit, den Verurteilten anzuweisen, Anordnungen zu befolgen, die sich u.a. auf Aufenthalt, Ausbildung, Arbeit oder Freizeit beziehen. Hinsichtlich des Aufenthaltsortes kann der Delinquent etwa verpflichtet werden, Spielkasinos und andere Vergnügungsstätten zu meiden oder sich nicht an Plätzen aufzuhalten, an denen Betäubungsmittel konsumiert werden.[1033]

Der elektronisch überwachte Hausarrest verpflichtet den Verurteilten, sich tagsüber am Arbeitsplatz und abends in seiner Wohnung aufzuhalten und könnte demnach als eine Aufenthalts- bzw. Freizeitanordnung zu qualifizieren sein. Werden die in der Praxis verhängten Aufenthaltsverbote bezüglich bestimmter Lokale oder die Anordnung, in der Freizeit eine ehrenamtliche soziale Tätigkeit zu übernehmen, berücksichtigt, fällt auf, dass die vom Gericht nach § 56 c Abs. 2 Nr. 1 StGB angeordneten Maßnahmen in der Regel die Lebensführung des Verurteilten weitaus weniger beeinträchtigen als die Unterbringung im elektronisch überwachten Hausarrest, da diesem die fortwährende Überwachung des Delinquenten immanent ist. Angesichts der Intensität der Kontrolle ist der Proband einem erheblichen psychischen Druck ausgesetzt. Dieser psychischen Belastung kann aber durch die Bestimmung einer zeitlichen Obergrenze für die Dauer der elektronischen Überwachung ausreichend Rechnung getragen werden. Im Übrigen ist anerkannt, dass Weisungen im Rahmen des § 56 c Abs. 2 Nr. 1 StGB, die sich auf den Aufenthalt des Verurteilten beziehen, auch bei längerer Zeitdauer zulässig sind.[1034] Nach dem Wortlaut dieser Vorschrift ist der Einsatz von EM im Rahmen des § 56 c Abs. 2 Nr. 1 StGB daher grundsätzlich möglich.[1035]

2. Meldepflicht gemäß § 56 c Abs. 2 Nr. 2 StGB

In § 56 c Abs. 2 Nr. 2 StGB ist normiert, dass das Gericht den Verurteilten anweisen darf, sich zu bestimmten Zeiten bei Gericht oder einer anderen Stelle zu mel-

---

[1033] Schönke/Schröder-*Stree* (Fn 715), § 56 c, Rn 17; Lackner/Kühl-*Lackner* (Fn 1002), § 56 c, Rn 7.

[1034] *Stree*, Deliktsfolgen und Grundgesetz - Zur Verfassungsmäßigkeit der Strafen und sonstigen strafrechtlichen Maßnahmen, S. 156.

[1035] *Schlömer* (Fn 353), S. 191; ders., BewHi 1999, S. 31 (37 f); a.A. Walter, ZfStrVo 1999, S. 287 (291). Für die Durchsetzung von Aufenthaltsbeschränkungen mittels elektronischer Überwachung sprach sich bereits *Robra* auf dem 59. Deutschen Juristentag aus (Fn 357, S. O 157).

246

den. Eine andere Stelle i.S.d. § 56 c Abs. 2 Nr. 2 StGB ist z.b. der Bewährungshelfer oder eine Behörde, die das Gericht bei der Überwachung des Verurteilten
unterstützt, wobei es sich nicht um eine staatliche Stelle handeln muss.[1036] Erforderlich ist das persönliche Erscheinen des Straffälligen.[1037]

Da EM eine stark in die Lebensführung des Verurteilten einschneidende Maßnahme darstellt, herrscht in der Literatur Uneinigkeit, ob der elektronische Hausarrest auf § 56 c Abs. 2 Nr. 2 StGB gestützt werden kann. Einerseits wird die Auffassung vertreten, dass § 56 c Abs. 2 Nr. 2 StGB nicht als Grundlage für den Einsatz von elektronischer Überwachung herangezogen werden könne, weil diese
Vorschrift auf eine bloße Meldepflicht beschränkt sei und der intensiven Maßnahme des elektronischen Hausarrestes nicht genüge.[1038] Andererseits wird geltend gemacht, dass sich die rechtliche Möglichkeit, EM als Bewährungsweisung
einzusetzen, bereits aus der Zulässigkeit der Meldepflicht ergebe. Die Meldepflicht diene letztlich der Überwachung der Anwesenheit des Straffälligen; gleiches gelte für den elektronischen Hausarrest.[1039] Aus diesem Grunde hat
SCHÖCH bereits 1992 in seinem Gutachten zum 59. Deutschen Juristentag zu
möglichen Änderungen und Ergänzungen des strafrechtlichen Sanktionensystems
den Einsatz des elektronisch überwachten Hausarrestes bei ''nachweisbarer Vermeidung eines Freiheitsentzuges'', z.B. als Meldeauflagenersatz, vorgeschlagen.[1040]

Dem Einwand, § 56 c Abs. 2 Nr. 2 StGB genüge nicht als rechtliche Grundlage
für die elektronische Kontrolle, ist entgegenzuhalten, dass der Gesetzgeber die
Dauer und Intensität der Meldepflicht nicht festgeschrieben hat. Art und Umfang
der Weisung werden durch ihren Zweck begrenzt. Maßgeblich ist allein das Ziel,
dem Verurteilten eine Hilfestellung für ein zukünftiges straffreies Leben zu geben.[1041] Ob EM mit Blick auf die intensive Einwirkung auf das Leben des Verurteilten als Weisung unzulässig ist, muss anhand der Grundrechtsschranken unter
Berücksichtigung des Verhältnismäßigkeitsgrundsatzes beurteilt werden. Der Ge-

[1036] LK-*Gribbohm* (Fn 1002), § 56 c, Rn 7; *Tröndle/Fischer* (Fn 502), § 56 c, Rn 7; a.A. Schön-
ke/Schröder-*Stree* (Fn 715), § 56 c, Rn 19.
[1037] OLG Köln, MDR 1994, S. 1033; *Tröndle/Fischer* (Fn 502), § 56 c, Rn 7.
[1038] *Schlömer* (Fn 353), S. 194.
[1039] *Wittstamm* (Fn 74), S. 149.
[1040] *Schöch* (Fn 378), S. C 101.
[1041] SK-*Horn* (Fn 988), § 56 c, Rn 5.

setzgeber selbst hat nur bestimmt, dass an die Lebensführung des Verurteilten keine unzumutbaren Anforderungen gestellt werden dürfen. Im Übrigen ist bei der Frage, ob EM als Meldeauflagenersatz de lege lata zur Anwendung gelangen könnte, zwischen den jeweils eingesetzten Überwachungssystemen zu differenzieren. Wird im Rahmen der Überwachung das Aktivsystem angewandt, ist der Einsatz des elektronischen Hausarrestes de lege lata nicht möglich, weil das Aktivsystem den Delinquenten fortwährend überwacht. Diese Überwachung 'rund um die Uhr' stellt keine Meldepflicht dar, denn eine solche ist dadurch gekennzeichnet, dass sich der Straffällige in regelmäßigen Abständen bei Gericht oder einer anderen Stelle zu melden hat. Eine andere Beurteilung ergibt sich, wenn zur Überwachung des Straffälligen das Passivsystem eingesetzt wird. Bei diesem sog. programmierten Kontaktsystem wird die Anwesenheit des Arrestanten in seiner Wohnung stichprobenartig überprüft, d.h. der Zentralcomputer wählt nach einem vorher vereinbarten Plan oder nach dem Zufallsprinzip den Telefonanschluss des Überwachten an; sodann hat der Delinquent seine persönliche Anwesenheit in der Wohnung, z.B. mittels eines Codelesers, zu bestätigen. Zwar wird die Meldung durch das Anwählen des Telefonanschlusses des Probanden ausgelöst, jedoch dienen die Telefonanrufe der bloßen Überprüfung, ob sich der Überwachte zu den vorgegebenen Zeiten auch tatsächlich in seiner Wohnung aufhält. Die herkömmliche Meldepflicht, die das persönliche Erscheinen des Verurteilten bei Gericht oder einer anderen Stelle erfordert, ist folglich mit der Überprüfung der Anwesenheit des Arrestanten mittels des Passivsystems vergleichbar. Beiden Maßnahmen ist gemeinsam, dass sie der allgemeinen, nicht aber permanenten Überwachung des Delinquenten dienen. Das persönliche Erscheinen ist bei der elektronischen Überwachung deshalb nicht notwendig, weil der Verurteilte beim Passivsystem mittels eines Codes oder anhand seiner Stimme eindeutig identifiziert werden kann. Demnach ist beim Einsatz des Passivsystems EM als Bewährungsweisung im Rahmen des § 56 c Abs. 2 Nr. 2 StGB de lege lata anwendbar, wenn die Zumutbarkeitsgrenzen beachtet werden. Diesen Anforderungen wird bei der Unterstellung unter elektronisch überwachten Hausarrest dadurch Genüge getan, dass die Zeitabstände zwischen den Kontrollen nicht zu kurz bemessen werden. Rücksicht auf den Beruf des Betroffenen und seine sonstigen Verpflichtungen wird dadurch genommen, dass die elektronische Überwachung in ihrer Kontrollfunktion auf die Wohnung beschränkt ist.[1042] Insoweit kann auf die Ausführungen zur

[1042] *Gerz*, inform 2/2000, S. 15 (16).

Zumutbarkeit im Rahmen des § 56 b StGB und die Grundrechtsprüfung verwiesen werden.

Schlussendlich stellt sich die Frage, ob dem elektronisch überwachten Hausarrest als Bewährungsweisung entgegensteht, dass die in § 56 c Abs. 2 Nr. 2 StGB statuierte Meldepflicht insbesondere bei denjenigen Verurteilten in Erwägung zu ziehen ist, die häufig ihre Wohnung bzw. ihren Arbeitsplatz wechseln oder sich selten in ihrer Wohnung aufhalten[1043], d.h. ein unstetes Leben führen. Der Überwachte muss die vereinbarten Arrestzeiten strikt einhalten, jeder Verstoß wird sofort gemeldet. EM erfordert also ein hohes Maß an Selbstdisziplin und -verantwortung. Voraussetzung für die Unterbringung im elektronisch überwachten Hausarrest sind daher relativ stabile soziale Verhältnisse, ein fester Wohnsitz und ein Telefonanschluss. Gleichwohl haben die Mitglieder der Arbeitsgruppe 'Elektronisch überwachter Hausarrest' hervorgehoben, dass ein genereller Ausschluss von Deliktsgruppen oder Bewährungsversagern nicht erforderlich ist.[1044] Grundsätzlich besteht daher die Möglichkeit, auch labilere Täter unter elektronisch überwachten Hausarrest zu stellen, die bisher wenig Kontinuität in ihrem Arbeitsverhalten gezeigt haben und bei denen eine gewisse Gefahr zukünftiger Straftaten besteht, die aber durch die Erteilung der Bewährungsmaßnahme ausgeräumt werden kann. In diesen Fällen steht die elektronische Überwachung nicht in Widerspruch zu Sinn und Zweck der Meldepflicht.

Letztendlich kommt es hier aber nicht darauf an, ob die Unterbringung im elektronisch überwachten Hausarrest als Bewährungsweisung gemäß § 56 c Abs. 2 Nr. 1 StGB oder § 56 c Abs. 2 Nr. 2 StGB eingeordnet werden kann. Der Katalog der Weisungen in § 56 c Abs. 2 StGB ist nicht abschließend.[1045] Damit soll dem Gericht die Möglichkeit eröffnet werden, auch nicht in § 56 c Abs. 2 StGB genannte Weisungen zu erteilen, wenn der einzelne Fall diese nahelegt, sie zweckmäßig erscheinen und den Anforderungen des § 56 c Abs. 1 S. 2 StGB genügen.[1046] Da die Weisungen in § 56 c Abs. 2 StGB nur beispielhaft aufgezählt sind,

---

[1043] LK-*Gribbohm* (Fn 1002), § 56 c, Rn 7.
[1044] Abschlussbericht der Arbeitsgruppe 'Elektronisch überwachter Hausarrest', S. 10.
[1045] Dies lässt sich bereits aus dem Gesetzeswortlaut entnehmen (''*namentlich*''). Vgl. auch: *Tröndle/Fischer* (Fn 502), § 56 c, Rn 5; *Streng* (Fn 360), Rn 168; Schönke/Schröder-*Stree* (Fn 715), § 56 c, Rn 3.
[1046] BT-Drs. V/4094 (Fn 912), S. 12.

steht es im pflichtgemäßen Ermessen des Gerichts, dem Straffälligen die elektronische Kontrolle als unbenannte Weisung zu erteilen.[1047]

3. Hilfsfunktion der Weisungen

Weisungen sollen im Unterschied zu den Auflagen ausschließlich Lebenshilfe für die Dauer der Bewährungszeit sein. Sie dienen also der Beeinflussung und Resozialisierung des Verurteilten[1048], einen sanktionsähnlichen Charakter haben sie nicht.[1049] Gemäß § 56 c Abs. 1 S. 1 StGB ist deshalb die Erteilung einer Weisung obligatorisch, wenn der Verurteilte einer solchen Hilfe bedarf. Die Bewährungsweisungen in Form richterlicher Ge- und Verbote sollen dem Straffälligen Leitlinien an die Hand gegen, an denen er sich zu orientieren hat.[1050] Kann hingegen von dem verurteilten Straftäter erwartet werden, dass er sich in Zukunft auch ohne die Anordnung einer Weisung straffrei verhält, ist die Erteilung einer Weisung unzulässig.[1051] Weisungen nach § 56 c Abs. 2 StGB werden vornehmlich labilen Tätern erteilt, bei denen eine gewisse Gefahr künftiger Straftaten besteht und das Gericht ohne die Anordnung einer Bewährungsmaßnahme keine positive Sozialprognose stellen könnte.[1052] Die Anwendung des elektronisch überwachten Hausarrestes ist daher bei solchen Straffälligen in Erwägung zu ziehen, bei denen ohne die Unterstellung unter elektronische Überwachung wegen höherer Rückfallgefahr die positive Sozialprognose versagt werden müsste, so dass ihre Strafe nicht zur Bewährung ausgesetzt werden könnte. Problematisch ist, dass diese Täter oftmals die Voraussetzungen für EM nicht erfüllen dürften. Gleichwohl sind sie nicht von der Unterbringung im elektronisch überwachten Hausarrest ausgeschlossen, weil - wie oben bereits ausgeführt - beispielsweise arbeitslose Probanden in ein Beschäftigungsverhältnis vermittelt und u.U. Telefonanschlüsse über das Sozialamt zur Verfügung gestellt werden könnten.

Bei der Erteilung einer Weisung ist zu berücksichtigen, dass eine Weisung unzulässig ist, die allein dazu dient, den Verurteilten zu überwachen bzw. zu kontrol-

---

Vgl. dazu LG Frankfurt am Main, NJW 2001, S. 697.
OLG Karlsruhe, Justiz 1984, S. 427; Schönke/Schröder-*Stree* (Fn 715), § 56 c, Rn 1.
Schäfer (Fn 990), Rn 177.
SK-*Horn* (Fn 988), § 56 c, Rn 2; LK-*Gribbohm* (Fn 1002), § 56 c, Rn 1.
SK-*Horn* (Fn 988), § 56 c, Rn 2; LK-*Gribbohm* (Fn 1002), § 56 c, Rn 1.
Tröndle/Fischer, Strafgesetzbuch und Nebengesetze (50. Auflage), § 56 c, Rn 1 a.

lieren.[1053] Der Zweck einer Weisung wird als erfüllt angesehen, wenn mit ihrer Anordnung zumindest auch das Ziel verfolgt wird, dem Delinquenten eine Hilfestellung für seine Resozialisierung zu geben.[1054] Somit stellt sich die Frage, ob die Unterstellung unter elektronischen Hausarrest eine ausschließlich der Kontrolle des Arrestanten dienende Maßnahme darstellt[1055] oder auch durch den Hilfscharakter einer Weisung gekennzeichnet ist. Die sowohl in der Presse als auch in der Fachliteratur den elektronisch überwachten Hausarrest beschreibenden Begriffe wie *"elektronische Fußfessel"*[1056], *"elektronisches Halsband"*[1057], *"neue Form von 'Schwedischen Gardinen'"*[1058], *"elektronische 'Gitter'"*[1059], *"elektronisches Heimgefängnis"*[1060] oder *"virtuelle Gitter"*[1061] verdeutlichen, dass mit EM in erster Linie die Überwachung des Verurteilten mittels eines Senders verbunden wird.

Die Einhaltung der richterlichen Weisung, sich zu den vorgegebenen Zeiten in der Wohnung aufzuhalten, wird beim Aktivsystem mittels eines Senders ununterbrochen elektronisch überwacht. Inwieweit eine solche intensive Kontrolle des Verurteilten noch mit der Funktion einer Weisung nach § 56 c Abs. 1 StGB zu vereinbaren ist, d.h. zumindest eine mittelbare Hilfe zur Wiedereingliederung darstellt, wird im Schrifttum uneinheitlich beurteilt.

Einige Autoren vertreten die Auffassung, dass die Anordnung des elektronisch überwachten Hausarrestes nicht mit dem Wesen der Weisung vereinbar sei. Es überwiege deutlich die Kontrolle bzw. Überwachung des Straffälligen. Da die Hilfestellung zur Wiedereingliederung eine untergeordnete Rolle spiele, liege eine

---

[1053] BVerfG, StV 1993, S. 465; OLG Zweibrücken, NStZ 1989, S. 578; Lackner/Kühl-*Lackner* (Fn 1002), § 56 c, Rn 4; *Streng* (Fn 360), Rn 169; *Stree*, JR 1990, S. 121 (122); *Mrozynski*, JR 1983, S. 397 (402).
[1054] BVerfG, NJW 1993, S. 3315; BGHSt 9, 365 (365 f); OLG Zweibrücken, NStZ 1989, S. 578; *Streng* (Fn 360), Rn 169; SK-*Horn* (Fn 988), § 56 c, Rn 2; LK-*Gribbohm* (Fn 1002), 56 c, Rn 1.
[1055] Im Schrifttum ist die elektronische Überwachung zum Teil als *"völlig inhaltsleere, ausschließlich kontrollierende Maßnahme"* bezeichnet worden [*Stern*, BewHi 1990, S. 335 (341)].
[1056] *Ostendorf*, ZRP 1997, S. 473; *Dahs*, NJW 1999, S. 3469; *Brüchert*, FoR 1999, S. 137; *Köhler*, NK 2/2000, S. 10; *Burghard*, Kriminalistik 1999, S. 435; *Garstka*, DuD 1998, S. 64.
[1057] *Deleuze*, Neue Rundschau 1990, Heft 3, S. 5 (10). Der Aufsatz ist ebenfalls veröffentlicht in: KrimJ 24 (1992), S. 181 (185); *Lindenberg/Schmidt-Semisch* (Fn 365), S. 33 (39).
[1058] *Caesar*, ZfStrVo 1996, S. 131 (135).
[1059] *Janisch*, DRiZ 1999, S. 299.
[1060] *Lindenberg/Schmidt-Semisch* (Fn 365), S. 33 (37).
[1061] *Kube*, DuD 2000, S. 633.

Weisung i.S.d. § 56 c StGB nicht vor.[1062] Läge der Schwerpunkt der elektronischen Überwachung tatsächlich in der Unterstützung der Resozialisierung, wäre der nachrangigen Kontrollfunktion bereits dadurch Genüge getan, dass der Verurteilte ein- bis zweimal pro Tag stichprobenartig aufgesucht würde; eine permanente Überwachung wäre dagegen nicht erforderlich. Darüber hinaus fehle es am persönlichen Kontakt zu Bewährungshelfern oder Psychologen.[1063] Der Verurteilte bleibe sich vielmehr selbst überlassen, so dass etwaige Sozialisationsdefizite kaum behoben würden.[1064] Im Übrigen sei der elektronisch überwachte Hausarrest auch deshalb nicht mit der Funktion einer Weisung nach § 56 c StGB zu vereinbaren, weil seine Eingriffsintensität mit der einer Haftstrafe vergleichbar sei. Der Verurteilte habe eine der Haftstrafe äquivalente freiheitsentziehende Sanktion zu verbüßen und stünde daher einem Straftäter, dessen Freiheitsstrafe nicht zur Bewährung ausgesetzt worden sei, gleich, was vom Gesetzgeber jedoch offensichtlich nicht gewollt sei.[1065] Da mit Hilfe der 'elektronischen Fußfessel' lediglich kontrolliert werden könne, ob sich der Überwachte zu den vorgegebenen Zeiten in seiner Wohnung aufhalte, würden keine weiteren Straftaten verhindert.[1066]

Andere Autoren billigen der elektronischen Überwachung zwar ein *"auch unterstützendes Potential"*[1067] zu, verneinen letztendlich jedoch die Zweckdienlichkeit des elektronisch überwachten Hausarrestes als Weisung, da er den Straffälligen in seiner gesamten Lebensführung maßregle, ohne zu beachten, dass Weisungen auf ihre kriminologische Berechtigung hin überprüft werden müssen. Die elektronische Überwachung erfasse nicht die Lebensbereiche, in denen die kriminogenen Faktoren durch die begangene Tat hervorgetreten seien.[1068] Sie diene der bloßen Kontrolle und gerade nicht der Resozialisierung des Verurteilten. Die Einführung des elektronisch überwachten Hausarrestes bedeute den Ersatz betreuender Maßnahmen durch kontrollierende Technik und *"käme einem Ausverkauf des Resozia-*

[1062] *Thiele*, Kriminalistik 1999, S. 440 (441).
[1063] *Thiele*, Kriminalistik 1999, S. 440 (441).
[1064] *Krahl*, NStZ 1997, S. 457 (461).
[1065] *Thiele*, Kriminalistik 1999, S. 440 (442).
[1066] *BAG-S e.V.* (Fn 307), S. 20, 25.
[1067] *Hudy* (Fn 74), S. 163.
[1068] *Hudy* (Fn 74), S. 164 f.

252

lisierungsgedankens gleich."[1069] Er sei in erster Linie *"an das Bestrafungs- und nicht an das Behandlungsideal gekoppelt.*"[1070]

Nach anderer Auffassung nehme die elektronische Überwachung durch die Steuerung des Bewährungsverhaltens des Straffälligen zumindest mittelbar Einfluss auf die Lebensführung des Verurteilten und bewahre ihn vor der Begehung erneuter Straftaten, da die Kenntnis von der ständigen Überwachung die Bereitschaft fördere, sich an die festgelegten Aufenthaltsbestimmungen zu halten.[1071] Trotz seiner einschneidenden Wirkung sei der elektronisch überwachte Hausarrest ein *"unterstützendes Mittel auf dem Weg zur Wiedereingliederung des Täters"*.[1072] Die Unterbringung des Verurteilten im elektronisch überwachten Hausarrest werde nicht vom Sühnegedanken bestimmt, sondern sei ein Mittel sowohl der negativen als auch der positiven Spezialprävention.[1073] Die Gewähr, dass der Delinquent zukünftig keine weiteren Straftaten mehr begehe, bestehe darin, den Straffälligen zu einem geordneten Leben anzuhalten.[1074]

Der letztgenannten Auffassung ist zuzustimmen. Mittels der elektronischen Überwachung soll der Verurteilte veranlasst werden, einen geordneten Tagesablauf einzuhalten. Dieser zeichnet sich dadurch aus, dass der Überwachte tagsüber einer regelmäßigen Beschäftigung nachgeht und sich abends zu Hause aufhält, wodurch vermieden wird, dass er Orte aufsucht, die eine Gefährdung für seine Resozialisierung darstellen könnten, etwa Spielkasinos oder andere Vergnügungsstätten. Der Straffällige lernt mit Hilfe der Wochenpläne einen bestimmten Lebensrhythmus, d.h. für seinen Alltag ist nunmehr eine gewisse Kontinuität charakteristisch. Diese Regelmäßigkeit des Tagesablaufes ist für die Wiedereingliederung des Straffälligen von entscheidender Bedeutung, zumal der Mangel eines geregelten Arbeitsverhältnisses und der Strukturierung der Freizeitaktivitäten sowie das Fehlen einer längerfristigen Lebensplanung oft ursächlich für das Abgleiten des Betroffenen in die Kriminalität sind. Mit der Anordnung des elektronisch

---

[1069] *Kawamura*, NK 2/1998, S. 10 (11); *BAG-S e.V.* (Fn 307), S. 25. *Ostendorf* moniert: *"Das Resozialisierungsziel unseres Stafrechts verkommt zu einem bloßen Sicherungszweck."* [ZRP 1997, S. 473 (476)].
[1070] *Lindenberg* (Fn 10), S. 192.
[1071] *Wittstamm* (Fn 74), S. 149; ähnlich *Schlömer* (Fn 353), S. 189; ders., BewHi 1999, S. 31 (37); *Schädler/Wulf*, BewHi 1999, S. 3 (5, 7).
[1072] *Schlömer* (Fn 353), S. 189.
[1073] *Schlömer* (Fn 353), S. 189.
[1074] *Schlömer*, BewHi 1999, S. 31 (36).

überwachten Hausarrestes wird daher resozialisierend auf das Leben des Straftäters eingewirkt. Zwar ist nicht zu widerlegen, dass die Kontrolle des Probanden eine beträchtliche Rolle spielt, jedoch muss nach der Rechtsprechung des BVerfG die erteilte Weisung im Gegensatz zur Auflage gemäß § 56 b StGB *"einen spezialpräventiven Inhalt aufweisen und zumindest auch den Zweck verfolgen, dem Verurteilten bei der Vermeidung von Straftaten in seiner künftigen Lebensführung zu helfen."*[1075] Eine mittelbare Einflussnahme auf das Verhalten des Verurteilten genügt den Anforderungen an eine funktionsgerechte Weisung.[1076] Konsequenterweise hat das BVerfG im Jahre 1993 die einem regelmäßig Drogen konsumierenden Straffälligen erteilte Weisung, sich nicht an Orten aufzuhalten, wo Betäubungsmittel konsumiert werden, und in bestimmten Zeitabständen zum Nachweis der Drogenfreiheit Urinproben abzugeben, als zulässig erachtet. Zur Begründung führte das BVerfG aus, dass die Weisung sowohl notwendig als auch geeignet erscheine, den Verurteilten aus der Rauschgift-Szene fernzuhalten und der Gefahr erneuter Beschaffungskriminalität vorzubeugen. Denn der Zweck einer Weisung könne insbesondere auch darin bestehen, *"auf ein Verhalten einzuwirken, das im Vorfeld erneuter Straffälligkeit liegt"*.[1077] Wenn aber der Zweck einer Bewährungsweisung darin liegt, resozialisierend auf die Lebensführung des Betroffenen einzuwirken, um damit weitere Straftaten zu vermeiden, erweist sich die Kontrollfunktion i.d.R. als nachrangig. In Bezug auf die erteilte Weisung, regelmäßig Urinproben abzugeben, hat das BVerfG ausgeführt: *"Ihre Bedeutung erschöpft sich jedenfalls nicht in einer reinen Kontrolle. Denn eine zeitlich und umfangmäßig bestimmte Kontrolle, die voraussichtlich ein bewährungswidriges Verhalten des Verurteilten aufdecken würde, nimmt wiederum Einfluss auf seine Lebensführung, indem sie ihn anhält, sein Verhalten zu steuern und nicht bewährungsbrüchig und erneut straffällig zu werden. Eine solche mittelbare Einflussnahme auf das Bewährungsverhalten, sein Leben straffrei und ohne Drogenkonsum zu führen, genügt dem Zweck der Weisung und ist daher von Verfassungs wegen nicht zu beanstanden."*[1078] Diese Argumentation des BVerfG kann in gleicher Weise auf den elektronisch überwachten Hausarrest übertragen werden. Die Unterbringung im elektronischen Hausarrest zwingt den Probanden, Beständigkeit in seinen Tagesablauf zu bringen, insbesondere einer sinnvollen Tagesbeschäftigung

---

[1075] BVerfG, StV 1993, S. 465.

[1076] *Stree*, JR 1990, S. 122.

[1077] BVerfG, StV 1993, S. 465.

[1078] BVerfG, StV 1993, S. 465 (466).

254

nachzugehen. Dadurch erhält das Leben des Verurteilten einen festen Rahmen, so dass der elektronischen Überwachung eine unterstützende Funktion für die Wiedereingliederung des Straffälligen in die Gesellschaft nicht abgesprochen werden kann. Der Proband hat Kenntnis von der elektronischen Überwachung und weiß, dass jede Regelverletzung sofort bemerkt wird. Die permanente Kontrolle, die bewährungswidriges Verhalten aufdeckt, beeinflusst das Verhalten des Verurteilten erheblich: Der Überwachte hält sich eher an die ihm auferlegten Pflichten. Der elektronisch überwachte Hausarrest dient demnach auch der Vermeidung weiterer Straftaten. Seine Bedeutung erschöpft sich gerade nicht in einer reinen Kontrollfunktion.

Die elektronische Überwachung erreicht auch den erforderlichen Grad einer mittelbaren Hilfe, um der Funktion einer Weisung zu entsprechen. Eine Bewährungshilfe liegt nur dann nicht mehr vor, wenn ein anderer Zweck derart im Vordergrund steht, dass sich die dem Straffälligen auferlegte Pflicht nur ganz geringfügig auf ein straffreies Leben auswirkt.[1079] Nach den obigen Ausführungen ist dies bei der elektronischen Überwachung nicht der Fall, denn die Steuerung des Verhaltens des Probanden, regelmäßig seiner Arbeit nachzugehen und in den Arrestzeiten die Wohnung nicht zu verlassen, ist so stark, dass der Zweck der Bewährungshilfe dem Zweck, die Überwachung des Verurteilten zu erleichtern, überwiegt. Es ist zwar zuzugeben, dass die elektronische Überwachung letztendlich nicht verhindern kann, dass der Delinquent erneut Straftaten begeht. Erfahrungsgemäß sinkt jedoch die Kriminalitätsanfälligkeit, wenn der Straffällige einer regelmäßigen Tagesbeschäftigung nachgeht sowie seine Freizeit konstruktiv gestaltet.

Problematisch erscheint die zum Teil vertretene Auffassung, die resozialisierende Wirkung des elektronischen Hausarrestes liege schon darin, dass dem Überwachten ermöglicht werde, in seinem sozialen Umfeld zu verbleiben mit der Folge, dass er von den mit der Haftverbüßung in einer Justizvollzugsanstalt verbundenen Prisonierungseffekten verschont werde.[1080] Die Aufrechterhaltung der beruflichen, sozialen und familiären Bindungen ist bereits durch die Aussetzung der Freiheitsstrafe zur Bewährung bedingt. Dieser positive Effekt ergibt sich nicht aus der

---

[1079] *Stree*, JR 1990, S. 122 (123).
[1080] *Thiele*, Kriminalistik 1999, S. 440 (441); *Hudy* (Fn 74), S. 163 f.

konkreten Weisung.[1081] Folgerichtig haben die Mitglieder der Arbeitsgruppe 'Elektronisch überwachter Hausarrest' die resozialisierende Wirkung der elektronischen Überwachung in der dem Verurteilten in erheblichem Maße abverlangten Eigenverantwortung gesehen.[1082]

Nicht zutreffend ist der Einwand, der Straffällige bleibe sich in seiner Wohnung selbst überlassen und zu Bewährungshelfern und psychologischen Beratern bestünde kein persönlicher Kontakt.[1083] Ausweislich der 'Modalitäten eines Modellversuchs im Land- und Amtsgericht Frankfurt am Main mit der elektronischen Überwachung durch eine sog. `elektronische Fußfessel'' wird die Kontrolle der Probanden mit sozialer Betreuung kombiniert. Tatsächlich haben im Rahmen des Modellversuchs in Hessen wöchentlich persönliche Kontakte zwischen den Bewährungshelfern und den Überwachten stattgefunden. Die Betreuung durch die Sozialarbeiter ist von den Verurteilten positiv bewertet worden. Neben der Wahrnehmung der Kontrollaufgaben fand eine umfassende Unterstützung bei der Schuldenregulierung oder der Suche nach einem Arbeitsplatz statt, und in verschiedenen Fällen wurde die Zukunftsperspektive aus Sicht der Betroffenen deutlich verbessert.[1084] Auch die bisherigen internationalen Erfahrungen und Befragungen der Betroffenen bestätigen bisher keinen Mangel an individueller Beratung und Betreuung.

Der elektronisch überwachte Hausarrest ist mit der Funktion einer Weisung auch mit Blick auf seine Eingriffsintensität vereinbar, weil sie der einer Haftstrafe nicht gleichkommt.[1085] Wie bereits erläutert, handelt es sich bei der Unterstellung unter elektronisch überwachten Hausarrest um eine Freiheitsbeschränkung. Im Ergebnis steht daher die Hilfsfunktion der Weisungen dem Einsatz des elektronisch überwachten Hausarrestes nicht entgegen.

4. Berücksichtigung kriminogener Faktoren

Bei der Auswahl der dem Verurteilten auferlegten Weisungen hat das Gericht an die kriminogenen Faktoren anzuknüpfen, d.h. die erteilten Maßnahmen müssen

---

[1081] Ebenso *Wittstamm* (Fn 74), S. 147.

[1082] Abschlussbericht der Arbeitsgruppe 'Elektronisch überwachter Hausarrest', S. 9.

[1083] So aber: *Krahl*, NStZ 1997, S. 457 (461); *Thiele*, Kriminalistik 1999, S. 440 (441).

[1084] *Mayer* (Fn 288), S. 2. Siehe die Ausführungen unter: Fünfter Teil, B III 3).

[1085] A.A. *Thiele*, Kriminalistik 1999, S. 440 (442).

256

gerade denjenigen Lebensbereich regeln, der ein erhebliches Sicherheitsrisiko beinhaltet und eine erneute Straffälligkeit des Täters befürchten lässt.[1086] Bei der Anordnung der elektronischen Überwachung werden auch die kriminogenen Faktoren der Tat in die Entscheidung mit einbezogen, da ihre Anordnung nur dann erfolgt, wenn sie als Hilfe zur Rückfallverhinderung notwendig erscheint.[1087] Bestehen bei einem Straftäter erhebliche Bedenken, (erneut) Strafaussetzung zur Bewährung zuzubilligen oder mussten bereits in der Vergangenheit (wiederholt) Verstöße gegen erteilte Weisungen verzeichnet werden, ist der elektronische Hausarrest ein Mittel, den Verurteilten zu einem geordneten Tagesablauf anzuhalten und die Einhaltung der weiteren Bewährungsweisungen zu kontrollieren. EM übt einen starken Einfluss auf die Lebensführung des Arrestanten aus, denn die Gefahr, dass eine Verletzung der Weisungen aufgedeckt würde, veranlasst den Betroffenen eher, nicht bewährungsbrüchig bzw. erneut straffällig zu werden. Zwar können durch die elektronische Überwachung nicht alle kriminogen wirkenden Faktoren ausgeschlossen werden (z.B. kann der Arrestant in seiner Wohnung Personen empfangen, die bereits strafrechtlich in Erscheinung getreten sind), jedoch werden die delinquenzfördernden Kontakte dadurch vermindert, dass der Verurteilte seine Wohnung nur zu den festgelegten Zeiten verlassen darf. Aufgrund der Tatsache, dass Weisungen darauf gerichtet sein dürfen, den Straffälligen zur Führung eines geordneten und gesetzmäßigen Lebens anzuhalten, weil hierin zugleich die Grundlage für zukünftiges straffreies Leben liegt[1088], ist der elektronisch überwachte Hausarrest als Bewährungsweisung auch unter kriminologischen Aspekten gerechtfertigt.

5. Vereinbarkeit mit den Grundrechten

Sämtliche Weisungen des § 56 c Abs. 2 StGB unterliegen dem generellen Vorbehalt ihrer Vereinbarkeit mit dem geltenden Recht, also vornehmlich mit den Grundrechten.[1089] Die Unterbringung im elektronisch überwachten Hausarrest ist gemäß den Erläuterungen an anderer Stelle (Siebenter Teil, A bis L) unter verfassungsrechtlichen Gesichtspunkten nicht zu beanstanden, zumal der Betroffene im Vorfeld der elektronischen Überwachung zugestimmt hat.

[1086] SK-*Horn* (Fn 988), § 56 c, Rn 2; Schönke/Schröder-*Stree* (Fn 715), § 56 c, Rn 4.
[1087] A.A. *Hudy* (Fn 74), S. 164 f.
[1088] *Tröndle/Fischer* (Fn 502), § 56 c, Rn 1 a; LK-*Gribbohm* (Fn 1002), § 56 c, Rn 4; a.A., *Mrozynski*, JR 1983, S. 397 (399).
[1089] *Maurach/Gössel/Zipf* (Fn 348), § 65 II C 2 c, Rn 47.

6. Zumutbarkeitsklausel des § 56 c Abs. 1 S. 2 StGB

§ 56 c Abs. 1 S. 2 StGB normiert, dass an die Lebensführung des Verurteilten keine unzumutbaren Anforderungen gestellt werden dürfen. Die Unzumutbarkeit einer Maßnahme kann sich aus ihrer Art oder ihrem Umfang ergeben.[1090] Genügt eine die Lebensführung des Verurteilten weniger beeinträchtigende Maßnahme, so ist es dem Gericht verwehrt, eine strengere anzuordnen.[1091] Die Beurteilung der Unzumutbarkeit ist einzelfallbezogen und dann zu bejahen, wenn die Weisung entgegen § 56 c Abs. 1 S. 2 StGB einen unverhältnismäßig einschneidenden Eingriff in die Lebensführung des Verurteilten bedeutet.[1092]

EM stellt eine Maßnahme dar, die umfassend in die Lebensführung des Straffälligen eingreift. Doch ein Blick auf die gesetzlich normierten Weisungen zeigt, dass das Gericht Weisungen erteilen kann, die intensiv in das Leben des Verurteilten eingreifen. Beispielsweise kann im Rahmen von § 56 c StGB dem Verurteilten die Weisung erteilt werden, gemeinnützige Arbeit abzuleisten, die Wohnung oder Arbeitsstelle nicht ohne Rücksprache mit dem Bewährungshelfer zu wechseln, keinen Kontakt mit bestimmten Personen, z.B. früheren Komplizen, aufzunehmen, seine Unterhaltspflichten zu erfüllen, zur Nachtzeit die Wohnung nicht zu verlassen, sich jeglichen Alkoholgenusses zu enthalten oder sich zu bestimmten Zeiten bei der Polizei zu melden.[1093] Zulässig sind auch gewisse Einschränkungen der Berufsausübung, z.B. die Anordnung für eine vorübergehende Zeit keine selbständige Tätigkeit auszuüben.[1094] Die Verpflichtung, während der Dauer des elektronischen Hausarrestes ein Beschäftigungsverhältnis aufzunehmen und einen festen Wohnsitz nachzuweisen, ist damit (unabhängig von dem Einverständnis des Betroffenen) nicht unzumutbar i.S.d. § 56 c Abs. 1 S. 2 StGB.

Die Unzumutbarkeit von EM als Bewährungsweisung ergibt sich auch nicht aus der Kontrollintensität der Maßnahme. Das Tragen der 'elektronischen Fußfessel' per se ist ebenfalls nicht unzumutbar i.S.d. § 56 c Abs. 1 S. 2 StGB. Insoweit kann

---

[1090] LK-*Gribbohm* (Fn 1002), § 56 c, Rn 2.

[1091] Schönke/Schröder-*Stree* (Fn 715), § 56 c, Rn 10.

[1092] BGH, StV 1998, S. 658; OLG Köln, StV 1998, S. 176 (177); Lackner/Kühl-*Lackner* (Fn 1002), § 56 c, Rn 5.

[1093] Vgl. zu den einzelnen Weisungen: BVerfG, StV 1993, S. 465; OLG Hamburg, NJW 1964, S. 1814; NJW 1972, S. 168; OLG Hamm, NStZ 1985, S. 311; OLG Düsseldorf, NStZ 1984, S. 332; OLG Celle, NJW 1971, S. 718; *Stree* (Fn 1034), S. 151 ff.

[1094] OLG Hamburg, OLGSt § 24 b, S. 7; OLG Celle, NJW 1971, S. 718.

258

auf die Ausführungen in Zusammenhang mit der Zumutbarkeitsklausel des § 56 b Abs. 1 S. 2 StGB verwiesen werden. Aufgrund der geringen Größe der 'Fußfessel' ist der Eintritt erheblicher stigmatisierender Effekte nicht zu befürchten. Im Übrigen besteht auch bei Straffälligen, die z.b. die Weisung erhalten haben, sich regelmäßig bei der Polizeidienstelle zu melden, bestimmte Vergnügungsstätten zu meiden oder auf jeglichen Alkoholgenuss zu verzichten, die Gefahr, dass sie von Nachbarn/Arbeitskollegen verächtlich angeschaut werden.

Die vorstehenden Ausführungen verdeutlichen, dass die Unterbringung im elektronisch überwachten Hausarrest keine unzumutbaren Anforderungen an die Lebensführung des Verurteilten stellt. Den mit EM gleichwohl verbundenen hohen sozialen Anforderungen an den Verurteilten muss unter Beachtung des Verhältnismäßigkeitsgrundsatzes Rechnung getragen werden. Die Anordnung der elektronischen Überwachung scheidet bei Straffälligen aus, die Bagatelldelikte begangen haben und zukünftig von der Begehung eher unbedeutender Delikte abgehalten werden sollen.

7. Einwilligung des Verurteilten

Aus verfassungsrechtlichen Gründen ist die Einwilligung des Probanden zur Unterbringung im elektronisch überwachten Hausarrest unverzichtbar. Darüber hinaus wäre die elektronische Überwachung ohne Zustimmung des Probanden praktisch kaum durchführbar, da der Hausarrest ein hohes Maß an Selbstdisziplin und eine intensive Zusammenarbeit zwischen Verurteiltem und Sozialarbeiter erfordert. Gleichwohl soll an dieser Stelle aus Gründen der Vollständigkeit und im Hinblick auf die im Schrifttum bestehende Streitfrage des Erfordernisses einer Einwilligung des Arrestanten aus einfach-gesetzlichen Gründen ferner untersucht werden, ob eine solche notwendig wäre, denn Bewährungsweisungen i.S.d. § 56 c Abs. 2 StGB können ohne Einwilligung des Betroffenen vom Gericht erteilt werden. Lediglich die Weisung, sich einer Heilbehandlung, die mit einem körperlichen Eingriff verbunden ist, oder einer Entziehungskur zu unterziehen oder in einem geeigneten Heim oder einer geeigneten Anstalt Aufenthalt zu nehmen, darf nur mit Einwilligung des Verurteilten erteilt werden. Daneben werden jedoch auch Weisungen, die auf Grundlage des § 56 c Abs. 2 StGB erteilt werden, in ihrer Intensität aber denen des § 56 c Abs. 3 StGB gleichstehen, von der Zustimmung des Straffälligen abhängig gemacht.[1095] Fraglich ist daher, ob aus einfach-gesetzlichen Gründen eine Einwilligung des Verurteilten erforderlich wäre. Dies wird im Schrifttum uneinheitlich beurteilt. *SCHLÖMER* ist der Ansicht, dass das Einwilligungserfordernis beim elektronisch überwachten Hausarrest schon einfach-gesetzlich unabdingbar sei, da er aufgrund der hohen Anforderungen an die Lebensführung des Verurteilten in seiner Intensität mit den Aufenthaltsregelungen des § 56 c Abs. 3 StGB vergleichbar sei.[1096] Darüber hinaus sei eine elektronische Überwachung ohne vorherige Einwilligung sinnlos, weil sie eine enge Zusammenarbeit zwischen dem Verurteilten und den Strafvollzugsbehörden voraussetze.[1097] Hingegen vertritt *WITTSTAMM* die Auffassung, dass die Unterbringung des Verurteilten im elektronisch überwachten Hausarrest aus einfach-gesetzlichen Gründen keiner Einwilligung des Betroffenen bedürfe. Der Aufenthalt in einer Anstalt oder einem Heim habe eine völlig andere Intensität als die elektronische Überwachung in der eigenen Wohnung. Der Proband unterliege keiner 24stündigen Reglementierung durch die Anstaltsregeln. Zudem sehen bestimmte Überwachungsmodelle in Schweden oder in den USA ohnehin nur eine Ausgehbeschränkung für die Abendstunden oder die Freizeit vor.[1098]

Die letztgenannte Auffassung ist vorzugswürdig. Anders als bei den Weisungen nach § 56 c Abs. 3 StGB wird der Verurteilte bei der Unterbringung im elektronisch überwachten Hausarrest in seinem sozialen Umfeld belassen, namentlich die Ausübung seines Berufes, die Fortführung seines Familienlebens und die Pflege von freundschaftlichen Kontakten ist weiterhin möglich. Die Maßnahmen nach § 56 c Abs. 3 StGB zeichnen sich überwiegend dadurch aus, dass sich der Verurteilte an einen anderen Aufenthaltsort begibt: in eine Entziehungsanstalt, therapeutische Einrichtung oder ein Altersheim. Insoweit unterscheidet sich allein die Art der jeweiligen Unterbringung erheblich. Überdies ist auch die Intensität von EM im Vergleich zu den in § 56 c Abs. 3 StGB genannten Weisungen geringer. Der Aufenthalt in einem psychiatrischen Krankenhaus, einer Entziehungsanstalt für Alkohol- und Suchtmittelkranke oder einem Alters- bzw. Schwesternwohnheim ist grundsätzlich auf einen längeren Zeitraum als die elektronische Überwachung angelegt, die nach dem Gesetzentwurf zur Änderung des Strafvollzugsge-

---

[1095] Schönke/Schröder-*Stree* (Fn 715), § 56 c, Rn 29.
[1096] *Schlömer* (Fn 353), S. 191; ders., BewHi 1999, S. 31 (39).
[1097] *Schlömer* (Fn 353), S. 192; ders., BewHi 1999, S. 31 (38).
[1098] *Wittstamm* (Fn 74), S. 163 f.

setzes (§ 10 a StVollzG) im Höchstfall auf sechs Monate begrenzt sein soll. Darüber hinaus ist der Verurteilte bei einer Aufenthaltnahme in einem Heim oder einer Anstalt strengen Sicherungsvorkehrungen und Verhaltensmaßregeln unterworfen, z.B. bei der Unterbringung in einer geschlossenen Einrichtung. Die Intensität der Überwachung in diesen Einrichtungen ist weitaus höher als die elektronische Überwachung im Rahmen des Hausarrestes, denn neben die elektronischen Sicherungsmaßnahmen tritt die ständige persönliche Kontrolle durch das Betreuungspersonal. Nicht ohne Grund wird im Schrifttum die Frage erörtert, ob bei der Erteilung einer Weisung nach § 56 c Abs. 3 StGB die in den §§ 61 ff StGB dargelegten strengen Grundsätze für die Anordnung einer Maßregel (Höchstgrenzen der Maßnahme und Überprüfungspflichten) analog anzuwenden sind.[1099] Zwar sind die Weisungen nach § 56 c Abs. 3 StGB ebenfalls als Hilfeleistungen gedacht; der Verurteilte soll von den therapeutischen Möglichkeiten profitieren, um danach für Straftaten weniger anfällig zu sein.[1100] Der Streit über das Vorliegen der Voraussetzungen der §§ 61 ff StGB verdeutlicht jedoch, dass den Aufenthaltsregelungen nach § 56 c Abs. 3 StGB ein erheblicher Kontroll- und Sicherungszweck beigemessen wird, da bei Anordnung einer Maßregel der Besserung und Sicherung eine negative Gefährlichkeitsprognose gestellt werden muss. Weder die Dauer noch die Intensität der Weisungen nach § 56 c Abs. 3 StGB sind mit der elektronischen Überwachung des Straffälligen vergleichbar, so dass eine Einwilligung des Verurteilten aus einfach-gesetzlichen Gründen bei der Erteilung einer Weisung im Rahmen des § 56 c Abs. 2 StGB nicht erforderlich wäre.

Im Ergebnis kann die Unterbringung im elektronisch überwachten Hausarrest bereits nach der bestehenden Gesetzeslage als Weisung im Rahmen des § 56 c Abs. 2 StGB angeordnet werden. Die Erprobung einer solchen Maßnahme ist daher ohne Gesetzesänderung möglich. Abschließend ist anzumerken, dass die Gefahr, die Rechtmäßigkeit strafgerichtlicher Maßnahmen rechtlich allein mit der Einwilligung des Betroffenen zu begründen, im Auge behalten werden sollte. Die vorherige Einwilligung des Verurteilten in die betreffende Zwangsmaßnahme lässt zwar Beeinträchtigungen von verfassungsrechtlich gewährleisteten Positionen zu, darf aber im Ergebnis nicht zur Rechtlosstellung des Straftäters führen.

[1099] So Schönke/Schröder-*Stree* (Fn 715), § 56 c, Rn 25; a.A. *Mrozynski*, JR 1983, S. 397 (401); LK-*Gribbohm* (Fn 1002), § 56 c, Rn 11; SK-*Horn* (Fn 988), § 56 c, Rn 13.
[1100] SK-*Horn* (Fn 988), § 56 c, Rn 13.

C. Anwendung zur Vermeidung des Widerrufs der Bewährung

Eine Einführung des elektronisch überwachten Hausarrestes ist auch zur Vermeidung von Widerrufen bei bereits ausgesetzten Strafen durch einen ergänzenden Beschluss des bewährungsaufsichtsführenden Gerichts nach §§ 56 f Abs. 2, 56 c StGB denkbar. Grundsätzlich widerruft das Gericht die Strafaussetzung unter den in § 56 f Abs. 1 Nr. 1 - 3 StGB genannten Bedingungen. Von einem Widerruf ist zwingend abzusehen, sofern die Erteilung weiterer Auflagen oder Weisungen oder die Verlängerung der Bewährungs- und Unterstellungszeit ausreicht (§ 56 f Abs. 2 Nr. 1 und 2 StGB). § 56 f Abs. 2 StGB trägt mit dieser Regelung dem Grundsatz der Verhältnismäßigkeit Rechnung.[1101] Dabei sind an die Sozialprognose keine strengeren Anforderungen als im Fall der §§ 56, 57, 57 a StGB zu stellen.[1102] Maßgeblich ist, ob die Maßnahmen des § 56 f Abs. 2 StGB den Widerrufsgrund ausräumen können mit der Folge, dass zukünftig ein straffreies Lebens des Betroffenen erwartet werden kann.[1103] Bei Berücksichtigung aller tatsächlich jetzt vorhandenen Umstände ergibt sich eine negative Prognose, die dadurch beseitigt wird, dass mögliche Auswirkungen zusätzlicher oder veränderter Bewährungsmaßnahmen oder anderweitig getroffener Resozialisierungsmaßnahmen in die Beurteilung mit einbezogen werden.[1104] Die Erteilung weiterer Weisungen soll der Hilfe des Probanden dienen, keine Straftaten mehr zu begehen.[1105] Daraus folgt, dass eine nachträgliche Änderung oder Neuerteilung von Weisungen i.S.d. § 56 c StGB den Verurteilten stärker belasten oder einschränken darf als die vorherigen Weisungen. Sofern das Gericht zunächst von Weisungen abgesehen hatte oder frühere Weisungen nicht ausreichend waren, kann nunmehr gänzlich neu disponiert werden.[1106] Als weitere Weisung käme der elektronisch überwachte Hausarrest in Betracht.

[1101] Schönke/Schröder-*Stree* (Fn 715), § 56 f, Rn 9; Lackner/Kühl-*Lackner* (Fn 1002), § 56 f, Rn 9.
[1102] Lackner/Kühl-*Lackner* (Fn 1002), § 56 f, Rn 9; *Tröndle/Fischer* (Fn 502), § 56 f, Rn 14; LK-*Gribbohm* (Fn 1002), § 56 f, Rn 26; SK-*Horn* (Fn 988), § 56 f, Rn 26.
[1103] Schönke/Schröder-*Stree* (Fn 715), § 56 f, Rn 9.
[1104] *Horn*, JR 1981, S. 5 (6); Lackner/Kühl-*Lackner* (Fn 1002), § 56 f, Rn 9.
[1105] LK-*Gribbohm* (Fn 1002), § 56 f, Rn 27.
[1106] SK-*Horn* (Fn 988), § 56 e, Rn 6; Schönke/Schröder-*Stree* (Fn 715), § 56 e, Rn 6.

I. Absehen vom Widerruf gemäß § 56 f Abs. 2 StGB in der Praxis

Von der zur Bewährung ausgesetzten Freiheitsstrafe wird durchschnittlich ein Drittel gemäß § 56 f Abs. 1 StGB widerrufen.[1107] Angaben darüber, in wie vielen Fällen das Gericht gemäß § 56 f Abs. 2 StGB vom Widerruf der Bewährung absieht, liegen nicht vor. Im Rahmen einer Untersuchung von Widerruf und Nichtwiderruf der Strafaussetzung zur Bewährung beim Amtsgericht Bremen ist lediglich ermittelt worden, dass bei Anwendung des § 56 f Abs. 2 StGB im Wesentlichen nur eine Verlängerung der Bewährungszeit angeordnet wird, weitere oder veränderte Auflagen und Weisungen werden kaum erteilt.[1108]

II. Anwendungspotential für den elektronisch überwachten Hausarrest

Obwohl über die Häufigkeit der Anwendung des § 56 f Abs. 2 StGB statistische Angaben fehlen, haben die Erfahrungen im Rahmen des hessischen Modellprojektes gezeigt, dass auch die Vermeidung des Bewährungswiderrufs ein relevanter Anwendungsbereich für den elektronisch überwachten Hausarrest sein kann. Bis zum 30. April 2002 ist in 30 Fällen eine Anfrage zur Teilnahme an dem Projekt zur Vermeidung eines Bewährungswiderrufes erfolgt. Hiervon haben zehn Personen am elektronischen überwachten Hausarrest teilgenommen, 17 Personen wurde die Teilnahme versagt und in drei Fällen war die Entscheidung über die elektronische Überwachung am Stichtag noch offen.[1109] Sofern also die Weisung, im elektronisch überwachten Hausarrest untergebracht zu werden, die zunächst ungünstige Prognose unter Einbeziehung der voraussichtlichen Wirkungen der elektronischen Überwachung als hinreichend günstig erscheinen lässt, hat das Gericht von dem Widerruf der Bewährung abzusehen. Vornehmlich in den Fällen, in denen der Verurteilte seiner Meldepflicht i.S.d. § 56 c Abs. 2 Nr. 2 StGB oder Aufenthaltsanordnungen gemäß § 56 c Abs. 2 Nr. 1 StGB nicht nachkommt, stellt EM eine Maßnahme dar, den Betroffenen zur Einhaltung der Weisungen anzuhalten. In Kenntnis der ständigen Überwachung ist der Proband eher bereit, sich an die aufgegebenen Verhaltensregelungen zu halten. Der streng reglementierte Tagesablauf gewährt dem Verurteilten zugleich eine Hilfe bei der Wiedereingliederung

---

[1107] *Kaiser* (Fn 24), § 93, Rn 32; *Schall* in: FS für Stree und Wessels, S. 735 (737).
[1108] *Röll*, Widerruf und Nichtwiderruf der Strafaussetzung zur Bewährung gem. § 56 f I und II StGB und die diesbezügliche Praxis beim Amtsgericht Bremen, S. 153 ff.
[1109] *Mayer* (Fn 288), S. 3, Tab. 1.

in die Gesellschaft, indem ein regelmäßiger Tagesrhythmus eingeübt wird, den viele Delinquenten nicht mehr gewöhnt sind.

III. Elektronisch überwachter Hausarrest als nachträgliche oder geänderte Bewährungsweisung

Wie bereits an anderer Stelle erörtert, kann die Unterbringung im elektronisch überwachten Hausarrest als Bewährungsweisung bereits de lege lata nach § 56 c Abs. 2 StGB angeordnet werden. Als zulässige Weisung kann die elektronische Überwachung vom Gericht daher auch nachträglich gemäß § 56 f Abs. 2, 56 c StGB zur Vermeidung eines Bewährungswiderrufes erteilt werden.

D. Anwendung im Rahmen der Aussetzung der Vollstreckung des Restes einer zeitigen Freiheitsstrafe zur Bewährung

Die elektronische Überwachung könnte auch als Bewährungsweisung im Rahmen der Strafrestaussetzung nach §§ 57 Abs. 3, 56 c Abs. 2 StGB in Betracht kommen. Das Gericht setzt die Vollstreckung des Restes einer zeitigen Freiheitsstrafe unter den in § 57 Abs. 1, 2 StGB genannten Voraussetzungen zur Bewährung aus. § 57 StGB unterscheidet zwei Fälle: die Aussetzung des Strafrestes nach Verbüßung von zwei Drittel der verhängten Strafe (§ 57 Abs. 1 StGB) und die Aussetzung nach Verbüßung der Hälfte der verhängten Strafe (§ 57 Abs. 2 StGB).

Sofern zwei Drittel der verhängten Strafe verbüßt sind, ist die Strafrestaussetzung obligatorisch, wenn dies unter Berücksichtigung des Sicherheitsinteresses der Allgemeinheit verantwortet werden kann und der Verurteilte einwilligt (§ 57 Abs. 1 StGB). Das Erfordernis der Einwilligung resultiert aus der Tatsache, dass in Fällen, in denen eine solche fehlt, von vornherein nicht mit der notwendigen Mitarbeit des Verurteilten bei seiner weiteren Behandlung in Freiheit gerechnet werden kann.[1110] Sollte die bedingte Entlassung bereits an der fehlenden Einwilligung des Betroffenen scheitern, kommt die elektronische Überwachung von vornherein nicht in Betracht, da bereits aus verfassungsrechtlichen Gründen die schriftliche Einwilligung des Verurteilten zwingend erforderlich ist.

Schon nach Verbüßung der Hälfte der Strafe, mindestens jedoch von sechs Mona-

---

[1110] BT-Drs. V/4094 (Fn 912), S. 13. A.A. *Volckart*, ZfStrVo 2000, S. 195 (197).

ten, kann das Gericht den Strafrest zur Bewährung aussetzen, wenn der Verurteilte erstmals eine Freiheitsstrafe verbüßt, die zwei Jahre nicht übersteigt (§ 57 Abs. 2 Nr. 1 StGB) oder besondere Umstände vorliegen (§ 57 Abs. 2 Nr. 2 StGB), sofern die übrigen Voraussetzungen des Abs. 1 ebenfalls erfüllt sind. Bei der Reststrafenaussetzung kann das Gericht gemäß § 57 Abs. 3 i.V.m. §§ 56 a - 56 g StGB Auflagen und Weisungen erteilen. Unterstützt von diesen flankierenden Maßnahmen und unter dem Druck der Vollstreckung der ausgesetzten Reststrafe soll der Verurteilte dazu angehalten werden, in der Zukunft nicht erneut straffällig in Erscheinung zu treten.[1111]

I. Aussetzung der Vollstreckung des Restes einer zeitigen Freiheitsstrafe zur Bewährung in der Praxis

Die durch das 23. Strafrechtsänderungsgesetz bewirkte Öffnung des Instituts der Strafrestaussetzung nach § 57 StGB hat dazu geführt, dass die Gerichte von dem Instrument der Strafrestaussetzung vermehrt Gebrauch gemacht haben.[1112] Gleichwohl hat die durch die Erweiterung der Entlassungsvoraussetzungen in § 57 Abs. 2 StGB erfolgte Ausdehnung des Instituts und der damit verbundene Zuwachs an schwierigeren Straffälligen entgegen vielfacher Skepsis nicht zu einem Anstieg der Widerrufsraten geführt.[1113] Die Untersuchung von *EISENBERG* und *OHDER* bestätigt vielmehr die geringere Häufigkeit von Bewährungswiderrufen bei nach § 57 StGB entlassenen Verurteilten als bei aus anderen Gründen vorzeitig Entlassenen und Personen mit Endvollstreckung.[1114] In Bezug auf die spätere Rückfälligkeit hat sich gezeigt, dass eine vermehrte bedingte Entlassung keine höheren Rückfallqoten im Vergleich zur Vollverbüßung der verhängten Freiheitsstrafe zur Folge hat.[1115]

Heute wird ca. ein Drittel der Gefangenen nach § 57 Abs. 1 StGB vorzeitig entlassen. Der Anteil der Gefangenen, die nach der Halbzeitverbüßung gemäß § 57 Abs.

[1111] SK-*Horn* (Fn 988), § 57, Rn 2; LK-*Gribbohm* (Fn 1002), § 57, Rn 1.

[1112] Der Gesetzgeber hat die Mindestverbüßungszeit auf sechs Monate gekürzt und die Halbstrafenaussetzung auch für solche Verurteilte für zulässig erachtet, die erstmals eine Freiheitsstrafe von nicht mehr als zwei Jahren verbüßen (Vgl. 23. StrafÄndG vom 13.04.1986, BGBl. I/1986, S. 393 ff).

[1113] *Kaiser* (Fn 24), § 93, Rn 32; *Böhm/Erhard*, MschrKrim 67 (1984), S. 365 (370).

[1114] *Eisenberg/Ohder*, Aussetzung des Strafrestes zur Bewährung, S. 29.

[1115] *Walter/Geiter/Fischer*, NStZ 1989, S. 405 (409); dies., NStZ 1990, S. 16 (19 f); *Heinz*, ZStW 111 (1999), S. 461 (494); *Dünkel/Ganz*, MschrKrim 68 (1985), S. 157 (173 f).

2 StGB entlassen werden, liegt seit Jahren unter 3 % aller Entlassungen aus dem Vollzug.[1116]

II. Anwendungspotential für den elektronisch überwachten Hausarrest

Bei den Verurteilten, bei denen die Aussetzung der Vollstreckung des Strafrestes zur Bewährung nach § 57 Abs. 1 StGB in Betracht kommt, handelt es sich um Delinquenten, die zu einer Freiheitsstrafe von mehr als zwei Jahren verurteilt worden sind oder gegen die eine Freiheitsstrafe von weniger als zwei Jahren verhängt wurde, aber im Zeitpunkt der Verurteilung keine günstige Sozialprognose gestellt werden konnte[1117] (weil anderenfalls die Freiheitsstrafe gemäß § 56 Abs. 2 StGB zur Bewährung ausgesetzt worden wäre). Bei den nach § 57 StGB Entlassenen handelt es sich größtenteils um problematische Probanden, die tendenziell zu längeren Strafen verurteilt worden sind[1118], häufig wegen Raubdelikten, Betrug oder Urkundenfälschung[1119], aber im Vergleich zu Vollverbüßern eine geringere strafrechtliche Vorbelastung aufweisen.[1120]

Fraglich ist, ob die nach § 57 StGB Entlassenen aufgrund ihrer eher schwierigen Sozialstruktur vor dem Hintergrund der organisatorischen Rahmenbedingungen überhaupt für den elektronisch überwachten Hausarrest in Frage kommen. Denn über einen festen Wohnsitz mit Telefonanschluss und ein Beschäftigungsverhältnis verfügen aus der Haft Entlassene i.d.R. nicht: Über die Hälfte der Straffälligen verlieren ihre Wohnung durch die Inhaftierung. Darüber hinaus sind über 90 % der Haftentlassenen zunächst arbeitslos.[1121] Mit der Begründung, es gebe keine ausreichende Zielgruppe für den elektronisch überwachten Hausarrest hat daher auch die Arbeitsgruppe 'Elektronisch überwachter Hausarrest' die Anwendung von EM im Bereich der Reststrafenaussetzung abgelehnt.[1122]

Trotz der eher problematischen Klientel und der ungünstigen Bedingungen nach der Haftentlassung dürfte ein Teil dieser Straffälligen als Zielgruppe für die elek-

---

[1116] *Jescheck/Weigend* (Fn 548), § 79 II 2; *Walter/Geiter/Fischer*, NStZ 1989, S. 405 (409). Für Hessen siehe die Angaben bei *Böhm/Erhard*, MschrKrim 67 (1984), S. 367 (368 ff).

[1117] *Mrozynski*, JR 1983, S. 133 (136).

[1118] *Böhm/Erhard*, MschrKrim 67 (1984), S. 365 (374); *Eisenberg/Ohder* (Fn 1114), S. 28.

[1119] *Eisenberg/Ohder* (Fn 1114), S. 28.

[1120] *Böhm/Erhard*, MschrKrim 67 (1984), S. 365 (374).

[1121] BAG-S/Nationale Armutskonferenz (NAK), NK 2/1995, S. 6 f.

[1122] Abschlussbericht der Arbeitsgruppe 'Elektronisch überwachter Hausarrest' S. 17.

tronische Überwachung in Frage kommen. Die Studie von *EISENBERG* und *OHDER* zeigt auf, dass bestimmte Stabilitätsfaktoren vorhanden sind: Die nach § 57 StGB Entlassenen sind im Vergleich zu Vollverbüßern im Sozial- und Leistungsbereich relativ angepasst, beispielsweise sollen relativ gute Kontakte zu dem Partner oder den eigenen Kindern bestanden haben, nur bei einigen wenigen der vorzeitig Entlassenen fanden sich keine Hinweise auf beständige soziale Beziehungen. Die Probanden haben zu größeren Anteilen als aus anderen Gründen vorzeitig Entlassene und Vollverbüßer im Vollzug gearbeitet und hierfür gute Bewertungen bekommen.[1123] Diese günstigere Situation der nach § 57 StGB entlassenen Delinquenten zeigte sich auch nach dem Strafvollzug. Sowohl eine Wohnung als auch ein Arbeitsplatz schienen oftmals vorhanden zu sein, häufige Stellenwechsel wie vor der Inhaftierung wurden seltener registriert.[1124]

Dementsprechend ist trotz des problematischen Probandenkreises eine Erprobung dieser Maßnahme anzuraten. Die dadurch mögliche Erweiterung des Anwendungsbereiches könnte der Kritik im Schrifttum, die vorzeitige Entlassung werde vielfach auch in geeigneten Fällen verweigert oder erst nach Überschreiten des Zwei-Drittel-Zeitpunktes gewährt[1125], Rechnung tragen.[1126]

Von der vorzeitigen Entlassung unter der Bedingung der elektronischen Überwachung könnten darüber hinaus auch Straffällige profitieren, bei denen die Haftentlassung sonst aus Sicherheitsgründen scheitert. Durch die engere Kontrolle während der Bewährungszeit könnte die ansonsten negative Sozialprognose für den Verurteilten verbessert werden. Gerade weil die Gerichte bei ihrer Entscheidung über eine Strafrestaussetzung der Vorstrafenbelastung des Straftäters und dem Widerruf früherer Bewährungsstrafen eine hohe Bedeutung beimessen[1127], ist zu vermuten, dass die Ablehnung der Strafrestaussetzung oft mit dem Sicherheitsbedürfnis der Allgemeinheit begründet wird. Den Aspekt der Berücksichtigung des

---

[1123] *Eisenberg/Ohder* (Fn 1114), S. 29 f.

[1124] *Eisenberg/Ohder* (Fn 1114), S. 31.

[1125] *Böhm/Erhard*, Strafrestaussetzung und Legalbewährung, S. 481 (492 f); *Dünkel/Spieß*, BewHi 1992, S. 117 (125).

[1126] Die Teilnahmevoraussetzungen könnten ggf. dadurch erfüllt werden, dass ein Telefonanschluss seitens des Staates zur Verfügung gestellt und eine ABM oder ehrenamtliche Tätigkeit vermittelt wird. Dass diese Handhabung in der Praxis funktioniert, bestätigen die Erfahrungen im Rahmen des hessischen Modellversuches.

[1127] *Dünkel/Ganz*, MschrKrim 68 (1985), S. 157 (162); *Ohle*, KrimP 12 (1984), S. 16 (17); vgl. auch: *Eisenberg/Ohder* (Fn 1114), S. 51 f; *Walter/Geiter/Fischer*, NStZ 1989, S. 405 (413).

267

Sicherheitsinteresses der Allgemeinheit hat der Gesetzgeber durch das am 01. April 1998 in Kraft getretene Gesetz zur Bekämpfung von Sexualdelikten und anderen gefährlichen Straftaten[1128] in § 57 Abs. 1 StGB aufgenommen. Damit soll der Schutz der Bevölkerung vor Sexualdelikten und anderen gefährlichen Straftaten verbessert und dem unzutreffenden Einwand der Allgemeinheit entgegengetreten werden, eine vorzeitige Entlassung von gefährlichen Straftätern sei auch ohne günstige Sozialprognose zu Lasten der öffentlichen Sicherheit möglich.[1129] Vor der Neufassung des § 57 Abs. 1 StGB im Jahre 1998 war der Strafrest dann auszusetzen, wenn verantwortet werden konnte, zu erproben, ob der Verurteilte in Freiheit keine Straftaten mehr begehen wird. Eine überwiegende Wahrscheinlichkeit für die zukünftige Straffreiheit des Straftäters musste nicht bestehen, d.h. es durfte ein 'vertretbares Risiko' in Kauf genommen werden.[1130] Nach der Einfügung des Sicherheitsinteresses der Allgemeinheit in die gesetzliche Regelung des § 57 Abs. 1 StGB stellt sich die Frage, ob mit dieser Neufassung eine Verschärfung der Entlassungsvoraussetzungen verbunden ist.[1131] Der Begründung des Gesetzes ist jedoch zu entnehmen, dass der Gesetzgeber nur eine Klarstellung der Voraussetzungen für die Strafaussetzung zur Bewährung bezweckt hat, also *"bei der Entscheidung nach § 57 StGB eine Abwägung zwischen dem Resozialisierungsinteresse des Verurteilten und dem Sicherheitsinteresse der Allgemeinheit vorzunehmen ist. Dabei wird insbesondere darauf abgestellt, dass es von dem Gewicht des bei einem Rückfall bedrohten Rechtsgutes und dem Sicherheitsbedürfnis der Allgemeinheit abhängig ist, welches Maß an Erfolgswahrscheinlichkeit für eine Aussetzung des Strafrestes nach § 57 StGB zu verlangen ist"*.[1132] Auch zukünftig ist ein Restrisiko dann zulässig, wenn ein geringes Sicherheitsbedürfnis einem hohen Resozialisierungsinteresse des Verurteilten gegenübersteht.[1133] Angesichts der nur 'optisch-kosmetischen' Wortlautänderung[1134] genügt

---

[1128] BGBl. I/1998, S. 160 ff.
[1129] BT-Drs. 13/7163, Begründung zu den einzelnen Vorschriften des Entwurfes eines Gesetzes zur Bekämpfung von Sexualdelikten und anderen gefährlichen Straftaten, S. 7.
[1130] *Jescheck/Weigend* (Fn 548), § 79 II 4; *Streng* (Fn 360), Rn 232.
[1131] So OLG Koblenz, StV 1998, S. 667 und NJW 1999, S. 876 (877). Siehe dazu auch: *Neubacher*, BewHi 1999, S. 209 ff; *Rosenau*, StV 1999, S. 388 ff; *Feuerheim*, NStZ 1999, S. 270 f.
[1132] BT-Drs. 13/7163 (Fn 1129), S. 7; BT-Drs. 13/8586, Begründung zum Entwurf eines Gesetzes zur Bekämpfung von Sexualdelikten und anderen gefährlichen Straftaten, S. 8; BT-Drs. 13/9062, Bericht des Rechtsausschusses (6. Ausschuss) zu den Gesetzentwürfen der Bundesregierung, der Fraktionen der CDU/CSU und FDP etc., S. 9. Kritisch zu gesetzgeberischen Klarstellungen: *Schall/Schreibauer*, NJW 1997, S. 2412 (2416).
[1133] BVerfG, NJW 1998, S. 2202 (2203); *Rosenau*, StV 1999, S. 388 (395).
[1134] Schönke/Schröder-*Stree* (Fn 715), § 57, Rn 9.

eine positive Sozialprognose, deren Wahrscheinlichkeitsgrad geringer sein kann als der des § 56 Abs. 1 StGB.[1135] Anderenfalls würde außer Acht gelassen, dass der Verurteilte die gegen ihn verhängte Strafe bereits zu einem großen Teil verbüßt hat und während des Aufenthalts in der Justizvollzugsanstalt resozialisierend auf ihn eingewirkt worden ist.[1136] Darüber hinaus würde die Funktion des § 57 StGB, den Gefangenen einen frühstmöglichen, kontrollierten Übergang in die Freiheit zu ermöglichen, in Abrede gestellt.[1137] Es genügt das Bestehen einer wirklichen Chance für ein positives Ergebnis einer Erprobung, d.h. unter Einbeziehung der Bewährungshilfen wie Auflagen und Weisungen muss die Aussicht auf eine Resozialisierung gegenüber deren Misslingen deutlich überwiegen.[1138] Sofern dennoch (nicht zu Unrecht) Befürchtungen bestehen, dass die Judikatur die Neufassung als Verschärfung der Sicherheitsbelange versteht, könnte die Unterbringung im elektronisch überwachten Hausarrest dazu beitragen, die Sicherheitsbedenken der Gerichte zu reduzieren. Im Hinblick darauf, dass der Überwachte u.a. einer regelmäßigen Beschäftigung nachgehen und einen festen Wohnsitz vorweisen muss, ist die Entlassungssituation insgesamt positiv zu bewerten, zumal durch die Bewährungshilfe und schulische/therapeutische Maßnahmen weiter Einfluss auf den Entlassenen ausgeübt werden kann. Indessen darf das Sicherheitsinteresse der Allgemeinheit nicht allein zur Anordnung elektronischer Überwachung führen, da Weisungen, die ausschließlich der Überwachung des Verurteilten dienen, unzulässig sind.

Demnach kommt die Unterbringung im elektronisch überwachten Hausarrest für eine Übergangszeit von mehreren Monaten in Betracht, um den Verurteilten durch die festgelegten Aufenthaltszeiten, die regelmäßige Beschäftigung und die Überprüfung der Alkohol- und Drogenabstinenz zu einer straffreien Lebensführung durch Stabilisierung der sozialen Verhältnisse und strengere Kontrollen zu verhel-

---

[1135] *Baumann/Weber/Mitsch*, Strafrecht - AT, § 34, Rn 11; *Maurach/Gössel/Zipf* (Fn 348, § 65 III A 2, Rn 67; *Tröndle/Fischer* (Fn 502), § 57, Rn 13; Schönke/Schröder-*Stree* (Fn 715), § 57, Rn 10. Kritisch *Schall/Schreibauer* mit dem Hinweis, dass das Sicherheitsinteresse der Allgemeinheit bei der Strafaussetzung und der Strafrestaussetzung gleich hoch sei. Der Überbewertung des Sicherheitsaspektes gegenüber dem Resozialisierungsinteresse des Verurteilten könne durch Differenzierung zwischen der Schwere der zu erwartenden Straftaten entgegengewirkt werden [NJW 1997, S. 2412 (2416)].
[1136] Schönke/Schröder-*Stree* (Fn 715), § 57, Rn 10.
[1137] *Rosenau*, StV 1999, S. 388 (395); *Ullenbruch*, NStZ 1999, S. 8 (12).
[1138] Schönke/Schröder-*Stree* (Fn 715), § 57, Rn 11; *Tröndle/Fischer* (Fn 502), § 57, Rn 14.

fen. Dem Probanden wird dadurch der Übergang in die Freiheit erleichtert, zumal ihm Unterstützung und Beratung durch einen Sozialarbeiter zuteil werden. Dabei schließt die Behandlung im Rahmen der elektronischen Überwachung an den vorangegangenen Vollzug an und setzt sie fort. Neben der Wiedereingliederung des Verurteilten zielt die elektronische Überwachung auf die Vermeidung erneuter Straffälligkeit.

III. Elektronisch überwachter Hausarrest als Bewährungsweisung im Bereich der Reststrafenaussetzung

Gemäß § 57 Abs. 3 StGB gelten die §§ 56 a bis 56 g StGB über Bewährungszeit, Auflagen, Weisungen, Bewährungshilfe, nachträgliche Entscheidungen, Widerruf und Straferlass entsprechend. Insoweit ergeben sich hinsichtlich der Anforderungen und Ausgestaltung der Weisungen keine Unterschiede zu den obigen Ausführungen zu § 56 c StGB. EM kann daher auch im Rahmen der Strafrestaussetzung gemäß § 57 Abs. 3 i.V.m. § 56 c Abs. 2 StGB de lege lata als Weisung eingesetzt werden.

E. Anwendung im Rahmen der Aussetzung der Vollstreckung des Restes einer lebenslangen Freiheitsstrafe zur Bewährung

Die Strafrestaussetzung ist auch bei lebenslanger Freiheitsstrafe nach § 57 a StGB möglich. § 57 a StGB ist eng an die Fassung des § 57 StGB angelehnt, stellt für eine Aussetzung des Strafrestes jedoch höhere Anforderungen: Neben der Mindestverbüßungszeit von 15 Jahren gemäß § 57 a Abs. 1 S. 1 Nr. 1 StGB, einer günstigen Sozialprognose gemäß § 57 a Abs. 1 S. 1 Nr. 3 i.V.m. § 57 Abs. 1 S. 1 Nr. 2 StGB und der Einwilligung des Verurteilten nach § 57 a Abs. 1 S. 1 Nr. 3 i.V.m. § 57 Abs. 1 S. 1 Nr. 3 StGB darf die besondere Schwere der Schuld des Verurteilten nicht die weitere Vollstreckung gebieten. Mit dieser Regelung hat der Gesetzgeber berücksichtigen wollen, dass das Maß der Schuld, das die Grundlage der Strafzumessung darstellt, auf höchst unterschiedlichen Gründen beruhen kann und es deshalb sachwidrig wäre, für alle zur lebenslangen Freiheitsstrafe Verurteilten ohne Beachtung ihrer Schuld den Zeitpunkt der Strafrestaussetzung gleichermaßen festzusetzen.[1139] Sofern die Voraussetzungen des § 57 a Abs. 1 StGB

[1139] BT-Drs. 8/3218, Begründung zu den einzelnen Vorschriften im Gesetzentwurf der Bundesregierung, Entwurf eines Siebzehnten Strafrechtsänderungsgesetzes (17. StrÄndG), S. 7.

erfüllt sind, ist die Aussetzung obligatorisch. Im Rahmen der Strafrestaussetzung kann das Gericht dem Verurteilten für die Dauer der Bewährungszeit gemäß § 57 a Abs. 3 S. 2 StGB Weisungen und Auflagen erteilen, so dass EM als Bewährungsweisung eingesetzt werden könnte.

I. Aussetzung der Vollstreckung des Restes einer lebenslangen Freiheitsstrafe zur Bewährung in der Praxis

In der Praxis wird von den Gerichten eine lebenslange Freiheitsstrafe eher selten verhängt, im Durchschnitt werden ca. 100 Personen pro Jahr zu einer lebenslangen Freiheitsstrafe verurteilt.[1140] Der prozentuale Anteil der 'Lebenslangen' an der Gesamtzahl der Inhaftierten ist demgemäß auffallend gering. Er beträgt durchschnittlich ca. 2 %.[1141] Entsprechend spielt die Strafrestaussetzung nach § 57 a StGB in der Rechtswirklichkeit kaum eine Rolle.[1142] Das bestätigt eine Untersuchung in der JVA Bruchsal aus dem Jahre 1993: Von 20 Gefangenen, auf die die Vorschrift des § 57 a StGB seit Inkrafttreten im Jahre 1982 bis Mai 1992 angewandt wurde, ist nicht einer nach 15 Jahren entlassen worden. Das Gericht hat bei keinem der Betroffenen die 'besondere Schwere der Schuld' gemäß § 57 a Abs. 1 S. 1 Nr. 2 StGB verneint. Ein Vergleich der Verbüßungszeiten vor und nach der Einführung des § 57 a StGB ergibt sogar, dass sich die Verbüßungszeiten unter Anwendung der Strafrestaussetzungsregel um ca. zwei Jahre verlängert haben.[1143] Die elektronische Überwachung könnte daher eine Maßnahme darstellen, die Aussetzung des Strafrestes bei lebenslanger Freiheitsstrafe nach § 57 a StGB in der Praxis vermehrt zur Anwendung gelangen zu lassen.

II. Anwendungspotential für den elektronisch überwachten Hausarrest

Der Anteil der nach § 57 a StGB entlassenen Gefangenen ist auffallend gering.

[1140] Statistisches Bundesamt, Rechtspflege, Reihe 1, Ausgewählte Zahlen für die Rechtspflege 1997, S. 24 f; 1998, S. 24 f.
[1141] Statistisches Bundesamt, Rechtspflege, Reihe 4.1, Strafvollzug - Demographische und kriminologische Merkmale der Strafgefangenen am 31.3.2000, S. 6.
[1142] Der Anteil der nach § 57 a StGB Entlassenen an allen Entlassungen wegen Strafrestaussetzung beträgt seit Jahren unter 0,5 % (Statistisches Bundesamt, Rechspflege, Reihe 4.2, Strafvollzug - Anstalten, Bestand und Bewegung der Gefangenen 1999, S. 9).
[1143] *Preusker*, ZfStrVo 1993, S. 105 (106); *Schneidewind*, FoR 1995, S. 63. Die Verlängerung der Verbüßungszeiten dürfte auf eine geänderte Begnadigungspraxis zurückzuführen sein [*Preusker*, ZfStrVo 1993, S. 105 (106)].

Gleichwohl soll an dieser Stelle untersucht werden, ob sich unter den Straffälligen für den Einsatz des elektronisch überwachten Hausarrestes geeignete Personen befinden.

Bei den zu lebenslanger Freiheitsstrafe Verurteilten handelt es sich ausweislich empirischer Untersuchungen i.d.R. um Täter, die im Affekt oder aus einer Konfliktsituation heraus eine Straftat begangen haben. Eine Studie über 750 Personen mit Tötungsdelikten aus den Jahren 1969 - 1981 ergab, dass über die Hälfte der Mörder und Totschläger im Affekt (53 %) oder aus Konfliktgründen (15 %) handelten. 11 % der Taten waren aus Gewinnstreben und Bereicherung und 3 % aus sexueller Erregung begangen worden.[1144]

Das Gros der zu einer lebenslangen Freiheitsstrafe Verurteilten zeichnet sich durch ein geringes Rückfallrisiko aus. Die Rückfallquote für Personen mit Tötungsdelikten beträgt für die Bundesrepublik ca. 2 - 3 %.[1145] Dabei muss von einer ungünstigen Sozialprognose und damit einer Rückfallwahrscheinlichkeit nur bei Straffälligen mit schweren Persönlichkeitsstörungen (z.B. Sexualstraftäter), bei Alkoholikern, die zu Aggressivität neigen, und bei rational planenden Tätern ausgegangen werden, sofern sie die Bereitschaft aufweisen, zur Erreichung ihrer Ziele ein Leben zu vernichten.[1146]

Angesichts der geringen Rückfallwahrscheinlichkeit der 'Lebenslangen' verneint *SCHLÖMER* ein Bedürfnis, den Verurteilten nach der Strafrestaussetzung noch einige Zeit elektronisch zu überwachen. Darüber hinaus könne der elektronisch überwachte Hausarrest keine Hilfestellung bieten, sich nach mindestens 15jähriger Haft wieder in die Gesellschaft zu integrieren.[1147] Dem ist zuzustimmen. Die praktische Bedeutungslosigkeit des Instituts der Strafrestaussetzung einer lebenslangen Freiheitsstrafe zur Bewährung nach § 57 a StGB darf nicht dazu führen, dass der elektronisch überwachte Hausarrest auch bei solchen Straffälligen eingesetzt wird, bei denen in einer ersten Übergangszeit von einigen Monaten

---

[1144] *Rode/Scheld*, Sozialprognose bei Tötungsdelikten - Eine empirische Studie, S. 15 f; Siehe dazu: *Glatzel*, Mord und Totschlag - Tötungshandlungen als Beziehungsdelikte, S. 57 ff; *Kreuzer*, ZRP 1977, S. 49 (50).
[1145] *Kaiser* (Fn 24), § 59, Rn 13; *Kreuzer*, ZRP 1977, S. 49 (50); *Laubenthal*, Lebenslange Freiheitsstrafe, S. 234 f; *Göppinger*, Kriminologie, III, 4.3.2.3., S. 386; *Rode/Scheld* (Fn 1144), S. 83.
[1146] *Rode/Scheld* (Fn 1144), S. 85. Vgl. auch *Bischof*, MschrKrim 83 (2000), S. 346 (359).
[1147] *Schlömer* (Fn 353), S. 262.

kein erhöhtes Kontroll- und Sicherheitsbedürfnis besteht. Die Hilfestellung von EM, ein 'Leben nach der Uhr' zu lernen und eine gewisse Regelmäßigkeit in den täglichen Tagesablauf zu bringen, erscheint bei Straffälligen, die bereits 15 Jahre und mehr in einer Justizvollzugsanstalt verbracht haben, nicht angebracht, zumal davon ausgegangen werden muss, dass während der Dauer des Aufenthaltes in der Strafanstalt auf den Inhaftierten durch planvolle Behandlung eingewirkt worden ist und eine gezielte und langfristige Vorbereitung der Entlassung bereits während des Vollzuges erfolgte. Tatsächlich nimmt ein Teil der 'Lebenslangen' erfolgreich an einem Haupt- bzw. Realschullehrgang teil. Die Mehrzahl der zu lebenslanger Freiheitsstrafe Verurteilten hat Kontakte zur eigenen Familie oder zu Verwandten.[1148] Die schulische oder berufliche Fortbildung sowie soziale Kontakte nach draußen dürften sich positiv auf die Lebensumstände des nach § 57 a StGB Entlassenen, insbesondere auf Beschäftigungsverhältnis und Unterkunft, auswirken. Die Untersuchung von *GOEMAN* über die Situation der nach der Verbüßung einer lebenslangen Freiheitsstrafe Entlassenen zeigt, dass sich die 'Lebenslangen' wieder in die Gesellschaft eingliedern und zum Teil sogar über eine wirtschaftlich und sozial bessere Position verfügen als vor ihrer Inhaftierung.[1149]

Das Manko der unzureichenden Anwendung der Strafrestaussetzung einer lebenslangen Freiheitsstrafe in der Praxis kann nicht durch den Einsatz der elektronischen Überwachung beseitigt werden. Die Anwendung der elektronischen Überwachung als Bewährungsweisung im Bereich der Reststrafenaussetzung bei lebenslanger Freiheitsstrafe nach § 57 a StGB ist daher abzulehnen. Die nach § 57 a StGB ggf. notwendige soziale Betreuung wird in ausreichendem Maße (und mit geringerer Eingriffsintensität) durch die Bewährungshilfe geleistet.

F. Anwendung im Rahmen der Maßregeln der Besserung und Sicherung

Ein weiterer Anwendungsbereich des elektronisch überwachten Hausarrestes könnte sich im Rahmen der Vorschriften über die Maßregeln der Besserung und Sicherung nach §§ 61 ff StGB eröffnen. Die Maßregeln der Besserung und Sicherung sind als Reaktion auf die Straftat neben der Strafe zulässig und dienen - im Gegensatz zur Strafe - nicht dem Ausgleich begangenen Unrechts, sondern der

---

[1148] *Kühling*, ZfStrVo 1986, S. 6 (10).
[1149] *Goeman*, Das Schicksal der Lebenslänglichen, S. 49 ff.

Vorbeugung gegenüber künftigen Straftaten.[1150] Dieser Zweck wird durch die bessernde Einwirkung auf den Täter oder durch seine Sicherung erreicht. Allerdings darf der Einsatz strafrechtlicher Maßnahmen zur 'Besserung' des Straffälligen nur in Erwägung gezogen werden, sofern dadurch die Gefährlichkeit des Täters verringert oder beseitigt wird, denn es ist nicht Aufgabe des Staates, den Menschen zwangsweise zu bessern.[1151]

Zu den in § 61 StGB abschließend aufgeführten Maßregeln gehören die Unterbringung in einem psychiatrischen Krankenhaus, die Unterbringung in einer Entziehungsanstalt, die Unterbringung in der Sicherungsverwahrung, die Führungsaufsicht, die Entziehung der Fahrerlaubnis und das Berufsverbot.

I. Weisung bei Aussetzung der Vollstreckung der Unterbringung in einem psychiatrischen Krankenhaus oder einer Erziehungsanstalt zur Bewährung gemäß §§ 63, 64 StGB

§ 63 StGB statuiert die Anordnung der Unterbringung in einem psychiatrischen Krankenhaus, wenn der Verurteilte im Zustand der Schuldunfähigkeit oder der verminderten Schuldfähigkeit eine rechtswidrige Tat begangen hat, um die Allgemeinheit vor dem wegen eines bestimmten krankhaften Zustandes gefährlichen Täter zu sichern. Eine Anordnung nach § 64 StGB erfolgt, wenn der Verurteilte den Hang hat, Drogen im Übermaß zu nehmen, und der Süchtige wegen einer rechtswidrigen Tat, die er im Rausch begangen hat oder die auf seinen Hang zurückzuführen ist, verurteilt worden ist oder nur deshalb nicht verurteilt worden ist, weil seine Schuldunfähigkeit erwiesen oder nicht auszuschließen ist und zusätzlich die Gefahr besteht, dass er infolge seines Hanges weitere erhebliche Straftaten begehen wird.

Das Gesetz sieht die Aussetzung der Vollstreckung einer Unterbringung in einem psychiatrischen Krankenhaus gemäß § 63 StGB oder einer Erziehungsanstalt gemäß § 64 StGB in vier Fällen vor:

[1150] *Schütz*, Jura 1995, S. 460 (463); *Müller*, Anordnung und Aussetzung freiheitsentziehender Maßregeln der Besserung und Sicherung, S. 29 f; *Kretschmer*, Das strafprozessuale Verbot der reformatio in peius und die Maßregeln der Besserung und Sicherung, S. 37; *Tröndle/Fischer* (Fn 502), Vor § 61, Rn 1; *Müller-Christmann*, JuS 1990, S. 801 (803).
[1151] *Müller-Christmann*, JuS 1990, S. 801 (803); *Kretschmer* (Fn 1150), S. 42.

• zugleich mit der Anordnung der Maßregel, wenn besondere Umstände die Erwartung rechtfertigen, dass der Zweck der Maßregel auch dadurch erreicht werden kann (§ 67 b Abs. 1 StGB);

• wenn eine verhängte Freiheitsstrafe vor einer zugleich angeordneten Unterbringung vollzogen worden ist und der Maßregelzweck die Unterbringung nicht mehr erfordert (§ 67 c Abs. 1 S. 2 StGB)[1152];

• wenn seit Rechtskraft der Anordnung drei Jahre verstrichen sind, der Vollzug der Unterbringung noch nicht begonnen hat und der Maßregelzweck nicht erreicht ist, aber besondere Umstände die Erwartung rechtfertigen, dass er auch durch die Aussetzung erreicht werden kann (§ 67 c Abs. 2 S. 4 StGB);

• nach einer gewissen Dauer vollzogener Unterbringung bei günstiger Sozialprognose (§ 67 d Abs. 2 S. 1 StGB).

In allen vorgenannten Fallgestaltungen tritt mit Aussetzung der Unterbringung kraft Gesetzes Führungsaufsicht ein. Der Straffällige erhält gemäß § 68 a StGB einen Bewährungshelfer. Daneben ermöglicht § 68 b StGB dem Strafgericht, dem Verurteilten für die gesamte Dauer der Führungsaufsicht oder für eine kürzere Zeit Weisungen zu erteilen, um damit den Maßregelzweck der Beseitigung oder Verringerung der Gefahr weiterer Straftaten besser zu erreichen.[1153] Der elektronisch überwachte Hausarrest könnte daher als Weisung nach § 68 b StGB Anwendung finden.

1. Aussetzung der Vollstreckung der Unterbringung in einem psychiatrischen Krankenhaus oder einer Entziehungsanstalt zur Bewährung in der Praxis

Nach den Angaben des statistischen Bundesamtes ordneten die Gerichte im Jahre 2001 in 2.160 Fällen die Unterbringung in einem psychiatrischen Krankenhaus oder einer Entziehungsanstalt an.[1154] Unterbringungsdelikte sind bei § 63 StGB vornehmlich Körperverletzungs- und Tötungsdelikte, aber auch wegen Einbruchdiebstahls werden Maßregeln angeordnet. Bei der Unterbringung nach § 64 StGB dominieren Raubdelikte und qualifizierte Diebstähle.[1155] Ungefähr ein Drittel der

---

[1152] Da § 67 Abs. 1 StGB bestimmt, dass bei Anordnung der Unterbringung in einer Anstalt nach §§ 63, 64 StGB neben einer Freiheitsstrafe die Maßregel vor der Freiheitsstrafe vollzogen wird, ist § 67 c Abs. 1 S. 2 StGB nur in den Fällen des § 67 Abs. 2 StGB relevant.
[1153] *Tröndle/Fischer* (Fn 502), § 68 b, Rn 1.
[1154] Statistisches Bundesamt, Rechtspflege, Reihe 3, Strafverfolgung 2001, S. 76.
[1155] *Dessecker*, BewHi 1997, S. 286 (288 f).

aussetzungsfähigen Maßregeln wird sogleich zur Bewährung ausgesetzt. Sofern die Maßregel vollstreckt wird, beträgt die Aufenthaltsdauer bei über der Hälfte der Patienten mehr als vier Jahre; bei längerfristiger Betrachtung ist bei 13 % der Patienten ein Aufenthalt von über zehn Jahre festzustellen.[1156] Mit Blick auf die lange Verweildauer im Maßregelvollzug stellt sich die Frage nach der Wahrung der Verhältnismäßigkeit.[1157] Möglicherweise wäre der elektronisch überwachte Hausarrest ein geeignetes Instrument, zugleich mit der Anordnung der Unterbringung oder zumindest eine frühzeitige(re) Aussetzung der Maßregeln nach §§ 63, 64 StGB zu erlauben. Die elektronische Überwachung könnte als 'besonderer Umstand' i.S.d. § 67 b Abs. 1 StGB oder § 67 c Abs. 2 S. 4 StGB gewertet werden, der die Erwartung rechtfertigt, dass der Zweck der Maßregel auch durch die Aussetzung erreicht werden kann. Darüber hinaus könnte die enge Kontrolle während der Führungsaufsicht eine sonst negative Sozialprognose für den Untergebrachten verbessern, so dass eine Aussetzung gemäß § 67 d Abs. 2 S. 1 StGB in Erwägung zu ziehen ist, weil die Begehung rechtwidriger Taten durch den Untergebrachten außerhalb des Maßregelvollzuges nicht zu erwarten ist.

2. Anwendungspotential für den elektronisch überwachten Hausarrest

Bei den Verurteilten, die auf Anordnung des Gerichts nach §§ 63, 64 StGB untergebracht werden, handelt es sich um gefährliche Straftäter mit ungünstiger Sozialprognose. Untersuchungen zeigen, dass es sich vor allem um Delinquenten mit Suchterkrankungen handelt, bei denen neben der Suchtproblematik Persönlichkeitsstörungen bestehen.[1158] Ein Großteil der Untergebrachten verfügt über eine ungenügende Schulausbildung und hat erhebliche Defizite im sozialen Bereich

---

[1156] *Dessecker*, BewHi 1997, S. 286 (296).

[1157] *Streng* (Fn 360), Rn 363.

[1158] *Marschner*, Psychische Krankheit und Freiheitsentzug, S. 18 ff; *Schumann*, Psychisch kranke Rechtsbrecher, S. 24 ff; *Rebsam-Bender*, NStZ 1995, S. 158 (159); *Schalast/Leygraf*, NStZ 1999, S. 485 (488). Nach einer unveröffentlichten Untersuchung zur Unterbringung und Behandlung alkoholabhängiger Straftäter von *Schalast* und *Leygraf* waren in Nordrhein-Westfalen von den gemäß § 64 StGB Untergebrachten insgesamt 61 % chronisch süchtig und bei 36 % der Patienten lag ein erheblicher Missbrauch vor [Untersuchungsprojekt 'Maßregelvollzug in NRW: Zur Unterbringung und Behandlung alkoholabhängiger Straftäter', im Auftrag des Ministers für Arbeit, Gesundheit und Soziales des Landes NRW, 1992, S. 23, zit. nach *Rebsam-Bender*, NStZ 1995, S. 158 (159)]. Zur Vorgeschichte alkoholkranker Straftäter, die nach § 64 StGB untergebracht sind: *Marneros/Pierschalla/Rohde/Fischer/ Schmitz*, MschrKrim 77 (1994), S. 13 ff.

276

(Berufsleben, Familie).[1159] Beispielsweise hat jeder dritte Patient des Maßregel-vollzuges zumindest einen Teil seiner Kindheit oder Jugend in einem Heim ver-bracht.[1160] Mehr als die Hälfte der Untergebrachten verfügt über keinen Haupt-schulabschluss und nur jeder vierte hat eine Berufsausbildung abgeschlossen.[1161]

Die vorbezeichneten Defizite im Schul- und Ausbildungsbereich bestätigt eine Untersuchung aller Patienten des psychiatrischen Maßregelvollzuges in Hessen, die sich am Stichtag (01.01.1993) in stationärer Behandlung befanden. Die Zahl derjenigen Patienten, die über keinen Hauptschulabschluss verfügten, betrug 43 %; ohne Berufsausbildung waren 70 % der Patienten.[1162]

Zweifelhaft ist, ob in Anbetracht der multiplen Defizite der Untergebrachten der Einsatz des elektronisch überwachten Hausarrestes überhaupt in Frage kommt. *SCHLÖMER* rät unter Bezugnahme auf die Mankos der Straffälligen von einem Einsatz der elektronischen Überwachung im Rahmen der §§ 63, 64 StGB ab. Es sei zu befürchten, dass die in Betracht kommenden Probanden im Hinblick auf die ständig offene Haustür überfordert würden.[1163] Dem ist entgegenzuhalten, dass der elektronisch überwachte Hausarrest mit der strengen Form des Tagesablaufes, der Verpflichtung, einer regelmäßigen Beschäftigung nachzugehen und sich zu den Arrestzeiten in der Wohnung aufzuhalten, auch bei labilen Tätern eine hel-fende und unterstützende Funktion haben kann. Die elektronische Überwachung soll den Betroffenen gerade dazu anhalten, sich selbst zu disziplinieren und Selbstverantwortung zu übernehmen. Einer Überforderung kann durch dichte Ein-bindung des Probanden in pädagogische Betreuung durch die Projektmitarbeiter und medizinische Behandlung entgegengewirkt werden. Häufiger und intensiver persönlicher Kontakt mit dem Bewährungshelfer dürfte in diesem Zusammenhang von maßgeblicher Bedeutung sein. Darüber hinaus erhält der Überwachte Hilfe bei der Suche nach Arbeit, Behördengängen oder der Schuldenregulierung durch Sozialarbeiter. Berufliche Defizite können durch die Aufnahme einer Ausbildung abgebaut werden. Bei Süchtigen und anderen Kranken müsste die Unterbringung

---

1159 *Schumann* (Fn 1158), S. 13 ff; *Leygraf*, Psychisch kranke Straftäter, Epidemiologie und aktuel-le Praxis des psychiatrischen Maßregelvollzugs, S. 28 ff; *Rebsam/Bender*, NStZ 1995, S. 158 (159).
[1160] *Leygraf* (Fn 1159), S. 38.
[1161] *Leygraf* (Fn 1159), S. 39; *Schalast/Leygraf*, MschrKrim 77 (1994), S. 1 (4).
[1162] *Jöckel/Müller-Isberner*, MschrKrim 77 (1994), S. 353 (354).
[1163] *Schlömer* (Fn 353), S. 268.

im elektronischen Hausarrest mit einer ärztlichen oder psychotherapeutischen Behandlung verbunden werden. Die regelmäßige Wochenarbeitszeit von 20 Stunden könnte durch die Teilnahme an entsprechenden Therapiemaßnahmen ersetzt werden. Anhand von Blut- und Urinproben könnte die Alkohol- und Drogenabstinenz kontrolliert werden. Eine Suchtproblematik steht daher der Anwendung des elektronisch überwachten Hausarrestes grundsätzlich nicht entgegen.[1164]

Demtsprechend kommt die elektronische Kontrolle als Weisung auch für pathologische und alkoholabhängige oder drogensüchtige Straffällige in Betracht, weil sie eine Hilfe sein kann, zukünftig ein Leben ohne Straftaten zu führen. Schließlich normiert das Gesetz in § 67 b Abs. 1 StGB ausdrücklich, dass die Vollstreckung einer Unterbringung zugleich auszusetzen ist, wenn besondere Umstände die Erwartung rechtfertigen, dass der Maßregelzweck auch so erreicht werden kann. Daraus folgt, dass eine Aussetzung durch das Gericht zwingend erfolgt, sofern durch eine heilende bzw. bessernde Einwirkung auf den Täter die von ihm ausgehende Gefahr weiterer Straftaten abgewendet oder verringert wird. Beispielsweise die Bereitschaft des Delinquenten, sich einer psychotherapeutischen oder medikamentösen Behandlung zu unterziehen, die Überwachung in der Familie oder der Eintritt in einen Enthaltsamkeitsverein können als besondere Umstände i.S.d. § 67 b Abs. 1 StGB gewertet werden.[1165] Anzuraten ist daher eine Prüfung der Teilnahmevoraussetzungen im Einzelfall.

Ferner wäre die elektronische Überwachung ein Mittel zur strengeren Kontrolle psychisch gefährdeter Täter, so dass den vielfach in der Öffentlichkeit kritisierten Sicherungsaspekten Rechnung getragen würde. Die Unterbringung im elektronisch überwachten Hausarrest könnte den oftmals widerstreitenden Interessen - Sicherungsbedürfnis der Allgemeinheit auf der einen Seite und Resozialisierung der Maßregelpatienten auf der anderen Seite - Rechnung tragen. Im Gegensatz zu § 56 c StGB, in dessen Rahmen eine Weisung, die nur der Überwachung und Sicherung des Verurteilten dient, unzulässig ist, sind Weisungen nach § 68 b StGB

[1164] Die Arbeitsgruppe 'Elektronisch überwachter Hausarrest' hat im Übrigen bei Statuierung der Rahmenbedingungen festgeschrieben, dass als Zielgruppe *"grundsätzlich auch Alkohol- und Drogenabhängige, die eine Therapie absolvieren, für den elektronisch überwachten Hausarrest in Betracht"* kommen (Abschlussbericht der Arbeitsgruppe 'Elektronisch überwachter Hausarrest', S. 11).
[1165] BGH, NStZ 1988, S. 309 (310); StV 1997, S. 467; SK-*Horn* (Fn 988), § 67 b, Rn 4; *Schütz*, Jura 1995, S. 460 (464); *Tröndle/Fischer* (Fn 502), § 67 b, Rn 3.

auch zur Kontrolle und Überwachung des Probanden zulässig.[1166] Neben dem Zweck der Führungsaufsicht, dem Täter eine Lebenshilfe zu geben, soll sie auch der Überwachung des Betroffenen zur Vermeidung künftiger Straftaten dienen.[1167] Angesichts dieser Doppelfunktion der Führungsaufsicht können sich die gerichtlichen Weisungen nicht nur auf die Resozialisierung, sondern auch auf den Schutz der Allgemeinheit beziehen, wobei der letztgenannte Fall auch die Maßnahmen umfasst, der Führungsaufsichtsstelle die notwendigen Überwachungsmöglichkeiten zu verschaffen. Dabei muss jedoch der Zweck der Maßregel, die Gefahr weiterer Straftaten zu verringern oder zu beseitigen, im Auge behalten werden.[1168]

Nach den vorstehenden Ausführungen stellt EM eine Maßnahme dar, den Anwendungsbereich des Instituts der Aussetzung der Unterbringung in einem psychiatrischen Krankenhaus oder einer Entziehungsanstalt auf Täter auszuweiten, deren Sozialprognose durch die strenge Überwachung während der Führungsaufsicht verbessert wird. Ferner kann EM der engeren Kontrolle von psychisch gefährdeten Tätern dienen.[1169] Außerdem ist der Einsatz des elektronisch überwachten Hausarrestes auch zur Vermeidung der weiteren Vollstreckung einer freiheitsentziehenden Maßregel zu befürworten, sofern EM wiederum zu einer Verbesserung der (ansonsten negativen) Sozialprognose führt. Mit der elektronischen Überwachung ist eine intensive Kontrolle und Unterstützung des Verurteilten verbunden mit der Folge, dass einerseits dem Sicherungsbedürfnis der Allgemeinheit Rechnung getragen und andererseits die kriminalpolitische Forderung, auch Maßregelpatienten wieder in die Gesellschaft einzugliedern, nicht vernachlässigt würde. Gerade die neugefasste Prognoseformel in § 67 d Abs. 2 Nr. 1 StGB, die in der Praxis zu keiner sachlichen Änderung der bisherigen Anwendung der Aussetzung der Vollstreckung zur Bewährung führen soll[1170], könnte von der Judikatur als Verschärfung der Sicherheitsbelange verstanden werden. Der elektronisch über-

---

[1166] LK-*Hanack* (Fn 1002), Vor § 68, Rn 1; Schönke/Schröder-*Stree* (Fn 715), § 68, Rn 3; SK-*Horn* (Fn 988), § 68 b, Rn 1 i.V.m. § 68, Rn 2; *Mrozynski*, JR 1983, S. 397 f.

[1167] BT-Drs. V/4095, Begründung zu den einzelnen Vorschriften im zweiten Schriftlichen Bericht des Sonderausschusses für die Strafrechtsreform, S. 34 f; *Tröndle/Fischer* (Fn 502), Vor § 68, Rn 2; SK-*Horn* (Fn 988), § 68, Rn 2.

[1168] LK-*Hanack* (Fn 1002), § 68 b, Rn 1; Schönke/Schröder-*Stree* (Fn 715), § 68 b, Rn 1.

[1169] Für eine Anwendung des elektronisch überwachten Hausarrestes: *Hessisches Ministerium der Justiz* (Fn 413), S. 2; *Hudy* (Fn 74), S. 171 ff; *Schädler/Wulf*, BewHi 1999, S. 3 (7).

[1170] *Eisenberg/Hackethal*, ZfStrVo 1998, S. 196 (200); *Becker/Kinzig*, ZfStrVo 1998, S. 259 (260); *Rosenau*, StV 1999, S. 388 (395).

wachte Hausarrest könnte in diesem Zusammenhang dazu beitragen, die Sicherheitsbedenken zu verringern.

3. Elektronisch überwachter Hausarrest als Bewährungsweisung im Bereich der Führungsaufsicht nach Aussetzung der Maßregeln der §§ 63, 64 StGB

Hat das Gericht die Unterbringung in einem psychiatrischen Krankenhaus oder in einer Entziehungsanstalt gemäß § 67 b Abs. 1 S. 1 StGB zur Bewährung ausgesetzt, kann es dem kraft Gesetzes unter Führungsaufsicht stehenden Verurteilten die in § 68 b StGB aufgeführten Weisungen erteilen. Die Frage, ob der elektronisch überwachte Hausarrest unter eine der in § 68 b Abs. 1 StGB genannten Weisungen zu subsumieren ist oder aber lediglich im Rahmen von § 68 b Abs. 2 StGB zur Anwendung gelangen kann, wird in der Literatur uneinheitlich beantwortet.

Der Verurteilte kann nach § 68 b Abs. 1 Nr. 1 StGB angewiesen werden, den Wohn- oder Aufenthaltsort oder einen bestimmten Bereich nicht ohne Erlaubnis der Aufsichtsstelle zu verlassen. Dabei hat das Gericht das verbotene oder verlangte Verhalten genau zu bestimmen. Nach dem Gesetzeswortlaut könnte daher der elektronisch überwachte Hausarrest als Weisung, sich zu den festgelegten Zeiten in seiner Wohnung aufzuhalten, zur Anwendung gelangen. Gleichwohl vertritt *HANACK* die Auffassung, dass es im Rahmen dieser Weisung nicht zulässig sei, dem Straffälligen einen ganz bestimmten Wohn- oder Aufenthaltsort zuzuweisen, da die Weisung nach § 68 b Abs. 1 Nr. 1 StGB nicht als Fortsetzung der Anstaltsunterbringung in der Form des gelockerten Vollzuges ausgestaltet werden dürfe.[1171] Insbesondere kritisierte er einen Beschluss des OLG Düsseldorf, in dem die mit der Aussetzung der weiteren Vollstreckung der Unterbringung in einem psychiatrischen Krankenhaus verbundene Weisung, auf einer offenen Station des psychiatrischen Krankenhauses zu verbleiben, als nicht gesetzeswidrig qualifiziert wurde. Zur Begründung führte das Gericht an, dass die Bestimmung des Wohn- und Aufenthaltsortes eines Verurteilten gemäß §§ 67 d Abs. 2 S. 2, 68 b Abs. 1 Nr. 1 StGB gesetzlich vorgesehen sei.[1172]

FREHSEE und *STREE* vertreten ebenfalls die Auffassung, dass im Rahmen des § 68 b Abs. 1 Nr. 1 StGB die Zuweisung eines bestimmten Wohnortes bzw. einer

---

[1171] LK-*Hanack* (Fn 1002), § 68 b, Rn 19.
[1172] OLG Düsseldorf, MDR 1990, S. 743 (744).

bestimmten Unterkunft nicht erlaubt sei, weil der Wohnort nicht auf eine bestimmte Wohnung begrenzt werden könne. Die Weisung sei kein Hausarrest.[1173] Bei Erteilung einer Weisung nach § 68 b StGB müssen *"die Lebens- und Versorgungsbezüge"* sowie die *"arbeitsbedingten Freizügigkeiten"* weiter bestehen bleiben. Unter Umständen könne das zu bestimmten Zwecken erforderliche Verlassen des Wohnortes in der Weisung ausdrücklich zugelassen werden oder es müsse die gleichzeitige Benennung zweier Orte erfolgen.[1174]

Gegen die Annahme, dass die Bestimmung eines konkreten Wohnortes nicht gestattet sei, spricht neben dem klaren Wortlaut der Vorschrift (*"Wohn- oder Aufenthaltsort oder einen bestimmten Bereich"*) die Tatsache, dass die Weisungsmöglichkeit nach § 68 b Abs. 1 Nr. 1 StGB anderenfalls in der Praxis kaum zur Anwendung gelangen könnte. In Rechtsprechung und Literatur herrscht weitgehend Einigkeit darüber, dass das Gericht den Ort oder Bereich exakt anzugeben hat, den der Betroffene nicht verlassen darf[1175], somit gerade verlangt wird, dem Verurteilten einen ganz konkreten Aufenthaltsort zuzuweisen. Durch die Aufenthaltsweisung soll der Aufsichtsstelle die Möglichkeit gegeben werden, den Delinquenten zu überwachen.[1176] Sie soll nicht die Begehung oder Vorbereitung von Straftaten auswärts verhindern, sondern nur, dass der Straffällige sich der planmäßigen Überwachung durch die Aufsichtsstelle entzieht.[1177] Vielfach werden deshalb selbst Maßnahmen für zulässig erachtet, die quasi mit einer 'ambulanten Verwahrung' des Täters vergleichbar sind, denn der Verurteilte wird zum Schutz der Allgemeinheit vor von ihm ausgehenden Gefahren überwacht.[1178]

Die arbeitsbedingten Freizügigkeiten und die Lebens- und Versorgungsbezüge bleiben dem im elektronisch überwachten Hausarrest Untergebrachten weiterhin erhalten. Im Rahmen des Modellprojektes in Hessen wurden in Absprache mit dem Verurteilten Zeiten festgelegt, zu denen sich der Proband in seiner Wohnung

---

[1173] Nomos-*Frehsee*, Nomos Kommentar zum Strafgesetzbuch, § 68 b, Rn 9; Schönke/Schröder-*Stree* (Fn 715), § 68 b, Rn 5.

[1174] Nomos-*Frehsee* (Fn 1173), § 68 b, Rn 9.

[1175] OLG Hamm, JMBl. NW 1982, S. 153 (154); *Tröndle/Fischer* (Fn 502), § 68 b, Rn 3; Schönke/Schröder-*Stree* (Fn 715), § 68 b, Rn 5; SK-*Horn* (Fn 988), § 68 b, Rn 7; Nomos-*Frehsee* (Fn 1173), § 68 b, Rn 9.

[1176] Schönke/Schröder-*Stree* (Fn 715), § 68 b, Rn 5; SK-*Horn* (Fn 988), § 68 b, Rn 7; LK-*Hanack* (Fn 1002), § 68 b, Rn 19.

[1177] SK-*Horn* (Fn 988), § 68 b, Rn 7; Schönke/Schröder-*Stree* (Fn 715), § 68 b, Rn 5.

[1178] SK-*Horn* (Fn 988), § 68 b, Rn 1.

aufzuhalten hatte. Die Arrestzeiten umfassten i.d.R. wochentags die Abende und am Wochenende zumeist den ganzen Tag. Tagsüber war der Verurteilte verpflichtet, seiner Arbeit nachzugehen, und in den freien Stunden stand ihm die Möglichkeit offen, Einkäufe zu erledigen oder Behördengänge vorzunehmen.[1179] Nach hier vertretener Auffassung ist daher die Weisung an den Verurteilten, sich nach § 68 b Abs. 1 Nr. 1 StGB für einen bestimmten Zeitraum der elektronischen Überwachung zu unterstellen, zulässig, zumal die entlassenen Maßregelpatienten eine deutlich günstigere Legalbewährung aufweisen als ehemalige Strafgefangene.[1180] Bedenken, dass EM unzumutbare Anforderungen an die Lebensführung des Betroffenen stellt (§ 68 b Abs. 3 StGB), bestehen nicht.[1181] Die mit der Anordnung von elektronisch überwachtem Hausarrest verbundene Verpflichtung, einer Beschäftigung nachzugehen, fällt als Weisung, die sich auf Ausbildung und Arbeit bezieht, auch unter § 68 b Abs. 2 StGB.

Im Ergebnis ist der Einsatz der elektronischen Überwachung als Weisung bei Aussetzung der Vollstreckung der Unterbringung in einem psychiatrischen Krankenhaus oder einer Erziehungsanstalt zur Bewährung de lege lata zulässig, und zwar dann, wenn mit ihrer Anordnung der Zweck der Maßregel erreicht werden kann bzw. aufgrund der Anordnung des elektronisch überwachten Hausarrestes die Unterbringung nicht mehr erforderlich ist.

Die Anwendung von EM im Maßregelbereich erscheint im Übrigen im Hinblick auf die heute noch immer bestehenden Probleme in der Psychiatrie angemessen. Der Psychiatrie wurde bereits im Bericht aus dem Jahre 1975 über die Lage der Psychiatrie in der Bundesrepublik Deutschland eine *"Schlusslichtposition im Versorgungsbereich"* bescheinigt. Vorrangiges Ziel war damals, *"überhaupt erst einmal dem heutigen Justizvollzug vergleichbare Mindestbedingungen einer menschenwürdigen Unterbringung zu gewährleisten"*.[1182] Die damals aufgezeigten Probleme haben sich in der Folgezeit kaum geändert.[1183] Dies verdeutlicht der 13 Jahre nach dem Lagebericht gefasste Beschluss des Rechtsausschusses vom 22.

[1179] *Hessisches Ministerium der Justiz*, Pressemitteilung vom 10.07.2000.

[1180] Nomos-*Böllinger* (Fn 1173), § 63, Rn 7.

[1181] Vgl. dazu die Ausführungen zu § 56 b Abs. 1 S. 2 StGB: Neunter Teil, B IV 2.

[1182] BT-Drs. 7/4200, Bericht über die Lage der Psychiatrie in der Bundesrepublik Deutschland, S. 282.

[1183] Vgl. *Baur*, der die Praxis des Maßregelvollzuges als *"deprimierend"* bezeichnet [StV 1982, S. 33 (36)].

Juni 1988, in dem die Bundesregierung aufgefordert wurde, die §§ 63, 64 StGB zu novellieren und dabei sicherzustellen, dass die Maßregeln nur in wirklich gravierenden Fällen verhängt werden.[1184] Bis heute sind erhebliche Mängel im Maßregelvollzug, z.b. Mangel an qualifiziertem Personal, mangelhafte Sachausstattung, allgemeine Rechtsunsicherheit, fehlende Therapiemöglichkeiten zu verzeichnen.[1185] Der elektronisch überwachte Hausarrest kann zwar die Probleme in der Psychiatrie nicht verbessern oder beseitigen, jedoch ein taugliches kriminalpolitisches Instrument zur Vermeidung einer Unterbringung sein durch die Möglichkeit intensiverer Überwachung der Verurteilten, um Delinquenten in Freiheit zu belassen oder frühzeitig aus dem Maßregelvollzug zu entlassen, denen ohne die elektronische Überwachung keine positive Sozialprognose gestellt werden könnte.

II. Weisung bei Aussetzung der Vollstreckung der Unterbringung in der Sicherungsverwahrung zur Bewährung gemäß § 66 StGB

Die Sicherungsverwahrung ist die kriminalpolitisch umstrittenste und zugleich einschneidendste Maßregel des Strafrechts[1186] und wird daher als *"eine der letzten Notmaßnahmen der Kriminalpolitik"* bezeichnet.[1187] Sie dient gemäß § 66 StGB in erster Linie der Sicherung des Täters und damit dem Schutz der Allgemeinheit vor gefährlichen Hangtätern, denen mit anderen strafrechtlichen Mittel nicht beizukommen ist.[1188] Ihre Anordnung setzt gemäß § 66 Abs. 1 StGB voraus, dass der Straffällige wegen einer vorsätzlichen Straftat zu mindestens zwei Jahren Freiheitsstrafe verurteilt worden ist, er vor der Aburteilung bereits zweimal wegen vorsätzlicher Straftaten jeweils zu einer Freiheitsstrafe von mindestens einem Jahr verurteilt worden war und er wegen einer oder mehrerer dieser Taten vor der neuen Tat für eine Zeit von mindestens zwei Jahren Freiheitsstrafe verbüßt oder sich im Vollzug einer freiheitsentziehenden Maßregel befunden hat. Die Gesamtwürdigung des Straftäters und seiner Delikte muss ferner ergeben, dass er infolge seines Hanges zu erheblichen Straftaten für die Allgemeinheit gefährlich ist. Daneben bestehen über § 66 Abs. 2, 3 StGB weitere Möglichkeiten, Straftäter mit die-

---

[1184] BT-Drs. 11/2597, Beschlussempfehlung und Bericht des Rechtsausschusses (6. Ausschuss) zur Beurteilung des strafrechtlichen Sanktionensystems, S. 3.
[1185] Nomos-*Böllinger* (Fn 1173), § 63, Rn 12 ff; *Kammeier*, Maßregelrecht, S. 220 f.
[1186] Für die Abschaffung der Sicherungsverwahrung aus verfassungsrechtlichen Gründen: *Weichert*, StV 1989, S. 265 (273).
[1187] BGHSt 30, 220 (222); *Kern*, ZfStrVo 1997, S. 19; *Kaiser/Schöch*, Strafvollzug, § 10, Rn 66.
[1188] LK-*Hanack* (Fn 1002), Vor §§ 61 ff, Rn 24; § 66, Rn 1; *Kern*, ZfStrVo 1997, S. 19.

ser Maßregel zu belegen.

Die Unterbringung in der Sicherungsverwahrung wird zusätzlich zur Strafe angeordnet und kommt nur bei Schuldfähigen in Betracht.[1189] Die Sicherungsverwahrung tritt also neben die Freiheitsstrafe und wird im Anschluss an die Strafverbüßung vollzogen. Aufgrund des zwischen der strafgerichtlichen Anordnung der Unterbringung in der Sicherungsverwahrung und dem Ende der Haftverbüßung liegenden längeren Zeitraumes hat die Vollstreckungskammer gemäß § 67 c Abs. 1 StGB vor dem Ende der Verbüßung der Freiheitsstrafe zu entscheiden, ob die Sicherungsverwahrung noch erforderlich ist, ob also die im Urteil festgestellte Gefährlichkeitsprognose noch aufrechterhalten wird.[1190] Die Strafvollstreckungskammer hat ferner gemäß §§ 67 e Abs. 1 und 2, 67 d Abs. 2 StGB spätestens alle zwei Jahre zu prüfen, ob die weitere Vollstreckung der Unterbringung zur Bewährung auszusetzen ist. Wird die Maßregelvollstreckung ausgesetzt, tritt gemäß §§ 67 c Abs. 1 S. 2, 67 d Abs. 2 S. 2 StGB kraft Gesetzes Führungsaufsicht ein. Demgemäß kann das Gericht dem Verurteilten für die Dauer der Führungsaufsicht oder für eine kürzere Zeit Weisungen nach § 68 b StGB erteilen. Dabei ist wiederum der Einsatz der elektronischen Überwachung als Weisung denkbar.

1. Aussetzung der Vollstreckung der Unterbringung in der Sicherungsverwahrung zur Bewährung in der Praxis

Die Zahl der jährlichen gerichtlichen Anordnungen lag in den letzten Jahren ungefähr zwischen 40 und 50, wobei sich insgesamt ca. 200 Personen in Sicherungsverwahrung befinden.[1191] Die Vollstreckung der Unterbringung in der Sicherungsverwahrung wurde von den Gerichten im Jahre 1998 bei elf Verurteilten und im Jahre 2001 in 16 Fällen durch Aussetzung beendet.[1192]

2. Anwendungspotential für den elektronisch überwachten Hausarrest

Eine empirische Untersuchung, die sich auf die Länder Baden-Württemberg, Bayern und Nordrhein-Westfalen bezog, zeigt, dass die in Sicherungsverwahrung un-

---

[1189] *Schütz*, Jura 1995, S. 460 (463).

[1190] *Kinzig*, Die Sicherungsverwahrung auf dem Prüfstand, S. 64; *Maurach/Gössel/Zipf* (Fn 348), § 68 I C 4, Rn 37.

[1191] *Kinzig*, ZStW 109 (1997), S. 122 (131); Nomos-*Böllinger* (Fn 1173), § 66, Rn 6.

[1192] Statistisches Bundesamt, Rechtspflege, Reihe 4.2, Strafvollzug - Anstalten, Bestand und Bewegung der Gefangenen 2001, S. 9.

tergebrachten Probanden eine fehlerhafte familiäre und soziale Entwicklung erkennen lassen. Ca. die Hälfte der Straffälligen wurde während der Kindheit misshandelt und über drei Viertel der Sicherungsverwahrten hatte Probleme mit Erziehungspersonen. Der Anteil der in Heimen aufgewachsenen Probanden war mit über 45 % relativ hoch. Ein Großteil der Delinquenten verfügte über keinen oder nur einen Sonderschulabschluss (ca. 40 %); über die Hälfte der Probanden hatte keinen Beruf erlernt oder war nur angelernt worden.[1193] Die Analyse von Gefangenenpersonalakten der JVA Bruchsal in Baden-Württemberg bestätigt die problematischen soziobiographischen Daten der Sicherungsverwahrungsprobanden: Bei zwei Dritteln der Täter mussten desolate Familienverhältnisse festgestellt werden, d.h. in diesen Familien waren Alkoholmissbrauch und körperliche Misshandlungen anzutreffen. Dennoch war der Anteil derjenigen Straffälligen, die aus geordneten Verhältnissen stammten, mit einem Drittel relativ hoch.[1194] Typisch waren die zumeist wenigen sozialen Kontakte der Straffälligen. 37 % der Probanden hatten im Zeitpunkt der Tatbegehung keine sozialen Beziehungen mehr. Sofern Beziehungen vorhanden waren, zeichneten sie sich durch Unbeständigkeit und Kurzlebigkeit aus.[1195] Die psychologisch-psychiatrische Begutachtung der Probanden ergab, dass über die Hälfte der Untergebrachten eine durchschnittliche Intelligenz aufwies.[1196]

Die Strafgerichte ordnen zunehmend gegen Delinquenten die Unterbringung in der Sicherungsverwahrung an, die wegen sexueller Straftaten, Raub oder Tötungsdelikten verurteilt worden sind, gleichwohl finden sich auch unter den Sicherungsverwahrten als nicht besonders gefährlich zu qualifizierende Täter, die sich wegen Eigentums- und Vermögensdelikten strafbar gemacht haben.[1197] Beispielsweise hat die Auswertung der Gefangenenakten der JVA Bruchsal im Jahre 1994 ergeben, dass Tötungs-, Sexual- und Raubdelikte in 78 % der Fälle die Auslösetat darstellten und Diebstahls- und Betrugsdelikte in ca. 15 % der Fälle zur

---

[1193] *Kinzig*, ZStW 109 (1997), S. 122 (135 f).
[1194] *Kern*, ZfStrVo 1997, S. 19 (22).
[1195] *Kern*, ZfStrVo 1997, S. 19 (22).
[1196] *Kern*, ZfStrVo 1997, S. 19 (23).
[1197] *Kinzig*, ZStW 109 (1997), S. 122 (132). Weil es sich bei einer großen Anzahl der in Sicherungsverwahrung untergebrachten Straffälligen nicht um bedrohliche Hangtäter mit schwerer Delinquenz handle, sondern um Wiederholungstäter aus dem vermögensdeliktischen Bereich, wird die Sicherungsverwahrung in der Literatur auch als verfassungswidrig moniert (*Göppinger* (Fn 1145), III, 4.3.6.2, S. 419; vgl. auch *Weichert*, StV 1989, S. 265 ff).

Anordnung der Sicherungsverwahrung führten.[1198]

Die wegen Eigentums- und Vermögensdelikten Verwahrten weisen i.d.R. zahlreiche Vorstrafen auf[1199], gleichwohl erweist sich die Anordnung der Sicherungsverwahrung als 'letztes Mittel der Kriminalpolitik' bei Gewaltlosigkeit der Tatbegehung als unangemessen. Der Einsatz des elektronisch überwachten Hausarrestes ist daher namentlich bei solchen Verurteilten in Betracht zu ziehen, gegen die trotz ihrer gewaltlosen Tatbegehung und ihrer relativen Ungefährlichkeit die Unterbringung in der Sicherungsverwahrung angeordnet worden ist, also bei Dieben und Betrügern. Dadurch kann und soll die zum Teil fehlerhafte Anordnungspraxis der Strafgerichte nicht korrigiert werden, um den mit der Sicherungsverwahrung verbundenen Zweck, die Allgemeinheit vor tatsächlich gefährlichen Hangtätern zu schützen, zu erreichen. Die elektronische Überwachung könnte jedoch eine Maßnahme sein, die Häufigkeit der vollständigen Aussetzung der Vollstreckung der Sicherungsverwahrung bzw. der frühzeitigen Aussetzung der Unterbringung zur Bewährung zu erhöhen, zumal die Gerichte bei der Entscheidung über die Entlassung aus der Sicherungsverwahrung neben der Bewährung des Untergebrachten bei Hafterleichterungen vornehmlich auf eine positive Wohnungssituation nach der Entlassung und auf die bestehende Möglichkeit der Aufnahme eines Beschäftigungsverhältnisses abstellen[1200] und diese Kriterien als organisatorische Rahmenbedingungen gerade von den elektronisch Überwachten erfüllt werden müssen.

3. Elektronisch überwachter Hausarrest als Bewährungsweisung im Bereich der Führungsaufsicht nach Aussetzung der Maßregel des § 66 StGB

Bei Vorliegen der gesetzlich normierten Voraussetzungen ist die Anordnung der Sicherungsverwahrung in den Fällen des § 66 Abs. 1 StGB obligatorisch; in den Fällen des § 66 Abs. 2 und 3 StGB steht die Anordnung im Ermessen des Richters. Das Gericht kann die Unterbringung zur Bewährung entweder vor Beginn der Maßregelvollstreckung nach § 67 c Abs. 1, 2 StGB oder deren Weitervollstreckung gemäß § 67 d Abs. 2 StGB aussetzen. Mit der Aussetzung tritt Führungsaufsicht ein. Dementsprechend kann das Gericht dem Verurteilten nach § 68 b

---

[1198] *Kern*, ZfStrVo 1997, S. 19.
[1199] *Kinzig* (Fn 1190), S. 220 f; ders., ZStW 109 (1997), S. 122 (135 ff).
[1200] *Kinzig*, ZStW 109 (1997), S. 122 (155).

StGB Weisungen erteilen. Der Einsatz des elektronisch überwachten Hausarrestes ist mithin ebenso wie bei der Aussetzung der Maßregeln der Unterbringung in einem psychiatrischen Krankenhaus oder in einer Erziehungsanstalt als Weisung an den Verurteilten nach § 68 b Abs. 1 Nr. 1 StGB möglich.[1201] In geeigneten Fällen sollte EM daher als Maßnahme zur Ausweitung der Aussetzungsmöglichkeiten der Vollstreckung der Unterbringung in der Sicherungsverwahrung eingesetzt werden. Sofern sich in der Praxis Schwierigkeiten ergeben, weil die Sicherungsverwahrten zumeist wenig oder keinen Kontakt nach außen haben und aufgrund ihrer längeren Verwahrdauer über keine Wohnung verfügen, könnten durch die Vermittlung einer Wohnung und einer gemeinnützigen Tätigkeit oder ABM staatlicherseits die Voraussetzungen für die Unterbringung im elektronisch überwachten Hausarrest geschaffen werden.

III. Weisung im Rahmen der Führungsaufsicht

Denkbar ist auch die Anwendung der elektronischen Überwachung als Weisung gemäß § 68 b StGB im Rahmen der Führungsaufsicht. Diese Maßregel der Besserung und Sicherung kann kraft richterlicher Anordnung (§ 68 Abs. 1 StGB) oder kraft Gesetzes (§ 68 Abs. 2 StGB) eintreten. Richterlich angeordnet wird diese Maßregel, wenn jemand wegen einer Straftat, bei der das Gesetz Führungsaufsicht besonders vorsieht, zeitige Freiheitsstrafe von mindestens sechs Monaten verwirkt hat und die Gefahr besteht, dass der Delinquent weitere Straftaten begehen wird. Das Institut der Führungsaufsicht dient zum einen dazu, gefährliche und gefährdete Täter während ihrer Bewährungszeit über besonders kritische Zeiträume hinweg zu unterstützen und zu betreuen und ihnen eine intensive Lebenshilfe zu gewähren (Betreuungs- und Unterstützungsfunktion). Zum anderen sollen die Verurteilten streng überwacht werden (Überwachungsfunktion), um so der Begehung weiterer Straftaten entgegenzuwirken.[1202] Erfasst werden sollen auch Täter mit ungünstiger Prognose und solche der Schwerkriminalität, um den kriminalpolitischen Versuch zu wagen, auch diese Straffälligen nach Strafverbüßung oder in Zusammenhang mit einer freiheitsentziehenden Maßregel eine Lebenshilfe zur Wiedereingliederung in die Gesellschaft zu geben.[1203]

[1201] Siehe auch die obigen Ausführungen zu §§ 63, 64 StGB: Neunter Teil, F I 3.

[1202] Lackner/Kühl-*Lackner* (Fn 1002), vor § 68, Rn 1; *Schütz*, Jura 1995, S. 460 (464); *Lemke/Vetter*, BewHi 1997, S. 146; LK-*Hanack* (Fn 1002), Vor § 68, Rn 3.

[1203] *Lemke/Vetter*, BewHi 1997, S. 146; *Tröndle/Fischer* (Fn 502), Vor § 68, Rn 2.

1. Anordnung der Führungsaufsicht in der Praxis

Die gerichtliche Anordnung nach § 68 Abs. 1 StGB hat in der Praxis eine geringe Anwendungshäufigkeit. Lediglich in 60 Fällen wurde im Jahre 1999 die Führungsaufsicht angeordnet.[1204] Im Gegensatz dazu kommt der nach § 68 Abs. 2 StGB kraft Gesetzes eintretenden Führungsaufsicht mehr Bedeutung zu.[1205] 1990 befanden sich 12.462 Probanden unter Führungsaufsicht kraft Gesetzes.[1206] Ungefähr 60 % der unter Führungsaufsicht gestellten Personen stammen aus dem Strafvollzug, der andere Teil aus dem Maßregelvollzug. Weisungen werden in mehr als zwei Dritteln der Fälle verhängt.[1207]

2. Anwendungspotential für den elektronisch überwachten Hausarrest

Die Anwendbarkeit der elektronischen Überwachung im Bereich der kraft Gesetzes eintretenden Führungsaufsicht bei Aussetzung der Maßregelvollstreckung zur Bewährung (§§ 63, 64, 66 StGB) ist bereits an anderer Stelle (Neunter Teil, F I 3; F II 3) dargelegt worden. Insofern ist an dieser Stelle nur noch zu klären, ob sich unter denjenigen Verurteilten, bei denen die Führungsaufsicht gemäß § 68 Abs. 1 StGB gerichtlich angeordnet worden oder nach Vollverbüßung der Freiheitsstrafe kraft Gesetzes gemäß § 68 f StGB eingetreten ist, geeignete Personen befinden, die für eine Unterbringung im elektronisch überwachten Hausarrest in Betracht kommen.

Bei den unter Führungsaufsicht gestellten Tätern handelt es sich um einen problematischen Personenkreis.[1208] Einer empirischen Forschungsanalyse aus Niedersachsen lässt sich entnehmen, dass die Strafentlassenen durchschnittlich sechs Vorverurteilungen aufweisen.[1209]

Angesichts der eher als problematisch einzustufenden Delinquenten ist fraglich,

---

[1204] Statistisches Bundesamt, Rechtspflege, Reihe 3, Strafverfolgung 1999, S. 73.

[1205] Vgl. die Zahlen zu den unter Führungsaufsicht gestellten Personen nach Unterstellungsgründen bei *Jacobsen*, Führungsaufsicht und ihre Klientel, S. 25 ff für Niedersachsen im Zeitraum von 1975 - 1980 und bei *Kerner* in: Dertinger/Marks (Hrsg.), Führungsaufsicht, S. 77 (110) für Nordrhein-Westfalen im Zeitraum von 1975 - 1988 sowie Nomos-*Frehsee* (Fn 1173), § 68, Rn 20.

[1206] *Eisenberg* (Fn 358), § 38 I 1 b bb), Rn 4. Da jedoch nicht mehr alle Bundesländer entsprechendes Datenmaterial übermitteln, liegen aktuelle aussagekräftige Zahlen nicht vor.

[1207] *Kaiser* (Fn 24), § 93, Rn 69.

[1208] *von Bülow* in: Dertinger/Marks (Hrsg.), Führungsaufsicht, S. 145 (150).

[1209] *Jacobsen*, (Fn 1205), S. 110; ders., MschrKrim 67 (1984), S. 254 (260).

288

ob der elektronisch überwachte Hausarrest eine Maßnahme darstellen kann, das mit dem Institut der Führungsaufsicht verbundene Ziel der Lebenshilfe für den Straffälligen für den Übergang von der Freiheitsentziehung in die Freiheit besser zu erreichen, indem der Betroffene im Rahmen der elektronischen Überwachung geführt und kontrolliert wird.

Der Einsatz des elektronisch überwachten Hausarrestes bei der gerichtlich angeordneten Führungsaufsicht gemäß § 68 Abs. 1 StGB könnte dem Gericht eine weitere Weisungsmöglichkeit zur Verfügung stellen, um gefährliche oder psychisch gefährdete Täter einer engeren Kontrolle zu unterziehen. Aufgrund der einschneidenden Wirkung der elektronischen Überwachung auf das Leben des Verurteilten erscheint es jedoch sinnvoll, diese Maßnahme nur dann zur Anwendung gelangen zu lassen, wenn dadurch eine Unterbringung des Verurteilten in der Justizvollzugsanstalt vermieden wird. Im Hinblick auf die Tatsache, dass Führungsaufsicht auch dann angeordnet werden kann, wenn die verhängte Strafe zur Bewährung ausgesetzt wird[1210], könnte sich hier eine Einsatzmöglichkeit für EM eröffnen. Denn die für die Aussetzung der Strafvollstreckung zur Bewährung notwendige positive Sozialprognose kann sich unter Umständen gerade angesichts der im Rahmen der Führungsaufsicht zur Verfügung stehenden strengen Überwachungsmöglichkeiten ergeben.[1211]

Wird in diesem Zusammenhang berücksichtigt, dass sich in der Praxis die mit Eintritt der Führungsaufsicht verbundene Überwachung der Probanden zumeist auf die Sicherstellung des Aufenthaltsortes und der regelmäßigen Beschäftigung beschränkt[1212], bietet sich die Unterbringung im elektronisch überwachten Hausarrest als Weisungsmöglichkeit im Rahmen des § 68 b Abs. 1 Nr. 1 StGB an.[1213] Durch die strenge Reglementierung des Tagesablaufes und die elektronische Überwachung der vereinbarten Arrestzeiten wird sichergestellt, dass der Verurteilte seine Wohnung nur zu den vorgegebenen Zeiten verlässt sowie regelmäßig einer Beschäftigung nachgeht. Diese intensive Überwachung ist verbunden mit Besuchen eines Sozialarbeiters, so dass dem Betroffenen wenig Gelegenheiten verbleiben, erneut strafrechtlich relevante Aktivitäten zu entfalten. Die Kontrolle

[1210] SK-*Horn* (Fn 988), § 68, Rn 10; Schönke/Schröder-*Stree* (Fn 715), § 68, Rn 5 a.
[1211] Schönke/Schröder-*Stree* (Fn 715), § 68, Rn 5 a.
[1212] *Floerecke* in: Dertinger/Marks (Hrsg.), Führungsaufsicht, S. 51 (63 f).
[1213] A.A. *Schlömer* (Fn 353), S. 277.

des strikt geregelten Arbeits- und Freizeitverhaltens bewirkt möglicherweise die Anpassung bzw. Integrierung des Delinquenten in die Gesellschaft, womit zugleich die Abkehr von bisherigen verbrecherischen Wertvorstellungen verbunden sein könnte.

Hingegen ist die Anwendungsmöglichkeit von EM bei Nichtaussetzung des Strafrestes gemäß § 68 f StGB anders zu beurteilen. Gemäß § 68 f StGB tritt Führungsaufsicht kraft Gesetzes nach Vollverbüßung einer mindestens zweijährigen Freiheitsstrafe wegen einer vorsätzlichen Straftat oder nach vollständiger Vollstreckung einer Freiheitsstrafe von mindestens einem Jahr wegen einer in § 181 b StGB genannten Straftat ein, eine besondere gerichtliche Anordnung ist nicht notwendig.[1214] In diesen Fällen ist von der Anwendung des elektronisch überwachten Hausarrestes Abstand zu nehmen. Die Verurteilten haben ihre Freiheitsstrafe vollständig verbüßt, so dass EM in diesem Zusammenhang keine stationäre Unterbringung vermeiden könnte. Der Verurteilte wäre trotz Vollstreckung einer längeren Haftstrafe nach seiner Entlassung einer zusätzlichen und sehr intensiven Maßnahme ausgesetzt, die insbesondere eine weiterreichendere Kontrolle als die herkömmlichen Weisungen im Rahmen der Führungsaufsicht erlaubte. Die Lebenshilfe in Form einer ambulanten Betreuung und Überwachung, die dem Verurteilten nach seiner Entlassung während einer Übergangsphase zuteil werden soll, kann bereits mit den weniger eingriffsintensiven im Katalog des § 68 b Abs. 1 StGB genannten Weisungen bewirkt werden.[1215]

3. Elektronisch überwachter Hausarrest als Weisung im Bereich der gerichtlich angeordneten Führungsaufsicht

Ordnet das Gericht neben der Strafe Führungsaufsicht an, kann es dem Verurteilten Weisungen gemäß § 68 b StGB erteilen. Folglich ist der Einsatz der elektronischen Kontrolle als Weisung an den Delinquenten nach § 68 b Abs. 1 Nr. 1 StGB möglich.

[1214] LG Zweibrücken, MDR 1991, S. 272; Schönke/Schröder-*Stree* (Fn 715), § 68 f, Rn 6.

[1215] Allenfalls in seltenen Ausnahmefällen, wenn durch die Unterbringung im elektronisch überwachten Hausarrest im Gegensatz zu den anderen Weisungsmöglichkeiten nach § 68 b StGB weitere Straftaten des Betroffenen vermieden werden könnten und dadurch ein höheres Maß an Resozialisierung des Verurteilten erreicht würde, wäre der Einsatz von EM im Rahmen der Führungsaufsicht bei Nichtaussetzung des Strafrestes gemäß § 68 f Abs. 1 S. 1 StGB denkbar.

IV. Weisung bei Aussetzung des Berufsverbotes zur Bewährung

Die in § 70 StGB normierte Maßregel des Berufsverbots dient der Verhinderung von Straftaten, die im Zusammenhang mit der beruflichen oder gewerblichen Tätigkeit des Verurteilten drohen. Das Berufsverbot soll mithin die Allgemeinheit vor Gefahren schützen, die angesichts des Missbrauches einer bestimmten Berufs- oder Gewerbeausübung oder unter grober Verletzung der mit ihnen verbundenen Pflichten entstehen.[1216] Angesichts der einschneidenden Wirkung der Maßnahme auf das Leben des Verurteilten ist sie nur zulässig, soweit gravierende Gefahren von der Allgemeinheit abgewendet werden müssen. Das Gericht muss es unter Gesamtwürdigung von Tat und Täter für wahrscheinlich halten, dass der Verurteilte weiterhin seine berufliche oder gewerbliche Tätigkeit zu erheblichen rechtswidrigen Taten missbraucht oder solche Taten unter grober Verletzung seiner beruflichen Pflichten begeht.[1217] Das Berufsverbot ist als reine Sicherungsmaßregel zu qualifizieren, d.h. eine resozialisierende Einwirkung auf den Täter tritt allenfalls mittelbar ein, ist aber nicht Ziel der Anordnung.[1218]

Gemäß § 70 a Abs. 1 StGB kann das Gericht das Berufsverbot zur Bewährung aussetzen, wenn sich nach der Anordnung des Verbotes Grund zu der Annahme ergibt, dass die Gefahr, der Täter werde erhebliche rechtswidrige Taten begehen, nicht mehr besteht. Die im Zeitpunkt des Urteils festgestellte Prognose muss sich in eine positive Prognose gewandelt haben. Voraussetzung ist demnach, dass das Gericht aufgrund konkret vorliegender Umstände davon überzeugt ist, dass der Straffällige in seinem Beruf oder Gewerbe keine weiteren erheblichen Rechtsverletzungen mehr begehen wird.[1219] Die Aussetzung ist bei Wegfall der negativen Prognose frühestens zulässig, wenn das Verbot ein Jahr gedauert hat (§ 70 a Abs. 2 S. 1 StGB).[1220] Nach § 70 a Abs. 3 S. 1 StGB gelten die §§ 56 a bis 56 e entsprechend. Dem Delinquenten können Weisungen nach §§ 56 c, 56 d StGB erteilt werden.[1221] In diesem Zusammenhang wäre die Anwendung der elektronischen

---

[1216] *Schütz*, Jura 1995, S. 460 (465); *Eisenberg* (Fn 358), § 38 III 4 a, Rn 40.

[1217] Schönke/Schröder-*Stree* (Fn 715), § 70, Rn 10; Nomos-*Lemke* (Fn 1173), § 70, Rn 16; *Jescheck/Weigend* (Fn 548), § 78 III 2 b.

[1218] LK-*Hanack* (Fn 1002), § 70, Rn 1.

[1219] LK-*Hanack* (Fn 1002), § 70 a, Rn 1; Nomos-*Lemke* (Fn 1173), § 70 a, Rn 3.

[1220] Hintergrund dieser Regelung ist der, dass zumindest eine gewisse Zeit abgewartet werden soll, um die von dem Täter ausgehende Gefahr in diesem Zeitraum mit Sicherheit abzuwehren (BT-Drs. IV/62, Begründung zum Entwurf eines Strafgesetzbuches (E 62), S. 238).

[1221] SK-*Horn* (Fn 988), § 70 a, Rn 9; *Jescheck/Weigend* (Fn 548), § 78 III 5.

Überwachung als Weisung bei Aussetzung des Berufsverbotes zur Bewährung möglich.

1. Anwendung des Berufsverbotes in der Praxis

Die Untersagung der Berufs- oder Gewerbeausübung durch das erkennende Gericht ist in der Praxis eher die Ausnahme. Die Maßregel wird im Durchschnitt jährlich ca. 100 mal angeordnet.[1222] Trotz der geringen Zahl der gerichtlichen Anordnungen des Berufsverbotes ist die Frage zu beantworten, ob für den Einsatz von EM im Bereich dieser Maßregel ein Anwendungspotential besteht.

2. Anwendungspotential für den elektronisch überwachten Hausarrest

Das Berufsverbot wird in überwiegendem Maße gegen Wirtschaftsstraftäter verhängt.[1223] Als Anlasstaten, die ein Berufsverbot auslösen, sind zumeist Vermögensdelikte wie Betrug und Untreue sowie Straftaten außerhalb des StGB zu registrieren.[1224] Für eine sinnvolle Anwendungsmöglichkeit des elektronisch überwachten Hausarrestes bei Aussetzung des Berufsverbotes gemäß § 70 a Abs. 1 und 3 StGB i.V.m. § 56 c Abs. 1 StGB ergeben sich derzeit keine Anhaltspunkte. Das Berufsverbot als nicht freiheitsentziehende Maßregel wird vom Gericht angeordnet, um der Gefahr vorzubeugen, dass der Straftäter zukünftig bei weiterer Ausübung seines Berufes erhebliche rechtswidrige Taten unter Missbrauch seines Berufes oder grober Verletzung seiner Berufspflichten begehen wird. Das Verbot soll also der berufsspezifischen Gefährlichkeit des Delinquenten entgegenwirken. Insofern ist anerkannt, dass Weisungen nur dann zulässig sind, wenn sie die mit dem Berufsverbot verbundenen Ziele (zumindest mittelbar) berücksichtigen.[1225]

Die elektronische Überwachung beinhaltet die Verpflichtung, zu den festgelegten Zeiten die Wohnung nicht zu verlassen, um den Probanden anzuhalten, sich zu disziplinieren und eine gewisse Regelmäßigkeit in seinen Tagesablauf zu bringen. Ausweislich empirischer Untersuchungen verfügen Betrüger und Wirtschaftsstraf-

---

[1222] Statistisches Bundesamt, Rechtspflege, Reihe 3, Strafverfolgung 1987, S. 73; 1991, S. 71; 1999, S. 73. Siehe auch die Angaben bei LK-*Hanack* (Fn 1002), § 70, Rn 4 und *Eisenberg* (Fn 358), § 38 III 4 b, Rn 40.
[1223] *Terdenge*, Strafsanktionen in Gesetzgebung und Gerichtspraxis, S. 136.
[1224] Nomos-*Lemke* (Fn 1173), § 70, Rn 4; LK-*Hanack* (Fn 1002), § 70, Rn 4.
[1225] Nomos-*Lemke* (Fn 1173), § 70 a, Rn 9; SK-*Horn* (Fn 988), § 70 a, Rn 9; LK-*Hanack* (Fn 1002), § 70 a, Rn 18.

292

täter zumeist über geordnete familiäre Verhältnisse, eine qualifizierte Ausbildung und ihre wirtschaftliche Lage ist gut oder zumindest durchschnittlich.[1226] Eine Weisung, mit der sie 'ein Leben nach der Uhr' erlernen sollen, ist bei ihnen nicht notwendig. Im Übrigen könnte zukünftigen Rückfällen des Verurteilten nicht durch die Unterbringung im elektronischen Hausarrest entgegengewirkt werden, da die Straftaten aus der Berufs- oder Gewerbetätigkeit erwachsen, beispielsweise betrügerische Warenbestellungen eines Kaufmannes.[1227] Die Einhaltung bestimmter Arrestzeiten und ihre Kontrolle bezieht sich hingegen nur auf die Wohnung; hinsichtlich der beruflichen Tätigkeit wird der Proband nur überwacht, ob er dieser regelmäßig nachgeht. Die Anordnung der elektronischen Überwachung als Bewährungsweisung berücksichtigte daher das mit dem Berufsverbot verbundene Ziel, die Allgemeinheit vor Gefahren aus dem Missbrauch der Berufs- oder Gewerbeausübung zu schützen, nicht einmal mittelbar. Der Einsatz von EM bei Aussetzung des Berufsverbotes gemäß § 70 a Abs. 1 und 3, 56 c StGB ist daher nicht anzuraten.[1228]

G. Anwendung als Maßnahme zur Vermeidung oder Verkürzung der Untersuchungshaft

In den USA und Großbritannien wird EM u.a. als Haftverschonungsmaßnahme bei Untersuchungshaft eingesetzt. In diesem Bereich könnte sich auch in der Bundesrepublik Deutschland ein weiterer möglicher Anwendungsbereich ergeben.

Die Anordnung der Untersuchungshaft ist nur in eng begrenzten Ausnahmefällen gegen einen einer Straftat lediglich Verdächtigen zulässig, da die Freiheitsentziehung durch Unterbringung in einer Haftanstalt ein Übel ist, *"das im Rechtsstaat grundsätzlich nur dem zugefügt werden darf, der wegen einer gesetzlich mit Strafe bedrohten Handlung rechtskräftig verurteilt worden ist."*[1229] Die Untersuchungshaft ist ultima ratio der Verfahrens- und Vollstreckungssicherung.[1230] Denn *"mit ihr wird ein Mensch seiner Freiheit beraubt, der von Rechts wegen als unschuldig*

[1226] *Leßner*, Betrug als Wirtschaftdelikt, S. 53 ff; *Kaiser* (Fn 24), § 74, Rn 25; *Eisenberg* (Fn 358), § 58 I 3 b aa), Rn 44.
[1227] Siehe dazu: BGH, NJW 1989, S. 3231 (3232).
[1228] So ebenfalls *Schlömer* (Fn 353), S. 278.
[1229] BVerfGE 19, 342 (347).
[1230] *Heinz*, BewHi 1987, S. 5 (8).

zu gelten hat".[1231] Zweck und Legitimation der Untersuchungshaft ist *"die Durchführung eines geordneten Strafverfahrens"* und die Sicherstellung der späteren Strafvollstreckung. *"... ist sie zu einem dieser Zwecke nicht mehr nötig, so ist es unverhältnismäßig und daher grundsätzlich unzulässig, sie anzuordnen, aufrechtzuerhalten oder zu vollziehen"*.[1232] Die Untersuchungshaft zielt also ausschließlich auf die Durchsetzung des Anspruchs der staatlichen Gemeinschaft auf vollständige Aufklärung der Tat und eine rasche Bestrafung des Täters.[1233] Naheliegend ist daher die Überlegung, den elektronisch überwachten Hausarrest als weitere Maßnahme zur Vermeidung oder Verkürzung der Untersuchungshaft einzuführen, um die hohe Zahl der Untersuchungsgefangenen zu reduzieren.

Anknüpfungspunkt für den Einsatz der elektronischen Überwachung wäre § 116 StPO. Diese Vorschrift bestimmt, dass der Vollzug eines Haftbefehls auszusetzen ist, wenn durch weniger einschneidende Maßnahmen der Zweck der Untersuchungshaft erreicht werden kann. Ziel der Regelung ist es, den Vollzug der Untersuchungshaft im Rahmen des kriminalpolitisch Vertretbaren einzuschränken.[1234] Bei den Haftsurrogaten muss es sich daher um die Untersuchungshaft ersetzende, mildere Maßnahmen handeln.

In diesem Zusammenhang stellt sich erneut die Frage, ob der elektronisch überwachte Hausarrest nicht per se als Haft klassifiziert werden muss. An anderer Stelle ist bereits dargelegt worden, dass es sich bei der elektronischen Überwachung um ein aliud gegenüber der Freiheitsstrafe handelt (Siebenter Teil, D II 1): Es liegt keine Freiheitsentziehung, sondern eine Freiheitsbeschränkung, also eine qualitativ grundverschiedene Art der Freiheitseinschränkung vor.[1235] Der Betroffene wird in seinem sozialen Umfeld belassen. Neben der Aufrechterhaltung freundschaftlicher und familiärer Bindungen kann der Arrestant seiner beruflichen Tätigkeit weiterhin nachgehen und in begrenztem Umfang auch seine Freizeitaktivitäten beibehalten und selbst gestalten. Damit steht fest, dass es sich bei dem elektronisch überwachten Hausarrest im Vergleich zur Untersuchungshaft um eine

---

[1231] *Hassemer*, AnwBl. 34 (1984), S. 64.
[1232] BVerfGE 19, 342 (349); 32, 87 (93).
[1233] BVerfGE 19, 342 (348); *Meyer-Goßner* (Fn 923), vor § 112, Rn 5.
[1234] Lemke/Julius/Krehl/Kurth/Rautenberg/Temming-*Lemke*, Heidelberger Kommentar zur Strafprozessordnung, § 116, Rn 2.
[1235] So zu Recht *Heghmanns*, ZRP 1999, S. 297 (302).

294

mildere Maßnahme handelt.[1236] Daher könnte die elektronische Überwachung als Möglichkeit der Haftverschonung i.S.d. § 116 StPO zur Anwendung gelangen.

I. Anordnung der Untersuchungshaft in der Praxis

Im Schrifttum ist seit Jahren die Klage zu hören, in der Bundesrepublik Deutschland werde *"zu viel, zu schnell und zu lange verhaftet"*.[1237] Die Untersuchungshaft wird immer wieder als *"trübstes Kapitel der deutschen Strafrechtspflege"* bezeichnet.[1238] Die Berechtigung dieser Kritik zeigt sich an einem seit Jahren konstant hohen Anteil in Höhe von ca. 30 % der Untersuchungshaftgefangenen an allen Strafgefangenen.[1239] Gründe der hohen Belegungszahlen liegen u.a. in der Öffnung der Ostgrenzen, der Verschärfung des Haftrechtes (vgl. §§ 112 Abs. 3, 112 a, 127 b StPO) und einem Wandel des kriminalpolitischen 'Klimas'.[1240]

In der Praxis überwiegt die Anordnung der Untersuchungshaft wegen Fluchtgefahr: In über 95 % der ausgestellten Haftbefehle wird als Haftgrund Flucht oder Fluchtgefahr angegeben; die anderen Haftgründe spielen in der Praxis eine eher unbedeutende Rolle. Weniger als 5 % der Haftbefehle werden auf den Haftgrund der Verdunkelungsgefahr, etwa 2 % auf den Haftgrund der Wiederholungsgefahr und ca. 1 % der Verhaftungen auf § 112 Abs. 3 StPO, den Haftgrund der 'Tatschwere', gestützt.[1241]

[1236] Nach *Seebode* stelle jedweder Hausarrest eine weniger belastende Maßnahme im Vergleich zur *"schwer erträglichen und äußerst entsozialisierenden Anstaltsunterbringung"* dar (Fn 777, S. 169 (179 f); ders., StV 1999, S. 325 (328); ders., ZfStrVo 1988, S. 268 (271) mit der Forderung, neue Haftsurrogate wie Intensivüberwachung, Wohn- und Betreuungsangebote oder Familienunterbringung zu schaffen). Die ernsthafte Prüfung der Einführung einer elektronischen Überwachung zur Untersuchungshaftvermeidung empfiehlt *Nibbeling* [StV 1996, S. 324 (325)].

[1237] *Heinz*, BewHi 1987, S. 5 (6); ähnlich *Seebode*, ZfStrVo 1988, S. 268.

[1238] So *Rosenberg*, JW 1925, S. 1446; *Grebing*, ZfRV 16 (1975), S. 161; *Jescheck*, GA 1962, S. 65 (73); *Wolter*, ZStW 93 (1981), S. 452; *Heinz*, BewHi 1987, S. 5; *Seebode* (Fn 777), S. 169; *Schaffstein/Beulke*, Jugendstrafrecht, § 39 I.

[1239] Statistisches Bundesamt, Rechtspflege, Reihe 1, Ausgewählte Zahlen für die Rechtspflege 1989, S. 43; 1998, S. 46. Vgl. auch die Angaben bei *Seebode*, StV 1999, S. 325 (327) und *Jehle*, BewHi 1994, S. 373 (389) sowie bei der *BAG-S e.V.*, Straffälligenhilfebericht 1994, S. 9.

[1240] *Dünkel*, StV 1994, S. 610; *Schöch*, FS für Lackner, S. 991 (992 f, 998); *Gebauer*, Die Rechtswirklichkeit der Untersuchungshaft in der Bundesrepublik Deutschland, S. 56; *Schlothauer/Weider*, Untersuchungshaft, Rn 5; *Jehle* in: Bundesministerium der Justiz (Hrsg.), Entwicklung der Untersuchungshaft bei Jugendlichen und Heranwachsenden vor und nach der Wiedervereinigung, S. 88.

[1241] Statistisches Bundesamt, Rechtspflege, Reihe 3, Strafverfolgung 1988, S. 74 f; Reihe 1, Ausgewählte Zahlen für die Rechtspflege 1990, S. 38 f; 1995, S. 38 f; 1998, S. 38 f.

Ausweislich der vorstehenden Daten spielt die Anordnung der Untersuchungshaft in der Praxis eine beträchtliche Rolle. Gleichwohl werden in der Praxis die Möglichkeiten der Haftverschonung gemäß § 116 StPO nur unzureichend ausschöpft. Die derzeitige Aussetzungsquote für die Bundesrepublik Deutschland beträgt durchschnittlich 25 - 30 %, obwohl festgestellt worden ist, dass nur ca. 8 % der Beschuldigten zu fliehen versuchen und nur etwa 3 % der von der Untersuchungshaft Verschonten sich für länger als sechs Wochen dem strafgerichtlichen Verfahren entziehen.[1242] Haftverschonung wird allerdings selten zugleich mit Erlass des Haftbefehls gewährt, vielmehr wird der Haftbefehl i.d.R. erst im Rahmen eines Haftprüfungstermins auf Antrag (in der Hälfte der Fälle innerhalb der ersten drei Wochen) ausgesetzt.[1243] Da es sich in über zwei Drittel der angeordneten Maßnahmen um Meldeanweisungen nach § 116 Abs. 1 S. 2 Nr. 1 StPO handelt[1244], erscheint die elektronische Kontrolle des Aufenthaltsortes des Beschuldigten eine naheliegende Möglichkeit der Haftverschonung. EM könnte die Zahl der Inhaftierten minimieren und auf die verfassungsrechtlich gebotenen wenigen Ausnahmefälle begrenzen.

II. Anwendungspotential für den elektronisch überwachten Hausarrest

Die Untersuchungsgefangenen bilden eine heterogene Gruppe, die sich in Vollzugsunerfahrene, Vollzugserfahrene, ausländische Beschuldigte und problembeladene Verdächtige, die alkohol- und drogenabhängig sind, aufgliedern lässt.[1245] Eine Vielzahl der Insassen (über 80 %) weist dieselben persönlichen Schwierigkeiten und sozialen Defizite auf wie die 'normalen' Strafgefangenen.[1246] Sie verfügen über keinen festen Wohnsitz, sind beruflich nicht tätig und weisen keine oder brüchige soziale und familiäre Bindungen auf.[1247]

Angesichts dieses Befundes ist problematisch, ob die Untersuchungshaftgefangenen die Anforderungen für die Unterbringung im elektronisch überwachten Hausarrest erfüllen können. Wie bereits mehrfach erläutert, können aber auch bei

---

[1242] *Schöch* (Fn 1240), S. 991 (1008).
[1243] *Gebauer* (Fn 1240), S. 251.
[1244] *Gebauer* (Fn 1240), S. 254, Tab. 59.
[1245] *Koop* in: Koop/Kappenberg, Praxis der Untersuchungshaft, S. 9 (21 f).
[1246] *Jehle*, Untersuchungshaft zwischen Unschuldsvermutung und Wiedereingliederung, S. 271; *Seebode* (Fn 777), S. 169 (184).
[1247] *Jehle*, (Fn 1240), S. 150 ff; *BAG-S e.V.* (Fn 1239), S. 10.

schwierigen Tätern die organisatorischen Rahmenbedingungen geschaffen werden. Dies haben die ersten Untersuchungen der Begleitforschung zum hessischen Modellprojekt gezeigt. Obschon fast die Hälfte aller Probanden zum Zeitpunkt des Erstgespräches arbeitslos war, ist die Vermittlung in ein Beschäftigungsverhältnis in vielen Fällen gelungen, und zwar vornehmlich in eine Erwerbstätigkeit bei einer Zeitarbeitsfirma.[1248] Die Tatsache, dass von 45 der Projektteilnehmer acht Personen zuvor über keinen Telefonanschluss verfügten und über die Hälfte (54 %) während oder vor der Unterbringung im elektronisch überwachten Hausarrest suchtmittelabhängig war, hat sich nicht negativ auf die Aufnahme in das Projekt ausgewirkt.[1249] In Hessen haben von insgesamt 16 Anfragen zur Teilnahme an dem Modellversuch zur Vermeidung von Untersuchungshaft (Stand: 30. April 2002) 14 Personen am Hausarrestprogramm teilgenommen. Mit 87 % ist die Teilnahmequote für den Bereich der Untersuchungshaft auffallend hoch, so dass grundsätzlich von einem erheblichen Anwendungspotential der elektronischen Überwachung im Rahmen von § 116 StPO ausgegangen werden kann. Die schwierige Probandenstruktur steht der Anwendung der elektronischen Überwachung daher nicht entgegen. Im Übrigen ist der Einsatz von Untersuchungshaftsurrogaten deshalb zu fordern, weil sich die Schwerstkriminalität "*keineswegs als beherrschend für U-Haftfälle*" darstellt.[1250] Den Angaben des statistisches Bundesamtes für das Jahr 1999 ist zu entnehmen, dass in rund 43 % der angeordneten Untersuchungshaft Anlassdelikt ein Vermögensdelikt war, und zwar in ca. 11 % ein Einbruchdiebstahl und in ca. 10 % ein Diebstahl.[1251] Da bei Eigentums- und Vermögensdelikten geringeren Schweregrades die Wahrscheinlichkeit, dass der Beschuldigte zu einer Freiheitsstrafe verurteilt wird, deren Vollstreckung nicht zur Bewährung ausgesetzt wird, eher unterdurchschnittlich ist[1252], bestehen gegen die

---

[1248] *Mayer* (Fn 288), S. 24.

[1249] *Mayer* (Fn 288), S. 8.

[1250] *Gebauer* (Fn 1240), S. 374.

[1251] Statistisches Bundesamt, Rechtspflege, Reihe 3, Strafverfolgung 1999, S. 74. Untersuchungen haben ergeben, dass in ca. 10 % der Fälle angeordneter Untersuchungshaft der Anlass ein Bagatelldelikt war, wobei in ca. 18 % der untersuchten Fälle das Anlassdelikt nicht die Schwere eines einfachen Diebstahls erreichte (*Gebauer* (Fn 1240), S. 175 ff). *Schöch* kommt zu dem Ergebnis, dass in ca. 18 % der Fälle Untersuchungshaft wegen Bagatelldelikten angeordnet worden sei [Fn 1240, S. 991 (1007)]. Im Rahmen einer Begleituntersuchung zum Frankfurter 'Rechtsberatungs-Projekt' II wurde sogar festgestellt, dass 36 % der Anlassdelikte nicht schwerer als ein einfacher Diebstahl waren; in 12 % der Fälle betrug die nach dem Gesetz vorgesehene Höchststrafe nur ein Jahr [*Gebauer*, StV 1994, S. 622 (626)].

[1252] *Gebauer* (Fn 1240), S. 196.

Praxis der Anordnung der Untersuchungshaft Bedenken unter dem Gesichtspunkt der Verhältnismäßigkeit.

III. Elektronisch überwachter Hausarrest bei Aussetzung des Vollzuges des Haftbefehls i.S.d. § 116 StPO

Der Vollzug eines Haftbefehls, der wegen Fluchtgefahr gerechtfertigt ist, wird unter den in § 116 Abs. 1 StPO genannten Voraussetzungen ausgesetzt. Die Aussetzung des Vollzuges des auf Verdunkelungs- oder Wiederholungsgefahr beruhenden Haftbefehls kann vom Gericht gemäß § 116 Abs. 2, 3 StPO erfolgen. Mit der Aussetzung des Vollzuges des Haftbefehls soll dem Verhältnismäßigkeitsgrundsatz in besonderem Maße Rechnung getragen werden: Der Beschuldigte wird bei Fortbestehen des Haftbefehls in einer *"kontrollierten Freiheit"* belassen, indem gegen ihn Maßnahmen der in § 116 StPO bezeichneten Art verhängt werden.[1253]

Im Folgenden ist daher zu untersuchen, ob der elektronisch überwachte Hausarrest als Haftverschonungsmaßnahme i.S.v. § 116 StPO in Betracht kommt.

1. Vollzugsaussetzung bei Fluchtgefahr

Ein Haftbefehl, der lediglich wegen Fluchtgefahr gerechtfertigt ist, wird ausgesetzt, wenn weniger einschneidende Maßnahmen die Erwartung hinreichend begründen, dass der Zweck der Untersuchungshaft auch durch sie erreicht werden kann. Im (nicht abschließenden) Beispielskatalog der Ersatzmaßnahmen des § 116 Abs. 1 StPO ist die elektronische Überwachung nicht explizit genannt. Der Vollständigkeit halber soll im Folgenden zunächst untersucht werden, ob EM als Meldeanweisung i.S.d. § 116 Abs. 1 S. 2 Nr. 1 StPO, als Aufenthaltsbestimmung gemäß § 116 Abs. 1 S. 2 Nr. 2 StPO oder als Anweisung gemäß § 116 Abs. 1 S. 2 Nr. 3 StPO qualifiziert werden könnte.

[1253] BVerfGE 19, 342 (352); Lemke/Julius/Krehl/Kurth/Rautenberg/Temming-*Lemke* (Fn 1234), § 116, Rn 1.

a) Meldeanweisung gemäß § 116 Abs. 1 S. 2 Nr. 1 StPO

Als Sicherungsmaßnahme sieht § 116 Abs. 1 S. 2 Nr. 1 StPO vor, sich zu einer bestimmten Zeit bei dem Richter, der Strafverfolgungsbehörde oder einer von ihnen bestimmten Dienststelle zu melden. Die Meldepflicht verlangt die regelmäßige, persönliche Vorstellung des Beschuldigten bei Gericht, der Staatsanwaltschaft, der Polizei oder anderen Dienststellen.[1254]

Entsprechend den obigen Ausführungen zur Meldepflicht im Rahmen des § 56 c Abs. 2 Nr. 2 StGB (Neunter Teil, B V 2) ist bei Einsatz des Aktivsystems der elektronisch überwachte Hausarrest nicht als Meldepflicht i.S.d. § 116 Abs. 1 S. 2 Nr. 1 StPO zu klassifizieren, weil das Aktivsystem den Beschuldigten fortwährend überwacht. Eine andere Beurteilung ergibt sich, wenn zur Überwachung das Passivsystem eingesetzt wird. Die Meldung in elektronischer Form ersetzt das persönliche Erscheinen des Beschuldigten direkt vor Ort bei den entsprechenden Stellen. Die herkömmliche Meldepflicht ist daher mit der Überprüfung der Anwesenheit des Beschuldigten mittels des Passivsystems vergleichbar. Bei Einsatz des Passivsystems ist EM daher als Meldeanweisung einsetzbar.

b) Aufenthaltsbestimmung gemäß § 116 Abs. 1 S. 2 Nr. 2 StPO

Als weitere Ersatzmaßnahme für die Außervollzugsetzung eines Haftbefehls, der nur wegen Fluchtgefahr gerechtfertigt ist, sieht § 116 Abs. 1 S. 2 Nr. 2 StPO die Anweisung vor, den Wohn- oder Aufenthaltsort oder einen bestimmten Bereich nicht ohne Erlaubnis des Richters oder der Strafverfolgungsbehörde zu verlassen. Die in § 116 Abs. 1 S. 2 Nr. 2 StPO normierte Aufenthaltsbestimmung wurde bisher eher mit Skepsis beurteilt, da diese Anweisung kaum kontrollierbar sei und nur bei vertrauenswürdigen Beschuldigten in Erwägung gezogen werde.[1255] Die Aussetzung kam daher einer ''*Entlassung auf Ehrenwort*''[1256] gleich.

Die in der Praxis kaum durchführbare Kontrolle einer Aufenthaltsbeschränkung erfolgt nunmehr elektronisch: entweder durch die fortwährende Aufzeichnung der empfangenen Signale (beim Aktivsystem) oder durch die Dokumentation der

[1254] *Meyer-Goßner* (Fn 923), § 116, Rn 7; Lemke/Julius/Krehl/Kurth/Rautenberg/Temming-*Lemke* (Fn 1234), § 116, Rn 14.
[1255] SK-*Paeffgen* (Fn 924), § 116, Rn 12; *Meyer-Goßner* (Fn 923), § 116, Rn 8.
[1256] Löwe/Rosenberg-*Hilger* (Fn 914), § 116, Rn 20.

299

Kontrollanrufe in der zentralen Überwachungsstelle (beim Passivsystem). EM ermöglicht daher auch die Überwachung eher unzuverlässiger Personen. Der elektronisch überwachte Hausarrest kann folglich auch als Aufenthaltsbestimmung i.S.d. § 116 Abs. 1 S. 2 StPO eingesetzt werden.

c) Anweisung, die Wohnung nur unter Aufsicht einer bestimmten Person zu verlassen, gemäß § 116 Abs. 1 S. 2 Nr. 3 StPO

Als weitere Haftverschonungsmaßnahme nennt § 116 Abs. 1 S. 2 Nr. 3 StPO die Anweisung an den Beschuldigten, die Wohnung nur unter Aufsicht einer bestimmten Person zu verlassen. Diese Anweisung hat in der Praxis kaum Relevanz, weil sie ähnlich wie die Aufenthaltsbeschränkung kaum kontrollierbar ist.

Die Frage, ob die elektronische Überwachung als Haftsurrogat unter § 116 Abs. 1 S. 2 Nr. 3 StPO gefasst werden kann, wird im Schrifttum vereinzelt unter Berufung auf den Gesetzeswortlaut verneint. Die Grenze des für die Auslegung maßgeblichen Gesetzeswortlautes würde überschritten.[1257] Dieser Auffassung ist zuzugeben, dass der Hausarrest von der Weisung, die Wohnung nur unter Aufsicht zu verlassen, zu trennen ist. Gleichwohl besteht zwischen dem Aufenthaltsgebot und dem Hausarrest ein fließender Übergang: Der Hausarrest stellt die restriktivste Variante des Aufenthaltsgebotes dar.[1258] Anerkannt ist, dass die Kontrolle nach § 116 Abs. 1 S. 2 Nr. 3 StPO keine permanente Begleitung erfordert, es reicht u.U. aus, wenn der Beschuldigte zeitweilig begleitet wird und stichprobenhafte Kontrollen durchgeführt werden.[1259] Sofern die Gelegenheit besteht, zu überprüfen, ob der Beschuldigte tatsächlich zur Arbeit geht, ist eine Meldung bei der Aufsichtsperson vor Verlassen der Wohnung ausreichend.[1260] Dies bedeutet, dass die Unterbringung im elektronisch überwachten Hausarrest vom Haftrichter auch gemäß § 116 Abs. 1 S. 2 Nr. 3 StPO angewiesen werden kann. Die stichprobenhafte Kontrolle geschieht durch einen Sozialarbeiter, der die Einhaltung des vereinbarten Wochenplanes überprüft, beispielsweise die Wahrnehmung von Beratungsgesprächen mit einem Therapeuten oder Drogenberater oder die Anwesenheit am Arbeitsplatz.

[1257] *Schlömer* (Fn 353), S. 285.
[1258] *Bauch*, Die Verfassungsmäßigkeit haftverschonender Auflagen, S. 120.
[1259] KK-*Boujong*, Karlsruher Kommentar zur Strafprozessordnung, § 116, Rn 17; Löwe/Rosenberg-*Hilger* (Fn 914), § 116, Rn 21; *Münchhalffen/Gatzweiler* (Fn 627), Rn 221.
[1260] Löwe/Rosenberg-*Hilger* (Fn 914), § 116, Rn 21.

Letztlich kommt es an dieser Stelle aber nicht darauf an, ob die elektronische Überwachung als Meldeanweisung, Aufenthaltsbestimmung oder als Anweisung, die Wohnung nur unter Aufsicht einer bestimmten Person zu verlassen, qualifiziert wird. Der Beispielskatalog des § 116 Abs. 1 S. 2 StPO ist nicht abschließend.[1261] Der Haftrichter hat ein *"Auflagen- und Weisungserfindungsrecht"*.[1262] Mithin steht es im pflichtgemäßen Ermessen des Gerichts, den elektronisch überwachten Hausarrest als unbenannte Anweisung anzuordnen.

d) Erreichen des Zwecks der Untersuchungshaft

Für die Aussetzung des Vollzuges des Haftbefehls ist weiter Voraussetzung, dass die Ersatzmaßnahmen die Erwartung hinreichend begründen, dass der Zweck der Untersuchungshaft auch durch sie erreicht werden kann. Dies hängt maßgeblich von dem jeweiligen Haftgrund ab.

Die Bundesarbeitsgemeinschaft für Straffälligenhilfe (BAG-S) e.V. hat den erfolgversprechenden Einsatz des elektronischen Hausarrestes als Alternative zur Untersuchungshaft, die wegen Fluchtgefahr angeordnet worden ist, verneint. Der Haftgrund der Fluchtgefahr sei nicht anzunehmen, wenn der Beschuldigte einen festen Wohnsitz, Arbeit und soziale Bindungen aufweise. Diese Merkmale seien aber Voraussetzung für die Unterbringung im elektronisch überwachten Hausarrest, so dass Untersuchungshaft dort ersetzt werde, wo es ohnehin keiner Untersuchungshaft bedürfe. In solchen Fällen müsse die Aussetzung des Haftbefehls ohne die zusätzliche Anordnung von EM erfolgen. Gegebenenfalls sei dem Betroffenen die Anweisung zu erteilen, sich in regelmäßigen Abständen bei der örtlichen Polizeidienststelle zu melden.[1263] Im Übrigen verhindere die 'elektronische Fußfessel' eine Flucht des Beschuldigten nicht, vielmehr könne er sich der Überwachung leicht und schnell entziehen.[1264] Hingegen haben die Mitglieder der Arbeitsgruppe 'Elektronisch überwachter Hausarrest' mehrheitlich den Einsatz von EM als Maßnahme zur Vermeidung oder Verkürzung der Untersuchungshaft bei beste-

---

[1261] KMR-*Wankel*, Kommentar zur Strafprozessordnung, § 116, Rn 2; KK-*Boujong* (Fn 1259), § 116, Rn 9.

[1262] KMR-*Wankel* (Fn 1261), § 116, Rn 2.

[1263] *BAG-S e.V.* (Fn 307), S. 18. Aus den gleichen Gründen hat auch *Riehe* grundsätzlich keinen Anwendungsbereich für den elektronisch überwachten Hausarrest als Ersatz von Untersuchungshaft gesehen, zumal auch das bestehende Restrisiko einer Flucht durch EM nicht beseitigt werde [Fn 360, S. 161 (165)].

[1264] *Thiele*, Kriminalistik 1999, S. 440 (444).

301

hender Fluchtgefahr befürwortet. Die Unterbringung des Beschuldigten im elektronisch überwachten Hausarrest bewirke ebenso wie die in § 116 Abs. 1 S. 2 Nr. 1 bis 3 StPO beispielhaft genannten Maßnahmen eine Beschränkung des Aufenthaltes des Betroffenen und könne dadurch zur Beseitigung und/oder zur Verminderung einer bestehenden Fluchtgefahr beigetragen.[1265]

Da die herkömmliche Meldepflicht nach § 116 Abs. 1 S. 2 Nr. 1 StPO nur bei zuverlässigen Personen in Betracht kommt, die Aufenthaltsbestimmung nach § 116 Abs. 1 S. 2 Nr. 2 StPO in der Praxis kaum kontrollierbar ist und die Anweisung gemäß § 116 Abs. 1 S. 2 Nr. 3 StPO, die Wohnung nur unter Aufsicht einer bestimmten Person zu verlassen, bei Erwachsenen wenig praktikabel ist, eröffnet der Einsatz der elektronischen Überwachung weitere Möglichkeiten der Aussetzung des Vollzuges des Haftbefehls, und zwar auch bei eher unzuverlässigen Personen, bei denen bisher eine Haftverschonungsmaßnahme nicht in Betracht kam. Die Unterbringung im elektronisch überwachten Hausarrest bedeutet für den Beschuldigten eine starke Beschränkung und Reglementierung des Aufenthaltes, so dass auch die Überwachung schwierigerer Probanden möglich ist. Im Rahmen der elektronischen Überwachung wird in der zentralen Überwachungsstelle jedes unerlaubte Entfernen von dem festgelegten Aufenthaltsort registriert. Meldet der Computer einen Verstoß des Überwachten, beispielsweise das Abmontieren der 'elektronischen Fußfessel' oder das Verlassen der Wohnung zu den eigentlichen Arrestzeiten, setzt sich ein Mitarbeiter der Überwachungsstelle sofort mit dem zuständigen Sozialarbeiter in Verbindung, der seinerseits versucht, Kontakt zum Beschuldigten aufzunehmen. Zwar kann die elektronische Überwachung eine Flucht des Arrestanten nicht ausschließen, aber auch die anderen in § 116 StPO genannten Haftverschonungsmaßnahmen vermögen eine etwaige Flucht des Beschuldigten nicht gänzlich zu verhindern. Der Gesetzgeber nimmt vielmehr ein gewisses Restrisiko in Kauf. So ist der Vollzug der Untersuchungshaft wegen Fluchtgefahr bereits dann aufzuheben, wenn "*mit großer Wahrscheinlichkeit anzunehmen ist, dass der Beschuldigte sich dem Verfahren nicht entziehen werde*".[1266]

Die vorläufigen Befunde des hessischen Modellprojektes zeigen, dass sich die Beschuldigten, deren Haftbefehl zumeist wegen Fluchtgefahr ausgesetzt worden

[1265] Abschlussbericht der Arbeitsgruppe 'Elektronisch überwachter Hausarrest', S. 13.
[1266] OLG Karlsruhe, StraFo 1997, S. 91.

war, nicht der Überwachung entzogen haben. Vielmehr hat die Hoffnung der Beschuldigten, sich durch ordnungsgemäßes Verhalten eine positive Ausgangslage für das Strafverfahren zu schaffen, bewirkt, dass bei diesen Personen deutlich weniger Regelverletzungen registriert werden mussten als bei Personen, die unter Bewährungsaufsicht standen.[1267] Der Gefahr, dass Untersuchungshaft dort ersetzt wird, wo es keiner Untersuchungshaft bedarf, ist durch die sorgfältige Handhabung des Instituts der elektronischen Überwachung entgegenzuwirken. Die richterliche Praxis ist gefordert, das Instrument der elektronischen Überwachung so einzusetzen, dass ein Netzausweitungseffekt vermieden wird.

2. Vollzugsaussetzung bei Verdunkelungsgefahr

Die Außervollzugsetzung des Haftbefehls, der wegen Verdunkelungsgefahr angeordnet worden ist, kann gemäß § 116 Abs. 2 S. 1 StPO erfolgen, wenn weniger einschneidende Maßnahmen die Erwartung hinreichend begründen, dass die Verdunkelungsgefahr erheblich vermindert wird. Das Gesetz nennt beispielhaft die gerichtliche Anweisung, mit Mitbeschuldigten, Zeugen oder Sachverständigen keinen Kontakt aufzunehmen. Die Haftverschonungsmaßnahme muss demnach die im Haftbefehl begründete Gefahr der Vereitelung oder Beeinträchtigung von Beweisen so abschwächen, dass eine ungestörte Wahrheitsermittlung möglich ist.[1268] Da die Anweisungen in § 116 Abs. 2 S. 2 StPO nicht abschließend aufgeführt sind, können weitere Anweisungen, etwa solche nach § 116 Abs. 1 S. 2 Nr. 2 und 3 StPO, angeordnet werden.[1269] In diesem Zusammenhang wäre wiederum der Einsatz der elektronischen Überwachung z. B. als Meldeanweisung oder Aufenthaltsbestimmung denkbar.

Der elektronisch überwachte Hausarrest ist bei Einsatz des Aktiv- oder Passivsystems in seiner Kontrollfunktion auf die Wohnung beschränkt. Der Computer der Überwachungsstelle dokumentiert nur die Aufenthaltszeiten des Beschuldigten, welche Handlungen der Arrestant in seiner Wohnung oder außerhalb vornimmt, ist mittels der elektronischen Kontrolle nicht feststellbar. Die Einwirkung des Beschuldigten auf Beweismittel wird durch die elektronische Überwachung nicht unterbunden; auch wöchentliche Kontrollbesuche des zuständigen Sozialarbeiters

---

[1267] *Mayer* (Fn 288), S. 11.
[1268] KK-*Boujong* (Fn 1259), § 116, Rn 20.
[1269] KK-*Boujong* (Fn 1259), § 116, Rn 20.

vermögen eine Einflussnahme des Beschuldigten nicht zu verhindern, insbesondere unter Berücksichtigung der zahlreich zur Verfügung stehenden Kommunikationsmittel (Telefon, Brief, Zeitung, Internet, Mobilfunk, Mittelspersonen etc.). Auch die elektronische Überwachung verbunden mit der zusätzlichen Anweisung, keine Verbindung mit Mitbeschuldigten oder Zeugen aufzunehmen, würde die Verdunkelungsgefahr nicht erheblich vermindern.[1270] Bereits bei einem herkömmlichen Kontaktverbot bestehen Bedenken, weil die tatsächliche Überwachung der Untersagung brieflicher und anderer Kontakte fraglich ist.[1271] Gleiches gilt für die Unterbringung im elektronisch überwachten Hausarrest. Die Unterbringung im elektronisch überwachten Hausarrest erhöht nicht die Annahme, dass der Beschuldigte nicht in unlauterer Weise auf Beweismittel einwirken werde. Beim Haftgrund der Verdunkelungsgefahr scheidet die Unterbringung im elektronisch überwachten Hausarrest daher als Haftverschonungsmaßnahme aus.

3. Vollzugsaussetzung bei Wiederholungsgefahr

Nach § 116 Abs. 3 StPO kann bei wegen Wiederholungsgefahr angeordneter Untersuchungshaft der Vollzug des Haftbefehls ausgesetzt werden, wenn die Erwartung hinreichend begründet ist, dass der Beschuldigte bestimmte Anweisungen befolgen und dadurch der Zweck der Haft erreicht wird. In Erwägung zu ziehen sind hier Maßnahmen nach § 116 Abs. 1 S. 2 Nr. 2 bis 4 StPO. Der Haftrichter kann sich darüber hinaus an § 56 c Abs. 2 StGB oder § 10 Abs. 1 JGG orientieren.[1272] Auch in den Fällen der Wiederholungsgefahr könnte daher die Aussetzung des Vollzuges des Haftbefehls zugleich mit der Anweisung, sich elektronisch überwachen zu lassen, erfolgen.

Fraglich ist allerdings, ob die elektronische Kontrolle des Beschuldigten überhaupt die Wiederholungsgefahr mindern kann. Die Bundesarbeitsgemeinschaft für Straffälligenhilfe (BAG-S) e.V. steht dem Einsatz von EM beim Haftgrund der Wiederholungsgefahr skeptisch gegenüber, da ''... *die Wiederholung eines Delikts*

[1270] Ebenso Abschlussbericht der Arbeitsgruppe 'Elektronisch überwachter Hausarrest', S. 14; *Riehe* (Fn 360), S. 161 (165); *Wittstamm* (Fn 74), S. 156.
[1271] Vgl. Lemke/Julius/Krehl/Kurth/Rautenberg/Temming-*Lemke* (Fn 1234), § 116, Rn 21; KK-*Boujong* (Fn 1259), § 116, Rn 20.
[1272] KK-*Boujong* (Fn 1259), § 116, Rn 21; Lemke/Julius/Krehl/Kurth//Rautenberg/Temming-*Lemke* (Fn 1234), § 116, Rn 23.

durch das Anlegen der elektronischen Fußfessel ... nicht vermeidbar" sei.[1273] Die
Mitglieder der Arbeitsgruppe 'Elektronisch überwachter Hausarrest' teilen diese
Auffassung: Eine nennenswerte Beeinflussung des Haftgrundes der Wiederho-
lungsgefahr durch die elektronische Überwachung sei nicht gegeben. Es fehle an
einer lückenlosen Überwachung des Beschuldigten, zumal der Arrestant seine
Wohnung zu bestimmten Zeiten verlassen dürfe.[1274]

Diese Auffassung vermag nicht zu überzeugen. Es wird verkannt, dass grundsätzlich keine Maßnahme denkbar ist, die eine erneute Straftat des Beschuldigten in
vollem Umfang verhindern kann. Bei jeder Außervollzugsetzung eines Haftbefehls bleibt ein Restrisiko bestehen. Dies gilt auch für die Aussetzung des Vollzugs eines Haftbefehls, der nach § 112 a StPO erlassen worden ist. Eine lückenlose Überwachung, wie sie die Arbeitsgruppe 'Elektronisch überwachter Hausarrest' fordert, ist gesetzlich nicht vorgeschrieben. Im Übrigen sei daran erinnert,
dass auch im Rahmen des § 112 a StPO die Unschuldsvermutung des Art. 6 Abs.
2 EMRK gilt.[1275]

Weiterhin ist zu berücksichtigen, dass im Schrifttum als Beispiele für eine u.U.
erhebliche Verringerung der Wiederholungsgefahr die freiwillige Unterstellung
des Beschuldigten unter einen Bewährungshelfer oder die Stabilisierung der Lebensverhältnisse durch Zusammenarbeit mit einem Verein für Haftentlassene genannt werden.[1276] Danach erscheint die Unterbringung im elektronisch überwachten Hausarrest geeignet, die Wiederholungsgefahr zu verringern. Die elektronische Kontrolle ist verbunden mit der Betreuung durch einen Sozialarbeiter. Dieser sucht den Beschuldigten anfangs mehrmals wöchentlich auf, um die Einhaltung der Beschränkungen zu kontrollieren und pädagogische Aufgaben wahrzunehmen. Im Rahmen der elektronischen Überwachung ist überdies eine regelmäßige Beschäftigung vorgesehen, ein Sucht- und Rauschmittelverbot und ein fester
Wohnsitz. Die Anforderungen der elektronischen Überwachung wirken stabilisie-

---

[1273] *BAG-S e.V.* (Fn 307), S. 19.
[1274] Abschlussbericht der Arbeitsgruppe 'Elektronisch überwachter Hausarrest', S. 14; ebenso
Riehe (Fn 360), S. 161 (165).
[1275] Im Schrifttum wird deshalb zum Teil die Auffassung vertreten, § 112 a StPO verstoße gegen
die Unschuldsvermutung (*Wolter*, ZStW 93 (1981), S. 452 (485); SK-*Paeffgen* (Fn 924), § 112 a,
Rn 5).
[1276] *Meyer-Goßner* (Fn 923), § 116, Rn 17; KK-*Boujong* (Fn 1259), § 116, Rn 21; AK-*Deckers*,
Alternativ-Kommentar zur Strafprozessordnung, Band 2/Teilband 1, § 116, Rn 8; Lemke/Julius/
Krehl/Kurth/Rautenberg/Temming-*Lemke* (Fn 1234), § 116, Rn 23.

rend auf den Beschuldigten ein, so dass in geeigneten Fällen auch der Haftbefehl wegen Wiederholungsgefahr außer Vollzug gesetzt werden kann. Erklärt sich der Betroffene beispielsweise bereit, sich in therapeutische Behandlung zu begeben oder sich in einem Krankenhaus psychiatrisch behandeln zu lassen, könnte der Wiederholungsgefahr bei Straftaten nach §§ 29 Abs. 1 Nr. 1, 10 oder Abs. 3, § 29 a Abs. 1, § 30 Abs. 1, § 30 a Abs. 1 BtMG oder §§ 174, 174 a, 176 - 179 StGB entgegengewirkt werden. Letztendlich ist es eine Frage des Einzelfalles, ob die Vollzugsaussetzung verantwortet werden kann. Kriterien sollten für den Haftrichter die Schwere der zu erwartenden weiteren Straftaten und das durch die Wiederholungstat gefährdete Rechtsgut sein.

4. Vollzugsaussetzung gemäß § 112 Abs. 3 StPO

Die Aussetzung des Vollzuges des Haftbefehls, der auf dem Haftgrund der 'Schwere der Tat' beruht, ist gesetzlich nicht normiert, aber anerkanntermaßen zulässig.[1277] Das BVerfG legt die Vorschrift des § 112 Abs. 3 StPO verfassungskonform dergestalt aus, dass der Erlass eines Haftbefehls nur zulässig ist, wenn Umstände vorliegen, die die Gefahr begründen, dass *"ohne Festnahme des Beschuldigten die alsbaldige Aufklärung und Ahndung der Tat gefährdet sein könnte"*.[1278] Bei Delikten, die der Schwerstkriminalität zuzurechnen sind, werden an diese Umstände, die die Ermittlungen gefährden, keine allzu hohen Anforderungen gestellt. Vielmehr kann in solchen Fällen schon genügen, dass eine nicht auszuschließende Flucht- oder Verdunkelungsgefahr besteht oder ernstlich befürchtet werden muss, dass der Täter ähnliche Straftaten begehen werde.[1279] Eine Vollzugsaussetzung kommt hier nur in Ausnahmefällen in Betracht, z.B. wenn die Flucht des Beschuldigten ganz fernliegend und eine Wiederholung der Tat ausgeschlossen ist oder dieser Gefahr durch mildere Maßnahmen begegnet werden

---

[1277] BVerfGE 19, 342 (351); *Grebing*, ZfRV 16 (1975), S. 161 (181); KMR-*Wankel* (Fn 1261), § 116, Rn 6; KK-*Boujong* (Fn 1259), § 116, Rn 22.
[1278] BVerfGE 19, 342 (350); kritisch: *Roxin* (Fn 607), § 30 B II 2 c; SK-*Paeffgen* (Fn 924), § 112, Rn 43.
[1279] OLG Köln, NJW 1996, S. 1686.

kann.[1280] Namentlich bei Tötungsdelikten, die als Beziehungstaten zu qualifizieren sind, käme die Aussetzung des Haftbefehls in Betracht.[1281]

Da der Richter Ersatzmaßnahmen in entsprechender Anwendung des § 116 Abs. 1, 2 oder 3 StPO treffen kann[1282], könnte EM als Haftsurrogat zum Einsatz kommen. *WITTSTAMM* hält den Einsatz von elektronischer Überwachung bei einem auf die Schwere der Tat gestützten Haftbefehl theoretisch für anwendbar, weist aber zugleich darauf hin, dass die Vollzugsaussetzung eines Haftbefehls bei schweren Straftaten in der Gesellschaft kaum akzeptiert würde.[1283] Zu bedenken ist aber, dass allein die Schwere der Tat und eine erhebliche Straferwartung nicht zwangsläufig den Vollzug der Untersuchungshaft gebieten. Erforderlich ist auch hier eine Beurteilung im Einzelfall. Folgt man der Ansicht, dass die Außervollzugsetzung des Haftbefehls im Fall des § 112 Abs. 3 StPO nach den Grundsätzen des § 116 StPO erfolgen kann[1284], ist die Unterbringung im elektronisch überwachten Hausarrest als Haftverschonungsmaßnahme anzuwenden. Die Beschränkung und Reglementierung des Aufenthalts des Beschuldigten bewirkt zumindest eine Verminderung der bestehenden Fluchtgefahr. Die Stabilisierung der Lebensumstände des Betroffenen verbunden mit entsprechender pädagogischer Unterstützung vermag darüber hinaus der Gefahr weiterer Straftaten begegnen. In geeigneten Fällen kann daher die Unterbringung im elektronischen Hausarrest als Haftverschonungsmaßnahme zum Einsatz gelangen.

5. Vollzugsaussetzung der Hauptverhandlungshaft

§ 127 b Abs. 2 StPO ermöglicht die vorläufige Festnahme eines auf frischer Tat Betroffenen oder Verfolgten durch die Staatsanwaltschaft und die Beamten des Polizeidienstes, wenn eine unverzügliche Entscheidung im beschleunigten Verfahren wahrscheinlich ist und aufgrund bestimmter Tatsachen zu befürchten ist, dass der Festgenommene der Hauptverhandlung fernbleiben wird. Voraussetzung

[1280] OLG Köln, NJW 1996, S. 1686; *Schlothauer/Weider* (Fn 1240), Rn 254; KMR-*Wankel* (Fn 1261), § 116, Rn 6; a.A. *Lemke*, der nicht auf das Vorliegen von Flucht-, Verdunkelungs- oder Wiederholungsgefahr abstellen will, sondern eine Entscheidung im Einzelfall fordert, wobei die Schwere der Tat besonders zu berücksichtigen sei (Lemke/Julius/Krehl/Kurth/Rautenberg/Temming-Lemke (Fn 1234), § 116, Rn 24).
[1281] KMR-*Wankel* (Fn 1261), § 116, Rn 6.
[1282] KK-*Boujong* (Fn 1259), § 116, Rn 22.
[1283] *Wittstamm* (Fn 74), S. 157, ebenso *BAG-S e.V.* (Fn 307), S. 19.
[1284] OLG Köln, NJW 1996, S. 1686; *Meyer-Goßner* (Fn 923), § 116, Rn 18.

für den Erlass eines Haftbefehls ist ferner, dass die Durchführung der Hauptverhandlung binnen einer Woche nach der Festnahme zu erwarten ist. Der Gesetzgeber hat die Außervollzugsetzung eines nach § 127 b Abs. 2 StPO erlassenen Haftbefehls gemäß § 116 StPO für zulässig erachtet, obgleich § 116 StPO den Haftgrund der Flucht-, Verdunkelungs- oder Wiederholungsgefahr voraussetzt.[1285] Sie
ist dann möglich, wenn durch geeignete Maßnahmen das Erscheinen des Beschuldigten in der Hauptverhandlung sichergestellt werden kann.[1286] Eine solche geeignete Maßnahme könnte die elektronische Überwachung des Betroffenen darstellen.

Der Einsatz der elektronischen Überwachung als Haftverschonungsmaßnahme im
Rahmen der Hauptverhandlungshaft nach § 127 b StPO ist in der gerichtlichen
Praxis kaum praktikabel und daher abzulehnen. Der Haftbefehl darf gegen den
Verdächtigen nur ergehen, wenn die Durchführung der Hauptverhandlung binnen
einer Woche nach der Festnahme zu erwarten ist, und ist gemäß § 127 b Abs. 2 S.
2 StPO auf höchstens eine Woche ab dem Tage der Festnahme zu befristen. Auch
bei einer Außervollzugsetzung des Haftbefehls gemäß § 116 StPO hat die Hauptverhandlung gegen den Verdächtigen innerhalb einer Woche stattzufinden; anderenfalls muss seine Freilassung erfolgen. Die Feststellung seitens der Justizbehörden, ob der Beschuldigte die Teilnahmevoraussetzungen für EM erfüllt, ist
schwerlich innerhalb einer Woche möglich. Neben der Überprüfung, ob ein fester
Wohnsitz besteht, ein Telefonanschluss vorhanden ist und der Betroffene einem
Beschäftigungsverhältnis nachgeht, ist die schriftliche Einwilligung des Betroffenen sowie aller im gleichen Haushalt lebenden Personen erforderlich. Daneben
muss der zuständige Sozialarbeiter mit der Ausarbeitung eines Wochenplanes
beauftragt werden, wobei ein Besuch bei dem Beschuldigten unvermeidlich ist.
Der Wochenplan muss sodann vom Richter genehmigt werden, der auch zugleich
entscheidet, ob und wann dem Arrestanten Freizeit gewährt wird. Bei Bejahung
der Voraussetzungen für die Unterstellung unter elektronisch überwachten Hausarrest sind die Installation des Empfängers in der Wohnung und die Befestigung
des Senders am Fuß des Verdächtigen notwendig. Der vorstehend skizzierte, mit
der elektronischen Überwachung verbundene Verwaltungsaufwand ist weder

---

[1285] BT-Drs. 13/2576, Begründung zum Entwurf eines ... Gesetzes zur Änderung der Strafprozessordnung, S. 3.
[1286] *Meyer-Goßner* (Fn 923), § 127 b, Rn 19.

kurzfristig zu bewältigen, noch stünde er in einem angemessenen Verhältnis zur Dauer der Überwachung.[1287]

6. Vollzugsaussetzung der Ungehorsamshaft

§ 116 StPO findet auch in den Fällen der Ungehorsamshaft gemäß §§ 230 Abs. 2, 236 StPO Anwendung.[1288] Der Haftbefehl beim Ausbleiben des Angeklagten dient der Sicherung der Weiterführung und Beendigung des Strafverfahrens.[1289] Der Vollzug des Haftbefehls wird gemäß § 116 StPO analog ausgesetzt, wenn durch weniger einschneidende Maßnahmen gewährleistet werden kann, dass der Angeklagte an der Hauptverhandlung teilnehmen wird.[1290] Möglicherweise könnte der elektronisch überwachte Hausarrest sicherstellen, dass der Angeklagte zur Hauptverhandlung erscheint.

In der Praxis dürfte die elektronische Überwachung kaum ein geeignetes Mittel sein, den Angeklagten zu veranlassen, an der Hauptverhandlung teilzunehmen. Gerade weil die Zwangsmittel des § 230 Abs. 2 StPO nur dann angewandt werden dürfen, wenn anders das Verfahren nicht durchgeführt werden kann, also ein Haftbefehl i.d.R. erst dann erlassen wird, wenn der Angeklagte trotz mehrfacher Ladungen nicht zum Verhandlungstermin erschienen ist oder der Vorführungsbefehl leerlief, kann für solche unzuverlässigen Personen EM nicht erfolgversprechend als Haftsurrogat fungieren. Die elektronische Überwachung stellt keine physische Sperre, sondern ein psychisches Hemmnis für den Arrestanten dar. Sie kann in den Fällen der Ungehorsamshaft nicht gewährleisten, dass der Angeklagte zur Hauptverhandlung erscheint und ist dementsprechend bei den §§ 230 Abs. 2, 236 StPO nicht als mildere Haftverschonungsmaßnahme einzusetzen.

[1287] Darüber hinaus ist anzumerken, dass es sich in den im beschleunigten Verfahren abzuurteilenden Fällen zumeist um Bagatellstraftaten handelt, die eine Verurteilung zu Geld- oder Bewährungsstrafen zur Folge haben. Nach den Regelungen in §§ 112 Abs. 1 S. 2, 113 StPO soll Untersuchungshaft gerade nicht angeordnet werden, wenn eine geringe Straferwartung anzunehmen ist.

[1288] KK-*Boujong* (Fn 1259), § 116, Rn 3; *Meyer-Goßner* (Fn 923), § 230, Rn 21 f.

[1289] *Meyer-Goßner* (Fn 923), § 230, Rn 22.

[1290] KG, GA 1972, S. 127 (128).

IV. Zumutbarkeit i.S.d. § 116 StPO und Vereinbarkeit mit den Grundrechten

Die Haftersatzmaßnahmen i.S.d. § 116 StPO müssen bestimmt und geeignet sein, die im Haftbefehl genannte Gefahr für das Verfahren zu entkräften.[1291] Sie dürfen keinen Sühnecharakter haben und müssen gegenüber der Strafhaft als Minus zu qualifizieren sein. An den Beschuldigten dürfen keine unzumutbaren Anforderungen gestellt werden.[1292] Die Haftverschonungsmaßnahmen müssen darüber hinaus verfassungskonform sein.

LEMKE hält den Einsatz elektronischer Überwachungsmittel im Rahmen von § 116 Abs. 1 S. 2 Nr. 2 StPO (je nach angewandter Technik) für eine besonders intensive und u.U. verfassungswidrige Überwachung des Beschuldigten, die im Verhältnis zur Untersuchungshaft selbst *"durchaus nicht weniger einschneidend sein"* könne.[1293] Demgegenüber vertritt *HILGER* die Auffassung, dass der Einsatz der elektronischen Überwachung im Rahmen von § 116 StPO zulässig sei. Die Anordnung sonstiger Maßnahmen könne durchaus einen freiwilligen Verzicht auf die Ausübung bestimmter Grundrechte bewirken, sofern die Grenze eines solchen Verzichtes beachtet werde.[1294]

Wie bereits im Rahmen von § 56 c StGB umfassend erörtert (Neunter Teil, B V 6), werden durch EM keine unzumutbaren Anforderungen an den Betroffenen gestellt. Im Verhältnis zur Haft, die mit der Einhaltung der Anstaltsordnung, ggf. dem Tragen von Anstaltskleidung (vgl. Nr. 52 der UVollzO), der Einschließung zu festgelegten Zeiten, der Überwachung des Schriftwechsels und Besuchsüberwachung einhergeht, ist die Unterbringung im elektronisch überwachten Hausarrest trotz aller Beschränkungen als weniger belastende Maßnahme zu qualifizieren. Die elektronische Kontrolle ist im Übrigen - bei Einsatz des Aktiv- oder Pas-

[1291] *Kleinknecht*, MDR 1965, S. 781 (784).
[1292] *Kleinknecht*, MDR 1965, S. 781 (784); OLG Saarbrücken, NJW 1978, S. 2460 (2462); KMR-*Wankel* (Fn 1261), § 116, Rn 2.
[1293] Lemke/Julius/Krehl/Kurth/Rautenberg/Temming-*Lemke*, Heidelberger Kommentar zur Strafprozessordnung (2. Auflage), § 116, Rn 15.
[1294] Löwe-Rosenberg-*Hilger* (Fn 914), § 116, Rn 23. Für den Einsatz der 'elektronischen Fußfessel' als Haftverschonungsmaßnahme sprechen sie auch *Münchhalffen/Gatzweiler* aus, um den *"Absturz"* des Beschuldigten in das *"Schattenreich der Untersuchungshaft"* zu verhindern (Fn 627, Rn 223).

sivsystems - verfassungskonform, so dass EM als Haftverschonungsmaßnahme i.S.d. § 116 StPO eingesetzt werden kann.

H. Anwendung im Rahmen eines Gnadenentscheides

Der elektronisch überwachte Hausarrest könnte im Rahmen eines Gnadenentscheides als Weisung zur Anwendung gelangen. Mittels einer Gnadenentscheidung kann der Staat rechtskräftig erkannte Strafen erlassen oder aussetzen.[1295] Ein Gnadenerweis ist grundsätzlich eine Einzelfallentscheidung, die nur in Ausnahmefällen zulässig ist. Keineswegs ist die Gnade ein generelles Instrument, das der Vermeidung oder Behebung grundrechtswidriger Strafvollstreckung dient. Die Gnadenpraxis hat daher grundsätzlich die vom Gesetzgeber vorgenommenen Regelungen, beispielsweise zeitliche und sachliche Limitierungen, zu beachten.[1296] Für Gnadenentscheidungen ist deshalb dann kein Raum, wenn das Ziel auch bei Anwendung der bestehenden gesetzlichen Normierungen erreicht werden kann.[1297]

Das Gnadenverfahren richtet sich nach der jeweiligen Gnadenordnung des zuständigen Landes bzw. des Bundes (vgl. § 452 StPO).[1298] Wird ein Strafaufschub, eine Strafunterbrechung oder eine Strafaussetzung zur Bewährung im Gnadenwege bewilligt, sehen die Gnadenordnungen der einzelnen Länder die Möglichkeit vor, den Gnadenakt mit Bedingungen, Auflagen und Weisungen an den Verurteilten zu verbinden. Häufig wird die Strafaussetzung zur Bewährung mit Auflagen und Weisungen verbunden. Dabei halten sich die erteilten Auflagen und Weisungen i.d.R. in dem Rahmen, den die Bestimmungen der §§ 56 a - 56 d StGB ziehen.[1299] Beispielsweise bestimmt § 24 Abs. 3 Nds. GnO, dass der Verurteilte bei der Bewilligung der Strafaussetzung u.a. angewiesen werden kann, Anordnungen zu befolgen, die sich auf Aufenthalt, Arbeit, Ausbildung, Freizeit oder auf die sonstige Ordnung der persönlichen und wirtschaftlichen Verhältnisse des Verurteilten

---

[1295] *Kaiser/Schöch* (Fn 1187), § 9, Rn 60.
[1296] *Müller-Dietz*, DRiZ 1987, S. 474 (480).
[1297] *Walter*, Strafvollzug, Rn 371.
[1298] *Isak/Wagner*, Strafvollstreckung, Rn 706. Die einzelnen Bundesländer haben in ihren Gnadenordnungen das Gnadenwesen in unterschiedlicher Weise geregelt. Zumeist ist die Befugnis eines Gnadenentscheides auf den Leitenden Oberstaatsanwalt als Vollstreckungsbehörde, den Generalstaatsanwalt oder die Justizministerien übertragen (vgl. §§ 3, 4, 5, 36, 40 Nds. GnO).
[1299] *Schätzler*, Handbuch des Gnadenrechts, Anm. 5.2.3.

beziehen oder sich zu bestimmten Zeiten bei Gericht oder einer anderen Stelle zu melden oder einen Wechsel der Wohnung oder der Arbeitsstelle anzuzeigen.

I. Der Gnadenerweis in der Praxis und das Anwendungspotential für den elektronisch überwachten Hausarrest

Mit Blick auf den Ausnahmecharakter des Gnadenerweises sind Gnadenakte in der Praxis relativ selten. Die Begnadigung im Strafvollzug betrifft überwiegend die bedingte Entlassung zur Bewährung, die nach der Bewilligung wie die Strafrestaussetzung gemäß §§ 57, 57 a StGB behandelt wird.[1300] Daneben ist die Aussetzung der Vollstreckung einer Freiheitsstrafe zur Bewährung relevant.[1301] Eine amtliche Gnadenstatistik wird nicht geführt. Die Strafvollzugsstatistik gibt jedoch Auskunft über die Anzahl der Gefangenen, die aufgrund eines Gnadenentscheides aus der Haft entlassen werden. Der Anteil derjenigen Gefangenen, die die Justizvollzugsanstalt wegen Aussetzung des Strafrestes im Wege der Gnade verlassen, betrug in den letzten 20 Jahren durchschnittlich 8 %.[1302] Ausweislich der Bewährungshilfestatistik befinden sich unter Bewährungsaufsicht aufgrund von Strafaussetzung und Strafrestaussetzung im Wege der Gnade regelmäßig unter 2 % aller Unterstellten.[1303]

Diese Zahlen verdeutlichen, dass das Anwendungspotential für den Einsatz der elektronischen Überwachung im Rahmen eines Gnadenentscheides als gering einzustufen ist. Allerdings haben im Verlauf des zweijährigen hessischen Modellversuches immerhin zwei von einer Gnadenentscheidung Betroffenen an dem Projekt teilgenommen und die Überwachungszeit wie vorgesehen beendet.[1304] Eine Anfrage zur Teilnahme an dem Projekt ist abgelehnt worden, und in einem Fall stand die Entscheidung über die Aufnahme in das Projekt noch aus.[1305] Trotz der geringen Anzahl der Gnadenakte zeigt das Pilotprojekt in Hessen, dass auch im Bereich der Gnadenentscheide Einsatzmöglichkeiten für den elektronisch überwach-

---

[1300] *Kaiser/Kerner/Schöch*, Strafvollzug (4. Auflage), § 8, Rn 56.

[1301] *Schätzler* (Fn 1299), Anm. 5.2.2.1.

[1302] Statistisches Bundesamt, Reihe 4.2, Strafvollzug - Anstalten, Bestand und Bewegung der Gefangenen 2001, S. 9.

[1303] Statistisches Bundesamt, Reihe 1, Ausgewählte Zahlen für die Rechtspflege 1999/2000, S. 69.

[1304] *Mayer* (Fn 288), S. 8.

[1305] *Mayer* (Fn 288), S. 3.

ten Hausarrest bestehen. EM ist daher als Weisung bei der Strafaussetzung oder Strafrestaussetzung zur Bewährung in Betracht zu ziehen.

II. Elektronisch überwachter Hausarrest als Bewährungsweisung

Die gesetzlichen Voraussetzungen für den Einsatz des elektronisch überwachten Hausarrestes als Bewährungsweisung de lege lata liegen vor. In diesem Zusammenhang kann auf die Darstellung im Rahmen des § 56 c StGB verwiesen werden (Neunter Teil, B V).

J. Anwendung im Rahmen der Vollstreckung kurzer Freiheitsstrafen

Insbesondere in Schweden und den Niederlanden wird der elektronisch überwachte Hausarrest überwiegend im Rahmen der Vollstreckung kurzer Freiheitsstrafen[1306] angewandt. Im Gegensatz zur Anwendung der elektronischen Kontrolle als Bewährungsweisung zur Vermeidung stationären Freiheitsentzuges tritt EM hier als Vollzugsalternative an die Stelle von Strafhaft, kommt also auf Vollstreckungsebene zum Einsatz. Dementsprechend stellt sich die Frage, ob auch in Deutschland - wie teilweise in der Literatur vorgeschlagen - der Einsatz der elektronischen Überwachung in diesem Bereich in Betracht kommt.

§ 47 Abs. 1 StGB normiert die Verhängung einer kurzen Freiheitsstrafe als ausgesprochene Ausnahme. Nach dieser Vorschrift darf eine Freiheitsstrafe unter sechs Monaten nur dann vom Gericht verhängt werden, wenn "*besondere Umstände, die in der Tat oder der Persönlichkeit des Täters liegen, die Verhängung einer Freiheitsstrafe zur Einwirkung auf den Täter oder zur Verteidigung der Rechtsordnung unerlässlich machen*". Mit dieser Regelung hat eine der bedeutsamsten Reformbestrebungen der Strafrechtsgeschichte - die weitestgehende Zurückdrängung der kurzen Freiheitsstrafe - ihren Niederschlag gefunden.[1307]

[1306] Als kurze Freiheitsstrafe soll hier in Anlehnung an die gesetzliche Regelung des § 47 StGB und unter Berücksichtigung der überwiegenden Auffassung im Schrifttum eine Freiheitsstrafe von bis zu sechs Monaten verstanden werden (Vgl. *Schaffmeister* in: FS für Jescheck, S. 991; *Weigend*, JZ 1986, S. 260 (261)].

[1307] BT-Drs. V/4094 (Fn 912), S. 5; *Schaffmeister* (Fn 1306), S. 991 (992). Bereits 1889 konstatierte *von Liszt*, "*dass ... die kurzzeitige Freiheitsstrafe an und für sich ... nichts taugt, darüber sind heute wohl alle Einsichtigen einer und derselben Ansicht*" (ZStW 9 (1889), S. 737 (742 f). Der Aufsatz ist ebenfalls veröffentlicht in: *von Liszt*, Strafrechtliche Aufsätze und Vorträge, Erster Band, S. 290 ff).

Die kurze Freiheitsstrafe ist grundsätzlich unerwünscht[1308], weil sie den Verurteilten aus seinen sozialen Bindungen in Familie, Beruf, Freundes- und Bekanntenkreis reißt und folglich seine Chance auf Resozialisierung erheblich verringern kann.[1309] § 56 Abs. 1 StGB bestimmt daher, dass das Gericht die Vollstreckung einer Freiheitsstrafe von nicht mehr als einem Jahr zur Bewährung auszusetzen hat, wenn eine günstige Sozialprognose vorliegt, d.h. anzunehmen ist, dass sich der Straffällige schon die Verurteilung zur Warnung dienen lässt und sich zukünftig auch ohne Einwirkung des Strafvollzuges straffrei verhalten wird.[1310]

Überdies besteht aufgrund des kurzen Aufenthalts in der Strafvollzugsanstalt kaum die Möglichkeit, den Täter positiv zu beeinflussen.[1311] Es könnte deshalb sinnvoll erscheinen, die kurze Freiheitsstrafe im elektronisch überwachten Hausarrest statt im Gefängnis zu vollziehen.

I. Die Vollstreckung kurzer Freiheitsstrafen in der Praxis

Trotz der Ausgestaltung des § 47 Abs. 1 StGB als ultima ratio und der damit intendierten Zielsetzung, die kurze Freiheitsstrafe zurückzudrängen, ist die Vollstreckung einer kurzen Freiheitsstrafe in der Praxis gegenwärtig keine Ausnahme. Der Anteil der kurzen Freiheitsstrafe an der Gesamtheit der verhängten Freiheitsstrafen beträgt seit Jahren durchschnittlich 45 %. Im Jahre 2001 ist allein gegen 45.280 Gefangene eine Freiheitsstrafe unter sechs Monaten verhängt worden, wo-

---

[1308] So *Tröndle/Fischer* (Fn 1052), § 47, Rn 7.
[1309] *Weigend/Jescheck* (Fn 548), § 72 III 1.
[1310] Dies gilt nach § 56 Abs. 3 StGB dann nicht, wenn - bei der Verurteilung zu einer Freiheitsstrafe von mindestens sechs Monaten - die Verteidigung der Rechtsordnung die Vollstreckung gebietet.
[1311] Mit Hilfe der Behandlungsuntersuchung i.S.d. § 6 StVollzG soll herausgefunden werden, welche Fähigkeiten der Gefangene erwerben muss, um sein Leben zukünftig zu meistern und welche Maßnahmen zur Ordnung seiner Lebensverhältnisse notwendig sind (AK-*Feest/Joester* (Fn 681), § 6, Rn 2). Die Verwaltungsvorschrift zu § 6 StVollzG besagt, dass eine Behandlungsuntersuchung bei einer Vollzugsdauer bis zu einem Jahr in der Regel nicht geboten ist. Eine gründliche Persönlichkeitserforschung ist innerhalb eines solchen kurzen Zeitraumes nicht möglich. Zugleich bestehen zusätzliche Probleme durch das überlastete Personal, das zum Teil die Prüfung und Auswertung des Lebenslaufes und des Fragebogens über die persönlichen Verhältnisse kaum bewältigen kann, und zum anderen durch das Desinteresse vieler Strafgefangener, sich aktiv an der Persönlichkeitserforschung zu beteiligen (*Kaiser/Kerner/Schöch* (Fn 1300), § 9, Rn 16, § 13, Rn 17). Es ist daher nicht verwunderlich, dass der Kurzstrafenvollzug als bloßer Verwahrvollzug bezeichnet wird [*Schall*, BewHi 1988, S. 433 (446); *Dolde/Jehle*, ZfStrVo 1986, S. 195 (196)]. Nach *Tiedt* stellten 1983 die Hälfte aller Haftplätze ''*reine Verwahrplätze*'' dar (ZfStrVo 1984, S. 158).

bei in 33.923 Fällen die Vollstreckung zur Bewährung ausgesetzt wurde.[1312] Der Anteil derjenigen Gefangenen in den Strafvollzugsanstalten, die de facto eine kurze Freiheitsstrafe ohne Bewährung zu verbüßen haben, liegt nach Schätzungen ungefähr sechsmal so hoch wie die Zahl der zu einer Freiheitsstrafe unter sechs Monaten Verurteilten.[1313] Dass die Zahl der Gefangenen, die sich im Kurzstrafenvollzug befinden, in der Regel wesentlich höher ist als die Zahl der von den Gerichten tatsächlich zu einer Freiheitsstrafe unter sechs Monaten verurteilten Straffälligen, ist unbeabsichtigte Nebenfolge der Vollstreckung anderer Sanktionen. Der Widerruf der Aussetzung einer Freiheitsstrafe oder eines Strafrestes zur Bewährung gemäß §§ 56 f Abs. 1, 57 Abs. 3, 57 a Abs. 3 StGB, die Vollstreckung von Ersatzfreiheitsstrafe nach § 43 StGB, die bedingte Entlassung gemäß § 57 Abs. 1 StGB und die Anrechnung bereits verbüßter Untersuchungshaft nach § 51 Abs. 1 StGB erhöhen den Anteil der kurzen Freiheitsstrafe.[1314] In ungefähr 35 % der Fälle, in denen die Vollstreckung der Freiheitsstrafe zur Bewährung ausgesetzt worden ist, wird die Aussetzung widerrufen.[1315] Dementsprechend muss von einer erheblichen Relevanz der kurzen Freiheitsstrafe in der derzeitigen Vollstreckungspraxis gesprochen werden.[1316] Mit Blick auf die nicht unwesentliche Bedeutung der tatsächlichen Kurzstrafenverbüßung ist die Anwendung des elektronisch überwachten Hausarrestes im Bereich der kurzen Freiheitsstrafe in Erwägung zu ziehen.

II. Anwendungspotential für den elektronisch überwachten Hausarrest

Bei den Verurteilten, die sich im Kurzstrafenvollzug befinden, sind zwei verschiedene Personengruppen zu unterscheiden: die sozial weitgehend 'Integrierten'

[1312] Statistisches Bundesamt, Rechtpflege, Reihe 1, Ausgewählte Zahlen für die Rechtspflege 2001, S. 28.

[1313] *Dölling*, ZStW 104 (1992), S. 259 (264); *Wittstamm*, ZfStrVo 1997, S. 3 (8); *Heinz*, ZStW 111 (1999), S. 461 (487 f).

[1314] *Heinz*, ZStW 111 (1999), S. 461 (488); *Weigend*, JZ 1986, S. 260 (261 f); *Schaffmeister* (Fn 1306), S. 991 (992 f); *Dolde/Rössner*, ZStW 99 (1987), S. 424 (427 f); *Villmow/Sessar/Vonhoff*, KrimJ 25 (1993), S. 205 (206); *Wittstamm*, ZfStrVo 1997, S. 3 (8).

[1315] *Kaiser* (Fn 24), § 93, Rn 32. Siehe auch die Ausführungen unter: Neunter Teil, B II).

[1316] Nach einer von *Villmow*, *Sessar* und *Vonhoff* durchgeführten Studie der Strafvollzugsanstalten in Hamburg, in denen kurze Freiheitsstrafen vollstreckt werden, haben 1990 ca. 60 % der Gefangenen eine Freiheits- oder Ersatzfreiheitsstrafe von weniger als sechs Monaten verbüßt [KrimJ 25 (1993), S. 205 (209)].

315

und die 'Desintegrierten'.[1317] Die Ersteren stehen in einem Beschäftigungsverhältnis, weisen stabile persönliche Bindungen auf und sind überwiegend wegen eines Verkehrsdeliktes erstmals im Gefängnis. Die Letzteren, die den weitaus größten Teil der im Kurzstrafenvollzug befindlichen Gefangenen darstellen, verfügen selten über eine Berufsausbildung, weisen brüchige soziale Bindungen auf, haben die Delikte häufig unter Alkoholeinfluss begangen und sind oft vorbestraft. Ihr gesamter Lebenszuschnitt liegt *"außerhalb der sozial erwünschten Verhaltensweisen"*.[1318] In die Gruppe der 'Desintegrierten' ist zusätzlich ein Teil derjenigen Straffälligen einzurechnen, gegen die eine Ersatzfreiheitsstrafe vollstreckt wird.[1319] Wird also eine kurze Freiheitsstrafe gegen einen Täter verhängt, weil sie unerlässlich ist, handelt es sich i.d.r. um problematische Probanden[1320] mit erheblichen Sozialisationsdefiziten, d.h. um Suchtmittelabhängige oder notorische Kleinkriminelle.[1321]

Da die Unterbringung im elektronisch überwachten Hausarrest organisatorisch einen festen Wohnsitz und einen Telefonanschluss voraussetzt und der Proband einer sinnvollen Beschäftigung nachgehen muss, stellt sich an dieser Stelle die Frage, ob die elektronische Kontrolle angesichts der schwierigen Sozialstruktur für diese Verurteilten eine Vollzugsalternative darstellen kann.

Für die zahlenmäßig eher geringe Gruppe der sozial 'Integrierten' käme die Unterstellung unter elektronisch überwachten Hausarrest in Betracht. Dadurch könnten Stigmatisierungs- und Prisonierungseffekte vermieden werden, weil der Verurteilte weder aus seinem sozialen Umfeld gerissen wird noch mit der gefängnistypischen Subkultur in Kontakt kommt. Der Erhalt der sozialen Bindungen fördert

[1317] *Dolde/Jehle*, ZfStrVo 1986, S. 195 (197); *Dolde* in: Jehle/Maschke/Szabo (Hrsg.), Strafrechtspraxis und Kriminologie, S. 163 (181 ff). Siehe dazu auch die Untersuchungen von *Albrecht*, MschrKrim 64 (1981), S. 268 ff; *Schädler*, ZRP 1985, S. 186 ff.
[1318] *Dolde/Jehle*, ZfStrVo 1986, S. 195 (197); *Dolde*, ZfStrVo 1992, S. 24 (25 f).
[1319] *Albrecht*, MschrKrim 64 (1981), S. 265 (266). In Baden-Württemberg verbüßen 40 % der im Strafvollzug befindlichen Personen eine Ersatzfreiheitsstrafe, von denen maximal 20 % die Anforderungen des elektronisch überwachten Hausarrestes (verfügbares Telefon etc.) erfüllen würden, wobei die erforderliche Einverständniserklärung der Mitbewohner oder eine etwaige Drogenabhängigkeit noch nicht berücksichtigt worden sind [*Kawamura*, NK 1/1999, S. 7 (8) und *Reindl*, BewHi 1999, S. 73 (77)]. Zur Anwendung des elektronisch überwachten Hausarrestes im Rahmen der Ersatzfreiheitsstrafe siehe die Ausführungen unten: Neunter Teil, K II.
[1320] *Heghmanns*, ZRP 1999, S. 297 (301); *Krahl*, NStZ 1997, S. 457 (460).
[1321] *Krahl*, NStZ 1997, S. 457 (460); *Bösling*, MschrKrim 85 (2002), S. 105 (111).

in verstärktem Maße die Resozialisierung.[1322] Die Anforderungen an Selbstdisziplin und einen regelmäßigen Tagesrhythmus erfüllen die sozial weitgehend 'Integrierten', zumal sie zum großen Teil über eine abgeschlossene Berufsausbildung
verfügen und i.d.R. bis zur Inhaftierung einen festen Arbeitsplatz haben und damit
wenigstens beruflich in die Gesellschaft integriert sind.[1323]

Der Einsatz von EM auf die weitaus größere Personengruppe der 'Desintegrierten' erscheint auf den ersten Blick hingegen eng begrenzt, da es sich hier um Gefangene handelt, die ihre Freizeitaktivitäten wenig strukturieren, wiederholt im
Strafvollzug einsitzen und deren Lebenszuschnitt Verhaltensmuster aufweist, die
von denen unserer leistungsbezogenen Gesellschaft abweichen.[1324] Die Erfahrungen, die in Hessen mit dem elektronisch überwachten Hausarrest gemacht wurden,
geben jedoch Anlass zu der Annahme, dass u.U. auch die 'Desintegrierten' des
Kurzstrafenvollzuges in den Einsatzbereich einbezogen werden können. Neben
der Wahrnehmung der Kontrollaufgaben haben die Mitarbeiter des Projektes vielfach bei der Suche nach einem Arbeitsplatz geholfen. In vielen Fällen ist es gelungen, arbeitslose Probanden zur Aufnahme eines Beschäftigungsverhältnisses
zu bewegen. Unterstützung wurde auch im Umgang mit Behörden oder bei der
Suche nach geeignetem Wohnraum geleistet. Positiv hat sich die durchgehende
Erreichbarkeit der Projektmitarbeiter per Handy ausgewirkt: Bei Drogenrückfall
oder Streit in der Familie konnten die Sozialarbeiter persönlich vor Ort intervenie-
ren.[1325] Die soziale Betreuung im Rahmen der elektronischen Überwachung beinhaltet nach den ersten Erfahrungen in Deutschland demnach nicht nur ein wö-
chentliches Gespräch, sondern bietet umfassendere pädagogische Hilfestellung.
Die Gruppe der 'Desintegrierten' sollte daher nicht von vornherein aus dem Anwendungsbereich des elektronisch überwachten Hausarrestes ausgeschlossen werden. Die Entscheidung über die Aufnahme in das Hausarrestprogramm ist vielmehr nach den Umständen im Einzelfall zu treffen.

[1322] BR-Drs. 698/97 (Fn 387), S. 2; *Dahs*, NJW 1999, S. 3469 (3479).
[1323] *Dolde/Jehle*, ZfStrVo 1986, S. 195 (197).
[1324] *Dolde/Jehle*, ZfStrVo 1986, S. 195 (198).
[1325] *Mayer* (Fn 288), S. 17 ff; 24.

III. Elektronisch überwachter Hausarrest als besondere Form des Strafvollzuges

Anstatt der herkömmlichen Verbüßung der Freiheitsstrafe in einer Justizvollzugsanstalt ist die Ableistung der Strafe bei Einsatz von EM außerhalb der Strafanstalt als besondere Form des Strafvollzuges denkbar. In diesem Zusammenhang stellt sich die Frage, ob der elektronisch überwachte Hausarrest bereits nach geltendem Recht als besondere Form des Strafvollzuges zur Anwendung gelangen kann oder ob sein Einsatz nicht eine neue gesetzliche Regelung erfordert.

1. Die elektronische Überwachung als Vollzugsalternative de lege lata

Strafvollzug ist die Art und Weise der Durchführung von freiheitsentziehenden Kriminalsanktionen, von der Aufnahme des Verurteilten in die Justizvollzugsanstalt bis zu seiner Entlassung.[1326] Maßgeblich für den Strafvollzug ist die räumliche und organisatorische Eingliederung des Gefangenen in die staatlich kontrollierte Strafvollzugsanstalt.[1327] Die Regelungen des Strafvollzugsgesetzes setzen entsprechend voraus, dass der Straffällige während des Vollzuges einer Freiheitsstrafe seinen Lebensmittelpunkt in der Strafvollzugsanstalt hat, d.h. an die Institution einer Vollzugsanstalt fest gebunden ist.[1328]

Das Strafvollzugsgesetz enthält zwei verschiedene Formen der Verbüßung einer Freiheitsstrafe: den offenen und den geschlossenen Vollzug (§ 10 StVollzG), wobei nach der Rechtsprechung und der überwiegenden Auffassung im Schrifttum der offene Vollzug die Regelvollzugsform darstellen soll.[1329] Kennzeichnend für die Abteilungen des offenen Vollzuges sind allein keine oder verminderte Sicherheitsvorkehrungen gegen Entweichen.[1330] Daneben zeichnet sich der offene Voll

---

[1326] *Kaiser/Schöch* (Fn 1187), § 1, Rn 6; *Calliess*, Strafvollzugsrecht, § 21 1.
[1327] *Heghmanns*, ZRP 1999, S. 297 (301); *Krahl*, NStZ 1997, S. 457 (459); *Bösling*, MschrKrim 85 (2002), S. 105 (123).
[1328] Als Vollzugsziel bestimmt § 2 S. 1 StVollzG, dass der Gefangene fähig werden soll, "*künftig in sozialer Verantwortung ein Leben ohne Straftaten zu führen*". § 2 S. 2 StVollzG enthält als weitere Aufgabe des Vollzuges den Schutz der Allgemeinheit vor weiteren Straftaten.
[1329] OLG Celle, ZfStrVo 1985, S. 374; AK-*Hoffmann/Lesting* (Fn 681), § 10, Rn 3; *Calliess/Müller-Dietz* (Fn 629), § 10, Rn 1; Schwind/Böhm-*Ittel*, Strafvollzugsgesetz (StVollzG), § 10, Rn 2; BT-Drs. 7/918, Begründung zum Gesetzentwurf der Bundesregierung, Entwurf eines Gesetzes über den Vollzug der Freiheitsstrafe und der freiheitsentziehenden Maßregeln der Besserung und Sicherung - Strafvollzugsgesetz (StVollzG), S. 51 f; a.A. *Böhm*, Strafvollzug, Rn 146.
[1330] *Loos*, Die offene und halboffene Anstalt, S. 12 ff; *Calliess* (Fn 1326), § 3 1 a).

318

zug dadurch aus, dass die ständige und mittelbare Aufsicht entfällt. Dem Gefangenen soll die Möglichkeit gegeben werden, sich in der Anstalt frei zu bewegen.[1331] Außerdem ermöglicht § 11 StVollzG Lockerungen des Vollzuges; nach § 13 StVollzG kann dem Gefangenen Urlaub aus der Haft gewährt werden. In Hinblick auf die Tatsache, dass der unter elektronische Überwachung gestellte Straffällige nicht in den organisatorischen Ablauf einer Vollzugsanstalt eingebunden ist, kann der elektronisch überwachte Hausarrest nicht als Form des offenen Vollzuges eingeordnet werden.[1332] Aus diesem Grund scheidet auch der Einsatz von EM als Vollzugslockerung gemäß § 11 StVollzG aus. Eine Außenbeschäftigung zeichnet sich dadurch aus, dass der Gefangene (täglich) nach Beendigung der Arbeit in die Anstalt zurückkehrt.[1333] Bei der Vollzugslockerung des Freiganges darf der Gefangene die Haftanstalt nur zur auswärtigen Tätigkeit verlassen[1334], d.h. der Freigang setzt in der Regel die Rückkehr des Gefangenen in die Justizvollzugsanstalt nach Beendigung seiner Arbeit voraus.[1335] Während der elektronischen Überwachung geht der Arrestant seiner Beschäftigung ohne Aufsicht eines Vollzugsbediensteten nach. Aus diesem Grunde liegt auch eine Ausführung gemäß § 11 Abs. 1 Nr. 2 StVollzG nicht vor, die dem Gefangenen die Möglichkeit eröffnet, die Anstalt für eine bestimmte Tageszeit unter Aufsicht eines Vollzugsbediensteten zu verlassen.[1336] Schlussendlich kann der elektronische Hausarrest auch nicht im Rahmen des Ausganges zur Anwendung gelangen, denn der Ausgang wird nur stundenweise gewährt und darf 24 Stunden nicht überschreiten.[1337]

Der Katalog der in § 11 Abs. 1 StVollzG normierten Lockerungen des Vollzuges ist nicht abschließend.[1338] Neben den dort aufgezählten Maßnahmen kann dem

---

[1331] Schwind/Böhm-*Ittel* (Fn 1329), § 10, Rn 1.
[1332] *Thiele*, Kriminalistik 1999, S. 440 (442)
[1333] AK-*Hoffmann/Lesting* (Fn 681), § 11, Rn 5, 11.
[1334] *Calliess/Müller-Dietz* (Fn 629), § 11, Rn 2; Schwind/Böhm-*Kühling/Ullenbruch* (Fn 1329), § 11, Rn 11.
[1335] Im Rahmen des Freiganges sind jedoch auch Tätigkeiten mit Schichtdienst oder Montagearbeiten zugelassen, die eine tägliche Rückkehr des Gefangenen nicht erlauben (AK-*Hoffmann/Lesting* (Fn 681), § 11, Rn 21; Schwind/Böhm-*Kühling/Ullenbruch* (Fn 1329), § 11, Rn 11).
[1336] *Laubenthal*, Strafvollzug, Rn 529; AK-*Hoffmann/Lesting* (Fn 681), § 11, Rn 7; Schwind/Böhm-*Kühling/Ullenbruch* (Fn 1329), § 11, Rn 11.
[1337] Schwind/Böhm-*Kühling/Ullenbruch* (Fn 1329), § 11, Rn 8; *Kaiser/Schöch* (Fn 1187), § 7, Rn 34 ff; AK-*Hoffmann/Lesting* (Fn 681), § 11, Rn 14.
[1338] *Calliess/Müller-Dietz* (Fn 629), § 11, Rn 3; *Laubenthal* (Fn 1336), Rn 525; AK-*Hoffmann/Lesting* (Fn 681), § 11, Rn 26.

Gefangenen das Verlassen der Justizvollzugsanstalt für mehrere Tage gestattet werden, etwa zur Teilnahme an Wochenendseminaren oder Lehrgängen.[1339] Allerdings gilt auch für diese Maßnahmen eine zeitliche Begrenzung: Der Verurteilte muss nach Ablauf einer bestimmten Zeit in die Justizvollzugsanstalt zurückkehren.[1340] EM ist daher nach geltendem Recht nicht im Rahmen des § 11 Abs. 1 StVollzG anwendbar.[1341]

Der Anwendungsbereich des Strafvollzugsgesetzes ist auf den Vollzug der Freiheitsstrafe *in Justizvollzugsanstalten* (und der freiheitsentziehenden Maßregeln der Besserung und Sicherung) festgelegt. Im Gegensatz dazu wird die elektronische Überwachung in der eigenen Wohnung vollzogen. De lege lata kann der elektronische Hausarrest demnach nicht als besondere Form des Strafvollzuges eingesetzt werden.

2. Die elektronische Überwachung als Vollzugsalternative de lege ferenda

Der elektronisch überwachte Hausarrest könnte im Bereich der Vollstreckung kurzer Freiheitsstrafen durch eine Änderung des Strafvollzugsgesetzes und damit de lege ferenda zur Anwendung gelangen. Der Gesetzesantrag des Landes Berlin vom 16.09.1997 sah vor, einen neuen § 11 a in das Strafvollzugsgesetz zu implementieren, um die Erprobung des elektronisch überwachten Hausarrestes als besondere Form der Vollzugslockerung zu ermöglichen.[1342] Der vom Bundesrat abgeänderte Gesetzesantrag beinhaltet die auf vier Jahre befristete Möglichkeit, Modellversuche mit dem elektronischen Hausarrest als gesonderte Unterbringungsform nach einem neuen § 10 a StVollzG durchzuführen.[1343] Die geplante Implementierung wirft die Frage auf, ob die Aufnahme des elektronisch überwachten Hausarrestes als besondere Unterbringungsform in das StVollzG unter rechtssystematischen Gesichtspunkten überhaupt zulässig ist.

[1339] AK-*Hoffmann/Lesting* (Fn 681), § 11, Rn 28; Schwind/Böhm-*Kühling/Ullenbruch* (Fn 1329), § 11, Rn 12.
[1340] *Calliess/Müller-Dietz* (Fn 629), § 11, Rn 2.
[1341] Selbiges gilt für den Einsatz des elektronisch überwachten Hausarrestes im Rahmen des Urlaubs aus der Haft. Nach § 13 Abs. 1 S. 1 StVollzG kann der Gefangene bis zu 21 Kalendertagen pro Jahr aus der Haft beurlaubt werden. Auch nach dieser Regelung darf der Straffällige die Justizvollzugsanstalt nur für eine begrenzte Zeit verlassen, wobei die Rückkehr des Gefangenen in die Haftanstalt nach Ablauf der 21 Tage unerlässlich ist (*Laubenthal* (Fn 1336), Rn 553).
[1342] BR-Drs. 698/97 (Fn 387), S. 4.
[1343] BR-Drs. 401/99 (Fn 393), S. 6.

Der Anwendungsbereich des Strafvollzugsgesetzes ist gemäß § 1 StVollzG auf den *Vollzug der Freiheitsstrafe in Justizvollzugsanstalten* (und der freiheitsentziehenden Maßregeln der Besserung und Sicherung) beschränkt, wobei mit 'Freiheitsstrafe' die im engeren Sinne des § 38 StGB gemeint ist.[1344] Der Strafvollzug umfasst also lediglich den stationären Vollzug.[1345] Auch wenn durch eine Änderung des § 1 StVollzG der Anwendungsbereich des Strafvollzugsgesetzes auf solche Maßnahmen ausgedehnt wird, die außerhalb der Justizvollzugsanstalt vollzogen werden, fehlt dem elektronisch überwachten Hausarrest die für eine Freiheitsstrafe i.s.d. § 38 StGB charakteristische physische Einschränkung der Fortbewegungsfreiheit. Es bestehen keine äußeren Zwänge, die dem Arrestanten einen Ortswechsel unmöglich machen. Die Tatsache, dass die Beschränkung der körperlichen Bewegungsfreiheit nur noch normativ reguliert wird[1346], verdeutlicht, dass der elektronisch überwachte Hausarrest gerade nicht die Kriterien der herkömmlichen Freiheitsstrafe erfüllt und es sich somit bei ihm qualitativ um eine andere Art der Freiheitsbeschränkung[1347], d.h. um ein aliud handelt.[1348]

Neben der Entziehung der Fortbewegungsfreiheit ist für eine Freiheitsstrafe die organisatorische Bindung an eine Strafanstalt charakteristisch. Die körperliche Bewegungsfreiheit des Gefangenen wird dergestalt eingeschränkt, dass er an einem eigens hierfür vorgesehenen Vollzugsort festgehalten wird.[1349] Diese Einbindung in den organisatorischen Ablauf einer Justizvollzugsanstalt fehlt bei dem unter elektronischen Hausarrest gestellten Straffälligen vollständig. Die in den §§ 82 ff StVollzG normierten Vorschriften zu den Pflichten und Beschränkungen, die dem Gefangenen auferlegt werden, können auf den Arrestanten keine Anwendung finden, da sie für das geordnete Zusammenleben der Gefangenen in der Strafanstalt konzipiert sind. Zutreffend hebt *BÖSLING* in diesem Zusammenhang hervor, dass weder die Durchführung eines Aufnahmeverfahrens, einer Behand-

[1344] AK-*Feest* (Fn 681), § 1, Rn 1; *Calliess/Müller-Dietz* (Fn 629), § 1, Rn 1.
[1345] *Kaiser/Schöch* (Fn 1187), § 1, Rn 2; *Calliess* (Fn 1326), § 2 1.
[1346] So *Heghmanns*, ZRP 1999, S. 297 (302).
[1347] So auch *Heghmanns*, der zugleich hervorhebt, dass es für den Straffälligen möglicherweise unerheblich sei, *"ob er seinen Wohnraum nicht verlassen kann oder dies bei Strafe nicht darf"*; für die systematische Einordnung des Hausarrestes spiele diese Unterscheidung jedoch eine beachtliche Rolle (ZRP 1999, S. 297 (302); vgl. auch *Dahs*, NJW 1999, S. 3469 (3470).
[1348] So *Wittstamm* (Fn 74), S. 159; *Walter*, ZfStrVo 1999, S. 287 (292); *Dahs*, NJW 1999, S. 3469 (3470). A. A. *Bernsmann*, der den Hausarrest als Freiheitsstrafe qualifiziert (Fn 314), S. 152.
[1349] *Schüler-Springorum*, Strafvollzug im Übergang, S. 123 f; *Heghmanns*, ZRP 1999, S. 297 (301).

lungsuntersuchung noch die Erstellung eines Vollzugsplanes (§§ 5-7 StVollzG) ohne die organisatorische Einbindung in die Justizvollzugsanstalt sinnvoll oder auch nur durchführbar erscheinen. Die Vorschriften des StVollzG über gemeinsame Arbeit und Freizeitgestaltung, die Ausstattung des Haftraumes und den persönlichen Besitz, die Anstaltskleidung, die Anstaltsverpflegung, den Einkauf und die Vorschriften über Besuche und Schriftwechsel (§§ 17, 19-22, 23 ff StVollzG) machen nur Sinn bei einer räumlich-organisatorischen Eingliederung in die Strafanstalt.[1350] Die Vorschriften des StVollzG beruhen allein darauf, dass sich der Lebensmittelpunkt des Straffälligen während des Freiheitsentzuges in der Anstalt befindet.[1351] Der elektronisch überwachte Hausarrest passt mit Blick auf die Aufhebung der Bindung des Verurteilten an eine Anstalt nicht in das Normgefüge des StVollzG. Denn auch der *"fremde"* Vollzugsort unterscheidet die Freiheitsstrafe vom Hausarrest.[1352] Daneben muss berücksichtigt werden, dass der Betroffene in der Regel nicht allein in einem Haushalt lebt, sondern mit Familienangehörigen, die eigene Rechte und Gestaltungsmöglichkeiten in der Wohnung haben.[1353] Auch die Vollzugslockerungen gemäß § 11 StVollzG, die Ausführung aus besonderen Gründen nach § 12 StVollzG und der Urlaub aus der Haft gemäß § 13 StVollzG setzen eine Bindung an eine Justizvollzugsanstalt voraus. Kennzeichnend für diese Maßnahmen ist, dass dem Gefangenen zu besonderen Zwecken gestattet wird, die Anstalt regelmäßig oder zu bestimmten Anlässen zu verlassen.[1354] Der Gefangene muss jedoch immer wieder in die Strafanstalt zurückkehren.

Die beabsichtigte Ausgestaltung des elektronisch überwachten Hausarrestes als besondere Unterbringungsform ist auch bei Betrachtung der Ausgestaltung des Vollzuges und des Vollzugszieles unter rechtssystematischen Gesichtspunkten verfehlt. § 3 StVollzG normiert, dass das Leben im Vollzug den allgemeinen Lebensverhältnissen weitestgehend angeglichen werden soll; der Unterschied zwischen dem Leben in der Justizvollzugsanstalt und dem Leben draußen soll nicht stärker als unbedingt notwendig sein.[1355] Maßgeblich für EM ist jedoch gerade, dass der Verurteilte 'draußen' verbleibt. Die Kritik, dass die elektronische Kontrolle keine geeignete Hilfe darstelle, sich *"in das Leben in Freiheit einzuglie-*

[1350] *Bösling*, MschrKrim 85 (2002), S. 105 (123 f).
[1351] *Heghmanns*, ZRP 1999, S. 297 (301).
[1352] *Schüler-Springorum* (Fn 1349), S. 124.
[1353] *Heghmanns*, ZRP 1999, S. 297 (302).
[1354] *Calliess* (Fn 1326), § 3, 10 d.
[1355] BT-Drs. 7/918 (Fn 1329), S. 46.

322

dern"[1356], passt daher nicht, zumal der Betroffene einer (bloßen) Freiheitsbeschränkung unterliegt.

Im Ergebnis ist die geplante Einführung des elektronisch überwachten Hausarrestes in das Strafvollzugsgesetz de lege ferenda systemwidrig. Dementsprechend ist die Implementation von EM durch einen neu zu fassenden § 10 a StVollzG abzulehnen. EM kann daher nicht als Vollzugsalternative für kurze Freiheitsstrafen auf Vollstreckungsebene zum Einsatz gelangen.

K. Anwendung im Rahmen der Vollstreckung von Ersatzfreiheitsstrafen

Hat der zu einer Geldstrafe Verurteilte diese weder freiwillig bezahlt noch konnte sie beigetrieben werden, tritt gemäß § 43 S. 1 StGB an die Stelle der Geldstrafe eine Ersatzfreiheitsstrafe. Sie ist das *"Rückgrat"* der Geldstrafe.[1357] Die Ersatzfreiheitsstrafe ist eine echte Strafe und nicht nur ein bloßes Zwangsmittel, um die Zahlung der Geldstrafe zu bewirken. Sie muss dem Gewicht des verschuldeten Unrechts ebenso entsprechen wie jede andere Strafe.[1358] § 43 S. 2 StGB bestimmt, dass einem Tagessatz ein Tag Freiheitsstrafe entspricht.[1359] Die Vollstreckung der Ersatzfreiheitsstrafe wird von der Vollstreckungsbehörde nach vorheriger Androhung nach § 459 e Abs. 2 i.V.m. § 459 c Abs. 2 StPO angeordnet, wenn die Zwangsvollstreckung fruchtlos geblieben ist oder wegen Aussichtslosigkeit nicht versucht wurde. Gemäß Art. 293 Abs. 1 EGStGB sind die Landesregierungen jedoch ermächtigt, durch Rechtsverordnung Regelungen zu treffen, wonach die Vollstreckungsbehörde dem Verurteilten gestatten kann, die Vollstreckung einer Ersatzfreiheitsstrafe durch freie Arbeit abzuwenden. Von dieser Befugnis haben alle Länder Gebrauch gemacht.[1360] Gleichwohl hat die gemeinnützige Arbeit als Ersatz der Ersatzfreiheitsstrafe in der Praxis geringe Bedeutung; sie führt *"immer*

[1356] *Weichert*, StV 2000, S. 335 (338).
[1357] *Tröndle*, MDR 1972, S. 461 (466).
[1358] SK-*Horn* (Fn 988), § 43, Rn 2.
[1359] Kritisch *Weigend/Jescheck*, da die Umrechnung dem unterschiedlichen Gewicht von Vermögens- und Freiheitsentzug nicht gerecht werde (Fn 548, § 73 III 2); ebenso *Tröndle/Fischer* (Fn 1052), § 43, Rn 4 und *Schall*, die zu bedenken geben, dass ein Tag Freiheitsentzug für den Einzelnen immer *"ein Mehr an Übelseinwirkung als der Verlust eines Tagesnettoeinkommens"* bedeutet [NStZ 1985, S. 104 (106)].
[1360] SK-*Horn* (Fn 988), § 43, Rn 7.

noch ein Schattendasein".[1361] Nur in 5,8 % der Uneinbringlichkeitsfälle konnte die Ersatzfreiheitsstrafe durch gemeinnützige Arbeit abgewandt werden. Die Vollstreckung der Ersatzfreiheitsstrafe kam demgegenüber mit 11,5 % deutlich häufiger als die gemeinnützige Arbeit vor. Allerdings wurde in 82,7 % der Fälle nach Feststellung der Uneinbringlichkeit der Geldstrafe und der Ladung zum Strafantritt die Geldstrafe doch noch bezahlt.[1362]

Die Kritik an der Ersatzfreiheitsstrafe *"weil Du arm bist, musst Du sitzen"*[1363] hält bis heute an, zumal die verhängte Geldstrafe den ihr zugedachten Zweck verfehlt und zu einer *"verkappten Freiheitsstrafe"* entartet.[1364] Die Vollstreckung der Ersatzfreiheitsstrafe hat in den 90er Jahren stetig zugenommen. Die vermehrte Vollstreckung der Ersatzfreiheitsstrafen hat die Überbelegungsproblematik in den Strafanstalten verschärft und zu einer erheblichen Kostenausweitung angesichts der Vollzugskosten in Höhe von €80 - €100 pro Tag geführt.[1365]

Mit Blick darauf, dass die Verbüßung einer Ersatzfreiheitsstrafe grundsätzlich kriminalpolitisch unerwünscht ist, weil es sich bei ihr regelmäßig um eine kurze Freiheitsstrafe mit einer durchschnittlichen Vollzugsdauer von 30 Tagen handelt[1366], und weil das Gericht gegen den Täter lediglich eine Geldstrafe verhängt und diese für schuldangemesen gehalten hat, der Straftäter also eigentlich nicht in das Gefängnis gehört, ist in der Diskussion um die Anwendung des elektronisch überwachten Hausarrest auch die Frage aufgeworfen worden, ob EM an die Stelle der Ersatzfreiheitsstrafe treten könne, um dadurch eine Reduzierung des Belegungsdruckes der Justizvollzugsanstalten zu bewirken.[1367]

[1361] *Feuerhelm*, Geldstrafenvollstreckung und Gemeinnützige Arbeit - Ein Zwischenbericht, S. 55 f; ders., BewHi 1993, S. 200 (206); ders., Gemeinnützige Arbeit als Alternative in der Geldstrafenvollstreckung, S. 261.

[1362] *Feuerhelm*, Geldstrafenvollstreckung und Gemeinnützige Arbeit - Ein Zwischenbericht, S. 54 f; ders., Gemeinnützige Arbeit als Alternative der Geldstrafenvollstreckung, S. 70.

[1363] *Krieg/Löhr/Lücke/Meissner/Rufert/Schumann*, MschrKrim 67 (1984), S. 25.

[1364] *Schall*, NStZ 1985, S. 104.

[1365] *Villmow/Sessar/Vonhoff*, KrimJ 25 (1993), S. 205 (211). *Dolde* hat im Rahmen einer Erhebung des Kriminologischen Dienstes von Baden-Württemberg 1997 eruiert, dass 59 % der Ersatzstrafenverbüßer zu Tagessätzen verurteilt worden waren, die 25 DM nicht überstiegen [in: FS für Böhm, S. 581 (588)].

[1366] *Seebode* in: FS für Böhm, S. 519 (530); *Dolde*, ZfStrVo 1999, S. 330 (332).

[1367] *Wirth*, ZfStrVo 2000, S. 337; *Dolde* (Fn 1365), S. 581 ff; *Bösling*, MschrKrim 85 (2002), S. 105 (112 f).

I. Vollstreckung der Ersatzfreiheitsstrafe in der Praxis

Die gegenwärtig bestehende Wirtschaftsschwäche und die damit verbundene schwierige Arbeitsmarktlage führen bei den zu einer Geldstrafe verurteilten Straftätern zu finanziellen Defiziten und damit zu einem deutlichen Anstieg der zu verbüßenden Ersatzfreiheitsstrafen.[1368] Der stichtagsbezogene Anteil der eine Ersatzfreiheitsstrafe verbüßenden Gefangenen im Erwachsenenvollzug beträgt in den alten Bundesländern durchschnittlich 7 % und in den neuen Ländern beinahe das Doppelte, nämlich ca. 12 %.[1369] Für die elektronische Überwachung könnte sich daher ein nicht unerheblicher Anwendungsbereich ergeben, um bei Straftätern, die eine Ersatzfreiheitsstrafe zu verbüßen haben, stationären Vollzug zu vermeiden.

II. Anwendungspotential für den elektronisch überwachten Hausarrest

Bei den eine Ersatzfreiheitsstrafe verbüßenden Probanden handelt es sich um eine schwierige Klientel, die zahlreiche Probleme im Arbeits- und Sozialbereich aufweist, die die Mittellosigkeit bedingen.[1370] Die Klientel setzt sich zusammen aus langfristig und schwer vermittelbaren Arbeitslosen, Sozialhilfeempfängern, alleinerziehenden Elternteilen, Drogen- und Alkoholabhängigen, Obdachlosen sowie in psychiatrischer Behandlung befindlichen Patienten.[1371] Nach einer Untersuchung von *DOLDE* aus dem Jahre 1997, die 192 Gefangene aus baden-württembergischen Justizvollzugsanstalten erfasst hat, war der überwiegende Teil der Verurteilten vorbestraft und jeder Zweite nicht das erste Mal in einer Haftanstalt. Der Verurteilung lagen am häufigsten Eigentums- und Vermögensdelikte geringeren Schweregrades zugrunde.[1372]

[1368] *Schall*, NStZ 1985, S. 104; *Dünkel/Grosser*, NK 1/1999, S. 28.

[1369] *Dünkel/Grosser*, NK 1/1999, S. 28 (29). *Weigend* schätzt alle Fälle, in denen eine Ersatzfreiheitsstrafe vollstreckt wird, auf rund 6 % [GA 1992, S. 345 (352)]. Siehe dazu auch die Zahlen bei *Eisenberg* (Fn 358, § 33 I 3 d aa), Rn 21 ff.

[1370] *Kawamura*, BewHi 1998, S. 338 (343); *Dünkel/Scheel/Grosser*, BewHi 2000, S. 56 (57); *Sohn*, Gutachten der Kriminologischen Zentralstelle zur kurzen Freiheitsstrafe und zur Ersatzfreiheitsstrafe im Auftrag des Bundesministeriums der Justiz, S. 10 ff.

[1371] *Kawamura*, BewHi 1998, S. 338 (343); *Dünkel/Grosser*, NK 1/1999, S. 28 (30).

[1372] *Dolde* (Fn 1365), S. 581 (587); dies., ZfStrVo 1999, S. 330 (331). Eine Hamburger Studie zum Kurzstrafenvollzug aus dem Jahre 1995 kam zu denselben Ergebnissen: Die Delikte der Probanden lagen vornehmlich im Bagatellbereich [*Villmow* in: FS für Kaiser, S. 1291 (1298 f)].

Der überwiegende Teil der Klienten ist nicht an eine regelmäßige Beschäftigung gewöhnt und hat große Probleme, regelmäßig am Arbeitsplatz zu erscheinen und kontinuierlich zu arbeiten.[1373] Nach einer Erhebung von *WIRTH* zur sozialen Situation von Verbüßern von Ersatzfreiheitsstrafen aus dem Jahre 1998 in Justizvollzugsanstalten des Landes Nordrhein-Westfalen, in die 267 Akten einbezogen waren, verfügten ca. 70 % der Betroffenen über keinen Arbeitsplatz.[1374] Im Vergleich dazu betrug die von *DOLDE* ermittelte Arbeitslosenquote über 60 %.[1375]

Ungefähr ein Drittel der Probanden hatte keine eigene Wohnung und die Hälfte dieser Gefangenen war ohne festen Wohnsitz.[1376] Ergänzend wurde zum sozialen Hintergrund der Gefangenen für Nordrhein-Westfalen festgestellt, dass ein Fünftel der Klientel suchtmittel- oder alkoholabhängig und ein Drittel immerhin suchtgefährdet ist.[1377] Darüber hinaus handelt es sich bei den Ersatzfreiheitsstrafe verbüßenden Gefangenen nicht nur um sozial rückständige Deutsche, sondern auch um in Deutschland nicht integrierte Ausländer. Ausweislich der statistischen Angaben bei *WIRTH* verfügten ungefähr 30 % der Gefangenen nicht über die deutsche Staatsangehörigkeit.[1378] In Baden-Württemberg lag der Anteil der ausländischen Inhaftierten bei 40 %.[1379] Erschwerend kommt hinzu, dass häufig ein Mangel an Verständnis und kognitiver Verarbeitung und die Unfähigkeit besteht, ohne Hilfe von außen Initiativen zur Vermeidung der Vollstreckung von Ersatzfreiheitsstrafe zu ergreifen.[1380] Zu den materiellen Existenzproblemen und der Suchtmittelabhängigkeit kommen vielfach die Auflösung sozialer Kontakte sowie Lebens- und Versagungsängste.[1381] Diese Defizite führen häufig dazu, dass die zu einer Geldstrafe Verurteilten von der bestehenden Möglichkeit, Ersatzfreiheitsstrafe durch gemeinnützige Arbeit abzuwenden, keinen Gebrauch machen oder den gestellten Anforderungen nicht gerecht werden und die Ableistung der Arbeit

---

[1373] *Kawamura*, BewHi 1998, S. 338 (343); *Schneider*, MschrKrim 84 (2001), S. 273 (278); *Feuerhelm*, BewHi 1993, S. 200 (205); *Freie Hilfe Berlin e.V.*, Jahresdokumentation 2001, S. 3 (www.freiehilfe-berlin.de/Jahresdoku2001.pdf); *Sohn*, a.a.O., S. 12 ff.
[1374] *Wirth*, ZfStrVo 2000, S. 337 (338).
[1375] *Dolde* (Fn 1365), S. 581 (584).
[1376] *Wirth*, ZfStrVo 2000, S. 337 (339).
[1377] *Wirth*, ZfStrVo 2000, S. 337 (339).
[1378] *Wirth*, ZfStrVo 2000, S. 337 (338).
[1379] *Dolde* (Fn 1365), S. 581 (585); dies., ZfStrVo 1999, S. 330 (331).
[1380] *Dolde*, ZfStrVo 1999, S. 330 (333); *Villmow* (Fn 1372), S. 1291 (1303).
[1381] *Kawamura*, BewHi 1998, S. 338 (343).

abbrechen.[1382] Darüber hinaus gibt es einen sog. harten Kern von Ersatzfrei-heitsstrafenverbüßern, die vor der Inhaftierung in ärmsten Verhältnissen lebten und/oder wohnungslos waren. Für sie stellen sich die Lebensumstände im Straf-vollzug nicht schlechter dar als in der Freiheit, da in der kurzen Verbüßungsdauer der Ersatzfreiheitsstrafe auch Vorteile gesehen werden, beispielsweise ein Dach über dem Kopf und regelmäßiges Essen.[1383]

Mit Blick auf die erheblichen Sozialisationsdefizite, insbesondere die ''mangel-hafte soziale Kompetenz''[1384] der Probanden ist dem Einsatz des elektronisch überwachten Hausarrestes im Bereich der Vollstreckung der Ersatzfreiheitsstrafe mit großer Skepsis zu begegnen. Die Probanden verfügen nicht über das erforder-liche Maß an Zuverlässigkeit. Angesichts des Mangels an Disziplin und Arbeits-fähigkeit ist mit einer Vermittlung der Betroffenen in ein festes Arbeitsverhältnis oder eine gemeinnützige Arbeit kaum zu rechnen, zumal etwa ein Viertel der Ge-fangenen von den Fachdiensten der Strafanstalt als nicht oder nur teilweise ar-beitsfähig eingestuft wurde.[1385]

Eine von DOLDE durchgeführte Untersuchung zu der Frage, ob Ersatzfrei-heitsstrafenverbüßer überhaupt für den elektronisch überwachten Hausarrest in Betracht kommen, hat ergeben, dass der Anteil der für EM geeigneten Straffälli-gen in Baden-Württemberg bei höchstens 10 % liegt.[1386] Nach der Berechnung von BÖSLING bestünde in Baden-Württemberg bei einem Drittel der jährlich 500 Verurteilten, die eine Ersatzfreiheitsstrafe zu verbüßen haben, also bei ca. 160 Straffälligen die Möglichkeit, diese im Ersatzhausarrest unterzubringen, da nur diese Probanden über eine Wohnung mit Telefonanschluss verfügen.[1387] Hingegen hat eine empirische Untersuchung von WIRTH um die Zielgruppe potentieller

---

[1382] Dünkel/Scheel/Grosser, BewHi 2002, S. 56 (58).
[1383] Dolde (Fn 1365), S. 581 (596).
[1384] Dolde (Fn 1365), S. 581 (591).
[1385] Wirth, ZfStrVo 2000, S. 338 (239).
[1386] Dolde, ZfStrVo 1999, S. 330 (334).
[1387] Bösling, MschrKrim 85 (2002), S. 105 (113). Skeptisch zum 'Ersatzhausarrest' äußert sich auch Wittstamm unter Hinweis auf die problematische Klientel und empfiehlt ebenso wie die BAG-S e.V. die gemeinnützige Arbeit weiter zu fördern und auszubauen, um zum einen mittellosen Straffälligen die Haft zu ersparen und zum anderen Haftkosten zu reduzieren (Wittstamm (Fn 74), S. 169; BAG-S e.V. (Fn 307) a.a.O., S. 26).

Sanktionsalternativen ergeben, dass sich der Anteil der geeigneten Gefangenen in Nordrhein-Westfalen auf 18 % bis maximal 21 % beläuft.[1388]

Die vorstehend genannten Zahlen verdeutlichen, dass trotz der problematischen Probanden ein Anwendungspotential für EM besteht. Die Mitglieder der Arbeitsgruppe 'Elektronisch überwachter Hausarrest' haben zutreffend konstatiert, dass der 'Ersatzhausarrest' das Problem der zu verbüßenden Ersatzfreiheitsstrafen nicht lösen, aber zumindest mit einer Entlastung der Haftanstalten und der Erweiterung von Vollzugsmaßnahmen "*in einer menschenwürdigen, verhältnismäßigen und ökonomischen Weise*" zu rechnen sei.[1389] Die Ersatzfreiheitsstrafenverbüßer sollten daher nicht von vornherein aus dem Anwendungsbereich des elektronisch überwachten Hausarrestes ausgeschlossen werden. Die Entscheidung über die elektronische Überwachung ist vielmehr eine Frage des Einzelfalls. Gleichwohl ist nicht zu verkennen, dass das Anwendungspotential des elektronisch überwachten Hausarrestes im Bereich der Vollstreckung der Ersatzfreiheitsstrafen eher als marginal einzuschätzen ist. Große Erwartungen hinsichtlich möglicher Einsparungseffekte dürfen nicht gestellt werden. Da rund 40 % der Ersatzstrafenverbüßer die gegen sie verhängte (restliche) Geldstrafe nach Strafantritt zahlen und damit vorzeitig aus der Haft entlassen werden, dürfte die Entlastung der Justizvollzugsanstalten nach der Prognose von *WIRTH* im schlechtesten Fall 6 % und im günstigsten Fall 16 % betragen, d.h. bundesweit würden in etwa 50 bis 130 Haftplätze eingespart.[1390] Angesichts der vielfältigen Problematiken der Ersatzfreiheitsstrafenklientel mag eine vorsichtige Erprobung anzuraten sein, um Erfolge und Misserfolge sowie die Grenzen des Einsatzes von EM eruieren zu können.

Gleichzeitig sei an dieser Stelle darauf hingewiesen, dass bereits vorhandene Instrumente zur Vermeidung der Ersatzfreiheitsstrafe voll ausgeschöpft bzw. intensiviert werden sollten, beispielsweise die Vereinbarung von Ratenzahlungen und eine flexiblere Bewilligung derselben, die Vermittlung der Probanden in gemein-

---

[1388] *Wirth*, ZfStrVo 2000, S. 337 (341). Wird hinsichtlich der Eignung der Klientel zwischen den Gefangenen des offenen und denen des geschlossenen Vollzuges differenziert, zeigt sich, dass jeder vierte Gefangene des offenen Vollzuges geeignet und jeder dritte bedingt geeignet erscheint. Beim geschlossenen Vollzug erscheint nur ein einzelner Gefangener für EM geeignet und lediglich 5 % der Gefangenen können als bedingt geeignet eingestuft werden. Entsprechend wäre mit etwaigen Entlastungen des Strafvollzuges vornehmlich in den Einrichtungen des offenen Strafvollzuges zu rechnen. [*Wirth*, ZfStrVo 2000, S. 337 (342)].
[1389] Abschlussbericht der Arbeitsgruppe 'Elektronisch überwachter Hausarrest', S. 13.
[1390] *Wirth*, ZfStrVo 2000, S. 337 (342 f).

nützige Arbeit und/oder soziale Beratung und Betreuung der Geldstrafenschuldner spätenstens zum Zeitpunkt der Feststellung der 'Uneinbringlichkeit' der Geldstrafe, und zwar unabhängig von der Debatte um den Einsatz der elektronischen Überwachung.

III. Elektronisch überwachter Hausarrest als besondere Form des Strafvollzuges

Die Ersatzfreiheitsstrafe wird wie die herkömmliche Freiheitsstrafe in der zuständigen Justizvollzugsanstalt verbüßt (§ 50 i.V.m. §§ 22 ff StVollstrO).[1391] Statt der Verbüßung der Ersatzfreiheitsstrafe in einer Justizvollzugsanstalt soll nunmehr der Vollzug der Strafe im Wege des 'Ersatzhausarrestes' außerhalb der Strafanstalt erfolgen.

Wie bereits festgestellt, ist die Anwendung des elektronisch überwachten Hausarrestes bereits nach geltendem Recht als besondere Form des Strafvollzuges nicht möglich, sondern erfordert eine neue gesetzliche Regelung. Allerdings bestehen auch gegen den Einsatz der elektronischen Überwachung als Vollzugsalternative de lege ferenda erhebliche Bedenken, da ihre Einführung als dritte Unterbringungsmöglichkeit systemwidrig ist. Schon an anderer Stelle ist erörtert worden, dass der Strafvollzug lediglich den stationären Vollzug umfasst, der elektronisch überwachte Hausarrest jedoch nicht als Freiheitsstrafe i.S.d. § 38 StGB zu qualifizieren ist, sondern als aliud. Zudem fehlt es bei dem Ersatzhausarrest an der für den Strafvollzug maßgeblichen räumlichen und organisatorischen Einbindung des Betroffenen in die staatlich kontrollierte Strafvollzugsanstalt. Zwar sieht der in Baden-Württemberg geplante Modellversuch vor, dass mit dem Ersatzhausarrest zugleich ein Vollzugsverhältnis begründet wird, damit das Vollstreckungsverfahren nicht verzögert wird und bei Regelverstößen ggf. rasch reagiert werden kann[1392], indes passt die elektronische Überwachung zu Hause nicht in das Normgefüge des StVollzG. Das Aufnahmeverfahren, eine Behandlungsuntersuchung

---

[1391] Der Vollständigkeit halber sei an dieser Stelle erwähnt, dass nach herrschender Meinung in Rechtsprechung und Literatur die Aussetzung einer Ersatzfreiheitsstrafe nach Verbüßung der Hälfte oder zwei Dritteln der Strafe in unmittelbarer oder analoger Anwendung des § 57 StGB nicht möglich ist. Vgl. zum Meinungsstand: *Tröndle/Fischer* (Fn 502), § 57, Rn 3; OLG Zweibrücken, NJW 1976, S. 155 f; OLG Hamburg, NJW 1976, S. 681 f; OLG Düsseldorf, NJW 1980, S. 250 f.

[1392] Abschlussbericht der Arbeitsgruppe 'Elektronisch überwachter Hausarrest', S. 26 (Anlage 4a).

noch die Erstellung eines Vollzugsplanes ohne die organisatorische Einbindung in die Haftanstalt sind weder sinnvoll noch durchführbar. Das geplante Modellprojekt in Baden-Württemberg verzichtet daher konsequenterweise auf ein Aufnahmeverfahren, eine Behandlungsuntersuchung und die Erstellung eines Vollzugsplanes.[1393] Der Verzicht auf diese Maßnahmen kann aber nicht darüber hinwegtäuschen, dass alle Vorschriften des Strafvollzugsgesetzes allein darauf beruhen, dass sich der Lebensmittelpunkt des Straffälligen während des Freiheitsentzuges in der Anstalt befindet. Da die Einführung des elektronisch überwachten Hausarrestes in das Strafvollzugsgesetz de lege ferenda systemwidrig ist, ist von einer Implementierung eines neuen § 10 a StVollzG abzuraten.

L. Anwendung im Rahmen des Widerrufsverfahrens gemäß § 453 c StPO

Gemäß § 453 c StPO kann das Gericht, sofern hinreichende Gründe für die Annahme vorhanden sind, dass die Aussetzung widerrufen wird, bis zur Rechtskraft des Widerrufsbeschlusses vorläufige Maßnahmen treffen, um sich der Person des Verurteilten zu versichern. Aussetzung i.s. dieser Regelung ist lediglich die Strafaussetzung zur Bewährung. Die Vorschrift des § 453 c StPO gilt jedoch entsprechend bei Strafrestaussetzung und bei der Aussetzung von freiheitsentziehenden Sicherungsmaßregeln.[1394] Vorläufige Maßnahmen i.S.d. § 453 c Abs. 1 StPO sind solche, die weniger einschneidend sind als ein Haftbefehl.[1395] Die Unterbringung des Verurteilten im elektronisch überwachten Hausarrest könnte eine Maßnahme darstellen, sich der Person des Verurteilten zu versichern, also zu verhindern, dass der Betroffene sich der Strafvollstreckung entziehen werde.

Da statistische Angaben darüber, in wie vielen Fällen die Gerichte vorläufige Maßnahmen nach § 453 c StPO treffen, nicht vorliegen, kann über das Anwendungspotential der elektronischen Überwachung an dieser Stelle keine konkrete Aussage getroffen werden. Die Zahl der in Betracht kommenden Probanden dürfte gleichwohl eher gering sein, weil § 453 c StPO dann nicht anwendbar ist, wenn mildere Maßnahmen nach § 56 f Abs. 2 StGB ausreichen.[1396] Ob EM im Rahmen des Widerrufsverfahrens zum Einsatz gelangen kann, ist in jedem Einzelfall zu

[1393] Abschlussbericht der Arbeitsgruppe 'Elektronisch überwachter Hausarrest', S. 26 (Anlage 4a).
[1394] Lemke/Julius/Krehl/Kurth/Rautenberg/Temming-*Krehl* (Fn 1234), § 453 c, Rn 1; *Meyer-Goßner* (Fn 923), § 453 c, Rn 2.
[1395] *Meyer-Goßner* (Fn 923), § 453 c, Rn 6.
[1396] *Meyer-Goßner* (Fn 923), § 453 c, Rn 3.

entscheiden, wobei zu beachten ist, dass Maßnahmen nach § 453 c Abs. 1 StPO nur bis zur Rechtskraft des Widerrufsbeschlusses in Betracht kommen.[1397] Danach gilt § 457 StPO, d.h. nach Rechtskraft des Widerrufsbeschlusses geht die Sicherungshaft ohne weiteres in die Vollstreckung des Urteil über. Andere vorläufige Maßnahmen entfallen. Sofern die vorläufigen Maßnahmen nur für einen kurzen Zeitraum von bis zu vier Wochen angeordnet werden, ist die Unterbringung im elektronisch überwachten Hausarrest bereits aus organisatorischen Gründen nicht empfehlenswert.

M. Anwendung im Rahmen des Betäubungsmittelstrafrechts

Der elektronisch überwachte Hausarrest könnte auch im Rahmen des Betäubungsmittelstrafrechts zur Anwendung gelangen, namentlich bei der Straf(rest-)aussetzung zur Bewährung nach § 36 BtMG. Die §§ 35, 36 BtMG tragen dem Gedanken der Resozialisierung des drogenabhängigen Straftäters durch Behandlung Rechnung.[1398]

Ist jemand wegen einer Straftat zu einer Freiheitsstrafe von nicht mehr als zwei Jahren verurteilt worden und steht fest, dass er die Tat aufgrund einer Betäubungsmittelabhängigkeit begangen hat, so kann die Vollstreckungsbehörde nach § 35 Abs. 1 BtMG mit Zustimmung des Gerichts des ersten Rechtszuges die Vollstreckung der Strafe, eines Strafrestes oder der Maßregel der Unterbringung in einer Entziehungsanstalt für längstens zwei Jahre zurückstellen, wenn der Verurteilte sich wegen seiner Abhängigkeit in einer Behandlung befindet oder zusagt, sich einer solchen zu unterziehen, und deren Beginn gewährleistet ist. Ist die Vollstreckung zurückgestellt worden und hat sich der Verurteilte in einer staatlich anerkannten Einrichtung behandeln lassen, so wird gemäß § 36 Abs. 1 S. 1 BtMG die vom Verurteilten nachgewiesene Zeit seines Aufenthaltes in dieser Einrichtung auf die Strafe angerechnet, bis infolge der Anrechnung zwei Drittel der Strafe erledigt sind. Ist eine Behandlung in der Einrichtung zu einem früheren Zeitpunkt nicht mehr erforderlich oder sind durch die Anrechnung zwei Drittel der Strafe erledigt, setzt das Gericht gemäß § 36 Abs. 1 S. 3 BtMG die Vollstreckung des Strafrestes zur Bewährung aus, sobald dies unter Berücksichtigung des Si-

[1397] KK-*Fischer* (Fn 1259), § 453 c, Rn 6; *Meyer-Goßner* (Fn 923), § 453 c, Rn 14.
[1398] *Körner*, Betäubungsmittelgesetz, § 35, Rn 19; *Hügel/Junge/Lander/Winkler*, Deutsches Betäubungsmittelrecht, § 35, Anm. 1.1.

cherheitsinteresses der Allgemeinheit verantwortet werden kann. Die Vollstreckung der Freiheitsstrafe oder des Strafrestes zur Bewährung wird vom Gericht nach § 36 Abs. 2 BtMG auch ausgesetzt, wenn die Vollstreckung zurückgestellt worden ist und sich der Verurteilte einer anderen als der in Absatz 1 bezeichneten Behandlung unterzogen hat und die Aussetzung unter Berücksichtigung des Sicherheitsinteresses der Allgemeinheit verantwortet werden kann. Da § 36 Abs. 4 BtMG die Regelungen der §§ 56 a - 56 g StGB für entsprechend anwendbar erklärt, könnte EM in diesem Zusammenhang als Bewährungsweisung de lege lata eingesetzt werden.

I. Straf(rest-)ausetzung zur Bewährung nach § 36 BtMG in der Praxis

Den statistischen Angaben zufolge werden von Jahr zu Jahr mehr Verfahren nach der Vorschrift des § 35 BtMG zurückgestellt. Während sich die Zahl der Personen, bei denen eine Zurückstellung gemäß § BtMG erfolgte, Mitte der 80er Jahre noch auf rund 1.000 belief, werden derzeit ungefähr um 6.000 Drogenabhängige jährlich von der Strafvollstreckung zurückgestellt.[1399] Den Angaben des statistischen Bundesamtes zu den Abgängen aus dem Strafvollzug lässt sich entnehmen, dass im Jahre 2001 4.161 Abgänge wegen einer Zurückstellung der Strafvollstreckung nach § 35 BtMG zu verzeichnen waren.[1400] Darüber hinaus machen die Gerichte von dem Instrument der Straf(rest-)aussetzung zunehmend Gebrauch. Heute werden rund 3.300 Straffällige jährlich nach § 36 Abs. 1 S. 3 BtMG vorzeitig entlassen.[1401] Der Anteil der Probanden, bei dem das Gericht die Vollstreckung der Freiheitsstrafe zur Bewährung aussetzt oder der nach § 36 Abs. 2 BtMG vorzeitig entlassen wird, ist hingegen vergleichsweise gering. Bei ca. 300 Delinquenten wird jährlich der Strafrest nach § 36 Abs. 2 BtMG und bei rund 100 Straffälligen wird die Strafe insgesamt gemäß § 36 Abs. 2 BtMG ausgesetzt.[1402] Bei einer Strafrestaussetzung zur Bewährung erteilen die Gerichte regelmäßig Meldepflichten, stellen die Betroffenen unter Bewährungshilfe und geben Thera-

---

[1399] Der Generalbundesanwalt beim Bundesgerichtshof, Dienststelle Bundeszentralregister, Daten zur Betäubungsmittelkriminalität 2000 und 2001, wobei auch Zurückstellungen der Vollstreckung nach § 38 BtMG berücksichtigt worden sind. Vgl. auch die Angaben bei *Kurze*, NStZ 1996, S. 178 (179) und *Eisenberg* (Fn 358), § 36 V 4, Rn 181.
[1400] Statistisches Bundesamt, Rechtspflege, Reihe 4.1, Strafvollzug - Anstalten, Bestand und Bewegung der Gefangenen 2001, S. 9.
[1401] Der Generalbundesanwalt beim Bundesgerichtshof (Fn 1399). Vgl. auch *Baumgart*, Illegale Drogen - Strafjustiz - Therapie, S. 426.
[1402] Der Generalbundesanwalt beim Bundesgerichtshof (Fn 1399).

pieweisungen auf, um die Resozialisierung ohne Betäubungsmittel zu unterstützen.[1403] Der elektronisch überwachte Hausarrest könnte eine Maßnahme darstellen, die Straf(rest-)aussetzung bei Betäubungsmittelabhängigen nach §§ 36 Abs. 1 S. 3, 36 Abs. 2 BtMG vermehrt zur Anwendung gelangen zu lassen.

II. Anwendungspotential für den elektronisch überwachten Hausarrest

Bei den Delinquenten, bei denen die Strafvollstreckung gemäß § 35 BtMG zurückgestellt wird, handelt es sich um drogenabhängige Straftäter, sich sich bereits in einem fortgeschritteneren Stadium ihres Drogenkonsums befinden. Für diese Klientel sind die erhebliche, über Jahre verteilte Vorstrafenbelastung und die vorangegangenen Therapie- und Hafterfahrungen charakteristisch.[1404] Einer Aktenanalyse von *KURZE* ist zu entnehmen, dass die Hälfte der Drogenabhängigen schon einmal zu einer Jugend- oder Freiheitsstrafe ohne Bewährung verurteilt worden ist; ca. ein Drittel der untersuchten Personen hatte bereits an therapeutischen Maßnahmen, zumeist kurzzeitigen, stationären Entzugsbehandlungen, teilgenommen.[1405] Auffallend ist weiter der hohe Anteil von Personen, die keinen Schulabschluss besitzen. Von denjenigen Straffälligen, die eine Ausbildung begonnen hatten, wurde diese lediglich in rund der Hälfte der Fälle abgeschlossen. Vor ihrer Inhaftierung waren etwa zwei Drittel ohne Beschäftigung.[1406]

Angesichts des Umstands, dass es sich bei den Drogenabhängigen um eine besonders schwierige und unter therapeutischen Gesichtspunkten um eine eher wenig motivierte Klientel zu handeln scheint[1407], stellt sich die Frage, ob diese Personen für den elektronisch überwachten Hausarrest in Betracht kommen, insbesondere die organisatorischen Rahmenbedingungen erfüllen. Über einen festen Wohnsitz mit Telefonanschluss verfügen die aus therapeutischen Einrichtungen Entlassenen i.d.R. nicht.

[1403] *Baumgart* (Fn 1401), S. 428.
[1404] *Kurze*, MschrKrim 78 (1995), S. 137 (139); ders., NStZ 1996, S. 178 (180); *Vollmer/Ellgring*, Suchtgefahren 34 (1988), S. 273 (275).
[1405] *Kurze* in: Egg (Hrsg.), Die Therapieregelungen des Betäubungsmittelrechts - deutsche und ausländische Erfahrungen, S. 43 (47 f).
[1406] *Kurze*, Strafrechtspraxis und Drogentherapie, S. 113, 116 f. *Baumgart* kommt in seiner Untersuchung zu dem Ergebnis, dass lediglich rund 40 % der Verurteilten im Tatzeitraum keine Beschäftigung hatten (Fn 1401, S. 186).
[1407] *Kurze*, NStZ 1996, S. 178 (180).

333

Obgleich es sich bei den Betroffenen um eine problematische Klientel handelt, dürfte ein Teil dieser Straffälligen für die Unterbringung im elektronischen Hausarrest geeignet sein. Untersuchungen haben ergeben, dass zumindest ein Drittel vor der Verurteilung mit einem Partner oder einer Partnerin in einer eigenen Wohnung gelebt hat.[1408] Durch die Vermittlung einer gemeinnützigen Arbeit und der Stellung einer Wohnung mit Telefonanschluss können im Übrigen die notwendigen Rahmenbedingungen geschaffen werden. Überdies sprechen die schwierigen Sozialdaten nicht von vornherein gegen den Einsatz von EM. Denn entgegen allen Erwartungen haben Studien ergeben, dass die Therapieergebnisse durchaus positiv sind: Zwischen 40 und 50 % der Betroffenen beenden ihre Therapie regulär.[1409] Die Probanden, die nach § 35 BtMG eine Therapie aufnehmen, d.h. unter dem Druck einer Freiheitsstrafe, sind daher nicht prognostisch ungünstiger zu beurteilen als andere Drogenabhängige, die sich freiwillig in Therapie befinden.[1410]

Daher ist trotz des problematischen Probandenkreises eine Erprobung des elektronisch überwachten Hausarrestes anzuraten. Der Anwendungsbereich des § 36 BtMG könnte durch den Einsatz von EM ausgeweitet werden, um auch problembelastete Probanden vor stationärem Freiheitsentzug zu bewahren. Von der vorzeitigen Entlassung unter der Bedingung der elektronischen Kontrolle könnten Probanden profitieren, bei denen die Aussetzung sonst aus Sicherheitsgründen scheitert.[1411] Durch die enge Kontrolle während der Bewährungszeit könnte die ansonsten negative Sozialprognose verbessert werden. Durch unangekündigte Urin- und Blutkontrollen wäre darüber hinaus die Alkohol- und Drogenabstinenz des Probanden nachprüfbar. Im Bewußtsein, dass bewährungsbrüchiges Verhalten sofort registriert wird, ist der Straffällige u.U. eher bereit, sich an die ihm aufer-

---

[1408] *Baumgart* (Fn 1401), S. 184.
[1409] Lediglich 16 % der Drogenabhängigen treten die Therapie nicht an [*Kurze* (Fn 1406), S. 267; ders., MschrKrim 78 (1995), S. 137 (139)]. *Spies/Winkler* kamen in ihrer Untersuchung aus dem Jahre 1983 zu dem Ergebnis, dass 16 % der Klienten keine Therapie begonnen haben [StV 1986, S. 262 (265)].
[1410] *Hügel/Junge/Lander/Winkler* (Fn 1398), § 36, Anm. 2.1.2; *Vollmer/Ellgring*, Suchtgefahren 34 (1988), S. 273 (277 ff); *Kurze*, NStZ 1996, S. 178 (181).
[1411] Die Änderung der Prognoseklausel im Jahre 1998 lässt weiterhin die Erwartung genügen, der Verurteilte werde die kritische Probe bestehen. Eine inhaltliche Änderung ist durch den nunmehrigen Wortlaut nicht gewollt (*Hügel/Junge/Lander/Winkler* (Fn 1398), § 36, Anm. 2.1.2). Gleichwohl könnte die Judikatur die Neufassung als Verschärfung der Sicherheitsbelange verstehen, so dass die Unterbringung im elektronisch überwachten Hausarrest dazu beitragen könnte, etwaige Sicherheitsbedenken zu reduzieren.

legten Pflichten zu halten. Auch mit Blick auf die Tatsache, dass nach einem fünf-
jährigen Beobachtungszeitraum rund 75 % der Probanden, die mit einer Drogentherapie gemäß § 35 BtMG begonnen haben, erneut verurteilt wurden[1412], könnte
die elektronische Überwachung eine unterstützende Maßnahme für die Verurteilten darstellen. Durch die Unterstellung unter Bewährungshilfe und die Fortführung therapeutischer Maßnahmen kann weiter Einfluss auf den Betroffenen genommen werden. Die Behandlung im Rahmen der elektronischen Überwachung
schließt an die vorangegangene Therapie an und setzt sie ggf. fort. Neben der
Wiedereingliederung des Verurteilten in die Gesellschaft zielt EM auf die Vermeidung erneuter Straftaten.

III. Elektronisch überwachter Hausarrest als Bewährungsweisung

Gemäß § 36 Abs. 4 BtMG gelten die §§ 56 a - 56 g StGB entsprechend. Diesbezüglich ergeben sich hinsichtlich der Anforderungen und der Ausgestaltung der
Weisungen keine Unterschiede zu den obigen Ausführungen im Rahmen des § 56
c StGB. EM kann demgemäß auch im Betäubungsmittelstrafrecht nach § 36 Abs.
4 BtMG i.V.m. § 56 c Abs. 2 StGB de lege lata als Weisung eingesetzt werden.

**N. Abschließende Erwägungen zur Anwendbarkeit des elektronisch überwach-
ten Hausarrestes de lege lata und de lege ferenda**

Der elektronisch überwachte Hausarrest ist im Bereich der Straf(rest-)aussetzung
gemäß § 57 Abs. 3 i.V.m. § 56 c StGB als Weisung, als Weisung zur Vermeidung
eines anstehenden Bewährungswiderrufs, als Weisung innerhalb der Führungsaufsicht, als Weisung im Rahmen des Betäubungsmittelstrafrechts, als Haftverschonungsmaßnahme bei Aussetzung des Vollzuges des Haftbefehls gemäß § 116
StPO und als Weisung im Rahmen eines Gnadenaktes entsprechend der Gnadenordnungen der Länder bereits nach der geltenden Rechtslage anwendbar. Die
elektronische Überwachung findet eine ausreichende Ermächtigung in den bestehenden Regelungen des StGB. Um in der Praxis jedoch die Unsicherheit der Gerichte, denen die Entscheidung über den Einsatz der elektronischen Fußfessel obliegt, zu beseitigen, insbesondere eine zurückhaltende Anwendung der Maßnahme
und damit eine nur teilweise Ausschöpfung der bestehenden Möglichkeiten zu
vermeiden, ist es sinnvoll und geboten, den Richtern Richtlinien an die Hand zu

---

[1412] *Kurze*, MschrKrim 78 (1995), S. 137 (141).

geben. Diese könnten beispielsweise die spezifischen Einsatzbereiche, die technische Funktionsweise der elektronischen Fußfessel und Bestimmungen über das Verhalten bei Änderungen des Wochenplanes und bei Verstößen des Probanden enthalten.

Beim Einsatz der elektronischen Überwachung als Weisung ist zu beachten, dass mit dieser Maßnahme starke Einschränkungen verbunden sind mit der Folge, dass nur solche Straffällige im elektronisch überwachten Hausarrest untergebracht werden sollten, die anderenfalls zu einer unbedingten Freiheitsstrafe verurteilt worden wären. Kriminalpolitisches Ziel des Instituts muss es sein, stationären Freiheitsentzug zu vermeiden, und zwar auch bei labilen und problematischen Probanden. EM darf nicht ausschließlich der reinen Überwachung und Kontrolle des Straftäters dienen, sondern soll soziale Instabilitäten ausgleichen, um die Wiedereingliederung des Verurteilten zu fördern und zu unterstützen.[1413] Die Einführung des elektronischen Hausarrestes als dritte Unterbringungsform im Rahmen der Vollstreckung kurzer Freiheitsstrafen und Ersatzfreiheitsstrafen neben dem offenen und geschlossenen Vollzug durch einen neuen § 10 a StVollzG ist aus systematischen Gründen abzulehnen.

[1413] *Wittstamm* (Fn 74), S. 162.

Zehnter Teil: Einordnung des elektronisch überwachten Hausarrestes in das Sanktionensystem des Jugendstrafrechts

Eine weitere Einsatzmöglichkeit des elektronisch überwachten Hausarrestes könnte sich im jugendstrafrechtlichen Bereich ergeben. In Großbritannien werden Jugendliche unter elektronisch überwachten Hausarrest gestellt, um unerwünschte soziale Kontakte zu anderen Straffälligen zu vermeiden und sie zu eigenverantwortlichem und diszipliniertem Handeln zu veranlassen.[1414] Auch in Schweden, den USA und den Niederlanden ist der Einsatz der elektronischen Überwachung bei Jugendlichen vorgesehen.[1415] In der Bundesrepublik ist der Einsatz von EM bei Jugendlichen bisher nicht in Erwägung gezogen worden.[1416] Als Anwendungsbereiche sind folgende denkbar: Einsatz als Erziehungsmaßregel (Weisung) oder Zuchtmittel (Auflage), als Bewährungsweisung bei Aussetzung der Verhängung der Jugendstrafe, Aussetzung der Vollstreckung der Jugendstrafe zur Bewährung oder nachträglicher Aussetzung der Jugendstrafe zur Bewährung durch richterlichen Beschluss oder als 'andere Maßnahme' i.S.d. § 72 Abs. 1 S. 1 JGG zur Vermeidung von Untersuchungshaft.

A. Elektronisch überwachter Hausarrest als Weisung bei Einfach- und Mehrfachtätern

Da der Katalog der in § 10 Abs. 1 JGG enthaltenen Weisungen nicht abschließend ist[1417], könnte der elektronisch überwachte Hausarrest als Weisung zur Anwendung gelangen, zumal bei unkontrollierbaren Weisungen grundsätzlich die Gefahr besteht, dass die Jugendlichen die Sanktion nicht ernst nehmen, wodurch negative

---

[1414] *Cavadino*, Criminal Justice 15 (1997), No. 2, S. 4 f.

[1415] *Charles*, Federal Probation 53 (1989), No. 2, S. 3; *Harig*, The Juvenile Electronic Monitoring Project: The Use of Electronic Monitoring Technology on Adjudicated Juvenile Delinquents, S. 1 ff; *Ministerie van Justitie*, Final Report on the Project for the Nationwide Implementation of Electronic Monitoring, S. 13. Im Rahmen eines Modellversuches standen in den Niederlanden im Jahre 2001 insgesamt 23 Jugendliche unter elektronischer Überwachung [*M. Schoone*, Ministerie van Justitie, Persönliche Mitteilung vom 04.07.2002; vgl. auch *Emig*, DVJJ-Journal 1/1998, S. 49 (52)].

[1416] Ablehnend *Ostendorf*, ZRP 1997, S. 473 (475); *Hudy*, DVJJ-Journal 2/1998, S. 146 (154); ders. (Fn 74), S. 181; Abschlussbericht der Arbeitsgruppe 'Elektronisch überwachter Hausarrest', S. 16; *Riehe* (Fn 360), S. 161 (166).

[1417] *Diemer/Schoreit/Sonnen-Diemer*, Jugendgerichtsgesetz, § 10, Rn 26; *Brunner/Dölling* (Fn 348), § 10, Rn 2.

Auswirkungen auf ihre zukünftige Normtreue entstehen.[1418]

Die informelle Verfahrenserledigung nach §§ 45, 47 JGG und die Erteilung ambulanter Maßnahmen betreffen vor allem die Gelegenheits- und Einfachtäter, deren Verfehlungen der Bagatelldelinquenz zuzuordnen sind.[1419] Die Unterbringung im elektronisch überwachten Hausarrest verbunden mit den strikten Aufenthaltsbestimmungen stellt in Fällen leichter Delinquenz eine Überreaktion dar, insbesondere, weil Einfachtäter nur gelegentlich aus jugendlichem Leichtsinn strafrechtlich in Erscheinung treten.[1420] Für diese Jugendlichen und Heranwachsenden kommt die elektronische Überwachung als Erziehungsmaßregel nicht in Betracht, weil andere, weniger einschneidende Maßnahmen ausreichen. Nach dem Willen des Gesetzgebers sollen bei Gesetzesverstößen Jugendlicher in erster Linie Erziehungsmaßregeln angeordnet werden. Die Erteilung einer Erziehungsmaßregel ist daher als geringfügigste Sanktion zu qualifizieren. Entsprechend den Richtlinien zu § 10 JGG soll die Verhängung von Weisungen bei 'nicht allzu schweren Verfehlungen' erfolgen. Auch mit Blick darauf, dass bei Jugendkriminalität in aller Regel ein spontanes Zurückgehen der Delinquenz zu beobachten ist (Spontanremission)[1421], scheint für die Mehrzahl jugendlicher Straffälliger eine Unterbringung im elektronisch überwachten Hausarrest nicht erforderlich. Jugendliche (Einzel-/Gelegenheits-)Straftäter werden im Durchschnitt ein oder zweimal polizeilich registriert, danach ist kein weiteres strafrechtlich relevantes Verhalten mehr zu verzeichnen. *HEINZ* konstatiert richtigerweise, dass ''*Jugendkriminalität von heute in der Regel nicht Erwachsenenkriminalität von morgen ist*''.[1422]

EM könnte jedoch ein Instrument darstellen, den Anteil der gerichtlich angeordneten ambulanten Maßnahmen weiter auszudehnen, und zwar auch auf problembelastete Jugendliche und Mehrfachtäter. Bei den jugendlichen Mehrfachtätern handelt es sich i.d.R. um Personen, die Defizite in der Herkunftsfamilie aufweisen, d.h. in ungeordneten familiären Verhältnissen leben. Die Eltern sind mit ihrer Erziehung zumeist überfordert mit der Folge von Auseinandersetzungen im Elternhaus oder dem häufigen Wechsel von Erziehungspersonen.[1423] Hinzu kommt

[1418] *Ostendorf* (Fn 348), § 10, Rn 3.
[1419] *Heinz*, MschrKrim 70 (1987), S. 129 (146); *Dölling*, ZfJ 1989, S. 313 (317).
[1420] *Albrecht*, Jugendstrafrecht, § 6 I 2 a.
[1421] *Albrecht* (Fn 1420), § 2 II 3 e.
[1422] *Heinz* in: Rabe (Hrsg.), Jugend, S. 53 (86).
[1423] *Dölling*, ZfJ 1989, S. 313 (315); *Brunner/Dölling* (Fn 348), Einf., Rn 14.

eine unzulängliche Schul- oder Berufsausbildung, der häufige Wechsel des Arbeitsplatzes und außerhalb der Familie planlos verbrachte Freizeit.[1424] Die erhebliche soziale Benachteiligung und die Perspektivlosigkeit führen bei diesen Jugendlichen zu krimineller Auffälligkeit.[1425] In Bezug auf die Persönlichkeit der Mehrfachtäter wurde festgestellt, dass sie emotional labil und impulsiv sind sowie eine nicht unerhebliche Aggressivität und Risikoneigung aufweisen.[1426] Da Weisungen auf die Beseitigung und Überwindung dieser Erziehungsmängel bzw. Schwächen des Jugendlichen oder Heranwachsenden zielen[1427] und sie die Lebensführung des Jugendlichen derart beeinflussen sollen, dass zukünftige Straftaten vermieden werden[1428], müsste die elektronische Kontrolle in angemessener Weise die Lebensführung des straffällig gewordenen Jugendlichen regeln und ihn durch Förderung und Sicherung der Erziehung vor künftigen Straftaten bewahren. Denn es geht *"allein darum, der durch die konkrete Straftat erkennbar gewordenen Erziehungsbedürftigkeit des Täters mit sachgerechten und zumutbaren Mitteln Rechnung zu tragen."*[1429]

Im Schrifttum ist umstritten, ob der elektronisch überwachte Hausarrest als erzieherisch zweckmäßige Maßnahme zu qualifizieren ist, die der Gefahr der Rückfälligkeit des Jugendlichen entgegensteuert. *HUDY* vertritt die Auffassung, dass die Reglementierung des Jugendlichen durch die elektronische Überwachung deutlich über das in jeder erzieherisch wirkenden Weisung enthaltene Maß an Repression hinausgehe. Der elektronisch überwachte Hausarrest sei derart eingriffsintensiv, dass er als Weisung im Rahmen von § 10 JGG unzulässig sei; das erzieherisch-helfende Ziel der Weisungen würde verfehlt.[1430] *OSTENDORF* rügt in diesem Zusammenhang einen Verstoß gegen den Verhältnismäßigkeitsgrundsatz: Weisungen als Erziehungsmaßregeln seien nach dem Willen des Gesetzgebers im Verhältnis zu Zuchtmitteln und Jugendstrafe die 'leichteste' Sanktion nach § 5 Abs. 2 JGG, so dass angesichts der einschneidenden Auswirkungen auf schulische Ausbildung, Arbeitsplatz und Freizeitgestaltung die Unterbringung im elektro-

---

[1424] *Brunner/Dölling* (Fn 348), Einf., Rn 14; *Dölling*, ZfJ 1989, S. 313 (315).
[1425] *Hudy*, DVJJ-Journal 2/1998, S. 146 (153); *Albrecht* (Fn 1420), § 6 I 2 a, b.
[1426] *Brunner/Dölling* (Fn 348), Einf., Rn 14.
[1427] Diemer/Schoreit/Sonnen-*Diemer* (Fn 1417), § 10, Rn 1; *Göbel*, NJW 1954, S. 15 (16).
[1428] *Ostendorf* (Fn 348), § 10, Rn 4; *Göbel*, NJW 1954, S. 15 (16); *Schaffstein/Beulke* (Fn 1238), § 15 II 2 a; Diemer/Schoreit/Sonnen-*Diemer* (Fn 1417), § 10, Rn 5.
[1429] BVerfG, NStZ 1987, S. 275.
[1430] *Hudy*, DVJJ-Journal 2/1998, S. 146 (154); ders. (Fn 74), S. 181.

nischen Hausarrest unzulässig wäre.[1431]

Grundsätzlich können auch Überwachungsmaßnahmen der Erziehung des Jugendlichen dienen: Durch die Kontrolle der Berufstätigkeit/des Schulbesuches und der Freizeit des Verurteilten kann weiteres delinquentes Verhalten unterbunden und die Einstellung zur Arbeit positiv beeinflusst werden. Der Jugendliche wird zur Einhaltung eines geregelten Tagesablaufes angehalten mit dem Ziel, ihn von delinquenten Wert- und Lebensorientierungen zu entwöhnen. Durch die wöchentlichen Besuche eines Sozialarbeiters kann die Normakzeptanz seitens des Jugendlichen/Heranwachsenden gefördert werden. Eine erzieherische Einflussnahme auf den Jugendlichen durch die Unterbringung im elektronisch überwachten Hausarrest ist daher möglich. Sofern gegen die elektronische Überwachung eingewandt wird, ihr hafte ein repressiver Charakter an, ist zu bedenken, dass auch den Erziehungsmaßregeln ein gewisser Sanktionscharakter nicht abzusprechen ist.[1432] Dies schließt ihre Zulässigkeit jedoch nicht aus.[1433] In der Praxis kann die Erteilung von Weisungen u.U. mit starken Eingriffen in die Lebensführung des Betroffenen verbunden sein, so dass von Jugendlichen auch ambulante Sanktionen, beispielsweise die Unterstellung unter eine halbjährige Betreuungsweisung, die Teilnahme an einem sozialen Trainingskurs oder die Bemühung, einen Ausgleich mit dem Verletzten zu erreichen (Täter-Opfer-Ausgleich), als autoritäre Maßnahmen qualifiziert und damit als repressiv empfunden werden.[1434]

Gleichwohl ist von dem Einsatz der elektronischen Kontrolle als Weisung gemäß § 10 Abs. 1 JGG auch bei Mehrfachtätern abzuraten. Der Anwendung von EM stehen pädagogische Gründe entgegen. Neben der Stigmatisierungsgefahr ist bei Kontakten mit anderen jugendlichen Delinquenten zu befürchten, dass der Transmitter zum Statussymbol wird. Problematisch gestaltet sich überdies der Aufenthalt des Straffälligen in beengten Wohnräumen; bei problematischen Familienverhältnissen kann die Gewaltbereitschaft des Jugendlichen oder der Elternteile durch die Arrestzeiten gefördert werden.[1435] Untersuchungen über das Verhalten Jugendlicher zeigen, dass in der Pubertät besonders Schwierigkeiten auftreten,

---

[1431] *Ostendorf*, ZRP 1997, S. 473 (475).
[1432] *Ostendorf* (Fn 348), § 5, Rn 22. Er konstatiert hier einen "*gesetzgeberischen Etikettenschwindel*" (Fn 348, Grdl. z. §§ 9-12, Rn 4).
[1433] *Schaffstein/Beulke* (Fn 1238), § 15 II 2.
[1434] *Ostendorf*, NK 1/2000, S. 4.
[1435] *Märkert/Heinz*, der kriminalist 1999, S. 345 (347).

weil Jugendliche nicht gewillt sind, sich bestimmten Reglementierungen zu unterwerfen oder sich in für verbindlich erklärte Sozialisationsstandards einzufügen. Sie streben nach persönlicher Autonomie und Aufbau eines eigenen Wertesystems verbunden mit der Abstreifung der aus vorangegangenen Entwicklungsphasen übernommenen 'Autoritätsmoral'.[1436] *KAISER* beschreibt diese Entwicklung "*...*

als eine Phase der Integration, der gesteigerten Aktivität und des Kräftezuwachses sowie der Selbstfindung, Wertüberprüfung und Lebensplanung. Die Übergangszeit wird begleitet von Verhaltensunsicherheit und erhöhter Konfliktträchtigkeit."[1437] Das Verhalten Jugendlicher zeichnet sich während des Selbständigkeits- und Loslösungsprozesses durch Spontanität aus. Es ändert sich oft 'von heute auf morgen'; Pflicht- und Akzeptanzwerte verlieren an Gewicht.[1438] Mit Blick auf die strengen Anforderungen an das Verhalten des Jugendlichen ist daher mit abwehrenden Gegenreaktionen zu rechnen, zumal ein intensiver strafrechtlicher Zugriff auf Jugendliche i.d.R. ungeeignet ist, ihnen zukünftige Konflikte mit der Gesellschaft zu ersparen.[1439] Der Einsatz von EM als Erziehungsmaßregel ist demnach unter pädagogischen bzw. entwicklungspsychologischen Gesichtspunkten nicht anzuraten.[1440]

B. Elektronisch überwachter Hausarrest im Rahmen des Jugendarrestes

Im Hinblick darauf, dass der Katalog der Auflagen in § 15 Abs. 1 JGG abschließend ist[1441], kann EM de lege lata nicht als Auflage eingesetzt werden. Als Anwendungsbereich käme daher nur die Unterbringung des Jugendlichen im elektronischen Hausarrest anstelle von Jugendarrest oder als 'Auflage' bei Absehen des Vollstreckungsleiters von der Vollstreckung des Jugendarrestes gemäß § 87 Abs. 3 JGG in Betracht. Die freiwillige Unterstellung des Jugendlichen unter elektro-

---

[1436] *Oerter/Dreher* in: Oerter/Montada (Hrsg.), Entwicklungspsychologie, S. 310 (361 ff); *Klages* in: Rabe (Hrsg.), Jugend, S. 95 (102).

[1437] *Kaiser*, Gesellschaft, Jugend und Recht, S. 43.

[1438] *Klages* (Fn 1436), S. 95 (102, 104).

[1439] *Streng*, GA 1984, S. 149 (155).

[1440] Mit ähnlicher Begründung hat sich *Riehe* gegen den Einsatz von EM im Jugendstrafrecht ausgesprochen. Unter Berücksichtigung des Freiheitsdranges Jugendlicher und ihrer oft spontan getroffenen Entscheidungen werde das Ziel des JGG, die Lebensführung des Jugendlichen zu beeinflussen und erzieherisch auf ihn einzuwirken, nicht erreicht [Fn 360, S. 161 (166)]. Die Mitglieder der Arbeitsgruppe 'Elektronisch überwachter Hausarrest' haben den Einsatz von EM als weitere Erziehungsmaßregel i.S.d. § 10 JGG auch nicht in Betracht gezogen (Abschlussbericht der Arbeitsgruppe 'Elektronisch überwachter Hausarrest, S. 16).

[1441] *Maurach/Gössel/Zipf* (Fn 348), § 72 II B, Rn 7.

nisch überwachten Hausarrest könnte als besonderer Umstand i.S.d. § 87 Abs. 3 S. 1 JGG bewertet werden bzw. als Art 'Auflage' für einen bestimmten Zeitraum erteilt werden.

Das bloße, kurzzeitige Einsperren des Jugendlichen ohne die Möglichkeit, erzieherischen Einfluss zu nehmen, könnte u. U. durch die Unterbringung im elektronisch überwachten Hausarrest statt in einer Jugendarrestanstalt vermieden werden. De lege lata ist ein solcher Einsatz indes nicht zulässig, da § 90 Abs. 2 JGG ausdrücklich normiert, dass Jugendarrest in Jugendarrestanstalten oder Freizeitarresträumen der Landesjustizverwaltung vollzogen wird. Eine Änderung der vollzugsrechtlichen Bestimmungen (§§ 90, 91 JGG, JAVollzO) ist aus rechtssystematischen Gründen nicht zu empfehlen. Für den Vollzug des Jugendarrestes ist kennzeichnend, dass der Verurteilte räumlich und organisatorisch an eine staatliche Anstalt gebunden ist. Weder die Aufnahme, die Unterbringung, die Persönlichkeitserforschung, die Behandlung oder die Verhaltensvorschriften (§§ 5 ff JAVollzO) noch die Bestimmungen über den Verkehr mit der Außenwelt, Ausgang und Ausführung oder Hausstrafen (§§ 20, 21, 23 JAVollzO) machten ansonsten Sinn.

Unabhängig davon sprechen praktische Erwägungen gegen den Einsatz von EM im Bereich des Jugendarrestes, insbesondere beim Jugendarrest in der Form des Freizeit- und Kurzarrestes. Hier erfordert die elektronische Überwachung einen unverhältnismäßig hohen organisatorischen Aufwand. Gemäß § 16 Abs. 2 JGG ist der Freizeitarrest auf eine oder zwei Freizeiten zu bemessen, wobei der Arrest i.d.R. am Sonnabend um 8.00 Uhr beginnt und am Montag um 7.00 Uhr endet (§ 25 Abs. 3 JAVollzO). § 16 Abs. 3 JGG bestimmt, dass Kurzarrest ausnahmsweise an die Stelle des Freizeitarrestes tritt, wenn der zusammenhängende Vollzug aus erzieherischen Gründen zweckmäßig erscheint. Das Höchstmaß des Kurzarrestes beträgt vier Tage. Freizeit- und Kurzarrest umfassen mithin einen äußerst kurzen Zeitraum. Der mit EM verbundene Aufwand (Installation der technischen Überwachungsgeräte, Einholung des Einverständnisses der Erziehungsberechtigten und der mit dem Arrestanten in einem Haushalt lebenden Personen, Bestellung eines Sozialarbeiters, Erstellung eines Wochenplanes) stünde in keinem vernünftigen Verhältnis zur zeitlichen Dauer des Freizeit- bzw. Kurzarrestes.

Denkbar ist daher nur die Anwendung des elektronisch überwachten Hausarrestes im Rahmen von § 87 Abs. 3 JGG. Das Absehen von der Vollstreckung muss aus erzieherischen Gründen gerechtfertigt sein. Dabei muss die erzieherische Hilfe einerseits bei den konkreten Lebensumständen des Jugendlichen ansetzen (Ausbildung, Arbeitssuche, Schuldentilgung) und andererseits bei ihm einen Lernprozess hinsichtlich der Akzeptanz bestimmter Wertvorstellungen in der Gesellschaft und der Einfügung des Einzelnen in seine sozialkulturelle Umgebung in Gang setzen.[1442]

Entsprechend den obigen Ausführungen ist der Einsatz von EM im Rahmen des § 87 Abs. 3 JGG aus pädagogischen Gründen nicht in Betracht zu ziehen. Darüber hinaus zeichnen sich die zu Jugendarrest Verurteilten durch eine unabgeschlossene Berufsausbildung, Defizite in der Herkunftsfamilie verbunden mit Heimaufenthalten, Alkoholproblemen und Ausländerstatus aus, sind also durch Kindheit und Umwelt stark belastet.[1443] Das Problemprofil der Bewährungsprobanden und ihre soziale Benachteiligung erfordern eine intensive erzieherische Hilfe, um die bestehenden sozialen Konflikte zu lösen und sie in den Prozess der gesellschaftlichen Integration einzubinden. Dieser erhebliche Betreuungsaufwand kann im Rahmen der Unterbringung im elektronisch überwachten Hausarrest mangels personeller, finanzieller und sachlicher Kapazitäten kaum geleistet werden, so dass eine inhaltlich effektive erzieherische Einflussnahme nicht zu verwirklichen ist. An eingehender und unterstützender Hilfestellung mangelt es bereits bei bestehenden jugendstrafrechtlichen Reaktionsmöglichkeiten, namentlich beim Vollzug des Jugendarrestes.[1444] Es erscheint daher utopisch, bei Einsatz der elektronischen Überwachung als 'Auflage' i.S.d. § 87 Abs. 3 JGG den erzieherischen Anforderungen gerecht zu werden, zumal die überwiegende Anzahl der Jugendlichen und Heranwachsenden noch in ihrem Elternhaus lebt. Die dort zum Teil auszumachenden Mängel (Defizite in der Erziehung, Gewalt in der Familie, Alkohol- und Suchtprobleme, Arbeitslosigkeit) sind oft Ursache ihres Fehlverhaltens und

---

[1442] *Plewig/Hinrichs* in: Deutsche Vereinigung für Jugendgerichte und Jugendgerichtshilfen (Hrsg.), Junge Volljährige im Kriminalrecht 1977, S. 387 (411 f), *Plewig*, MschrKrim 63 (1980), S. 20 (27 f).

[1443] *Pfeiffer/Strobl*, DVJJ-Journal 1991, S. 35 (44); Diemer/Schoreit/Sonnen-*Sonnen* (Fn 1417), § 16, Rn 13; *Brunner/Dölling* (Fn 348), § 16, Rn 3. Für das Land Bremen: *Maelicke*, Ambulante Alternativen zum Jugendarrest und Jugendstrafvollzug, S. 39.

[1444] *Ostendorf* (Fn 348), § 90, Rn 9; *Laue*, DVJJ-Journal 1/1995, S. 91 (94). *Dünkel* konstatiert eine "*überwiegend trostlose Arrestvollzugswirklichkeit*" [Freiheitsentzug für junge Rechtsbrecher, S. 350; ders., ZfJ 1990, S. 425 (431)].

können allein durch die elektronische Überwachung und der damit verbundenen Betreuung durch einen Sozialarbeiter der Jugendgerichtshilfe nicht gelöst werden. Zur Beseitigung der Sozialisationsdefizite des Verurteilten ist es notwendig, vielfältige Angebote und Aktivitäten u.a. in den Bereichen Ausbildung, Arbeit und Wohnen durch die Jugendhilfe zur Verfügung zu stellen. Die individuellen Fähigkeiten des Jugendlichen müssen gefördert, seine Schwächen abgebaut werden. Er soll lernen, Selbstverantwortung zu übernehmen. Erforderlich sind Einzelbetreuung und -gespräche, Gruppenarbeit zu Problembereichen sowie umfangreiche therapeutische Angebote, beispielsweise Suchtmittelberatung. Schließlich macht die elektronische Überwachung im Hinblick auf die strengen Aufenthaltsbestimmungen eine sinnvolle eigene Freizeitgestaltung unmöglich. Dabei sind insbesondere sportliche Aktivitäten bei Jugendlichen zum Abbau von Aggressivität und Erlernen disziplinierten Verhaltens von großer Wichtigkeit.[1445] Im Rahmen des Jugendarrestes ist der Einsatz der elektronischen Überwachung daher nicht zu empfehlen.[1446]

C. Elektronisch überwachter Hausarrest im Rahmen der Jugendstrafe

Im Bereich der Jugendstrafe könnte die elektronische Überwachung als Weisung oder Auflage bei Aussetzung der Verhängung der Jugendstrafe, bei nachträglicher Aussetzung der Vollstreckung der Jugendstrafe zur Bewährung durch Beschluss, bei Aussetzung der Vollstreckung der Jugendstrafe zur Bewährung sowie bei der Strafrestaussetzung zur Bewährung eingesetzt werden.

I. Aussetzung der Verhängung der Jugendstrafe

Die Aussetzung der Verhängung der Jugendstrafe ist in § 27 JGG normiert. Im Gegensatz zur Aussetzung der Vollstreckung der Jugendstrafe stellt das Gericht nur die Schuld des Jugendlichen fest, der Strafausspruch, also die Entscheidung

---

[1445] Aus diesem Grund sieht § 10 Abs. 1 S. 2 Nr. 6 JGG die Teilnahme an einem sozialen Trainingskurs vor. Das Anti-Aggressionstraining wird von Sozialarbeitern durchgeführt.

[1446] Gegen den Einsatz des elektronisch überwachten Hausarrestes im Bereich des Jugendarrestes haben sich auch die Mitglieder der Arbeitsgruppe 'Elektronisch überwachter Hausarrest' ausgesprochen, weil er eine jugendspezifische erzieherische Wirkung vermissen lasse. Darüber hinaus sei Jugendkriminalität vielfach auf die häuslichen Bedingungen, Erziehungsdefizite und Auseinandersetzungen mit dem Elternhaus zurückzuführen, so dass eine stringente Überwachung als Problemlösung ungeeignet sei (Abschlussbericht der Arbeitsgruppe 'Elektronisch überwachter Hausarrest', S. 16).

über die Verhängung der Jugendstrafe, wird für eine bestimmte Bewährungszeit ausgesetzt, wenn noch nicht mit Sicherheit beurteilt werden kann, ob in der Straftat des Jugendlichen schädliche Neigungen von solchem Umfang zutage getreten sind, dass eine Jugendstrafe erforderlich ist. Gemäß § 29 i.V.m. § 23 JGG können für die Dauer der Bewährungszeit entsprechende Weisungen und Auflagen erteilt werden.

Der Einsatz elektronischer Überwachung als Auflage scheidet de lege lata aus, da §§ 23, 29 JGG für die Erteilung von Bewährungsauflagen auf den abschließenden Katalog des § 15 Abs. 1 JGG verweisen. Auch die Anwendung von EM als Weisung im Rahmen der Aussetzung der Verhängung der Jugendstrafe gemäß §§ 23 Abs. 1 S. 4, 27, 29 S. 2 i.V.m. § 10 Abs. 1 JGG kommt nicht in Frage. Der Gesetzgeber hat eine restriktive Handhabung des Instituts der Aussetzung der Verhängung der Jugendstrafe empfohlen[1447], so dass diese Ausnahmeregelung in der Praxis nur in besonderen Fallgestaltungen anwendbar ist.[1448] Bei einem vermehrten Gebrauch der Aussetzung der Verhängung der Jugendstrafe besteht die Gefahr der Vernachlässigung der erforderlichen umfassenden Persönlichkeitserforschung des Jugendlichen. Neben der Tatsache, dass angesichts der geringen praktischen Bedeutung der Aussetzung der Verhängung der Jugendstrafe nur wenig Jugendliche für die Unterbringung im elektronisch überwachten Hausarrest in Betracht kämen[1449], ist die extensive Anwendung eines nur in Ausnahmefällen in Betracht kommenden Rechtsinstituts nicht anzuraten.

II. Nachträgliche Aussetzung der Vollstreckung der Jugendstrafe zur Bewährung durch Beschluss

Die Aussetzung der Jugendstrafe zur Bewährung kann nach § 57 Abs. 1 JGG nicht nur im Urteil, sondern, sofern der Strafvollzug noch nicht begonnen hat, auch nachträglich durch Beschluss angeordnet werden. Diese nachträgliche An-

---

[1447] BT-Drs. 1/4437, Schriftlicher Bericht des Ausschusses für Rechtswesen und Verfassungsrecht (23. Ausschuss) über den Entwurf eines Gesetzes zur Änderung des Reichsjugendgerichtsgesetzes, S. 6.
[1448] OLG Frankfurt, NJW 1955, S. 603; *Schaffstein/Beulke* (Fn 1238), § 26 I 3; a.A. *Eisenberg* (Fn 348), § 27, Rn 7; *Brunner/Dölling* (Fn 348), § 27, Rn 9.
[1449] Der Anteil der Jugendlichen, bei denen die Verhängung einer Jugendstrafe ausgesetzt wurde, beträgt im Verhältnis zu allen nach Jugendstrafrecht Verurteilten zwischen 1 und 2 % (Statistisches Bundesamt, Rechtspflege, Reihe 3, Strafverfolgung 1999, S. 77). Zur Zurückhaltung in der der Anwendungspraxis siehe auch *Wenger* in: FS für Härringer, S. 64 (68 f).

ordnung ist gesetzlich nur dann zulässig, wenn seit Erlass des Urteils Umstände hervorgetreten sind, die allein oder in Verbindung mit bereits bekannten Umständen eine Aussetzung rechtfertigen. Die Anordnung kann mit Weisungen und Auflagen verbunden werden. In der Praxis hat die Regelung des § 57 Abs. 1 JGG zur Entwicklung der sog. 'Vorbewährung' geführt.[1450] Das Gericht verurteilt den Jugendlichen zu einer bestimmten Jugendstrafe in aussetzungsfähiger Höhe; die Entscheidung über deren Aussetzung oder Vollstreckung wird ausdrücklich offengelassen und einem späteren Beschluss über die Strafaussetzung vorbehalten. I.d.R. wird dem Jugendlichen zugleich die Weisung erteilt, mit einem Bewährungshelfer Kontakt aufzunehmen. Verhält sich der Verurteilte in dieser Zeit straffrei, ordnet das Gericht in seinem Beschluss die Strafaussetzung zur Bewährung an.[1451] Durch das nachträgliche Beschlussverfahren soll der Beginn der Vollstreckung der Jugendstrafe noch verhindert werden können. Das Vorbehaltsurteil und das Vorbewährungsverfahren werden daher als "*erweiterte Möglichkeiten der Strafaussetzung zur Bewährung*" qualifiziert.[1452]

Der Einsatz von EM als Weisung bei dem von der Rechtsprechung entwickelten Institut der Vorbewährung ist abzulehnen. Die Einbeziehung zahlreicher Delinquenten in den Anwendungsbereich dieses Instituts durch die Einführung des elektronisch überwachten Hausarrestes ist nicht geboten. In den §§ 21 und 27 JGG sind die gesetzlich anerkannten Aussetzungsmöglichkeiten umfassend normiert. Die Befürwortung des Instituts der Vorbewährung mit der Begründung, der Jugendliche 'verdiene' sich durch seine Mitarbeit während der Probezeit die Bewährung[1453], widerspricht dem Grundgedanken des Jugendgerichtsgesetzes. Eine verhängte Jugendstrafe ist dann nicht zu vollstrecken, wenn zu erwarten ist, dass der Jugendliche zukünftig keine weiteren Straftaten mehr begehen wird. Hat das Gericht Zweifel, ob die für die Prognose relevanten Tatsachen die Annahme schädlicher Neigungen zulassen, darf Jugendstrafe nicht verhängt werden. Darüber hinaus darf nicht verkannt werden, dass die Vorbewährung eine erhebliche

---

Die Zulässigkeit dieser 'dritten Form der Aussetzung' unter Hinweis auf eine fehlende Regelungslücke verneinend: *Schaffstein/Beulke* (Fn 1238), § 25 V; *Ostendorf* (Fn 348), Grdl.z. §§ 57-60, Rn 7; § 57, Rn 5 f; *Walter/Pieplow*, NStZ 1988, S. 165 (169). Für eine gesetzliche Verankerung: *Kruse*, ZRP 1993, S. 221 (226); *Flümann*, Die Vorbewährung nach § 57 JGG, S. 78.
[1451] Vgl. SchlHOLG, SchlHA 1978, S. 90 f; OLG Stuttgart, NStZ 1986, S. 219 f; *Kruse*, ZRP 1993, S. 221.
[1452] Diemer/Schoreit/Sonnen-*Sonnen* (Fn 1417), § 57, Rn 11.
[1453] So *Flümann* (Fn 1450), S. 42 f.

Belastung für den Verurteilten darstellt, weil das Gericht erst nach Ablauf einer bestimmten Frist entscheidet, ob die Vollstreckung der Jugendstrafe zur Bewährung ausgesetzt wird, den Verurteilten also im Ungewissen lässt. Die Vorschriften über den Widerruf der Strafaussetzung zur Bewährung stellen dem Jugendrichter hinreichende Möglichkeiten zur Verfügung, etwaige Fehlentscheidungen zu korrigieren.

III. Aussetzung der Vollstreckung der Jugendstrafe zur Bewährung

Gemäß § 21 Abs. 1 S. 1 JGG kann das Gericht die Vollstreckung der Jugendstrafe, sofern sie nicht mehr als ein Jahr beträgt, zur Bewährung aussetzen, wenn zu erwarten ist, dass der Jugendliche sich schon die Verurteilung als Warnung hat dienen lassen und ohne Einwirkung des Strafvollzuges zukünftig einen rechtschaffenen Lebenswandel unter der erzieherischen Einwirkung in der Bewährungszeit führen wird. Die Vollstreckung einer Jugendstrafe, die zwei Jahre nicht übersteigt, ist auch dann zur Bewährung auszusetzen, wenn die Vollstreckung unter Berücksichtigung der Entwicklung des Jugendlichen nicht geboten ist. Während der Dauer der Bewährungszeit soll der Richter nach § 23 Abs. 1 S. 1 JGG dem Jugendlichen Weisungen erteilen, um seine Lebensführung erzieherisch zu beeinflussen, wobei auch Auflagen erteilt werden können (§ 23 Abs. 1 S. 2 JGG).

Der Einsatz von EM als Auflage scheidet de lege lata aus, da § 23 JGG für die Erteilung von Bewährungsauflagen auf den abschließenden Katalog des § 15 Abs. 1 JGG verweist. Denkbar wäre hingegen die Unterbringung im elektronisch überwachten Hausarrest als Bewährungsweisung gemäß § 23 Abs. 1 i.V.m. §§ 10, 11 JGG, um die Aussetzungspraxis bei den Jugendstrafen von einem bis zu zwei Jahren zu erhöhen und stationären Freiheitsentzug zu vermeiden.[1454] Im Ergebnis ist die Anwendung der elektronischen Überwachung jedoch aus den oben erörterten sozialpädagogischen und praktischen Gründen abzulehnen (Zehnter Teil, A).

[1454] Bei maximal einem Drittel der zu einer Jugendstrafe verurteilten Jugendlichen konnten im Zeitpunkt der Verurteilung aufgrund ihrer Persönlichkeitsmängel bzw. der Schwere der Tat keine ambulanten Maßnahmen in Betracht gezogen werden, so dass noch ein beträchtliches Potential besteht, alternative Sanktionen zu verhängen (*Dünkel* (Fn 1444, S. 191 f). *Weber* konstatiert, dass die Gerichte bei der Verhängung der Jugendstrafe den Erziehungsgedanken nur in unzureichender Weise berücksichtigen (Die Anwendung der Jugendstrafe, S. 191).

IV. Aussetzung der Vollstreckung des Restes der Jugendstrafe zur Bewährung

Gemäß § 88 JGG kann die Vollstreckung des Restes einer Jugendstrafe nach Verbüßung eines Teils der Strafe zur Bewährung ausgesetzt werden. Dies ist dann der Fall, wenn die Aussetzung mit Blick auf die Entwicklung des Betroffenen und das Sicherheitsinteresse der Allgemeinheit verantwortet werden kann. In diesem Zusammenhang könnte sich ein weiterer Einsatzbereich der elektronischen Überwachung eröffnen, da nach § 88 Abs. 6 S. 1 JGG die §§ 22 Abs. 1 und 2 S. 1 und 2, 23 bis § 26 a JGG sinngemäß gelten. Möglich wäre die jugendgerichtliche Anordnung der Unterbringung im elektronisch überwachten Hausarrest als Weisung im Rahmen der Strafrestaussetzung nach § 10 Abs. 1 S. 2 Nr. 1 JGG. Dadurch wäre die Öffnung des Instituts der Strafaussetzung zur Bewährung für bisher als erheblich problembelastet und risikoreich eingestufte Inhaftierte möglich, weil die strenge Kontrolle des Jugendlichen Sicherheitsbedenken ausräumen könnte. Die Strafrestaussetzung könnte diesen sozial Benachteiligten einen Ansporn zu Wohlverhalten geben. Denn auch eine bereits fehlgeschlagene Aussetzung kann dem Jugendlichen in seinem Sozialisationsprozess helfen, beispielsweise indem er die Hilfe des Bewährungshelfers in der zweiten Bewährungszeit annimmt und den erteilten Weisungen nachkommt.

Bei der Verweisung des § 88 Abs. 6 JGG auf die Bewährungshilfemöglichkeiten ergibt sich im Gegensatz zur Aussetzung der Jugendstrafe zur Bewährung inhaltlich der Unterschied, dass die erteilten Bewährungsweisungen einer umfassenden Betreuung des Delinquenten nach seiner Entlassung dienen. Sie sollen die effektive Gestaltung der schwierigen Übergangsphase vom Vollzug in die Freiheit gewährleisten, insbesondere weil während dieser Zeit eine erhebliche Rückfallwahrscheinlichkeit besteht, den Verurteilten in diesem Zeitraum begleiten und ihm helfen, existentielle Probleme zu bewältigen.[1455]

Die vermehrte Einbeziehung straffälliger Jugendlicher in den Anwendungsbereich des Instituts der Strafrestaussetzung durch den Einsatz der elektronischen Überwachung ist nicht zu befürworten. Neben der Tatsache, dass die potentiellen Arrestanten als schwieriges Klientel einzustufen sind, bestehen beim Einsatz der elektronischen Überwachung im Rahmen der Aussetzung der Vollstreckung des

---

[1455] *Eisenberg* (Fn 348) § 88, Rn 19; Diemer/Schoreit/Sonnen-*Sonnen* (Fn 1417), § 88, Rn 22.

Strafrestes die bereits an anderer Stelle erörterten pädagogischen und praktischen Bedenken. Die Probanden benötigen erzieherische, heilpädagogische und therapeuthische Hilfe und Betreuung in einem Umfang, der bei der Unterbringung im elektronisch überwachten Hausarrest (derzeit) jedenfalls nicht geleistet werden kann. Aus pädagogischer Sicht ist zu befürchten, dass bestehende Probleme mit den Eltern bzw. Erziehungspersonen durch den ständigen Aufenthalt des Probanden in der Wohnung verstärkt würden, da Ursache des Fehlverhaltens oftmals die häuslichen Bedingungen sind.

D. Elektronisch überwachter Hausarrest als Maßnahme zur Vermeidung oder Verkürzung der Untersuchungshaft bei Jugendlichen und Heranwachsenden

Untersuchungshaft kann auch gegenüber Jugendlichen und Heranwachsenden angeordnet werden. Zusätzlich zu den Vorschriften der §§ 112 ff, 230 StPO sind bei Jugendlichen die §§ 52, 52 a, 72 und 93 JGG zu berücksichtigen, die den Grundsatz der Subsidiarität der Untersuchungshaft und ihre Qualifizierung als ultima ratio der Verfahrenssicherung und die möglichst erzieherische Ausgestaltung des Vollzuges hervorheben.[1456] § 72 Abs. 1 S. 1 JGG bestimmt, dass Untersuchungshaft nur verhängt und vollstreckt werden darf, wenn ihr Zweck nicht durch eine vorläufige Anordnung über die Erziehung oder durch andere Maßnahmen erreicht werden kann. Eine solche andere Maßnahme könnte der elektronisch überwachte Hausarrest darstellen.

Zur Beantwortung der Frage, ob EM als Haftverschonungsmaßnahme auch bei Jugendlichen geeignet ist, muss zwischen den einzelnen Haftgründen differenziert werden. Als Haftgründe kommen die des Erwachsenenstrafrechts, also u.a. Fluchtgefahr gemäß § 112 Abs. 2 Nr. 2 StPO, Verdunkelungsgefahr nach § 112 Abs. 2 Nr. 3 StPO und Wiederholungsgefahr gemäß § 112 a StPO bzw. § 71 Abs. 2 JGG in Betracht.[1457]

Als Haftvermeidungsmaßnahme für einen auf den Haftgrund der Verdunkelungsgefahr gestützten Haftbefehl kommt EM nicht in Betracht. Die elektronische

---

[1456] Auf Heranwachsende finden die §§ 71, 72 JGG gemäß §§ 105, 106 JGG keine Anwendung. Ihr Grundgedanke sollte jedoch im Rahmen des § 112 Abs. 1 S. 2 StPO in angemessener Weise berücksichtigt werden (Diemer/Schoreit/Sonnen-*Diemer* (Fn 1417), § 72, Rn 1).
[1457] *Ostendorf* (Fn 348), § 72, Rn 3.

Überwachung verhindert nicht die Vernichtung von Beweismitteln oder die Kontaktaufnahme zu Mitbeschuldigten oder Zeugen.[1458] Auch die Unterbringung Jugendlicher im elektronisch überwachten Hausarrest als mildere Maßnahme im Vergleich zur Untersuchungshaft bei den Haftgründen der Fluchtgefahr oder der 'Schwere der Tat' gemäß § 112 Abs. 3 StPO oder einen mit Wiederholungsgefahr begründeten Unterbringungsbefehl nach § 71 Abs. 2 JGG ist nicht zu empfehlen. Jugendliche befinden sich in einer Entwicklungsphase, in der sie nach Unabhängigkeit von den Erwachsenen/dem Elternhaus und nach Selbständigkeit streben. Autonomie und Entscheidungskompetenz stellen die maßgeblichen Entwicklungaufgaben dar, die ein Jugendlicher/Heranwachsender in der Adoleszenz zu vollbringen hat.[1459] Die Jugendlichen wollen ihre Entscheidungen allein und ohne Rat von Eltern, Erziehern oder Pädagogen treffen, so dass die ständige Kontrolle und der Zwang, sich an vorgegebene Reglementierungen zu halten, zu abweichendem Verhalten, d.h. verschlossenen und abwehrenden Gegenreaktionen führt. Die strengen Verhaltensvorgaben dürften entwicklungsbedingt daher eher kontraproduktiv wirken.[1460] Abzulehnen ist auch der Einsatz des elektronisch überwachten Hausarrestes als 'andere Maßnahme' i.S.d. § 72 Abs. 1 JGG, um zu gewährleisten, dass der Jugendliche an der Hauptverhandlung teilnimmt. Da die elektronische Kontrolle faktisch ein Verlassen der Wohnung nicht verhindert, weil sie nur ein psychisches Hindernis darstellt, wird in diesen Fallkonstellationen das Erscheinen des Angeklagten zum Verhandlungstermin nicht in ausreichendem Maße gewährleistet.

[1458] Siehe oben: Neunter Teil, G III 2.
[1459] *Silbereisen* in: Schumann-Hengsteler/Trautner (Hrsg.), Entwicklung im Jugendalter, S. 1 ff.
[1460] Sofern auf die heranwachsenden Beschuldigten kein Jugendstrafrecht angewendet wird, gelten die Ausführungen zu den Erwachsenen, auf die an dieser Stelle verwiesen wird (Neunter Teil, G III).

Elfter Teil: Alternativvorschläge zur Einführung des elektronisch überwachten Hausarrestes

Alternativ könnte der elektronisch überwachte Hausarrest als eigenständige Sanktion oder auf vollstreckungsrechtlicher Ebene eingeführt sowie als Bewährungsweisung/-auflage in den Katalog der §§ 56 b, c StGB, 116 StPO aufgenommen werden. Entsprechende Vorschläge werden im Schrifttum bereits diskutiert.

A. Änderungen des Vollstreckungsrechtes

Vereinzelt wird in der Literatur vorgeschlagen, bei längeren und mittleren Freiheitsstrafen die Verbüßung der Schlussphase solcher Strafen durch eine richterliche Anordnung des elektronisch überwachten Hausarrestes zu ermöglichen.[1461] Eine richterliche Anordnung sei angesichts der mit der Unterbringung im elektronischen Hausarrest verbundenen Beendigung des Freiheitsentzuges gemäß Art. 104 Abs. 2 S. 1 GG notwendig.[1462] Die Umsetzung dieses nicht näher konkretisierten Vorschlages würde gesetzliche Änderungen im Strafvollstreckungsrecht erfordern.[1463]

Der Einsatz des elektronisch überwachten Hausarrestes als Übergangsphase vom Strafvollzug in die Freiheit könnte durch Änderung der §§ 453 ff StPO ermöglicht werden. Beispielsweise trifft das Gericht gemäß § 453 Abs. 1 S. 1 StPO nachträglich Entscheidungen über die Strafaussetzung zur Bewährung oder nach § 454 Abs. 1 S. 1 StPO über die Aussetzung der Vollstreckung des Restes einer Freiheitsstrafe zur Bewährung ohne mündliche Verhandlung durch Beschluss. Obschon die §§ 449 - 463 d StPO nicht nur Regelungen über die Verwirklichung der Vollstreckung der Maßnahmen und Anordnungen des Strafgerichts enthalten, sondern auch die Möglichkeit beinhalten, gerichtlich erlassene Entscheidungen

---

[1461] *Hehgmanns*, ZRP 1999, S. 297 (302). Für eine Einführung des elektronisch überwachten Hausarrestes auf Vollstreckungsebene spricht sich auch *Frommel* aus. Allerdings sieht sie nur einen geringen Anwendungsbereich in Deutschland [NK 3/1999, S. 9 (13)].

[1462] *Heghmanns*, ZRP 1999, S. 297 (302).

[1463] Unter Strafvollstreckung ist die Verwirklichung des staatlichen Strafanspruches zu verstehen (*Calliess* (Fn 1326), § 2, 1), d.h. die Einleitung und generelle Überwachung der Urteilsdurchsetzung (*Kaiser/Schöch* (Fn 1187), § 3, Rn 16; *Isak/Wagner* (Fn 1298), Rn 4). Bei einer Freiheitsstrafe umfasst die Strafvollstreckung den gesamten Prozess von der Durchsetzung des rechtskräftigen Urteils bis zum Ende der Strafzeit (*Roxin* (Fn 607), § 56 A II 1).

352

abzuändern oder aufzuheben[1464], ist die Einführung des elektronisch überwachten Hausarrestes auf Vollstreckungsebene abzulehnen. EM greift noch weitergehend als die Aussetzung von Freiheitsstrafen zur Bewährung in die materiell-rechtlichen Rechtsfolgen der Tat ein und sollte deshalb auch dem materiellen Recht zugeordnet werden.

B. Elektronisch überwachter Hausarrest als eine Rechtsfolge der Tat

Es bleibt zu prüfen, ob es sich beim elektronisch überwachten Hausarrest um eine Rechtsfolge der Tat handelt.

Im Schrifttum wird der elektronisch überwachte Hausarrest überwiegend als Rechtsfolge der Tat eingeordnet.[1465] Es gehe nicht um die konkrete Ausgestaltung einer Freiheitsstrafe, also um eine bloße Variante einer bekannten Strafe, vielmehr sei zu entscheiden, ob ein Straftäter seine Strafe in einer Justizvollzugsanstalt verbüßen müsse.[1466] Der elektronisch überwachte Hausarrest sei als eine freiheitsentziehende Maßnahme im weiteren Sinn zu qualifizieren, die bisher im StGB nicht vorgesehen sei.[1467] Darüber hinaus sei der Gesetzgeber mit Blick auf Art. 20 Abs. 3 GG verpflichtet, neue gesetzliche Regelungen so auszugestalten, dass die wesentlichen Einschränkungen eines Eingriffes aus dem Gesetz selbst entnommen werden können.[1468] Sofern nicht aus dem StGB ermittelbar sei, mit welchen konkreten Sanktionen kriminelles Verhalten im Wege einer Verurteilung belegt werden könne, liege ein Verstoß gegen das Bestimmtheitsgebot des Art. 103 Abs. 2 GG vor.[1469] Zu untersuchen ist also, ob die Einordnung des elektronisch überwachten Hausarrestes als Rechtsfolge der Tat zutreffend ist.

I. Begriff der Strafe

Eine einheitliche Umschreibung dessen, was Strafe ist bzw. welchen Inhalt sie hat, existiert nicht. Vielmehr ist der Inhalt und die Aufgabe der Strafe vom Bestand der jeweiligen Ordnung abhängig, so dass ihr Wesen, ihr Sinn und ihre

[1464] *Meyer-Goßner* (Fn 923), Vor § 449, Rn 1; SK-*Paeffgen* (Fn 924), Vor § 449, Rn 3.
[1465] *Krahl*, NStZ 1997, S. 457 (459); *Thiele*, Kriminalistik 1999, S. 440 (443); *Köhler*, NK 2/2000, S. 10; *Wittstamm* (Fn 74), S. 159, 161; *Pätzel*, DuD 2000, S. 27 (28).
[1466] *Pätzel*, DuD 2000, S. 27 (28).
[1467] *Krahl*, NStZ 1997, S. 457 (459).
[1468] *Pätzel*, DuD 2000, S. 27 f; *Ostendorf*, ZRP 1997, S. 473 (475).
[1469] *Thiele*, Kriminalistik 1999, S. 440 (442 f).

Rechtfertigung in der Rechtswissenschaft stark umstritten sind.[1470] Das BVerfG hat versucht, den Begriff der Strafe zu definieren und Kriterien zu entwickeln, anhand derer geprüft werden kann, ob eine Maßnahme als Kriminalstrafe einzuordnen ist oder nicht. Allerdings hat das BVerfG im Laufe der Zeit die verschiedenen Elemente des Begriffs der Strafe unterschiedlich akzentuiert, so dass es eine exakte Definition der Strafe nicht gibt.[1471] Zum einen wird Strafe als *"ihrem Wesen nach Vergeltung durch Zufügung des Strafübels"*[1472] definiert, zum anderen ist sie *"gekennzeichnet durch die Schwere des Eingriffs in die Rechtsstellung des Bürgers. Sie ist mit einem ethischen Schuldvorwurf verbunden, wird regelmäßig ins Strafregister eingetragen und gilt als Vorstrafe."*[1473] Die Einordnung einer Sanktion als Strafe erfolgt danach anhand folgender Fragestellungen:

- Liegt in der Sanktion ein ehrenrühriges, autoritatives Unwerturteil über eine Verhaltensweise des Betroffenen, ein Vorwurf wegen Auflehnung gegen die Rechtsordnung, so wie dies Kennzeichen einer Kriminalstrafe ist?[1474]
- Hat die Sanktion den Ernst der staatlichen Strafe?[1475]
- Handelt es sich bei dem sanktionierten Unrecht um dasselbe wie bei der Kriminalstrafe?[1476]

Im Schrifttum wird hervorgehoben, dass es bei der Strafe um eine Reaktion auf einen Normbruch gehe.[1477] Sie sei ein öffentliches sozialethisches Unwerturteil über den Täter aufgrund seiner schuldhaft begangenen Rechtsgutverletzung[1478] und habe Zwangscharakter.[1479]

Die Unterbringung im elektronisch überwachten Hausarrest beinhaltet ein ehrenrühriges, autoritatives Unwerturteil, da der Straftäter aufgrund seines strafrecht-

---

[1470] *Jakobs*, Strafrecht, AT, 1. Abschn, Rn 1 ff; *Jescheck/Weigend* (Fn 548), § 8 I 1.
[1471] Siehe dazu die Untersuchung von *Volk*, ZStW 83 (1971), S. 405 ff.
[1472] BVerfGE 22, 125 (132).
[1473] BVerfGE 27, 36 (40).
[1474] BVerfGE 22, 49 (80).
[1475] BVerfGE 27, 18 (33).
[1476] BVerfGE 21, 391 (405).
[1477] *Jakobs* (Fn 1470), 1. Abschn, Rn 2.
[1478] *Kaufmann*, Strafrechtsdogmatik zwischen Sein und Wert, S. 265, 273; *Jescheck/Weigend* (Fn 548), § 8 I 2 b; *Roxin*, Strafrecht, AT - Band I, § 2 XIII 1, Rn 50; *Maurach/Zipf*, Strafrecht, AT - Teilband 1, § 1 I, Rn 9.
[1479] *Kargl*, GA 1998, S. 53 (57).

lich relevanten Verhaltens in der Wahrnehmung seiner Freiheitsrechte beschränkt wird. Fraglich ist, ob die elektronische Überwachung den Ernst einer staatlichen Strafe hat. Oftmals wird dies mit der Begründung verneint, der Täter sitze seine Strafe vor dem Fernseher bei einem Glas Weißbier ab. Die Einordnung des elektronischen Hausarrestes als zu 'milde Sanktion' erweist sich bei genauerer Betrachtung der mit der elektronischen Überwachung verbundenen strengen Verhaltensregeln als fehlerhaft. Durch den Hausarrest wird der Betroffene stark in seiner Lebensführung reglementiert, insbesondere steht es ihm nicht frei, seine Freizeit individuell zu gestalten. Die Teilnahme an Sport- und anderen Freizeitaktivitäten außer Haus ist ihm i.d.R. nicht möglich. Darüber hinaus ist der Verurteilte (unangekündigten) Kontrollbesuchen ausgesetzt, unterliegt einem Alkoholverbot und muss ggf. Blut- und Urinproben abgeben. Mit Blick auf andere ambulante Sanktionen ist dem elektronischen Hausarrest durchaus der Ernst einer staatlichen Strafe beizumessen, wobei es sich bei dem zu sanktionierenden Unrecht um dasselbe handelt wie bei einer Geld- oder Freiheitsstrafe.

Obschon die Unterbringung im elektronisch überwachten Hausarrest die maßgeblichen Kriterien für die Einordnung einer Sanktion als Strafe erfüllt, lässt sich den zahlreichen Entscheidungen des BVerfG zum Begriff bzw. Wesen der Strafe[1480] entnehmen, dass dem Gesetzgeber bestimmte Sanktionen zur Verfügung stehen, deren Klassifikation nicht von vornherein feststeht, d.h. diese können auch in einem anderen Regelungszusammenhang eingesetzt werden mit der Folge, dass sich dadurch ihre 'Bedeutung' ändert.[1481] Mithin hängt es vom Standort der Sanktion im Strafensystem und damit von der Wahl des Gesetzgebers ab, ob sie als Strafe oder als anderes Regelungsinstrument qualifiziert wird. In Bezug auf den elektronisch überwachten Hausarrest ist damit im Ergebnis festzuhalten, dass er grundsätzlich als eigenständige Strafnorm ausgestaltet werden könnte, sofern seine Anordnung auf die Verfolgung der allgemein anerkannten Strafzwecke beschränkt ist. Die heute in der Rechtsprechung und Literatur vorherrschende Vereinigungstheorie verbindet die verschiedenen Strafzwecke und versucht, sie in ein ausgewogenes Verhältnis zueinander zu bringen.[1482] Nach dem BVerfG besteht daher

---

[1480] Vgl. BVerfGE 8, 197 ff; 21, 378 ff; 22, 125 ff; 27, 18 ff; 27, 36 ff.
[1481] *Volk*, ZStW 83 (1971), S. 405 (432).
[1482] Vgl. BVerfGE 45, 187 (253); *Jescheck/Weigend* (Fn 548), § 8 V; Nomos-*Hassemer* (Fn 1173), vor § 1, Rn 427; *Tröndle/Fischer* (Fn 502), § 46, Rn 2.

"kein Grund, sich mit den verschiedenen Straftheorien auseinanderzusetzen".[1483] Denn *"es hat es als allgemeine Aufgabe des Strafrechts bezeichnet, die elementaren Werte des Gemeinschaftslebens zu schützen. Schuldausgleich, Prävention, Resozialisierung des Täters, Sühne und Vergeltung für begangenes Unrecht werden als Aspekte einer angemessenen Strafsanktion bezeichnet"*.[1484] Mit anderen Worten dient Strafe *"dem subsidiären, generalpräventiven sowie individuell vorbeugenden Schutz von Rechtsgütern und staatlichen Leistungszwecken durch ein die Autonomie der Persönlichkeit wahrendes, im Strafausspruch auf das Maß der Schuld begrenztes Verfahren."*[1485] Der einzelne Täter soll abgeschreckt und resozialisiert werden (Spezialprävention). Ferner wird bezweckt, andere von der Begehung gleichartiger Delikte abzuhalten (Generalprävention). Neben diesen Zwecken soll die Strafe auch die Schuld des Täters ausgleichen.[1486] Fraglich ist daher, ob die Unterbringung im elektronisch überwachten Hausarrest

♦ den Täter abschrecken und ihn i.s. einer Resozialisierung bessern kann,
♦ andere von der Deliktsbegehung abhält und der Allgemeinheit vermittelt, dass sich eine Straftat *"nicht lohnt"*[1487],
♦ ein Übel darstellt, das die Schuld des Täters ausgleicht und ihm die Möglichkeit zur Sühne gibt.

ARLOTH meint, die Unterbringung im elektronisch überwachten Hausarrest erfülle die Strafzwecke der General- und Spezialprävention nicht. Die elektronische Überwachung schütze weder die Allgemeinheit vor dem Täter noch trage sie dazu bei, zukünftig Straftaten zu verhindern. Eine Abschreckung oder Stärkung des Vertrauens der Öffentlichkeit in die Rechtsordnung sei mit EM ebenfalls nicht verbunden.[1488] Auch die Bundesarbeitsgemeinschaft für Straffälligenhilfe (BAG-S) e.V. hält einen Abschreckungseffekt und damit eine spezialpräventive Wirkung des elektronisch überwachten Hausarrestes für zweifelhaft, da Kriminalität *"fast nie ausschließlich auf fehlende Kontrollen zurückzuführen"* sei.[1489] Eine

---

[1483] BVerfGE 45, 187 (253).
[1484] BVerfGE 45, 187 (253 f).
[1485] *Roxin*, JuS 1966, S. 377 (385 f).
[1486] BVerfGE 39, 1 (57); 45, 187 (253 f); BGHSt 2, 194 (200 f).
[1487] *Loos*, ZRP 1993, S. 51 (54).
[1488] *Arloth*, GA 2001, S. 307 (318); *BAG-S e.V.* (Fn 307), S. 20; *Märkert/Heinz*, der kriminalist, 1999, S. 345 (348); *Weichert*, StV 2000, S. 335 (338).
[1489] *BAG-S e.V.* (Fn 307), S. 20; ebenso *Sonnen*, NK 1/1998, S. 4.

strafrechtliche Auffälligkeit hänge mit der sozialen Situation des Betroffenen und seiner Lebenslage zusammen, so dass die 'Fußfessel' nichts verbessere.[1490] Die elektronische Überwachung verhindere keine neuerlichen Straftaten, da durch das elektronische System nur Alarm ausgelöst werde, *"wenn der 'Häftling' sich nicht am genehmigten Ort aufhält, aber nicht, wenn er Straftaten begeht"*.[1491] Entsprechend werde es dem weiterhin kriminell tätigen Täter noch erleichtert, von seiner Wohnung aus Straftaten Dritter zu dirigieren.[1492] Ferner wird dem elektronisch überwachten Hausarrest häufig der Resozialisierungseffekt abgesprochen. Allein die elektronische Überwachung könne die Wiedereingliederung des Straftäters in die Gesellschaft nicht bewirken.[1493] Der Verurteilte werde zwar diszipliniert, aber nicht zu einem selbstbestimmten Leben befähigt. Technik bessere nicht und ersetze keine personalen Beziehungen.[1494]

Diese Auffassung trägt den tatsächlichen Gegebenheiten während der elektronischen Überwachung des Straffälligen nicht ausreichend Rechnung. Tatsächlich dürfte die Unterstellung unter elektronisch überwachten Hausarrest sowohl unter general- als auch unter spezialpräventiven Gesichtspunkten die mit dem Strafrecht verbundene Zielsetzung erfüllen, nämlich einerseits das Vertrauen der Bevölkerung in die bestehende Rechtsordnung stärken und die Allgemeinheit von der Begehung zukünftiger Straftaten abschrecken und andererseits den Betroffenen selbst von weiterem kriminellen Verhalten abhalten.[1495] Der elektronische Hausarrest erfordert ein hohes Maß an Selbstdisziplin und wird von den Betroffenen angesichts der ständig 'offenen Haustür' als durchaus belastend empfunden. Die permanente Konfrontation des Probanden mit seiner Situation (Tragen der Fußfessel, Ausrichtung des Tagesablaufes nach der Uhr) scheint auch nach Befragung der Arrestanten des hessischen Modellversuchs präventive Wirkung zu haben: *"...Die hat mich immer daran erinnert, wenn ich jetzt irgendwo was mach, was auf dem Spiel steht. Bewährung widerrufen und das wieder alles. Und das hat mich ja auch dann geholfen, mich zu festigen, dann, mit der Zeit."*[1496] Der elektronische

---

[1490] *Sonnen*, NK 1/1998, S. 4.

[1491] *Nickolai/Reindl*, ZfStrVo 1997, S. 298.

[1492] *Kube*, DuD 2000, S. 633 (635).

[1493] *BAG-S e.V.* (Fn 307), S. 16 f; *Stern*, BewHi 1990, S. 335 (341); *Nickolai/Reindl*, ZfStrVo 1997, S. 298; *Krahl*, NStZ 1997, S. 457 (461); *Sonnen*, NK 1/1998, S. 4; *Heitmann*, ZRP 1999, S. 230 (232); *Märkert/Heinz*, der kriminalist 1999, S. 345 (347).

[1494] *Flügge*, ZfStrVo 2000, S. 259 (260).

[1495] *Hudy* (Fn 74), S. 133 ff; *Thiele*, Kriminalistik 1999, S. 440 (443).

[1496] *Mayer* (Fn 288), S. 18.

Hausarrest kann demnach quasi als "*individueller Denkzettel*"[1497] dazu beitragen, erneutes delinquentes Verhalten zu verhindern.[1498] Die positive Spezialprävention wird dadurch erreicht, dass es dem Täter durch die Aufenthaltsbestimmungen weitgehend unmöglich gemacht wird, außerhalb seiner Wohnung weitere Delikte zu begehen und kriminelle Kontakte zu pflegen. Der Betroffene verbleibt in seinem sozialen Umfeld, wodurch der Verlust von Arbeitsplatz, Wohnung und familiärer und freundschaftlicher Bindungen vermieden wird. Die Unterstützung und Förderung der Resozialisierung des Straffälligen durch den elektronischen Hausarrest sollte daher unzweifelhaft sein[1499], zumal negative Auswirkungen durch subkulturelle Einflüsse im Vergleich zu einer Haftstrafe nicht zu befürchten sind. Vielmehr wird der Proband während der elektronischen Überwachung angehalten, einen regelmäßigen Tagesablauf einzuhalten, wobei ihn Psychologen und Sozialarbeiter unterstützen. Tatsächlich zeigen erste Befunde aus der Begleitforschung zu dem Modellprojekt in Hessen, dass sich in einem Großteil der Fälle die Situation der Probanden stabilisierte, insbesondere aufgrund des stark strukturierten Tagesablaufes, wobei der Betreuung und Förderung des Verurteilten durch Sozialarbeiter eine wichtige Rolle zukam.[1500] Mit Blick auf den Strafzweck der Generalprävention dürfte die Aufklärung der Allgemeinheit über die konkrete Ausgestaltung der elektronischen Überwachung von entscheidender Bedeutung sein.[1501] Sofern der Bevölkerung vermittelt wird, dass die Unterbringung im elektronisch überwachten Hausarrest strenge Anforderungen an den Betroffenen stellt und über die Aufenthaltsbeschränkung hinaus eine regelmäßige Beschäftigung sowie Alkohol- und Drogenabstinenz erfordert, die mittels Blut- und Urintests kontrolliert wird, ist anzunehmen, dass die Allgemeinheit in einer solchen Maßnahme eine ausreichende Reaktion auf das strafrechtlich relevante Verhalten des Delinquenten sieht. Im Übrigen darf nicht außer Acht gelassen werden, dass der Proband bei schweren und wiederholten Verstößen gegen Aufenthaltsbestimmungen mit seiner Inhaftierung rechnen muss.

[1497] *Schlömer* (Fn 353), S. 312.

[1498] Im Übrigen ist in diesem Kontext zu berücksichtigen, dass eine abschreckende Wirkung einer Strafe im Schrifttum seit langem umstritten ist: De facto ist bis heute die spezial- und generalpräventive Wirksamkeit des Strafrechts anhand von Zahlenmaterial nicht nachgewiesen (*Streng* (Fn 360), Rn 53 ff).

[1499] *Dahs*, NJW 1999, S. 3469 (3470); *Dohmen*, ZRP 1998, S. 192.

[1500] *Mayer/Haverkamp/Laborgne/Winkelmann* (Fn 435), S. 4, 6.

[1501] *Schlömer* (Fn 353), S. 313.

Neben den soeben erörterten spezial- und generalpräventiven Zwecken soll Strafe für den Verurteilten auch ein Übel darstellen, das ihm sein delinquentes Verhalten vor Augen führt, seine Schuld ausgleicht und ihm Gelegenheit zur Sühne gibt. Auch diesen Zweck erfüllt die Unterbringung des Verurteilten im elektronisch überwachten Hausarrest. Die elektronische Überwachung ist mit einer spürbaren Freiheitsbeschränkung, der Einhaltung eines Zeitplanes, dem Nachgehen einer regelmäßigen Tätigkeit und ggf. Drogen- und Alkoholabstinenz verbunden. Im Verhältnis zum stationären Vollzug wird von dem Betroffenen sogar ein beachtliches *"Mehr an Selbstdisziplin und Mitarbeit"*[1502] verlangt. Dem Schuldausgleich kann ferner dadurch Rechnung getragen werden, dass die Ausgestaltung des elektronischen Hausarrestes entsprechend variiert wird, beispielsweise im Hinblick auf die Gesamtdauer der Überwachungszeit oder die täglich zu gewährende Freizeit. Der elektronisch überwachte Hausarrest genügt demgemäß den anerkannten Strafzwecken, so dass er als eigenständige Strafe ausgestaltet werden kann.

II. Einordnung in das bestehende Rechtsfolgensystem

Wird ein Straffälliger unter elektronisch überwachten Hausarrest gestellt, verbüßt er seine Strafe zu Hause und nicht in einer Justizvollzugsanstalt. Dies bedeutet, dass eine solche neue Sanktion bezogen auf die Schwere des Eingriffs zwischen der Geldstrafe und der unbedingt vollstreckten Freiheitsstrafe anzusiedeln wäre. Denn die Geldstrafe besteht in der persönlichen Verpflichtung des Verurteilten, eine bestimmte Geldleistung zu erbringen. Sie richtet sich gegen das Vermögen des Straftäters und gilt als die mildeste Hauptstrafe.[1503] EM stellt dagegen eine stark in die Lebensführung des Betroffenen einschneidende Maßnahme dar. Ein Ersatz der Geldstrafe durch die elektronische Überwachung steht daher konsequenterweise nicht zur Diskussion. Im Verhältnis zur unbedingten Freiheitsstrafe stellt der elektronisch überwachte Hausarrest als bloße Freiheitsbeschränkung das mildere Rechtsinstitut dar. Die Vollstreckung der Freiheitsstrafe hat für den Verurteilten weitaus empfindlichere Konsequenzen als die elektronische Überwachung zu Hause. Der Betroffene wird aus bestehenden sozialen Bindungen herausgerissen, als jemand, 'der im Knast gesessen hat', stigmatisiert und kommt mit einer Subkultur in Kontakt, die seine Kriminalitätsanfälligkeit steigern kann. Da-

---

[1502] So der Abschlussbericht der Arbeitsgruppe 'Elektronisch überwachter Hausarrest', S. 5.
[1503] *Schütz*, Jura 1995, S. 399 (407); *Kaiser* (Fn 24), § 93, Rn 35; *Maurach/Gössel/Zipf* (Fn 348), § 59 III B, Rn 28.

gegen beinhaltet die Unterbringung im elektronisch überwachten Hausarrest schwerwiegendere Eingriffe in die Rechte des Verurteilten als eine Freiheitsstrafe, deren Vollstreckung zur Bewährung ausgesetzt worden ist. Die Erteilung von Auflagen ist gemäß § 56 b StGB fakultativ. Weisungen nach § 56 c StGB sind für die Dauer der Bewährungszeit nur dann zu erteilen, wenn der Verurteilte dieser Hilfe bedarf, um zukünftig keine weiteren Straftaten zu begehen. Die erteilten Weisungen oder Auflagen erstrecken sich i.d.R. nur auf einzelne Teilbereiche (z.b. Arbeit, Freizeit, Unterhaltspflichten), nicht hingegen auf den gesamten Tagesablauf des Täters. Zwar kann das Gericht den Verurteilten u.a. anweisen, Anordnungen zu befolgen, die sich auf den Aufenthalt beziehen, jedoch wird die Einhaltung der Aufenthaltsbestimmungen nicht elektronisch überwacht, so dass die Aussetzung der Vollstreckung der Freiheitsstrafe zur Bewährung allein unter diesem Gesichtspunkt ein weniger empfindlicheres Übel für den Betroffenen darstellt.[1504]

III. Elektronisch überwachter Hausarrest als neue Strafform?

Nachdem festgestellt wurde, dass der elektronisch überwachte Hausarrest eine Strafe darstellen kann, bleibt zu prüfen, ob es tatsächlich sinnvoll ist, EM als eigenständige Sanktion in das Strafgesetzbuch zu implementieren.

Die Frage, ob der elektronische Hausarrest in Form einer Kriminalstrafe in das StGB implementiert werden sollte, wird kontrovers diskutiert. *SCHÖCH* vertrat bereits auf dem 59. Deutschen Juristentag die Auffassung, dass allein aufgrund der Eingriffsintensität der elektronischen Überwachung ihre Ausformung als eigenständige Sanktion nicht anzuraten sei, "*allenfalls als ergänzende Sanktion für begrenzte Zeit bei nachweisbarer Vermeidung eines Freiheitsentzuges, also z.B. als Haftverschonungsmaßnahme nach § 116 StPO ...*".[1505] Nach dem Gesetzentwurf des Bundesrates soll der elektronisch überwachte Hausarrest nicht als selb-

---

[1504] Siehe dazu auch die Abb. 4 bei *Feltes*, der freiheitsbeschränkende Strafen [gegliedert nach nach ihrer Wirksamkeit (integrierend bis ausgrenzend) und nach dem Grad der Abweichung des Täters (gering bis hoch)] auf der Skala nach Wiedergutmachung, Geldstrafe, gemeinnütziger Arbeit und Bewährung/Betreuung (als Auflage oder Strafe) eingeordnet hat und vor § 63 StGB und unbedingten Freiheitsstrafen [in: Sievering (Hrsg.), Alternativen zur Freiheitsstrafe, S. 28 (35)]. *Rush* stuft EM ebenfalls zwischen einer Bewährungsstrafe und einer Haftstrafe ein [Northern Kentucky Law Review 13 (1987), No. 3, S. 375 (387 ff)].
[1505] *Schöch* (Fn 378), S. C 101.

ständige Sanktionsform neben die Freiheitsstrafe und die Geldstrafe treten.[1506] Sowohl im Antrag des Landes Berlin als auch im Gesetzentwurf des Bundesrates heißt es unter der Rubrik 'C. Alternativen': *"Keine"*.[1507] Die Normierung des elektronischen Hausarrestes als eigenständige Sanktion wurde auch von der länderübergreifenden Arbeitsgruppe 'Elektronisch überwachter Hausarrest' abgelehnt, weil sich EM nur schwer in das Strafgesetzbuch neben die Institute der Geldstrafe, Freiheitsstrafe auf Bewährung und unbedingte Freiheitsstrafe integrieren lasse.[1508] Die Kommission zur Reform des strafrechtlichen Sanktionensystems hat sich in ihrem Abschlussbericht ebenfalls gegen die Einführung der elektronischen Überwachung als selbständige Sanktion ausgesprochen. Neben der Gefahr eines Netzausweitungseffektes[1509] sei die Gefahr eines 'Zwei-Klassen-Strafrechts' nicht von der Hand zu weisen. Finanziell besser gestellte Täter erfüllten eher die Eignungskriterien als sozial randständige.[1510] Zweifelhaft sei zudem die spezialpräventive Wirkung der elektronischen Überwachung. Im Übrigen bedürfe es der Einführung des elektronischen Hausarrestes als Hauptsanktion nicht, weil kurze Freiheitsstrafen in der Bundesrepublik Deutschland im Gegensatz zu anderen europäischen Ländern nur ausnahmsweise verhängt würden und aus Gründen der Zumutbarkeit die Dauer der Überwachung nur für einen begrenzten Zeitraum in Betracht käme.[1511] Auch im Schrifttum wird argumentiert, dass der elektronisch überwachte Hausarrest im Vergleich zu anderen Ländern keinen relevanten Anwendungsbereich habe, da die Zielgruppe mit derjenigen identisch sei, die nach dem geltenden Strafrecht zu einer Freiheitsstrafe auf Bewährung verurteilt werde.[1512] Eine wirkliche ambulante Alternative zur kurzen Freiheitsstrafe sei die elektronische Überwachung daher nicht. Es sei vielmehr zu befürchten, dass die Hemmschwelle der Gerichte gesenkt werde, freiheitsentziehende

---

[1506] BR-Drs. 401/99 (Fn 393), S. 5 f.

[1507] BR-Drs. 698/97 (Fn 387), Deckblatt des Entwurfes; BT-Drs. 14/1519 (Fn 396), S. 1.

[1508] Abschlussbericht der Arbeitsgruppe 'Elektronisch überwachter Hausarrest', S. 17.

[1509] Ebenso *Stern*, BewHi 1990, S. 335 (341); *Vosgerau*, BewHi 1990, S. 166 (167 f); *Bohlander*, ZfStrVo 1991, S. 293 (298); *Weigend*, GA 1992, S. 345 (363); *Streng* (Fn 358), S. 207 (214); *Krahl*, NStZ 1997, S. 457 (461); *BAG-S e.V.* (Fn 307), S. 16 f; *Hudy* (Fn 74), S. 88; ders., DVJJ-Journal 2/1998, S. 146 (159); *Heghmanns*, ZRP 1999, S. 297 (301); *Lindenberg*, BewHi 1999, S. 11 (18); *Arloth*, GA 2001, S. 307 (317).

[1510] Ebenso *Heitmann*, ZRP 1999, S. 230 (232); *Nickolai/Reindl*, ZfStrVo 1997, S. 298.

[1511] Abschlussbericht der Kommission zur Reform des strafrechtlichen Sanktionensystems, S. 173 f.

[1512] *Streng* (Fn 358), S. 207 (214); *Emig*, DVJJ-Journal 1/1998, S. 49 (52).

Maßnahmen zu verhängen.[1513] Angesichts des marginalen Anwendungsbereiches würden überdies nicht die erhofften Einsparungseffekte eintreten, sondern stattdessen Kosten produziert.[1514] EM biete für das deutsche Sanktionensystem keinen Lösungsweg zur Entlastung des Strafvollzuges, so dass von einer Implementation des elektronischen Hausarrestes in das Strafgesetzbuch abzusehen sei.[1515]

Auf der anderen Seite wird für die Ausgestaltung des elektronisch überwachten Hausarrestes als eigenständige Strafe angeführt, dass bei einer Anwendung der elektronischen Überwachung im Rahmen der Straf(rest)aussetzung die Verhängung einer Weisung von der Gefahr abhänge, dass der Gefangene künftig Straftaten begehe. Dies führe dazu, dass der Anwendungsbereich des elektronischen Hausarrestes aufgrund der Funktionsbegrenzung der Weisungen stark eingeschränkt werde.[1516] Bereits aus Gründen der Rechtsklarheit sei geboten, dass der Gesetzgeber die Rahmenbedingungen und Überwachungsmodalitäten detailliert festschreibt, zumal Unsicherheiten über den möglichen Einsatz der Maßnahme eher zu einer zurückhaltenden Anwendung führten.[1517]

Mit Blick auf das geltende Sanktionensystem und die derzeitige Strafpraxis ist einer Einführung des elektronisch überwachten Hausarrestes als neue Hauptstrafe mit Skepsis zu begegnen. Es steht zu befürchten, dass in der Praxis Straftäter im elektronisch überwachten Hausarrest untergebracht würden, die anderenfalls mit einer bloßen Geldstrafe oder kurzen Freiheitsstrafe zur Bewährung belegt worden wären, die elektronische Überwachung also nicht zur Vermeidung unbedingter Freiheitsstrafen beiträgt, sondern vielmehr einen *net-widening* Effekt zur Folge hat (vgl. Dritter Teil, D VIII; Sechster Teil, D). Unter Berücksichtigung der organisatorischen Rahmenbedingungen besteht die begründete Wahrscheinlichkeit, dass die für die elektronische Überwachung geeignete Klientel den Anforderun-

---

[1513] *Krahl*, NStZ 1997, S, 457 (461); *Danckert* in: Verhandlungen des 59. Deutschen Juristentages Hannover 1992, Band II (Sitzungsberichte), S. O 50.

[1514] *Hudy* (Fn 74), S. 258; *Jolin/Rogers*, MschrKrim 73 (1990), S. 201 (204 f); *Nickolai/Reindl*, ZfStrVo 1997, S. 298; *Streng* (Fn 358), S. 207 (214).

[1515] *Wittstamm* (Fn 74), S. 181 f.

[1516] *Wittstamm* (Fn 74), S. 161. Für die Einführung des Hausarrestes als neue Hauptstrafe spricht sich auch *Roxin* aus, um dem "*empfindlich spürbaren Freiheitsentzug eine humanere Form zu geben*" [Fn 368, S. 135 (156)]. Ebenfalls befürwortend: *Thiele*, Kriminalistik 1999, S. 440 (445), allerdings unter Hinweis auf seinen recht kleinen Anwendungsbereich.

[1517] *Pätzel*, DuD 2000, S. 27 (30); *Wittstamm* (Fn 74), S. 161, die den elektronisch überwachten Hausarrest aber aus praktischen Erwägungen ablehnt (S. 181 f).

gen entspricht, unter denen das Gericht eine positive Sozialprognose erstellt. Dann aber würden Straftäter elektronisch überwacht werden, gegen die nach den Regelungen des StGB von vornherein die kurze Freiheitsstrafe nicht vollstreckt werden soll.[1518] Dieser Effekt könnte noch dadurch verstärkt werden, dass die Gerichte - aufgrund der getätigten hohen Investitionen in die technische Überwachungstechnologie - die neue Sanktionsform auch dann nutzen, wenn sie nicht erforderlich wäre.[1519] Neue Sanktionen sollten genauso wirksam sein wie bereits bestehende und bisherige unangemessene und ineffektive Maßnahmen vermeiden.[1520] Hinsichtlich ambulanter Maßnahmen ist deshalb zu beachten, dass diese erst dann innovativ wirken, wenn sie schärfere strafrechtliche Sanktionen verhindern, denn die wichtigste Funktion der ambulanten Maßnahmen besteht darin, freiheitsentziehende Maßnahmen zu ersetzen.[1521] Bei einer Reform des strafrechtlichen Sanktionensystems sollte demgemäß das Ziel die Ersetzung von Freiheitsstrafe, also Haftvermeidung sein.[1522] Ob durch den elektronisch überwachten Hausarrest als eigenständige Strafart tatsächlich die Vollstreckung unbedingter Freiheitsstrafen verhindert werden kann, ist zumindest fraglich. Es müsste eine Tätergruppe existieren, für die die Vollstreckung einer Freiheitsstrafe nicht notwendig ist, bei der aber die Aussetzung der Freiheitsstrafe zur Bewährung nicht in Betracht kommt.[1523] Da nach den bisherigen Gesetzentwürfen die Einführung von EM nur für die Dauer von maximal sechs Monaten vorgesehen ist und Untersuchungen zur angemessenen Dauer der Überwachung nicht vorliegen, ist die Tätergruppe unter den zu einer kurzen Freiheitsstrafe Verurteilten zu suchen, deren Strafe nicht zur Bewährung ausgesetzt worden ist.

Als Zielgruppe käme daher zunächst die zahlenmäßig kleine Gruppe der sozial 'Integrierten' des Kurzstrafenvollzuges in Betracht. Ob die Schaffung einer eigenständigen Sanktion für diese kleine Gruppe der sozial 'Integrierten' empfehlenswert ist, erscheint zweifelhaft, vor allem unter dem Aspekt, dass diese Personen auf ihren Antrag hin sofort, d.h. binnen einer Woche, zum Freigang zugelassen

---

[1518] § 56 Abs. 3 StGB normiert, dass auch Freiheitsstrafen von sechs Monaten bis zu einem Jahr zur Bewährung ausgesetzt werden müssen, wenn eine positive Sozialprognose gestellt werden kann und die Verteidigung der Rechtsordnung die Vollstreckung nicht gebietet.
[1519] *Weigend*, BewHi 1989, S. 289 (300); *Heghmanns*, ZRP 1999, S. 297 (301). Die bisherigen Erfahrungen in Hessen bestätigen einen solchen Effekt bisher nicht (Vgl. *Mayer* (Fn 288), S. 4 f).
[1520] *Caesar*, ZfStrVo 1996, S. 131 (135).
[1521] *Schüler-Springorum*, Kriminalpolitik für Menschen, S. 81 f.
[1522] So *Brüchert*, NK 1/1999, S. 3.
[1523] *Wittstamm* (Fn 74), S. 166.

werden.[1524] Darüber hinaus ist zu berücksichtigen, dass sich oftmals die persönlichen Lebensverhältnisse des Straftäters in dem Zeitraum zwischen Verurteilung und Vollstreckung ändern, so dass die für die Verurteilung zur Unterbringung im elektronisch überwachten Hausarrest relevanten Modalitäten unter Umständen im Zeitpunkt der Vollstreckung nicht mehr vorlägen.[1525] Nach hier vertretener Auffassung wäre der elektronisch überwachte Hausarrest auf einen Großteil dieser Gruppe als Weisung im Rahmen der Strafaussetzung zur Bewährung anwendbar, da unter Berücksichtigung der elektronischen Überwachung doch noch eine positive Sozialprognose gestellt und die Strafe zur Bewährung ausgesetzt werden könnte.

Die sozial 'Desintegrierten' erfüllen zumeist nicht die organisatorischen Rahmenbedingungen. Trotzdem müsste eine Prüfung der Teilnahmevoraussetzungen im Einzelfall erfolgen. Den geäußerten Bedenken, dass sich der elektronisch überwachte Hausarrest als Sanktion für gut situierte Täter etablieren könnte, weil Obdachlose und sozial schlechter gestellte Personen von vornherein aus dem Anwendungsbereich herausfallen[1526], wäre dadurch zu begegnen, dass im Einzelfall *"Beschäftigung, Wohnung oder Telefonanschluss vonseiten des Staates zur Verfügung gestellt werden"*.[1527] Eine solche Bereitstellung würde jedoch einen nicht unerheblichen Kostenmehraufwand erforderlich machen. Vornehmlich die Überbelegung der Justizvollzugsanstalten und die angespannte finanzielle Situation der Länder haben die Diskussion um Alternativen zur Inhaftierung ausgelöst. Das vielfach in der Diskussion über die Einführung des elektronisch überwachten Hausarrestes vorgebrachte Argument, durch EM könnten Haftkosten gespart werden[1528], dürfte bei Einführung des elektronisch überwachten Hausarrestes als Hauptstrafe fehl gehen. Eine ernsthafte Entlastung des Strafvollzuges ist nur zu erreichen, wenn aufgrund der neuen Sanktion weniger unbedingte Freiheitsstrafen verhängt würden mit der Folge, dass sich die Personal- und Baukosten reduzierten bzw. Strafvollzugsanstalten geschlossen werden könnten. Im Hinblick auf die Tatsache, dass der elektronisch überwachte Hausarrest als eigenständige Sanktion nur für eine eng begrenzte Zahl von Straffälligen in Betracht käme, ist eine Ver-

---

[1524] *Dolde/Jehle*, ZfStrVo 1986, S. 195 (196).

[1525] Abschlussbericht der Arbeitsgruppe 'Elektronisch überwachter Hausarrest', S. 17.

[1526] So *Ostendorf*, ZRP 1997, S. 473 (476); *Pätzel*, DuD 2000, S. 27 (30).

[1527] Abschlussbericht der Arbeitsgruppe 'Elektronisch überwachter Hausarrest', S. 5.

[1528] Vgl. nur *Weigend*, der konstatiert: *"Schon aus Kostengründen gehört der elektronischen Kontrolle des Hausarrests sicher die Zukunft."* [BewHi 1989, S. 289 (299)].

364

ringerung der Gefängnispopulation, die sich auch kostenmäßig auswirkt, nicht zu erwarten. Allein der Abbau einzelner Haftplätze kann die Gesamtkosten des Strafvollzuges, die überwiegend aus Fixkosten bestehen, nicht senken. EM ist aus den vorgenannten Gründen daher nicht als neue Strafnorm in das StGB einzufügen. Abschließend ist anzumerken, dass das Hauptaugenmerk einer jeden Reform des strafrechtlichen Sanktionensystems auf die Reduzierung von unbedingten Freiheitsstrafen gerichtet sein sollte. *"Nicht neue Hauptstrafen, sondern ein stringentes Konzept der Haftstrafenvermeidung ist notwendig."*[1529]

C. Elektronisch überwachter Hausarrest als neu in das StGB implementierte Bewährungsauflage/-weisung oder Haftverschonungsmaßnahme?

Vereinzelt wird in der Literatur die Auffassung vertreten, dass es sich bei dem elektronisch überwachten Hausarrest um eine *"neue Mischung aus Weisung plus Auflage (die im Sinne des § 56 b Abs. 1 S. 1 StGB der Genugtuung für das begangene Unrecht dient)"*, handelt. Diese Einordnung in das strafrechtliche Sanktionensystem sei folgerichtig, weil der elektronisch überwachte Hausarrest einerseits als Mittel zur Kontrolle des Aufenthalts und zur Überwachung der Lebensführung eingesetzt werde und andererseits durch seine starke Fremdbestimmung und einengende Reglementierung des Tagesablaufes als Strafübel fungiere.[1530]

Sofern abweichend von der hier vertretenen Auffassung vertreten wird, dass der elektronisch überwachte Hausarrest als Weisung im Bereich anfänglicher oder nachträglicher Aussetzung der Vollstreckung der Freiheitsstrafe zur Bewährung oder bei Aussetzung des Vollzuges eines Haftbefehls nicht de lege lata anwendbar sei, ist die Aufnahme in die jeweiligen Kataloge der entsprechenden Regelungen denkbar. Die elektronische Überwachung könnte durch den Gesetzgeber als Anweisung für eine Aussetzung des Vollzuges des Haftbefehls, als Bewährungsauflage oder -weisung zur Ausdehnung des Instituts der Strafaussetzung zur Bewährung bzw. der Strafrestaussetzung oder als Weisung im Rahmen von Vollzugslockerungen (§ 14 Abs. 1 StVollzG) ausgestaltet werden.[1531]

[1529] *Frommel*, NK 3/1999, S. 9 (13).
[1530] *Walter*, ZfStrVo 1999, S. 287 (292); ders. (Fn 25), S. 159 (160). *Krahl* ordnet den elektronisch überwachten Hausarrest rechtssystematisch als neue Bewährungsauflage ein [NStZ 1997, S. 457 (459)].
[1531] *Walter*, ZfStrVo 1999, S. 287 (292).

Bei der Implementation des elektronisch überwachten Hausarrestes als Bewährungsauflage oder -weisung stellt sich die Frage, ob das in Art. 103 Abs. 2 GG verfassungsrechtlich verankerte Bestimmtheitsgebot beachtet werden muss.[1532] Im Schrifttum besteht Uneinigkeit darüber, ob Art. 103 Abs. 2 GG auch für Bewährungsauflagen und -weisungen gilt. Dies bejahen einige Autoren mit dem Hinweis auf die grundsätzliche Ähnlichkeit der Regelungen der Strafaussetzung zur Bewährung (§§ 56 - 56 g StGB) mit einer eigenständigen strafrechtlichen Sanktion.[1533] Nach anderer Auffassung beansprucht der Grundsatz der Gesetzbindung für Beugemittel und Bewährungsauflagen keine Gültigkeit.[1534] Zwar hat das BVerfG für den Bewährungswiderruf gemäß § 56 f Abs. 1 StGB und für die Auflagen nach § 56 b StGB offengelassen, ob diese Bestimmungen an Art. 103 Abs. 2 GG zu messen sind[1535], gleichwohl wird man für die Einführung des elektronisch überwachten Hausarrestes als neue Bewährungsauflage im Rahmen des § 56 b StGB wegen des strafähnlichen Charakters der Auflagen das Bestimmtheitsgebot auch auf diese Regelung erstrecken müssen. Anders verhält es sich, wenn die elektronische Überwachung als Weisung in den Katalog des § 56 c StGB aufgenommen werden soll, da Weisungen lediglich der Spezialprävention dienen und gerade keinen sanktionsähnlichen Charakter haben.

Im Ergebnis ist jedoch nach hier vertretener Auffassung die elektronische Überwachung - mit Einwilligung des Betroffenen und der im selben Haushalt lebenden Personen - bereits de lege lata zulässig, u.a. als Weisung im Rahmen von §§ 56, 56 c Abs. 2, 57 Abs. 3, 68 b StGB oder als Haftverschonungsmaßnahme im Rahmen des § 116 StPO, so dass es einer Implementation des elektronisch überwachten Hausarrestes als gesonderter Maßnahme in die entsprechenden Kataloge der Auflagen oder Weisungen nicht bedarf (Neunter Teil, B V; D III; G III).

[1532] Das Bestimmtheitsgebot gilt sowohl für die Ausgestaltung der Rechtsnorm mit ihren einzelnen Tatbestandsmerkmalen *(nullum crimen sine lege)* als auch für die angedrohten strafrechtlichen Sanktionen *(nulla poena sine lege)* (BVerfGE 25, 269 (285); 32, 346 (361 f); 45, 363 (371); BGHSt 18, 136 (149); 25, 269 (285); *Tröndle/Fischer* (Fn 502), § 1, Rn 1; Schönke/Schröder-*Stree* (Fn 715), § 1, Rn 1). Dies bedeutet, dass bei Strafen deren Art und Höhe hinreichend konkretisiert sein müssen, d.h. für den Bürger müssen die Strafbarkeit und die Strafart erkennbar sein [BVerfGE 32, 346 (362); 48, 48 (56)], wobei dem Bestimmtheitsgebot des Art. 103 Abs. 2 GG auch Genüge getan ist, wenn eine Konkretisierung mittels anerkannter Regeln juristischer Auslegung möglich ist [BVerfGE 32, 346 (363)].
[1533] Maunz/Dürig-*Schmidt-Aßmann* (Fn 752), Art. 103 Abs. II, Rn 197; BK-*Rüping* (Fn 552), Art. 103 Abs. 2, Rn 74; Schönke/Schröder-*Eser* (Fn 715), § 1, Rn 23 a.
[1534] SK-*Rudolphi* (Fn 988), § 1, Rn 3; *Tröndle/Fischer* (Fn 502), § 1, Rn 4.
[1535] BVerfG, NJW 1992, S. 2877; BVerfGE 83, 119 (128).

Zwölfter Teil: Zusammenfassung und Ausblick

Im Rahmen der vorliegenden Untersuchung sind neben der Betrachtung des Einsatzes des elektronisch überwachten Hausarrestes in anderen Ländern verfassungsrechtliche sowie rechts- und kriminalpolitische Fragestellungen des elektronisch überwachten Hausarrestes erörtert und mögliche Anwendungsbereiche aufgezeigt worden. Gegenstand der kriminalpolitischen Diskussion über die elektronische Kontrolle sind vornehmlich drei Themenbereiche: Zum einen wird eine Ausweitung des Netzes sozialer Kontrolle und eine damit einhergehende Strafschärfung befürchtet. Zum anderen wird die Besorgnis geäußert, dass notwendige Sozialarbeit durch bloße *"Technokontrolle"*[1536] ersetzt werde. Darüber hinaus schreckt das Orwellsche Szenario eines totalen Überwachungsstaates ab.

Diese Bedenken sind verständlich. Dennoch hat sich die Befürchtung, dass die elektronische Überwachung einen *net-widening* Effekt und gleichzeitig eine Strafschärfung zur Folge hat, ausweislich der ersten Befunde der Begleitforschung zum hessischen Modellversuch nicht bestätigt.[1537] Auch in anderen Ländern, beispielsweise in Schweden und Großbritannien, war eine Ausweitung des Netzes der sozialen Kontrolle bisher nicht bzw. kaum festzustellen.[1538] Allerdings sind die dort gemachten Erfahrungen angesichts der anderen Sanktionspraxis nur bedingt auf die Bundesrepublik Deutschland übertragbar. Jedoch gebietet schon der Verhältnismäßigkeitsgrundsatz, dass die zur Verfügung stehende mildere Maßnahme zur Anwendung gelangen muss. Dass die Unterbringung im elektronisch überwachten Hausarrest im Vergleich zu einem Aufenthalt des Verurteilten in der Institution des Strafvollzuges weniger eingriffsintensiv ist, zeigt sich bereits daran, dass der Betroffene in der Gesellschaft belassen wird.

[1536] *Walter* (Fn 25), S.159 (160).

[1537] *Mayer* (Fn 288), S. 14. Da die Kapazitäten des Projektes während der Versuchsdauer nur teilweise ausgeschöpft worden sind, können allgemeingültige Schlussfolgerungen hinsichtlich eines Netzausweitungseffektes für den bundesweiten Einsatz der elektronischen Überwachung aus dem hessischen Modellprojekt nicht oder nur in begrenztem Umfang gezogen werden.

[1538] *Mair/Mortimer* (Fn 275), S. 37 f; 39; *Mortimer/May*, Home Office Research Findings No. 66 (1998), S. 1 (3 f); *Somander* (Fn 265), S. 12; *Haverkamp*, BewHi 1999, S. 51 (66 f); dies., (Fn 160), S. 147. Für die verschiedenen Hausarrestprogramme in den USA steht hingegen lediglich fest, dass durch die Vermeidung von Haftkosten finanzielle Einsparungen zu verzeichnen sind (*Marc Renzema*, Kutztown University of Pennsylvania, Persönliche Mitteilung vom 29.04.2002). Siehe auch die Ausführungen oben unter: Dritter Teil, D VIII.

368

Darüber hinaus steht bei den derzeit in Europa durchgeführten Hausarrestprogrammen entgegen aller Kritik nicht die Überwachung, sondern die Resozialisierung im Vordergrund: Es geht um die Wiedereingliederung des Straffälligen in
die Gesellschaft. Die Fortführung der bisherigen Beschäftigung oder die Ar-
beitsaufnahme unterstützen diesen Prozess. Dass der elektronische Hausarrest
eine weniger entsozialisierende Wirkung als stationärer Freiheitsentzug hat, dürfte
kaum zweifelhaft sein. Im Übrigen zeigen erste Befunde der Begleitforschung
zum hessischen Modellprojekt einen intensiven und offenen Kontakt zwischen
den zuständigen Mitarbeitern und den Probanden. Selbst triviale Informationen
sind den Sozialarbeitern mitgeteilt worden (Situation am Arbeitsplatz, Überstunden, Verspätung der Bahn), weil die Überwachten bei Nichteinhaltung der Arrestzeiten Rechenschaft ablegen mussten. Dadurch bestand die Möglichkeit, sich ein
genaues Bild von dem Delinquenten zu verschaffen, so dass das pädagogische
Betreuungskonzept auf einer sicheren Tatsachengrundlage erstellt werden konnte.
Die Überwachten konnten die Projektmitarbeiter in Bereitschaft 24 Stunden täglich per Handy erreichen, wodurch die Möglichkeit bestand, ggf. persönlich vor
Ort einzuschreiten.[1539] Dementsprechend trat technische Kontrolle nicht an die
Stelle sozialarbeiterischer Hilfe.

Die Sorge, die elektronische Fußfessel sei der Beginn einer elektronischen Kontrollgesellschaft, ist sicherlich nicht ganz unbegründet, jedoch völlig unabhängig
vom elektronisch überwachten Hausarrest.[1540] Sowohl polizeiliche als auch private Überwachungseinrichtungen führen bereits heute im normalen Alltag dazu,
dass der Bürger kontrolliert wird, z.B. durch Videoüberwachung öffentlicher Plät-
ze oder in Banken. Bei der Unterbringung im elektronisch überwachten Hausarrest hat der Verurteilte aber gerade seine Zustimmung zur elektronischen Kontrolle erteilt, und zwar nach vorheriger Aufklärung über die Bedeutung und Funktionsweise der elektronischen Fußfessel.

Zwar besteht rein technisch tatsächlich seit längerem die Möglichkeit, Personen zu
orten und ein entsprechendes Bewegungsprofil des Überwachten zu erstellen oder
bestimmte Personen akustisch und visuell zu überwachen. Selbst Geräte, die mit
einem rückkoppelnden Fernwirkungsmechanismus zur Intervention direkt am Kör-

[1539] *Mayer* (Fn 288), S. 16 ff.
[1540] So zutreffend *Dahs*, NJW 1999, S. 3469 (3470).

per des Arrestanten ausgestattet sind, können kommerziell erworben werden.[1541]
Jedoch ist das im Rahmen des hessischen Modellversuchs zur Überwachung Straffälliger eingesetzte System weniger eingriffsintensiv. Das sog. Aktivsystem ist in seiner Kontrollfunktion allein auf die Wohnung des Überwachten beschränkt und gibt lediglich Auskunft darüber, ob sich dieser zu bestimmten Zeiten zu Hause aufhält oder nicht; außerhalb der Wohnung findet keine Überwachung statt. Damit ist der Straftäter im stationären Strafvollzug angesichts der ständigen Beaufsichtigung durch das Vollzugspersonal und der vorhandenen technischen Überwachungsgeräte (z. B. Videokameras) einer weitaus umfassenderen Kontrolle ausgesetzt. Die vielfach vorherrschende "gefühlsmäßige Opposition"[1542] trägt diesem Umstand kaum Rechnung. Dem Einsatz akustischer und visueller Überwachungssyteme oder Systemen in Verbindung mit GPS ist durch strenge technische Auflagen, d.h. Festlegung der konkreten Einsatztechnik, bei der Ausgestaltung des elektronischen Hausarrestes entgegenzuwirken.

Die kriminalpolitische Debatte um den elektronisch überwachten Hausarrest wird verschärft durch die seit Jahren zu beobachtende Überbelegung der Justizvollzugsanstalten und die angespannte finanzielle Situation der Länder, weil Mittel für Gefängnisneubauten und eine angemessene Sach- und Personalausstattung nicht zur Verfügung stehen. Allein die Tatsache, dass die Idee des elektronisch überwachten Hausarrestes nicht auf den Behandlungsgedanken und die um Integration bemühte Resozialisierung zurückzuführen ist[1543], rechtfertigt nicht die gänzliche Ablehnung dieser neuen Maßnahme. Die elektronische Überwachung könnte der kriminalpolitischen Forderung, den Anwendungsbereich ambulanter Sanktionsformen möglichst weit auszudehnen und auf eine Vielzahl von Tätern zu erstrecken, entgegenkommen, um "auch in Fällen zweifelhafter Legalbewährungsprognose Perspektiven für ein Leben in Freiheit zu eröffnen, ohne dass Sicherheitsgewährleistungen vernachlässigt würden".[1544] Im Vergleich zum Einsatzbereich des elektronisch überwachten Hausarrestes in anderen Ländern fällt auf, dass dort eine Gruppe von Straftätern unter elektronische Überwachung gestellt wird, die nach dem deutschen Sanktionensystem bereits durch die bestehenden ambulanten Maßnahmen erfasst werden. Beispielsweise werden in Schweden

[1541] Nogala/Haverkamp, DuD 2000, S. 31 (34).
[1542] Weigend, BewHi 1989, S. 289 (301).
[1543] Lindenberg (Fn 10), S. 192.
[1544] Streng (Fn 358), S. 207 (209).

in erster Linie Verkehrsstraftäter im elektronischen Hausarrest untergebracht, die ansonten ihre kurze Freiheitsstrafe in einer Haftanstalt hätten verbüßen müssen.

Ziel des Einsatzes von EM muss immer die Vermeidung stationären Freiheits-entzuges sein. Trotz der erheblichen Unterschiede in der Sanktionspraxis findet sich auch in der Bundesrepublik eine ausreichende Anzahl von Straffälligen, die für EM geeignet ist. Konkrete quantitative Angaben können diesbezüglich erst nach Evaluation des Modellprojektes in Hessen gemacht werden. Gleichwohl zeichnet sich entgegen aller Skepsis in der Öffentlichkeit bereits ab, dass wohl ein *"Anwendungspotential für die elektronische Fußfessel vorhanden"* ist. *"Denn wenn allein in Frankfurt und aus der Praxis einer geringen Zahl von Straf- und Haftrichtern am Amtsgericht binnen 12 Monaten 24 Fälle resultieren, dann ist bei flächendeckender Anwendung, durchschnittlicher Akzeptanz in der Praxis und gesetzlicher Verankerung der elektronischen Überwachung in Deutschland ein weites Anwendungsfeld anzunehmen"*.[1545] Insbesondere die Straf(rest)aussetzung, die Führungsaufsicht und der Untersuchungshaftvollzug stellen relevante Einsatz-bereiche dar, die verstärkt genutzt werden sollten.

Konsequenterweise dürften vornehmlich problematische Probanden im elektro-nisch überwachten Hausarrest untergebracht werden, deren Sozialprognose erst durch die elektronische Überwachung verbessert werden kann, zumal der ver-mehrte Gebrauch der Strafaussetzung zur Bewährung auch bei einer zunehmend schwierigeren Klientel die Unterschiede der Gefangenenpopulation und der Pro-banden der Bewährungshilfe hat geringer werden lassen.[1546] Im hessischen Mo-dellversuch sind auch Straftäter mit ungünstigerer Sozialprognose aufgenommen worden (Fünfter Teil, B III 5). Ob die Widerrufsquote deshalb steigt, lässt sich derzeit noch nicht beurteilen. Die bisherigen Erfahrungen lassen allerdings vermu-ten, dass sich die Widerrufsquote in einem 'normalen' Rahmen hält.

Aus verfassungsrechtlicher Sicht bestehen gegen den elektronisch überwachten Hausarrest keine Bedenken. Ein Verstoß gegen die Menschenwürdegarantie des Art. 1 Abs. 1 GG ist nicht zu befürchten. Mangels ortender und verfolgender Lo-kalisierung des Arrestanten mit Hilfe sog. 'Geographischer Informationssysteme'

[1545] *Mayer/Haverkamp/Laborgne/Winkelmann* (Fn 435), S. 5.
[1546] *Dünkel/Spieß*, BewHi 1992, S. 117 (I 18).

(GIS) sowie einer akustischen/visuellen Überwachung wird der Betroffene nicht zum 'bloßen Objekt staatlicher Überwachung' herabgewürdigt und seiner Menschenwürde beraubt. Auch andere Grundrechte sind nicht verletzt. Die Unterbringung im elektronisch überwachten Hausarrest ist zum einen von der Zustimmung des Betroffenen und zum anderen auch der im selben Haushalt lebenden Personen abhängig. Die Befürchtung des Delinquenten, bei Verweigerung der Einwilligung zu einer Freiheitsstrafe ohne Bewährung verurteilt zu werden, schließt eine freie Entscheidung nicht aus. Die vom Überwachten erklärte Zustimmung ist als eingriffsmildernde Einwilligung zulässig. Soweit der Straffällige seine Zustimmung nicht erteilt, können zwar die Fortbewegungsfreiheit, Freizügigkeit und das Fernmeldegeheimnis bei einer entsprechenden gesetzlichen Regelung - wie bei den herkömmlichen strafrechtlichen Sanktionen - eingeschränkt werden. Für die die Privatsphäre des Betroffenen schützenden Grundrechte muss jedoch aus verfassungsrechtlichen Gründen eine Einwilligung verlangt werden. Liegt die schriftliche Einwilligung des Betroffenen zur Unterbringung im elektronisch überwachten Hausarrest vor, werden das Recht auf informationelle Selbstbestimmung, die körperliche Unversehrtheit, die Unverletzlichkeit der Wohnung und der Schutz von Ehe und Familie nicht verletzt. Die Beeinträchtigung des Gleichheitsgrundsatzes durch die Berücksichtigung unterschiedlicher sozialer Verhältnisse ist verfassungsrechtlich gerechtfertigt.

Für den Verurteilten ist die Unterbringung im elektronisch überwachten Hausarrest sinnvoll, um Freiheitsentzug und den damit verbundenen Verlust der Wohnung, des Arbeitsplatzes und sozialer Bindungen sowie den Kontakt zur Subkultur des Gefängnisses zu vermeiden. Die elektronische Überwachung hat den Vorteil, dass sie sowohl für den Verurteilten als auch für seine Familienangehörigen eine weitaus weniger einschneidende Wirkung hat als der stationäre Strafvollzug. Gleichwohl wird die Unterbringung von den Betroffenen als echte Strafe empfunden. Die Selbstdizliplin, die eigene Verantwortung, die der Proband zu tragen hat und der streng reglementierte Tagesablauf belasten den Delinquenten nicht unerheblich, tragen aber neben der Betreuung und Förderung durch Sozialarbeiter zu einer Stabilisierung der Lebensverhältnisse und damit zur Resozialisierung des Straffälligen bei.

Der Nutzen des elektronisch überwachten Hausarrestes für die Allgemeinheit liegt darin, dass die schädlichen Folgen einer Inhaftierung und die dem Justizvollzug entstehenden Nachteile wie hohe Kosten, erheblicher Bedarf an Haftplätzen und permanente Überbelegung sowie nicht quantifizierbare Schäden für die Gesellschaft durch Folgekosten wie Arbeits- und Sozialleistungen aufgrund der Entsozialisation des Straffälligen vermieden werden können.

Wenn aber die Unterbringung im elektronisch überwachten Hausarrest weniger intensiv in die Rechte des Straffälligen eingreift, Haftkosten spart und die bisherigen Befunde der Begleitforschung nicht schrecken, sondern eher Anlass zur Weiterführung des Projektes geben, warum sollte EM nicht als sinnvolle und humane Alternative zum Freiheitsentzug eingesetzt werden? Die seit jeher aktuelle Frage nach der spezialpräventiven Wirkung der Freiheitsstrafe führt immer wieder zur Forderung nach einer möglichst weitgehenden Öffnung ambulanter Alternativen. Die Chance auf Integration in die Gesellschaft und der Schutz der Grundrechte des Straftäters dürfen nicht unberücksichtigt gelassen werden.[1547] Der Einsatz von EM könnte eine sinnvolle Ergänzung der bereits vorhandenen ambulanten Maßnahmen darstellen.

Die Anwendung des elektronisch überwachten Hausarrestes bedarf nicht der Schaffung neuer Rechtsgrundlagen, vielmehr ist die elektronische Überwachung bereits de lege lata in zahlreichen Fällen zulässig. Von gesetzlichen Änderungen sollte daher zunächst Abstand genommen und die Praxis der Gerichte abgewartet werden. Der Einsatz von EM ist nach geltendem Recht in folgenden Formen denkbar:

• als Weisung im Rahmen der Strafaussetzung zur Bewährung (§§ 56, 56 c Abs. 2 StGB)

• zur Vermeidung eines Widerrufs bei bereits ausgesetzten Strafen (§§ 56 e, 56 c StGB)

• als Weisung bei Aussetzung des Strafrestes zur Bewährung (§§ 57 Abs. 3, 56 a ff StGB)

• als Weisung im Rahmen der Führungsaufsicht (§§ 68 ff StGB)

• als Weisung im Rahmen des Betäubungsmittelstrafrechts (§§ 36 Abs. 4 BtMG, 56 a ff StGB)

• als vorläufige Maßnahme im Widerrufsverfahren (§ 453 c Abs. 1 StPO)

[1547] *Streng* (Fn 358), S. 207 (209).

- als Anweisung bei Aussetzung des Vollzuges des Haftbefehls (§ 116 StPO)
- als Weisung im Rahmen des Gnadenaktes entsprechend der Gnadenordnungen der Länder.

Abzulehnen ist die Unterbringung derjenigen Straffälligen im elektronisch überwachten Hausarrest, die nach Jugendstrafrecht verurteilt worden sind. Angesichts der bei Jugendlichen vorherrschenden Spontanität ihrer Entscheidungen und der Tatsache, dass Jugendkriminalität oftmals auf die häuslichen Bedingungen und Erziehungsdefizite zurückzuführen ist, ist die elektronische Überwachung aus pädagogischen Gründen nicht empfehlenswert. Darüber hinaus wäre ein wesentlich höherer Betreuungsaufwand als bei den erwachsenden Straftätern erforderlich, um dem Erziehungsgedanken des Jugendstrafrechts gerecht zu werden.

Die rechtliche Verankerung des elektronisch überwachten Hausarrestes als besondere Unterbringungsform im Strafvollzugsgesetz ist abzulehnen. Kennzeichnend für den Strafvollzug ist, dass sich der Lebensmittelpunkt des Verurteilten während des Vollzuges einer Freiheitsstrafe in der Justizvollzugsanstalt befindet, d.h. der Gefangene sowohl beim offenen als auch beim geschlossenen Vollzug in die Anstaltsorganisation eingebunden ist. Der elektronisch überwachte Hausarrest passt nicht in das bestehende Vollzugssystem.

Von der Ausgestaltung des elektronisch überwachten Hausarrestes als eigenständige Sanktion ist abzusehen. Es steht zu befürchten, dass bei der Einführung von EM als Hauptstrafe unbedingte Freiheitsstrafen nicht vermieden werden, vielmehr die Unterbringung im elektronisch überwachten Hausarrest bei Straftätern angeordnet wird, gegen die anderenfalls eine mildere Sanktion verhängt worden wäre.

Bei aller Kritik an der Unterbringung im elektronisch überwachten Hausarrest sollte nicht aus den Augen verloren werden, dass der elektronischen Überwachung als weniger eingriffsintensive Maßnahme der Vorzug vor stationärem Freiheitsentzug zu geben ist. Fest steht, dass sich die Umsetzung eines an der Integration des Täters orientierten Strafvollzuges auch nach über 20 Jahren als problematisch erweist.[1548] Gleichwohl wird der Strafvollzug *"mit all seinen Unzulänglichkeiten als gegebenes Faktum hingenommen ..., an dem es nur noch Schön-*

[1548] *Dünkel/Kunat*, NK 2/1997, S. 24 (32).

heitskorrekturen vorzunehmen gilt".[1549] Im Hinblick auf die Zustände im Untersuchungshaftvollzug und im herkömmlichen Strafvollzug stellt der elektronische Hausarrest daher einen Versuch dar, die Menschenwürde des Verurteilten besser zu gewährleisten. Allein aus Gründen der Verhältnismäßigkeit ist es geboten, Alternativen zur Freiheitsstrafe, der schwersten strafrechtlichen Sanktion, zu entwickeln.[1550]

Der elektronisch überwachte Hausarrest hat sich mittlerweile nicht nur in den USA, Großbritannien, der Schweiz und Schweden etabliert, sondern wird auch in unseren Nachbarländern Frankreich, Österreich und den Niederlanden erprobt. Spanien, Belgien und Portugal führen derzeit ebenfalls Feldversuche mit der 'elektronischen Fußfessel' durch. Die elektronische Überwachung setzt sich also auch in Europa zunehmend durch. Auf Dauer wird sich die Bundesrepublik vor dem Hintergrund einer zunehmenden Rechtsvereinheitlichung und Angleichung bestimmter strafrechtlicher Standards auf europäischer Ebene kaum dieser neuen Möglichkeit, Straffällige in der Gesellschaft zu belassen, entziehen können. In den nächsten Jahren werden in ganz Europa Entscheidungen darüber getroffen, ob EM zukünftig als Sanktions- oder Vollzugsalternative zur Anwendung gelangen soll. Dabei wird nicht nur der technischen Entwicklung Rechnung getragen, vielmehr dürften auch das kriminalpolitische Klima, strafrechtliche Reformüberlegungen, das Ausmaß und die Kosten der Gefängnisbelegung, die Akzeptanz in der Bevölkerung und der finanzielle Druck angesichts der immer knapper werdenden Haushaltsmittel ausschlaggebend für oder gegen den Einsatz dieses Instruments sein. Ausländische Entwicklungstendenzen werden in die Entscheidungsfindung zumindest miteinbezogen. Denn unabhängig von der Tatsache, dass die EU-Organe keine Strafrechtsetzungskompetenz haben, sind das Strafrecht und das Strafprozessrecht längst in einen Prozess der Europäisierung, also einer Tendenz zur inhaltlichen Annäherung und Angleichung eingebunden, der unumkehrbar ist.[1551]

Die *Conférence Permanente Européenne de la Probation* (CEP) befasst sich mit dem rasch gewachsenen Interesse an EM. Die CEP fördert die internationale Zusammenarbeit im Bereich der Strafaussetzung zur Bewährung, insbesondere durch

[1549] *Wittstamm* (Fn 74), S. 179.
[1550] *Dohmen*, ZRP 1998, S. 192.
[1551] *Hecker*, JA 2002, S. 723 (724); *Zieschang*, ZStW 113 (2001), S. 255 (256); *Kühne*, Strafprozessrecht, Rn 54 ff.

den Austausch von Erfahrungen, Informationen und Entwicklungen der besten Verfahrenspraktiken. Auf dem Zweiten Europäischen *Electronic Monitoring Workshop* der CEP ist daher über die Notwendigkeit eines europäischen Mindeststandards und dessen mögliche Inhalte debattiert worden. Die Erarbeitung europäischer Richtlinien zur Anwendung von elektronischer Überwachung ist in Planung.[1552]

Gewarnt werden muss davor, die elektronische Überwachung als Ersatzinstrument für soziale Betreuung und Unterstützung zu nutzen. EM ist kein Allheilmittel, sondern lediglich ein Instrument, die Hilfe und Unterstützung für Straftäter zu effektivieren. Für die Resozialisierung und die Verhinderung von Rückfallkriminalität ist maßgeblich die Verbesserung der sozialen Lebensumstände des Betroffenen. Die elektronische Überwachung muss daher immer mit sozialpädagogischer Betreuung kombiniert werden.

Voraussetzung dafür, dass der elektronisch überwachte Hausarrrest längerfristig zur Senkung der Gefängnispopulation und damit zu Kosteneinsparungen führt, ist die Auswahl einer geeigneten Zielgruppe. Nicht als zusätzliches Kontrollinstrument, sondern als Maßnahme zur Haftvermeidung und -verkürzung ist die 'elektronische Fußfessel' einzusetzen. In diesem Zusammenhang vermag die intensive Überwachung des Probanden etwaigen Sicherheitsbedenken Rechnung tragen. Gerade das Verhalten der Allgemeinheit ist oftmals widersprüchlich: Einerseits wird eine strenge Bestrafung des Täters verbunden mit der konsequenten Umsetzung der verhängten Sanktion gefordert und andererseits werden die Kosten des Strafvollzuges als zu teuer moniert. Hier ist es Aufgabe der Kriminalpolitik, die Allgemeinheit aufzuklären, dass eine erfolgreiche Resozialisierung des Straffälligen die Begehung weiterer Straftaten verhindert und damit den besten Schutz der Gesellschaft vor Kriminalität bietet.[1553]

Der elektronisch überwachte Hausarrest wird letztendlich das bestehende Straf- und Vollzugssystem nicht aus den Fugen heben. Innovationen sind notwendig, um die Straffälligen, die ohnehin angesichts ungünstiger Lebensumstände und problematischer Persönlichkeitsentwicklung benachteiligt sind, durch die unzulängliche Situation in den Vollzugsanstalten nicht noch weiter zu benachteiligen. Weder

---

[1552] *CEP* (Fn 151), S. 19 f.
[1553] *Arloth*, GA 2001, S. 307 (324).

die Gesetzgebung noch die Rechtsprechung dürfen sich bei ihrem Handeln von Horrorvisionen leiten lassen.[1554] Zwar hat das Recht zu respektieren, dass das menschliche Individuum auch durch Ängste motiviert werden kann. Insofern hebt *BENDA* berechtigterweise hervor, dass "*die Furcht des Menschen vor der unüberschaubaren und unkontrollierbaren Elektronik ... selbst dann ernstgenommen werden (müsste), wenn sie unbegründet wäre.*"[1555] Orientierungsmaßstab der Gesetzgebung und der Rechtsprechung muss aber der Normalfall sein.[1556] Die Furcht der Bevölkerung vor Kriminalität darf nicht dazu führen, dass die Chancen für eine Resozialisierung auch potentiell gefährlicher Straftäter derart gemindert werden, dass eine Wiedereingliederung in die Gesellschaft nach der Haftentlassung unmöglich wird. Wichtig ist es, die Gefangenen in ihrer Persönlichkeit ernst zu nehmen und zu gewährleisten, dass sie fair und menschenwürdig behandelt werden. Nur auf diesem Wege kann vermieden werden, dass alljährlich Straffällige als zusätzlich verbitterte und gewaltbereite Menschen entlassen werden und einen entsprechenden Einfluss auf das gesellschaftliche Klima ausüben.[1557] Im Hinblick auf die Tatsache, dass sich in der Praxis entgegen der Intention des Gesetzgebers die Freiheitsstrafe nicht dauerhaft zurückdrängen lässt, ist nach Alternativen zu suchen, zumal sowohl bei Praktikern als auch bei Wissenschaftlern Einigkeit darüber besteht, dass freiheitsentziehende Sanktionen schädliche Auswirkungen auf den Betroffenen haben und ihrer präventiven Wirkung eine minimale Bedeutung beizumessen ist. Deshalb steht das Ziel der "*Minimierung und Reduzierung der Freiheitsstrafe*"[1558] bis heute an erster Stelle der kriminalpolitischen Diskussion.[1559] Potentielle Alternativen sollten daher nicht von vornherein als bloße Hirngespinste und Phantasereien abgetan werden. Mit Hilfe der elektronischen Überwachung wird der Versuch gewagt, "*die Menschenwürde des Verurteilten besser zu erhalten als dies in der 'realen Vollzugswirklichkeit' möglich ist.*"[1560]

[1554] *Vogelsang* (Fn 661), S. 34 f.
[1555] *Benda* in: FS für Geiger, S. 23 (27).
[1556] *Brossette* (Fn 612), S. 156.
[1557] *Ullenbruch*, ZfStrVo 1994, S. 24 (27).
[1558] *Walter/Geiter/Fischer*, NStZ 1989, S. 405 (407).
[1559] Vgl. dazu aus der umfangreichen Literatur: *Heinz* in: Kury (Hrsg.), Ambulante Maßnahmen zwischen Hilfe und Kontrolle, S. 439 ff; *Ortner* (Fn 621), S. 147 f; *Walter* in: Sievering (Hrsg.), Behandlungsvollzug - Evolutionäre Zwischenstufe oder historische Sackgasse, S. 256 ff; *Schöch* in: Jehle (Hrsg.), Individualprävention und Strafzumessung, S. 243 ff; *Lüderssen* in: FS für Bemmann, S. 47 ff.
[1560] *Dahs*, NJW 1999, S. 3469 (3470). Ähnlich äußert sich auch *Dohmen*, der einen Eingriff in die Menschenwürde verneint, weil es der Verhältnismäßigkeitsgrundsatz gebiete, Alternativen zu schwereren strafrechtlichen Sanktionen zu finden (ZRP 1998, S. 192).

Denn der humanitäre Entwicklungsstand einer Gesellschaft muss sich auch daran messen lassen, wie sie mit denjenigen Personen umgeht, die unter den Bedingungen dieser Gesellschaft straffällig geworden sind. Die Straffälligen sind Teil dieser Gesellschaft, die sich der Aufgabe nicht entziehen kann, auch diesen Personen ein menschenwürdiges Leben zu ermöglichen.[1561]

[1561] *Müller-Dietz* in: FS für Schneider, S. 995 (1012); zustimmend: *Arloth*, GA 2001, S. 307 (324).

Appendix

Anlage 1

Entwurf eines Gesetzes zur Änderung des Strafvollzugsgesetzes

Der Bundestag hat mit Zustimmung des Bundesrates das folgende Gesetz beschlossen:

Artikel 1

Das Strafvollzugsgesetz vom 16. März 1976 (BGBl. I S. 581, 2088; 1977 I S. 436), zuletzt geändert durch , wird wie folgt geändert:

1. § 1 wird wie folgt gefasst:

„§ 1
Anwendungsbereich

Dieses Gesetz regelt den Vollzug der Freiheitsstrafe in Justizvollzugsanstalten und im elektronisch überwachten Hausarrest sowie der freiheitsentziehenden Maßregeln der Besserung und Sicherung."

2. Nach § 10 wird folgender § 10a eingefügt:

„§ 10a
Elektronisch überwachter Hausarrest

(1) Die Landesregierungen werden ermächtigt, durch Rechtsverordnung Regelungen zu treffen, wonach der Gefangene im elektronisch überwachten Hausarrest untergebracht werden kann, soweit er nicht mehr als voraussichtlich sechs Monate einer zeitigen Freiheitsstrafe oder Restfreiheitsstrafe zu verbüßen hat, er den besonderen Anforderungen des elektronisch überwachten Hausarrestes genügt und namentlich nicht zu befürchten ist, dass er sich dem Vollzug des Hausarrestes entzieht oder den Hausarrest zu Straftaten missbrauchen werde.

(2) Die Unterbringung im elektronisch überwachten Hausarrest setzt die schriftliche Einwilligung des Ge- fangenen sowie sämtlicher im Haushalt lebender er- wachsenen Personen voraus.

(3) Durch den Hausarrest wird die Vollstreckung nicht unterbrochen. Vollzugslockerungen und Urlaub können nach Maßgabe der gesetzlichen Vorschriften mit Ausnahme von § 13 gewährt werden.

(4) Der Gefangene soll ein freies Beschäftigungs- verhältnis nach Maßgabe von § 39 Abs. 1 und 2 fort- setzen oder aufnehmen. § 124 Abs. 2 und 3 gelten entsprechend.

(5) Die Kosten der elektronischen Überwachung trägt die Justizverwaltung. Die übrigen Kosten, insbe- sondere die Kosten des Lebensunterhalts und der Ge- sundheitsfürsorge trägt der Gefangene. Die Festset- zung eines Hausgeldes (§ 47 Abs. 3) und eines Über- brückungsgeldes (§ 51) entfällt.

(6) Der Geltungsbereich einer Rechtsverordnung nach Absatz 1 kann auf einzelne Landgerichtsbezirke begrenzt werden."

Artikel 2

(1) Dieses Gesetz tritt am Tage nach der Verkündung in Kraft.

(2) Es tritt (einsetzen: Datum des Tages und Mo- nats der Verkündung im vierten des auf die Verkündung folgenden Kalenderjahres) außer Kraft. Ab dem (einset- zen: Datum nach Satz 1) gilt § 1 des Strafvollzugsgeset- zes in der vor dem Inkrafttreten dieses Gesetzes gelten- den Fassung. Am gleichen Tag treten die auf Artikel 1 Nr. 2 § 10a Abs. 1 gestützten Rechtsverordnungen außer Kraft. Angeordnete Maßnahmen auf der Grundlage die- ser Bestimmung bleiben unberührt.

Literaturverzeichnis

AEBERSOLD, PETER, Electronic monitoring - Is big brother watching you?, ZStrR 116 (1998), S. 367 ff

ALBERTS, HANS W., Freizügigkeit als polizeiliches Problem, NVwZ 1997, S. 45 ff

ALBRECHT, HANS-JÖRG, Alternativen zur Freiheitsstrafe: Das Beispiel der Geldstrafe, MschrKrim 64 (1981), S. 265 ff

DERS., Der elektronische Hausarrest, Das Potential für Freiheitsstrafenvermeidung, Rückfallverhütung und Rehabilitation, MschrKrim 85 (2002), S. 84 ff

ALBRECHT, HANS-JÖRG / ARNOLD, HARALD / SCHÄDLER, WOLFRAM, Der hessische Modellversuch zur Anwendung der "elektronischen Fußfessel", Darstellung und Evaluation eines Experiments, ZRP 2000, S. 466 ff

ALBRECHT, NIELS H. M. / EICKER, ANDREAS, Leben hinter Gittern, Die Justizvollzugsanstalt Bremen-Oslebshausen, Bremen, Rostock 1999

ALBRECHT, PETER-ALEXIS, Jugendstrafrecht, 3. Auflage, München 2000

DERS., Reformbemühungen und Versäumnisse aktueller Strafrechtspolitik, NJ 2000, S. 449 ff

ALTERNATIV-KOMMENTAR zum Grundgesetz für die Bundesrepublik Deutschland, *WASSERMANN, RUDOLF (Hrsg.)*, Band 1, Art. 1 - 37, 2. Auflage, Neuwied 1989, Band 2, Art. 38 - 146, 2. Auflage, Neuwied 1989

ALTERNATIV-KOMMENTAR zur Strafprozessordnung, *WASSERMANN, RUDOLF (Hrsg.)*, Band 2/Teilband 1, §§ 94 - 212b, Neuwied, Kriftel, Berlin 1992

AMELUNG, KNUT, Die Einwilligung in die Beeinträchtigung eines Grundrechtsgutes - Eine Untersuchung im Grenzbereich von Grundrechts- und Strafrechtsdogmatik, Berlin 1981

DERS., Anmerkung zum Beschluss des BVerfG vom 18.8.1981 - 2 BvR 166/81, NStZ 1982, S. 38 ff

DERS., Die Einwilligung des Unfreien, ZStW 95 (1983), S. 1 ff

DERS., Sozialer Wandel und Rechtssystem, Jura 1988, S. 393 ff

ARBEITSGEMEINSCHAT BEWÄHRUNGSHILFE BADEN-WÜRTTEMBERG (AGB), Stellungnahme zur Einführung des elektronischen Hausarrestes, Stuttgart 1997 (http://home.t-online.de/home/paul.faller/agb_10.htm)

DIES., Modellversuch elektronischer Hausarrest gescheitert, Stuttgart 2000 (http://home.t-online.de/home/paul.faller/agb_18.htm)

ARBEITSGRUPPE "KRIMINALPOLITIK UND STRAFVOLLZUG 1997", Bericht, Wiesbaden 1997

ARBEITSGRUPPE "ELEKTRONISCH ÜBERWACHTER HAUSARREST", Abschlussbericht, Berlin 1999

ARLOTH, FRANK, Über die Zukunft des Strafvollzugs, GA 2001, S. 307 ff

ARMBRÜSTER, CHRISTIAN, Menschenwürde im Strafvollzug, JR 1994, S. 18

ASPRION, PETER, Sozialarbeit und Justiz - immer wieder ein Dilemma, Zur Diskussion um den elektronisch überwachten Hausarrest, BewHi 1999, S. 23 ff

AUFSATTLER, WERNER / OSWALD, MARGIT / GEISLER, WERNER / GRASSHOFF, UTA, Eine Analyse richterlicher Entscheidungen über die Strafrestaussetzung nach § 57 I StGB, MschrKrim 65 (1982), S. 305 ff

BAIRD, S. CHRISTOPHER / WAGNER, DENNIS, Measuring Diversion: The Florida Community Control Program, Crime & Delinquency 36 (1990), No. 1, S. 112 ff

BAUCH, JÜRGEN, Die Verfassungsmäßigkeit haftverschonender Auflagen, Gießen 1995

BAUMANN, JÜRGEN / WEBER, ULRICH / MITSCH, WOLFGANG, Strafrecht - Allgemeiner Teil, Ein Lehrbuch, 11. Auflage, Bielefeld 2003

BAUMANN, REINHOLD, Stellungnahme zu den Auswirkungen des Urteils des Bundesverfassungsgerichts vom 15.12.1983 zum Volkszählungsgesetz 1983, DVBl. 1984, S. 612 ff

BAUMER, TERRY L. / MENDELSOJN, ROBERT I., Electronically Monitored Home Confinement: Does it Work? in: *BYRNE, JAMES M. / LURIGIO, ARTHUR J. / PETERSILIA, JOAN (Hrsg.)*, Smart Sentencing - The Emergence of Intermediate Sanctions, Newbury Park, London, New Delhi 1992, S. 54 ff

BAUMGART, MARC CHRISTOPH, Illegale Drogen - Strafjustiz - Therapie, Eine empirische Untersuchung zu den strafjustiziellen Anwendungsstrukturen der §§ 35, 36 BtMG, Freiburg im Breisgau 1994

BAUR, FRITZ R., Besserung und Sicherung - Zur Problematik des Vollzuges der Maßregeln der Besserung und Sicherung für psychisch kranke und suchtkranke Täter nach §§ 63 und 64 StGB, StV 1982, S. 33 ff

BECK, JAMES L. / KLEIN-SAFFRAN, JODY / WOOTEN, HAROLD B., Home Confinement and the Use of Electronic Monitoring With Federal Parolees, Federal Probation 54 (1990), No. 4, S. 22 ff

BECKER, MONIKA / KINZIG, JÖRG, Therapie bei Sexualstraftätern und die Kosten: Von den Vorstellungen des Gesetzgebers und den Realitäten im Strafvollzug - zugleich Besprechung eines Beschlusses des OLG Koblenz vom 19. Februar 1997 - 2 Ws 221 und 222/95, ZfStrVo 1997, S. 246 ff -, ZfStrVo 1998, S. 259 ff

BENDA, ERNST, Privatsphäre und "Persönlichkeitsprofil", Ein Beitrag zur Datenschutzdiskussion in: *LEIBHOLZ, GERHARD / FALLER, HANS-JOACHIM / MIKAT, PAUL / REIS, HANS (Hrsg.)*, Menschenwürde und freiheitliche Rechtsordnung, Festschrift für Willi Geiger zum 65. Geburtstag, Tübingen 1974, S. 23 ff

BENDA, ERNST, Menschenwürde und Persönlichkeitsrecht in: *BENDA, ERNST / MAIHOFER, WERNER / VOGEL, HANS-JOCHEN (Hrsg.)*, Handbuch des Verfassungsrechts der Bundesrepublik Deutschland, Studienausgabe - Teil 1, 2. Auflage, Berlin, New York 1995, S. 161 ff

BENNETT, LAWRENCE A., Current Findings on Intermediate Sanctions and Community Corrections, Corrections Today 1995, S. 86 ff

BERRY, BONNIE, Electronic Jails: A New Criminal Justice Concern, Justice Quarterly 2 (1985), No. 1, S. 1 ff

BERTHOLD, VOLKER, Der Zwang zur Selbstbezichtigung aus § 370 Abs. 1 AO und der Grundsatz des nemo tenetur, Frankfurt am Main, Berlin, Bern, New York, Paris, Wien 1993

BEST, PETER, Europäische Kriminalpolitik, ZfStrVo 1997, S. 259 ff

BIALDYGA, FELIX, prisons for profit, Zur Privatisierung des Strafvollzuges, FoR 1998, S. 9 f

BISCHOF, HANS-LUDWIG, Deliktrückfälligkeit von extern psychiatrisch Begutachteten im Vergleich zwischen Untergebrachten im Maßregelvollzug (§§ 63, 66 StGB) und »Lebenslänglichen«, MschrKrim 83 (2000), S. 346 ff

BLOMBERG, THOMAS G. / WALDO, GORDON P. / BURCROFF, LISA C., Home Confinement and Electronic Surveillance in: *McCARTHY, BELINDA (Hrsg.)*, Intermediate Punishments: Intensive Supervision, Home Confinement and Electronic Surveillance, Monsey, New York 1987, S. 169 ff

BLOMENHOFER, HELMUT, Positionieren und Navigieren mit dem Global Positioning System (GPS), Eine Übersicht zum GPS Genauigkeitspotential, Wirtschaftsschutz und Sicherheitstechnik 17 (1995), S. 208 ff

BÖHM, ALEXANDER, Strafvollzug, 3. Auflage, Neuwied und Kriftel 2003

BÖHM, ALEXANDER / ERHARD, CHRISTOPHER, Die Praxis der bedingten Strafaussetzung, Eine Untersuchung zur Anwendung des § 57 StGB in Hessen, MschrKrim 67 (1984), S. 365 ff

DIES., Strafrestaussetzung und Legalbewährung, Überblick über Ergebnisse einer Rückfalluntersuchung in zwei hessischen Justizvollzugsanstalten mit unterschiedlicher Strafrestaussetzungspraxis in: *KAISER, GÜNTHER / KURY, HELMUT / ALBRECHT, HANS-JÖRG (Hrsg.)*, Kriminologische Forschung in den 80er Jahren, Projektberichte aus der Bundesrepublik Deutschland, Freiburg 1988, S. 481 ff

BOELENS, RUUD, Electronic Monitoring in the Netherlands in: *CONFÉRENCE PERMANENTE EUROPÉENNE DE LA PROBATION*, Electronic Monitoring in Europe, The report of a CEP Workshop held at Egmond/aan Zee, Netherlands 15-17 October 1998

385

BÖSLING, THIES, Elektronisch überwachter Hausarrest als Alternative zur kurzen Freiheitsstrafe?, MschrKrim 85 (2002), S. 105 ff

BOHLANDER, MICHAEL, Electronic Monitoring - Elektronische Überwachung von Straftätern als Alternative zu Untersuchungshaft und Strafvollzug?, ZfStrVo 1997, S. 293 ff

BONNER KOMMENTAR zum Grundgesetz, *DOLZER, RUDOLF / VOGEL, KLAUS / GRASSHOF, KARIN (Hrsg.)*, 111. Ergänzungslieferung, Heidelberg 2004

BONTA, JAMES / WALLACE-CAPRETTA, SUZANNE / ROONEY, JENNIFER, Electronic Monitoring in Canada, Ottawa: Solicitor General Canada May 1999

DIES., Can Electronic Monitoring Make a Difference? - An Evaluation of Three Canadian Programs, Crime & Delinquency 46 (2000), No. 1, S. 61 ff

BRAUM, STEFAN / VARWIG, MARIANNE / BADER, CHRISTINE, Die ''Privatisierung des Strafvollzugs'' zwischen fiskalischen Interessen und verfassungsrechtlichen Prinzipien, ZfStrVo 1999, S. 67 ff

BRAUN, FRANK, Der so genannte ''Lauschangriff'' im präventivpolizeilichen Bereich, Die Neuregelung in Art. 13 IV-VI GG, NVwZ 2000, S. 375 ff

BREITENMOSER, STEPHAN, Der Schutz der Privatsphäre gemäss Art. 8 EMRK, Das Recht auf Achtung des Privat- und Familienlebens, der Wohnung und des Briefverkehrs, Basel, Frankfurt am Main 1986

BRENZIKOFER, PAUL, Reform des Sanktionensystems in der Schweiz mit besonderer Berücksichtigung der Substitution kurzer Freiheitsstrafen, ZfStrVo 1999, S. 323 ff

BREUER, RÜDIGER, Freiheit des Berufs in: *ISENSEE, JOSEF / KIRCHHOF, PAUL (Hrsg.)*, Handbuch des Staatsrechts der Bundesrepublik Deutschland, Band VI - Freiheitsrechte, 2. Auflage, Heidelberg 2001, S. 877 ff

BROSSETTE, JOSEF, Der Wert der Wahrheit im Schatten des Rechts auf informationelle Selbstbestimmung, Ein Beitrag zum zivilrechtlichen Ehren-, Persönlichkeits- und Datenschutz, Berlin 1991

BROWN, MICHAEL P. / ELROD, PRESTON, Electronic House Arrest: An Examination of Citizen Attitudes, Crime & Delinquency 41 (1995), No. 3, S. 332 ff

BRÜCHERT, OLIVER, Alternative Alternativen, NK 1/1999, S. 3

DERS., Elektronisch überwacht, FoR 1999, S. 137

DERS., Modellversuch Elektronische Fußfessel, Strategien zur Einführung einer umstrittenen Maßnahme, NK 1/2002, S. 32 ff

BRUNNER, RUDOLF / DÖLLING, DIETER, Jugendgerichtsgesetz, Kommentar, 11. Auflage, Berlin, New York 2002

BÜLOW, DETLEV VON, Führungsaufsicht und Führungsaufsichtsstellen in: *DERTINGER, CHRISTIAN / MARKS, ERICH (Hrsg.)*, Führungsaufsicht, Versuch einer Zwischenbilanz zu einem umstrittenen Rechtsinstitut, Bonn 1990, S. 145 ff

BUGGISCH, WALTER, Das ''Intensive Supervision Program'' des Staates New Jersey, Vorbild für neue Ansätze im Bereich der strafrechtlichen Sanktionen, ZRP 2002, S. 38 ff

BUNDESARBEITSGEMEINSCHAFT FÜR STRAFFÄLLIGENHILFE (BAG-S) e.V., Straffälligenhilfebericht 1994, Daten zur Kriminalitäts- und Sanktionsentwicklung, zur sozialen Lage Straffälliger, den Leistungen und Perspektiven der Straffälligenhilfe sowie der Sozial- und Kriminalpolitik, Bonn 1995

DIES., Elektronisch überwachter Hausarrest - Alternative zum Strafvollzug?, Bonn 1997

BUNDESARBEITSGEMEINSCHAFT FÜR STRAFFÄLLIGENHILFE (BAG-S) e.V. / NATIONALE ARMUTSKONFERENZ (NAK), Armut und Kriminalität, NK 2/1995, S. 6 f

BURGHARD, WALDEMAR, Die Dinge im Auge behalten, Kriminalistik 1999, S. 435.

BURGSTALLER, MANFRED, Kriminalpolitik nach 100 Jahren IKV/AIDP - Versuch einer Bestandsaufnahme, Festvortrag auf dem XIV. Internationalen Strafrechtskongress der AIDP in Wien am 2. Oktober 1989, ZStW 102 (1990), S. 637 ff

BURNS, MARK E., Electronic Home Detention: New Sentencing Alternative Demands Uniform Standards, Journal of Contemporary Law 18 (1992), No. 1, S. 75 ff

BYRNE, JAMES M., The Control Controversy: A Preliminary Examination of Intensive Probation Supervision Programs in the United States, Federal Probation 50 (1986), No. 2, S. 4 ff

DERS., The Future of Intensive Probation Supervision and the New Intermediate Sanctions, Crime & Delinquency 36 (1990), No. 1, S. 6 ff

CADIGAN, TIMOTHY P., Electronic Monitoring in Federal Pretrial Release, Federal Probation 55 (1991), No. 1, S. 26 ff

CAESAR, PETER, Zum 40jährigen Jubiläum des Pfälzischen Vereins für Straffälligenhilfe e.V. am 4. März 1996 in Zweibrücken, ZfStrVo 1996, S. 131 ff

CALLIESS, ROLF-PETER, Strafvollzugsrecht, 3. Auflage, München 1992

CALLIESS, ROLF-PETER / MÜLLER-DIETZ, HEINZ, Strafvollzugsgesetz, Gesetz über den Vollzug der Freiheitsstrafe und der freiheitsentziehenden Maßregeln der Besserung und Sicherung mit ergänzenden Bestimmungen, 9. Auflage, München 2002

CARLSSON, KJELL / EKHEIM, PETER, Intensive supervision with electronic monitoring in: *CONFÉRENCE PERMANENTE EUROPÉENNE DE LA PROBATION,* Electronic Monitoring in Europe, The report of a CEP Workshop held at Egmond/aan Zee, Netherlands 15-17 October 1998, S. 15 ff

CAVADINO, PAUL, Electronic Tagging - The Evidence So Far, Criminal Justice 15 (1997), No. 2, S. 4 f

CERQUONE, JEANNE, Florida's Computerized Control, Corrections Today 1987, S. 127

388

CHALLINGER, DENNIS, An Australian Case Study: The Northern Territory Home Detention Scheme in: *ZVEKIC, UGLJESA* (Hrsg.), Alternatives To Imprisonment in Comparative Perspective, United Nations Interregional Crime and Justice Research Institute, Chicago 1994

CHARLES, MICHAEL T., The Development of a Juvenile Electronic Monitoring Program, Federal Probation 53 (1989), No. 2, S. 3 ff

CHURCH, ALISON / DUNSTAN, STEPHEN, Home Detention - The Evaluation of the Home Detention Pilot Programme 1995 - 1997, Ministry of Justice, Wellington 1997

CLEAR, TODD R. / HARDYMAN, PATRICIA L., The New Intensive Supervision Movement, Crime & Delinquency 36 (1990), No. 1, S. 42 ff

CLEAR, TODD R. / SHAPIRO, CAROL, Identifying High Risk Probationers for Supervision in the Community: The Oregon Model, Federal Probation 50 (1986), No. 2, S. 42 ff

COLLETT, STEVE, Home Detention Curfew, General strategic considerations for supporting the implementation of tagging as a permanent feature of the national probations scene, Vistra 4 (1998), No. 2, S. 155 ff

DERS., Spiderman Comes To Salford Tagging Offenders: Cynical Resignation Or Pragmatic Acceptance, Probation Journal 45 (1998), No. 1, S. 3 ff

CONFÉRENCE PERMANENTE EUROPÉENNE DE LA PROBATION, Electronic Monitoring in Europe, The report of a CEP Workshop held at Egmond/ aan Zee, Netherlands 15-17 October 1998

DIES., Electronic Monitoring in Europe, Report of the CEP Workshop Egmond aan Zee, Netherlands 10-12 May 2001

CONRAD, JOHN P., There Has To Be A Better Way, Crime & Delinquency 26 (1980), No. 1, S. 83 ff

DERS., The Penal Dilemma and Its Emerging Solution, Crime & Delinquency 31 (1985), No. 3, S. 411 ff

COOPRIDER, KEITH W. / *KERBY, JUDITH*, A Practical Application of Electronic Monitoring at the Pretrial Stage, Federal Probation 54 (1990), No. 1, S. 28 ff

DAGTOGLOU, PRODROMOS, Das Grundrecht der Unverletzlichkeit der Wohnung (Art. 13 GG), JuS 1975, S. 753 ff

DAHS, HANS, Im Banne der elektronischen Fußfessel, NJW 1999, S. 3469 ff

DANCKERT, PETER, Referat in: Verhandlungen des 59. Deutschen Juristentages Hannover 1992, *STÄNDIGE DEPUTATION DES DEUTSCHEN JURISTENTAGES (Hrsg.)*, Band II (Sitzungsberichte), München 1992, S. O 39 ff

DEJONG, WILLIAM / *FRANZEEN, STAN*, On The Role Of Intermediate Sanctions In Corrections Reform: The Views Of Criminal Justice Professionals, Journal of Crime and Justice 16 (1993), No. 1, S. 47 ff

DEL CARMEN, ROLANDO V. / *VAUGHN, JOSEPH B.*, Legal Issues in the Use of Electronic Surveillance in Probation, Federal Probation 50 (1986), No. 2, S. 60 ff

DELEUZE, GILLES, Das elektronische Halsband - Innenansicht einer kontrollierten Gesellschaft, Neue Rundschau 3/1990, S. 5 ff; ebenfalls veröffentlicht in: KrimJ 24 (1992), S. 181 ff

DESSECKER, AXEL, Die Praxis der strafrechtlichen Unterbringung in einem psychiatrischen Krankenhaus, Ergebnisse zur Anordnung und Vollstreckung, BewHi 1997, S. 286 ff

DIEMER, HERBERT / *SCHOREIT, ARMIN* / *SONNEN, BERND-RÜDEGER*, Jugendgerichtsgesetz, Kommentar, 3. Auflage, Heidelberg 1999

DODGSON, KATH / *MORTIMER, ED*, Home Detention Curfew - The First Year Of Operation, Home Office Research Findings No. 110 (1999), S. 1 ff

DÖLLING, DIETER, Mehrfach auffällige junge Straftäter - kriminologische Befunde und Reaktionsmöglichkeiten der Jugendstrafrechtspflege, ZfJ 1989, S. 313 ff

DERS., Die Weiterentwicklung der Sanktionen ohne Freiheitsentzug im deutschen Strafrecht, ZStW 104 (1992), S. 259 ff

DOHMEN, JÜRGEN, Die "elektronische Fußfessel", ZRP 1998, S. 192

DOLDE, GABRIELE, Vollzug der kurzen Freiheitsstrafe ohne soziale Desinte-gration: Verlauf und Erfolg des "Kurzstrafenprogramms" in Baden-Würt-temberg in: *JEHLE, JÖRG-MARTIN /MASCHKE, WERNER / SZABO, DENIS (Hrsg.)*, Strafrechtspraxis und Kriminologie - Eine kleine Festgabe für Hans Göppinger zum 70. Geburtstag, Bonn 1989, S. 163 ff

DIES., Zehn Jahre Erfahrung mit dem Vollzug der Freiheitsstrafe ohne soziale Desintegration, ZfStrVo 1992, S. 24 ff

DIES., Zum Vollzug von Ersatzfreiheitsstrafen, Eindrücke aus einer empirischen Erhebung, in: *FEUERHELM, WOLFGANG / SCHWIND, HANS-DIETER / BLOCH, MICHAEL (Hrsg.)*, Festschrift für Alexander Böhm zum 70. Ge-burtstag am 14. Juni 1999, Berlin, New York 1999, S. 581 ff

DIES., Vollzug von Ersatzfreiheitsstrafen - ein wesentlicher Anteil im Kurzstra-fenvollzug, ZfStrVo 1999, S. 330 ff

DOLDE, GABRIELE / JEHLE, JÖRG-MARTIN, Wirklichkeiten und Möglichkei-ten des Kurzstrafenvollzugs, ZfStrVo 1986, S. 195 ff

DOLDE, GABRIELE / RÖSSNER, DIETER, Auf dem Wege zu einer neuen Sank-tion: Vollzug der Freiheitsstrafe als Freizeitstrafe, Ein Programm zum Voll-zug kurzer Freiheitsstrafe und seine empirische Bestätigung, ZStW 99 (1987), S. 424 ff

DÖRR, ERWIN / SCHMIDT, DIETMAR, Neues Bundesdatenschutzgesetz, Hand-kommentar, Die Arbeitshilfe für Wirtschaft und Verwaltung, 2. Auflage, Köln 1992

DREIER, HORST, Grundgesetz, Kommentar, 2. Auflage, Band I (Präambel, Arti-kel 1 - 19), Tübingen 2004; Band II (Artikel 20 - 82), Tübingen 1998; Band III (Artikel 83 - 146), Tübingen 2000

DROOGENDIJK, KEES, Elektronische Überwachung in den Niederlanden. Be-dingungen und erste Erfahrungen mit dem Modellversuch in: *KAWAMURA, GABRIELE / REINDL, RICHARD (Hrsg.)*, Strafe zu Hause - Die elektro-nische Fußfessel, S. 45 ff

DÜNKEL, FRIEDER, Was bringt uns der Jugendarrest?, ZfJ 1990, S. 425 ff

DERS., Freiheitsentzug für junge Rechtsbrecher, Situation und Reform von Jugendstrafe, Jugendstrafvollzug, Jugendarrest und Untersuchungshaft in der Bundesrepublik Deutschland und im internationalen Vergleich, Bonn 1990

DERS., Empirische Beiträge und Materialien zum Strafvollzug, Bestandsaufnahmen des Strafvollzugs in Schleswig-Holstein und des Frauenvollzuges in Berlin, Freiburg im Breisgau 1992

DERS., Deutschland/Germany in: *DÜNKEL, FRIEDER / VAGG, JON (Hrsg.)*, Untersuchungshaft und Untersuchungshaftvollzug, International vergleichende Perspektiven zur Untersuchungshaft sowie zu den Rechten und Lebensbedingungen von Untersuchungsgefangenen, 1. Halbband, Freiburg im Breisgau 1994, S. 67 ff

DERS., Praxis der Untersuchungshaft in den 90er Jahren - Instrumentalisierung strafprozessualer Zwangsmittel für kriminal- und ausländerpolitische Zwecke?, StV 1994, S. 610 ff

DÜNKEL, FRIEDER / GANZ, GEORG, Kriterien der richterlichen Entscheidung bei der Stafrestaussetzung nach § 57 StGB, MschrKrim 68 (1985), S. 157 ff

DÜNKEL, FRIEDER / GROSSER, RUDOLF, Vermeidung von Ersatzfreiheitsstrafen durch gemeinnützige Arbeit, NK 1/1999, S. 28 ff

DÜNKEL, FRIEDER / KUNKAT, ANGELA, Zwischen Innovation und Restauration, 20 Jahre Strafvollzugsgesetz - eine Bestandsaufnahme, NK 2/1997, S. 24 ff

DÜNKEL, FRIEDER / SCHEEL, JENS / GROSSER, RUDOLF, Vermeidung von Ersatzfreiheitsstrafe durch gemeinnützige Arbeit durch das Projekt "Ausweg" in Mecklenburg-Vorpommern, Erste Ergebnisse der empirischen Untersuchung, BewHi 2002, S. 56 ff

DÜNKEL, FRIEDER / SPIESS, GERHARD, Kriminalpolitische Bewertung der Strafaussetzung und Folgerungen für die Praxis in der Bundesrepublik in: *DÜNKEL, FRIEDER, / SPIESS, GERHARD, (Hrsg.)*, Alternativen zur Freiheitsstrafe, Strafaussetzung zur Bewährung und Bewährungshilfe im internationalen Vergleich, Freiburg 1983, S. 503 ff

DIES., Perspektiven der Strafaussetzung zur Bewährung und Bewährungshilfe im zukünftigen deutschen Strafrecht, BewHi 1992, S. 117 ff

DÜRIG, GÜNTER, Der Grundrechtssatz von der Menschenwürde - Entwurf eines praktikablen Wertsystems der Grundrechte aus Art. 1 Abs. I in Verbindung mit Art. 19 Abs. II des Grundgesetzes, AöR 81 (1956), S. 117 ff

EISENBERG, ULRICH, Kriminologie, 5. Auflage, München 2000

DERS., Jugendgerichtsgesetz, 10. Auflage, München 2004

EISENBERG, ULRICH / HACKETHAL, ACHIM, "Gesetz zur Bekämpfung von Sexualdelikten und anderen gefährlichen Straftaten" vom 26.1.1998, ZfStrVo 1998, S. 196 ff

EISENBERG, ULRICH / OHDER, CLAUDIUS, Aussetzung des Strafrestes zur Bewährung, Berlin, New York 1987

EMIG, OLAF, Zwischen fürsorglicher Belagerung und Knast - Anmerkungen zur Verschärfung des niederländischen Jugendstrafrechts aus deutscher Sicht, DVJJ-Journal 1/1998, S. 49 ff

ENDERS, CHRISTOPH, Die Menschenwürde in der Verfassungsordnung - Zur Dogmatik des Art. 1 GG, Tübingen 1997

ENOS, RICHARD / BLACK, CLIFFORD M. / QUINN, JAMES F. / HOLMAN, JOHN E., Alternative Sentencing - Electronically Monitored Correctional Supervision, Bristol 1992

ERWIN, BILLIE S., Turning Up the Heat on Probationers in Georgia, Federal Probation 50 (1986), No. 2, S. 17 ff

DERS., Old and New Tools for the Modern Probation Officer, Crime & Delinquency 36 (1990), No. 1, S. 61 ff

EXPERTENKOMMISSION ''HESSISCHER STRAFVOLLZUG'', Abschlussbericht, StV 1994, S. 215 ff

FEEST, JOHANNES (Hrsg.), Kommentar zum Strafvollzugsgesetz (AK-StVollzG), 4. Auflage, Neuwied, Kriftel 2000

FEHL, ELSKE, Monetäre Sanktionen im deutschen Rechtssystem, Frankfurt am Main, Berlin, Bern, Bruxelles, New York, Oxford, Wien 2002

FELTES, THOMAS, Alternativen zur Freiheitsstrafe - Eine europäische Bestandsaufnahme in: *SIEVERING, ULRICH O. (Hrsg.),* Alternativen zur Freiheitsstrafe, Frankfurt am Main 1982, S. 28 ff

DERS., Kriminalität und soziale Kontrolle im 21. Jahrhundert, Ein futuristisches Szenario vor dem Hintergrund aktueller Entwicklungen, BewHi 1988, S. 90 ff

DERS., Technologie, Moral und Kriminalpolitik, Anmerkungen zur Diskussion um Techno-Prävention, Hausarrest und anderes, BewHi 1990, S. 324 ff

FELTES, THOMAS / SIEVERING, ULRICH O. (Hrsg.), Hilfe durch Kontrolle, Beiträge zu den Schwierigkeiten von Sozialarbeit als staatlich gewährter Hilfe, Frankfurt am Main 1990

FEUERHELM, WOLFGANG, Geldstrafenvollstreckung und Gemeinnützige Arbeit - Ein Zwischenbericht, Kriminologische Zentralstelle e.V., Wiesbaden 1988

DERS., Gemeinnützige Arbeit als Alternative in der Geldstrafenvollstreckung, Kriminologische Zentralstelle e.V., Wiesbaden 1991

DERS., Gemeinnützige Arbeit in der Geldstrafenvollstreckung, BewHi 1993, S. 200 ff

DERS., Anmerkung zum Beschluss des OLG Koblenz vom 28.5.1998 - 1 Ws 333/ 98, NStZ 1999, S. 270 f

DERS., Die gemeinnützige Arbeit im Strafrecht, NK 1/1999, S. 22 ff

FLOERECKE, PETER, Was leistet die Führungsaufsicht? Empirische Daten zu Ressourcen, Kooperationsstrukturen und Kontrollstrategien eines umstrittenen Rechtsinstituts in: *DERTINGER, CHRISTIAN / MARKS, ERICH (Hrsg.),* Führungsaufsicht, Versuch einer Zwischenbilanz zu einem umstrittenen Rechtsinstitut, Bonn 1990, S. 51 ff

FLÜGGE, CHRISTOPH, Das Geschäft mit der Sicherheit: Moderne Technik im Justizvollzug, Technische Überwachung von Menschen, Privatisierung der Strafanstalten, ZfStrVo 2000, S. 259 ff

FLÜMANN, BERNHARD, Die Vorbewährung nach § 57 JGG - Voraussetzungen, Handhabung und Bedeutung, Freiburg 1983

FLYNN, LEONARD, E., House Arrest - Florida's Alternative Eases Crowding and Tight Budgets, Corrections Today 1986, S. 64 ff

FOX, RICHARD G., Dr. Schwitzgebel's Machine Revisited: Electronic Monitoring Of Offenders, Australian & New Zealand Journal of Criminology 20 (1987), S. 131 ff

FREIE HILFE BERLIN e.V., Jahresdokumentation 2001, Gemeinnützige Arbeit statt Ersatzfreiheitsstrafe - Das Projekt Arbeit statt Strafe der FREIEN HILFE BERLIN e.V. (http://www.freiehilfe-berlin.de/Jahresdoku2001.pdf)

FRIAUF, KARL HEINRICH, Die Freiheit des Berufes nach Art. 12 Abs. 1 GG, JA 1984, S. 537 ff

FRIEL, CHARLES M. / VAUGHN, JOSEPH B., A Consumer's Guide to the Electronic Monitoring of Probationers, Federal Probation 50 (1986), No. 3, S. 3 ff

FROMMEL, MONIKA, Alternative Strafen und Alternativen zum Freiheitsentzug, NK 3/1999, S. 9 ff

FROWEIN, JOCHEN ABR., Freiheit von Folter oder grausamer, unmenschlicher oder erniedrigender Behandlung und Strafe nach der Europäischen Menschenrechtskonvention in: *MATSCHER, FRANZ (Hrsg.)*, Folterverbot sowie Religions- und Gewissensfreiheit im Rechtsvergleich, Kehl am Rhein, Straßburg, Arlington 1990, S. 69 ff

FROWEIN, JOCHEN ABR. / PEUKERT, WOLFGANG, Europäische Menschenrechtskonvention, EMRK-Kommentar, 2. Auflage, Kehl, Straßburg, Arlington 1996

GABLE, RALPH KIRKLAND, Application of Personal Telemonitoring to Current Problems in Corrections, Journal of Criminal Justice 14 (1986), S. 167 ff

395

GAINEY, RANDY R. / PAYNE, BRIAN K. / O'TOOLE, MIKE, The Relationships Between Time In Jail, Time On Electronic Monitoring, And Recidivism: An Event History Analysis O A Jail-Based Program, Justice Quarterly 17 (2000), No. 4, S. 733 ff

GARSTKA, HANSJÜRGEN, Die elektronische Fußfessel, DuD 1998, S. 64

GATZWEILER, NORBERT, Haftunfähigkeit - Chancen und Versagen von Strafverteidigung bei Haftvollzug, StV 1996, S. 283 ff

DERS., Unerträgliche Realität - Zwang zur Totalreform der Untersuchungshaft in der Bundesrepublik Deutschland, StraFo 1999, S. 325 ff

GEBAUER, MICHAEL, Die Rechtswirklichkeit der Untersuchungshaft in der Bundesrepublik Deutschland, Eine empirische Untersuchung zur Praxis der Haftanordnung und des Haftverfahrens, Göttingen 1987

DERS., Chancenausgleich und U-Haft-Verkürzung durch frühe Verteidigermitwirkung - Ergebnisse aus dem Frankfurter »Rechtsberatungs-Projekt II«, StV 1994, S. 622 ff

GEDDERT-STEINACHER, TATJANA, Menschenwürde als Verfassungsbegriff, Aspekte der Rechtsprechung des Bundesverfassungsgerichts zu Art. 1 Abs. 1 Grundgesetz, Berlin 1990

GEIGER, ANDREAS, Die Einwilligung in die Verarbeitung von persönlichen Daten als Ausübung des Rechts auf informationelle Selbstbestimmung, NVwZ 1989, S. 35 ff

GERZ, WOLFGANG, HZD-Computer kontrolliert Straftäter, inform 2/2000, S. 15 ff

GLATZEL, JOHANN, Mord und Totschlag, Tötungshandlungen als Beziehungsdelikte, Eine Auswertung psychiatrischer Gutachten, Heidelberg 1987

GÖBEL, OSWALD, Grenzen jugendgerichtlicher Weisungen, NJW 1954, S. 15 f

GOEMAN, MECHTHILD, Das Schicksal der Lebenslänglichen, Erhebungen zur Lebenssituation und zur Sozialprognose von begnadigten Langzeitgefangenen, Berlin, New York 1977

GÖPPINGER, HANS, Kriminologie, 4. Auflage, München 1980

GOLA, PETER / SCHOMERUS, RUDOLF, Bundesdatenschutzgesetz (BDSG), 6. Auflage, München 1997

GOLSONG, HERIBERT / KARL, WOLFRAM / MIEHSLER, HERBERT / PETZ-OLD, HERBERT / ROGGE, KERSTEN / VOGLER, THEO / WILDHABER, LUZIUS, Internationaler Kommentar zur Europäischen Menschenrechtskonvention, 2. Lieferung, Köln, Berlin, Bonn, München 1992

GRABITZ, EBERHARD, Freiheit der Person in: *ISENSEE, JOSEF / KIRCHHOF, PAUL (Hrsg.)*, Handbuch des Staatsrechts der Bundesrepublik Deutschland, Band VI - Freiheitsrechte, 2. Auflage, Heidelberg 2001, S. 109 ff

GRAMLICH, LUDWIG, Art. 10 GG nach der zweiten Postreform 1994, CR 1996, S. 102 ff

GREBING, GERHARDT, Zur Entwicklung des Untersuchungshaftrechts in der Bundesrepublik Deutschland, ZfRV 16 (1975), S. 161 ff

GROTE, RAINER, Kommunikative Selbstbestimmung im Internet und Grundrechtsordnung, KritV 82 (1999), S. 27 ff

GULLO, ANTONIO / MURMANN, UWE, Anmerkung zum Beschluss des BGH vom 25. November 1997 - 1 StR 465/97 (LG Karlsruhe), wistra 1998, S. 262 f

GUSY, CHRISTOPH, Das Grundrecht des Post- und Fernmeldegeheimnisses, JuS 1986, S. 89 ff

DERS., Der Grundrechtsschutz von Ehe und Familie, JA 1986, S. 183 ff

DERS., Freiheitsentziehung und Grundgesetz, NJW 1992, S. 457 ff

GUTTENBERG, ULRICH, Die heimliche Überwachung von Wohnungen, NJW 1993, S. 567 ff

HÄBERLE, PETER, Die Abhörentscheidung des Bundesverfassungsgerichts vom 15.12.1970, JZ 1971, S. 145 ff

HAILBRONNER, KAY, Freizügigkeit in: *ISENSEE, JOSEF / KIRCHHOF, PAUL (Hrsg.)*, Handbuch des Staatsrechts der Bundesrepublik Deutschland, Band VI - Freiheitsrechte, 2. Auflage, Heidelberg 2001, S. 137 ff

HANEBERG, JUTTA, Privatisierung: ''Will the customer get a better service?'', ZfStrVo 1993, S. 289 ff

HANTEL, PETER, Der Begriff der Freiheitsentziehung in Art. 104 Abs. 2 GG, Berlin 1988

DERS., Das Grundrecht der Freiheit der Person nach Art. 2 II 2, 104 GG, JuS 1990, S. 865 ff

HARIG, THOMAS J., The Juvenile Electronic Monitoring Project: The Use of Electronic Monitoring Technology on Adjudicated Juvenile Delinquents, Office of Justice Systems Analysis, Evaluation Brief, New York 2002 (http: //www.criminaljustice.state.ny.us/crimnet/ojsa/jemp/index.htm)

HARLAND, ALAN T. / ROSEN, CATHRYN J., Sentencing Theory and Intensive Supervision Probation, Federal Probation 51 (1987), No. 4, S. 33 ff

HARVARD LAW REVIEW, Anthropotelemetry: Dr. Schwitzgebel's Machine, Harvard Law Review 80 (1966), S. 403 ff

HASSEMER, WINFRIED, Die Voraussetzungen der Untersuchungshaft, AnwBl 34 (1984), S. 64 ff

HAVERKAMP, RITA, 'Electronic Monitoring', Die elektronische Überwachung von Straffälligen, Bürgerrechte & Polizei/CILIP 60 (1998), S. 43 ff; ebenfalls veröffentlicht in: Datenschutz Nachrichten 4/1998, S. 21 ff

DIES., Intensivüberwachung mit elektronischer Kontrolle, Das schwedische Modell, seine Bedingungen und Ergebnisse, BewHi 1999, S. 51 ff

DIES., Elektronisch überwachter Hausarrest, Europa und die Schweiz, NK 4/1999, S. 4 ff

DIES., Einstellungen von Praktikern aus der Justiz zum elektronisch überwachten Hausarrest in: *JEHLE, JÖRG-MARTIN (Hrsg.)*, Täterbehandlung und neue Sanktionsformen, Kriminalpolitische Konzepte in Europa, Mönchengladbach 2000, S. 369 ff

DIES., Möglichkeiten und Grenzen des elektronisch überwachten Hausarrestes, MschrKrim 85 (2002), S. 152 ff

DIES., Elektronisch überwachter Hausarrestvollzug - Ein Zukunftsmodell für den Anstaltsvollzug?, Eine rechtsvergleichende, empirische Studie unter besonderer Berücksichtigung der Rechtslage in Schweden, Freiburg i. Br. 2002

DIES., Das Projekt "Elektronische Fußfessel" in Frankfurt am Main, BewHi 2003, S. 164 ff

HECKER, BERND, Europäisches Strafrecht als Antwort auf transnationale Kriminalität?, JA 2002, S. 723 ff

HEGHMANNS, MICHAEL, Fahrverbot, Arbeitsstrafe und Hausarrest als taugliche Instrumente zur Vermeidung von unnötigem Strafvollzug?, ZRP 1999, S. 297 ff

HEIDELBERGER KOMMENTAR zur Strafprozessordnung von *LEMKE, MICHAEL / JULIUS, KARL-PETER / KREHL, CHRISTOPH / KURTH, HANS-JOACHIM / RAUTENBERG, ERARDO CRISTOFORO / TEMMING, DIETER (Hrsg.)*, 2. Auflage, Heidelberg 1999

HEIDELBERGER KOMMENTAR zur Strafprozessordnung von *LEMKE, MICHAEL / JULIUS, KARL-PETER / KREHL, CHRISTOPH / KURTH, HANS-JOACHIM / RAUTENBERG, ERARDO CRISTOFORO / TEMMING, DIETER (Hrsg.)*, 3. Auflage, Heidelberg 2001

HEINZ, WOLFGANG, Anstieg der Jugendkriminalität - Realität oder Mythos? in: *RABE, HORST (Hrsg.)*, Jugend, Beiträge zum Verständnis und zur Bewertung des Jugendproblems, Konstanz 1984, S. 53 ff

DERS., Ambulante Maßnahmen, Kriminologische Überlegungen und Ausblick in: *KURY, HELMUT (Hrsg.)*, Ambulante Maßnahmen zwischen Hilfe und Kontrolle, Köln, Berlin, Bonn, München 1984, S. 439 ff

DERS., Neue ambulante Maßnahmen nach dem Jugendgerichtsgesetz - Empirische Bestandsaufnahme und kriminalpolitische Perspektiven, MschrKrim 70 (1987), S. 129 ff

DERS., Recht und Praxis der Untersuchungshaft in der Bundesrepublik Deutschland, Zur Disfunktionalität der Untersuchungshaft gegenüber dem Reformprogramm im materiellen Strafrecht, BewHi 1987, S. 5 ff

DERS., Sanktionierungspraxis in der Bundesrepublik Deutschland im Spiegel der Rechtspflegestatistiken, ZStW 111 (1999), S. 461 ff

HEINZ, WOLFGANG / STORZ, RENATE, Diversion im Jugendstrafverfahren der Bundesrepublik Deutschland, Forschungsvorhaben des Bundesministers der Justiz: «Erzieherische Maßnahmen im deutschen Jugendstrafrecht - Anschluss- und Vertiefungsuntersuchung», Bonn 1992

HEITMANN, STEFFEN, Schwerpunkte der Rechtspolitik in der neuen Legislaturperiode - eine Replik, ZRP 1999, S. 230 ff

HERMES, GEORG, Das Grundrecht auf Schutz von Leben und Gesundheit, Schutzpflicht und Schutzanspruch aus Art. 2 Abs. 2 Satz 1 GG, Heidelberg 1987

HESSISCHES MINISTERIUM DER JUSTIZ, Modalitäten eines Modellversuchs im Land- und Amtsgericht Frankfurt am Main mit der elektronischen Überwachung durch eine sog. ''elektronische Fußfessel'', Wiesbaden 2000

DASS., Elektronische Überwachung durch Elektronische Fußfessel - Was bedeutet das für Sie?, Wiesbaden 2000

DASS., Vorschlag zum Ablauf, Wiesbaden 2000

HEUSSNER, HERMANN, Das informationelle Selbstbestimmungsrecht des Grundgesetzes als Schutz des Menschen vor totaler Erfassung, BB 1990, S. 1281 ff

HILGER, HANS, Diskussion in: Verhandlungen des 59. Deutschen Juristentages Hannover 1992, *STÄNDIGE DEPUTATION DES DEUTSCHEN JURISTENTAGES (Hrsg.)*, Band II (Sitzungsberichte), München 1992, S. O 144 f

HINRICHS, ULRIKE, ''Big Brother'' und die Menschenwürde, NJW 2000, S. 2173 ff

HÖFLING, WOLFRAM, Die Unantastbarkeit der Menschenwürde - Annäherungen an einen schwierigen Verfassungssatz, JuS 1995, S. 857 ff

HOFER, HANNS VON, Die elektronische Überwachung von Straftätern in Schweden in: *JEHLE, JÖRG-MARTIN (Hrsg.)*, Täterbehandlung und neue Saktionsformen, Kriminalpolitische Konzepte in Europa, Mönchengladbach 2000, S. 349 ff

HOFER, PAUL J. / MEIERHOEFER, BARBARA S., Home Confinement: An Envolving Sanction in the Federal Criminal Justice System, Washington D.C.: Federal Judicial Center 1987

HOFMANN, RAINER, Anmerkung zum Urteil des EGMR vom 06. November 1980 - Guzzardi gegen Italien, EuGRZ 1983, S. 644 ff

HOFSTÄTTER, PETER R., Die Angst vor der Technik in: *MENNE, ALBERT (Hrsg.)*, Philosophische Probleme von Arbeit und Technik, Darmstadt 1987, S. 24 ff

HOHAGE, BETTINA / WALTER, MICHAEL / NEUBACHER, FRANK, Die Entwicklung der personellen Ausstattung der Justizvollzugsanstalten in Abhängigkeit von kriminalpolitischen Strömungen, ZfStrVo 2000, S. 136 ff

HOME OFFICE, ELECTRONIC MONITORING UNIT (Hrsg.), Curfew orders enforced by electronic monitoring, Criminal Justice Act 1991 - information protocol, London 2000

HOME OFFICE, CRIMINAL POLICY GROUP (Hrsg.), Electronic Monitoring in England and Wales, London 2002

HORN, ECKHARD, Der Aussetzungswiderruf und das Absehen davon, Zum Verhältnis des § 56 f Abs. 1 zu Abs. 2 StGB, JR 1981, S. 5 ff

HOSHEN, JOSEPH / DRAKE, GEORGE, Offender Wide Area Continuous Electronic Monitoring Systems, Project Summary, Rockville 2001 (http://www.ncjrs.org/pdffiles1/nij/grants/187102.pdf)

HOSHEN, JOSEPH / SENNOTT, JIM / WINKLER, MAX, Keeping Tabs On Criminals, IEEE Spectrum 32 (1995), No. 2, S. 26 ff

HUBER, PETER M., Das Menschenbild im Grundgesetz, Jura 1998, S. 505 ff

HUDY, MARC, Elektronisch überwachter Hausarrest - Eine neue Alternative zur Inhaftierung von - auch jugendlichen - Straftätern?, DVJJ-Journal 2/1998, S. 146 ff

DERS., Elektronisch überwachter Hausarrest, Befunde zur Zielgruppenplanung und Probleme einer Implementation in das deutsche Sanktionensystem, Baden-Baden 1999

HÜGEL, HERBERT / JUNGE, WILFRIED K., / LANDER, CAROLA / WINKLER, KARL-RUDOLF, Deutsches Betäubungsmittelrecht, Recht des Verkehrs mit Suchtstoffen und psychotropen Stoffen, 8. Auflage, 1. Ergänzungslieferung, Stuttgart 2003

INTERIM GROUP, Electronic Monitoring in Europe: Update, Notes of the Interim Group Meeting 18 March 02 London, London 2002

IPSEN, JÖRN, Staatsrecht II (Grundrechte), 7. Auflage, München/Unterschleißheim 2004

ISAK, FRANZ / WAGNER, ALOIS, Strafvollstreckung, Handbuch der Rechtspraxis, 6. Auflage, München 1999

JACOBSEN, H.-FOLKE, Führungsaufsicht und ihre Klientel, Interventionen und Realitäten einer Maßregel, Köln, Berlin, Bonn, München 1985

DERS., Strafvollstreckung zwischen Gefängnis und Psychiatrie, Ist Führungsaufsicht neu und sinnvoll?, MschrKrim 67 (1984), S. 254 ff

JAKOBS, GÜNTHER, Strafrecht - Allgemeiner Teil, Die Grundlagen und die Zurechnungslehre, Lehrbuch, 2. Auflage, Berlin, New York 1993

JANISCH, WOLFGANG, Leichtes Gruseln, DRiZ 1999, S. 299 f

JANSSEN, HELMUT, Diversion: Entstehungsbedingungen, Hintergründe und Konsequenzen einer veränderten Strategie sozialer Kontrolle oder: Es gibt viele zu packen, tun wir es ihnen an, in: *KERNER, HANS-JÜRGEN (Hrsg.)*, Diversion statt Strafe?, Probleme und Gefahren einer neuen Strategie strafrechtlicher Sozialkontrolle, Heidelberg 1983, S. 15 ff

JARASS, HANS D., Folgerungen aus der neueren Rechtsprechung des BVerfG für die Prüfung von Verstößen gegen Art. 3 I GG, Ein systematisches Konzept zur Feststellung unzulässiger Ungleichbehandlungen, NJW 1997, S. 2545 ff

JARASS, HANS D. / PIEROTH, BODO, Grundgesetz für die Bundesrepublik Deutschland, Kommentar, 7. Auflage, München 2004

JASPERS, KARL, Vom Ursprung und Ziel der Geschichte, München 1949

JEHLE, JÖRG-MARTIN, Untersuchungshaft zwischen Unschuldsvermutung und Wiedereingliederung. Ein empirischer Beitrag zur Ausgestaltung des Untersuchungshaftvollzugs unter besonderer Berücksichtigung kriminalpolitischer Reformvorstellungen, München 1985

DERS., Voraussetzungen und Entwicklungstendenzen der Untersuchungshaft, BewHi 1994, S. 373 ff

DERS., Entwicklung der Untersuchungshaft bei Jugendlichen und Heranwachsenden vor und nach der Wiedervereinigung, *BUNDESMINISTERIUM DER JUSTIZ (Hrsg.)*, Bonn 1995

DERS., Soziale Strafrechtspflege vor und nach der Jahrtausendwende, BewHi 2003, S. 37 ff

JESCHECK, HANS-HEINRICH, Recht und Praxis der Untersuchungshaft in der Bundesrepublik Deutschland, GA 1962, S. 65 ff

JESCHECK, HANS-HEINRICH / WEIGEND, THOMAS, Lehrbuch des Strafrechts - Allgemeiner Teil, 5. Auflage, Berlin 1996

JÖCKEL, DIETER / MÜLLER-ISBERNER, RÜDIGER, Entwicklungen im psychiatrischen Maßregelvollzug, MschrKrim 77 (1994), S. 353 ff

JOLIN, ANNETTE / ROGERS, ROBERT, Elektronisch überwachter Hausarrest: Darstellung einer Strafvollzugsalternative in den Vereinigten Staaten, MschrKrim 73 (1990), S. 201 ff

JUNG, HEIKE, Sanktionensysteme und Menschenrechte, Bern, Stuttgart, Wien 1992

JUSTIZDEPARTEMENT DES KANTONS BASEL-STADT, Abteilung Freiheitsentzug und Soziale Dienste, Modellversuch Electronic Monitoring - Kurzbeschrieb, Basel 2000

K., H., Elektronisch überwachter Hausarrest - eine Wunderwaffe?, Besondere Formen der Vollzugslockerung, DRiZ 1999, S. 92 f

KAISER, GÜNTHER, Gesellschaft, Jugend und Recht, System, Träger und Handlungsstile der Jugendkontrolle, Weinheim, Basel 1977

DERS., Kriminologie, 3. Auflage, Heidelberg 1996

KAISER, GÜNTHER / KERNER, HANS-JÜRGEN / SCHÖCH, HEINZ, Strafvollzug, 4. Auflage, Heidelberg 1992

KAISER, GÜNTHER / SCHÖCH, HEINZ, Strafvollzug, Eine Einführung in die Grundlagen, 5. Auflage, Heidelberg 2003

KAMMEIER, HEINZ, Maßregelrecht - Kriminalpolitik, Normgenese und systematische Struktur einer schuldunabhängigen Gefahrenabwehr, Berlin, New York 1996

KARGL, WALTER, Friede durch Vergeltung, Über den Zusammenhang von Sache und Zweck im Strafbegriff, GA 1998, S. 53 ff

KARLSRUHER KOMMENTAR zur Strafprozessordnung und zum Gerichtsverfassungsgesetz mit Einführungsgesetz, *PFEIFFER, GERD (Hrsg.)*, 5. Auflage, München 2003

KAUFMANN, ARMIN, Strafrechtsdogmatik zwischen Sein und Wert, Gesammelte Aufsätze und Vorträge, *DORNSEIFER, GERHARD / HORN, ECKHARD / SCHILLING, GEORG / SCHÖNE, WOLFGANG / STRUENSEE, EBERHARD / ZIELINSKI, DIETHART (Hrsg.)*, Köln, Berlin, Bonn, München 1982

KAWAMURA, GABRIELE, Gemeinnützige Arbeit statt Ersatzfreiheitsstrafe, Die Rolle der Sozialarbeit, BewHi 1998, S. 338 ff

DIES., Alternative zum Strafvollzug?, NK 2/1998, S. 10 f

DIES., Strafe zu Hause?, NK 1/1999, S. 7 ff

404

KAWAMURA, GABRIELE / REINDL, RICHARD, Elektronisch überwachter Hausarrest in der Bundesrepublik? - Alternative zur Haft oder kriminalpolitische Fehlentwicklung, Zusammenfassung einer Podiumsdiskussion in: *KAWAMURA, GABRIELE / REINDL, RICHARD (Hrsg.)*, Strafe zu Hause - Die elektronische Fußfessel, Freiburg im Breisgau 1999

KERN, JOHANNES, Aktuelle Befunde zur Sicherungsverwahrung, Ein Beitrag zur Problematik des § 66 StGB, ZfStrVo 1997, S. 19 ff

KERNER, HANS-JÜRGEN, Tabellen zur Entwicklung und Struktur der Führungsaufsicht in der Bundesrepublik Deutschland in: *DERTINGER, CHRISTIAN / MARKS, ERICH (Hrsg.)*, Führungsaufsicht, Versuch einer Zwischenbilanz zu einem umstrittenen Rechtsinstitut, Bonn 1990, S. 77 ff

KIEFER, HEINZ J., Auf dem Weg in die Informationsgesellschaft, Essener Beiträge zur gesellschaftspolitischen Forschung und sozialen Kommunikation, Bochum 1982

KILIAN, WOLFGANG / TAEGER, JÜRGEN, Datenschutzrecht in: *FABER, HEIKO / SCHNEIDER, HANS-PETER (Hrsg.)*, Niedersächsisches Staats- und Verwaltungsrecht (NdsStVwR), Frankfurt am Main 1985, S. 167 ff

KILIAN, WOLFGANG / HEUSSEN, BENNO, Computerrechts-Handbuch, Informationstechnologie in der Rechts- und Wirtschaftspraxis, 21. Ergänzungslieferung, München 2003

KIM, IL-HWAN, Das Recht auf informationelle Selbstbestimmung im deutschen und koreanischen Verfassungsrecht, Mannheim 1995

KINGREEN, THORSTEN, Das Grundrecht von Ehe und Familie (Art. 6 I GG), Jura 1997, S. 401 ff

KINZIG, JÖRG, Die Sicherungsverwahrung auf dem Prüfstand, Ergebnisse einer theoretischen und empirischen Bestandsaufnahme des Zustandes einer Maßregel, Freiburg im Breisgau 1996

DERS., Die Praxis der Sicherungsverwahrung, Ergebnisse eines empirischen Forschungsvorhabens, ZStW 109 (1997), S. 122 ff

KLAGES, HELMUT, Die Jugend im gesellschaftlichen Wandel, Eine gesamtge-sellschaftliche Analyse akuter Problemlagen in: *RABE, HORST (Hrsg.)*, Jugend, Beiträge zum Verständnis und zur Bewertung des Jugendproblems, Konstanz 1984, S. 95 ff

KLEINKNECHT, THEODOR, Entscheidungen über die Untersuchungshaft, MDR 1965, S. 781 ff

KMR, KLEINKNECHT, TH. / MÜLLER, H. / REITBERGER, L., Kommentar zur Strafprozessordnung, *HEINTSCHEL-HEINEGG, BERND / STÖCKL, HEINZ (Hrsg.)*, 37. Ergänzungslieferung, Neuwied, Kriftel, Berlin 2004

KÖHLER, MICHAEL, Reformen des strafrechtlichen Sanktionensystems, NK 2/2000, S. 10 f

KÖRNER, HARALD HANS, Betäubungsmittelgesetz und Arzneimittelgesetz, 5. Auflage, München 2001

KOMMISSION ZUR REFORM DES STRAFRECHTLICHEN SANKTIONENSY-STEMS, Abschlussbericht, Berlin 2000 (http://www.bmj.de/images/ 10365. pdf)

KOOP, GERD, Untersuchungshaft - Probleme und Reform in: *KOOP, GERD / KAPPENBERG, BARBARA (Hrsg.)*, Praxis der Untersuchungshaft, Lingen/ Ems 1988, S. 9 ff

KRAHL, MATTHIAS, Der elektronisch überwachte Hausarrest, NStZ 1997, S. 457 ff

KRAWIETZ, WERNER, Gewährt Art. 1 Abs. 1 GG dem Menschen ein Grundrecht auf Achtung und Schutz seiner Würde? in: *WILKE, DIETER / WEBER, HA-RALD (Hrsg.)*, Gedächtnisschrift für Friedrich Klein, München 1977, S. 245 ff

KRETSCHMER, JOACHIM, Das strafprozessuale Verbot der reformatio in peius und die Maßregeln der Besserung und Sicherung, Berlin 1999

KREUZER, ARTHUR, Kriminologische Aspekte zur Debatte um die lebenslange Freiheitsstrafe, ZRP 1977, S. 49 ff

KRIEG, HARTMUT / LÖHR, ANNEGRET / LÜCKE, UWE / MEISSNER, CHRI-STL / KUFERT, WILFRIED / SCHUMANN, ANGELA, Weil Du arm bist, musst Du sitzen, MschrKrim 67 (1984), S. 25 ff

KRUSE, MICHAEL, Zum Anwendungsbereich des § 57 I JGG, ZRP 1993, S. 221 ff

KUBE, EDWIN, Elektronisch überwachter Hausarrest, "Virtuelle Gitter" als hilfreiche neue Unterbringungsform?, DuD 2000, S. 633 ff

KÜHLING, PAUL, Vollzug lebenslanger Freiheitsstrafe, ZfStrVo 1986, S. 6 ff

KÜHNE, HANS-HEINER, Strafprozessrecht, Eine systematische Darstellung des deutschen und europäischen Strafverfahrensrechts, 6. Auflage, Heidelberg 2003

KUNIG, PHILIP, Das Grundrecht auf Freizügigkeit, Jura 1990, S. 306 ff

DERS., Grundrechtlicher Schutz der Wohnung, Jura 1992, S. 476 ff

DERS., Der Grundsatz informationeller Selbstbestimmung, Jura 1993, S. 595 ff

KURZE, MARTIN, Die Praxis des § 35 BtMG - Ergebnisse einer Aktenanalyse - in: *EGG, RUDOLF (Hrsg.)*, Die Therapieregelungen des Betäubungsmittelrechts - deutsche und ausländische Erfahrungen, Wiesbaden 1992, S. 43 ff

DERS., Strafrechtspraxis und Drogentherapie, Eine Implementationsstudie zu den Therapieregelungen des Betäubungsmittelrechts, Wiesbaden 1993

DERS., Wiederverurteilung und Rückkehr in den Strafvollzug nach einer Drogentherapie - Ergebnisse einer Legalbewährungsstudie, MschrKrim 78 (1995), S. 137 ff

DERS., Empirische Daten zur Zurückstellungspraxis gem. § 35 BtMG, NStZ 1996, S. 178 ff

LABORATOIRE EUROPÉEN ASSOCIÉ, Bilanz (1998 - 2001) und Perspektiven (2002 - 2006), S. 28 ff (http://www.iuscrim.mpg.de/forsch/onlinepub/ LEA_ Bilanz_Deutsch.pdf)

LACKNER, KARL / KÜHL, KRISTIAN, Strafgesetzbuch mit Erläuterungen, 24. Auflage, München 2001

LANDREVILLE, PIERRE, Prison overpopulation and strategies for decarceration, Canadian Journal of Criminology 37 (1995), No. 1, S. 38 ff

LATESSA, EDWARD J. / VITO, GENNARO F., The Effects of Intensive Supervision on Shock Probationers, Journal of Criminal Justice 16 (1988), S. 319 ff

LAUBENTHAL, KLAUS, Lebenslange Freiheitsstrafe, Vollzug und Aussetzung des Strafrestes zur Bewährung, Lübeck 1987

DERS., Strafvollzug, 3. Auflage, Berlin, Heidelberg, New York, Hongkong, London, Mailand, Paris, Tokio 2003

LAUE, CHRISTIAN, Jugendarrest in Deutschland, DVJJ-Journal 1/1995, S. 91 ff

LAUN, STEFAN, Alternative Sanktionen zum Freiheitsentzug und die Reform des Sanktionensystems, Frankfurt am Main, Berlin, Bern, Bruxelles, New York, Oxford, Wien 2002

LEHNER, DOMINIK, Tagungsbericht über den Zweiten Europäischen Electronic Monitoring Workshop der Conférence Permanente Européenne de la Probation (CEP), 10.-12. Mai 2001, Egmond aan Zee in Holland in: Bundesamt für Justiz, Informationen über den Straf- und Massnahmenvollzug 2+3/01, S. 4 ff

LEIBHOLZ, GERHARD / RINCK, HANS-JUSTUS / HESSELBERGER, DIETER, Grundgesetz für die Bundesrepublik Deutschland, 7. Auflage, 41. Ergänzungslieferung, Köln 2003

LEIPZIGER KOMMENTAR, Großkommentar, *JÄHNKE, BURGHARD / LAUFHÜTTE, HEINRICH WILHELM / ODERSKY, WALTER (Hrsg.)*, 11. Auflage, 9. Lieferung: §§ 56-60, Berlin, New York 1993; 2. Lieferung: Vor § 61; §§ 61-67, Berlin, New York 1992; 6. Lieferung: §§ 68-68g, Berlin, New York 1993; 23. Lieferung: §§ 69-72, Berlin, New York 1996

LEMKE, MICHEAL / VETTER, KLAUS, Die Führungsaufsicht abschaffen?, BewHi 1992, S. 146 ff

LESSNER, JOHANNA, Betrug als Wirtschaftsdelikt, Eine dogmatisch-empirische Untersuchung anhand einer Aktenanalyse von 1696 Betrugsverfahren aus den Jahren 1974-1979, Pfaffenweiler 1984

LEYGRAF, NORBERT, Psychisch kranke Straftäter, Epidemiologie und aktuelle Praxis des psychiatrischen Maßregelvollzugs, Berlin, Heidelberg, New York, London, Paris, Tokyo 1988

LILLY, ROBERT J., Tagging Reviewed, The Howard Journal of Criminal Justice 29 (1990), No. 4, S. 229 ff

DERS., Private Gefängnisse in den Vereinigten Staaten - das heutige Bild, ZfStrVo 1999, S. 78 ff

LILLY, ROBERT, J. / BALL, RICHARD A., A Brief History Of House Arrest And Electronic Monitoring, Northern Kentucky Law Review 13 (1987), No. 3, S. 343 ff

LILLY, ROBERT J. / BALL, RICHARD A. / CURRY, DAVID G. / SMITH, RICHARD C., The Pride, Inc., Program: An Evaluation of 5 Years of Electronic Monitoring, Federal Probation 56 (1992), No. 4, S. 42 ff

LILLY, ROBERT J. / BALL, RICHARD A. / WRIGHT, JENNIFER, Home Incarceration with Electronic Monitoring in Kenton County, Kentucky: An Evaluation in: *McCARTHY, BELINDA (Hrsg.)*, Intermediate Punishments: Intensive Supervision, Home Confinement and Electronic Surveillance, Monsey, New York 1987, S. 189 ff

LINDENBERG, MICHAEL, Überwindung der Mauern: Das elektronische Halsband, München 1992

DERS., Anstaltsdamen, Begleitschützer, Fährtensucher, elektronische Überwachung. Der britische Versuch mit Untersuchungsgefangenen, KrimJ 24 (1992), S. 187 ff

DERS., Neues aus dem Technoland, NK 1/1993, S. 18 ff

DERS., Ware Strafe - Elektronische Überwachung und die Kommerzialisierung strafrechtlicher Kontrolle, München 1997

DERS., Elektronisch überwachter Hausarrest auch in Deutschland?, Kritische Anmerkungen für die Diskussion in der Praxis, BewHi 1999, S. 11 ff

LINDENBERG, MICHAEL / SCHMIDT-SEMISCH, HENNING, Kontrolle durch Gewährung: Drogen-"Freigabe" und elektronische Gefängnisse, Anmerkungen zum technokratischen Abschaffungsdiskurs in: *PAPENDORF, KNUT / SCHUMANN, KARL F. (Hrsg.)*, Festschrift für Thomas Mathiesen, Kein schärfer Schwert, denn das für Freiheit streitet!, Bielefeld 1993, S. 33 ff

DIES., Sanktionsverzicht statt Herrschaftsverlust: Vom Übergang in die Kontrollgesellschaft, KrimJ 27 (1995), S. 2 ff

DIES., »Über alles andere kann man reden«, NK 2/1995, S. 45 ff

LISZT, FRANZ VON, Kriminalpolitische Aufgaben, ZStW 9 (1889), S. 737 ff

DERS., Kriminalpolitische Aufgaben in: Strafrechtliche Aufsätze und Vorträge, Erster Band, Berlin 1905, S. 290 ff

LOBLEY, DAVID / SMITH, DAVID, Evaluation Of Electronically Monitored Restriction Of Liberty Orders, The Scottish Executive Central Research Unit, Edinburgh 2000

LÖWE/ROSENBERG, Die Strafprozessordnung und das Gerichtsverfassungsgesetz, *RIESS, PETER (Hrsg.)*, Großkommentar, 25. Auflage, 2. Lieferung, §§ 112 - 136a, Berlin, New York 1997; Dritter Band, §§ 137 - 212b, Berlin 2004

LOOS, FRITZ, Die offene und halboffene Anstalt im Erwachsenenstraf- und Maßregelvollzug, Stuttgart 1970

DERS., Zur »schadensbegrenzenden» Auslegung strafprozessualer Vorschriften des Justizentlastungsgesetzes in: *GOYDKE, JÜRGEN / RAUSCHNING, DIETRICH / ROBRA, RAINER / SCHREIBER, HANS-LUDWIG / WULF, CHRISTIAN (Hrsg.)*, Vertrauen in den Rechtsstaat, Beiträge zur deutschen Einheit im Recht, Festschrift für Walter Remmers, Köln, Bonn, München 1995, S. 565 ff

DERS., Zur Kritik des ''Alternativentwurfs Wiedergutmachung'', ZRP 1993, S. 51 ff

LORENZ, DIETER, Recht auf Leben und körperliche Unversehrtheit in: *ISENSEE, JOSEF / KIRCHHOF, PAUL (Hrsg.)*, Handbuch des Staatsrechts der Bundesrepublik Deutschland, Band VI - Freiheitsrechte, 2. Auflage, Heidelberg 2001, S. 3 ff

LÜDERSSEN, KLAUS, Freiheitsstrafe ohne Funktion in: *SCHULZ, JOACHIM / VORMBAUM, THOMAS (Hrsg.)*, Festschrift für Günter Bemmann zum 70. Geburtstag am 15. Dezember 1997, Baden-Baden 1997, S. 47 ff

LURIGIO, ARTHUR J., The Perceptions and Attitudes of Judges and Attorneys Toward Intensive Probation Supervision, Federal Probation 51 (1987), No. 1, S. 16 ff

LURIGIO, ARTHUR J. / PETERSILIA, JOAN, The Emergence of Intensive Probation Supervision Programs in the United States in: *BYRNE, JAMES M. / LURIGIO, ARTHUR J. / PETERSILIA, JOAN (Hrsg.)*, Smart Sentencing - The Emergence of Intermediate Sanctions, Newbury Park, London, New Delhi 1992, S. 3 ff

MAELICKE, BERND, Ambulante Alternativen zum Jugendarrest und Jugendstrafvollzug, Weinheim 1988

MÄRKERT, WERNER / HEINZ, STEFAN, Der elektronisch überwachte Hausarrest - hilfloser Aktionismus oder sinnvolle Ergänzung, der kriminalist 1999, S. 345 ff

MAINPRIZE, STEPHEN, Electronic monitoring in corrections: Assessing cost effectiveness and the potential for widening the net of social control, Canadian Journal of Criminology 34 (1992), No. 2, S. 161 ff

MAIR, GEORGE / MORTIMER, ED, Curfew orders with electronic monitoring: an evaluation of the first twelve months of the trials in Greater Manchester, Norfolk and Berkshire, 1995-1996, Home Office Research Study 163, London: Home Office 1996

MAIR, GEORGE / NEE, CLAIRE, Electronic Monitoring: The Trials and Their Results, Home Office Research Study 120, London: Home Office 1990

MALACRIDA, RALPH, Der Grundrechtsverzicht, Zürich 1992

MANEROS, A. / PIERSCHKALLA, U. / ROHDE, A. / FISCHER, J. / SCHMITZ, K., Die Vorgeschichte alkoholkranker Straftäter, untergebracht nach § 64 StGB, MschrKrim 77 (1994), S. 13 ff

MANGOLDT, HERMANN V. / KLEIN, FRIEDRICH / STARCK, CHRISTIAN, Das Bonner Grundgesetz, Band 1: Präambel, Art. 1 bis 19, 4. Auflage, München 1999

MARSCHNER, ROLF, Psychische Krankheit und Freiheitsentzug, Eine vergleichende Kritik des geltenden Unterbringungsrechts, München 1985

MAUNZ, THEODOR / DÜRIG, GÜNTER / BADURA, PETER / HERDEGEN, MATHIAS/ LERCHE, PETER / RANDELZHOFER, ALBRECHT / DI FABIO, UDO / HERZOG, ROMAN / KORITH, STEFAN / PAPIER, HANS-JÜRGEN / SCHMIDT-ASSMANN, EBERHARD / SCHOLZ, RUPERT, Grundgesetz, Kommentar, Band I, Art. 1 - 11; Band II, Art. 12 - 20; Band V, Art. 89 - 146, Stand: 42. Ergänzungslieferung, München 2003

MAUNZ, THEODOR / ZIPPELIUS, REINHOLD, Deutsches Staatsrecht, 30. Auflage, München 1998

MAURACH, REINHART / ZIPF, HEINZ, Strafrecht - Allgemeiner Teil, Teilband 1, Grundlehren des Strafrechts und Aufbau der Straftat, Ein Lehrbuch, 8. Auflage, Heidelberg 1992

MAURACH, REINHART / GÖSSEL, KARL HEINZ / ZIPF, HEINZ, Strafrecht - Allgemeiner Teil, Teilband 2, Erscheinungsformen des Verbrechens und Rechtsfolgen der Tat, Ein Lehrbuch, 7. Auflage, Heidelberg 1989

MAXFIELD, MICHAEL G. / BAUMER, TERRY L., Home Detention With Electronic Monitoring: Comparing Pretrial and Postconviction Programs, Crime & Delinquency 36 (1990), No. 4, S. 521 ff

MAYER, MARKUS, Modellprojekt Elektronische Fußfessel, Befunde der Begleitforschung - Zwischenbericht Mai 2002, Freiburg im Breisgau 2002

MAYER, MARKUS / HAVERKAMP, RITA / LABORGNE, PIA / WINKELMANN, MARKUS, Evaluation eines Modellprojekts zum elektronisch überwachten Hausarrest (Hessen), Freiburg im Breisgau 2001 (http://www.iuscrim.mpg. de/forschkrim/mayer.html)

McMAHON, MAEVE, 'Net-Widening' - Vagaries in the Use of a Concept, British Journal of Criminology 30 (1990), No. 2, S. 121 ff

MEYER-GOSSNER, LUTZ, Strafprozessordnung, Gerichtsverfassungsgesetz, Nebengesetze und ergänzende Bestimmungen, 47. Auflage, München 2004

MINISTÈRE DE LA JUSTICE, Direction De L´Administration Pénitentiare, Le placement sous surveillance electronique, Paris 2002

MINISTERIE VAN JUSTITIE, Dienst Justitiële Inrichtingen, Directie Beleidszaken, Electronic Monitoring - a new alternative for detention, Den Haag 2000

DASS., Dienst Justitiële Inrichtingen, Elektronisch toezicht, algemene brochure, Den Haag 2000

DASS., Dienst Justitiële Inrichtingen, Electronic Monitoring And Penitentiary Programmes In The Netherlands, Den Haag 2000

DASS., Final Report on the Project for the Nationwide Implementation of Electronic Monitoring, Den Haag 2000

MINISTÉRIO DA JUSTIÇA, Instituto de Reinserção Social, The Portuguese Pilot Project On Electronic Monitoring, Lissabon 2002

MINISTRY OF ATTORNEY GENERAL, Management Report, Electronic Monitoring Program Review, Corrections Branch, Victoria BC 1999

MINISTRY OF JUSTICE, National Agency of Correctional Institutions, Electronic Monitoring - a new alternative for detention, Den Haag 2000

MORTIMER, ED, Electronic monitoring of released prisoners: an evaluation of the Home Detention Curfew scheme, Home Office Findings 139 (2001), S. 1 ff

MORTIMER, ED / MAY, CHRIS, Electronic monitoring in practice: the second year of the trials of curfew orders, Home Office Research Study 177, London: Home Office 1997

DIES., Electronic Monitoring of Curfew Orders - The Second Year of the Trials, Home Office Research Findings No. 66 (1998), S. 1 ff

MORTIMER, ED / PEREIRA, EULALIA / WALTER, ISABEL, Making The Tag Fit: Further Analysis From The First Two Years Of The Trials Of Curfew Orders, Home Office Research Findings No. 105 (1999), S. 1 ff

MROZYNSKI, PETER, Aussetzung des Strafrests und Resozialisierung, JR 1983, S. 133 ff

DERS., Zur Problematik strafrechtlicher Weisungen, JR 1983, S. 397 ff

DERS., Offene Fragen der gemeinnützigen Arbeit Straffälliger, JR 1987, S. 272 ff

MÜLLER, BERND, Anordnung und Aussetzung freiheitsentziehender Maßregeln der Besserung und Sicherung, Berlin 1981

MÜLLER, THOMAS / WULF, RÜDIGER, Offener Vollzug und Vollzugslockerungen (Ausgang, Freigang) - Zugleich eine Besprechung des Beschlusses des BVerfG in NStZ 1998, S. 430 f, ZfStrVo 1999, S. 3 ff

MÜLLER-CHRISTMANN, BERND, Die Maßregeln der Besserung und Sicherung, JuS 1990, S. 801 ff

MÜLLER-DIETZ, HEINZ, Recht und Gnade, DRiZ 1987, S. 474 ff

DERS., Hat der Strafvollzug noch eine Zukunft? in: *SCHWIND, HANS-DIETER / KUBE, ERWIN / KÜHNE, HANS-HEINER (Hrsg.)*, Kriminologie an der Schwelle zum 21. Jahrhundert, Festschrift für Hans Joachim Schneider zum 70. Geburtstag am 14. November 1998, Berlin, New York 1998, S. 995 ff

DERS., Offener Vollzug - ein Weg von der Freiheitsentziehung zur kontrollierten Freiheit?, ZfStrVo 1999, S. 279 ff

MÜNCH, INGO VON / KUNIG, PHILIP, Grundgesetz-Kommentar, Band 1 (Präambel bis Art. 19), 5. Auflage, München 2000; Band 3 (Art. 70 bis Art. 146 und Gesamtregister), 3. Auflage, München 1996

MÜNCHHALFFEN, GABY / GATZWEILER, NORBERT, Das Recht der Untersuchungshaft, 2. Auflage, München 2002

NEUBACHER, FRANK, Aus der Rechtsprechung in Strafsachen, BewHi 1999, S. 209 ff

NEUFELD, WALTER, Die Überfüllung der Gefängnisse und ihre negativen Folgen - Abkehr vom Resozialisierungsgedanken - Die Entwicklung krimineller Strukturen innerhalb der Justizvollzugsanstalten, StraFo 2000, S. 73 ff

NIBBELING, JOACHIM, Anmerkung zum Beschluss des OLG Düsseldorf vom 22.12.1995 - 1 Ws 886/95, StV 1996, S. 324 f

NICKOLAI, WERNER / REINDL, RICHARD, Kontrolle ersetzt keine Hilfe - Katholische Bundes-Arbeitsgemeinschaft Straffälligenhilfe gegen elektronische Fußfessel für Straffällige, ZfStrVo 1997, S. 298

NIEDERSÄCHSISCHES JUSTIZMINISTERIUM (Hrsg.), Justizvollzug - modern und zuverlässig, Hannover 1999

DASS., Standards der Bewährungshilfe, Hannover 2000

NOGALA, DETLEF, Elektroschock per Fernbedienung, NK 4/1996, S. 17 f

NOGALA, DETLEF / HAVERKAMP, RITA, Elektronische Bewachung, Stichworte zur punitiven Aufenthaltskontrolle von Personen, DuD 2000, S. 31 ff

NOMOS KOMMENTAR zum Strafgesetzbuch, *NEUMANN, ULFRID / PUPPE, INGEBORG / SCHILD, WOLFGANG (Hrsg.)*, 2. Auflage, 13. Ergänzungslieferung, Baden-Baden 2003

NOTHHELFER, MARTIN, Die Freiheit von Selbstbezichtigungszwang, Verfassungsrechtliche Grundlagen und einfachgesetzliche Ausformungen, Heidelberg 1989

OERTER, ROLF / DREHER, EVA, Jugendalter in: *OERTER, ROLF / MONTADA, LEO (Hrsg.)*, Entwicklungspsychologie, Ein Lehrbuch, 3. Auflage, Weinheim 1995, S. 310 ff

OHLE, KARLHEINZ, Einflüsse unterschiedlicher institutioneller Regelungen auf die Praxis der Strafaussetzung zur Bewährung - Auswirkungen der Reform der Strafvollstreckung von 1975, KrimP 12 (1984), S. 16 ff

ORTNER, HELMUT, Gefängnis, Eine Einführung in seine Innenwelt, Geschichte - Alltag - Alternativen, Weinheim, Basel 1988

ORWELL, GEORGE, 1984, Roman, München 2002

OSTENDORF, HERIBERT, Alternativen zum herkömmlichen Strafvollzug, ZfStrVo 1991, S. 83 ff

DERS., Die ''elektronische Fessel'' - Wunderwaffe im ''Kampf'' gegen die Kriminalität?, ZRP 1997, S. 473 ff

DERS., Jugendgerichtsgesetz, Kommentar, 6. Auflage, Köln, Berlin, Bonn, München 2003

DERS., Jugendstrafrecht unter Beschuss, NK 1/2000, S. 4 f

DERS., Bewährungshilfe - ein Widerpart zu Entpersönlichungstendenzen in der Sanktionierung, BewHi 2002, S. 302 ff

OSTERMEYER, HELMUT, Die gefangene Gesellschaft in: *ORTNER, HELMUT (Hrsg.)*, Freiheit statt Strafe, Plädoyers für die Abschaffung der Gefängnisse - Anstöße machbarer Alternativen, 2. Auflage, Tübingen 1986, S. 137 ff

PÄTZEL, CLAUS, Elektronisch überwachter Hausarrest für Strafgefangene, DuD 2000, S. 27 ff

PALM BEACH COUNTY, FLORIDA SHERIFF'S DEPARTEMENT, Palm Beach County's In-House Arrest Work Release Program in: *McCARTHY, BELINDA (Hrsg.)*, Intermediate Punishments: Intensive Supervision, Home Confinement and Electronic Surveillance, Monsey, New York 1987

PALUMBO, DENNIS J. / CLIFFORD, MARY / SNYDER-JOY, ZOANN K., From Net Widening to Intermediate Sanctions: The Transformation of Alternatives to Incarceration From Benevolence to Malevolence in: *BYRNE, JAMES M. / LURIGIO, ARTHUR J. / PETERSILIA, JOAN (Hrsg.)*, Smart Sentencing - The Emergence of Intermediate Sanctions, Newbury Park, London, New Delhi 1992, S. 229 ff

PAPY, JOSEPH E. / NIMER, RICHARD, Electronic Monitoring in Florida, Federal Probation 55 (1991), No. 1, S. 31 ff

PAYNE, BRIAN K. / GAINEY, RANDY R., Is good-time appropriate for offenders on electronic monitoring? - Attitudes of electronic monitoring directors, Journal of Criminal Justice 28 (2000), No. 6, S. 497 ff

PEARSON, FRANK S. / BIBEL, DANIEL B., New Jersey´s Intensive Supervision Program: What is it Like? How is it Working?, Federal Probation 50 (1986), No. 2, S. 25 ff

PETERSILIA, JOAN, Exploring the Option of House Arrest, Federal Probation 50 (1986), No. 2, S. 50 ff

DIES., Probation and Felony Offenders, Federal Probation 51 (1987), No. 2, S. 56 ff

DIES., A Decade of Experimenting With Intermediate Sanctions: What Have We Learned?, Federal Probation 62 (1998), No. 2, S. 3 ff

PETERSILIA, JOAN / PIPER DESCHENES, ELIZABETH, What Punishes? Inmates Rank the Severity of Prison vs. Intermediate Sanctions, Federal Probation 58 (1994), No. 1, S. 3 ff

PFEIFFER, CHRISTIAN, Strafe als Selbstzweck, NK 4/1990, S. 26 ff

DERS., Diskussion in: Verhandlungen des 59. Deutschen Juristentages Hannover 1992, *STÄNDIGE DEPUTATION DES DEUTSCHEN JURISTENTAGES (Hrsg.)*, Band II (Sitzungsberichte), München 1992, S. O 121 ff

PFEIFFER, CHRISTIAN / STROBL, RAINER, Abschied vom Jugendarrest?, DVJJ-Journal 1991, S. 35 ff

PFOHL, MICHAEL, Gemeinnützige Arbeit als strafrechtliche Sanktion - Eine rechtsvergleichende Untersuchung unter Berücksichtigung der britischen Community Service Order, Berlin 1983

PIEROTH, BODO, Das Grundrecht der Freizügigkeit (Art. 11 GG), JuS 1985, S. 81 ff

PIEROTH, BODO / SCHLINK, BERNHARD, Grundrechte, Staatsrecht II, 19. Auflage, Heidelberg 2003

PIETZCKER, JOST, Die Rechtsfigur des Grundrechtsverzichts, Der Staat 17 (1978), S. 527 ff

PLEWIG, HANS-JOACHIM, Zur Reform des Jugendarrests oder: Was man so alles über »kriminelle Jugendliche« weiß, MschrKrim 63 (1980), S. 20 ff

PLEWIG, HANS-JOACHIM / HINRICHS, K., Jugendarrest, Erziehungskurs, Intermediate Treatment. Ein Vergleich devianzpädagogischer Maßnahmen in: *DEUTSCHE VEREINIGUNG FÜR JUGENDGERICHTE UND JUGENDGERICHTSHILFEN e.V. (Hrsg.)*, Junge Volljährige im Kriminalrecht, Bericht über die Verhandlungen des 17. Deutschen Jugendgerichtstages in Saarbrücken vom 27. bis 30. September 1977, München 1978, S. 387 ff

PRATT, JOHN, The Future Of The Probation Service In New Zealand, Australian & New Zealand Journal of Criminology 23 (1990), S. 105 ff

PREUSKER, HARALD, Das Elend der lebenslangen Freiheitsstrafe, ZfStrVo 1993, S. 105 ff

PROBATION AND AFTER-CARE SERVICE, Electronic Monitoring - Temporary Release On Monitored Supervision (TRMS), Briefing For Probation Officers, St. Helier, Jersey 2003

RACKMILL, STEPHEN J., An Analysis of Home Confinement as a Sanction, Federal Probation 58 (1994), No. 1, S. 45 ff

RANSIEK, ANDREAS, Strafprozessuale Abhörmaßnahmen und verfassungsrechtlicher Schutz der Wohnung - ein rechtsvergleichender Blick, GA 1995, S. 23 ff

RAUTENBERG, ERARDO CRISTOFORO, Die Reform des strafrechlichen Sanktionensystems, NJ 1999, S. 449 ff

REBSAM-BENDER, C., Neuregelungen für alkoholabhängige Straftäter?, NStZ 1995, S. 158 ff

REINDL, RICHARD, Tempora mutantur ..., Ein Bericht zur Tagung ''Strafe zu Hause? - Elektronisch überwachter Hausarrest'', BewHi 1999, S. 73 ff

RENZEMA, MARC, Home Confinement Programs: Development, Implementation, and Impact in: *BYRNE, JAMES M. / LURIGIO, ARTHUR J. / PETERSILIA, JOAN (Hrsg.)*, Smart Sentencing - The Emergence of Intermediate Sanctions, Newbury Park, London, New Delhi 1992, S. 41 ff

DERS., What About Really, Really Intensive Supervision?, Journal of Offender Monitoring 6 (1993), No. 4, S. 16

RICHARDSON, FRANCOISE, Electronic Tagging Offenders: Trials in England, Howard Journal 38 (1999), No. 2, S. 158 ff

RIEHE, BARBARA, Korreferat zum elektronisch überwachten Hausarrest in: *KOMMISSION ZUR REFORM DES STRAFRECHTLICHEN SANKTI-ONENSYSTEMS*, Abschlussbericht, Berlin 2000, S. 161 ff (http://www.bmj. de/images/10365.pdf)

RIEPL, FRANK, Informationelle Selbstbestimmung im Strafverfahren, Tübingen 1998

ROBBERS, GERHARD, Der Grundrechtsverzicht, JuS 1985, S. 925 ff

ROBRA, RAINER, Referat in: Verhandlungen des 59. Deutschen Juristentages Hannover 1992, *STÄNDIGE DEPUTATION DES DEUTSCHEN JURI-STENTAGES (Hrsg.)*, Band II (Sitzungsberichte), München 1992, S. O 7 ff

RODE, IRMGARD / SCHELD, SIEGFRIED, Sozialprognose bei Tötungsdelikten, Eine empirische Studie, Berlin, Heidelberg, New York, London, Paris, Tokyo 1986

RÖLL, RICHARD PETER, Widerruf und Nichtwiderruf der Strafaussetzung zur Bewährung gem. § 56 f I und II StGB und die diesbezügliche Praxis beim Amtsgericht Bremen, untersucht anhand von 200 Fällen, in denen im Jahre 1976 eine Strafaussetzung zur Bewährung anlief, Bremen 1984

ROHLF, DIETWALT, Der grundrechtliche Schutz der Privatsphäre, Zugleich ein Beitrag zur Dogmatik des Art. 2 Abs. 1 GG, Berlin 1980

ROSENAU, HENNING, Tendenzen und Gründe der Reform des Sexualstrafrechts, StV 1999, S. 388 ff

ROSENBAUM, CHRISTIAN, Der grundrechtliche Schutz vor Informationsein-griffen, Jura 1988, S. 178 ff

ROSENBERG, WERNER, Zur Reform der Untersuchungshaft, JW 1925, S. 1446 ff

ROXIN, CLAUS, Sinn und Grenzen staatlicher Strafe, JuS 1966, S. 377 ff

DERS., Strafrecht, Allgemeiner Teil - Band I, 3. Auflage, München 1997

DERS., Strafverfahrensrecht, Ein Studienbuch, 25. Auflage, München 1998

DERS., Hat das Strafrecht eine Zukunft? in: *GÖSSEL, KARL HEINZ / TRIFFTERER, OTTO (Hrsg.)*, Gedächtnisschrift für Heinz Zipf, Heidelberg 1999, S. 135 ff

RUSH, FRED L., Deinstitutional Incapacitation: Home Detention In Pre-Trial And Postconviction Contexts, Northern Kentucky Law Review 13 (1987), No. 3, S. 375 ff

RUTHIG, JOSEF, Die Unverletzlichkeit der Wohnung (Art. 13 GG n.F.), JuS 1998, S. 506 ff

SACHS, MICHAEL, Volenti non fit iniuria, VerwArch 1985, S. 398 ff

DERS., Grundgesetz, Kommentar, 3. Auflage, München 2003

SAGEL-GRANDE, IRENE, Elektronische Aufsicht, die niederländische Variante des elektronischen Hausarrests in: *JEHLE, JÖRG-MARTIN (Hrsg.)*, Täterbehandlung und neue Sanktionsformen, Kriminalpolitische Konzepte in Europa, Mönchengladbach 2000, S. 359 ff

SCHÄDLER, WOLFRAM, Der "Weiße Fleck" im Sanktionensystem, ZRP 1985, S. 186 ff

SCHÄDLER, WOLFRAM / WULF, RÜDIGER, Plädoyer für einen Versuch: Thesen zur Erprobung der elektronischen Überwachung als Weisung und elektronischer Hausarrest, BewHi 1999, S. 3 ff

SCHÄFER, GERHARD, Praxis der Strafzumessung, 3. Auflage, München 2001

SCHAEFERDIEK, SASCHA, Die kurze Freiheitsstrafe im schwedischen und deutschen Strafrecht, Berlin 1997

SCHÄTZLER, JOHANN-GEORG, Handbuch des Gnadenrechts, Gnade - Amnestie - Bewährung, 2. Auflage, München 1992

SCHAFFLAND, HANS-JÜRGEN / WILTFANG, NOEME, Bundesdatenschutzgesetz (BDSG), Ergänzbarer Kommentar nebst einschlägigen Rechtsvorschriften, 1. Ergänzungslieferung, Berlin 2004

SCHAFFMEISTER, DIETER, Durch Modifikation zu einer neuen Strafe, Versuch einer Erklärung der fortdauernden Verwendung der kurzen Freiheitsstrafe in den Niederlanden in: *VOGLER, THEO (Hrsg.)*, Festschrift für Hans-Heinrich Jescheck zum 70. Geburtstag, Zweiter Halbband, Berlin 1985, S. 991 ff

SCHAFFSTEIN, FRIEDRICH / BEULKE, WERNER, Jugendstrafrecht, Eine systematische Darstellung, 13. Auflage, Stuttgart, Berlin, Köln 1998

SCHALAST, NORBERT / LEYGRAF, NORBERT, Maßregelvollzug gemäß § 64 StGB: Unterbringungsgutachten über alkoholabhängige Patienten, Mschr-Krim 77 (1994), S. 1 ff

DIES., Die Unterbringung in einer Entziehungsanstalt: Auswirkungen des Beschlusses des BVerfG, NStZ 1994, 578, NStZ 1999, S. 485 ff

SCHALL, HERO, Die Sanktionsalternative der gemeinnützigen Arbeit als Surrogat der Geldstrafe, NStZ 1985, S. 104 ff

DERS., Auf der Suche nach strafrechtlichen Modifikationen und Alternativen, BewHi 1988, S. 433 ff; ebenfalls veröffentlicht in: *DEUTSCHE BEWÄHRUNGSHILFE (Hrsg.)*, Die 13. Bundestagung (Dokumentation der 13. Bundestagung der Deutschen Bewährungshilfe e.V. (DBH) 18. bis 21. September 1988 in Marburg), Bonn 1990, S. 339 ff

DERS., Der rechtskräftige Widerruf der Strafaussetzung zur Bewährung im Spannungsfeld von Prozess- und Sanktionenrecht in: *KÜPER, WILFRIED / WELP, JÜRGEN (Hrsg.)*, Beiträge zur Rechtswissenschaft, Festschrift für Walter Stree und Johannes Wessels zum 70. Geburtstag, Heidelberg 1993, S. 735 ff

SCHALL, HERO / SCHREIBAUER, MARCUS, Prognose und Rückfall bei Sexualstraftätern, NJW 1997, S. 2412 ff

SCHILLING, THEODOR, Die staatliche Pflicht zum Schutz von Grundrechten und Menschenwürde, KritV 82 (1999), S. 452 ff

SCHLÖMER, UWE, Der elektronisch überwachte Hausarrest, Eine Untersuchung der ausländischen Erfahrungen und der Anwendbarkeit in der Bundesrepublik Deutschland, Frankfurt am Main, Berlin, Bern, New York, Paris, Wien 1998

DERS., Die Anwendbarkeit des elektronisch überwachten Hausarrests als Bewährungsweisung nach geltendem Recht, BewHi 1999, S. 31 ff

SCHLOTHAUER, REINHOLD / WEIDER, HANS-JOACHIM, Untersuchungshaft, 2. Auflage, Heidelberg 1996

SCHMIDT, ANNESLEY K., Electronic Monitors, Federal Probation 50 (1986), No. 2, S. 56 ff

DIES., Electronic Monitoring, Journal of Contemporary Criminal Justice 5 (1989), No. 3, S. 133 ff

DIES., Electronic Monitors - Realistically, What Can Be Expected?, Federal Probation 55 (1991), No. 2, S. 47 ff

DIES., Electronic Monitoring in the United States in: *ZVEKIC, UGLJESA (Hrsg.)*, Alternatives to Imprisonment in Comparative Perspective, United Nation Interregional Crime and Justice Research Institute, Chicago 1994, S. 363 ff

DIES., Electronic Monitoring: What Does the Literature Tell Us?, Federal Probation 62 (1998), No. 2, S. 10 ff

SCHMIDT, ANNESLEY K. / CURTIS, CHRISTINE E., Electronic Monitors in: *McCARTHY, BELINDA (Hrsg.)*, Intermediate Punishments: Intensive Supervision, Home Confinement and Electronic Surveillance, Monsey, New York 1987, S. 137 ff

SCHMIDT, EBERHARD, Eröffnungsansprache auf der Tagung der Arbeitsgemeinschaft zur Reform des Strafvollzuges in Wolfenbüttel am 5. April 1951, ZStW 64 (1952), S. 1 ff

SCHMIDT-ASSMANN, EBERHARD, Anwendungsprobleme des Art. 2 Abs. 2 GG im Immissionsschutzrecht, AöR 106 (1981), S. 205 ff

SCHMIDT-BLEIBTREU, BRUNO / KLEIN, FRANZ, Kommentar zum Grundgesetz, 9. Auflage, Neuwied, Kriftel 1999

SCHMITT GLAESER, WALTER, Schutz der Privatsphäre in: *ISENSEE, JOSEF / KIRCHHOF, PAUL (Hrsg.)*, Handbuch des Staatsrechts der Bundesrepublik Deutschland, Band VI - Freiheitsrechte, 2. Auflage, Heidelberg 2001, S. 41 ff

DERS., Big Brother is watching you - Menschenwürde bei RTL 2, ZRP 2000, S. 395 ff

SCHNEIDER, URSULA, Gemeinnützige Arbeit als »Zwischensanktion«, Mschr-Krim 84 (2001), 273 ff

SCHNEIDEWIND, MIRKO, Wider die lange Freiheitsstrafe, FoR 1995, S. 63

SCHÖCH, HEINZ, Wird in der Bundesrepublik Deutschland zu viel verhaftet?, Versuch einer Standortbeschreibung anhand nationaler und internationaler Statistiken in: *KÜPER, WILFRIED / PUPPE, INGEBORG / TENCKHOFF, JÖRG (Hrsg.)*, Festschrift für Karl Lackner zum 70. Geburtstag am 18. Februar 1987, Berlin, New York 1987, S. 991 ff

DERS., Wie erfolgreich ist das Strafrecht?, Wirkungen freiheitsentziehender und ambulanter Sanktionen in: *JEHLE, JÖRG-MARTIN (Hrsg.)*, Individualprävention und Strafzumessung, Ein Gespräch zwischen Strafjustiz und Kriminologie, Wiesbaden 1992, S. 243 ff

DERS., Empfehlen sich Änderungen und Ergänzungen bei den strafrechtlichen Sanktionen ohne Freiheitsentzug?, Gutachten C in: Verhandlungen des 59. Deutschen Juristentages Hannover 1992, *STÄNDIGE DEPUTATION DES DEUTSCEN JURISTENTAGES (Hrsg.)*, Band I (Gutachten), München 1992, S. C 11 ff

SCHÖNKE, ADOLF / SCHRÖDER, HORST, Strafgesetzbuch, Kommentar, 26. Auflage, München 2001

SCHOLZ, RUPERT / PITSCHAS, RAINER, Informationelle Selbstbestimmung und staatliche Informationsverantwortung, Berlin 1984

SCHREMPF, MARTIN, Datenschutz bei TEMEX, Risiken von Fernwirkdiensten und Möglichkeiten einer datenschutzgerechten Technikgestaltung, Braunschweig, Wiesbaden 1990

SCHRÖDER, HANS-CHRISTOPH, George Orwell, Eine intellektuelle Biographie, München 1988

SCHÜLER-SPINGORUM, HORST, Strafvollzug im Übergang, Studien zum Stand der Vollzugsrechtslehre, Göttingen 1969

DERS., Kriminalpolitik für Menschen, Frankfurt am Main 1991

SCHÜTZ, JOHANN, Die Rechtsfolgen der Straftat (I) - Einführung in das Sanktionssystem des Strafgesetzbuches, Jura 1995, S. 399 ff

DERS., Die Rechtsfolgen der Straftat (Schluss) - Einführung in das Sanktionssystem des Strafgesetzbuches, Jura 1995, S. 460 ff

SCHÜTZ, PETER, Artemis und Aurora vor den Schranken des Bauplanungsrechts - BVerwG, NJW 1995, 2648, JuS 1996, S. 498 ff

SCHUMANN, VERA, Psychisch kranke Rechtsbrecher, Eine Querschnittsuntersuchung im Maßregelvollzug, Stuttgart 1987

SCHWIND, HANS-DIETER / BÖHM, ALEXANDER, Strafvollzugsgesetz (StVollzG), Gesetz über den Vollzug der Freiheitsstrafe und der freiheitsentziehenden Maßregeln der Besserung und Sicherung vom 16. März 1976 (BGBl. I, S. 581) zuletzt geändert durch das Gesetz vom 26. August 1998 (BGBl. I, S. 2461), Kommentar, 3. Auflage, Berlin, New York 1999

SCHWITZGEBEL, RALPH K., Issues In The Use Of An Electronic Rehabilitation System With Chronic Recidivists, Law and Society Review 1969, S. 597 ff

DERS., Development Of An Electronic Rehabilitation System For Parolees, Law and Computer Technology 2 (1969), No. 3, S. 9 ff

SCOTTISH EXECUTIVE, Tagging Offenders: The Role of Electronic Monitoring in the Scottish Criminal Justice System, Edinburgh 2000

SECURICOR, The Security Centre, Temporary Release Monitoring Scheme (TRMS), A Handbook for people on TRMS, St. Saviour, Jersey 2003

SEEBODE, MANFRED, Der Vollzug der Untersuchungshaft, Berlin, New York 1985

DERS., Recht und Wirklichkeit der Untersuchungshaft, ZfStrVo 1988, S. 268 ff

DERS., Rechtswirklichkeit der Untersuchungshaft - Alte Gegebenheiten und neue Entwicklungen in: *ESER, ALBIN / KAISER, GÜNTHER / WEIGEND, EWA (Hrsg.)*, Viertes deutsch-polnisches Kolloquium über Strafrecht und Kriminologie, Strafrechtsreform in Polen und Deutschland, Untersuchungshaft, Hilfeleistungspflicht und Unfallflucht, Baden-Baden 1991, S. 169 ff

DERS., Anmerkung zur Verfügung des LG Frankfurt vom 18.09.1998 - 5/21 Ks 80 Js 38798.8/96, StV 1999, S. 325 ff

DERS., Problematische Ersatzfreiheitsstrafe in: *FEUERHELM, WOLFGANG / SCHWIND, HANS-DIETER / BOCH, MICHAEL (Hrsg.)*, Festschrift für Alexander Böhm zum 70. Geburtstag am 14. Juni 1999, Berlin, New York 1999, S. 519 ff

SILBEREISEN, RAINER K., Jugendliche als Gestalter ihrer Entwicklung: Konzepte und Forschungsbeispiele in: *SCHUMANN-HENGSTELER, RUTH / TRAUTNER, HANNS MARTIN (Hrsg.)*, Entwicklung im Jugendalter, Göttingen, Bern Toronto, Seattle 1996, S. 1 ff

SIMITIS, SPIROS (Hrsg.), Kommentar zum Bundesdatenschutzgesetz, 5. Auflage, Baden-Baden 2003

SMARTT, URSULA, Die neue Vollzugsanstalt Gelsenkirchen - Ein Einstieg in die Gefängnisprivatisierung?, ZfStrVo 1999, S. 270 ff

SMITH, LINDA G. / AKERS, RONALD L., A Comparison Of Recidivism Of Florida's Community Control And Prison: A Five-Year Survival Analysis, Journal of Reserach in Crime and Delinquency 30 (1993), No. 3, S. 267 ff

SOHN, WERNER, Gutachten der Kriminologischen Zentralstelle zur kurzen Freiheitsstrafe und zur Ersatzfreiheitsstrafe im Auftrag des Bundesministeriums der Justiz, Bearbeitungszeitraum: 1. Mai - 1. August 1999, Kriminologische Zentralstelle e.V., Wiesbaden 1999

SOMANDER, LIS, Intensive supervision with electronic monitoring, A description of the measure with some preliminary results for the period August 1994 - February 1995, National Prison and Probation Administration, Department of Client Activities and Security, Norrköping 1995

425

DIES., The Second Year Of Intensive Supervision With Electronic Monitoring, Results for the period 1 August 1995 - 28 February 1996, Swedish Prison and Probation Administration, Client Operations Division, Norköpping 1996

DIES., The first year of nation-wide intensive supervision with electronic monitoring, 1 January - 31 December 1997, Swedish Prison and Probation Administration, Client Operations Division, Norköpping 1998

SONNEN, BERND-RÜDEGER, Elektronische Fessel und Grundgesetz, NK 1/ 1998, S. 4

SPAANS, ERIC C., On the 'electronic lash' - Interim report on a research into electronic monitoring, Scientific Research and Documentation Centre 49 (1996), S. 73 f

DERS., Bootcamps and electronic monitoring: the Dutch experience, Research and Documentation Centre (WODC), Ministry of Justice, Den Haag 1997

DERS., Elektronische Überwachung: Das niederländische Experiment, BewHi 1999, S. 68 ff

SPIER, PHILIP, Conviction and sentencing of offenders in New Zealand: 1991 to 2000, Welligton, Ministry of Justice, 2001

SPIES, GABRIELE / WINKLER, KARL-RUDOLF, Die Zurückstellung der Strafe nach § 35 BtMG: eine Erhebung bei ambulanten Beratungsstellen für Abhängige und Gefährdete, StV 1986, S. 262 ff

SPIESS, GERHARD, Probleme praxisbezogener Forschung und ihrer Umsetzung am Beispiel der Bewährungsprognose in: *KURY, HELMUT (Hrsg.)*, Prävention abweichenden Verhaltens - Maßnahmen der Vorbeugung und Nachbetreuung, Köln, Berlin, Bonn, München 1982, S. 571 ff

DERS., Bewährungshilfe als (ausbaufähige) Alternative zum Vollzug der Jugendstrafe? - Arbeitsweise, Leistungsfähigkeit, Entwicklungsmöglichkeiten - in: Anlage 2 zur Mitteilung des Senats an die Bürgerschaft, Neue Bewältigungsformen von Jugenddelinquenz - Diversion im Jugendstrafverfahren, Drs. 11/5530, Hamburg 1985

SPIESS, GERHARD, Der Grundrechtsverzicht, Frankfurt am Main, Berlin, Bern, New York, Paris, Wien 1997

STEINBUCH, KARL, Der Mensch - Objekt oder Subjekt der Informationsverarbeitung?, RDV 1988, S. 1 ff

STERN, KLAUS, Das Staatsrecht der Bundesrepublik Deutschland, Band III/1, Allgemeine Lehren der Grundrechte, München 1988; Band III/2, Allgemeine Lehren der Grundrechte, München 1994

STERN, VIVIEN, Eine Auge ist, das alles sieht ..., Elektronische Überwachung als Alternative zur Bewährungshilfe? Die Erfahrungen in Großbritannien, BewHi 1990, S. 335 ff

STREE, WALTER, Deliktsfolgen und Grundgesetz - Zur Verfassungsmäßigkeit der Strafen und sonstigen strafrechtlichen Maßnahmen, Tübingen 1960

DERS., Anmerkung zum Beschluss des OLG Zweibrücken vom 22.08.1989 - 1 Ws 371/89, JR 1990, S. 122 ff

STRENG, FRANZ, Die Jugendstrafe wegen "schädlicher Neigungen" (§ 17 II 1. Alt. JGG) - Ein Beitrag zu den Grundlagen und zum System der Jugendstrafe, GA 1984, S. 149 ff

DERS., Modernes Sanktionenrecht?, ZStW 111 (1999), S. 827 ff

DERS., Entwicklung neuer Sanktionsformen in Deutschland in: *JEHLE, JÖRG-MARTIN (Hrsg.)*, Täterbehandlung und neue Sanktionsformen, Kriminalpolitische Konzepte in Europa, Mönchengladbach 2000, S. 207 ff

DERS., Strafrechtliche Sanktionen, Die Strafzumessung und ihre Grundlagen, 2. Auflage, Stuttgart 2002

SUGG, DARREN / MOORE, LOUISE / HOWARD, PHILIP, Electronic monitoring and offending behaviour - reconviction results for the second year of trials of curfew orders, Home Office Findings 141 (2001), S. 1 ff

SWEDISH PRISON AND PROBATION SERVICE, Imprisonment - but served at home and at work, A new possibility in Sweden, Norrköping 2002

SYSTEMATISCHER KOMMENTAR zum Strafgesetzbuch, *RUDOLPHI, HANS-JOACHIM / HORN, ECKHARD / SAMSON, ERICH / GÜNTHER, HANS-LUDWIG / HOYER, ANDREAS / WOLTERS, GEREON (Hrsg.)*, Band I, Allgemeiner Teil (§§ 1- 79 b), 7., teilweise 8. Auflage, 38. Ergänzungslieferung, München/Unterschleißheim 2003

SYSTEMATISCHER KOMMENTAR zur Strafprozessordnung und zum Gerichtsverfassungsgesetz, *RUDOLPHI, HANS-JOACHIM / FRISTER, HELMUT / ROGALL, KLAUS / VELTEN, PETRA / WOLTERS, WOLFGANG / FRISCH, WOLFGANG / PAEFFGEN, HANS-ULLRICH / SCLÜCHTER, ELLEN / WESSLAU, EDDA / WOLTER, JÜRGEN (Hrsg.)*, 35. Ergänzungslieferung, München/Unterschleißheim 2004

TAEGER, JÜRGEN, Grenzüberschreitender Datenverkehr und Datenschutz in Europa, Clausthal-Zellerfeld 1995

TERDENGE, FRANZ, Strafsanktionen in Gesetzgebung und Gerichtspraxis - Eine rechtspolitische und statistische Untersuchung der straf- und jugendrechtlichen Rechtsfolgenentwicklung von 1945-1980, Göttingen 1983

THIELE, MARKUS, Elektronisch überwachter Hausarrest, Moderne Vollzugsmethode oder nur "Knast de luxe", Kriminalistik 1999, S. 440 ff

THOMSON, DOUGLAS R., How Plea Bargaining Shapes Intensive Probation Supervision Policy Goals, Crime & Delinquency 36 (1990), No. 1, S. 146 ff

TIEDT, FRIEDEMANN, Droht der Straffälligenhilfe der Kollpas? - "Alternativen zur Freiheitsstrafen" - Thesen, ZfStrVo 1984, S. 158 f

TIEMANN, AXEL, Der Schutzbereich des Art. 2 II 2 GG, NVwZ 1987, S. 10 ff

TINNEFELD, MARIE-THERES, Persönlichkeitsrecht und Modalitäten der Datenerhebung im Bundesdatenschutzgesetz, NJW 1993, S. 1117 ff

DIES., Technische Entwicklung contra Persönlichkeitsschutz? - Elektronisch überwachter Hausarrest, elektronischer Zahlungsverkehr und Genomanalyse in: *TINNEFELD, MARIE-THERES / PHILIPPS, LOTHAR / WEIS, KNUT (Hrsg.)*, Die dunkle Seite des Chips, Herrschaft und Beherrschbarkeit neuer Technologien, München, Wien 1993, S. 47 ff

TINNEFELD, MARIE-THERES / EHMANN, EUGEN, Einführung in das Daten-schutzrecht, 3. Auflage, München, Wien 1998

TONRY, MICHAEL, Stated and Latent Functions of ISP, Crime & Delinquency 36 (1990), No. 1, S. 174 ff

DERS., Community Penalties In The United States, European Journal on Criminal Policy and Research 7 (1999), No. 1, S. 5 ff

TRECHSEL, STEFAN, Die Garantie der persönlichen Freiheit (Art. 5 EMRK) in der Straßburger Rechtsprechung, EuGRZ 1980, S. 514 ff

TRÖNDLE, HERBERT, Die Geldstrafe im neuen Strafensystem, MDR 1972, S. 461 ff

TRÖNDLE, HERBERT / FISCHER, THOMAS, Strafgesetzbuch und Nebenge-setze, 50. Auflage, München 2001

DIES., Strafgesetzbuch und Nebengesetze, 52. Auflage, München 2004

ULLENBRUCH, THOMAS, Strafvollzug in Europa, ZfStrVo 1994, S. 24 ff

DERS., Vollstreckung und erneute Aussetzung eines Strafrestes nach Bewäh-rungswiderruf - Zugleich eine Besprechung des Beschlusses des OLG Oldenburg vom 17.10.1997 - 1 Ws 453/97, NStZ 1999, S. 8 ff

VAN DER LINDEN, BART, Niederländische Erfahrungen mit dem elektronisch überwachten Hausarrest in: *KOMMISSION ZUR REFORM DES STRAF-RECHTLICHEN SANKTIONENSYSTEMS*, Abschlussbericht, Berlin 2000, S. 170 ff (http://www.bmj.de/images/10365.pdf)

VAUGIIN, JOSEPH B., Planning for Chance: The Use of Electronic Monitoring as a Correctional Alternative in: *McCARTHY, BELINDA (Hrsg.)*, Inter-mediate Punishments: Intensive Supervision, Home Confinement and Elec-tronic Surveillance, Monsey, New York 1987, S. 153 ff

VILLIGER, MARK E., Handbuch der Europäischen Menschenrechtskonvention (EMRK) unter besonderer Berücksichtigung der schweizerischen Rechts-lage, Zürich 1993

VILLMOW, BERNHARD, Kurze Freiheitsstrafe, Ersatzfreiheitsstrafe und gemeinnützige Arbeit, Erfahrungen und Einstellungen von Betroffenen in: *ALBRECHT, HANS-GEORG /DÜNKEL, FRIEDER / KERNER, HANS-JÜRGEN / KÜRZINGER, JOSEF / SCHÖCH, HEINZ / SESSAR, KLAUS / VILLMOW, BERNHARD (Hrsg.)*, Internationale Perspektiven in Kriminologie und Strafrecht, Festschrift für Günther Kaiser zum 70. Geburtstag, Zweiter Halbband, Berlin 1998, S. 1291 ff

VILLMOW, BERNHARD / SESSAR, KLAUS / VONHOFF, BERND, Kurzstrafenvollzug: einige Daten und Überlegungen, KrimJ 25 (1993), S. 205 ff

VOGELSANG, KLAUS, Grundrecht auf informationelle Selbstbestimmung?, Baden-Baden 1987

VOGLER, THEO, Die Spruchpraxis der Europäischen Kommission und des Europäischen Gerichtshofs für Menschenrechte und ihre Bedeutung für das deutsche Straf- und Strafverfahrensrecht, ZStW 82 (1970), S. 743 ff

DERS., Straf- und verfahrensrechtliche Fragen in der Spruchpraxis der Europäischen Kommission und des Europäischen Gerichtshofs für Menschenrechte, ZStW 89 (1977), S. 761 ff

VOLCKART, BERND, Die Aussetzung des Strafrests, ZfStrVo 2000, S. 195 ff

VOLK, KLAUS, Der Begriff der Strafe in der Rechtsprechung des Bundesverfassungsgerichts, ZStW 83 (1971), S. 405 ff

VOLLMER, HEINZ C. / ELLGRING, HEINER, Die Vorhersage der vorzeitigen Therapiebeendigung bei Drogenabhängigen, Suchtgefahren 34 (1988), S. 273 ff

VOSGERAU, RENATE, Elektronische Überwachung: Auf dem Weg zur Abschaffung von Freiheitsstrafen oder in die totale Kontrolle?, BewHi 1990, S. 166 ff

VOSSKUHLE, ANDREAS, Behördliche Betretungs- und Nachschaurechte - Versuch einer dogmatischen Klärung, DVBl. 1994, S. 611 ff

WAGNER, GEORG, Das absurde System, Strafurteil und Strafvollzug in unserer Gesellschaft, 2. Auflage, Heidelberg 1985

WALTER, ARNO, Probleme des Strafvollzugs und Abhilfemöglichkeiten, BewHi 1998, S. 54 ff

WALTER, MICHAEL, Angebote ambulanter Behandlung: Ein Ausweg aus dem Vollzugsdilemma? - Zur Stellung und Funktion ambulanter Maßnahmen im strafrechtlichen Sanktionensystem in: *SIEVERING, ULRICH O. (Hrsg.)*, Behandlungsvollzug - Evolutionäre Zwischenstufe oder historische Sackgasse, Problem Strafhaft - Alternative Sanktionen, Frankfurt am Main 1987, S. 256 ff

DERS., Wettbewerb im Strafvollzug?, Presse-Information 151/97 der Universität Köln vom 24. September 1997 (http://www.uni-koeln.de/organe/presse/ pi/09_1997/151_97.html)

DERS., Elektronisch überwachter Hausarrest als neue Vollzugsform?, ZfStrVo 1999, S. 287 ff

DERS., Strafvollzug, 2. Auflage, Stuttgart, München, Hannover, Berlin, Weimar, Dresden 1999

DERS., Referat zum elektronisch überwachten Hausarrest in: *KOMMISSION ZUR REFORM DES STRAFRECHTLICHEN SANKTIONENSYSTEMS*, Abschlussbericht, Berlin 2000, S. 159 ff (http://www.bmj.de/images/10365. pdf)

WALTER, MICHAEL / GEITER, HELMUT / FISCHER, WOLFGANG, Halbstrafenaussetzung - ein ungenutztes Institut zur Verringerung des Freiheitsentzugs, NStZ 1989, S. 405 ff

DIES., Halbstrafenaussetzung - Einsatzmöglichkeiten dieses Instituts zur Verringerung des Freiheitsentzugs - Betrachtungen insbesondere aus der Perspektive späterer Legalbewährung, NStZ 1990, S. 16 ff

WALTER, MICHAEL / PIEPLOW, LUKAS, Zur Zulässigkeit eines Vorbehalts der Vollstreckbarkeitsentscheidung, insbesondere einer ''Vorbewährung'' gemäß § 57 Jugendgerichtsgesetz - Zugleich eine Besprechung des Beschlusses des KG vom 1.12.1986 - 4 Ws 266/86 (NStZ 1988, 182, in diesem Heft), NStZ 1988, S. 165 ff

431

WATTS, RONALD K. / *GLASER, DANIEL*, Electronic Monitoring of Drug Offenders in California in: *BYRNE, JAMES M.* / *LURIGIO, ARTHUR J.* / *PETERSILIA, JOAN (Hrsg.)*, Smart Sentencing - The Emergence of Intermediate Sanctions, Newbury Park, London, New Delhi 1992, S. 68 ff

WEBER, MARTIN, Die Anwendung der Jugendstrafe, Rechtliche Grundlagen und gerichtliche Praxis, Frankfurt am Main, Bern, New York, Paris 1990

WEICHERT, THILO, Sicherungsverwahrung - verfassungsgemäß?, StV 1989, S. 265 ff

DERS., Informationelle Selbstbestimmung und strafrechtliche Ermittlung - zum verfassungskonformen Technikeinsatz im Strafverfahren - Pfaffenweiler 1990

DERS., Der elektronische Hausarrest aus Sicht des Datenschutzes, StV 2000, S. 335 ff

WEIGEND, THOMAS, Die kurze Freiheitsstrafe - eine Sanktion mit Zukunft?, JZ 1986, S. 260 ff

DERS., Privatgefängnisse, Hausarrest und andere Neuheiten, Anworten auf die Krise des amerikanischen Strafvollzugs, BewHi 1989, S. 289 ff

DERS., Sanktionen ohne Freiheitsentzug, GA 1992, S. 345 ff

WEIS, KURT, Die Subkultur der Strafanstalten in: *SCHWIND, HANS-PETER* / *BLAU, GÜNTER (Hrsg.)*, Strafvollzug in der Praxis, Eine Einführung in die Probleme und Realitäten des Strafvollzuges und der Entlassungshilfe, 2. Auflage, Berlin, New York 1988, S. 239 ff

WELP, JÜRGEN, Strafbare Verletzungen des Post- und Fernmeldegeheimnisses nach der Privatisierung der Post (§ 206 StGB) in: *ESER, ALBIN* / *SCHITTENHELM, ULRIKE* / *SCHUMANN, HERIBERT (Hrsg.)*, Festschrift für Theodor Lenckner zum 70. Geburtstag, München 1998, S. 619 ff

WENGER, PETER, Steht die Aussetzung der Verhängung der Jugendstrafe nach § 27 JGG vor der Re-Naissance? in: *BUSCH, MAX / MÜLLER-DIETZ, HEINZ / WETZSTEIN, HANS (Hrsg.)*, Zwischen Erziehung und Strafe, Zur Praxis der Jugendstrafrechtspflege und ihrer wissenschaftlichen Begründung, Festschrift für Karl Härringer zum 80. Geburtstag, Pfaffenweiler 1995, S. 64 ff

WESSELS, JOHANNES / BEULKE, WERNER, Strafrecht - Allgemeiner Teil, 33. Auflage, Heidelberg 2003

WESSLAU, EDDA, In welche Richtung geht die Reform des Sanktionensystems?, StV 1999, S. 278 ff

WHITFIELD, DICK, Setting The Scene in: *CONFÉRENCE PERMANENTE EUROPÉENNE DE LA PROBATION*, Electronic Monitoring in Europe, The report of a CEP Workshop held at Egmond/aan Zee, Netherlands 15-17 October 1998, S. 10 ff

DERS., The Magic Bracelet, Technology and Offender Supervision, Winchester 2001

WHITFIELD, RICHARD G., Electronic Monitoring, Erfahrungen aus den USA und Europa, BewHi 1999, S. 44 ff

WINTRICH, JOSEF M., Die Bedeutung der "Menschenwürde" für die Anwendung des Rechts, BayVBl. 1957, S. 137 ff

DERS., Zur Problematik der Grundrechte, Arbeitsgemeinschaft für Forschung des Landes Nordrhein-Westfalen, Geisteswissenschaften, Heft 71, Köln, Opladen 1957

WIRTH, WOLFGANG, Ersatzfreiheitsstrafe oder "Ersatzhausarrest"? Ein empirischer Beitrag zur Diskussion um die Zielgruppen potentieller Sanktionsalternativen, ZfStrVo 2000, S. 337 ff

WITTIG, KLAUS, Die Praxis der Strafaussetzung zur Bewährung bei Erwachsenen, Eine Untersuchung über den Lebenserfolg von 199 in den Jahren 1958 und 1959 vom Amtsgericht und Landgericht Heilbronn verurteilten 21- bis 39-jährigen Straftätern, bei denen die Vollstreckung der gegen sie verhängten Freiheitsstrafe gemäß § 23 StGB zur Bewährung ausgesetzt wurde, Göttingen 1969

433

WITTSTAMM, KATJA, Die kurze Freiheitsstrafe, Eine Bestandsaufnahme, ZfStrVo 1997, S. 3 ff

DIES., Elektronischer Hausarrest? - Zur Anwendbarkeit eines amerikanischen Sanktionsmodells in Deutschland, Baden-Baden 1999

WOLTER, JÜRGEN, Untersuchungshaft, Vorbeugungshaft und vorläufige Sanktionen, ZStW 93 (1981), S. 452 ff

ZEHNDER, KATHRIN / LEHNER, DOMINIK, Tagungsbericht über den Electronic Monitoring Workshop der Laboratoire Européen Associé Max Planck Institut zum Thema "Will Electronic Monitoring Have a Future in Europe?" 13.-15. Juni 02, Freiburg im Breisgau, Deutschland in: Bundesamt für Justiz, Informationen über den Straf- und Massnahmenvollzug 2/02, S. 3 ff

ZEZSCHWITZ, FRIEDRICH VON, Der elektronisch überwachte Hausarrest als Bewährungsauflage, Verfassungs- und datenschutzrechtliche Fragestellungen, DuD 2000, S. 636 ff

ZIESCHANG, FRANK, Chancen und Risiken der Europäisierung des Strafrechts, ZStW 113 (2001), S. 255 ff

ZWINGENBERGER, KURT, Die Europäische Konvention zum Schutz der Menschenrechte in ihrer Auswirkung auf die Bundesrepublik Deutschland, Münster 1997

Peter Lang · Europäischer Verlag der Wissenschaften

Otto Backes / Christoph Gusy

Wer kontrolliert die Telefonüberwachung?

Eine empirische Untersuchung zum Richtervorbehalt bei der Telefonüberwachung
Unter Mitarbeit von Maik Begemann, Siiri Doka und Anja Finke

Frankfurt am Main, Berlin, Bern, Bruxelles, New York, Oxford, Wien, 2003.
130 S., zahlr. Tab. u. Graf.
Bielefelder Rechtsstudien. Schriftenreihe für Gesetzgebungswissenschaft, Rechtstatsachenforschung und Rechtspolitik.
Verantwortlicher Herausgeber: Otto Backes. Bd. 17
ISBN 3-631-51279-1 · br. € 22.80*

Polizei und Staatsanwaltschaft dürfen im Ermittlungsverfahren Methoden zur Gewinnung von Informationen über Tat und Täter einsetzen, die massiv in Rechte der Beschuldigten oder der mit ihnen in Verbindung gebrachten Personen eingreifen. Um diese frühzeitigen Eingriffe rechtsstaatlich abzusichern, ist ihre Anordnung grundsätzlich einem Richter vorbehalten. Die auf Aktenanalysen und Interviews beruhende empirische Studie geht der Frage nach, wie der gesetzlich vorgeschriebene Richtervorbehalt bei der Telefonüberwachung in der Praxis gehandhabt wird. Sie führt zu dem Befund, dass die Richter fast immer dem Überwachungsantrag stattgeben und der Richtervorbehalt eher selten auf einer, wie vom Verfassungsgericht gefordert, eigenständigen Entscheidung der Richter beruht.

Aus dem Inhalt: Ermittlungsmaßnahmen und Richtervorbehalt · Offizielle Statistiken und faktische Anzahl der Telefonüberwachungen · Ergebnisse der Untersuchung der gemeldeten Verfahren aus den Jahren 1996, 1997 und 1998 · Ausweitung der Interviews

Frankfurt am Main · Berlin · Bern · Bruxelles · New York · Oxford · Wien
Auslieferung: Verlag Peter Lang AG
Moosstr. 1, CH-2542 Pieterlen
Telefax 00 41 (0) 32 / 376 17 27

*inklusive der in Deutschland gültigen Mehrwertsteuer
Preisänderungen vorbehalten
Homepage http://www.peterlang.de